Revolutionärer Geselle W. Weitling
Von Kommune bis Assoziation

Ishizuka Masahide

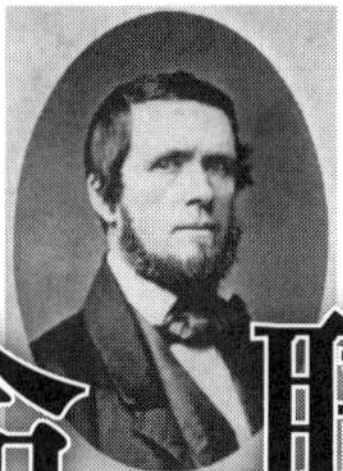

石塚正英［著］

革命職人ヴァイトリング

コミューンからアソシエーションへ

社会評論社

革命職人ヴァイトリング——コミューンからアソシエーションへ＊目　次

本書は、以下の石塚正英著作群をもとに一本のヴァイトリング論に再編集したものである。
①叛徒と革命——ブランキ・ヴァイトリンク・ノート、イザラ書房、一九七五年
②三月前期の急進主義——青年ヘーゲル派と義人同盟に関する社会思想史的研究、長崎出版、一九八三年
③ヴァイトリングのファナティシズム、長崎出版、一九八五年
④社会思想の脱構築——ヴァイトリング研究、世界書院、一九九一年
⑤アソシアシオンのヴァイトリング、世界書院、一九九八年
⑥近世ヨーロッパの民衆指導者〔増補改訂〕、社会評論社、二〇一一年
⑦欧米新聞史上における紙名「tribune」の意味、世界史研究会編『世界史研究論叢』第4号、二〇一四年

はしがき

二〇〇一年九月一一日、ニューヨークで世界中をあっと驚かせる事件が発生した。世界最強と思われていたアメリカ国家を象徴する超高層ビル世界貿易センターのツインタワーが航空機ゲリラ攻撃によって一挙に崩壊し瓦礫の山となった。あわせてワシントンDCの国防総省も航空機ゲリラ攻撃を受けて一部破壊され炎上した。ウーサマ・ビン・ラーディン指導のスンナ派ムスリム組織アルカイダによる「同時多発テロ」として一括報道された出来事である。けれども、この国際テロに対するアメリカ政府の対応はアフガニスタン空爆という無差別殺戮であった。日本政府はアメリカの暴挙を支援して自衛隊艦を海外に派遣した。

国際法の父フーゴー・グロティウス（H. Grotius）は、『戦争と平和の法』（一六二五年）で、正当な戦争と不正な戦争を区別し、いわゆる正戦論を展開したと言われている。しかし、人間同士が殺しあう戦争を阻止しようとしてこの本を書いたことはたしかである。彼が掲げる国際紛争解決の根本理念は、戦争でなく平和であり、世界戦争でなく世界平和である。その平和は国際法に基づくものである。今日の制度で言えば、国際法の理念に支えられた国連憲章に基づく世界平和である。

さて、この「同時多発テロ」事件は国権の発動たる戦争ではない。宣戦布告によって開始されるべき国家間の戦争ではない。きわめて用意周到ではあるものの、特定のグループによる犯罪行為＝事件である。国家が率先して報復する性格のものではない。まして、国軍による空爆などの無差別報復攻撃は論外である。いまや、近代国家は制度的疲労をきたしているのである。九・一一ニューヨークおよび三・一一フクシマは、二一世紀以降の人類社会を決定してゆく原理が〔国家〕〔市場〕から〔社会〕〔文化〕へと転換してゆく画期をなすものである。

かつてマルクスとエンゲルスは『共産主義者宣言』（一八四八年）で、プロレタリアートは政治的支配を獲得し、国民（Nation）とならねばならない、と主張した。その後マルクスは『ゴータ綱領批判』（一八七五年）で、コミューン型社会を実現するためにまずはプロレタリアート独裁国家を求めた。このような発想は一九世紀から二〇世紀にかけての国民国家全盛期に符合するものであって、トランスナショナルの傾向を強めつつあるこんにち、すでに一種のアナクロニズムとなっている。現在、国家という政治的な境界、主権的な壁はここかしこで曖昧になってきている。そして、この現象を推し進める主体はワールド・ワイドな諸個人の社会的連携＝アソシエーションであり、社会的に協同した諸個人のネットワークである。一九世紀人マルクスは、プロレタリアートは「国民」になるべきだと考えた。さて、国民には国家＝国権という枠が前提されているのだが、二一世紀のこんにち、まさにこの枠こそがアソシエーション拡大の障害となっているのである。

さて、カール・マルクス（K. Marx）と同時代の活動家、フランスのプルードン（P. J. Proudhon）とドイツのヴァイトリング（W. C. Weitling）はともに〔国家原理〕を相手にせず〔社会原理〕に立って、貨幣の廃止あるいはマネーレス・アソシエーション――プルードンはanarchie〔統治の欠如〕、ヴァイトリングはGemeinschaft〔社会的共同〕――を展望した。ただし、二人とも一気に貨幣を廃止しようとはせず、まずは貨幣に備わる二つの役割――交換と蓄財――のうち、蓄財を否定して役割を交換のみに限定しようとした。それを目的にしてプルードンもヴァイトリングも、第一に貴金属貨幣を排除して労働紙幣を発行する無償信用（無利子）の銀行を設立しようと考えた。交換銀行ないし為替銀行である。また一八五〇年代、アメリカ移住後のヴァイトリングは、労働者の協同組合（Association）を設立して交換銀行と連動させつつ、大陸横断鉄道建設を目指した。

彼らは、資本家による労働者搾取の一原因を流通における貨幣（金銀）の支配にみいだして、その力を削ぐのに無償信用を介した物品やサービスの、謂わば物々交換を提唱した。貨幣に備わる蓄財機能の撤廃を目指す運動は、やがて二〇世紀に入ってドイツ人シルビオ・ゲゼル（S. Gesell）に引き継がれた。ゲゼルはなるほど交換銀行を構想せず、バイエルン・レーテという社会主義的共和国において貨幣政策を構想したのだが、彼はそのような貨幣理論をプルードンから学んだのである。こうして見てくると、一九世紀後半アメリカにプルードン思想を紹介しつつ、自ら交換銀行とアソシアシオン（アソシエーション）を両輪とする鉄道建設プロジェクトを連邦政府に認可させようとしたヴァイトリング、そして二〇世紀初に第一次大戦前後のドイツでプルードン思想に依拠しつつ〔減価する貨幣〕論を説いたゲゼルは、ともにアナーキストとしてよりも、アソシエーション型社会の実践者として再評価していいのではなかろうか。

ところで、一八四八年革命後北アメリカに亡命・永住してからのヴァイトリングの政治活動・労働者運動について調査した社会主義者ヘルマン・シュリューターは[1]、著作『アメリカにおけるドイツ人労働者運動の開始』（シュトゥットガルト、一九〇七年）のなかで、ヴァイトリングは一八四〇年代に「スイスで出版した諸文書に記した多くの学説をアメリカで放棄した」と述べている[2]。その根拠の一つとしてシュリューターは、アメリカに渡って以降、ヴァイトリングがしきりに交換銀行（Gewerbetauschbank）を構想するようになった点を挙げている。一八三〇年代、四〇年代、すなわちパリ時代やスイス諸都市時代のヴァイトリング思想が秘密結社と武力革命とによって象徴されるとすれば、一八五〇年代ニューヨークでのヴァイトリング思想は交換銀行と労働者協同企業、すなわち経済的変革による労働者解放によって象徴され、双方の思想・行動には直接の関連がないように、シュリューターは考えるのである。

だが私は、アメリカへ渡ってからのヴァイトリングについて、シュリューターのように転向説——シュリューター著作に文字どおりの〝転向〟という語はみられないが——を採用しない。むしろ、一八三〇年代から一八五〇年代にかけて、ある種の首尾一貫性をヴァイトリング中に見いだすのである。では、そのような主張を裏付ける根拠は何か？ それを提示するのに、私もまた、シュリューターにならって、ヴァイトリングの交換銀行構想を分析する。まったく同一の事柄を用いて正反対の証明を行なおうというわけである。すなわち、ドイツ三月革命前の労働者革命家ヴァイトリングは、一九世紀中葉以降のアメリカにおいて、労働者による、労働者のための交換銀行設立を考案することによってこそ、自らの革命的信念を曲げずに済み、むしろそれに柔軟性を添えることによって、一九世紀後半の時代状況、ないし特殊アメリカ的社会情勢に自己を適応させようとした、と考えるのである。ただし、そのような自己変革を達成するのに、ヴァイトリングは、自らの思想中に既存する諸要素をただ再編したり、重点の置きどころを転ずるだけでは済ませなかった。外部からの新要素の注入を敢行したのである。その際、ここにいう外部からの新要素には、二種のものがあった。第一のものは、一九世紀初頭からの在アメリカ・ドイツ人労働者運動、およびそのアメリカ的に変質した諸傾向である。また第二のものは、一八四〇年代後半からヴァイトリングが頻繁に注目するようになったフランスの労働者革命家プルードンの言動である。アメリカに渡ってからのヴァイトリングの思想的自己変革にあずかって力のあった以上二要素を詳しく分析し、それによって最終的に、ヴァイトリング転向説を否定する根拠を提示してみたい(3)。

かつて、哲学者エルンスト・ブロッホ（E. S. Bloch）は大著『希望の原理』中で一九世紀ドイツの革命職人ヴィルヘルム・ヴァイトリングのことを次のように描写していた。「ヴァイトリングは生れながらの友愛の人である。しかも彼は、聖書をかつて一人の洗礼者ヨハネが読んだとおりに読むことの出来る、最初にして最後の人間なのである(4)」。一九七〇年からヴァイトリングを探究してきた私には断言できる。この人物の核心は、ブロッホのこの言葉に凝縮されている。ファガント（Vagant, 漂泊者）ヴァイトリングは、さながら一九世紀ドイツの下層社会に出現した第二のイエスなのであった。その精神は、肉体もろともに崇拝されるファガント・イエスにかぎりなく寄り添い、また野生自然人を讃えて文明を避けようとしたファガント・セネカをこよなく愛するものであった。そのヴァイトリングは一九世紀後半に至って、ニューヨークでアソシエーションの構築に奔走する。その軌跡は一八四八年ベルリン革命から開始する。本書は、一八四八年革命まで共同体（Gemeinschaft = Kommune）創出を目指して結社運動に奔走したイエス主義コムニスト（共同体主義者・社会革命主義者）ヴァイトリング、そして一九世紀後半のニューヨークで労働者協同企業（Association）設立に奔走したアソシアニスト（フーリエ→プルードン系譜）ヴァイトリングを連携させ総体的に検討する研究である。

アメリカに渡ってからのヴァイトリングを本格的に研究した者は、日本では、私を除いてまずいない。本場のドイツでも前期のヴァイトリングと同じほどの重みをおいて後期のヴァイトリングを研究している者は少ない。したがって、思想史辞典とか人名事典を引くと、彼はユートピア社会主義とセットになって財産共同体（Gütergemeinschaft）の主唱者とか理論家とかとなっている。マルクスの挫折せる先行者といった立ち位置である。それでは一面しか見えてこない。ヴァイトリングという人物個人だけが問題なのではなく、彼をとおして一九世紀の労働者運動中にゲマインシャフト＝コミューンからアソシアシオン＝アソシエーションへの重点の移動があったということが確認できる、そのことが問題なのだ。それは個人的思想転向ではなく、時代思潮的回転なのだ。アソシエーションとは理想社会の像ではなく現場での運動であるから、アソシエーションという観点をもって運動をした方がはるかにうまくいくのだという潮流が勢いを増したということである。

その際、ここで意味内容を確認しておきたい術語がある。それは Kommunismus と Sozialismus である。そのうち Kommunismus は日本語では「共産主義」と訳される。これはきわめて誤解されやすい訳語であるが、一九世紀後半～二〇世紀のマルクス主義研究における翻訳語として定着しているので、本書においてマルクス（主義）に絡む術語のばあい、そのまま使用する。けれども、一八世紀～一九世紀前半までの含意・概念については、共同体（commune, Gemeinschaft）にかかわる術語として、「共同体主義」とするのが適切なケースが多い。たとえばフランス革命末期に社会的平等の立場から「財産共同体（communauté des biens）」を説いたバブーフは、マルクス主義的共産主義者の先駆ではない。それから、Kommunismus の語原のラテン語は「コムニオ（communio）」「コムニタス（communitas）」である。この語は、「宗教的共同体（communio sanctorum）」をも意味する。キリスト教においてはイエスとその使徒たちの晩餐に関係する術語でもある。その含意はヴァイトリングに影響を与えている。よって本書では、この語は、マルクスの科学的共産主義としては「共産主義」とし、一八四八年革命以前（Vormärz期）におけるモーゼス・ヘス、マルクス、エンゲルスのいわゆる「哲学的共産主義」についても「共産主義」と表記する。それに対して、フランス革命期（バブーフ）からVormärz期（ヴァイトリング）までのKommunismus、communismeについては「共同体主義」あるいはカタカナで「コムニスムス」「コミュニスム」と表記する。同じように、Kommunistについては「共同体主義者」あるいはカタカナで「コムニスト」「コミュニスト」と表記して、マルクス（主義）的な「共産主義者」と区別することとする。

次にSozialismusであるが、これは一八世紀〜一九世紀前半までのフランスに登場したサン＝シモン、フーリエ、プルードンらの思想家群を括る意味での「社会主義」である。簡単に言うと、本書で論じるKommunismusとSozialismusは、ともにローレンツ・シュタイン（Lorenz Stein）が『今日のフランスにおける社会主義とコムニスムス（Der Socialismus und Communismus des heutigen Frankreichs. Ein Beitrag zur Zeitgeschichte, Leipzig, 1842.）』で取り上げた類例に関連している。

本書は、二〇一七年ロシア革命百周年を意識している。一九一七年に全世界を揺るがしたこの出来事は、一九世紀ヨーロッパで継起した諸革命運動の帰結であるものの、アソシエーション型でなく、コミューン型に収斂した。あるいはまた、革命後ほどなく、クロンシュタット叛乱（一九二一年三月）鎮圧を契機に、ソヴィエト＝〔社会原理〕でなくロシア共産党＝〔国家原理〕へと権力が集中し始めた。本書を通じて私は、ロシア革命におけるそうした負の教訓を踏まえ、二一世紀においてはアソシエーション型社会の実現を展望するものである。その立ち位置は、拙著『ソキエタスの方へ―政党の廃絶とアソシアシオンの展望』（社会評論社、一九九九年）で表明した議論の延長上にある。(5)

註

（1）ヘルマン・シュリューターは、ドイツ社会民主党員で、エドゥアルト・ベルンシュタイン等と協力して亡命先のチューリヒで『ゾチアル・デモクラート』の編集に携わり、その後アメリカに亡命し、一八九〇年から没年の一九一九年までニューヨークの『フォルクス・ツァイトゥング』主幹をつとめた。この新聞は、在ニューヨーク社会主義労働者党（ＳＡＰ）の日刊機関紙として一八七八年に創刊されたものであった。（一九三二年廃刊）。その間シュリューターは、一九世紀前半以降北アメリカに移住ないし政治亡命してきたドイツ人労働者の活動について、丹念に追跡調査し、とりわけ亡命者自身の証言や文書類を基礎に、現在ではけっして再現できないような、一九世紀アメリカにおけるドイツ人亡命者たちの社会を描いてみせた。その成果を記録したものの一つが、本書に引用した『アメリカにおけるドイツ人労働者運動の開始（Die Anfänge der deutschen Arbeiterbewegung in Amerika, Stuttgart 1907）』である。本書を私はあらかた読んでみたが、シュリューターは、亡命ドイツ人労働者のうち特にヴァイトリングに最大の紙数を与え、次いでヨーゼフ・ヴァイデマイアー（一八一八〜一八六六）を詳述している。だが、共感の方は後者に、より多く寄せられている。なお、シュリューターは、ほかの著作として『リンカン、労働者と奴隷―アメリカ社会史のある逸話（Lincoln, Labor and Slavery. A Chapter from the Social History of America,1913）』、『アメリカにおけるインターナショナル（Die International in Amerika,1918）』などがある。また、一九〇七年刊の著作だけは、一九八四年にニューヨークのピーター・ラング社から復刻されている。ただし、私は、一九八一年渡独した際お世話になったトリーアのカール・マルクス・ハウス館員カール・ルードヴィヒ・ケーニヒ氏から、原著のコピーを送っていただき、それを用いた。

なお、わが邦にシュリューターのヴァイトリング研究を紹介した先学に、三重大学の森田勉教授（一九三〇〜二〇一五）がいる。教授の労作『初期社会主義思想の形成』（新評論、一九七二）の「第二部、ヴィルヘルム・ヴァイトリンクの社会思想」の「序章、従来のヴァイトリンク研究における若干の問題」に、次の一節がある「シュリューターをのぞいて、マルクス主義の研究者がアメリカ合衆国にわたって以後のヴァイトリングの活動と思想を、いちように否定的な面からのみ評価し、その意義を軽視、あるいはほとんど無視しているのには疑問をいだかざるをえない。もちろんヴァイトリンクの社会主義思想史上、労働運動史上の役割も、かれ自身の主観的な活動と思想も、その最高期がヨーロッパ活動時代にあることはいうまでもなく、ウィットケのようにアメリカでの活動を過大視することはヴァイトリンクを歪曲することになるが、これを無視することも同様に正しいヴァイトリンク像の構成には有害であろう。なぜなら、アメリカでのかれの活動と思想も、少なくともそれがかれの前期の発展と役割を、ある面ではいっそう明白にうつしだしているという点、アメリカ共産主義の歴史、とくにアメリカにおけるドイツ人共産主義運動の発展史にとっては、かなり重要な地位を占めているという点では意味をもっているからである」。（二三九〜二四〇頁）

（2） H. Schlüter, ibid., S. 76.

（3） シュリューターのごときヴァイトリング転向説よりも、実は一八四〇年代後半におけるヴァイトリング後退説・堕落説の方を、私はよく目にしてきた。それは例えば、次のようにしてフランツ・メーリングがよく強調している。『調和と自由の保証』の「この第三版（一八四九年刊—石塚）では、様々な改変と増補が行なわれたが、初版（一八四二年刊—石塚）からみると悲しむべき後退をなしている。初版は、深紅の船旗をマストにかかげ、波立つ海原を巡航する強壮にして強靱な船にふさわしい。これに対し第三版は、かろうじてドックにて槇皮を打たれているものの、二度と航海に堪え得ない呈をさらした廃船のようなものである」。Eine biographische Einleitung, in: W. Weitling, Garantien der Harmonie und Freiheit, hg. v. F. Mehring, Berlin 1908, S. XXXXII. この一節は、わが邦でも援用されてきた。例えば、高橋正立「ワイトリングの生涯と『調和と自由の保証』—ワイトリングの社会思想（上）—」『経済論叢』（京大）第八五巻・第六号、一九六〇年、にみられる。また良知力著『マルクスと批判者群像』平凡社、一九七一年は、なるほどメーリング以来のたんなる後退説には否定的であるものの（八六頁と次頁）、一八四〇年代後半になってヴァイトリングがプルードンに引きつけられるようになった点を考慮せず、もっぱら「ブランキ主義的」側面の増強を説いている（三六頁）。この主張も、メーリング以来、ヴァイトリング評価について必ずといってよいほど登場してきた。しかし、ヴァイトリング自身の文章を追うかぎり、三月前にはブランキの名は出てこない。

ブランキの同志にしてライバルのバルベは出てくるが、ブランキという名は一度も出てこないのである。また、渡米後の文章（『労働者共和国』紙）でも——プルードンを除けば——出てくるのはバルベの方である。したがって私は、一八四八年を画期とした前期ヴァイトリングと後期ヴァイトリングに関し、〔転向説〕も〔後退説〕も採用することができない。

（4） Ernst Bloch, Das Prinzip Hoffnung, Suhrkamp Verlag Berlin 1959, S. 674. 山下肇ほか訳『希望の原理』第二巻、白水社、一九八二年、一六九頁。

（5） 本書は、結論「ヴァイトリング思想の統一的全体像を求めて」を最終的な執筆目標として、巻末付録「ヴィルヘルム・ヴァイトリングとその周辺関係　石塚正英著作目録」所収論文著作群のなかから必要部分を抽出し、再編集したヴァイトリング研究決定版である。なお、書名にある「革命職人」とは、革命的な職人、という意味よりも、革命を生業とする職人の意味である。

序論　当該分野の研究史と本研究の目標

一　諸外国、とりわけドイツ

序論では、ドイツ労働運動史の基点としての「フォアメルツ（Vormärz、英語で表記するとbefore-March、三月前期」、すなわち一八四八年ドイツ三月革命前夜の約三〇年間、あるいは前期ヴァイトリングにかかわる研究動向に特化して解説を組み立てる。後期ヴァイトリングにかかわる研究動向に関しては第2部の処々で付言することとする。

Vormärz期の研究としては近代労働運動誕生以前の手工業者運動へのアプローチがある。その成果としては、ヴァイトリング研究において、エルンスト・バルニコル（E. Barnikol）の著作『囚人ヴァイトリングと彼の〈正義〉（Weitling der Gefangene und seine »Gerechtigkeit«, Kiel, 1929.）』がある。また二〇世紀中葉以降にいたってユルゲン・クチンスキー（J. Kuczynski）、ゲルハルト・ヴィンクラー（G. Winkler）、ヴォルフガング・シーダー（W. Schieder）、ヴェルナー・コンツェ（W. Conze）、ヴェルナー・コヴァルスキ（W. Kowalski）らが続々と手工業者運動の研究を発表してきた。ことにバルニコルやコヴァルスキは、論文群のほかにVormärz期の原史料（諸組織の綱領や規約、警察に押収された極秘パンフレットや雑誌・新聞の類）を数多く復刻したが、それはたんに手工業者運動だけでなく、Vormärz期社会思想史研究の全般に有用なものであり、この出版活動によってその分野の学問的水準・研究者数が飛躍をとげた。

ところで、Vormärz期の労働運動をさして、先に、近代労働運動誕生以前と述べたが、それはドイツ労働運動がフェルディナンド・ラサール（F. Lassalle）らの登場をまって一九世紀後半に本格化するという通俗的な意味に解してのことではない。三月革命時にも、またこれを準備したVormärz期にあっても、労働運動は歴然と存在し、経済的活動のみならず政治的な方面で意義あるものになっていた。にもかかわらずここでVormärz期労働運動にあえて近代的という形容をしないのは、この運動に参加する手工業職人がいまだ親方層と完全に分離しておらず、またたとえ政治的理念においてはきわめて近代的な側面を獲得していても、社会的理念においてはフランスのサン＝キュロットのごとき前近代的あるいは共同体的な階層の末裔である点を無視しえないからである。Vormärz 期労働運動にみられるこの近代・前近代二面性は、しかし分けて分けられるものでなく、けっして矛盾した現象でもなく、それこそこの時代をすなおに反映した特徴点なのである。したがって、そのどちらかを一方的に強調してこの課題を全面的に論ずることは避けねばならない。また二一世紀の現代からみて前近代的とみえる現象を考察するに際しても、Vormärz 期が現代であった手工業職人にはそれが眼前にあり、時として実生活に深く根ざしていたのであるから、そうした課題はこの時代に十分ひきつけて評価しなければならないといえる。

　あるいは、いっそう重要なことだが、〔歴史知〕的立場によれば、かつての「前近代」は二一世紀にあって再び現代性（アクチュアリティ）を獲得したと言えるのである。ここにいう〔歴史知〕とは、前近代に起因する知（経験知・感性知）と現代に特徴的な知（科学知・理性知）を時間軸上で連合する知、人類史の二一世紀的未来を切り拓く知のことである。(1)

　以上の観点を大切にしながら、本書で研究対象とするヴァイトリングに関する従来の研究姿勢をみると、是非とも批判・修正すべき点が二、三浮かんでくる。その第一は、ドイツ労働運動の父とも称されるヴァイトリングに対する評価に関してであり、第二は、ドイツ手工業職人がVormärz 期労働運動において果たした役割、なかんずく政治的なそれに対する評価に関してである。

　まず、第一にヴァイトリング評価であるが、通説では次のようである。すなわち、ヴァイトリングはカール・マルクス（K. Marx）が登場する前の「空想的」共産主義者であり、現状認識では諸悪の根原を貨幣（資本の流通過程）にみいだすのみであり、革命の理論およびその手段ではブランキズムに染まっており、未来社会については自由を欠いた平等至上の制度を構想している云々である。また彼は、手工業職人たちの前では断乎とした国際主義的革命家として称えられるが、マルクスの前では度し難いセクト主義者にされてしまう。こうした見解は、フランツ・メーリング（F. Mehring）の大著『ドイツ社会民主主義史（Geschichte der deutschen Sozialdemokratie, 2 Teile, Dietz, Stuttgart, 1897-98.)』において、表現のちがいはあれ典型的に見受けられる。メーリングは述べる。

「ヴァイトリングは、その小ブルジョア的出生からして、プロレタリアート固有の歴史的生命についてはなにも知らない。彼の理論の基礎は依然として大きい役割を果たしているス社会主義の歴史できわめて大きい役割を果たしている平等であり、また彼のブルジョア社会批判は、輝かしいものではあっても、完全に空想主義者の道徳的立場に立っている。歴史的見解では、彼はサン＝シモン（Saint-Simon）やシャルル・フーリエ（Ch. Fourier）にはるかに遅れをとっている。……だがヴァイトリングは、プロレタリア階級意識には依然ほど遠いものの、ブルジョア的空想主義からはすでにはるかに脱却している(2)」。

右の引用はヴァイトリングに対するメーリングの評価のごく一部だが、そのような評価は、主に旧東ドイツの研究者たちのあいだで受継がれてきた。一例に、ヘルヴィヒ・フェルダー（H. Förder）そのほかによって編集された資料集『共産主義者同盟資料集（Der Bund der Kommunisten. Dokumente und Materialien, Bd.1, 1836-1849, Berlin, 1970.）』の序文を読むと、そのようなヴァイトリング評価がやはり散見される。たとえば、ドイツ手工業職人の革命結社である義人同盟（Der Bund der Gerechten）がヴァイトリングの指導にかかっていた一八三〇年代末に、同盟は徐々にセクト的傾向を増していき、ブランキの秘密結社「四季協会」との連合がさらにその傾向を助長した、という見解がそれである(3)。また、一八四二～四三年にヴァイトリングが労働大衆に対して行なったスイスでの活動は大勝利を博したと称えながら、すぐそのあとの叙述では同時期の彼の思想には「時代遅れの面がはっきりあらわれている」と評してもいる(4)。ヴァイトリングに対するこうした評価は、そのほかベルト・アンドレアス（B. Andréas）が編集した『共産主義者同盟設立資料（1847.6-9.）（Gründungsdokumente des Bundes der Kommunisten «Juni bis September 1847», Hamburg, 1969.）』の序文でもみられ、そこでは、ヴァイトリング指導下の義人同盟に「一揆主義（Putschvorstellungen）」の傾向を認め、それはやがてカール・マルクスとフリードリヒ・エンゲルス（F. Engels）の同盟接近で拒否されていくとしている(5)。そのほかアンドレアスは、義人同盟スイス支部はあまりにも職人的要素が強すぎたため、理論的発展が立ち遅れたとも述べている(6)。

だがなかには、エルンスト・シュレープラー（E. Schraepler）のように、ヴァイトリングのマイナス面を述べはしても必要以上に強調せず、かえってパリ・スイス時代に彼が発揮した組織指導力、卓越したプロパガンダを評価しようとする見解も若干ある。すなわちシュレープラーは、著書『手工業者同盟と労働者協会・一八三〇～一八五三年（Handwerkerbünde und Arbeitervereine 1830-1853. Die politische Tätigkeit deutscher Sozialisten von Wilhelm Weitling bis Karl Marx, Berlin・New York, 1972.）』で、次のように語っている。「ヴァイトリングが（スイスから—引用者）去ったことは、スイスのドイツ人コムニストと『義人同盟』にとって過酷な結果を招いた。いまや、彼が手工業職人運動中に占めていた位置がどれほど強大であったかが明らかになった」(7)。このようにシュレープラーは、ヴァイトリングを評価するにあたって、彼の理論面の欠陥と行動面の非凡さを公正に扱うのである。

以上のメーリングほかの研究者たちによるヴァイトリング評価に対し、本書では大なり小なりの批判・修正を施すことになる。ただしヴァイトリングの貨幣観については、第5章第2節でマルクスとの比較でなくプルードンとの比較を重視しているから、いわば論じる土俵が違う。前以て取沙汰することは要らない。また、マルクスとの対比でもちだされるような「空想的」という点については、先に触れてあるとおりの姿勢で望みたいし、本書第3章第4節で詳しく論じている。だが、平等主義者・一揆主義者・セクト主義者、なかんずくブランキストとしてのヴァイトリング像には、本論にはいる前に変更を加えておきたい。といっても、ヴァイトリングがブランキストでなかったという意味での変更ではない。むしろ彼は、当時のドイツ手工業職人中で最大のブランキストであったと表現してもよい。ここでの批判点は、いったんヴァイトリングを離れたところにあって、ルイ・オーギュスト・ブランキ（L. A. Blanqui, 1805-81）自身に対する評価にかかわる。すなわち本書では、マルクス、エンゲルスが同時代人ブランキを評していらい通説となっているような、いわゆる陰謀至上主義・一揆主義としてのブランキズムを〔暴動即革命論〕と名づけ、ブランキ思想の裏面と規定する。そして、ブランキ個人の思想にはもっと積極的な表面があって、これがマルクスにすっかり吸い取られた結果、ブランキ自身の思想としては不当に無視されてきたと主張したいのである。その際、本質的な表面というのは、ブランキが、大衆運動を革命に向けて指導するには是非とも独自の政治指導が必要だと考え、これが時代情況によっては少数者の陰謀というかたちをとらざるをえないにせよ、大衆運動とは別個に、しかも同時並行的に存在しなければならないと結論したことである。ブランキはこの陰謀をフランソワ・ノエル・バブーフ（François Noël Babeuf, 1760-1797）から体得した。

一八三〇年代後半にいたり、ブランキは次のように意識して四季協会を指導した。すなわち、少数革命家の陰謀が大衆と結合しえない時点での蜂起、またもっと悪くは、およそ計画としての陰謀をもちえないままの自然発生的な一揆、それらは国家権力にとって、純粋軍事力学上の問題として、致命的な打撃とはならない。ときに国家権力は、自らそれを人民大衆に誘発させ、エネルギーを消耗させもする。ところが、国家権力がもっとも恐れる点は、少数革命家の陰謀が大衆と結びつき、その支持を獲得し、蜂起を組織しうるようになることであり、またそれを不断に指向する革命党が存在することである。陰謀が終始陰謀としてとどまるのではなく、たえず大衆蜂起を意識し、それに従属し、政治情勢の客観的推移のなかで、自らを大衆蜂起に結合させること、これは国家権力に対する革命的暴力の勝利を保証する。この〔計画としての陰謀〕こそブランキズムの表面にあった特徴的理論である。だが彼は、これを実践するに際しては自己矛盾的な誤りに陥った。ブランキは、少数者の決起をバネとした大衆の全面的暴動参加をもって革命の一歩が踏み出されるとみなしたものの、その少数者の決起と大衆蜂起との関係性、結びつきを何一つ解決せぬまま、ただ少数者の陰謀だけを主観的に成熟させ、それに全面的に依拠してしまったのである。このように逆立ちしたブランキをみて、後世の革命家・研究者たちはブランキズムのすべてと誤認し批判を浴びせたのである。マルクスはこの逆立ちをブランキのなかにみた、エンゲルスはそれを大げさに宣伝した。だから、陰謀ですべてを解決しようとする人間、というレッテルが、ブランキの独占するところとなったのである。けれどもマルクスは、〔計画としての陰謀〕を、同時にブランキのなかにみていた。そうだからこそ、大衆の自然発生的な運動とは別個に、国家に対し陰謀をめぐらす革命党の運動を重視したのである。マルクス〔主義者〕は、己れと異なる部分をブランキに負わせたのである。ブランキとマルクスの共通点が、両者の相違点によって相殺されたばあい、ブランキは「ブランキスト」として抹殺され、獄にいる時でさえ、彼の信奉者が犯した誤ちを一身に背負わされたのである。ブランキ評価にまつわる右のような修正を承認してはじめて、本書で論ずるヴァイトリングにブランキストの資格が与えられる。すなわち彼は、よかれあしかれ、ブランキズムにおける表裏両面を受継いだのである。

さて、従来の研究姿勢に対する批判の第二点、Vormärz期手工業職人の、労働運動中で果たす役割について論じよう。これについても、やはり右にあげたメーリングほかの論者の立論を検討したい。まずメーリングは、マルクスが介入するようになった時期の義人同盟員について、次のように評する。

「同盟はほんらい、スイスにおけるヴァイトリングの秘密同盟にみられたような構成分子でなっていた。同盟員は、労働者階級に属するかぎりではほとんどが手工業職人であり、なかでも仕立職人が優勢だった。……彼らは、いまだ片足をドイツの手工業に（in deutschen Handwerk）つっこんでおり、手工業の方はまたこれで、ツンフト的な妄想に囚われていた[8]」。

　ここでメーリングは、Vormärz 期という時代情況を十分理解して、手工業職人の社会的理念の保守性に言及している。だがメーリングは、マルクスとエンゲルスが同盟を理論面で指導するようになった以降に職人たちが右のようなツンフト観念を懐いたばあい、これをあきらかに時代遅れのものとし、マイナス評価を下す。また職人たちは、同盟の正式名称に〔deutsch〕という形容詞を冠し、ともあれナショナルな方向、祖国ドイツを解放するのだという方向を打出していたのだが、メーリングはこの傾向にもさしてプラス評価を与えない。すなわち彼は、先の大著の序文冒頭で、「ドイツ労働運動とドイツ社会主義とは、最初から国際的な性格をもっていた[9]」（傍点引用者）と述べ、義人同盟のインターナショナルな側面を強調する。メーリングによる右のごとき評価は、なるほど一九世紀後半における諸運動には十分あてはまるが、しかし Vormärz 期手工業職人の運動については我田引水の気味がある。つまり、第一に手工業職人の保守的な社会理念と進歩的な政治理念の不可分な一体化、第二に職人たちのナショナルな要求とトランスナショナルなそれとの不可分な一体化を、この時期に認めねばならないのである。

　右の注意点は、先のフェルダーらの Dokumente 序文になると、もっとはなはだしく強調せねばならない。この序文の論調から推察すると、そもそも共産主義者同盟以前の労働運動はまったく空想的なものに押し下げられてしまう。「共産主義者同盟は起点であり、同時に基礎であった」（傍点引用者）という表現は[10]、Vormärz 期労働運動で果した手工業職人の役割に無価値の烙印を押すに等しい。また義人同盟の結社運動にナショナルな面を認めず、ひとえに[11]「一つの国際共産主義党の形成」上で意義をみいだしている。またアンドレアスは、「パリで追放者同盟から義人同盟への再生が生じたが、その活動によってドイツ人の自立した労働運動の第一期が開始した」と述べているものの、「この国際主義の創始以来、それはまた国際労働運動にとって決定的な意義をもつことになった[12]」として、またもや職人運動を一方的な扱いで結んでしまう。このような扱い方では Vormärz 期と一九世紀後半とのあいだに横たわる種々の懸隔がぼかされ、それこそ三月革命の存在意義も消し去られてしまう。その点シュレープラーは、旧東ドイツのオーベルマンを引き合いに出しつつ、「第一に、ドイツ手工業職人が展開した民族的運動の重要性を偽ってはならない」とし、(13) Vormärz 期に独自な手工業者運動を諒解している。

シュレープラーを除いた前述の論者たちが、Vormärz 期労働運動において手工業職人が果たす役割を積極的に評価せず、マルクスとエンゲルスの指導なくしては重要性に欠けるように表現するのは、いったいなぜであるか。その回答を得るには、あれこれの研究書を洗うよりも第一に、メーリングそのほかが弁護しているような、マルクス、エンゲルス自身の職人観をみるのがよい。また同時にそれを、共同体主義者《コムシスト》ヴァイトリングのそれと比べてみるのがよい。

マルクスらのまえにまずヴァイトリングの職人観をみると、次のようである。ヴァイトリングは Vormärz 期の職人階層をプロレタリアと呼び、労働運動、すなわち彼の意味における革命運動の主体とみなす。またこの階層は中世的なそれでなく、イギリスを先頭に産業革命が進行する時代の、凋落の淵にある人びとである。この階層は、フランス流になぞらえればサン＝キュロットの末裔ということになる。そのようにヴァイトリングは、実のところバブーフ以来のフランス共同体主義《コムニスム》の系譜において、手工業職人を革命の主体にみたてたのである。ブルジョア支配の黎明期にバブーフが、その支配の発展期にブランキが、各々サン＝キュロット層の即時解放を叫んで行動したように、ヴァイトリングは、ブルジョア革命前夜のドイツでも、革命は職人のための職人だけによる、あるいは貧民だけによるそれしかありえないと主張する。したがって彼は、いついかなる時にでも、現に眼前で圧制に苦しむ人びとがいたなら、その階層が革命主体となる資格と能力を有すると判断する。どのようなかたちであるにせよ、現に存する被抑圧民衆が即座にダイレクトな革命をおこして自己を解放し自由にすることが、ヴァイトリングにとって唯一革命の名に値するものであった。(14) このようにしてヴァイトリングは、雑多な労働者を含めた職人層が、Vormärz 期における、すなわち彼にとっての現代における最も革新的な階層と判断する。そのような手工業職人たちは「義人 (Gerechten)」なのであった。(15)

さて一方で、ヴァイトリングにすこし遅れて共産主義者になったマルクスの職人観を考えよう。ただし、マルクスにおける革命の主体については、すでに多くの研究がなされ、この点ではみな一致して、「近代工場プロレタリアート」とか「近代賃金労働者」とかを挙げる。それはむろん正しい。しかしながら、Vormärz 期における労働運動・革命運動の主体という事でそれを挙げても、数的および政治的力量の点で、およそ現実有効性をもちえない。そこからマルクスは、理論的には近代プロレタリアートに固執しつつも、実際面では旧来の労働者、すなわち手工業職人とともに革命党の建設に乗り出さざるをえなかった。それでも一八四五年以降、唯物史観によって客観的な立場に立とうと努力していた彼には、手工業職人の階層が、時として没革命的にも思えるであった。この点はエンゲルスも同じで、マルクスあての彼の書簡には、次のような職人軽視の見解がみられる。

「先日僕がジゴにあてた短信は、次のような理由で書いたものだ。一〇月のフォーブール・サン・タントワーヌ暴動に関する審理では、多くの逮捕されたドイツ人も尋問をうけた。第二の群はすべて渡り職人（Straubinger）でなっていた。今では国境外に追い出されているこれらの馬鹿者ども（Schafsköpfe）の若干名はエ（ヴァーベッ）クとそれに僕のことでべらぼうなたわごとを陳述したにちがいない。……我々に向かってこれらの若者たちは、自分のことを『民衆（das Volk）』とか『プロレタリア』とか言っている。しかし我々はただ、ドイツでようやくこれから形成されるはずの共産主義的プロレタリアートにのみ訴えることができるだけだ[16]」。（一八四六年一一月、傍点原文イタリック）

この手紙文はエンゲルスのものだが、マルクスとてこの見解と一致している。要するに彼らは、手工業職人の革命運動を一面ではきわめて高く評価しドイツ・プロレタリアートと呼び、他面では時として本来的な姿、すなわち浮動する中間階層、没落に瀕するツンフト職人とみるのである。そして究極的には、彼ら手工業職人ではなく、「これから形成されるはずの共産主義的プロレタリアート」に真の革命主体を垣間みることになる。また現に四八年に革命が生じても、のちに詳述するように、マルクスは手工業職人独自の武装や政治指導を退け、彼らの階級的・政治的教育（『賃労働と資本』講演など）を重視した。この点でマルクスにはプロレタリア革命というものは、これを起こすに足るだけの客観的な諸条件が基本線上まで成熟していないかぎりけっして起こらないものであり、あえて実行してもみじめな敗北を喫するだけだという認識があった。それ故、Vormärz 期にあって貧困や悪弊に苦しんでいた下層民のことについては、それが近代プロレタリアートに指導されないかぎり、単独で自己を解放する主体たりえないと結論したのである。こうした認識は、ヴァイトリングとは正反対のものであった。

ここにいたって、先にメーリングほかがなぜVormärz期の労働運動で職人層の果たす役割を積極的に評価しないか、という疑問への回答が示された。メーリングらは、明らかにマルクス的な職人観を客観的・科学的と評し、ヴァイトリング的なそれを主観的で時代遅れなものとして退けているのである。だがしかし、この二人の見解がおよそ同一軌道にないということを見ぬけば、双方を比べて優劣を決めるなどという発想は生まれてこないはずである。すなわちヴァイトリングの見解はまったくもってVormärz期に符合した、この時代に特徴的なものの一つであり、現在を現在のうちに徹底的に解放しようという次元で立てられた、「時代の要請」に沿った理論である。一方マルクスの見解は、理論的にはVormärz期をぬけ出ており、この時代には実行不可能なものであって、それ故現在はそのままでは解放されえず、この課題は将来に委ねられるべきという次元にあったのである。ところで本書ではVormärz期あるいは一九世紀前半〜中葉期を純粋に思想史的にみるというよりも、この時代の歴史にわけ入って、諸理論・諸思想が通俗化されていく過程ないしは実践される局面を問題にしている。そうであればここでは、マルクス的あるいはメーリング的発想のもとに急進的手工業職人の運動を裁断するわけにはいかない。ツンフト的社会理念と直接民主主義的政治理念、ナショナルな要求とトランスナショナルな要求をあわせもった職人を、理論によってでなく実証によってありのまま論ずることを通じてしか、Vormärz期およびその後の社会思想史的特徴点・相違点は浮かんでこないのである[17]。

注

（1）〔歴史知〕については、以下の文献を参照。『石塚正英著作選【社会思想史の窓】』第2巻「歴史知と多様化史観―関係論的」社会評論社、二〇一四年。

（2）Vgl. Franz Mehring, Geschichte der deutschen Sozialdemokratie, Berlin 1960, S. 100, S. 102.

（3）Vgl. Der Bund der Kommunisten, Dokumente und Materialien, Bd.1, 1836-1849, hg.v. H. Förder, M. Hundt, J. Kandel, S. Lewiowa, Berlin 1970, S. 12.

（4）Der Bund der Kommunisten, S. 14.

（5）Gründungsdokumente des Bundes der Kommunisten (Juni bis September 1847), hg.v. Bert Andréas, Hamburg 1969, S. 12.

（6）Gründungsdokumente, S. 11. なお同箇所では、スイスにおける産業発展の遅れも理由にしている。

（7）Ernst Schraepler, Handwerkerbünde und

Arbeitervereine 1830-1853. Die politiche Tätigkeit deutscher Sozialisten von Wilhelm Weitling bis Karl Marx. Berlin・New York, 1972, S. 91.

（8） F. Mehring, ibid., S. 324 f.

（9） F. Mehring, ibid., S. 3.

（10） Der Bund der Kommunisten., S. 5.

（11） Der Bund der Kommunisten., S. 18.

（12） Gründungsdokumente., S. 7.

（13） E. Schraepler, ibid., S. 30.

（14） ヴァイトリングのこうした主張は、W. Weitling, Garantien der Harmonie und Freiheit, Vivis, 1842（Nachdruck, Berlin, 1908）, S. 210 ff. に散見される。

（15） “Gerechten„を「正義者」と訳すばあいがある。それは間違いではないが、適切でない。ヴァイトリング指導下の職人たちは、「すべての人間は兄弟である」といったキリスト教的な同胞意識が支えとなっていたのであるから、キリスト教に関連する「義人」がよりふさわしい。

（16） F. Engels an K. Marx, Mitte November-Dezember 1846, in: K. Marx/F. Engels Gesamtausgabe III-2, Berlin 1979, S. 65, S. 67.（邦訳『マルクス・エンゲルス全集』第二七巻、大月書店、六五頁、六七頁）。

（17） 詳しくは以下の文献を参照。石塚正英『近世ヨーロッパの民衆指導者』社会評論社、二〇一一年。

二　日本、とりわけ一九六〇年以降

第二次世界大戦後の一九五〇年代日本において、一九世紀前半期ヨーロッパ労働運動史研究に関して、次の論文群が発表されている。林健太郎「三月革命と社会主義」（『西洋史学』第一一号、一九五一年）、伊東勉「一八四八年のドイツの労働運動―民主共和国のための闘争―」（『歴史評論』第七三号、一九五六年）、廣実源太郎「ボルンとシュレッフェル―三月革命における労働運動の一断面―」（『学芸学部紀要』〈和歌山大〉第八号、一九五八年）などである。その後一九六〇年代に至れば、島崎晴哉『ドイツ労働運動史―根源と連続性の研究―』（青木書店、一九六三年）が特記されよう。本書はドイツ労働運動の起原をVormärz期にみいだし、この一書をこの期の手工業者運動の解明に献げている。これ以外には、たとえば東畑隆介「シュテファン＝ボルンとドイツ労働者運動」（『史学』〈慶応大〉三三―四、一九六〇年）、柳沢治「三月革命期における手工業者運動とその社会的経済的諸問題」（『社会科学研究』〈東京大〉一九―五、一九六八年）、増谷英樹「ドイツ『三月革命』期の労働者運動」（『歴史学研究』第四五二号、一九七八年）など、いずれも四八年を軸にしたものだが、むろんVormärz期手工業者運動を理解するのに最良の文献となっている。

　六〇年代から七〇年代にかけての右のごとき貴重な研究成果は、しかしながら歴史学・哲学・法学・政治学・経済学など様々な学問分野でなかば孤立した、縦割りの状態で達成されてきた。そうした研究方法は、むろん長短双方の特徴をもっているが、こと社会思想史という分野では短所がめだつ。この分野は、右の諸学問をどうしても横断せねば実をあげることができない。そのような理由から、既成の諸学会で社会思想を専攻する研究者たちは、一九七〇年代後半にいたり、「社会思想史学会」を結成し、インターディシプリナリな研究方法によって、この分野を新たな一つの学問体系に総合しようと努力しはじめた。その傾向は二一世紀の今日まで継続している。

　戦前戦後のわが国におけるVormärz期研究の動向を概述したあとを受けて、次には本研究の直接対象であるヴァイトリング研究に対するわが国でのとりくみ方をみてみよう。このテーマに関するまとまった研究としては、第一に高橋正立「ワイトリングの生涯と『調和と自由の保障』―ワイトリングの社会思想（上）―」（『経済論叢』〈京都大〉八五―六、一九六〇年）、同「プロレタリア階級意識の端緒的成立―ワイトリングの社会思想（下）―」（同、八六―一、一九六一年）がある。高橋はこのテーマを探究するにあたり、第一論文でその意図を「（1）マルクス以前の共産主義の到達点を示すことによって両者の連続面と断続面とを明らかにし、（2）つぎにそのことから逆に科学的社会主義の構造を見直すこと」だとしている。[1]ところで、この二点を比べると、そのどちらを強調するかによって、ヴァイトリング評価に著しい相異が生じてくるように思われる。すなわち（1）を強めると、これはヴァイトリングを独自な研究目的に設定する方向にすすむであろうし、（2）を強めると、ヴァイトリングを初期マルクスのすそ野におしこむ方向にすすむであろう。むろん高橋は論そのどちらかに強めていくのには反対し、（1）に注を付け、「そのばあい、同時にワイトリング独自の存在意義を見失うべきではないが、この点は別の機会に論じたい」と述べ、とりわけ（2）の方向への急傾斜に楔を打っている。[2]だがそれでも高橋は、この同じ論文中で、ヴァイトリングの思想発展を一八四二年末に出版された『調和と自由の保証（Garantien der Harmonie und Freiheit）』の水準にとどめ、一八四九年の同書第三版ではヴァイトリング思想の「大巾な後退的改訂が行われている」とする。これでは、けっきょくのところ初期マルクスに乗り越えられるヴァイトリング像を、あるいはマルクスの挫折せる先行者という像を描いてしまうことになりはしないか、という疑問が残る。

そのような疑問を解決するため、高橋の二作目の論文（一九六一年）の内容に言及しよう。そのなかで彼は、ヴァイトリングの思想を前近代と近代の両要素が入り混る、Vormärz 期に特有なものとして描き、ひじょうに説得力ある論を展開している。革命理論では「端緒的」ながらも「プロレタリア階級意識」に立脚して階級対立の非和解性をとらえ、他方、社会の経済学的把握では「流通過程での搾取」、「まさしく目に見える形での搾取」しか眼中になかったヴァイトリングを、高橋は鋭く分析している。だが、総体的な評価となると、次のようにしてマルクスのみに結びつけ比較しはじめる。「結局、ワイトリングの功績は、近代プロレタリアートが未成熟で、現実に多種多様な階層が存在する段階で被抑圧階級を一つの階級として認識しようとし、しかも、この現実の中では、かかる試みはいきおい制約を受けなければならなかったにもかかわらず、労働を通じての階級対立をはっきりつかみ、そして、それらのことによって、やがて『働く者』の実存形態がひろくプロレタリアとなるような時代の革命理論—科学的社会主義—の準備をした点に存する、ということができよう[3]」。いかに歴史的評価による救済を試みようと、いったんヴァイトリングをマルクスのみに結びつけると、いままで前者から後者へと筋道をたてていたものが、逆に後者から前者へのコースに変わり、そのことによって、マルクスがヴァイトリングからどれだけ秀でていたかという点や、マルクス思想に特徴的なことがらがどの程度までヴァイトリング思想のなかに萌芽としてあったかという点に力点が変化してしまう。その度合が強まれば、ヴァイトリングもまた初期マルクスのすそ野、ないしはこれに連なる標高の一段低い峰におしとどめられるのである。

かように述べてくればヴァイトリングは、ブランキ→ヴァイトリング→マルクスの脈絡だけで研究するには器の大きすぎる人物だといえよう。この点をさらに敷衍すれば、高橋が、「ワイトリングは不十分ながらも移行期を問題にし、権力についても若干触れているが、これはやがてプロレタリアート独裁の思想へと結実していくはずのものである」と予測する点[4]も、右の脈絡でのみヴァイトリングを評価している証である。本書では、この予測を否定しないが、そのうえさらに、ヴァイトリング→バクーニンの脈をも、いま一つ予測している。それも似た者同士でなく、のちになってまったく正反対の理論を完成させるマルクスとバクーニン両者の脈へとヴァイトリングを結びつけるのである。かように本書では、ヴァイトリングをたんにマルクスの先行者とするだけでなく、広く Vormärz 期以後の諸革命思想の先行者にもみたてるのである。詳しくは第5章第1節

「諸系譜雑居のヴァイトリング思想」で縷説する。

さて、ヴァイトリング評価にまつわる重要な問題を、ここでいま一つ提示したい。それは、先に諸外国の研究史を述べた際に言及した、ブランキスト・ヴァイトリングのイメージについての、わが国研究者の対応である。これをみるには、森田勉『初期社会主義思想の形成』（新評論、一九七三年）の第二部「ヴィルヘルム・ヴァイトリングの社会思想」（一九五八〜五九年に雑誌論文として発表済）と、良知力『マルクスと批評者群像』（平凡社、一九七一年）とを手がかりとする。

まず森田著作であるが、森田はそのなかで、まずはヴァイトリングを無条件にマルクスと比較して前者を空想的だと評価するようなことは避けるべきだという忠告を行なう。すなわち森田は、ヴァイトリングには「科学的な理論がないのは当然のことなのだから、マルクス・エンゲルスとの歴史段階の相違を確認したうえで、かれを歴史的に位置づけることが見落されてはならないであろう」と述べる[5]。だがしかし森田は、ブランキズムとヴァイトリングの関係、あるいはより正確にはブランキそのものの評価では、そこに右のような「歴史的に位置づける」というクッションをおかずに、次のように述べる。すなわち森田は、「一八四八年以前のブランキ」を、「良く組織された少数インテリの陰謀による武装暴動を計画し、古い陰謀思想から脱却しえないで一揆主義的革命理論の枠内にとどまっていた」と評し[6]、ブランキズムの裏面、つまり〔暴動即革命論〕でもってその全体とみる。ついでヴァイトリングの革命方法については、森田のばあい、そのようなブランキズムを「はるかにこえたもの」となる。こうした論旨から推察できるのは、ヴァイトリングは、ブランキ自身には無理だったにせよ、かの一揆主義を乗り越えている、ないしは乗り越え出ようとしている、ということである。

だが一方で森田は、国家権力の転覆・貧民の暴力掌握という段での方法・計画性については、ヴァイトリングは「ブランキに劣っている」とも評価する[7]。この点で彼は、ブランキ思想のなかに表面、つまり〔計画としての陰謀〕を認め、しかしヴァイトリングにはこれを認めない、ないし貧弱だと判断する。またヴァイトリングの過渡期理論について森田は、「根本的な点で動揺を含んではいるが、しかし階級独裁ではなくて実質的には住民の決然たる部分に支持された革命組織の独裁、ひとにぎりの陰謀革命家、秘密結社を中枢にした人民独裁、『パリの独裁』を主張した当時のブランキよりも一歩進んだもので、プロレタリア独裁の萌芽形態と見ることができる」と結論し、ここではヴァイトリングの優位を、よりマルクスに近づいているという意味で強調している。[8] 森田の以上の見解をまとめると、ヴァイトリングはブランキズムに影響はうけたが、この革命思想の最大マイナス面である一揆主義は乗り越え、またプロレタリア（階級）独裁の提起についてブランキズムの別のマイナス面をも発展的に解消し、総体として、「当時の社会主義思想圏の中で共産主義革命を期待した唯一の流派である新バブーフ主義の系譜に属しながら、これをさらに発展させ」た人物となる。[9] このような見解は、むろん本書の立場とかなり重なりあっているが、しかし若干の、重大な相違点がある。それはまずブランキ自身の思想について、森田はこれに積極的な表面を一部認めつつも、やはり通説にしたがって裏面を強調しすぎていること、また森田は、ヴァイトリングにはこの裏面の傾向が認められないとしていること、それに、けっきょくはマルクスの登場によってヴァイトリング思想は「歴史上の積極的な役割を失った」としていることである。[10]

次に良知力の前記著作に移ろう。良知もまたそのなかで、まずはヴァイトリングをすぐさまマルクスと比較せず、その歴史的な評価を施す。たとえばヴァイトリングが「社会的矛盾を資本制的生産過程のなかにみいだすことができず、その批判がせいぜい流通の局面にとどまって、したがってその理論がユートピア的であらざるをえなかったのは当然である。資本制的生産が彼の社会をとらえてはいなかったのであるから、彼はなお手工業職人であったのだから」という叙述が、[11] その点を示している。この論理展開は、高橋・森田両者にも共通していて、ヴァイトリングをVormärz期にかぎっては、あるいはマルクスが登場する前にかぎっては歴史的に意義を有していたとするものである。それは、ヴァイトリングをマルクスに結びつけるに際しては本書でも採用する論理だが、しかし本書がおよそヴァイトリングとマルクスを同一軌道上におかず、それ故、たんに前者を後者によって乗り越えられる対象としていない点からすれば、十分なヴァイトリング評価（救済）になってはいない。

また良知は、ブランキスト・ヴァイトリングのイメージについては、ブランキの裏面だけを受継いだ像を採用する。その点は森田の説と異なっている。森田は、はっきり提言していないにせよ、そもそもブランキ自身の思想に〔計画としての陰謀〕と〔暴動即革命論〕の双方を認め、ヴァイトリングはなによりも後者を拒否していく方向でブランキズムを発展させていくように解釈する。しかし良知にあってはブランキズムとは元来一揆主義、本書でいう〔暴動即革命論〕であり、それ故、ヴァイトリングへのブランキの影響の有無は、一揆主義が中心になる。そのあたりを良知の叙述にみいだすと、次のとおりである。「季節社はオーギュスト・ブランキ、アルマン・バルベス、マルタン・ベルナールによって指導された革命的秘密結社であった。彼らは武装蜂起によって政治権力を革命的に奪取し、共産主義社会を樹立しようとした。しかしその戦術は、大衆的な組織基盤のうえに階級闘争を組みあげていこうとするのではなく、死を賭した革命的少数者の奇襲による権力奪取であった[12]」。良知は、このようにブランキズムの裏面を述べることがあっても表面を語るところがない。したがって彼は、裏面を強調したままのブランキズムだけがヴァイトリングに影響を及ぼしたと考える。それも、森田のばあいとちがって良知は、この一揆主義的に強調されたブランキズムがのちのヴァイトリングにはしだいに強まると解釈する[13]。その際、良知が「のち」というのは一八四九年当時を指しているが、そうであればヴァイトリングが、それに当のブランキも、一八四八年にベルリンあるいはパリで、一揆主義とは正反対の公然たる大衆運動を宣伝ないし指導しようとしたことと符合しない。

そのほか良知は、ヴァイトリングの過渡期論についても、裏面を強調したブランキズムから説明する。「議会主義的改良の途をまっこうから拒否したワイトリングは、そのかぎりではブランキ主義的蜂起の途を歩まざるをえない。さらにまた大衆路線を放棄して、少数者の革命的エリートを移行期の担い手とせざるをえない。こうして移行期における『独裁』が提起されるのである。彼は『独裁』というだけで『プロレタリアートの独裁』という言葉を使ってはいない。それは天才的個人による独裁なのである[14]」。

良知のこの解釈は、言葉だけに注目すれば先の森田のそれとも、また高橋のそれともたいへん異なる。森田がヴァイトリングの独裁を、ブランキの少数派独裁より一歩進んだもので「プロレタリア独裁の萌芽形態」とみ、高橋が「プロレタリアート独裁の思想へと結実していくはずのもの」としているのと対照的である。ヴァイトリングの独裁が個人独裁か階級独裁かという点についての本書の立場は後述するとして、ここではブランキからの影響についての正反対の見解が興味深い。というのも本書では、森田の説にも良知の説にも同意しない、あるいは逆の表現を使えば双方とも部分的に賛成するからである。両者の見解に対し部分的にせよ賛成できるという、その理由は次の点にある。すなわち、一見するとまったく矛盾したことのように思えるが、そもそもブランキズムを本書のごとく〔計画としての陰謀〕と〔暴動即革命論〕の二面性を有した思想と把捉し、またヴァイトリングがその両面を受け継いだと主張すれば、矛盾は解消されるからである。より詳しく述べれば、森田の見解からは、ブランキズムの裏面以上にその表面がヴァイトリングに発展的に受継がれたと解釈でき、良知の見解からは、ブランキズムの裏面がすんなりヴァイトリングに受継がれていると解釈でき、本書はこれらに対し、その双方がヴァイトリングに—発展的であれ部分的にであれ—受継がれたとみなすからである。

以上、高橋・森田・良知三者の文献を参考にしながら、ヴァイトリング研究上の二、三の問題点をあげてみた。それによって本研究が新たに指摘した点を整理すると、次のとおりである。一、ヴァイトリングをたんにマルクスとの連関だけで考えず、したがってたんにマルクスの先行者とするのでなく、それ以上に一九世紀後半からの近代的革命諸思想の先行者とする。二、ヴァイトリング思想に先行者としての歴史的な意義をみいだすだけでなく、およそVormärz 期を現代として生きた手工業職人の、現在を現在のうちに解放しようとした視点が重要であり、その意味で解放を未来に託したマルクスとは軌を一にしていなかった[15]。三、ヴァイトリングがブランキストと称されるばあい、その真の内容は、ブランキズムに〔計画としての陰謀〕という表面と〔暴動即革命論〕という裏面があって、ヴァイトリングがこの両面を受継いだ意味でそう称されるのであり、片方だけ、それも通説のように後者のみに強調されたブランキズムを受継いだのではない。以上である。

ただし、この三点のうち第二点めは、本研究ではじめて提起されるものではない。これについてはすでに内山節が論文「初期社会主義の労働者観」(『現代の眼』現代評論社、一九七九年、一〇月号)で示唆している。彼は述べる、「社会主義思想の形成期において、マルクス的共産主義とマルクスによって批判された社会主義思想の間にあった最大の相違は、歴史の変革の相違をめぐってであった。つねにいまの労働者を解放しようとした人びとは、いまの貧困に眼を向け、いまの疎外を克服しようとした。だがマルクスは社会主義革命を将来のプロレタリア革命にゆだねた[16]」。内山のこの見解は、十分な論証に欠けるとはいえ、Vormärz 期労働運動をこの時代にひきつけて研究していた私に、強烈なインパクトを与えた。これによって私は、それまでに発表してきた諸論文をすべて再検討し、その都度立てていた叙述目的をいったんとり払い、一本の研究書『三月前期の急進主義』(長崎出版、一九八三年)にまとめなおそうと判断したのである。

またその際、「およそ Vormärz 期を現代として生きた手工業職人の、現在を現在のうちに解放しようとした視点」は一九世紀後半のアメリカ社会——社会的平等を基盤とする労働者共和国・初期民主主義社会——を現代として生きた後期ヴァイトリングの思想と行動にも妥当する。詳しくは第5章で縷説する。ちなみに、上記の三点中、第二点は前以て拙著『叛徒と革命―ブランキ・ヴァイトリンク・ノート』（イザラ書房、一九七五年）で提起してあったものである。内山論文はその四年後に発表された。

以上、本節一、二をとおして内外のヴァイトリング研究史、動向を概観してみたが、その目的はあくまでも従来の研究動向の若干を述べ、そのなかで本書の研究目的なり姿勢なりがどのような特徴点を示しているかを明らかにすることなのである。それ以外の、全体的な実証的研究・理論的考察の点では、むろん本節であげた諸研究の業績に大きく依存している。また、Vormärz期をどのような視角からながめ、どのような側面に意義をみいだすかという点で、メーリングや旧東独の研究者、わが国の初期マルクス研究者と本研究の相違を強調したが、それは、ドイツ社会民主主義とか国際労働運動の歴史を明らかにしてきたメーリングらの業績、初期マルクスの唯物史観や科学的共産主義の成立過程・内実を明らかにしてきたわが国の研究者たちの業績を最大限称えるという本書の基本姿勢と矛盾するものではない。等しくVormärz期を問題にしても、視角や視座、問題意識がちがえば、ヴァイトリングを何故とりあげるかという問いかけの返答もおのずと異なってくるからである。また等しくVormärz期に注目しても、ヴィルヘルム帝国時代・ワイマール共和国時代・戦後の分裂時代・ベルリンの壁崩壊後における各々のドイツでの研究には、書かれた時代が自然と反映し、また諸外国と日本とでは書かれた国あるいは西側か東側かで、何故とりあげるかという問いかけに、著しく異なった返答がかえってくることもある。そこで肝心なことは、以上の研究史・動向を述べるなかで、どの程度まで本書独自の視座が浮彫りにできたか、ということであろう。

注

（1）（2）　高橋正立「ワイトリングの生涯と「調和と自由の保証」―ワイトリングの社会思想（上）―」、『経済論叢』（京都大）、八五―六、一九六〇年、五八頁。

（3）　同「プロレタリア階級意識の端緒的形態―ワイトリングの社会思想（下）―」、『経済論叢』八六―一、一九六一年、五八頁。

（4）　同右、六一頁。

（5）　森田勉『初期社会主義思想の形成』新評論、一九七三年、二三八頁。

（6）　同右、二六一頁。

（7）　同右、二六一～二六二頁。

（8）　同右、二七一頁。

（9）同右、二六四頁。
（10）同右、三〇二頁。
（11）良知力『マルクスと批判者群像』平凡社、一九七一年、五二頁。
（12）同右、三五頁。
（13）同右、三六頁参照。
（14）同右、八七頁。
（15）「現在を現在のうちに解放しよう」との発想は前期（ヨーロッパ時代）から後期（アメリカ時代）へと貫かれた。例えば、アメリカで一八五〇年代にヴァイトリングが編集した『労働者共和国』の記事でしきりに「現在における（zeitlich）」幸福の実現を強調している。それが恒久的な（ewige）幸福の保証となる、というのである。W Weitling, Glaubens=und der Verstandeslehren, in: Die Republik der Arbeiter, hg. v. w. Weitling, New York 1850-1855(Nachdruck, Topos Liechtenstein 1979.) 28.7.1851, N.11.
（16）内山節「初期社会主義の労働者観」、『現代の眼』一九七九年一〇月号、二二三頁。

第I部　前期ヴァイトリング——一八四八年以前・ヨーロッパ

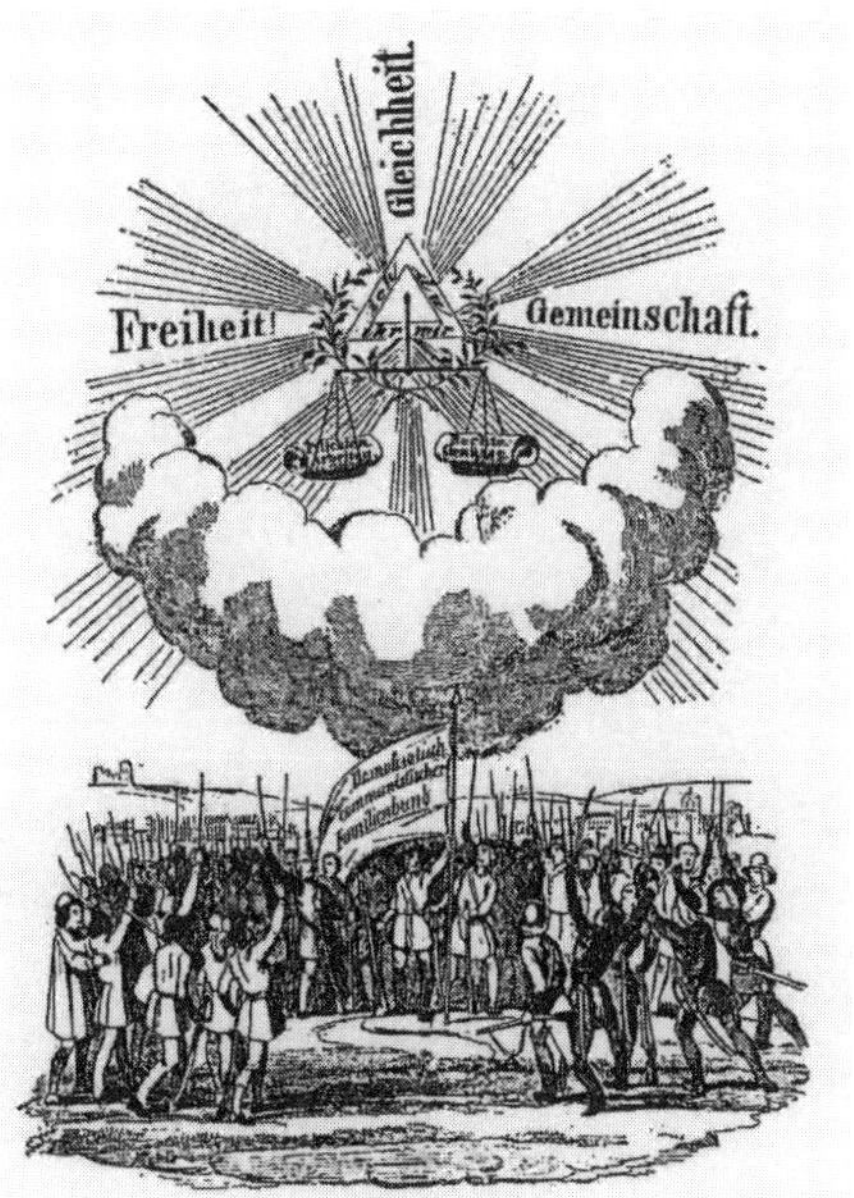

最後の聖戦
(『調和と自由の保証』第3版、1849、扉図)

第1章　ドイツ手工業職人の結社運動

第1節　義人同盟の結成とヴァイトリング

三月前期（Vormärz）における労働者運動やドイツ解放運動、政治的急進主義は、絶対主義下のドイツでは、登場するや程なく潰されてしまった。だが同時期以降に隣国のフランスやスイスに渡った亡命者や遍歴職人たちのあいだでは、そう容易く押しつぶされることなく、しだいに一潮流を形成していく。本節では、そうした諸外国でのドイツ解放運動の系譜を、パリおよびその後のスイス（ローザンヌやジュネーヴ）における義人同盟（Der Bund der Gerechten）の結社運動において確認したい。そのばあい、叙述の軸は、この同盟を理論的・組織的に指導していくヴィルヘルム・クリスティアン・ヴァイトリング（Wilhelm Christian Weitling, 1808-71）に設定される。

一　ドイツ手工業職人の結社運動

一八二〇年代から三〇年代、ポスト・ナポレオン反動期のウィーン体制下において、ドイツ諸邦の大学を追われた学生たち、いわゆるブルシェンシャフトの関係者や教師、デマゴーク狩で迫害された文士・ジャーナリスト、バイエルンの憲法制定を記念するハムバッハ祝祭（一八三二年）に参加し弾圧の憂目にあった共和主義的活動家たちは、その多くがドイツを離れる。祖国を去った彼らは、スイス・フランス・ベルギー、そしてイギリス等へ亡命し、そこで革命的・急進的な民主主義・共和主義思想を宣伝していく。しかし、もともと下位中産階層――かつては「小ブルジョア」と翻訳していた――出身の彼らにとり、外国での生活は窮乏と孤立を深めるばあいが多かった。そこで結びつく集団は、ヨーロッパ各地を遍歴し、腕一本で飯を食うドイツ手工業職人の階層であった。本書で軸に据えるヴァイトリングは、この階層中で最も革命的な行動をとる人物であ

郵 便 は が き

料金受取人払

本郷局承認

8184

差出有効期間
2016年11月29日
まで

有効期間をすぎた
場合は、52円切手
を貼って下さい。

113-8790

(受取人)

東京都文京区
本郷2-3-10

社会評論社 行

ご氏名

( ) 歳

ご住所

TEL.

◇購入申込書◇ ■お近くの書店にご注文下さるか、弊社に送付下さい。
本状が到着次第送本致します。

(書名)	¥	( ) 部
(書名)	¥	( ) 部
(書名)	¥	( ) 部

●今回の購入書籍名

●本著をどこで知りましたか

□(　　　　　)書店　□(　　　　　)新聞　□(　　　　　)雑誌

□インターネット　□口コミ　□その他(　　　　　　　　　　)

●この本の感想をお聞かせ下さい

上記のご意見を小社ホームページに掲載してよろしいですか?

□はい　□いいえ　□匿名なら可

●弊社で他に購入された書籍を教えて下さい

●最近読んでおもしろかった本は何ですか

●どんな出版を希望ですか(著者・テーマ)

●ご職業または学校名

る。彼の属する階層、ドイツ手工業職人は、「背嚢を背負い、わずかな金をポケットに入れ、手には節だらけの杖を持ち、ベルリンからコンスタンツへ、ウィーンからハンブルクへと」渡り歩き、(1)「昔ながらの職業上のならわしとして、よりよい労働条件を求めて」遍歴するうちに、「あるいはまた、政治的迫害による逃亡で、彼らが最新の思想をうる機会のある先進資本主義諸国の社会主義運動や労働者運動の中心へ行くかして」遍歴するうちに、(2)祖国ドイツにあって自らが持てる財産と権利がいかに不当であり無意味なものであるかを知っていった。そしてなんら愛国心を持つことなく、しかも祖国を解放するという使命を感じとっていったのである。それと同時に彼らは、国境や民族等の枠に制約されることなく、ボーダーレスな組織づくりに貢献していくことにもなる。

当時、「自由と統一」や祖国の解放を宣言し実践する主体の最底辺は、このような手工業職人のほか、マヌファクトゥア労働者、日雇い労働者などの下層貧民で構成されていた。近代工場プロレタリアが存在したのは、いち早く産業革命を経過しつつあったイギリスだけである。もっとも彼らにしても残余の最下層民衆と大差なく、没落や失業の可能性は不断にあった。したがってバーミンガム、マンチエスター、リヴァプールなどの新興工業都市では、彼らが政治運動の主力になりつつあった。しかしフランスでは、そしてそれ以上にドイツでは、いまだ旧来の下層労働者群が実践部隊の主力であった。外国で活動するドイツ人労働者が自らを「プロレタリア」と称するばあい、したがってそれは労働する者であるかぎりにおいて、また労働者組織のメンバーであるという自覚において、そのような意味で使っていたわけであり、「当時プロレタリアートとは、むしろ臨時の下層労働者と解されていたし、彼らは工場ではたらく人びとから独立して形成された」のである。(3)そうした下層貧民・流民の群れが政治的自由・経済的解放をもとめて反動権力とたたかうのは、彼らが封建的隷徒の軛によって一切の人権・財産を奪われていることを身をもって感ずるからであり、それが飢餓となって大量に発現するからである。だから当時にあっては、近代的労働者であろうが前近代的労働者であろうが、その日暮しからぬけだせずに苦しむ者であれば、彼らを直接・間接に抑圧する体制を転覆しようと企てたし、その事実に異論をはさむ必要はない。一九世紀初頭における資本主義の発展段階からみて、その時期に形成されたすべての労働者・貧民群が、鉄鎖のほか失うものをもたないような存在であったことは事実である。そしてこのような者たちこそプロレタリアであった。

ドイツ手工業職人は、職業修練のための、経済的窮乏の故の、そして政治的迫害の故の――三者は結びつかざるをえなかったであろう――遍歴を、主にパリで中断するか終了することが多かった。なぜなら、パリはヨーロッパ最大の都市の一つであり、職にありつく機会が比較的に多く、また思想運動のるつぼであったし、一定の政治的発言が許されていたからでもあった。彼らはたいがいパリ郊外の特定地域に生活していた。しかし、同様にパリで生活するドイツの知識人や芸術家連とは別個に暮していた。手工業職人のほとんどが仕立職人・家具職人・靴職人で占められ、総勢二万人ほどであった。(4)

パリにおいてドイツ手工業職人が加入した最初のドイツ人組織は、一八三二年二月に創設された「ドイツ人民協会(Der deutsche Volksverein)」である。この政治結社は、フランス政府の承認のもとに合法団体として存在した。フランス人の団体、たとえば人民の友協会など共和主義的下位中産階層と労働者で構成される組織と同様に、ドイツ人民協会もまた、商人見習い職人・手工業職人・学生・ジャーナリスト等で構成されていた。それは、ライン・プファルツの「祖国協会(Der Vaterlandsverein)」の支部として設立されたのである。この組織の理念は、ドイツの統一と政治的自由の獲得であり、その意味から亡命活動家を援助し、貧困にあえぐ階層を救済することが目的であった。指導者としては、もとブルシェンシャフトで活躍し四八年にはフランクフルト国民議会議員となるヤコプ・フェネダイ(J. Venedey)、一八三一年にゲッティンゲン暴動を指揮してのちパリへ逃れてきたテオドール・シュスター(T. Schuster)、ケルンの書籍商でやはり急進活動の故にパリへ亡命してきたゲルハルト・パッペルス(G. Pappers)らがいる。彼ら共和主義的知識人・職人たちの要求は、漠然としたスローガンとしてはまとまっていたにせよ、運動の発展過程で、相互にくいちがいをみせていく。それは、この結社ののち、フランス政府の結社禁止法(一八三四年四月九日の刑法二九一条修正)以後に登場する秘密組織「追放者同盟(Der Bund der Geächteten)」にいたってはっきりしてくる。

主としてフランス人権協会に向けられた結社禁止の弾圧策動は、ドイツ人民協会をも解体させるにいたった。それでなくとも手工業職人の活動方向と、下位中産的知識人の職人に対する偏見や危惧とのくいちがいが、遠からず組織を内から解体させる兆候をみせていたのだから、解体は必然ともいえるものであった。ドイツ人民協会は、その合法的な存続基盤を失い、そのなかから、秘密組織をつくり非合法活動をめざす部分が排出される。彼らはまた、イタリア統一運動指導者ジュゼッペ・マッツィーニ(G. Mazzini)

によるサヴォア遠征の失敗に連座しスイスを逃れてきた職人たちをも仲間に加えていく。一八三四年春から夏にかけて追放者同盟は、そのように当初から秘密組織としてスタートしたのである。

この同盟の目標は、「屈辱的隷従の軛からドイツを解放し、人間に可能なかぎりの警戒心をもって、隷従と貧困の再発を阻止する状態を基礎づける」ことであり、「この主要目標の達成は、第一に、ドイツ語を話しドイツの慣習をもつ諸邦における、社会的・政治的な平等、自由、市民道徳、そして国民統一の創出と保持によってのみ可能」であるとされている[5]。これは追放者同盟が、〔自由と統一〕の理念、祖国ドイツの解放と単一共和国の実現をスローガンとする急進団体として設立されたことを物語っている。そしてまた規約から察するに、新たに厳しくなった結社禁止令に対処するため、最高幹部たるナツィオナルヒュッテ（Nationalhütte）を頂点とする階級的・絶対的制度を採用していること、そして内部における上下の関係がメンバー自身に変更（再選やリコール）の余地を与えていないことがわかる。同盟の最底辺には基本組織としてヒュッテ（Hütte）があり、それは三人以上一〇人以下の定員で構成されている。そのメンバーは入会規定に合格したものがまずあてがわれる。次には中級の組織ベルグ（Berg）がある。それはすでに革命運動に一定程度参加し経験を積んでいる者がはいり、少数である。そしてさらに上級にはディカステリウム（Dikasterium）があり、頂点にはナツィオナルヒュッテが存在する。それらの名称はすぐに、ツェルト（Zelt）、ラーガー（Lager）、クライスラーガー（Kreislager）、ブレンプンクト（Brennpunkt）と変更された。以前の名称は一部がカルボナリに由来するものであった。

規約上ではまた全同盟員の平等が貫かれているのであるが、それは各級の各々の組織内部でのことであろう。上下の級間にあっては絶対的服従の権力が存在している。ヒュッテ（ツェルト）のメンバーは上級組織の存在とその計画について何も知らされず、ベルグ（ラーガー）のメンバーには知らされていた。ナツィオナルヒュッテ（ブレンプンクト）の構成員は自らその代表者を選出し、彼の存在と名前はすべての同盟員に秘密であった。敵をあざむくにはまず味方からというわけであろうか。下級のメンバーは、匿名の片務的な指導を、反抗もせずに受けていたことになる。また各級の組織はけっして相互に連絡しあってはならず、独自の横のつながりは全面的に禁止されていた。その役割は、あくまでも、ブレンクプンクトやそれが命令した委員会による全権代表が、上下階級・各組織間の連絡や命令を伝え、指導することで果たしたのである。そのほかに上下の関係では、下級組織が当該の上級組織だけは知らされ、これに対し三ヶ月に一度ずつ報告をするという義務があった。このようにして、上下の関係はとかく絶対的・階級的であったが、決定的なことは、ブレンプンクトが独自の判断でクライスラーガーを解体したり、同盟員を除名したりする権限をもっていたことである。このような制度は、組織内にほとんど民主主義を採用することのない下位中産的知識人の特質であり、あるいはカルボナリに由来する伝統である。それは組織内にプロレタリア分子が流入していくにつれ、克服されていく。

秘密厳守に関しては、それを破った者に対し、もっとも苛酷な処分として死刑が存在した。これが実際に適用されたかどうかは判明しないが、ともあれ新入会員は、入会にあたり次の誓いをたてる。

「私は、同盟の存在についての秘密厳守と、その崇高な目標のための誠実で献身的な情熱を、名誉にかけて誓います。もし私がこの誓いを破ったばあいは、名誉剥奪と死刑に処してください[6]」。

そしてまた、末端組織向けの規約（Allgemeine Statuten）最終条には「同盟を裏切る者は死刑に処す」（四一条）とある[7]。秘密厳守に対するこのような処分規定もまた、当時のフランスに存在した秘密組織に共通してみられるところの、カルボナリの伝統なのである。それはまたメンバーの平等についても貫徹されている。同士間の経済的援助や精神的激励は、対反動権力の点で強固にされていったが、それはやがて、対ブレンプンクトというような内部対立をもひきおこしていくのである。

ツェルトの役割は、有能な同盟員を獲得し、同盟の活動力を強化し、社会問題を討論して理解を深め、ドイツ解放へ向けた理論を普及させ、過激分子を監視し、個人や個別的なものでなく公正な諸原理に従わせ、仮面をかぶった偽善者をあばきだし云々、というものであった。ツェルトの長は半年ごとの選挙によって決定される。有能な活動をしたものは中級のラーガーにひきぬかれ、またツェルトのメンバーが増加し定員を越えたばあいは、ブレンプンクトがその分割時期と方法を決定し、そのようにして組織拡大が計画されていった。

同盟指導は、ドイツやスイスから亡命してきた知識人・ジャーナリスト・文士らが中心となって行なわれた。指導的人物としては、以前の人民協会で活動していたゲルハルト・パッペルス、テオドール・シュスター、ヤコブ・フェネダイ、さらに製本工のウルバン・ムシャーニ（U.

Muschani）らがいる。そして彼らはブレンプンクトのメンバーである。手工業職人は人民協会にも存在したが、追放者同盟にあっても最底辺で活動し、彼らはドイツへの組織拡大に対し、遍歴をもって貢献していくのである。しかし同盟そのものの体質はブレンプンクトの下位中産的共和主義理念―たとえその構成員中に職人がいるとしても、フェネダイやシュスターこそ運動理論の提供者であった―によって決定づけられ、そこから出発した。同盟雑誌として『追放者（Der Geächtete）』が発行される。追放者同盟に関する根本史料は、そのほとんどがこの機関誌からのものである。それは創刊当初から主としてフェネダイが執筆・編集したが、彼がパリを追われた一八三五年以降、シュスターが実権を握っていく。刊行期間は一八三四年七月から一八三六年一月までで、パリで刊行され、フランスのみならずスイス在住のドイツ人亡命者にも読者を得ていた。フェネダイは、下位中産的共和主義を基調にして、この雑誌で次のように語る。

「ドイツには三千万人が住んでいるが、このうち二八〇〇万人――農民・下男・日傭い人夫・手工業職人・そのほかの奴隷――が、年末までたった一日の休息も与えられることなく、またしばしば、ただの一日とて満足に飯を食う日を与えられることなく、年がら年中働きづくめである」。

「我々の期待する前途は、自由・平等そして友愛の前途となるであろう。あらゆる人びとにとって自由とは、精神のどのような桎梏も断ち切られ、ただ同胞の権利のみが、平等な自由の上に区切をもつことである！　法の前の平等と人類の前の平等とは、欠乏に対する享楽と、貧困に対するぜいたくの千年をつぐなうであろう！　友愛は、人間相互の支配欲と享楽欲、種族相互の支配の恐れ……国民相互の偏見を築く境界をとり去るのだ！……全体は個人のために！　個人は全体のために！　この言葉のなかに、みのりある勝利の秘密が存し、そして勝利の条件が存する。その言葉が認められるや否や、前途は我々のものである！」(8)

フェネダイの右のような主張は、一八三〇年代前半にパリで活動した文芸評論家ルートヴィヒ・ベルネ（K. L. Börne）の思想に近い。ベルネは、ルイ＝フィリップ（Louis-Philippe）治下のフランス社会をけっして自由・平等・友愛に貫かれたものとはみなかった。下層民衆があいもかわらず抑圧され続け富者だけが統治権を牛耳る不平等な社会とみていた。そのようなベルネと同様、フェネダイもまたドイツの来たるべき前途は、法と人類の前での万人平等の共和国においてのみ開かれると考える。その際彼はこの考えを、ベルネからというよりも、両者に共通して影響を及ぼしたフランスの革命的聖職者フェリシテ・ド・ラムネー（F. de Lamennais）から譲り受けているのである、彼はラムネーの言葉をそっくり借用して次のように述べる。

「すべての者は、自己が所有するものを保持する権利をもつ。さもないと誰も何も所有することができない。すべての者は、自己が所有しないものを自らの労働によって獲得する権利をもつ。なぜなら、さもないと貧困が永遠のものとなるからである[9]」。

この同盟の綱領的文書としては、フェネダイによる以上の諸論文のほか、一八三四年春の創立時に発行されたパンフレット『一追放者の信条宣言（Glaubens Bekenntniß eines Geächteten）』がある。

「……したがって、そのなかで自由が支配し、殿堂を築くことのできるところは、まったく民主主義共和国においてのみである。人民主権・人民統治がその本質である。ここには、自由に制限を与えたり法律を与えたりできるような、特定の優越した階級は存在せず、むしろ市民総体が存在する。……

そうして設立された国家は、国家形態に関するかぎり、自由の統治のための主要条件をそなえている。しかしそれは、いま一言不足している。それは、国家の内容と本質を、あるいはよりよくは、国民が己れの自由と権利とを実際に己れの利益のために利用でき、また利用することをもたらす制度である。この制度なしでは、どのような国家形態も、まさに生命なしのうわべだけ美しい形態にすぎない。それは市民の社会的地位のなかに、彼らの分別・徳・財産のなかに求められねばならない。国家活動は、とにかく自由の保持を望む者がいれば、自らその実現に気をくばらねばならない。

財産所有のおおよその平等と全市民に平等に基礎づけられた公教育とは、そのための手段である。これなしでは、完全無欠の人民統治体制における幸福・真実など望めない……。

ただ、単一の強固なドイツだけが、自らの地位を保証しうるし、ドイツにおける自由・平等・権利・徳の支配を回復させ保証しうるのである[10]」。

この文書では、国家がその形態と内容（本質）との区別をはっきりさせないかぎり、人間の自由・平等は獲得できないと規定されている。フランス大革命が、従来の旧制度にかえて共和国を保証したとしても、その内実は、絶対君主と封建貴族にかえて、新興資本の抬頭を促したにすぎず、ブルジョア王政を招来したにすぎなかったことが、下位中産的共和主義者にとって桎梏であったのである。ところで、内実を保証する手段は、「おおよその平等」という制限付きの私有財産である。根原的には『人間不平等起原論(Discours sur l'orgine et les fondements de l'inégalité parmi les hommes)』を著わしたジャン＝ジャック・ルソー（J.-J. Rousseau）などの啓蒙思想に起因する。私有財産の平等、多すぎも少なすぎもしない財産、これが大革命を通じて、一八三〇年代においても共和主義思想の土台をなしているのである。だがこの運動は、やがてその大枠を突破しはじめる。「おおよその平等」という制限付きの私有財産でなく、そもそも私有財産の廃止を問題とし、それを平等の基礎とするような発想が、やがて手工業職人と彼らを支持する階層から生まれてくるのだった。

追放者同盟は、その目的実現のため、ドイツへと拡大する。『ドイツ人民の友たちへの一追放者のよびかけ(Aufruf eines Geächteten an die deutschen Volksfreunde)』というパンフレットは、支部設立の具体的な方法を説明している。まず、「自由の友」が数人でも存在する村では、彼らはドイツの自由のために共同で行動し、自らの結社に関する秘密を守るという信義をたて、隣り村へオルグを開始する。数個の村々の結社は、各々選ばれた代理人をたて、再度親密な上級組織をつくる。各結社の代理人はツェルトの代表者と同じ任務を果たすが、村々でのそのような組織形成は、諸都市での組織形成と合体する。村々の各結社の代理人でつくられた第二段階の組織は、その四、五名が諸都市の代理人と結合し、第三段階の組織をつくる。それら全体の指導は一つの委員会が行ない、それはほんのわずかのメンバーが知るのみで、できるだけ秘密にするため、ドイツの外におく。このようにして、ドイツでの支部設立をよびかけたのである。[11]

とはいうものの、パリにながく滞在したメンバーたちは、ドイツ領内へもどり組織活動を再開しようとはかっても、パリでのようなわけにはいかなかった。なにしろ秘密厳守はフランスの比でなかったからである。それでもフランクフルトで二、三のツェルトが設立された。それはもとプロイセン将校だったカール・フォン・ブルーン（K. v. Bruhn）の指導によって進められた。しかし、ドイツ領内での全般的な拡大はおろか、主要都市での設立にも成功しないままであった。ただその後マインツや、もともと共和主義的地盤となっていた西南ドイツ方面へは、若干拡大をみせていった。メンバー数からみても、パリの一〇〇名程度に比して、ドイツ領内では二〇名ほどの勢力であった(12)。

同盟の拡大は、ドイツへと進行するかたわら、手工業職人の加入増加へと進んでいく。彼らは、同盟内で勢力を拡大していくにつれ、指導的知識人への不満をつのらせていった。それは、下位中産的同盟指導に対するプロレタリア的反発であった。そのイニシアチブを握ったのが、フェネダイのち『追放者』誌を牛耳っていくシュスターである。もとゲッティンゲンの法学私講師であったシュスターの政治的要求は、フェネダイのそれを超えてすすんだ。彼はとくに、ブルジョア（富者）とプロレタリア（貧者）の階級対立を強調する。それは彼の文書『一共和主義者の思想（Gedanken eines Republikaners）』にあらわれた。

「……働いて暮らすか戦って死ぬか(13)、労働によって幸福に生きるか戦いのなかで死ぬか、個人的過剰の減少による国民貧困の絶滅、それは今後の「追放者」のモットーであり、プロレタリアの闘争宣言である。やたらと刑罰を厳しくし、砲声で弁じ、散弾で不幸な人びとの隊列をみだしてみても、無駄であろう。鉄鎖は飢餓を阻止しえず、不幸は際限なく芽を出してくる。団結と平和、安全と秩序は、かのモットーが最終的に実現されるまでは、人間社会から追放され続けるであろう。……

だが、おまえたちがけんかごしで和解の言葉を拒絶し、おまえたちがいままでのように人民の控え目な請願に対し、野蛮な暴力で返答するのなら　そのとき人民に災はないだろう（人民の本分は不滅である）、おまえたち自身に災があろう！　そのとき、おまえたちは自らすすんで破滅を求めたのであり、またそうなるだろう。おまえたちは社会改革を何も知ろうとはしないのか。そうであれば、そのときこそおまえたちは社会改革のもとに屈服するのだ！(14)」（傍点原文イタリック）

このように階級対立を強調しても、シュスターはけっして社会革命家へと成長することがなかった。彼は所有について、「人間の自然な欲求としてあらゆるものに不可欠な財産である」と考える。また彼はけっきょく、国家の補助をうけて国民工場、「手工業的共同体」を設置すると主張したり、国富を平均化し、中産階級を創出・強化することで不平等を阻止しうると主張したりするのである(15)。

同盟内への手工業職人の流入は、従来のフェネダイ派の指導理念を拒絶するといった動きとなってあらわれる。当時の資料（ドイツ連邦中央調査委員会作成の名簿）では、二三〇名の活動家が当局に探知されていることを示しているが、そのうち知識人が一四名、手工業職人層が一七六名、農民・使用人・宿屋の主人等が三四名、残り六名は不明となっている。[16] したがって、手工業職人がしだいに勢力を拡大していったのは事実であろう。そして貧民・手工業職人はともに下位中産的路線からプロレタリア路線へと指導をかえていく。その過程は、フランス（就中パリ）に存在するドイツ人結社の独自な変遷過程であるというよりも、人民の友協会から人権協会、そして秘密結社「家族協会（Société des familles）」ゆくゆくは秘密結社「四季協会（Société des quatre saisons）」へと発展するフランス人諸組織の変遷過程に規定され含まれていた。クレメンス・メッテルニヒ（K. v. Metternich）は、一八三〇年の七月革命ののち、そのような諸組織への監視を忘れなかった。彼は一八三二年四月二〇日、マインツ情報局のカール・ノーエ（K. Noe）局長あてに警告文を発していた。

「危機は決定的である。革命的原理に対する断乎たる正義の闘争はまじかに迫っているし不可避である。あらゆる政府の目は、救いをもとめるようにオーストリアに向いている。パリの宣伝のあらゆる陰謀は、オーストリアにとって重大な利害をもっている。さらに、この策謀が、イタリア・ドイツ・ハンガリー、そしてポーランドを対象とするかぎり、そのような陰謀の探求は、我々にとって自己防衛の義務となろう」[17]。

メッテルニヒの神聖同盟は、たんにブルジョア的発展の阻止のみならず、フランスなどでおおいに前進するプロレタリア運動への弾圧をも徹底化させるのであるが、その第一の対象が追放者同盟であった。だがこの同盟は、諸政府の弾圧を受けるに先立ち、自らプロレタリア化の道において内部分裂を開始する。その過程は、一つに同盟内部の秘密主義への反発として発展する。同盟最下層のメンバーは、存在を知らされず決定権のないブレンプンクトへの絶対服従に抵抗しはじめた。指導理念がプロレタリアに不満のほか何も与えないとあれば、もはやそれを無制限に命令し独占しうる幹部は追放されねばならなかった。一八三六年から一八三八年にかけて、手工業職人の自立化が進行する。その発端は、下位中産的共和主義者フェネダイと、階級対立を強調し幾分プロレタリアに支持をみいだすシュスターとの論争であった。下位中産的指導者たちは、規約作成とか組織指導とかを独占的に堅持しようとしたが、これに反発する職人たちは、シュスターを中心に結集し、やがて追放者同盟を脱退していく。あとに残る追放者同盟は、組織活動を依然として存続させはするが、プロレタリア的・社会革命的転回の道は、同盟を退いていった者たち、すなわち、圧倒的部分のドイツ手工業職人が歩みはじめたのである。

一八三六年末には新たな組織、義人同盟が、職人たちと彼らを支持する社会革命派知識人によって設立される。もっとも、これにシュスターが属した形跡はない。彼の政治的重要性は、追放者同盟中でフェネダイ以後の最も有力な指導者であった時点が頂点である。彼は後年、権力のスパイにまで実を落とすのである。また、一八三五年にパリを去ったフェネダイは、とりあえず、フランソワ・ノエル・バブーフ（F. N. Babeuf）の盟友フィリッポ・ブオナローティ（F. Buonarroti）の弟子たちがドイツ人労働者を共同体主義《コムニスム》へとオルグするのに対し、それを阻止し、「純粋な政治宣伝」を貫徹しようと努力した。だが、それは無駄骨であったと告白し、ドイツ解放運動における社会革命的発展の方向を拒否した[18]。フェネダイやシュスターのこうした態度をみると、彼らはVormärz期における共同体的・社会革命的潮流を創出するのになるほど結果的には貢献したが、自らはけっして共和主義的潮流から踏み出ることなく、その批判者にまわっていったのである。

注

（1）E. Schraepler, ibid., S. 35.

（2）Der Bund der Kommunisten. Dokumente und Materialien, Bd. 1. 1836-1849, hg. v. H. Förder, M. Hundt, J. Kandel, S. Lewiowa, Berlin, 1970.（以下 Dokumente と略記）, S.10.

（3）E. Schraepler, ibid., S. 31.

（4）二万人という数字は最新の調査であるというが、当時の調査（一八三七年一月のメッテルニヒ政府へのマインツ情報局の報告）では八万人という数字である。E. Schraepler, ibid., S. 41.

（5）ベルグないしラーガー規約（Berg-oder Lager Statuten）第二条、Dokumente., S. 975.

（6）アルゲマイネ規約、第四〇条、Dokumente., S. 985.

（7）本文で説明してあるとおり、追放者同盟はカルボナリ的伝統のもとに、階級的・絶対的制度を採用した。したがって規約もふたとおり存在した。一つは幹部向けの「ベルグないしラーガー規約」、一つは末端組織向けの「アルゲマイネ規約」あるいは「ヒュッテないしツェルト規約（Hütte-oder Zelt Statuten）」と呼ばれるものである。そこでまずは「ベルグ規約」のなかで、階級的・絶対的な条文を列記しよう。第三章（ラーガーの概念と目標について）第一一条のC、「同盟本部（ここではクライスラーガーのこと―引用者）のあらゆる正当な指令への絶対服従は不可避である」。

第一三条、「ラーガーの存在は、ツェルトに対して極力秘密を維持する。この規定に違反したばあいは、違反者の追放を、また事情によっては死刑を科しうる」。第二三条、「種々のラーガーはできるかぎり知られないように心がけ、各々相互の直接交渉は断じて禁止する。同盟のつながりは、ただ当該本部（クライスラーガーのこと―引用者）によってのみ維持される」。第五章（クライスラーガーについて）第三〇条、「クライスラーガーはブレンプンクトによって設置され、そのメンバーならびに所在地は、ただ最高本部のみが知る」。第三二条、「クライスラーガーは、その担当地区のすべてのラーガーと同盟員に対し、完全服従の権利を有する」。第三四条、「ブレンプンクトは、事情に応じてクライスラーガーを解体し、あるいは若干の同盟員を除名する権限を有する」。第六章（ブレンプンクトについて）第三九条、「ブレンプンクトはドイツ追放者同盟の最高権力であり、立法権力・執行権力である」。第四一条、「それは自らメンバーを選出するが、この決定は、提携の秘密性から必要なのである」。第四二条、「ブレンプンクトのメンバーならびに彼らの現住所は、メンバー以外の追放者同盟員すべてに対して、完全秘密を維持する」。

次に末端組織向けの「アルゲマイネ規約」の一部をあげておく。

「I、追放者同盟の概念・目標そして編成。

1　ドイツ追放者同盟はドイツ人からなる同盟である。ドイツ人とは、ドイツ語とドイツの慣習を有するすべての人びとである。

2　ドイツ追放者同盟は、本質的に秘密の結社である。

3　同盟の目標はドイツの解放と再生である。

4　ドイツ追放者同盟はツェルトに分かれる。

5　全ツェルトの指導はブレンプンクトによって行なわれる。

II、同盟員について

6　同盟員は規律の遵奉のもとにドイツ追放者同盟に入会した人びとであり、規律上の処分によって除名されないかぎりそうである。

7　新同盟員入会に関する規律上の資格は次の事柄である。

a　志操堅固、品行方正、秘密厳守、同盟の目標のために必要なあらゆる犠牲、そして同盟目標達成のためのたゆまぬ、しかも慎重な活動。

b　採決にあたるツェルトでの満場一致の入会許可。

c　世間的な生活手段の保持。

d　規律どおりの宣誓の実行。

8　組織からの除名は次の理由で行なわれる。

a　故意にあるいは軽々しく秘密をもらす。

b　不道徳な行動が続く。

c　同盟義務の履行にあたって怠慢がひどい。

d　同盟目標の拒絶あるいは排撃が頑強である。

9　除名は当事者の名誉剥奪の権限を有しているが、またほかの方法での処分を排除するものではない。

10 除名処分はただブレンプンクトによってのみ科されるが、急を要するばあいには、差当り、疑わしいかまたは罪を宣告された同盟員を、ツェルトがその会議で除名することを許可する。

11 全同盟員のあいだでは完全な平等と友愛が貫徹される。危険・貧苦における補助、あらゆる境遇における援助、同士の遺族への配慮は、祖国と人類に対する義務として、等しくすべての追放者同盟員に存する責務である。

12 全同盟員は、ツェルトに加入する際に選ぶ戦闘名を使う。」（以下四一条まで省略）Dokumente., S. 975ff.

（8）（9） フェネダイの論説はすべて『追放者』誌から。E. Schraepler, ibid., S. 43f.

（10） Glaubensbekenntniß eines Geächteten, Frühjahr, 1834, in: Dokumente., S. 986f.

（11） Aufruf eines Geächteten an die deutschen Volksfreunde, Frühjahr 1834, in: Dokumente., S. 987ff.

（12） E. Schraepler, ibid., S. 46.

（13） 〝Vivre en travaillant ou mourir en combattant〟は、リヨン絹織工叛乱（一八三一年）の時の闘争スローガンである。

（14） T. Schuster, Gedanken eines Republikaners, 1835, in: Dokumente., S. 989f.

（15） E. Schraepler, ibid., S. 48.

（16）（17） Ibid., S. 49.

（18） Vgl. ibid., S. 51.

二　義人同盟の結成とヴァイトリング

ヤコブ・フェネダイとテオドール・シュスターの論争を発端にして展開した追放者同盟の分裂は、社会革命派組織形成における重要な点、一つにイデオロギー問題、一つに組織問題において、プロレタリア的自立の道を切り開いた。その内容は、共和主義（大革命の業績と私的所有の原理を固執する）イデオロギーから共同体主義あるいは社会主義（私的所有の廃止を通じて財産共同体をめざす）イデオロギーへの発展と、陰謀（内に向かっての秘密主義をもつ）組織から民主主義（外に向かっての陰謀を貫きつつも内に向かっての民主主義をもつ）組織への発展とを含んでいた。新たに結成された義人同盟（Der Bund der Gerechten）は、そのような発展過程をたどって、やがては共産主義者同盟（Der Bund der Kommunisten）へと転回する。

義人同盟は、以前の追放者同盟と同様に、フランスの結社禁止法下にあって、これもまた秘密組織として設立された。同盟機構は、下部からゲマインデ（班、Gemeinde）、ガウ（地区、Gau）、ガウシュタント（地区会議、Gaustand）、フォルクスハレ（人民本部、Volkshalle）となっている。同盟の目標が、「屈辱的圧制の軛からのドイツの解放、隷従からの人類の解放をめざす協働、そして人権と市民権に含まれる諸原理の実現」（規約第三条）であった点は、追放者同盟とほとんど差異がなかった。それはおそらくまにあわせくらいの気持で、そのまま借用したのであろう。「人権」について語ることは、フランス大革命以来、諸々の革命組織が行なってきたし、一八三二年に結成されたドイツ人民協会なども、マクシミリアン・ロベスピエール（M. de Robespierre）の草案（一七九三年四月二四日）や共和国憲法（一七九三年六月二四日）等を引継ぐ人権宣言を重視している。義人同盟が追放者同盟と比較して前進している点は、組織機構の点で、最高指導部たる人民本部の権限がかなり制限され、それだけ内部での秘密主義と階級性が克服されつつあることにみられる。同盟の全役員は一年任期で選出され、投票によって毎年五月に改新が行なわれる。そのほかに、選挙人は被選挙人に対し、彼がもし定められた任務や信頼に応えなかったなら、いつでもリコールする権限を規定している点（規約第三六条）は、一つの特徴である。また立法については、全員が動議の権限をもち、動議は「人民本部によって諸地区会議へ伝達され、そこでは鑑定をそえて諸班へまわ」され、末端での採決結果はふたたび「諸班から諸地区会議へ、諸地区会議から人民本部へ」報告されるという、民主主義的システムを定めている。このような、内に向かっての民主主義の拡大は、しかし依然として諸政府による運動弾圧に対処せねばならない事情から、外に向かっての秘密主義の枠内で決定づけられていたことは当然であった。その点で、依然として死をも科しうる処分が尾をひいている。(1)

義人同盟の隊列では、すでに多くの手工業職人が指導的役割を演じていた。元ブルシェンシャフト・メンバーや下位中産的知識人はしだいに劣勢となり、あるいは手工業職人を断固支持する社会革命派知識人と入れかわっていく。靴工・家具工・仕立工そして時計工などの職人たちは、ときとしてツンフト的観念の世界に生き、いつか本国で質素な暮しを築けるよう心に描いていたとしても、それでもそのような願いのかなえられる祖国などどこにも存在しないことをも十分知っていた。彼らにとって、現実に存在する祖国は解放すべきものではあっても、愛国心を懐くものではなかった。義人同盟設立のよびかけ文『圧制に対する闘争における義（Die Gerechtigkeit im Kampfe mit der Despotie）』では、「正義はたたかいにおける合言葉であり、義は剣であり、我々はそれを断固として振りかざす、人民解放と暴君殺しのために」と宣言している。(2) 職人たちの正義は、祖国の暴君を倒し、人民を解放するためにあった。そのためにはフランスで政治経済の諸問題に関心をもち、サン＝シモニズムやフーリエ主義など、大革命以降の社会思想を学び、それらをドイツに普及させる任務を負ったのである。手工業職人のこの伝達の成果は、もちろん一朝一夕にしてあらわれるものではなかった。伝達活動のなかに数多くのスパイがはいり込んでいた。しかし、その成果はやがて一八四八年に発現する。一八四八年は、それまで何もなしえなかったかにみえた職人の役割が、前面におどり出る年である。

フランス（パリ）に集まってくる亡命者や遍歴職人に対して、その増加をあまりよろこばなかったのは、もちろんルイ＝フィリップの政府である。「ブルジョア王」である ルイ＝フィリップは、職人たちがフランスの内政・外交問題で政府に敵対するのを放置するわけにはいかず、〈自由、平等、安全〉という大革命の業績のうち、〈安全〉のみに力を入れていく。したがって〈自由〉とか〈平等〉とかはたえず形骸化されていったのである。その際、フランスのブルジョア王政に批判的な態度をとるドイツ人亡命者がどれくらい存在したかは定かでない。ただ、亡命ドイツ人一般としてみれば、一八四二年当時、パリにほぼ一二〇〇〇人が住んでいた。(3) 政治的な理由でパリに移ってきたドイツ人の数は、そのほかの国々からの亡命者数と比べてさほど有力ではなかったが、ブルジョア王政に敵対する勢力の一端を担うなかで、彼らは活動の場を得ていた。しかし義人同盟のメンバーが失望した点は、共和主義的・民主主義的なブルジョアジーとは別のフランス・ブルジョアジーが、ルイ＝フィリップ統治下での妥協にあまんじ、社会改革の前進を拒否していた点である。その一派は大ブルジョアジー、金融貴族とよばれる部分である。それについては、七月革命の直後に、すでにルートヴィヒ・ベルネやハインリヒ・ハイネ（C. J. H. Heine）が指摘しているが、一八三五年には共和主義者のヘルマン・ラウシェンプラット（H. Rauschenplatt）が次のように述べている。

「フランスの主要な害悪は、賄賂がごく一般化し、それに対する誠実な信念が滅多にみられなくなってしまったこと、その上、国王や大臣らが詐欺師であり、彼らを追放しても、おそらくさらに邪悪な詐欺師が実権をにぎるであろうということをよく耳にすること、それらのなかにみられる(4)」。

また、カール・マルクスはのちに語っている。

「彼らは、銀行家、取引所王、鉄道王、炭鉱・鉄鉱・森林所有者、彼らと結託する地主の一部分―いわゆる金融貴族であった。彼らは王座にすわり、両院で法律を口授し、内閣からタバコ専売局までの国家官職を授けた[5]」。

この類のブルジョアジーが君臨するフランスでは、平等の原理は当然にも形骸化されていた。したがって、民衆に対するこの新しい支配者には、社会革命的な活動家だけでなく、共和主義的な活動家もそろって批判的態度に出たのである。パリで活動する両派の急進主義的ドイツ人は、ブルジョア王政を祖国ドイツの範とすべきでないという点では、共通の意識にあったのである。

フランスでのドイツ人の政治運動に目を光らせるものには、そのほかにメッテルニヒがいる。彼の手となり足となって調査活動を続けるカール・ノーエは、フランスの支配諸機関に対し、ドイツ人の秘密組織への監視を訴えた。そして、革命的な宣伝活動やパンフレットなどがドイツ領内へ流れ込むのを阻止せんとはかった。メッテルニヒの望みは、ウィーンとパリの警察が一体となって、諸団体の地下活動を探知し弾圧することだった。ノーエは、そこまでは無理にしても、フランス、オーストリアそのほかのドイツ諸邦の弾圧機関が相互に遵奉しあい、情報交換を保証しあうところまで体制固めをした。そのような国際的な弾圧計画に対し、その策動と機関とを調べつくすことは、地下活動をする者にどうしても不可欠であった。したがって、当局のスパイに対して、当局へのスパイも活躍する。その一人は、もとブルシェンシャフト・メンバーのベルンハルト・リツィウス（B. Lizius）という人物である。彼はシェーファー博士（Dr. Schäfer）という偽名で活動した。彼はパリに住むドイツ人のほか、フランス人やポーランド人をも統率した。彼らはそれぞれに仲間を監視しあい、定期的な情報交換によって自国の諸機関を調べた。また『ラインの監視人（Wächter am Rhein）』の主筆をしたことのあるフランツ・シュトローマイヤー（F. Strohmeyer）も活躍する。彼はスイスの政治結社青年ドイツ派のメンバーとして同国を追放されたが、パリで大臣モレに仕え、その際、リンドナー（Lindner）とヴェスト（West）という偽名でメッテルニヒの情報機関にもぐり込んだという[6]。ただし、これらの人びとには、義人同盟員であったとか、これに直接関係していたという保証は何もない。またこれと同様のスパイには、時として二重スパイに変身したり、当初からそうであったりする者がいたことは十分考えられる。リツィウスはその点で前者にあてはまる。一八三三年四月のフランクフルト警察本部襲撃に参加した彼は、スイスへ逃れてのち一

八三〇年代後半からそうなっていったように思われる。(7)

義人同盟はパリに本部をおき、そこでは植字工でサヴォア遠征に志願したことのあるカール・シャッパー（K. Schapper）、仕立職人ゲオルク・ヴァイセンバッハ（G. Weissenbach）、ハンブルクの家具工カール・ホフマン（K. Hoffmann）、そして文士ゲルマン・モイラー（G. Mäurer）が指導者であった。だがまずもって注目すべき人物は、同盟結成ののちパリへやってきて加盟したヴィルヘルム・ヴァイトリングである。マグデブルク出身の仕立職人ヴァイトリングは、すでに一八三五年に追放者同盟に参加し、ツェルトの指導を経験していた。彼は一八〇八年一〇月五日に生まれ、一八二六年に祖国を棄て、ハンブルク→ライプツィヒ（一八三〇年）→ドレスデン→ウィーン（一八三四年）へと約一〇年間遍歴し、一八三五年にパリへ来たが、翌三六年にはウィーンへもどった。そして一八三七年に再度パリへ来て、まもなく、その間に分裂し再組織した義人同盟に加わったのである。才能あるヴァイトリングはすぐさま班長となり、一八三八年には人民本部のメンバーとなった。彼は、それこそ生粋の職人であり無学歴であったが、フランス・イギリスの社会主義を身体で学び、ラムネー、フーリエ、ロバート・オーウェン（R. Owen）らを知っていった。彼は、非和解的階級対立を基礎とする社会革命家へと、自己の思想をきたえあげていく。国家行政やたんなる啓蒙教育による社会改良をきっぱりと拒否した。ラムネーやフーリエ、オーウェン等の思想が果たした役割は、たしかにブルジョア的・下位中産的運動からの労働者の自立化にとって重要であったし、労働者が自己の独自の利害を自覚する上で一定の役割を果たした。ヴァイトリング自らも、そうした先駆的諸思想を直接間接に学びとるなかで、労働者（手工業職人）の未来を考えるようになったのである。だが、政治闘争の根原を私的所有と階級対立にもとめ、それは非和解的でありけっして改良的には前進しないと定義する運動が独自の潮流をなしつつあるとき、先駆的諸思想はしだいに背後に退くか、変貌していかねばならなかったのである。

ヴァイトリングは、フランス大革命以来のスローガン「自由・平等」を深く掘りさげて再検討する。その深さは、Vormärz 期の共和主義的急進主義者が到達したところよりも、さらに深い。

「自由・平等はフランス第一共和政の合言葉であった。自由・平等・正義は一八三〇年以降またパリのドイツ人のあいだにあって、少数の共和主義者の合言葉でもあった。だがどのような自由か、どのような平等か、そしてそれらをどのように定義するというのか」[8]。

その問いかけは、一八三八年に出版された彼の第一作『人類、そのあるがままの姿とあるべき姿（Die Menschheit, wie sie ist, und wie sie sein sollte）』において、まず提起される。ヴァイトリングは自ら、当時にあって『人類』がどのような要請のもとに発表されるにいたったかを語っている。

「パリにおいてドイツ人の共和主義的党派が、一八三七年以来、口頭や文書での宣伝によって財産共同体の原理を仲間内から説得され、それがいくらか効果をあげたことによって、党の委員会に対し、財産共同体の可能性を立証するようななにかを印刷するようにと、各方面から要求が出された。……共同体原理の賛成者も反対者も以上の欲求を出したため、委員会の検討により、またなかでもヴァイセンバッハとホフマンの熱心な支持により、小パンフレットが出された。『人類、そのあるがままの姿とあるべき姿』がそれである。それは一八三八年の末にパリで刊行され、二千部配布された」[9]。

これを出版するにあたって手工業職人の役割は大であった。植字工・製本工は自己の技術を提供して夜なべをし、部屋をもっているものはそれを、各々提供し、「それればかりか、金銭をもっているものはそれを、金銭に不自由したときには、彼らの時計が質屋にもっていかれさえした」[10]。このように、文字どおり手工業的に産み出された『人類』は、職人中心の結社である義人同盟の綱領的文書となった。それはいまやプロレタリア的自立の過程にはいりつつある革命運動の、最初のプロレタリア自身による文書であった。そのモットーは次のごとくである。

「共和国と憲法の名称、
それらはたいそうけっこうであるが、それだけでは十分でない。
貧しい人民は飢えて、
素裸のまま、つねに苦しめられざるをえない。
それ故、来るべき改革は、
それらを改革するもの、社会革命であらねばならない」[11]。

『人類』は、ブルジョア的・下位中産的諸組織に対しての、または Vormärz 期における共和主義的急進主義者に対しての、義人同盟のイデオロギー的自立を意味した。この同盟は、大衆運動の諸局面や封建ドイツの転覆という直接的な打撃対象の設定においては、これからもずっと共和主義者と共闘関係を持続していくが、しかし理論面では、あきらかに彼らと異質な方向に分けいっていくのである。ヴァイトリングは、共和主義と異質な理論すなわち社会的平等を基礎とする共同体主義を、それでもパリの共和主義的キリスト者ラムネーの文体に似せて表現する。彼は、人類の幸福実現に必要な原理を、キリスト教と結びつけて次のように述べている。

「(1) 自然法則とキリスト教的愛の法則は、社会のためにつくりだすあらゆる法則の基礎である。
(2) 一大家族団への全人類の普遍的な結合と、民族性や宗教性のあらゆる偏狭な概念の除去。
(3) 労働の万人平等な分配と生活資料の平等な享受。
(4) 平等な教育、ならびに自然法則にかなった男女の平等な権利と義務。
(5) 各個人の相続権・財産の全廃。
(6) 普通選挙による指導役所の設置、そしてその責任とそれを罷免しうる規定。
(7) 生活資料の平等な分配に際しては、指導役所に特権は存せず、その職務はほかの人びととの労働時間と同等であること。
(8) 万人は、他人の権利を犯さない範囲で、行動と言論のかなうかぎりの自由を有する。
(9) 万人が精神的・肉体的素質を陶冶し完成させうる自由と手段の確保。
(10) 犯罪者は、彼の自由と平等の権利を処罰されるだけであって、けっして死刑はありえず、社会からの終身追放によって名誉が剥奪されるだけである[12]」。

この引用文は、(5) だけを除外して字面だけを追うと、共和主義者の文章と寸分たがわないようにも思える。事実ラムネーなどは、分配の平等についてはこれと似たような考えを抱いていた。だがそれでも、(5) を考慮すると、ヴァイトリングの思想はラムネーよりもサン＝シモニストに近くなり、さらに階級対立の非和解性やプロレタリア自身の革命を考慮に入れると、ブランキに近くなる。すなわちヴァイトリングは、社会改良でなく社会革命を通じて財産共同体《ゲマインシャフト》を実現し、それによってはじめてあらゆる抑圧・不平等が除去されうると考える。またそれによって経済上・社会上の平等が実現するとみなす。だから彼の主眼は第一に私的所有の廃止に向けられる。その際彼は、私的所有の現実的形態を貨幣にみいだす。貨幣の存在こそ害悪の根原であると考える。これが存在するかぎり、世界はけっして自由にならないというのである。また国家について彼は、それこそ不平等状態を権力によって維持する、金持のためのものだと規定する。その意味で彼は、金持すなわち資本家を敵とみなす。ただし彼は、生産の工業化ないし機械の導入について、それを貧困の原因とは判断しない。むしろ、「機械は人類に、その本性ではけっして達成しえないような力と速度を与え、またその補助によってあまたの労働労苦が節約される」と主張している。ヴァイトリングは、したがって、たとえ資本家が採用するものであっても、万人にとって普遍的に真理となり進歩となりうるものは、積極的に評価する。そのようにして構想された財産共同体（Gütergemeinschaft）に住む人類は、「いたるところに兄弟姉妹をみいだし、敵などどこにもいない。共同体で生活して三世代目ともなれば、単一の言語を語り、等しい慣習や学問的教養を身につけるだろう」というのである。そして「手工業職人・農民はともに博学となり、学者は職人・農民となる」のであった。ヴァイトリングはそのような未来社会を、「いわば天国のごとく」描いたのである。(13)

革命的聖職者ラムネーにならった装いを施したこの文書は、共同体主義を宗教的発想のもとに展開し、そうであるが故に多くの読者をもち、大反響をよんだ。ヴァイトリングもまた、ラムネーと同様に、労働者・貧民のあいだで支持を得ていった。彼の回想によれば、『人類』は、彼が毎晩一〇時、一一時まで、また日曜日といえども休まず昼の一二時まで仕立の仕事に精を出さねばならない時期に執筆され印刷された。ヴァイトリングおよび多くの手工業職人のひときわ困難な作業を通じて明白にプロレタリア闘争組織へと発展した義人同盟は、理論面だけでなく実践的たたかいの面でも共同体主義に向かう。その主要な活動は、パリに存在するフランス人の秘密結社と連絡をとることであった。一八三〇年代後半には、以前カルボナリ運動に携わっていたブランキらが地下活動を展開していた。そして義人同盟が結成されたと同じころ、ブランキらは四季協会を組織していたのである。追放者同盟や義人同盟は、がんらいフランス人の政治組織を模倣していたが〔規約・制度〕、ことにカルボナリの伝統とブランキズムの裏面、つまり〔暴動即革命論〕の影響が色濃かった。それは四季協会との現実的なかかわりのなかで義人同盟に明白にみられた。

一八三九年五月一二日に、四季協会がパリで武装蜂起を決行したとき、義人同盟は幹部も含めてこれに参加した。この蜂起は敗北に終わったが、のちのパリ警察の覚書きには次の記録が残されている。

「ドイツ人の宣伝のこの代理人〔ヴァイトリング〕が旅をしている最中に、フランス人とドイツ人のコミュニストたちは、フランスで革命をおこすには十分強力になったとみなした。彼らは申し合せをし、結束して政府を攻撃した。

一八三九年五月一二日と一三日に、パリ市街で若干の者たちが合流して、流血の蜂起が勃発した。バルベ指揮下の叛乱軍は二、三の警察派出所を占拠したが、政府軍はただちに法の権威を回復した[14]」。

ヴァイトリングはこの時点でパリを離れていたため蜂起に参加しなかったけれども、のちに次のように情況を説明している、

「……一八三九年五月一二日に、気高いバルベが与えた打撃は、あらゆる従来の口頭での、また文書での宣伝よりもはるかにコムニスムスの原理のために尽くした。……

三百人の犠牲者は、決死の覚悟で半ダースのバリケードの陰でたたかいぬいた。人民は彼らを見棄てたのである。午後九時に最後のバリケードが襲取された。バルベは負傷してそこにひれ伏していた。たった一人だけ、やはり負傷してはいたが、彼の傍に立つ者がいた。ブロンドの髪をみだしたドイツ人靴工であった。この勇敢なドイツ人の名を覚えておくがいい。ダンツィヒ出身のアウステンだ！　彼の判決は終身監禁刑だった。数年前の話では、彼は監獄で発狂したときく[15]。……」

パリ警察は義人同盟のメンバーをも逮捕した。そのなかには同盟幹部の一人カール・シャッパーもまじっていた[16]。彼もまたこの蜂起について、次のように回想している。

「夜一〇時ころ、私は戦闘で興奮した戦線連隊の兵士に逮捕された。激情と興奮状態のなかで彼らが私を銃殺しようとしたとき、一人の将校がやってきて私を教会に監禁するように命令した。そこで私はほかの数百の人びとともに夜をすごした[17]」。

そしてシャッパーは、翌朝に七ヶ月の拘留判決を受けることになり、やがて一八三九年一一月一四日に釈放されフランスを追放される。亡命先はロンドンであった。彼の追放が象徴しているように、四季協会とともに敗北した義人同盟は、これにより組織活動において大打撃を被った。だがそれでもシャッパーは、フランケン生まれの靴工ハインリヒ・バウアー（H. Bauer）、ケルン出身の時計工ヨーゼフ・モル（J. Moll）らとともに、ロンドンで義人同盟の再

建を開始した。そしてまたヴァイトリングは、一度パリへもどってきたが、一八四一年までにはスイスへ行くことになる。というのも、彼は、スイス諸州には同盟の拡大に有利な条件が存在していると考えたからである。パリに残ったメンバーたち、たとえばモイラーや仕立職人アンドレ・シェルツァー（A. Scherzer）は、やがて医学博士のヘルマン・エヴァーベック（A. H. Ewerbeck）をむかえて、パリでの再建に力を入れていく。このようにして、四季協会蜂起ののち一八四〇年代にはいると、義人同盟はイギリス・フランス・スイスの三国で、相互連絡はとりながらも、独自のイデオロギー的・実践的課題を精力的に展開する。ただし、人民本部は依然としてパリに存続していた。

一時的に弱体化した義人同盟は、ドイツ本国での組織拡大にも一定の障害にぶつかった。それは、例のテオドール・シュスターが、いまや潰滅状態になった義人同盟のメンバーをひきぬき、自らの組織「ドイツ人同盟（Der Bund der Deutschen）」をつくったことである。「人民委員会（Volksrat）」を頂点とするこの結社は、追放者同盟の階層的・絶対的構成と義人同盟のプロレタリア的・民主主義的側面を折衷したような規約を作成したという[18]。だが義人同盟のメンバーはほとんどそれに反対し、ことにヘッセンやフランクフルトの小グループが反対した。ドイツ人同盟はそうこうするうちに、一八四〇年中にはやくも解体し、これをかぎりに再度義人同盟が地歩をかためていくことになる。シュスターは、それ以降政治舞台から姿を消すが、とはいえ当局のスパイとして活動していくことでは、さらに運動史に顔を出していく。後年彼はパリ駐在特使のオーストリア外交官ヨーゼフ・アレクザンダー・フォン・ヒュプナー（J. A. v. Hübner）と接触し、スパイ活動を行なう。ヒュプナーは、「パリの煽動家たちの行動について通信」するようシュスターを動かした[19]。

だが義人同盟はドイツへと拡大する。ハンブルクに班をつくり、メンバーを獲得していく。フランクフルトの警察証言によると、一八四〇年には六支部があって、それらは分割されて八支部に増加している。またフランクフルト中央調査委員会のリストには、四六名の職人名がキャッチされている[20]。こうしてドイツへと拡大する同盟は、しかし外国での宣伝・オルグ活動なしには存続しえなかった。フランス・グループ内では、ブランキらとの共闘ののち、その反動からエティエンヌ・カベ（É. Cabet）やフーリエの理論が支配的となり、イギリス・グループ内では、やはりオーウェンの思想に近づき、平和的・啓蒙的路線が当面の主流となっていく。彼らはブランキの何をどのように総括したのであろうか。彼らは、もはや奇襲や少数者の行動では何もなしえないとするなかに、実はブランキズムの表面、つまり〔計画としての陰謀〕を棄て去り、また現在(Vormärz 期)を現在のままで解放しようとする路線からの逃亡をはかったのである。エヴァーベックに指導されるパリ・グループは、革命などほど遠い話だ、いまは貧民大衆を啓蒙することだ、としてカベ思想に向かっていく。シャッパーらロンドン・グループもそのような位相に立ってチャーティストの穏健派と交際をはじめる。しかしスイス・グループでは依然として Vormärz 期を即座に解放すべきという考えのもとに〔計画としての陰謀〕路線が貫徹される。それはもちろん、ヴァイトリングによって推進されることになる。

注

(1) 以上は義人同盟規約(Statuten des Bundes der Gerechten)から、Dokumente., SS. 92-98.

(2) Die Gerechtigkeit im Kampfe mit Despotie, in: E. Schraepler, ibid., S. 53f.

(3) 一八四二年六月九日、プロイセン代理公使ハッツフェルト伯爵の報告。E. Schraepler, ibid., S. 55. なお、この数字はパリに住む外国人でなく、亡命者数である。当時パリに住んでいたドイツ人数については前項注(4)参照。

(4) 一八三五年八月二四日、ラウシェンプラットからチューリヒのクラッツ(Kratz)へ。E. Schraepler, ibid., S. 56.

(5) K. Marx, Die Klassenkampfe in Frankreich, 1848 bis 1850, Marx-Engels Werke, Bd. 7, S.12.(邦訳『マルクス・エンゲルス全集』大月書店、第七巻、九頁。)

(6) E. Schraepler, ibid., S. 57.

(7) W. Marr, Das Junge Deutschland in der Schweiz, Ein Beitrag zur Geschichte der geheimen Verbindungen unserer Tage, Leipzig 1846.(Nachdruck, Glashütten im Taunus 1976.)では、ゲオルク・ファイン(G. Fein)がリツィウスのことを「オーストリア帝国のスパイ」と呼んでいる。

(8) W. Weitling, Garantien der Harmonie und Freiheit, die Vorrede zur 3. Auflage, 1849, in: Dokumente., S. 86f.

(9)(10) W. Weitling, ibid., S. 87.

(11) W. Weitling, Die Menschheit, wie sie ist und wie sie sein sollte. 1838, in: Philosophie der Neuzeit Politik und Gesellschaft, Bd. 22, Hamburg 1971, S. 142. なお、〝Die Menschheit〟についてはRowohlt社の右の版のほかVerlag für Gesellschaftswissenschaft版(München 1895)をも参照したが、引用頁数は前者を記す。

(12) W. Weitling, ibid., S. 154.

(13) W. Weitling, ibid., S. 174.

(14) Dokumente., S. 998.

(15) Dokumente., S. 115.
(16) エンゲルスによれば、この時、のちにロンドンの同盟指導部で活躍するハインリヒ・バウアーも逮捕された。F. Engels, Zur Geschichte des Bundes der Kommunisten, in: Dokumente., S. 63. 邦訳『マルクス・エンゲルス全集』第八巻、五六四頁。
(17) Dokumente., S. 115.
(18) E. Schraepler, idib., S. 63.
(19) 一八四七年一月一九日、ヒュプナーからメッテルニヒへの報告。E. Schraepler, ibid., S. 63f.
(20) ハングルク班の設立についてはホフマンの報告がある。Vgl. Dokumente., S. 116.

第2節　義人同盟の政敵・青年ドイツ派

義人同盟がヨーロッパの三国に散ったなかで、スイスにおける支部活動はヴァイトリングによって開始された。彼は、一時チューリヒに立ち寄ったあと、一八四一年五月にフランス語系スイス地方の一中心地ジュネーヴに着く。だが当時のスイス諸州には、義人同盟の進出に先立って、一八三〇年代中葉から結社運動をしていた「青年ドイツ派(Das Junge Deutschland)」が存在し、それがちょうど新たな指導者を得て再建されようとする時期にもあたっていた。それ故、義人同盟スイス支部の活動は、必然的に青年ドイツ派との党派闘争というかたちをとることになる。そこで本節では、三〇年代および再建期の青年ドイツ派を論じつつ、義人同盟の社会革命的共同体主義を追ってみたい。

一　一八三〇年代の青年ドイツ派

青年ドイツ派は、義人同盟と同様、まずは一八三二年ハムバッハ祝祭後のデマゴーク狩りを逃れてスイスに亡命してきたドイツ人活動家と、生活の資を求めて同国を遍歴して歩く手工業職人によって結成される。その際、スイスを渡り歩く職人たちは、おおむねバーゼル、チューリヒ、ベルンというように、まずはドイツ語系の諸都市で仕事に就き、その後ローザンヌ、ジュネーヴなどのフランス語系スイスへ移り、さらには南フランスを経由してパリへ行き、そこで一稼ぎしたあと祖国へ戻るというルートを採った。[1]したがって、ドイツを去った活動家の多くもまた、以上の諸都市で職人たちとドイツ解放の組織づくりに専念していくことになる。なかでも、地理的な利点ないし言語上の利点があってか、チューリヒ、ベルンなどドイツ語系スイスで、その動きは活発となる。それはただちに政治結社を産むというような動きでなく、まずは、祖国を離れて暮らす手工業職人たちが同郷のクラブ、読書会、合唱会などを通じて行なう非政治的な、社交的な活動としてはじまった。

そうした活動のなかにあって、一八三〇年代中葉のスイスでドイツの共和主義的統一を宣伝する「北方の光（Das Nordlicht）」、および同時期にイタリアから亡命してきたジュゼッペ・マッツィーニの指導下で設立された秘密同盟「青年ドイツ」が、手工業職人と亡命知識人の政治的活動母体となる。この二団体のうち前者については、その共和主義的機関誌『北方の光（Das Nordlicht. Ein Volksblatt in zwanglosen Heften, Zürich, 1835.）』Nr.1～Nr.3（K・クラッツ、G・エアハルト編集）が現存しているかぎりでその存在・思想傾向を確認できるが、個々の活動や影響力については詳らかでない。[2]しかし後者は、マッツィーニを指導者としていただけに、その活動内容が比較的はっきりしている。

マッツィーニは、一八三一年にスイスで「青年イタリア」を組織し、一八三四年初頭にサヴォア（サルディニア家の発祥地）への武装侵入を企てるなど、イタリアとヨーロッパの解放を指導した。その後彼は「青年イタリア」とともに「青年ドイツ」・「青年ポーランド」を各々組織し、ベルンで三者を「青年ヨーロッパ」として結集させた（一八三四年四月一五日）。そして一八三七年にスイスを追われロンドンへ亡命するあいだに、そうした国際的秘密同盟の建設をめざしたのである。青年ドイツ派はその総同盟の一分枝なのである。マッツィーニはヨーロッパ諸国民の民族的・国民的感情に期待をよせ、「神と人類の戒めに則って、すべての諸国民は自由であり、すべての諸国民は平等であり、すべての諸国民は兄弟である！」と唱える。[3]彼の究極目標は全人類の再生であるとか、諸国民の普遍的宥和の思想による民族独立であったが、要するに、つねにイタリアの民族解放が前提にあった。故にマッツィーニの組織構想は、青年ヨーロッパ同盟のイデオロギー的統合、単一目標設定でなく、ヨーロッパ諸国の共和主義者が各々独自の支部組織を形成し、独自の民族主義的・愛国主義的目標を追求するといったものであった。このようなマッツィーニに対し、同じくイタリア・カルボナリの出身でフランスに帰化したフィリッポ・ブオナローティは国際主義の立場から批判をくわえ、ブオナローティの弟子ブランキもまた、マッツィーニを「最も利己的な民族主義者」と批評している。さらには、ロシアのミハイル・バクーニン（M. Bakunin）も批評をくわえている。(4)

青年ドイツ派の内部組織はカルボナリ的な「平等」を原則としていた。最低五名からなる一委員会が幹部としてあり、それはすべてのクラブ総体によって選出され、その際各々のクラブは選挙によって決議を行なう。(5) しかし裏切者は死刑に処され、共犯者は組織指導に関する一切の細目を知ることができないという、イタリア・カルボナリの伝統を保持している。青年ドイツ派の政治目標は、ドイツの諸邦分裂を取除き、単一の民主主義共和国を建設するために、ドイツ国内へ武装侵入し、全般的に暴力的転覆をめざす、というものであった。構成メンバーは、亡命知識人やブルシェンシャフトで活躍した学生が多く、手工業職人はいまだ劣勢で、全体として下位中産急進主義的な体質をもっていた。指導的人物には、ライン・プファルツのリベラル運動で活躍し弁士としてハムバッハ祝祭に参加したゲオルク・ファイン（G. Fein）、フランクフルト警察本部襲撃を指揮した一人で、ブルシェンシャフトから教師になったヘルマン・ラウシェンプラット、そして以前連邦当局の秘書をしていたグスタフ・コンブスト（G. Kombst）、もと税務官吏で文士ハルロー・ハーリング（H. Harring）、さらにギーセンの教師エルンスト・シューラー（E. Schüler）、フランクフルト事件に加わった学生エドワルト・シュクリバ（E. Scriba）とカール・ゾルダン（K. Soldan）、最後にギーセンの林学学生でサヴォア遠征の志願者カール・シャッパーがいる。マインツ情報局のカール・ノーエ局長の報告によれば、青年ドイツ派は一四のクラブをもち、スイスのほかフランスにも支部が存在したという。総勢一六八名で、そのうちドイツにはわずか三〇名しかいなかった。(6)

青年ドイツ派の指導者たちは、構成メンバーから察することができるように、自らの方針をフランクフルトの奇襲やサヴォアへの武装侵入などに見習って設定している。彼らの「すべての活動は、人心を現状に敵対する憎悪でみたし、革命に敏感となるところまで準備を整える」点に向けられた。(7) 彼らのアジテーションは、不可視の武装叛乱に向かって手工業職人を結集させていったのである。指導者たちは遍歴する手工業職人を「積極的なデマゴーク部隊に仕立てることに重大な意義を」おき、(8) 手工業者協会の存在を「たんに地方的な位置と重要性をもつにすぎない。それらはドイツにおいて我々の諸原理と提携とを拡めるための、たんなる手段にすぎない」と考えていた[9]。したがって運動内部における指導的インテリゲンチャと職人たちとを貫く平等権は認められていなかっただろうし、それこそまさに青年ドイツ派の下位中産的体質を示すものだろう。しかし一八三五年までにメンバー数は、クラブの新設によって二六八名に増加し、その隊列にはますます手工業職人が加わっていき、元学生や知識人の数が相対的に減っていくだけ、それ以上にプロレタリア階層の流入が不断に続いた。

手工業職人の増加によって、従来の指導者とその理念は後方に追いやられていき、下位中産的急進主義は職人たちにとってしだいに魅力のないものになっていった。そしてついに、一八三六年には規約の改正に突きすすむ。従来のカルボナリ的伝統とか、武装侵入による全面的な蜂起にかかわる条項は削除された。青年ドイツ派はここにマッツィーニ的指導理念やフランクフルト事件への訣別を行なうことになった。ファインやハーリングは失脚するか組織を退くかして、日増しに強まる社会主義的方向への同盟の転化を拒否する。「我々（共和主義者）は、ヨーロッパにおける一大危機に直面したら、そこで我々は王党派とよりもコムニストとたたかうことになろう」とハーリングはのちに告白している[10]。

ドイツ手工業職人と亡命知識人によるスイスでのドイツ解放運動の存在は、オーストリア帝国宰相メッテルニヒの眼前に明白な事実としてたちはだかり、ドイツ連邦当局の利害は、中立国スイスへの政治的干渉を強化することにかかってきた。ドイツ官憲は、やがてスイス（チューリヒ州、ヌ＝シャーテル州など）当局を動かすことによって、ドイツ人亡命者の弾圧にのりだしたのである。当局はあらゆる手段を尽くして学生・教師・手工業職人のスイス滞在を妨害していく。メッテルニヒは一八三四年一一月一四日の指令で、革命的な宣伝活動が「諸協会を通じて、また激烈な集会を用いて」手工業職人の組織化をよりいっそう強めている点を警告し、一八三五年一月一五日には「国内外の公安が脅かされるか妨害されると思われるような、ドイツ手工業職人の連携と集会」を一切結べなくし、そのような自由の存する諸国への遍歴を禁止するところにドイツ連邦の利害が存する、という内容の、遍歴・集会・結社の禁止令を発した[11]。

そのようにして、ここにドイツ連邦の横杆入れによるスイスでの大弾圧が開始される。この弾圧の直接的契機は、青年ドイツ派がドイツ本国（バーデン）に武装侵入するという計画を、チューリヒ州当局が探知し阻止せんとしたことである。一八三六年五月と六月に、数々のクラブや協会が解散させられ、夥しい数の外国人、ことにドイツ人がスイスを去らねばならなかった。追放の対象はたんに革命的な職人たちのみならず、思想的・実践的に孤立した従来の指導者たち、ファインやラウシェンプラット、ハーリングらもそうであった。これにより、ようやく組織的変革を為しうるかにみえた青年ドイツ派の政治的宣伝活動は、急速に麻痺していった。マッツィーニは翌年までにはロンドンへ亡命する。苛酷になった国境閉鎖はドイツからの職人の授軍をストップした。そしてここに、一八三〇年代前半における青年ドイツ派の活動が姿を消す[12]。

青年ドイツ派のメンバーは、その一部分がフランスへ亡命し、そこでドイツ人の秘密結社（追放者同盟・義人同盟など）と連絡をとり、あるいはそれに加入していく。一部分はロンドンへ渡り、一八三六年九月にはやくもクラブを新設する。イギリスにはドイツ官憲の疑惑的な監視が存在せず、政治活動の可能性が十分そなわっていた。スイスに残った非合法部隊は、やがて一八三七年に再び組織化を企てる。だがその後の活動は、もはやカルボナリ的なものでなく、より穏やかなハムバッハ的啓蒙的共和理念を基調とするものであった。彼らの活動の主眼は読書会や社交的なつどいによる非政治的路線に転じたのである。それを媒介する機関誌は、『ドイチェ・フォルクスハレ（Deutsche Volkshalle）』によって行なわれる。これはかのハムバッハの弁士ヨハン・ゲオルク・アウグスト・ヴィルト（J. G. A Wirth）が発行する雑誌である。その思想はしかし、一部の、啓蒙路線にはあきたらない職人たちの批判をうけていく。組織の再建がすすまず、また指導理念がファインまたはヴィルトの思惑を越え得ないあいだに、それはやがて根底から批判される時期に入っていく。この批判勢力の一方は、かのヴァイトリングら義人同盟の共同体主義者《コムニスト》であった。だがしかし、このような外部からの批判だけでなく、青年ドイツ派内部からも根本的な改造を迫る声が湧きたってくる。そのような内部批判の先頭に立つ人物はヴィルヘルム・マール（W. Marr）である。彼は、青年ドイツ派の再建を志して、一八四〇年代前半に種々の組織改革・思想改造を試みていく。

ところで、一八四〇年代の新段階を取りあげるに先立ち、旧来の青年ドイツ派に対するマールの評価をみておこう。彼の回想録『スイスの青年ドイツ派（Das Junge Deutschland in der Schweiz, Leipzig, 1846.）』に述べられている箇所を要約すると次のようである。一八三五年ころからラウシェンプラットやシュトローマイヤーらがさかんにドイツへの武装侵入を論議し、遍歴職人の心中で君主憎悪をかきたてようと煽動していた。けれども、彼らが職人たちに訴えることのできたものはただそれだけだった。というのも、なるほどスイスはドイツのほかポーランド、フランス、イタリアなどからの亡命者であふれてはいたが、彼らに共通するものは圧制者に対する激越な憎悪と宗教的狂信だけあって、みな陰謀に終始し、各々の目標に関する明確な意識を理論的に強化していなかったからである。青年イタリア党などはその典型である。マッツィーニ指導下のこの一派は、イタリアの統一と独立を最終目標にし、第一にオーストリアの軛からの北イタリアの解放をめざしていた。しかしこの一派が外国人の志願兵を引き連れて敢行したサヴォア遠征は、まったく冒険事にすぎなかった。マッツィーニ軍はどこへ行っても歓迎されずじまいで、武器を使用するにいたらないまま解散してしまった。その後に独自の活動を開始した青年ドイツ派や青年スイス派の各支部は、どれも排他的な民族的利益を追いまわしていくだけである。すなわち前者は単一共和国へのドイツの変革を、後者は中央集権的スイスの創生を秘密裡に企図していたのである。とりわけ青年ドイツ派は、主要な拠点をチューリヒ、ビール、ベルンのほかシュトラースブルクにも得ていくが、ほぼ孤立状態で設立されたのと同じだった。彼らがドイツに向けて行う煽動は時機尚早であったから、事を起こすほど力を蓄えるまえに、まずは指導的知識人が、ついで職人層がスイスを追われるという結末をむかえた。一八三六年に解体してしまったこの結社は、意志だけは立派であったが哲学的に陶冶されることがなく、それ故現実が彼らの手に負えなくなるにつれますます君主殺しなどの冒険事に突進しようとした。とはいえこの結社に帰されてよい勲は、蘇生しつつある国民意識の萠芽を育んだという点である。[13]

一八三四〜三六年の青年ドイツ派に対するマールの以上の感想は、四〇年代において彼が練りあげる同盟再建案の批判的素材となるものである。そのなかで彼がとくに反省すべきと感じた点は、第一に組織機構面での自堕落さであった。旧組織は、なるほどカルボナリに範をとって厳格な秘密保持の体制になってはいたが、入会方式には落し穴があった。入会志願の志操チェックが甘く、なかには職人たちが身銭をはたいて醵出した資金をそっくり持ってフランスへ逃げ出す者まで出たのである。マールが改革しようと思った第二の点は、ドイツ解放への目的意識性である。旧組織の指導者は職人を教化しようとせず煽動を優先した。したがって武装侵入や革命が成就しそうもないとみた職人たちは、指導知識人への不信感をつのらせ対立を深めたのである。マールは以上のようにして、旧来の青年ドイツ派を将来に向かって有効に解剖したのである。

注

（1）W. Marr, Das Junge Deutschland in der Schweiz, Leipzig 1846. S. 100.

（2）この団体がはたして「北方の光」という名称であるのか、あるいはそもそも強固な一団体を形成していたかという点はいまだ定かでない。編者のクラッツは青年ドイツ派のメンバーであるが、いずれにせよはっきりしない。本書では、一応その機関誌名を用いて一団体とみなしておく。それにしてもこの団体の共和主義思想には、基調として、バーデンの自由主義左派カール・ロテック（K. v. Rotteck）にみられるゲマインデ自治論がある。ただし、ロテックにあってはブルジョア王政下における民衆の自治権が肝要であり、方途も議会主義路線であったのに対し、北方の光派はあきらかに君主を拒否した共和国下に自治を実現し、方途も革命しかありえないと考えていた。Vgl. Das Nordlicht. Ein Volksblatt in zwanglosen Heften. Zürich 1835. (Nachdruck, Glashütten im Taunus 1975.). S. 7. S. 21.

（3）青年ヨーロッパ同盟の一般指令（Die allgemeine Instruktion）第一六節。E. Schraepler, Handwerkerbünde und Arbeitervereine 1830-1853, S. 32.

（4）以下の文献を参照。ブランキ、加藤晴康訳『革命論集』上巻、現代思潮社、九四頁。バクーニン、外川継男訳「反マルクス論」（『バクーニン著作集』第三巻、白水社）三八二頁以降。

（5）青年ドイツ派規約（Die Statuten des Jungen Deutschland）から。なお、クラブ（Klub）は同派の基本組織である。E. Schraepler, ibid., S. 33.

（6）一八三五年七月一七日、メッテルニヒへのノーエの報告。E. Schraepler, ibid., S. 34.

（7）W. Marr, ibid., S. 102.

（8）E. Schraepler, ibid., S. 35.

（9）一八三五年一月一九日、シュクリバからラウシェンプラットへ。E. Schraepler, ibid., S. 35.

（10）一八四一年初頭、マッツィーニにあてて。E. Schraepler, ibid., S. 37.

（11）手工業職人はたとえ遍歴せずとも、元来抑圧をうけていた。ドイツの各都市では、彼らが定まった住所をもつか職場をもつか、あるいは一定の財産をもつかしなければ、そしてまたそれを証明できなければ、追放されることがあったし、流民・貧民はつねにそのような規制を受けていた。E. Schraepler, ibid., S. 37f. またマールによれば、スイスを旅する渡り職人も、各州の国境で支払う通過料六スイス・フランを工面できないときには追放の憂目にあったという。W. Marr, ibid., S. 144.

（12）だがノーエは、一八三六年一〇月一〇日付の報告で、いまだ地下活動が存続していると強調している。Vgl. E. Schraepler, ibid., S. 38f.

（13）Vgl. W. Marr, ibid., SS. 67-76.

二　ヴァイトリングの青年ドイツ派攻撃

一八四一年五月ジュネーヴに居を定めたヴァイトリングは、すぐさま共同体主義《コムニスムス》の宣伝と旧来の青年ドイツ派に対するイデオロギー攻勢にとりかかった。第一に彼は、活発な雑誌活動に着手する。それは、一八四一年九月から四三年五月まで続く『ドイツ青年の救いを叫ぶ声（Der Hülferuf der Deutschen Jugend, 1841. 9-12)』と『若き世代(Die Junge Generation, 1842. 1-43.5)』である。そしてまた一八四二年末には彼の主著『調和と自由の保証（Garantien der Harmonie und Freiheit)』が出版される。(1) 彼は、スイスでの同盟員獲得にあたって数人の有力な活動家と知りあった。ひとりは、以前カール・ゲオルク・ビュヒナー（K. G. Büchner）らとヘッセンの叛乱を企て、のちにスイスへ来て青年ドイツ派で活動していたハインリヒ・アウグスト・ベッカー（H. A. Becker)、ひとりはローザンヌの手工業者協会を指導するシュヴァーベン出身の皮なめし工ジーモン・シュミット（S. Schmidt)、ひとりは同じ協会で活動するシュレージジェン出身のセバスティアン・ザイラー（S. Seiler)、そのほかにコペンハーゲン出身の毛皮職人ニールス・ローレンツ・ペーテルセン（N. L. Petersen）等である。

ヴァイトリングは、パリで追放者同盟と義人同盟の隊列に加わり、多くの実践経験と、フランスで普及された社会主義・コミュニスム諸理論をわがものとして身につけていた。またキリスト教的なプロパガンダによって多くの手工業職人を魅了していた。それ故、彼のスイスへのデビューは「使徒というよりむしろメシア」の出現であった。(2) 彼はジュネーヴに落ち着くと、そこに義人同盟の拠点をかまえるべく、S・シュミットや彼の同志中の社会主義的な一派、それに青年ドイツ派内の一部分を集めた。また活動資金調達のため、ジュネーヴの手工業者協会内で公共食堂の経営を計画する。日常の啓蒙的および政治的活動としては義人同盟を直接前面に出さず、手工業職人協会を通じて種々の課題を設定する。したがって当面の、表向きの中心課題は、「協会の目標と手段とをいまだ知らずにいる人びと」にそれを普及し、彼らを入会させ、「また協会目標を前進させるすべての文書援助と普及」をはかることであった。(3) その手段として雑誌活動があった。

ところで、青年ドイツ派や義人同盟に群がるドイツ人亡命者にとって、スイスでの展望はどのように見据えることができたであろうか。スイスに手工業者協会が多く登場するのは一八三〇年代であるが、それは主にドイツ人亡命者がスイス人労働者を捲き込むようにして形成されていく、島崎晴哉『ドイツ労働運動史』によれば、Vormärz 期における労働者組織には、ひとつに救済金庫制度（共済的機能）、ひとつに労働者教育協会（教育的・文化的機能）、ひとつにストライキ団体（経済的機能）の三種類が存在する。そしてまた教育協会については、さらに次の三類型に区分される。ひとつは市民的な協会であり、このなかで労働者層は「被保護者」の地位にある。ひとつは労働者層のイニシアチブに基づいた急進的・民主主義的な市民が加わっているもの、ひとつは特定業種の職人から出発する社交会か教育協会である。(4) こうした様々な傾向をもつ労働者団体は、スイスにおいても形成されていくが、同国へやってきたヴァイトリングは、彼の計画にそって、種々の協会活動を検討する。

ヴァイトリングの説明によると、(5) 一八三〇年代末から四〇年初頭のフランス語系スイスでは、ドイツ人の手工業者協会はわずかに一団体しか存在しなかった。それはヴァイツェル（Weitzel）という人物がジュネーヴに設立したものである。その際、以前から同地に存在している諸団体（歌唱協会や読書協会など）はこの手工業者協会に従っていた。ところが、一八三二年に開催されたハムバッハ祝祭の理念（ドイツ統一と市民的自由）をかかげた青年ドイツ派がスイスで活動するようになり、一八三四年にシュタインヘルツリ（ベルン郊外）で集会を催したのを契機として、それ以後ヴァイツェルの協会は混乱しはじめる。すなわち、なんら政治的傾向をもたないこの協会が、青年ドイツ派の煽動で政論の場と化していったのである。設立者ヴァイツェルや協会指導者たちは、職人メンバーの反対連合に出くわした。政治討論を許さない指導者たちが、それを禁じた規約を付加したからである。それでも職人たちは討論を中止せず、指導者に抵抗していく。指導者たちは、協会外の雑誌を通じて職人たちの批判を受けた。そのことで指導者たちは、もし当事者が公然と名のって出て弁明するのでなければ、その者を探しだし処分すると言明したのである。だがメンバーの過半数がこれを拒絶した結果、とどのつまり指導者側が協会を退くことになった。まずヴァイツェルが退き、それにつづいて三〇名のメンバーが協会を去る。彼らの一部分は、こんどはスイス人（ドイツ語系、設立者ヨハネス・ニーデラー（Johannes Niederer））だけからなるグリュトリ協会（Grütliverein）をつくるのである。ヴァイトリングは、ヴァイツェルらを「老貴族（Alte Noblesse）」と名づけている。そして老貴族が去ったあとのジュネーヴ協会には、いまやハムバッハ的共和主義を宣伝する青年ドイツ派が根をはりはじめ一八四〇年初頭にいたったのである。

ヴァイトリングは手工業者協会の発展とその有益性につ

いて語る。フランス語系スイスで彼が活動するようになってのち、一八四二年には三州で一一から一三の協会ができ、メンバー数も一〇〇名から八〇〇名になった。それも、この間に設立されたフランス人の諸協会四団体五〇〇名を除いての増加である。ヴァイトリングとその同志たちは、ともあれ協会活動の改良を試みた。いつも空になっている協会の建物を利用して食堂を経営しようと提案した。また彼は、教育・啓蒙活動の有益性をもしきりに強調する。それがたとえ青年ドイツ派によってたんにドイツの共和主義的統一に集約されていかれようとも、またスイスの人びとがコムニスムスを理解せず、ただ連邦制度の廃止を要求しようが、そのようなことに関係なく、こうした協会活動は労働者の啓発に役立っていく。政治討論をたたかわす機会を労働者が獲得していくならば、それによって、賭事で金を浪費したり酒に呑まれて殴り合ったりすることもなくなるだろう。協会活動の活発化はしたがって、労働者大衆の道徳上・生活上にきわめて有益な結果をもたらす。ヴァイトリングは以上のように考える。

彼は、手工業者協会を「教育学校」とみなし、そこを出た人びとは、いたるところで献身的に、自らがうけた恩恵をこんどはほかの人びとに分け与えるように説く。だがどれほど労働者の意識向上に役立つ手工業者協会であっても、やはり現存社会内に位置しており、それはあたかも社会を小規模にしたようなものである。したがって、協会内ではいろいろな目論見や敵対心が生まれ発展する。そうした諸々の抗争やあつれきは、老貴族と政治的労働者、ハムバッハ分子とコムニストのあいだに生じたのである。これらの抗争は、ヴァイトリングがスイスに乗り込んできた一八四一年以降、いよいよハムバッハ分子たる青年ドイツ派と、共同体主義者たる義人同盟の対決として鮮明になってきた。ヴァイトリングは、この対決を、あたかもフランス大革命期のジロンド党対ジャコバン党の対決に表現する。

ジュネーヴの協会では、老貴族が退いたあと、一八三七年以来活動を再開してきた青年ドイツ派が、あたかもジロンド党のごとく、協会の指導権を手中にした。だがその地位が不動のものとなる前に、義人同盟がジャコバン党として進出する。この党は共同体主義《コムニスムス》で武装し、公共食堂のプランをかかげてジロンド党に攻撃をしかける。このプランは協会内で日々論議の的となっていったが、ヴァイトリングらとしては、先に述べたように、自己の運動資金調達や、また当時たまる一方だった協会の負債を消却するつもりで立案したのである。だがジロンド党は、食堂経営からあがる収益の見積りを明らかにしなければ反対するとして、ジャコバン党と対立した。ジロンド党にしてみても、プランそのものは別段問題ないものであり、彼らのなかにもこれを立案しようとする動きはあったが、問題はその支配権・管理権であった。協会指導権の争奪戦は、やがてジロンド党による協会からの共同体主義思想の締出しとなって拡大する。同じフランスからの輸入品であっても、ハムバッハ理念とちがって共同体主義は恐れられもした。というのも、ドイツ領内だけでなくスイスにあってもまた、この思想は多くの市民たちにとって許しがたい秩序破壊思想であって、それを宣誓したり普及したりしようものなら、ただちに投獄の憂目にあいそうだったからである。そのようなわけでハムバッハ分子は共同体主義を攻撃した。協会指導者たる青年ドイツ派は、共同体主義弁護を禁止した。そして共同体主義者とおぼしき人びと五名が、多数決によって協会を除名されたのである。

この抗争は、そのほかローザンヌでも、フェファイ、モルゼーでも表面化した。モルゼーとフェファイではジロンド党が強く、共同体主義を放逐するのに成功する。だがローザンヌではジャコバン党、すなわち義人同盟が優位を占めるのである。同地では、まずスイスの人びとがハムバッハ分子から分離して独自の協会をつくった。だがこの分離したスイス人の協会は、やがて青年ドイツ派と義人同盟の抗争に捲き込まれ、共同体主義に向かうかハムバッハ理念に吸収されるかといった政治的対応を迫られていく。それにしてもローザンヌの協会内には、いまやジロンド党とジャコバン党が対立して残っているのであり、双方の決着をつけねばおさまらなかった。それは、ジロンド党の三二名が除名され別の協会を立て、ジャコバン党の四四名が協会指導のヘゲモニーを握るという結果におわった。ローザンヌの手工業者協会は、ヴァイトリングの同志シュミットやザイラーをかかえていただけに、義人同盟の根拠地になりえたのである。

ヴァイトリングは、スイスでの協会活動を展開するにあたって、歌唱協会や読書会をけっしてさげすみはしなかった。その刺激があってこそ人びとは集い、討論に加わり、いままで知りもしなかった社会問題に興味をもっていくからである。それは、やがては協会で新聞を購読し、教師を雇い入れたりできるようになっていったことで実証される。そのうえさらにヴァイトリングは、もし労働者人民が不運な困難にもめげず、自らの秩序と享受の平等な分配を十分に組織しうるようになれば、彼らは自ら労働を組織していき、魅力ある社会をつくりだすだろうと展望する。そのような協会活動はしかし、義人同盟にとって、当面ローザンヌを拠点とするのみであった[6]。

さて、そうした協会活動とならんで、ヴァイトリングにはもう一つの困難な作業があった。それは、パリ時代に彼の第一作『人類』において提起した財産共同体理論のさらなる発展・深化を通じて、来たるべき社会革命のプログラムを創造していくことである。それはまた、青年ドイツ派へのイデオロギー闘争の武器とすべきものである。彼らはこの理論的活動を、たえず協会の職人たち、スイスの労働者大衆に提示し、ともに協力しあうなかで貫徹するだけにとどまらず、イギリス・フランスの義人同盟各グループとの連絡によって強化していくのである。日常的には雑誌活動によって、彼は自らのプランを宣伝するが、それとともに、『人類』のさらなる内容深化と、またそのラムネー的――すなわちキリスト教的――表現からの脱却を、『調和と自由の保証』でおしすすめる。イギリス・フランスのメンバーたちは、この大著に感激した。架空の理想社会を描いたエティエンヌ・カベ（E. Cabet）の『イカリア旅行記』（一八四〇年）に魅了されたヘルマン・エヴァーベックですら、『保証』が出版される以前に、その書物は「あたかもダーフィト・シュトラウス（D. F. Strauß）博士の『イエスの生涯』のような」はたらきをするだろうし、「ドイツの状態を根底から揺り動かすだろう」と述べている。また、当代の大哲学者ルートヴィヒ・フォイエルバッハ（L. A. Feuerbach）は、「この職人の熱意と姿勢と知識欲は実際なんという驚きであろう！」と賞賛した。己れはけっして実践に乗り出さず、ドイツの片田舎で思索に専念するフォイエルバッハであったが、それだけにヴァイトリングをおおいに支援したかったのであろう。このほかにも、ヴァイトリングの『保証』に魅了された人びとは数多い。マルクスもバクーニンもそうである。また権力側もこの大著の影響力を不安に思った。[7]

ヴァイトリングは、以前『人類』で表現したような、キリスト教的な愛と義の法則、それと自然法則の一致や並列を、もはやかかげず、聖書の引用もほとんど差控えた。彼はラムネーからフーリエ的思考へ移っていくのである。キリスト教の利用でなく、一八世紀啓蒙期以後の歴史哲学を支柱に据えていくのである。だがそのことは、依然として宗教心の強い下層民衆や手工業職人をとまどわせていく。キリスト教は、ルソーからフーリエにいたる、またバブーフからブランキにいたるフランス思想の高度な理論を民衆に理解しやすくするのにこのうえない触媒だったからである。だがそれでもヴァイトリングは、『保証』で築きあげた自らの理論的高みには自信があった。したがって彼は、少数であっても自らの構想が人びとに認められ支持されると、もはやそのことに有頂点となった。労働者へのプロパガンダとして続ける出版活動はベッカーやザイラーの出る幕ではなかった。雑誌に書かれる彼の論調は、他人の助言や批判をほとんど受けつけないという傾向をもっていく。この行動について、ベッカーは同志として忠告する、ヴァイトリングは「コムニスムスの法王のような風采」でいばりちらすから不満であると。(8)

しばしば高慢になるヴァイトリングは、しかし自由・平等の実現する財産共同体を導く方法について、それは革命以外にありえないと断言して高邁な態度を示し、四囲の支持を得ていく。パリ支部のエヴァーベックが、革命など遠い先の事だと考え、ロンドン支部のシャッパーが、現在の活動〔啓蒙・教育〕は子孫のためにあるのだと考え行動していたときに、ヴァイトリングは声高々と革命の現実有効性を喝破したのである。そういうわけで、スイスの義人同盟は、一八三九年五月パリでの四季協会蜂起以後も依然として革命を唱え蜂起路線を提起する。先に示した手工業者協会での啓蒙・教育活動は、エヴァーベックやシャッパーのように自己目的化されることはない。それらは労働者の意識向上に不可欠でありながらも、それ自体ではけっして何もなしえない。近い将来に実現されるはずの財産共同体では、従来抑圧され続けてきた赤貧のかつ圧倒的多数の人びとが主人公となるのである。啓蒙と教育はその時になって立派にその役を果たせるようにとの準備でしかない。ヴァイトリングのプロパガンダは、まずはブルジョアジーのために役立つとか、議会主義運動の一翼を担おうとかいうものでなく、民衆蜂起の一点に集中されていたのである。彼の意図は、現存社会の弊害・混乱状態を意識的に極限にまで深め、封建貴族の少数者支配とともに、新興ブルジョアジーの所有権をも奪いとり、現代（Vormärz 期）に社会革命を導こうとするものであった。その指導部たる義人同盟には、それ故厳格な秘密保持と裏切者への処分が不可欠であった。合法的・大衆的な手工業者協会は、義人同盟＝革命結社＝〔計画としての陰謀〕が地下に存在することによって、革命家の養成所となるのである。

ヴァイトリングは、パリでの運動経験から、もっとも重要な思想を体得した。それは、ブランキから〔計画としての陰謀〕思想を受け継いだことである。けれども当のブランキは、結社禁止法下のパリで、己れの思想を秘密組織の陰謀のなかでしか提起しえず、終始そこにとどまった結果、大半の人びとによって拒否されてしまった。その際ブランキを批判する人びとは、彼の〔暴動即革命〕という考えを批判するなかに、〔計画としての陰謀〕をも棄て去るという一八〇度の転換をなしたのである。ヴァイトリングはしかし、〔計画としての陰謀〕論を受け継いだ。だが、さらに加えて、〔暴動即革命〕論、すなわち圧倒的多数の民衆と少数の革命家との結合が、どのような段階で、またいかなる手段でなされるのかという点を解決せぬまま暴動をおこし、それを即座に革命に発展させようとする理論をも受け継いだのである。なるほど彼は、スイスへ来た当初、手工業者協会を永遠に労働者の活動の場として保証し、大衆組織の形成に全力を尽くした。義人同盟の再建も、手工業者協会のヘゲモニーをめぐって、青年ドイツ派と対決する過程ですすめられてきた。したがって、そのまま協会活動を発展させ、労働者貧民を共同体主義へとオルグし、彼らを来たるべき社会革命の主体として登場させることが、義人同盟の当面する任務のはずであった。だがヴァイトリングはその道を拒否する。彼はますます意図的に社会を混乱させようと目論む。

この段階にいたって彼は、社会秩序を乱す手段として、社会的盗奪（Sozialbandit）を考え出す。彼の目論見では、反動権力とたたかう中核はもちろん革命的労働者で構成されるが、その際、最下層の貧民・流民たちには、「金庫と倉庫を空にし、中味をすべて掠奪するべくもちだし、二度と回復されないほどに所有を混乱させてしまう」任務が与えられるのである。[9] 彼は、「毒を制するには毒をもって」せよという考えのもとに、現存する混乱を逆に労働者が利用すべきだと主張する。[10] ヴァイトリングはこのプランをフランスとイギリスの同志に伝えるが、むろん啓蒙路線に酔いしれているシャッパーやエヴァーベックらに、そうした構想の通用するはずがなかった。それだけでなく、彼は仲間のベッカーやザイラーとも論争せねばならなくなった。ベッカーは、くだらない無頼漢をどれだけ集めても何もできはしない、「君は、すぐれた心理学者であることを、君の著書によって証明した。けれども、もし君の努力の結果がみすぼらしい労働者暴動におわるとしたなら、君は己れの哲学を、いや己れの心すらをも、嘘つきだと非難するはめになるのだ」と反駁した。[11] ベッカーのこの批判は、次の意味では的を射ている。すなわち――ヴァイトリングは財産共同体を社会革命という手段によって提起し、可視的なものとした。だが、社会革命を「窃盗理論（Diebstahlstheorie）」で飾り、暴動即革命として提起したことによって、不可視にした――という意味においてである。

ヴァイトリングは、四囲の同志たちの批判をうけ、それで立ち直るのかと思えば、彼は彼なりの道をさらに前進せんとする。なるほど窃盗理論については一時的に取り下げたものの、こんどはふたたび宗教とコムニスムスを結びつけようと画策する。彼は、イエス・キリストを共同体主義＝コムニスムスの創始者にしたてあげ、それ故にヨーロッパの宗教的・道徳的な伝統にはコムニスムスが脈うっているのだとする書物を著わした。彼は、キリスト教を信ずるとか認めるとかではなく、現実にそれを利用すればまたもやコムニスムスのプロパガンダに役立つだろうと考えたのである。彼の大著『保証』は自他ともに認め、政敵青年ドイツ派の一部にも読者を得るほどすぐれたものであったが、ただ貧民大衆へのプロパガンダとしては、すくなからず失敗に帰してしまった。だから、いま一度大衆を己れにひきつけようと、原始キリスト教を持ち出したのである。この書物は『貧しき罪人の福音（Das Evangelium eines armen Sünders)』というタイトルで執筆された。彼は、何よりも大衆の支持を獲得せんとしてこれを書いたが、それとともにこれは、青年ドイツ派に対する党派闘争のパンフレットにもなるはずであった。だがヴァイトリングのこの目算は完全にはずれ、逆に自らの墓穴を掘るスコップになってしまった。そのわけは、第一に、一八四三年春以来、青年ドイツ派内では、従来のハムバッハ分子にかわって、きわめて実践的・革命的な傾向の指導者が登場し、イデオロギー的にも組織機構の点でもはるかに強大な党派を彼らが形成したことである。そして第二に、義人同盟の最高指導者であるヴァイトリングが、『福音』の出版計画を探知したチューリヒの教会関係者に告訴されたことである。チューリヒ州当局は、この告訴を契機として、一八四三年六月八日に、『福音』出版の件でチューリヒへやってきたヴァイトリングを逮捕した。彼が活動しえなくなったスイスでは、もはや宗教的妄想をふりまく山師が活動家たちを動揺させるだけであった。そのひとりは、「司祭王国（ein Priester-Königreich)」の創設を叫んで妄想をかきたてるクリスチャン・アルプレヒト（C. Albrecht)、ひとりは、これも「霊の国」を追いもとめるゲオルク・クールマン（G. Kuhlmann）である。前者は以前からヴァイトリングに近づき、後者はベッカーに気に入られた。クールマンは、のちには当局のスパイであることが判明するほどの山師であった。

理論的指導者ヴァイトリングを欠いた義人同盟は、あらゆる面で頽廃し、それはがぜん青年ドイツ派の再興を助けた。昔ながらのハムバッハ分子は何もなしえないままだったが、新たに指導者となったヴィルヘルム・マールは断乎としていた。彼は、ドイツ本国で進行する青年ヘーゲル派の無神論思想を武器にして、義人同盟のメシア・コムニスムスを論破しはじめた。アルプレヒトやクールマンの宗教的駄ぼらにあきあきした活動家たちは、この際無神論に向かおうとした。義人同盟がこのように統率力を喪失するや、青年ドイツ派はやがてこれをほぼ完全に制圧してしまう。

この過程を、ヴァイトリングの説明でなく、こんどはマールの説明をもとにして、次に検討する。

注

（1）『ドイツ青年の救いを叫ぶ声』の発行部数は、ヴァイトリングの証言（『調和と自由の保証』第三版への序文）によれば、ほぼ一〇〇〇部であり、そのうち四〇〇部がパリへ、一〇〇部がロンドンへ送られた。E. Schraepler, ibid., S. 67.

（2）W. Marr, ibid., S. 66.

（3）J. C. Bluntschli, Die Kommunisten in der Schweiz, Zürich, 1843, S. 35f.

（4）島崎晴哉、前掲書、一五九〜二九一頁参照。

（5）スイスでのヴァイトリングの活動および手工業者協会の説明については、ブルンチュリ（チューリヒ州政府の枢密顧問官）の報告書（本章第4節）を参考とし、個々の注をつけない。Vgl. J.C. Bluntschli, ibid., S. 19ff.

（6）とはいえ、当時のドイツ語系スイス（チューリヒ、ベルン等）には多数の手工業者協会があった。ヴァイトリングが乗り込んだのはジュネーヴをはじめとするフランス語系スイスなのである。一八四三年一月九日の、マインツ情報局の秘密報告では、スイスにはほぼ四〇〇〇名の「党派人」がいて、そのうち青年ドイツ派は二四七〇名、コムニステン（義人同盟員）は八七五名であったという。そしてさらに一〇九五名が党派に加わったと報告している。またヴォルフガング・シーダーの著書によると、スイスには八〇〇から九〇〇の、何らかの協会があった。Vgl. E. Schraepler, ibid., S. 87. W. Schieder, Anfänge der deutschen Arbeiterbewegung. Die Auslandsvereine im Jahrzehnt nach der Julirevolution von 1830, Stuttgart, 1963, S. 123.

（7）一八四三年一〇月二六日、エヴァーベックからヴァイトリングへ。J.C. Bluntschli, ibid., S. 48. 一八四四年一〇月一五日、フォイエルバッハからフリードリヒ・カップ（F. Kapp）へ。E. Schraepler, ibid., S. 73.

（8）一八四三年九月二四日、ベッカーからヴァイトリングへ。Dokumente., S. 142.

（9）E. Schraepler, ibid., S. 78.

（10）W. Weitling, Garantien der Harmonie und Freiheit, Vivis, 1842. (Nachdruck, Berlin, 1908.), S. 234.

（11）E. Schraepler, ibid., S. 83f.

三　マールの青年ドイツ派再建

青年ドイツ派では、一八四二年〜四三年春になると、ハムバッハ的共和主義を是とせず、ドイツ本国で行動する青年ヘーゲル派の一部が提起していた社会主義の方向に共感する部分が勢力を伸張する。すなわち彼らは、「外国の手工業者職人はいまだブルジョア反対派の不可分の要素とみなされていた」時代に社会主義、より正しくはアナキズムを唱えて手工業者運動を開始するのである。(1) その代表的指導者は、シュロイジンゲン生まれのヘルマン・デーレケ（H. Döleke）とゴータ出身のユリウス・シュタンダウ（J. Standau）であり、少し遅れてハンブルク出身のマールがこれに加わる。この三人は、旧来の青年ドイツ派を再編するにあたって、まずは組織機構の改革に着手する。

三〇年代中葉の同盟機構は、既述したようにカルボナリに範をとっており、指導部＝少数知識人、底辺活動者＝多数の職人そのほかという枠を前提としていた。またヴィルトらのハムバッハ的理念で再組織された三〇年代末からの青年ドイツ派は、なるほどカルボナリ的な機構は修正したものの、迫害を逃れるために革命結社としての機能まで放棄してしまっていた。だがそれでも、上部から下部へ、またその逆コースでの指令伝達や報告・連絡機構は一応存在していた。中央本部はジュネーヴにおかれ、スイスの主要都市には基本組織ファミリー（Familie）が支部として存在していた。このファミリー・メンバーは、各地の手工業者協会にはいり込み、その要職（会長ないし書記）に就き、有能とみられる職人を同盟にさそう任務を負っていた。武装闘争を清算したとはいえ青年ドイツ派は秘密組織であったから、新入会員の選択には慎重に臨んだ。すなわち、まずもって既にメンバーである者については決して名簿を作成せず、相互の確認は秘密の目印や合言葉を用いる。また手工業者協会のような人目につきやすいところでは同盟のモットーである「自由・平等・博愛」を用いて次のように確認しあう。つまり一人が誰かとの会話のなかで「博(Humann-)」なる語をそれとなく語る。するとこれに気づいた同盟員が近づいてきて「愛（-itāt）」の音節をやはりそれとなく述べるというぐあいにである。

しかし、一八四〇年以降義人同盟がスイスに乗りこみ、またコムニスムスでもない保守派の分子が各地の協会内で活発な主導権争いを展開するようになると、旧来の青年ドイツ派のそうした方法は通用しなくなってきた。そこでまず、ローザンヌの手工業者協会を指導していたシュタンダウが、主導権強化を策として、ファミリーに横のつながりをもたせるよう中央本部に提議を行なう。中央本部は、同盟がおよそ秘密結社であるかぎり、下部組織間の横の連絡には危険を感じていた。組織網の全容は頂点の少数者だけしか把握していないというのが鉄則であった。しかし、急進主義から保守主義までの種々の煽動と攪乱が手工業者協会を舞台にしてしのぎを削っているとあっては、本部はシュタンダウの提案に同意せざるをえなかった。シュタンダウの提案は、青年ドイツ派が指導権を握っている諸協会を連合させ、レマン湖畔にその本部を設置することであった。この協会連合はいわゆる「レマン・ブント（Leman Bund)」と呼ばれるもので、ローザンヌに本部をおき、ジュネーヴ警察の承認をも得て公然とした活動を保障された。マールの説明によれば「レマン・ブントと青年ドイツ派とは二種の異なったものであった。一方は合法で他方は非合法であり、前者は純粋に外部的であり、後者は全体を貫くよう定められた革命的精髄であった(2)」。また研究者シュレープラーによれば、レマン・ブントの「管理局の職務は半年毎の決議で一つの協会が受継いだ。……実際はジュネーヴとローザンヌの二大協会のみがこれを履行した。この管理局は……教科書を調達したり貧しい会員へ生活物資・金銭を支給したりするというような交換局以上のはたらきをした(3)」。

さて、このようにして協会指導の強化のなかに青年ドイツ派自体の活路をみいだそうとするシュタンダウほかは、すでに獲得された協会だけでなく、スイス全土に散在する諸協会を統率しようとして、次のような対抗者に挑戦していく。第一には、先にヴァイトリングの説明でみられた、生粋のスイス人だけからなるグリュトリ協会である(4)。これは、ヴァイトリングでは政治的傾向がはっきり述べられなかったが、スイスの中央集権を政治目標にしていく。第二は、義人同盟に指導権を奪われてしまったコムニストの協会である。そして第三のものは、マールらが「坊主協会（Praffenverein)」と呼び、彼によると義人同盟が「幼稚園（Kleinkinderschule)」と呼ぶものである。マールはこの種の協会を、「背後にジェスイット的な奸策と民衆に敵対的な心操を抱いた」指導者が牛耳るものと表現している(5)。以上の諸協会のうち、青年ドイツ派の最大の敵対者はむろん義人同盟傘下のものだった。シュタンダウらは、スイス全土に自らの協会網を確立するには、是非ともヴァイトリング、ベッカー、ザイラー、シュミットを排除せねばならなかった。だがこの作業は一気にはできない。まずはそれ以外の諸党派を打倒するか味方につけることが肝要だった。そこでシュタンダウらは、まずは坊主協会を無力化する方向に出る。その過程を追うことによって、青年ドイツ派の再建活動をみてみよう。

青年ドイツ派はスイスでは活動歴が長かったから、ローザンヌでのように指導権を他党派（義人同盟）に完全に奪われ脱退の憂目にあったという例が少ない。ジュネーヴをはじめ多くの手工業者協会で彼らは指導権を保持していた。しかしそれは独占的にではなかった。彼らは、たとえ最大の敵を協会から放逐しえても、それ以外の異分子にたえず警戒しながら協会対策を練り、時にはそれと妥協することも必要なのであった。だがそれでも、最終的には青年ドイツ派の単独支配を確立すべく、シュタンダウやマールは、コムニストばかりでなく、自由主義の右派的傾向を示していた坊主協会にも党派闘争を挑んでいく。そのような右派的勢力と青年ドイツ派が衝突した例は、シュタンダウらが義人同盟とのたたかいに敗れたのち独自に創立したローザンヌの第二の協会にみられる。この協会は、青年ドイツ派が反コムニスムスを基軸にして設立したものだから、当初はむろん問題がなかった。だがしかし、指導部の青年ドイツ派では、いまだ確固たる理念、すなわちマールらの青年ヘーゲル派的無神論とアナキズムが普及していなかった。そこでやがて、マールが「坊主党（Praffenpartei）」と呼ぶ右派が協会内で頭角をあらわしてきたのである。この党派は、協会が秘密の政治指導によって左右されていることを察知し、デーレケをその首領とみなして詮索をはじめた。坊主党の主な指導者は、ブラットナー（Blattner）、グラウフ（Grauff）、それにレンチュ（Rentsch）である。彼らは、はじめは協調的に振舞っていたが、以前に青年ドイツ派の一員だったある錠前工の裏切りと密告によって、再建された青年ドイツ派を探知して以来、にわかに反対的言動を強めていく。やがて坊主党と青年ドイツ派の争いは、協会内でのある公開の会議場で露骨にあらわれる。すなわち、この席上でグラウフは、協会はある秘密同盟に牛耳られている、と演説したのである。だがしかし、会議に居合わせたデーレケはこれを否定し、英断をもってその場を切りぬけ、それどころかのちには反撃に出た。坊主党は脱退し、義人同盟・青年ドイツ派の各協会についでローザンヌで第三の協会「坊主協会」を設立した。

　ローザンヌで青年ドイツ派が坊主党に勝ったといっても、デーレケやシュタンダウは情勢の推移を油断なく監視せねばならなかった。この時点でなるほど青年ドイツ派は、レマン・ブントに結集する八ヶ所の協会（ジュネーヴ、ローザンヌ、ラ＝ショー＝ド＝フォーなど）と、それ以外に連合関係にあるチューリヒ、ルツェルン、ヴィンタートゥール、シュトラースブルクなどの協会にファミリー・メンバーを送り込んでいたが、左の義人同盟と右の坊主党とのはさみ撃ちにあっており、いまだドイツへ向けての宣言を実行するには非力であった。そこでシュタンダウとデーレケは、遅れて同盟に加入したマールとともに、同盟指導を地区ごとに三分し、各々が担当の地区で指導強化にあたるという方針を決定する。この決定にしたがって青年ドイツ派は三ヶ所の支部に分かれる。すなわちデーレケのジュラ支部（Section du Jura）、シュタンダウのプラトー支部

(Section du Plateau)、そしてマールのレマン支部(Section du Leman)である。この三人に加えて、チューリヒの協会を指導しデーレケやシュタンダウの補佐にもあたる労働者(マールの回想録ではH-mannとしか記されていない)も他の三人と同格であり、以上の四人が再建青年ドイツ派の最高幹部となった。

マールらが指導地区を三分ないし四分したことによって、一見すると青年ドイツ派は組織分裂の火種を宿したようにもみえるが、しかし彼ら四人の結束はきわめて固かった。とりわけデーレケとシュタンダウに対するマールの信頼は厚く、さらに彼らは互いに共通の指導理念、すなわち反コムニスムス・反ハムバッハの理念、より積極的にはフォイエルバッハ哲学・無神論、そしてアナキズムの主張という点で絆を強くしていた。そのような信頼関係に立って、まずデーレケのジュラ支部はラ＝ショー＝ド＝フォー、フロェリエール、サン＝イメール等の協会を、シュタンダウのプラトー支部はベルン、フライブルク、ブルクドルフ、モウドン等の協会を、そしてマールのレマン支部はレマン湖畔の諸協会を監視し、フランス語系スイスのみならずドイツ語系の地方にいたる広い地域にファミリー網を確立しようと努力していく。そのばあい、最も指導力を要請される地区は、むろんレマン支部である、レマン湖畔のこの地区には何よりもまずヴァイトリング以来ベッカー、シュミットらのコムニストが精力的に協会争奪に加わっており、ローザンヌにみられるように、同じ都市内にすべての傾向の協会が乱立している状態でもあったからである。したがって、青年ドイツ派を解体しようと企てるコムニストは、このマールこそ最大の政敵となっていく。

青年ドイツ派がマールを中心に思想面でも組織面でも強大化していった一八四三年夏から四四年にかけて、対抗者である義人同盟や坊主党はさほどの拡大を得られないままであった。とりわけ義人同盟の場合は、一八四三年六月にヴァイトリングがチューリヒで逮捕されてのち、思想面・組織面の双方でますます凋落の途をたどった。そこで指導者のベッカーやシュミットは、勢力回復の手段として青年ドイツ派との連合を考え出す。これは、ベッカーらがヴァイトリングゆずりのメシア・コムニスムスを棄てて無神論・アナキズムに転向するという意味ではなく、スイス諸州の協会に影響力を及ぼすにはまずもって青年ドイツ派との対立をすこしでも和らげる必要があっての連合であり、さらには最終的に青年ドイツ派を劣勢に追いやり解体させることを内に含んだ提案なのであった(6)。この案は一八四四年の夏に、協会相互の連絡というかたちをとって、義人同盟から青年ドイツ派に通知された。だがマールの腹は最初から否と決まっていた。ヴァイトリングなきあと山師アルプレヒトの宗教的駄ぼらに振りまわされ、無神論に鞍替えする職人活動家が続出している時に、義人同盟との対等な連合など無意味どころか害悪と感じていたからである。またマールには、ベッカーらのこの表面上の和解策が実は何を意図したものであるかという点をも、十分に洞察しえていた。だがしかし、マールの拒否的姿勢が同盟全体の意志となるには、やや困難な事態が生じてくる。それは、ベッカーらの提案を協議するために開催したローザンヌの協会でのある会合においてのことである。議長が義人同盟傘下の協会から送られてきた「美辞麗句」にみちた手紙を読みあげるや、議場が騒然となった。むろん同地の青年ドイツ派ファミリーに属する同盟員は、これに拒否の発言を行なった。しかしこれに無関係の職人たちのなかにはベッカーらの提案に賛成するものも続出し、「しまいには協会が真二つに分裂してしまった」のである。(7)

この会合に出席していたマールは、この由々しき事態に何らかの手を打たねばならなかった。紛糾の的である連合問題からそれた発言では収拾がつかないとみたマールは、協会規約を利用してとりあえず採決延期にもちこみ、その場をいったん切りぬけた。それと同時に彼は、ローザンヌで義人同盟の勢力を完全に封じ込めるのに、同地で第三の勢力であった右派の坊主協会と連合する決意を固める。ローザンヌのファミリーでこの案をなんとか同盟員に納得させた彼は、いよいよ秘かに坊主協会との交渉にはいり、義人同盟から提起された連合案への対応を十分なものにした。すなわち、延期されていた例の協会会議が再開されたとき、この案に賛成したのはそこに出席したコムニストだけに減り、さらによいことには、坊主協会と青年ドイツ派の連合推進過程で、前者の指導者ブラットナーが坊主協会を脱退したのである。

さて、義人同盟をおさえつけ、坊主党と連合したマールは、いよいよローザンヌの三種の協会をいったん全面的に解体し、単一の協会に再編しようという、完全勝利の道にすすむ。ただし単一といっても、マールの意向では、青年ドイツ派が指導する協会連合体レマン・ブントの傘下に入るような協会にしたてあげるのがねらいであった。彼はこの目論見を、自派の協会でなく、ローザンヌのコムニストの協会に出向いて提案する。一八四四年八月四日に開かれたこの協会の会議で、マールは、以前から義人同盟が提案していた二派連合の問題を逆手にとり、三種の協会が連合を完成するにはまずもってすべてが解体すべきだと発言した。そして、各々の協会に残された仕事については、期限をきめて残務整理をし、もとの坊主協会の事務所七部屋を単一協会の本部とする、などという細部にわたった提案を行なった。これに対し、義人同盟のシュミットは、当面じっと我慢していた。坊主党からの出席者は、グラウフを除いてこの提案を支持した。グラウフは、最後まで青年ドイツ派との連合に賛成せず、協会を去っていく。彼はマールに対し、「無神論で労働者の心を毒殺するな」と警告して協会を退いたが、(8)これによって坊主協会からは坊主党の影響力がほぼ完全に消え去ったことになる。これ以後、ローザンヌでのマールの協会対策は、いまだシュミットらとの決着がついていなかったにせよ、成功裡に展開する。のちに彼は次のように総括している、

「我々はいまや、諸協会に関するかぎりでは勢力の絶頂にあった。三ヶ所のコムニスムス協会を除いて、我々はスイス全土のドイツ人労働者にプロパガンダの網をかぶせた。数百人が、そしてさらにまた数百人が、我々の理念を胸いっぱいにしてドイツへもどっていった。コムニストとの闘争がなかったならば、すなわちコムニストが……我々と自由な統合にまで前進していたなら、そして彼らが我々とともに否定の方向を追求していたならば、我々のプロパガンダはいまやすでにドイツ全土に拡がっていたことであろう(9)」。

スイス全土でドイツ解放の組織形成をすすめるマールは、本国向けのプロパガンダの一つとして、はやくから出版社設立の計画を練っていた。彼はこの計画をすすめるにあたって同じくスイスでドイツ向けの出版活動を営んでいたユリウス・フレーベル（J. Fröbel）の文芸書房（Literarisches Comptoir）を参考にした。フレーベルは、ドイツ領外に逃れた活動家の著作や雑誌をチューリヒおよびヴィンタートゥールで出版し、秘密のルートを用いて本国へ送り込んでいた。そうした著作のなかには、たとえば青年ヘーゲル派（ヘーゲル左派）のアーノルト・ルーゲ（A. Ruge）がドイツを追われてのち編集した『アネクドータ（Anekdota zur deutschen Philosophie und Publizistik, hg. v. A. Ruge, Zürich u. Winterthur, 1843.）』や、ゲオルク・ヘルヴェーク（G. Herwegh）が編集し、青年ヘーゲル派のヘスほかが寄稿した論文集『スイスからの二一ボーゲン（Einundzwanzig Bogen aus der Schweiz, hg. v. G. Herwegh. Zürich u. Winterthur, 1843.）』、およびフォエルバッハの著作『将来の哲学の根本命題（Grundsätze der Philosophie der Zukunft, Zürich und Winterthur 1843.）』などがある。さらにまたフレーベルは、自ら『スイスの共和主義者（Der Schweizerische Republikaner, Zürich u. Winterthur 1842-43.）』誌を発行し、自身はそうでなかったにせよ、青年ヘーゲル

派よりの批判活動を宣伝し、かつヴァイトリングら義人同盟とも親密な交際を行なった。マールはむろん義人同盟に近寄るフレーベルは好まなかった。しかし彼が精力的に行なう出版活動にはおおいに関心をもち、その方面で彼に接近し、フレーベルもマールに協力をあおぐ。たとえばフレーベルは、出版に意欲を燃やすマールに対し、文芸書房の出版物をフランス語系スイス地方で販売してほしいと依頼し、マールはこの委託を快諾する。マールには、フレーベルが私欲や投機のためでなく、民主主義のために、ドイツ解放という大義のために出版活動に携わっているのが好ましく思えたのである。彼は、青年ドイツ派のローザンヌ・ファミリーでその点を強調し、自らもその方針で民主主義的な出版社を設立したいと提案、了承された。

とはいえ、出版社設立には経営面での資金と知識が必要であった。マールはそこで、これと同じような活動に従事している二、三の人びとに知恵を借りてみた。その結果、パリで活動するある人物は、プランは立派だが実現は困難と返答した。またザクセンのある人物は、フレーベルの文芸書房のように「あまりにも青年ヘーゲル派をひいき」して排他的になるようではだめだと忠告してきた。さらにフレーベルは、ドイツ転覆の檄文などを民衆の手に渡すのだから、負債はおろか身の危険をも考慮してかからねばならないし、いまドイツへ送り込めるのは通俗書くらいのものだと伝え、ルーゲも『独仏年誌（Deutsch-Französische Jahrbücher, hg. v. A. Ruge, u. K. Marx, Paris 1844.）』の失敗談をマールに語った[10]。こうした意見・忠告を参考にしつつも、マールはなおもドイツへの無神論の宣伝を貫こうとする。第一に彼は、宣伝文書を本国へ運ぶのに一般の書店を装い、本国内では主義上の意地を張らないでおおいに自由主義者を支持し、彼らの信用を得ることにした。マールの考えではドイツ解放の決定的な局面にいたるまではドイツの自由主義者を「利用」し、いざ革命という段では「自由主義者に対し、ジロンド党に対するジャコバン党の役を演じる」というように割り切っていたのである[11]。

出版社設立とともに、マールは青年ドイツ派傘下の協会における雑誌刊行にも意欲を燃やす。だがこの計画は、ドイツ向けの出版活動とちがって、一歩誤まれば足下のスイス諸政府が協会へ干渉に出る原因をつくることになり、さらには同盟の秘密の連絡網をキャッチされる原因ともなるものであった。それ故各ファミリーでは賛否両論がみられた。だがマールは、責任のすべてを自身に負わせ、これを強引に立案し、デーレケら同盟指導部もマールに賛成した。デーレケは雑誌名に『一八四五年の青年ドイツ（Das Junge Deutschland von 1845.）』を推したが、ファミリー内での猛反対にあう。結局、政府筋に干渉されずに済むような穏やかな題『社会生活のための現代雑誌（Blätter der Gegenwart für Soziales Leben）』を誌名に決定した。創刊号は一八四四年一二月になって刊行されたが、その反響をマールは次のように語っている。

「創刊号は諸協会でたいへんなセンセーションを捲きおこした。あらゆる方面から我々は祝辞と激励を受けとった。……我々は容赦のない結論で国家と教会の現行諸制度を攻撃し、それにとどまらずさらには、国家と教会一般をも攻撃した(12)」。

このようにしてマールら青年ドイツ派は、組織拡大と協会指導の面では義人同盟をおさえ、イデオロギー面においては共和主義を越え、しかもコムニスムスにもいたらない第三の道、アナキズムに達することによって、一八四四年にまさしく運動の最盛期を築きあげたのである。

注

（1） E. Schraepler, ibid. S. 68. なお Schraepler は一八四〇年代初頭の青年ドイツ派が「普通選挙と陪審裁判と言論・出版の自由の備わったドイツ統一を第一に要求した」と叙述しているが、それは同派内でマールらがいまだ社会主義的・無神論的指導理念を確立する以前のもの（ヴィルトやファインの共和主義）である。Ibid. S. 75. またフランツ・メーリングによれば、一八四〇年代前半期の青年ドイツ派は次のような理想的変遷をとげる。「それ（青年ドイツ派のアジテーション―引用者）はなるほどしだいにブルジョア的・民族的性格をなくし、プロレタリア的・革命的性格を帯びてはきたが、フランス社会主義の方向でなくドイツ哲学の方向へと流れていった」。F. Mehring, Geschichte der deutschen Sozialdemokratie, 1. Teil. S. 209. 邦訳『ドイツ社会民主主義史』上巻、一六五頁。

（2） W. Marr, ibid., S. 107. なお、一八四〇年代の青年ドイツ派については、主としてマールの回想録に依り、時にシュレープラーやメーリングほかの説明でこれを補う。

（3） E. Schraepler, ibid. S. 86.

（4） Grütli は Rütli に由来する。リュトリとは、一四世紀前半、ハプスブルクの支配に抗してスイス人が同盟を結成した地「リュトリの野」のこと。

（5） W. Marr, ibid., S. 99f.

（6） ベッカーはヘッセンでの活動ののちスイスに来て青年ドイツ派と行動をともにしたのだが、一八四〇年代にはコムニストとなってこれを批判し、Das Junge Deutschland という名称にも異議を唱えるようになる。「我々にその名称はふさわしくない。我々の核心はドイツにではなく、人類にあるのだ」と。E. Schraepler, ibid., S. 93.

(7) W. Marr, ibid., S. 195.

(8) W. Marr, ibid., S. 202.

(9) W. Marr, ibid., S. 204.

(10) W. Marr, ibid., S. 163ff.

(11) W. Marr, ibid., S. 172.

(12) 『現代雑誌』は、マールの提言でレマン・ブントに加盟する諸協会に購読が義務づけられ、発行部数が増大していく。また、こうしたマールの無神論・無政府主義の宣伝に対抗して、ベッカーがコムニスムスの立場から『宗教的・社会的運動の朗報（Fröhliche Botschaft von der religiösen und sozialen Bwegung）』という、発行部数一〇〇〇部ほどの雑誌を創刊する。Vgl. E. Schraepler, ibid., S. 96f.

四　スイスにおけるドイツ人急進主義者の敗退

義人同盟と坊主党を圧倒し、同盟組織網の整備・拡大とスイス全土での協会指導権の確立を達成しつつあった青年ドイツ派は、一八四四年末から四五年にかけて、向かうところ敵なしといった状況を創出しえたかにみえた。だがしかしマールらは、一八四五年春以降、新たな、それもきわめて強大な敵に出会うことになる。その敵とは、秘密結社たる青年ドイツ派の所在を探知しこれを解体しようとするスイス諸州の政府であった。

一八四五年はじめころまでに、マール、シュタンダウ、デーレケらは、同盟の勢力伸張に拍車をかけるようにして、ヨーロッパ規模での結社創設を計画した。すなわち、ローザンヌを本拠地として、ドイツ・フランス・イタリアにまたがる各地に支部をもった新たな国際結社「青年ヨーロッパ」を構想したのである。[1] これを実現するため、彼らは諸国の革命的活動家と連絡を密にしはじめる。だがその動きは、一八四五年二月中旬におこったヴァートラント革命によってストップされる。[2] ローザンヌを首都とするヴァートラントでは、自由主義的な政府のもとにあって、がんらい急進主義者が多く出入りし、比較的自由に公然・非公然の政治運動を行なっていた。だが一八四〇年代前半に、プロイセンがそうであったように、この州でも徐々にプロテスタントの保守派、ピエティストの勢力が抬頭し、一八四五年までには政府内の要職がほぼすべて彼らの手中に帰してしまっていた。そのような政治情勢の推移のなかで、従来ヴァートラントを統治してきた自由主義者＝純理派（Doktrinäre）は、Vormärz 期ドイツのプロテスタント保守派ピエティストとの妥協に走り、一八四五年二月一三日、政府の保守的改革を断行した。[3] この報道に接した州民、とりわけローザンヌ市民は、反対を叫んで騒然となり、ここにヴァートラント革命が開始されたのである。その指導者は、以前青年スイス派に所属していたが当時はヴァートラントの枢密院議長の職にあったドゥロイ（Druey）である。彼は、国家機関の要職にあるとはいえ、無神論とアナーキーを主義とし、青年ヘーゲル派を愛読する人物であった。それ故マールらは、この思いがけない革命に多大な期待を寄せることになる。すなわち、いままで地下に潜んでいた青年ドイツ派が、いまやヴァートラントでは白昼堂々と無神論と無政府主義を説いてまわれそうな情勢となったのである。

ところが、ドゥロイの新政権は安定しなかった。打倒された自由主義右派とピエティストの連合保守派は、アメーバのようだった。彼らは、政府から追放されても執拗に抵抗を続け、宣伝紙『独立者（Indépendant）』と『一九世紀の改革（Réformation du XIX. Siècle）』で新政府への妨害に血道をあげていく。ドゥロイはしだいに保守派の圧力下で当初の勢いを欠いていく。新政権は、危うい立場に陥ってしまうまえに何とか手を打たなければならなかった。事態の急転を防ぐのに、ドゥロイの逃げ場は唯一つしか残されていなかった。それは、議会での多数決という大義を表看板にした、保守勢力との部分的妥協の策である。これに対しピエティストと自由主義者は、無神論とアナキズムを宣伝する青年ドイツ派、メシア・コムニスムスを説く義人同盟等を野放しにするなという要求を、たてまえとしてドゥロイ政府につきつける。だが彼らの本心は、そのような外国人勢力だけでなく、ヴァートラント内の急進的新政府勢力を潰滅し、革命による異常事態を一刻もはやく終結させようというものであった。青年ドイツ派や義人同盟の取締りがあくまでたてまえとして持ち出されたものであった点は、次の事情から察せられる。すなわち、革命前の政府は、マールやベッカーらの手工業者協会活動について、それが自国スイスに関する社会的政治的諸問題に乗り出し干渉しないかぎり黙認してきた節がみられるからである。たとえば、党派闘争を背後にしたローザンヌでの協会分裂騒動や、青年ドイツ派指導下での協会連合レマン・ブントの結成が、当局の黙認・承認下で行なわれているからである。だがいまや、自由主義者と保守派は、マールとベッカーらを、新政権打倒の手段に用いだしたのである。急進的新政権は、自国の混乱をよそに外国人の無政府主義とコムニスムスを野放しにしているという非難を恐れ、マールやベッカーをヴァートラントから追放する方向で保守派と妥協するにいたった。

青年ドイツ派と義人同盟は、保守政権下で黙認されていたのが急進主義政権下では弾圧されるという、まったく逆の事態に直面して混乱をきたす。ベッカーは、「我々のコムニスムスは、労働の軽視や財産の破壊などに基づいてはいない」などと苦しまぎれの逃げ口上を公表する。[4] マールは、せっかく拡大した諸協会に累を及ぼさないようにと、ローザンヌの協会から脱退し、氏名を会員名簿から削除した。しかし彼は、終始当局（ヌ＝シャーテル州政府で設置されたコムニスムス取締の委員会）のスパイに尾行されていく。政府は、保守派の激しい突きあげにあい、ドイツ人の手工業者協会も残さず解体すべしという決定を行なう。最悪の事態を憂慮したマールは、ローザンヌ・ファミリーの主だったメンバーを招集して協会を自主的に解散すべきと提案するが、これは事態をさほど由々しいものと判断しないメンバーによって否決された。一八四五年八月になって、マールはついにローザンヌからドイツへ向かって逃げだした。またシュタンダウは、ヴァートラントおよびヌ＝シャーテル両州の手工業者協会がすべて解体されたときに逮捕され、ドイツ国境へと護送されることになった。だがかれは、途中バーゼル州で脱走し、シュトラースブルクへ行く。そこで同じくスイスを追放されたデーレケと出会った。彼らはフランスでの活動を考えたが政府の保護を得ることができず、アルジェへの船に乗った。[5] 青年ドイツ派の追放にやや遅れて、ベッカー、シュミットら義人同盟もスイスから逃げだす。その後、ヌ＝シャーテルとヴァートラントに続いてスイス各州で手工業者協会が解体され、これによってスイスにおけるドイツ人急進主義者によるドイツ解放運動は鎮静した。

ところで、潰滅されたとはいえ、スイスにおける義人同盟と青年ドイツ派の手工業者運動・理論闘争は、Vormärz期におけるコムニスムス的な潮流の発展に多大な貢献をなした。その第一は、マールがこの潮流に青年ヘーゲル派思想、すなわち共和主義的急進主義の一形態をもちこんだ点である。その第二は、ヴァイトリングが、とりわけ『調和と自由の保証』によって、この潮流に明確な理論的基礎を与えた点である、マルクスによれば、この著作はそれまでのどのようなパンフレットよりも「ヨーロッパ・プロレタリアートの理論家としてのドイツ・プロレタリアート」を実証するものであった。[6] この二点は、その後のコムニスムスの形成過程の特質を暗示するものである。つまり、ドイツのコムニスムスはこれ以後二つの独自の潮流を含んで形成されるが、その一方がヴァイトリングによってたかめられた労働者コムニスムスである。それはフランス的産物といえる。その他方は、マールでなく、青年ヘーゲル派学徒のモーゼス・ヘス（M. Heß）、フリードリヒ・エンゲルス、カール・マルクスらによって樹立される哲学的共産主義である。それはドイツ的産物である。両者は、スイスにおいてはいまだ隣接する思想、あるいは宗教対無神論の外観を呈しながら向かいあっていた。やがて一八四五〜四六年頃には、義人同盟ロンドン支部の内外に群がる革命家・手工業職人たちの現実の闘争過程で敵対的となり、ついにヴァイトリングのアメリカ移住によってマルクスらの路線が義人同盟に定着し、一八四七年中には共産主義者同盟（Der Bund der Kommunisten）への改組にいたるのであった。その過程を次節で検討する。

ところで、ヴァイトリングによって高められた労働者コムニスムスのほうは、いったいどうなったか。その点については第4章と第5章で縷説する。

注

（1） Vgl. W. Marr, ibid., S. 273f. なおマールは、スイスに来るまえ、種々の急進主義者と知りあっている。そのなかには文学集団の青年ドイツ派に属していたラウベ、ドイツ・カトリック教派を創設することになるヨハネス・ロンゲ（J. Ronge）、ロベルト・ブルーム（R. Blum）らがいる。Vgl. ibid. S. 300ff. また一八四四年にパリで刊行されたドイツ人の雑誌『フォアヴェルツ（Vorwärts）』にも協力していた。Vgl. ibid., S. 264f. 協会活動のヨーロッパ的規模への拡大に以上の交友関係が役立ったかは定かでないが、しかしリヨンやマルセイユに協会を設立した際（Vgl. ibid., S. 213.）、同地のドイツ人活動家の助力を得るため以前の交友関係を利用したことは想像できよう。

（2） Vgl. W. Marr, ibid., S. 274ff.

（3） プロテスタント保守派ピエティストに関する同時代人の分析としてアーノルト・ルーゲによる以下の論説がある。A. Ruge, Der Protestantismus und die Romantik, in: Hallische Jahrbücher für deutsche Wissenschaft und Kunst, 3Jg., 1840.3., S. 511f.

（4） W. Marr, ibid., S. 319.

（5） ドゥロイの急進的新政権は、マールら青年ドイツ派を保守派の攻撃の犠牲にしたが、ベッカーらコムニストについては、その後一時自由にさせていた。Vgl. W. Marr, ibid., S. 343. F. Mehring, ibid., S. 218. 邦訳、一七三頁。

（6） マルクスは、パリの『フォアヴェルツ』紙上でヴァイトリングを賞賛した。それに同意するエンゲルスはのちに展開した。

「しかし、ドイツ人プロレタリアートの最初の自立した理論活動としてのその（ヴァイトリングの―石塚）価値について、私は一八四四年パリの『フォアヴェルツ』紙上のマルクスの言葉に今でも同意する。『（ドイツ人）ブルジョアジーのうち―彼らのうちの哲学者や法学者を算入しても――ヴァイトリングの『調和と自由の保証』に匹敵する著書をブルジョアジーの解放―政治的解放――

について示したものがいるだろうか。味気ない、無気力なドイツの政治的文献の平凡さと、このすぐれた、すばらしいドイツ人労働者のデビューとを比べてみよ。この巨大なプロレタリアートの子供靴と、ブルジョアジーのすりへった政治靴とを比べてみよ。そうすればこのシンデレラが力技者になると予言せざるをえない』。この力技者はいまだ成長しきっていないとはいえ、すでに我々の目の前にある」（傍点原文イタリック）F. Engels, Zur Geschihte des Bundes der Kommunisten, in: Der Bund der Kommunisten. Dokumente und Materialien., Bd. 1. 1836-1849. Hg. v. H. Förder, M. Hundt, J. Kandel, S. Lewiowa, Berlin 1970, S. 65. 邦訳『マルクス・エンゲルス全集』第八巻、大月書店、五六五〜五六六頁。

第３節　義人同盟と青年ヘーゲル派
――ブルンチュリ報告書を手掛りに――

ここで立ち入って紹介するブルンチュリ報告書、すなわち、ヨハン・カスパー・ブルンチュリ（J. C. Bluntschli, 1808-81）がチューリヒ州政府の委任のもとにまとめた在スイス・ドイツ人コムニストに関する調査報告書『スイスにおけるコムニストたち（Der Kommunisten in der Schweiz nach den bei Weitling vorgefundenen Papieren, Zürich 1843.）』が「三月前（Vormärz）期」社会思想史上に有している意義については、すでに研究者の良知力が『マルクスと批判者群像』（平凡社、一九七一年）で簡潔に指摘している。

この報告書を「公刊することによってブルンチュリは、『創立されつつある共産党の悪質で危険な本性』や『共産主義的傾向のなかにあるひどい堕落ぶり』を世人に示そうとしたのである。たしかにこの本は大きな反響を呼んだ。しかし、反響といってもブルンチュリの当初の意図に反した反響であって、少なくとも手工業職人のあいだでは寝た子を起こす効果をもったのである。没収された文書の内容を労働者たちに読ませたいとだれより思っていたのはほかならぬ義人同盟のメンバーであった。しかもそれを公表する途は彼ら自身には閉ざされていた。ところが、それをわざわざ権力側が代行してくれたのである。こんなありがたい話はない[1]」。

注

（1）良知力『マルクスと批判者群像』平凡社、一九七一年、一〇六～一〇七頁。なお、ブルンチュリ報告書（ドイツ語原文）からの引用ページおよびヴァイトリング著作からの引用ページは、すべて本文中に（　）で示されている。また、今回使用するブルンチュリ原文は、明治大学大学院の大井ゼミに加わっていた時、いまは亡き大井正先生から戴いた、当該文献初版のコピーである。そのことを記して、大井先生に感謝の意を表する。全訳を記した大学ノート数冊が、三〇年以上の歳月を経過して、今もわが書斎で埃のなかに眠っている。

一　ブルンチュリ報告書のアウトライン

ところで、ではいったいブルンチュリ報告書のどのような内容が義人同盟内外の手工業職人に影響を及ぼしたのか、またその結果、職人たちの間でいかなる思想戦線が形成され政治運動が強化されたのか、ないし勢力を減じたのか等については、なんら具体的な調査がなされないままである。折にふれて私は、この問題はきわめて重大なことであると感じてきた。というのも、このブルンチュリ報告書は、①ヴァイトリングの主著『調和と自由の保証（Garantien der Harmonie und Freiheit, Vevey 1842.）』のエッセンスを職人たちに広く伝えたばかりでなく、②ドイツ人コムニスムト運動の確立に決定的な影響を及ぼしたとされるローレンツ・シュタインの著作『今日のフランスにおける社会主義とコムニスムス（Der Sozialismus und Communismus des heutigen Frankreichs, Leipzig 1842.）』の内容をも、部分的ながら職人たちにじかに伝達する役割を果たしており、さらに、③義人同盟の行動圏と青年ヘーゲル派（ヘーゲル左派）の思想圏がいかように重なりあっているかを、これまたじかに職人たちに報ずる任務を果たしているからである。よって、ブルンチュリ報告書の内容を多少とも解説することは、本書本章のテーマの幅と奥行きを認識するのに、是非とも必要な作業となるのである[1]。そこでまず同報告書のアウトラインを示し、それを受けてその解説を縷々行なってみたい。

注

（1）ちなみに、ブルンチュリ報告書に依拠してフランス・

コミュニスムを論じている同時代思想家の一人として、マックス・シュティルナー（M. Stirner、本名ヨハン・カスパー・シュミット〈J. K. Schmidt〉）がいる。彼は主著『唯一者とその所有』（一八四四年一〇月）で次のように述べている。

「人間は『本来〔自然からして〕同一の権利をもつ』とする共産主義は、この自らの命題を、人間は本来全く何の権利ももたない、という方向へ逆転してしまう。というのは、共産主義は例えば、両親が『本来〔自然からして〕子どもにたいして権利をもち、あるいは逆に、子どもが両親にたいして権利をもつ』ということを認めようとはしないからだ。共産主義は、家族を揚棄するからだ。自然は、両親兄弟姉妹等々に、全くなんらの権利もあたえはしない。一般に、こうした全く革命的なあるいはバブーフ流の原則〔原註・『スイスの共産主義』委員会報告、三頁参照〕は、ある宗教的なつまり誤った見解にもとづいている。宗教的立場に立たなければ、誰が『権利』などというものを求められるだろうか。『権利』とは一つの宗教的概念、つまりはなんらか聖なるものではないだろうか。大革命が掲げる『権利の平等』とは、まさに要するに、『キリスト教的平等』、『同胞、神の子、キリスト者等々の平等』、つまりは友愛の別の形にすぎないのだ」。M・シュティルナー、片岡啓治訳『唯一者とその所有』現代思潮社、一九六六年、下巻、五四頁。

☆　☆

一八四三年六月八日夜、ヴァイトリングがチューリヒ市街で逮捕された際、これを契機にチューリヒ州警察は、在スイス・ドイツ人コムニスト、とりわけ義人同盟員の秘密行動に関する情報をキャッチするべく、ヴァイトリングのもとから多くの著作・書類・書簡を押収し、これを『スイスにおけるコムニスト』という書名の報告書にまとめ、翌七月に公表した。この報告書は一三〇ページからなっているが、そのうちわずか一〇数頁を除いて、残りすべてが押収文書からの引用で埋め尽くされている。チューリヒ警察当局がどの程度の分量を押収したかは良知前掲書二〇五ページに記されてあるが、とにかく、これぞコムニストの悪辣ぶりが如実に表われていると当局が判断したセンテンスはあまさず載せた模様である。その概要を一覧にして以下に挙げよう。

なお、あらかじめ以下の概要を読むにあたっての手引きを示しておく。まずは①報告書の構成（目次）を列記し、②まえがき部分と結びの部分にみられるブルンチュリ発言を要約して載せてある。次いで③押収文書・書簡からの引用細目およびその要旨を、引用順に配列してある。また③の一覧に用いられている略記号は次の事柄を示す。B（ブルンチュリ報告書）、G（『調和と自由の保証』初版）、M

（『調和と自由の保証』一九〇八年メーリング編集版）、R（『調和と自由の保証』一九七四年レクラム文庫版）、E（『貧しき罪人の福音』ブルンチュリ押収ゲラ刷版）、W（ヴァイトリング）。またGやMに続いて記された数字は当該著作のページ数である。例えば、B5・G10（M7・R7）とは、当該引用箇所がブルンチュリ報告書五ページに収められ、その原本は『保証』初版一〇ページ、メーリング版七ページ、レクラム文庫版七ページにあることを示す。

（1）報告書の構成

（2）ブルンチュリ報告の要約

（まえがき部分）チューリヒ州検事局は、特に『調和と自由の保証』で著名なコムニスト・ヴァイトリングを逮捕するよう州政府に通告した。その直接的根拠はこうだ。ヴァイトリングは最近新たに『貧しき罪人の福音』という宣伝用書物を起草したが、これはキリストおよびキリスト教をひどく誹謗するものであった。よって事前にヴァイトリングを拘束し、彼の原稿、印刷済みの折本そのほかの文書類を押収せねばならない、ということである。だが政府はこれに留まらず、ヴァイトリング逮捕時に押収した文書類から、スイスにおけるコムニストの交わりをより詳しく調査し、これをコムニスト取締り対策に用いんがため、報告書にまとめることにし、またその任務を果たすための委員会を設置する旨、決議した。これによって設置された当委員会は、ここに、押収文書そのものにみられるコムニスト自身のことばからの抜粋を提示する。

Ⅰ　コムニストの原理

シュタイン博士は、その著作『今日のフランスにおける社会主義とコムニスムス』においてフランス・コムニスムスの歴史を述べ、これとフランス革命期の諸理念との関連性を指摘している。

それによると、政治的自由・平等の擁護者ロベスピエール失脚ののち、財産関係にも、また社会状態の全般においても平等が貫かれるべきとする人物バブーフが登場した。バブーフは、政治革命ののちに存続している国家や有産者の財産をも不正であるとし、一つの特権であるとし、これに代えて平等な、共同の享受を提唱するに至った。一七九六年四月、バブーフ一味の陰謀が事前に発覚し、首謀者が逮捕され、バブーフ自身は処刑された。以後ナポレオン時代を通じて、こうした抽象的原理が大衆の間を動き回る可能性は失せた。だがようやく現代になって、コムニスムス原理が復活し、新たな党派も形成されるようになったのである。彼らは一八三九年五月一二日に断乎たる一撃を企て、パリ市庁舎を占拠したが、事態はそれ以上進展せず、コムニストは孤立したまま敗北した。

ドイツ人労働者の間にコムニスムス原理が広まったのは、この事件以降のことである。そのような労働者の指導者ヴァイトリングの諸文書には、したがって、本質的にみてフランス・コムニスムスと同一の原理がみうけられ、よってもってそれと同一の根本的誤謬が備わっている。彼もまたたんなる政治的変革に満足せず、なかんずく経済的な権利平等を唱え、またあらゆる不平等は社会から生ずると考え、これを正すため、現存するものに対し徹頭徹尾拒絶的な態度を打ち出すのである。そのことを、彼は自著『調和と自由の保証』の序文で、次のように綴っている。（以下引用が始まる）

Ⅲ　最終提議

委員会は、以上で、コムニストたちの用いた手段、組織、個人的な提携、口頭と文書によるプロパガンダ、陰謀の特徴などを提示した。そこで以下に最終提議を付け加えることにする。

第一、委員会は、この報告書を出版する。コムニスムス原理は、その本質において非常に奸悪であるにかかわらず、未だ信奉者を見出す可能性を残している。人々がかかる害悪を警戒するために、コムニストの内情を暴露した本報告書を公表する。

第二、委員会はヴァイトリング一派の職人団体、そのメンバーを州から追放するよう提起する。州警察ならびに検事局は、そのためコムニストに対する監視を強化すべきである。職人の遍歴旅券なども厳しくチェックすべきである。

第三、州内で現在法的な居住・滞在許可を得ている州内外の人びとに対して、以上の警察措置は適用されない。だが、そうした人びとの間においても新聞等を通じてコムニスムスの宣伝が営まれるとすれば、特別な立法もやむをえない。

第四、コムニスムスを取り締るため以上のごとき直接措置を講ずるほか、間接的な措置も不可欠である。貧困の原因を除去する等のほか、たとえば、男たちを堕落させ、信仰心をかき乱し、国の安寧をも蝕むような酒場などは規制しなければならない。

第五、たんなる精神的措置であっても役に立つ。コムニスムスの目的の一つに、現存する社会の人倫的秩序を転覆しょうというものがあるが、そうであればなおのこと、現存秩序内で健全にして道徳的なものを大切にするという行為は重要となってくる。そのためには、第一、家庭と学校とにおける教育、第二、キリスト教による宗教生活が効果的な矯正剤となる。この二点を履行することはすべての官庁・公職の神聖な義務であり、すべての市民の義務である。

（3）押収文書からの引用細目とその要旨（〔……〕は石塚による解説文）

1　『保証』序文から　B5・G10（M7・R7）
とにかく古いガラクタ、古い社会は破壊せねばならない。（引用文の要約、以下同様）

2　『保証』第一章第三節「不動産の発生」節末数行　B5・G23（M31・R31）
完全な社会は一切の政府を必要としない。ただ管理を必要とするだけである。

3　『保証』第一章第一節「原始の社会状態」冒頭　B6・G1（M11・R9）
原始の自然のなかで、人類は満ち足りていた。

4　『保証』第一章第一節「原始の社会状態」中　B6～8・G2～3（M12～13・R10～11）
満足は人間の欲求と能力との均衡である。均衡を回復させよう。

5　『保証』第一章第二節「動産の発生」冒頭　B8～9・G6～7（M16・R14）
自然な平等社会に、やがて職業階級が生まれ、動産の概念が生まれた。「おれのもの」「おまえのもの」という区別立てに慣れだした。

6　『保証』第一章第三節「不動産の発生」中　B9～10・G16～17（M24～25・R23～24）
所有はもはやはなはだしき不正と化している。この壁、垣根を取り壊せ！

7　『保証』第一章第八節「貨幣の発明」中　B10・G47（M53・R54）

不平等を維持する手段、それは貨幣である。

8　『保証』第一章第八節「貨幣の発明」中　B10〜11・G55（M60〜61・R63）
現存する秩序は例外なしに転覆されねばならない。

9　『保証』第一章第一節「祖国、国境そして言語」中　B11・G84（M89・R95）
言語・国境・祖国の概念は百害あって一利なしである。

10　『保証』第一章第一節「祖国、国境そして言語」中　B11・G86（M91・R97）
度はずれの世界公民と非難されようが、祖国とか国境とかの概念はいらない。

11　A・ベッカーからWへ　B16〜18［ジュール・エリザール「ドイツにおける反動」を伝える。ただし、フランス人が書いたものと考えて（本当はバクーニンが書いた偽名の論文）］

12　押収されたWの原稿　B20〜41［在スイス・ドイツ人手工業者協会の形成史、現状分析、Wの係わり方など］

13　ツォーフィンゲンのジークフリートからWへ　B42〜44［ツォーフィンゲンの情勢報告］

14　ヴェヴェーのWから、宛名無し、一八四二・一〇・九　B44〜46［「平等」の力説による青年ドイツ派批判］

15　ヴィンタートゥールのアルプレヒトからチューリヒのWへ、日付無し　B46〜47
宗教的コムニスムス宣伝が成功している。

16　パリ通信員（エヴァーベックのこと）からヴェヴェーのWへ、一八四二・一〇・二六　B48〜49
『保証』はあたかもシュトラウス著『イエスの生涯』のごとき役割を果たすだろう。

17　同じパリ通信員からWへ、一八四三　B49〜50
カルボナリ風はよせ。ヘスは『保証』を賛否両面から批評している。

18　同じパリ通信員からWへ、一八四三・二・三一（日付はたぶん誤記か誤植であろう）　B50〜51
在スイスのジーモン・シュミットがおかした誤りについて報告せよ。

19　同じパリ通信負から（Wへ）、宛名無し、日付無し　B52〜53
ヘスと仲良くせよ。スパイがたくさん排徊しているから注意せよ。著作でなく雑誌刊行に精を出したまえ。

20　ムールテンのザイラーからローザンヌのシュミットへ、一八四三・二・八　B53〜54
『ライン新聞』は発禁になりそうだが、共産主義の進展にとってはむしろ吉兆。

21　ジュネーヴのベッカーからWへ、一八四二・一二・二○　B55
サヴォアへ音物を密輸する。
22　ツオーフィンゲンの医師ズーターマイスターからWへ、一八四三・二・九　B56　[ヘルヴェーク礼讃]
23　A・ベッカーからWへ、日付無し　B56〜57
ヘルヴエークはうさんくさい。
24　チューリヒのヴィルヘルム・マールからWへ、一八四一二・五・三○　B57〜58
貴君のフォーレン批判に同感です。
25　ジュネーヴのA・ベッカーからWへ、一八四三・五B58〜59
シュルツとフォーレンとには手紙を書くべきでないと思う。君の『福音』についてフォーレンの指図を受けてはならない。
26　ツォーフィンゲンのG・ジークフリートからWへ、一八四三・七・六　B59
フォーレン疑惑の真相は時がたてばわかるでしょう。
27　ジュネーヴのA・ベッカーからWへ、一八四二・一一・一五　B59〜61
ドイツ領内でいかに検閲をごまかして文書を送り込むべきかだが、とにかくフレーベルと手を組みたまえ。
28　ムールテンのザイラーからWへ、一八四三・三・三○B61〜62
至急チューリヒのフレーベルに手紙を書くんだ。早くしないと彼はライプツィヒに立ってしまう。
29　チューリヒのフレーベルからジュネーヴのベッカーへ、一八四三・三・五　B62〜63
ヴァイトリング氏がチューリヒへ来ようものなら三日とたたぬまにお縄になる。行くなら、ヘルヴェーク氏のいるバーデンを勧めます。そこで氏に会いたい。よろしくお伝え下さい。
30　いつものパリ通信員からWへ、一八四三・五・一五B64
フレーベルやバクーニンと緊密な連絡を維持したまえ。近々フレーベルのところへ行くはずのヘスともうまくやるように。
31　A・ベッカーからWへ、日付無し　B64
フレーベルが『保証』を研究中だ。コムニスムス思想で第二のシュトラウス旋風を起こしうる。
32　A・ベッカーからWへ、一八四三・五　B65
君がフォーレンの秘密を調べ出そうとするのはかまわないが、資金だけは人民のために使うことだ。
33　ハンブルクのカール・グッコウからWへ、一八四二・

34　一〇・一六　B65〜67
貴君に対し慎重な態度はとっておりますが、貴君を非難したという風評は事実無根です。

35　フランクフルトのグッコウから（Wへ）、宛名無し、日付無し　B67
貴君をもっと理解したい。何か出版したならフランクフルトへ送ってほしい。コムニスムス弁護を書いていただきたい。

36　A・ベッカーからWへ、日付無し　B68
予言者アルプレヒトと係わりをもつでない。この男は聖書の読みすぎで頭がおかしくなっちまったのさ。

37　ツォーフィンゲンの医師ズーターマイスターからWへ、一八四三・二・九　B68〜69
予言者アルプレヒトの構想は頼りにしない方がよいでしょう。

38　オールテンのアルプレヒトからWへ、一八四三・一二二　B69〜72
貴殿と意思の一致をみたい。我々は司祭王国を創るのです！

アルプレヒトから（Wへ）、宛名無し、日付無し　B72〜75
スイスは聖書に出てくる荒野にあたります。司祭王国創建のために新聞を活用しましょう。

39　ヴィンタートゥールのアルプレヒトからWへ、一八四三・五・三〇　B75
司祭王国要求は、即座にでなくとも、そのうち成果を得るでしょう。

40　ムールテンのザイラーからローザンヌのジーモン・シュミットへ、一八四三・一・二　B76〜77
昨年末『ライン新聞』に投稿したのだが、いっこうに掲載されない。コンスタン、カベ、プルードン、ヴァイトリングを扱った小冊子を書いているところだ。

41　A・ベッカーからWへ、一八四二・一二・二〇　B77〜78
宣伝文とくに機関紙の印刷・発行計画について、紙名は『ファーランクス』としたら検閲をパスしやすいと思うんだが。

42　ジュネーヴのA・ベッカーからWへ、一八四二・一二・二〇（右の41の続きか？）B79
チューリヒのフレーベルは実に立派な人物だ。ただ『スイスの共和主義者』誌（フレーベル編集）はコムニスムスに対して日和見的だが。

43　ジュネーヴのA・ベッカーからWへ、日付無し（31の書簡と同一内容、ブルンチュリのミスか？）B79

フレーベルが『保証』を研究中だ。コムニスムス思想で第二のシュトラウス旋風を起こしうる。

44 ツォーフィンゲンのジークフリートからWへ、一八四三・五・二六　B80

貴君らには今機関紙がほしいところだ。フレーベルの『スイスの共和主義者』誌よ、威光を捨てて真の民主主義誌となれ！

45 ツォーフィンゲンのジークフリートからWへ、一八四三・六・六（ヴァイトリング逮捕の二日前の日付）　B80〜81

『スイスの共和主義者』誌に掲載されたコムニスムスについてのフォーレン論文はおかしい。

46 例のパリ通信員からWへ、一八四二・一・三一　B81〜82

シュタイン著作はドイツ中に騒ぎを捲き起こしている。『ライン新聞』は発禁になるとのうわさだ。

47 同じパリ通信員からWへ、一八四三・五・一五　B82〜84

シュタインはヘスの批判を受けて赤恥じをかかされた。シュタインはペリシテ人だ。つまずきのシュタイン（シュタインとは石のこと）。ヘスは青年ヘーゲリアンだから、それゆえコムニストなのだ。ヘスは君の著作を批判している。

48 ツォーフィンゲンのG・ジークフリートからWへ、一八四三・一二・四　B84〜85

『アルゲマイネ・シュヴァイツェル・ツァイトゥング』はドイツでも考えられないほどひどくコムニスムスを批判した記事を載せたが、これはむしろコムニスムスの宣伝に役立つものだろう。一読を願う。

49 『貧しき罪人の福音』目次の要約　B85〜86

イエスは囚人と交わり、イエスは家族を否定する。イエスは所有になんらの敬意も払わない。

50 『福音』の部分的要約　B86

真の福音書とヴァイトリングの福音書、キリスト個人とヴァイトリングの個性がごちゃまぜになっている。

51 『福音』から　B86〜87・E1

罪人、囚人は立派なモラルを備えている。

52 『福音』から　B87・E41

晩餐は共同の愛餐であるべきだが、現代の富めるキリスト者は貧しき者を排除する。

53 『福音』から　B88・E43

貧しき民よ、さあ共同の愛餐の大食事につこう。復活祭の朝は迫り来る！

54 『保証』第一章第八節「貨幣の発明」中　B88・G56

（M62・R65）
いたる所で金銭を求めて守銭奴たちのわめき声がする。

55　『保証』第一章第八節「貨幣の発明」中　B89・G57（M62・R65）
物乞いの君よ、いましばらくの辛抱だ。そのうち紙幣は焼かれ、金貨も火に投ぜられよう。

56　『保証』第一章第八節「貨幣の発明」中　B89〜90・G58（M64・R66〜67）
望んで止まない目的を遂行する手段は二つある。だが平坦な道はますます困難となっている。

57　『保証』第二章第一八節「予想される過渡期」中　B90〜91・G229（M225〜226・R241〜242）
革命が急務なことを偽りなく表明しよう。

58　『保証』第二章第一八節「予想される過渡期」中　B91・G230〜231（M227・R243）
我々の原理はただ革命を通じてのみ実現される。進歩は革命によってのみ達成されうる。

59　『保証』第二章第一八節「予想される過渡期」中　B91〜92・G236〜237（M232・R249）
現存の混乱状態をすばやく極限にまで深刻化させよう。

60　『保証』第二章第一八節「予想される過渡期」中　B92〜96・G239〜241（M234〜236・R252〜254）
革命遂行の能力において、人類は十分成熟している。毒をもって毒を制することだ、ゲリラ戦を展開せよ！休戦や妥協はありえない。

61　『保証』第二章第一八節「予想される過渡期」中　B96〜98・G243〜245（M239〜240・R257〜259）
革命を遂行するに際しては、貨幣・教会財産・相続制・法律等は廃され、労働が組織される。また管理局を通じて軍隊・学校等を制度化する。既成の宗教を否定した上で、新たに宗教教育が貫かれる。

62　S・ザイラーから（Wへ）、一八四三・一・二二　B99〜102
社会的貧困は産業と教育の普及によって速度を増している。すぐれた学校はコムニスムスに奉仕する。

63　ヌシャーテルのクーンからWへ、一八四三・二・一三　B102〜106
『保証』に盛り込まれているヴァイトリング思想に教えられるところ大であった。これを未だ理解していない同志に対してオルグしていきたい。

64　例のパリ通信員から（Wへ）、一八四三二・二・一九　B106〜111
誤った手段をもってしては正しい目的は達成されない。盗賊プロレタリアートの編成などもってのほかだ。窃盗も婦人共有も、お願いだから説かないでくれたまえ。

65　例のパリ通信員から（Wへ）、一八四三・二・二一　B111～114

君の窃盗理論はプルードンの模倣かしらと思っていたら、とんでもない代物だ。それに科学はモラルを欠いては粗暴な邪魔物だということをも、君はちっともわかっちゃいない。君のシャッパー批判は誤っている。彼は立派だ。頭を冷やせ。

66　パリから（Wへ）、署名無しで（偽名のフロイマン、すなわちW宛て）、五・二五　B114～115

君一流の救済方策たる窃盗理論は誤っているんだ。ヘスの批判は素直にきくことだ。

67　K・トレブスから（Wへ、宛名は偽名ミューラーを使用）、一八四三・五・九　B115～116

決定的な瞬間にどう行動したらよいものか、前もって指示を提出してほしい。

68　ジュネーヴのA・ベッカーからWへ、一八四三・五　B15～16

フランクフルト事件の際のようなみすぼらしい労働者暴動はよくない。剣を手にする者は剣によって生命を落とす。君の著作はたいそう立派なのに、手段の方ときたらひどいものだ。

69　例のパリ通信員からヴェヴェーのWへ、一八四二・一〇・二六　B122～123

ときに青年ドイツ派と和解してほしい。我々の方はパリでドイツ語の月刊雑誌を計画している。

☆　☆

わずか一三〇頁の小冊子（わが国の書籍サイズでいうと四六判にあたる）に計六九ヶ所もの引用が連綿と続いているのだから、なるほどこの報告書はブルンチュリの著作というよりもヴァイトリング、ベッカーを中心とする義人同盟スイス支部の活動報告集と言うべきである。

それはそれとして、では次に、右の引用細目と各個の要旨を参照しつつ、青年ヘーゲル派周辺ないし一八四八年革命前夜におけるドイツ人思想戦線の形成に対して本報告書刊行が有している意味、およびそれをこんにち研究する意義につき、三点に的を絞って論じてみたい。その三点とは、すでに述べてあり、また右の引用細目六九点をグループ分けしてみてもわかることである。すなわち第一、本報告書を通じてヴァイトリング思想のうちいかなる要素が官許宣伝されたか。第二、本報告書によってローレンツ・シュタインの著作をドイツの職人たちがどのように品定めし、諒解したか。第三、エヴァーベックを介してのヴァイトリングとヘス関係に象徴されるような、義人同盟（職人コムニスムス）と青年ヘーゲル派（哲学的共産主義）との係わり合いが、一八四三年当時のスイスでどの程度まで進展していたか、ないし意志疎通を欠いていたか。かような事柄を次に究明したい。

二　ヴァイトリング思想の一面的伝達

ブルンチュリ自身も述べていることだが、一八四三年六月八日のヴァイトリング逮捕は、『貧しき罪人の福音（Das Evangelium eines armen Sünders）』起草、神の冒涜を直接的容疑として行なわれた。しかし、報告書の引用細目をみると、『福音』からの抜粋は極度に少ない。六九ヶ所の引用中、わずか四ヶ所（番号50～53）である。また報告書中のページ数でみると三一〇ページ中三ページ（八六～八八）にすぎない。この事実は、六月八日の逮捕劇との関係では、あまりに不自然である。やはり、別件逮捕が行なわれたのであった。当時チューリヒ州警察は、ドイツ連邦当局やプロイセン政府と暗に協力しあって、スイスにおけるコムニスト狩りの大仕掛けを組むため、まずは情報蒐集に全力をあげていた。[1] よって、『福音』に盛り込まれたヴァイトリング思想の核心は、一八四三年段階ではドイツの職人たちに公表されなかった。その作業は一八四五年ベルンで、ヴァイトリングの同志による初版刊行以降に果たされた。[2]

ヴァイトリング逮捕が六月、報告書公表が翌七月のことだから、ブルンチュリは、たぶん『福音』を未だ十分調査する前に報告書を起草したようである。印刷途中のものであったことも手伝って、『福音』については目次の項目列記と、ちょっと気にかかる部分の短い抜粋で済ませたのである。これに対し、一八四二年一二月、すなわちヴァイトリング逮捕の半年前に刊行されてあった『調和と自由の保証』については、ブルンチュリは相当調査した。あるいは押収した段階で他の書類・書簡との関連性をも検討した。『保証』は第一章が一三節で、第二章が一九節で構成され、そのほか全体の序と、第二章のための序と、結語が付いている。以上を内容面から特徴づけるならば、第一章ではだいたい、社会的弊害としての所有の発生・確立と、それに見あった貨幣・商業・戦争・奴隷制等の発明が説かれてある。これに対し第二章では未来社会建設のための諸構想――共同管理・科学・選挙・労働とその組織化、文化・教育・婦人問題など――が詳細に述べられてあり、最後の二節で過渡期論とこれを勝利的に導く手段が解説されてある。そのような『保証』の内容中、ブルンチュリは、端的に〔破壊〕に関連する文脈のみを抜粋し、〔建設〕にかかわる文脈はすべてカットしたのであった。彼は『保証』中、序文、

第一章第一～三、八、一一節、第二章第一八節をよほど重視したらしい。それらの箇所をも含めた『保証』全体でのヴァイトリング発言については、良知力『マルクスと批判者群像』五六ページ以降に要約があるが、ブルンチュリによる『保証』のダイジェスト版ともいうべきこの引用から想像できるヴァイトリング思想は、破壊愛好者、無政府主義者、流血や殺人をみて嬉々とする変質者、盗賊団の首領などである。少なくともブルンチュリの腹づもりでは、民衆の大半はそうした感情を抱くだろうとの確信があつた。

だが、当のブルンチュリ自身が認めているように、良かれ悪しかれヴァイトリングは、啓蒙思想の高い教養を備えたフランス社会主義・コミュニスムの落しだねであった。したがってブルンチュリにとってさぞ恐ろしげに響いたであろう次の一節は、革命運動史中にあっては明らかにフランス思想に根を張る理論的根本命題の一つであった。すなわち、「完全な社会は一切の政府（Regierung）を必要としない。ただ管理（Verwaltung）を必要とするだけである」（引用番号2）。そう、ヴァイトリングは、なにはともあれ、まずはサン＝シモンの弟子であったのである。フランスの社会学者エミール・デュルケムは言う。「産業社会では、われわれが通常言っている意味での政府は存在しないであろう。なぜなら、『統治する』ということは『強制できる』ということだが、ここではすべてが自発的だからである。……それゆえ、政府の形態を多かれ少なかれ完全に廃止するすべての社会理論を慣例にしたがって『無政府的』と呼ぶとすれば、サン＝シモンの説にもこの名称を与えなければならぬ」[3]。また、『保証』第一章第一～第八節までに綴られてある内容は、外見上ほとんどジャン＝ジャック・ルソー『人間不平等起原論』の鬼子といった感がある（引用番号3～7の要約参照）。

だが、『保証』からの引用中、第二章第一八節の「予想される過渡期」の方は、きわめて大胆に、ヴァイトリングの独創的理論が展開されてある（引用番号57～61）。どちらかといえばヴァイトリングが思想家でなく行動の人であることが、この箇所を読むとよくわかる。すなわち、「予想される過渡期」の節は、理論のための理論でなく、革命実践の指針としての理論なのである。それだけにまた、この一節の評価をめぐって、義人同盟ロンドン支部やパリ本部の指導者から賛否両論が立て続けに提出され、やがて一八四五年、ヴァイトリングがロンドンへ亡命してからはシャッパー、モル、バウアーらとの間で路線闘争が展開されることにもなるのであった。よって、一八四三年以降ブルンチュリ報告書に接して初めてヴァイトリング理論を学習した新参の職人たちは、ともすると盗賊プロレタリアートを編成してこれを大都市に放ち、所有に対する総破壊を狙ったゲリラ戦を指揮するといったヴァイトリング像を――ブルンチュリの思惑と微妙なズレをみせながら――思い描いた。『保証』第二章第一八節には、けっして叛乱計画やゲリラ戦提起ばかりが綴られてあるわけでない。それと並行して、国立銀行や国立作業場に関するやや前向きの評価（レクラム文庫版二三四ページ）があり、この構想＝労働者協同企業・交換銀行論はやがて一八四八年革命時以降一八五〇年代にニューヨークほかで全面展開されることになる。(4) また第二章第一節「社会秩序の原理」中では、最新の飛行船―これは一八四九年の水準でさえ、ストリングフェローの試作船（飛行機？）が未だ一五メートル弱しか飛ばなかった―に言及して蒸気力や技術の改良に注目している（レクラム文庫版二二四ページ）。だが、かような箇所はにべもなくカットされ、陰謀と狂信の部分のみパート・カラーで彩られたのである。

　ブルンチュリ報告書を通じヴァイトリング思想のいかなる要素がドイツ領内に宣伝されたかを以下にまとめてみれば、まずはフランス社会主義・コミュニズムであり、次いで〔建設〕を欠いたままの〔総破壊〕の論理であった。ところで、そのことはヴァイトリング個人にとってはたいへん不幸なことであった。なんとなれば、彼は、そのフランス社会主義・コミュニズムを摂取して創りあげた独特な革命思想を十分に、のびのびと公表する機会を―ヨーロッパでは―ついに奪われてしまったからである。

注

（1）実際の大弾圧は一八四五年の春に生ずる。その事実経過については、本書第一章第二節をみよ。

（2）『貧しき罪人の福音』をさしてヴァイトリング思想が堕落した証だとする説がおかしいこと、この著作には彼の所有論がむしろ完璧なかたちで構築されていることを強調しておきたい。詳しくは、本書第三章第二節をみよ。

（3）エミール・デュルケム著、森博訳『社会主義およびサン＝シモン』恒星社厚生閣、一九七七年、一八一頁。

（4）ヴァイトリングの交換銀行論・労働者企業論については、本書第四章第三節第四節をみよ。

三　シュタイン著作の紹介

良知力編『資料ドイツ初期社会主義・義人同盟とヘーゲル左派』（平凡社、一九七四年）によると「シュタインは一八四〇年大学卒業後プロイセン政府の給費生としてパリに留学し、そこで社会主義および共産主義の教養を学ぶ。だが同時に彼は、警察大臣フォン・ローホヴによって、パリのドイツ人手工業職人の組織や共産主義とのつながりについて調べるよう委嘱され、プロイセン政府にスパイ報告を送る」[1]とある。シュタイン・スパイ説に関しては、このほか大井正『マルクスとヘーゲル学派』(福村出版、一九七五年)にも、次のように述べられている。「シュタインは、一八四〇年にキール大学を卒業すると、法学研究のために、政府の給費生としてパリ留学を命ぜられる。そのとき、かれは、内務大臣ロヒョーから、パリにおける義人同盟など、ドイツ人共産主義者の動静を調べるように依頼される」[2]。ところが、秋元律郎『シュタイン―人と業績』(有斐閣、一九五九年)には、良知・大井両者の叙述と大きく食い違った内容が綴られている。これによると、デンマークの陸軍大佐を父として、一八一五年二月一五日シュレスヴィヒ侯国エッケルンフェルデ在バルビイ村に生まれたシュタインは、デンマーク政府の補助金によってフレンスブルクのギムナジウムに進み、一八三五年キール大学に入学する。その後ブルシェンシャフトに加わったりしたが、一八三九年コペンハーゲンでシュレスヴィヒ＝ホルシュタイン庁に就職。しかし志やみ難くすぐさま研究を再開、一八四〇年キール大学にて法学博士の学位を取得する。「やがてシュタインはデンマーク政府の在外研究奨学金をえて、法制史研究のためパリへ赴くことになった」[3]のである。また森博「シュタインの階級」(鈴木広・秋元律郎編著『社会学群像』一、外国編①、アカデミア出版会、一九八五年)によっても、シュタインは「一八四一年デンマーク政府の奨学金を得てパリに留学した」[4]と記されている。秋元・森両者はシュタイン・スパイ説の賛否を、とりたてて述べていない。それればかりか秋元によれば、のちの一八五四年、シュタインがキールを去ってミュンヘン大学へ移った理由の一つとして、次のごときプロイセン政府との対立関係すら述べている。すなわち、シュタインのミュンヘン行きは「かれ自身、ヴュルツブルク大学に奉職しようと決心したためである。しかしこれはプロイセン政府が横槍をいれたために、沙汰やみとなってしまった。というのは、シュタインはもともとシュレスヴィヒの独立を主張し、プロイセンの干渉には正面から反対していたから、シュレスヴィヒ併合の野望を抱くプロイセン政府にとっては、かれほどしまつにわるい人物はなかったからである」[5]。

ブルンチュリ報告書を離れ、のっけからシュタイン・スパイ説ばかりに話題を集中したのは、この問題が本論を綴るにあたって多少とも関係があるからである。右のような不一致に対し、ここではさしずめ次の立場が貫かれる。第一に、シュタインが一八四〇年代初期にプロイセン政府のスパイであったことと、彼の一八四二年著作とは、さしあたり――事実調査の便宜等は別として――何の関係もないということ（当の著作に在フランス・ドイツ人コムニストの思想・行動は一行も述べられていない）。第二に、当該著作を起草するにあたってシュタインの問題意識には、フランス社会主義に対する、学的な意味での――イデオロギー的には大いに疑問がある――熱き思い入れがあったということ。また第三に、本書のなかでシュタインがフランスの社会主義とコミュニスムとを厳格に区別し後者を非難したことによって、ドイツの知識人中左右両翼の主義者がシュタインの著作を熱烈に歓迎したことである。たとえば青年ヘーゲル派きっての哲学的共産主義者ヘスも、それからチューリヒ州政府おかかえの御用学者ブルンチュリも、ともにシュタインをひとかどの新進理論家と見なして真正面から取り組んだ。

シュタインの著作それ自体は、けっしてスパイ報告書ではない。なるほど研究者谷口健治「ローレンツ・フォン・シュタインにおけるプロレタリアートの概念」（『思想』第七〇二号、一九八二年）によれば、「シュタインはパリ滞在中プロイセン政府の密偵としてドイツ人亡命者の動静などをベルリンへ通報していた」し、[6]廣松渉・井上五郎『マルクスの思想圏』（朝日出版社、一九八〇年）には「七通の報告書が判明している」とある。[7]それにもかかわらず――つまりシュタインはスパイ行為をしたにもかかわらず――ここでは、プロイセン政府でなくデンマーク政府の給費生としてパリに留学したシュタインの真の目的は、自らの法制史研究・社会主義研究にあったと考える。ただし、社会主義研究への傾倒は留学中に生じたことかも知れない。とにかく一八四〇年代初頭におけるシュタインの心中には、「特にさまざまな報告や打ち明け話をしてくれたヴィクトル・コンシデラン（V. Considerant）氏、ルイ・レボー氏、ルイ・ブラン氏、カベ氏に感謝したい」気持ちが多少とも湧いていた。[8]そうであるからこそ、志操堅固にして柔軟な思想的態度を表明していた当代一流の左翼出版人オットー・ヴィガント（O. Wigand）が、アーノルト・ルーゲを介してシュタイン著作の刊行を引き受けたのである。[9]

さて、先ほど「ひとかどの新進理論家」シュタインに対し「真正面から」評価を下した人物として二人、すなわちブルンチュリとヘスを挙げたが、その具体例を挙げれば以下のごとくである。まず前者は、ここで問題にしている『スイスにおけるコムニストたち』（一八四三年七月）でシュタインに言及した。また後者は、革命詩人ゲオルク・ヘルヴェークがやはりドイツ領内向けに編集した論文集『スイスからの二一ボーゲン』（一八四三年七月）に載せられた論文「社会主義と共産主義」でシュタイン批評を行なっている。この二人は、一八四三年七月までに、シュタイン著作（一八四二年九月）のほか、ヴァイトリングの主著（一八四二年二月）をも併読してあった。すなわち、現代フランスの社会主義とコミュニスムに素材を得た文献の双璧―ヘーゲル学徒のフランス諒解と手工業コムニストのフランス諒解―を読み織った上で、シュタインを論評したのである。このことのもつ意味は、実に大きい。この二人には、〔理論〕としてのシュタイン評価の判断基準に、〔現実・実践〕としてのヴァイトリング評価が不可欠な絡み合いをなしていたのである。

ところでシュタインは、彼の著作中でフランスの社会主義とコミュニスムとを鋭く区別し、互いに対立するか疎遠であるかの評価を下していた。「社会主義は、産業の組織化の体制を社会の組織化として求め実現しようとする知的かつ物質的な作業の総括である[10]」。「もっとも興味深いことは、サン＝シモンにならって歴史を通して社会主義を辿ってみるか、あるいはフーリエにならって生産力の法則を通して社会主義を辿ってみることである[11]」。「コミュニスムという不気味で恐るべき幽霊（ein finstres drohendes Gespenst）[12]」「両者の区別は本質的である。なぜなら、社会主義は肯定的であり、コミュニスムは否定的だからである。社会主義は新しい社会を建設しようとするが、コミュニスムは現存の社会を転覆することだけをめざす[13]」。「我々は、コミュニスムがそのなかに真正な権利資格を保持しているなどということを容認しうるものではない。それは一連の叛乱を発生させ、公安秩序の破壊の原因となり、いつまでも際限のない暗殺計画を教唆煽動して、我々を憤慨させている[14]」。ブルンチュリもヘスも、右に引用したような見解に敏感に反応した。

ブルンチュリの前にヘスをみよう。

シュタインと同じヘーゲル学徒へス―ただし独学の徒―は、一八四二年の秋、すでに共産主義者であった[15]。一〇月にはケルンにて、同市へやって来たエンゲルスに対し、ドイツ哲学から必然的に生ずるはずの社会主義的・共産主義的帰結を教示し、これを通じてエンゲルスを共産主義者へとオルグしたほどである。いっぽうマルクスは、一八四三年九月某日付のルーゲ宛書簡をみてもわかるように、「この時点のマルクスは社会主義者たちの政治革命と社会革命との区別、後者こそが事の眼目だという主張を一応は知っているが、自らはむしろ政治革命のほうを重視するかの傾きをもっており、共産主義を社会主義の一亜種とみなしつつ、社会主義的原理そのものを『人間主義的原理』の片面的な一措定にすぎないものと了解している[16]」程度の急進派にすぎなかった。よって一八四二年秋には、エンゲルスやマルクスがシュタイン・ショックを全面的に受けてしまう段階にあったのに対し、ヘスはこれを左手で受け止め、そのショックを右手に移して逆向きにし、この反対力を用いておのが共産主義弁護のペンを執り、シュタイン批判を敢行しうるほどの理論的高みにあったのである。「『ヨーロッパ三頭政治』の著者による」という副題をつけた論説「社会主義と共産主義」中で、ヘスは次のように述べている。「シュタインは、その初期の最も粗野な形態の共産主義しか知らないのである。その形態は共産主義の理念とともにバブーフから生まれたものであるが、彼は、サン＝シモン、フーリエ、プルードンなどの社会主義学説を、その理念の発展ならびに経過の段階とはみなさず、独立した諸現象として孤立させて取り扱う」。「本来の社会主義を、彼は共産主義からまったく切り離している。……彼ら〔サン＝シモンやフーリエ〕の理論と共産主義の理論との本質的な関連についてはまったくふれていない[17]」。

シュタインのことを〔ヘーゲル中央派〕と呼ぶヘスのことだから、相手を愚物・俗物よばわりする気は毛頭なく、彼以外の青年ヘーゲル派の面々にしても、シュタイン理論は「共感をもって抵抗なく受け容れられるものとなっている[18]」。したがって、ヘスの反論にも、真面目な裏付けがあるとしなければならないのだが、その一つに、ヴァイトリング『保証』が、あるいは『保証』執筆に至る間のヴァイトリングの—すなわちドイツ・コムニスムスの一方の路線の—歩みがあるものと考えられる。ヘスは、ヴァイトリングのなかに、ヴィクトル・コンシデランを通じてのフーリエ主義の摂取が完了している点を、すでに見ぬいていた。ヴァイトリングは独創的な行動の人ではあってもそのような思想の人ではないがゆえに、むしろサン＝シモンやフーリエにすんなり従い、そのエッセンスを吸収して行動の理論を産み出したのである。ヴァイトリング著作・雑誌のどれをとってみても、ブランキの名こそ登場しないが、サン＝シモン主義の術語やフーリエ主義の思想家名は散見される。ヘスは、バブーフからヴァイトリングにまで行き着いて達成されたところの、ドイツへのフランス・コミュニスム流入過程の中間に、はっきりとサン＝シモン、フーリエを位置づけているのである。コミュニスムはドイツで完成する、この帰結はドイツ哲学から必然的に生ずると考えるヘスは、同時に—「社会主義と共産主義」中で表明したように—〔ドイツ精神＝ヘーゲル哲学＝人格的自由〕と〔フランス精神＝フーリエ主義＝絶対的平等〕の合一の先に共産主義的未来を見通してもいるのである[19]。よって、ヘスのシュタイン批判の生証人として、無茶苦茶なマイナス要素を兼ね備えているにせよ、ヴァイトリングがあったのである。

ところが、その同じ人物ヴァイトリングを、ブルンチュリはまったく逆の生証人としてしつらえ、大芝居をうって自己の政治的利益に結びつけたのであった。かの報告書をみると、我々はまずもって、フーリエ主義者ヴァイトリングのイメージを抹殺するのに汲々たるドクトル・ブルンチュリを発見する。『保証』第二章の大半をすっぱりと削り取ることから始まるブルンチュリのヴァイトリング像改変作業は、みごとな出来ばえとなって完了する。シュタインがサン＝シモンやフーリエには「深い関心を寄せるに値する」というのなら、また、シュタインがコミュニスムは「多くの叛乱を生み出す」というのなら、ヴァイトリング思想は、そのように整形されることによってまさしくシュタイン理論のドイツにおける生証人となりうるのであった。シュタインが感謝の意を表明した相手コンシデランの理論を重用しこれをドイツ語に訳して自著に長々と引用（レクラム文庫版一〇二～一〇九ページ）するヴァイトリングでは、シナリオにならないのである。

ブルンチュリ報告書が、結果として、シュタイン著作紹介の先陣をきった官許宣伝物であった事実が、ここにみえてきた。一八四二年一二月の『保証』刊行後、一八四三年早々、ヴァイトリングは、社会革命早期実現のため、貧民層の糾合と資産家からの財産盗奪による社会の大混乱を計画する。またそうした考えをチューリヒにてバクーニンに漏らしたりする。さらにこれと並行してキリスト教による革命宣伝の路線をも提起し、『貧しき罪人の福音』を起草する。以上の行動はしかしチューリヒ州警察によって探知され、一八四三年六月八日夜のヴァイトリング別件逮捕となったのである。その際、このヴァイトリング＝コムニストがいかに「多くの叛乱を生み出」す過激派であるかを一般の民衆に納得させる手段として、シュタインのコミュニスム批判が用いられたのであった。ブルンチュリのシュタイン著作要約が「第四部・共産主義」に限定されているのは、そのためである。だが、たとえブルンチュリがシュタイン著作をいかに我田引水式に利用せんとしても、またヴァイトリングをあらん限り赤い無頼漢に仕立てあげようとしても、彼の報告書には幾ヶ所にもサン＝シモンやフーリエの理論が湧き出てしまい、結局この報告書は、ドイツの職人たちがシュタイン著作とヴァイトリング著作の真の価値を理解していくようになるバイパスの役を果たしたのであった。

注

（1）良知力編『資料ドイツ初期社会主義・義人同盟とヘー

ゲル左派』平凡社、一九七四年、四〇〇頁。

（2）大井正『マルクスとヘーゲル学派』福村出版、一九七五年、三三頁。

（3）秋元律郎「シュタイン—人と業績」有斐閣、一九五九年、三頁。

（4）森博「シュタインの階級」、鈴木広・秋元律郎編著『社会学群像』外国編①、アカデミア出版会、一九八五年、八五頁。

（5）秋元、前掲書、六頁。

（6）谷口健治「ローレンツ・フォン・シュタインにおけるプロレタリアートの概念」『思想』第七〇二号、一九八二年、七二頁。

（7）廣松渉著・井上五郎補註『マルクスの思想圏』朝日出版社、一九八〇年、三〇三頁。

（8）Lorenz Stein, Der Socialismus und Commnismus des heutigen Frankreichs. Ein Beitrag zur Zeitgeschichte, Leipzig, 1842, S.10.　石川三義・石塚正英・柴田隆行訳『平等原理と社会主義—今日のフランスにおける社会主義と共産主義』法政大学出版局、一九九〇年、一一頁。

（9）シュタイン・スパイ説に関しては、シュタイン共訳者の一人柴田隆行から、資料面をも含め、多大な教示を戴いた。それによって私は、この際J. Grolle や W. Schmidt 等を精読しなければ、またベルリン政府へのシュタイン報告書を—それが現存するものであるなら—なんとか探し出さないでは、たしかに「速断は禁物だ」（廣松・井上『マルクスの思想圏』二八七頁）との感をいっそう強めた。

（10）L. Stein, Ebenda, S.130.（邦訳、一六六頁）。

（11）Ebenda, S.134.（邦訳、一七〇頁）。

（12）Ebenda, S.4.（邦訳、一六頁）。

（13）Ebenda, S.131.（邦訳、一六六頁）。

（14）Ebenda, S.358.（邦訳、四三七〜八頁）。

（15）石塚正英『年表・三月革命人』秀文社、一九八三年をみよ。ただし、現在は品切れとなり、社会思想史の窓刊行会（連絡先石塚）がコピーサービスを行なっている。

（16）廣松渉「フランス社会主義と初期マルクス」上、『現代の眼』一九七二年、四月号、二八頁。

（17）M. Heß, Socialismus und Commnismus. Vom Verfasser der europäischen Triarchie, in hrsg. V. G. Herwegh, Einnudzwanzig Bogen aus der Schweiz, 1er Teil, Zürich und Winterthur, 1843, (Nachdruck, Vaduz, Liechtenstein, 1977), S.84. 山中隆次・畑孝一訳『初期社会主義論集』未来社、一九七〇年、四九〜五〇頁。

（18）廣松、前掲論文、下の一、『現代の眼』一九七一年六月号、一六七頁。

（19）M. Heß, Ebenda, S.77ff.　邦訳、三八頁以下。

四　職人（義人同盟）・学者（青年ヘーゲル派）間の接点提示

スイスの義人同盟はヴァイトリングとアウグスト・ベッカー、それにジーモン・シュミット、セバスチャン・ザイラーを主な指導者に得ていたが、そのうちアウグスト・ベッカーは、ヴァイトリングと知り合う以前の一八三〇年代後半、のちに義人同盟の政敵となる青年ドイツ派のメンバーであったし、さらにそれ以前、一八三〇年代中葉にはヘッセン大公国領内でゲオルク・ビュヒナー、フリードリヒ・ルートヴィヒ・ヴァイディヒ（F. L. Weidig）らとともに農民解放闘争を組んでいた。ベッカーの例を典型として、一八四〇年代前半のスイス諸都市に群がるドイツ人亡命者、遍歴職人中には、さまざまな闘争経験や生活体験をしたつわものたちが存在した。そのことを反映してか、ブルンチュリ報告書中に引用されたヴァイトリング宛等の書簡には、一八四〇年代前半のコムニスムス運動を捉える上でたいへん興味深い、あるいは風変わりな情報が盛り込まれている。たとえばオールテンないしヴィンタートゥールのアルプレヒト、パリ通信員ヘルマン・エヴァーベック、チューリヒのヴィルヘルム・マール、チューリヒのユリウス・フレーベル、ハンブルクないしフランクフルトのカール・グッコウらのヴァイトリング宛書簡が、それを物語っている。そのうちここでは①主に青年ヘーゲル派の情報をスイスに伝えてくれたエヴァーベック、②青年ヘーゲル派と義人同盟の双方と交流するフレーベル、③もと文学集団青年ドイツ派の一員であったグッコウについて少々検討し、一八四〇年代の運動史上でブルンチュリ報告書のもつ意味をもう一つはっきりさせておこう。

まずエヴァーベックであるが、ブルンチュリはパリからの無署名の通信員書簡として計一一通を公表している（引用番号16～19、30、46、47、64～66、69）。その内容をここに再度列記してみると、①大部の著作でなく雑誌によるコムニスムス・プロパガンダを強化せよ。②君の理論（『保証』）はこちらパリでも大変な評判だ、こちらはこちらで雑誌の計画を立てている。③ヘスは『保証』を批判してはいるが、立派なコムニストだ。ヘスやバクーニン、フレーベルとは仲良くやれ。④しかし、即座のカルボナリ的叛乱計画や盗賊団の編成などは無謀なことだからよせ。⑤スパイに気をつけ、組織指導を慎重にせよ。それに⑥シュタインはヘスの批判を受けた。シュタインは、ペリシテ人だ。以上の事柄をエヴアーベックは一八四二年二月から翌四三年五月末にかけて、ヴァイトリングに書き送ったのである

（なおチューリヒでヴァイトリングは当初グールマン、フロイマン、ロッゲ、ミューラーの偽名で、のちには実名で書簡をうけた。ブルンチュリ報告書二四ページの原注）。

その一通（引用番号19）は、「ヘスのような人びとは、彼らの領分内にあってはまさしく有能なのだが、その外にあっては婉曲である」に始まり、「青年ヘーゲリアンは、小心にも神等々という青葉を避けている。このような衒学趣味がいったい何の役に立つというのか!!!?」の引用文で終わっている。それから一八四三年五月一五日付書簡（引用番号47）には次の一節がみられる。

「彼〔ヘス〕は『生粋の』首尾一貫した青年ヘーゲリアンであるから、それゆえ共産主義者なのだ。共産主義はヘーゲル思想体系からの断乎たる不可避の結果であるから、雑誌の類ではそれについてわずかな徴候しかなかったが、ぼくは三年前に、すでに明瞭にその関連を洞察してあった。――ヘスはたいそう教養ある人びとの教化にはすこぶる有能なはたらきをしているが、概念（Begriffen）において語り、したがって観方（Anschauungen）においてそうしないものだから、さほど教養をもたない人びとにとっては理解しがたい。それが従来のあらゆるドイツ人哲学者にみられるのだ。彼はそのことを理解し、改変を誓った。彼はたしかに数多くの奇異な考え（Barockheiten）をもっている。たとえば、彼はこれらの言辞で徹底して無神論や無政府論しか説こうとしない。……とはいえ、この弱点を除けば、ヘスは実に才幹がある」。

パリ長期滞在中、宗教的コミュニスムの一つカベ主義に傾いていたエヴァーベックは、それゆえにヴァイトリングのキリスト教的な宣伝スタイルに、さしたる違和感はない。むしろ青年ヘーゲリアン的無神論に対しての方が――これをバロックハイテン、つまり一八世紀的なグロテスクであるとして――批判的である。一八四〇年代前半のフランス・コミュニスムには、デザミのごとき唯物論者がいないではなかったが、カベにみられるような宗教擁護者の方がはばをきかせていた。そのことが一因となってマルクス、ルーゲの『独仏年誌』発刊計画もとんだ計算狂いを生じているほどである。[1] そのように宗教的プロパガンダの雰囲気が濃厚なパリで、義人同盟本部のキャップたるエヴァーベックは、異なる主義に腹を立てる前にとにかくいろいろな結合環を用意して、スイスの武闘派やロンドンの啓蒙派、青年ヘーゲル派的無神論者と協調していったのである。そうであるから、ヴァイトリングがスイスで第二のメシアを求めたとしても、当代におけるいま一人の自称メシアたるエティエンヌ・カベを信奉していたエヴァーベックにとっては、絶交するほどのものではなかった。それよりもエヴァーベックには、ヴァイトリングの盗賊プロレタリアート編成の方こそ、断じて許容しえない暴挙・妄想にうつった。だがこの件とて、エヴァーベックは内部批判・内部処理の問題にしている。そのほか、無神論の問題からはずれたところでヘスの側に立ち、次のようにしてヴァイトリングを批判した。

「君の『調和』への彼〔ヘス〕の長文の批評はフレーベルのところでパンフレットとして（実に安価で）出版されるが、そのなかで彼は、君の著書の誤謬を指摘している。一、君は一面的に平等の原理から出発し、自由の原理をないがしろにしている。二、君は徳性をないがしろにして、最も自由な、自発的な精神運動のことなどおかまいなしだ。三、君は労働を右に、享受を左に位置づけることによって精神を区別するのみならず、それをいわば真二つに切断している。その際、労働はたえず強いられたものと見なされてしまう。それは是非とも避けねばならない。残りは君が自分で読みたまえ。この批判は君に対しことのほか好意的であって、きわめて明瞭だ」（引用番47。なお、ヘスによるこのヴァイトリング批判はけっきょく刊行されなかった。出ていればシュタイン批判と対をなし、ここでの議論にたいへん参考となったのだが）。

このようにヴァイトリング宛エヴァーベック書簡に立ち入ってみると、義人同盟における彼の指導力というものは、通例評価されているほど脇役的なものでないことが判明する。彼の力量は、英仏スイス三国にまたがった同盟の協調を維持するだけでなく、一方でヴァイトリング思想から急進的な武闘理論を削ぎ落とし、他方でヘス理論からバロックハイテンたる無神論を削ぎ落として、無教養な労働大衆向けのプロパガンダとして、職人的コミュニスム（フランス）と哲学的共産主義（ドイツ）の双方を同盟させようとした点に存する。この路線は、やがて同盟本部がパリからロンドンに移され（一八四六年一一月）、組織的・イデオロギー的ヘゲモニーがシャッパーらロンドン班の手中に入る頃までには、ロンドン班によって完全に拒否され、無神論（フォイエルバッハ）が浮上してくる。してみると、エヴァーベックによる無神論の拒絶は、結果的には、手工業職人が哲学者と同盟関係に入る前段の、いわば過渡的な手段・経路であったことになる。仕立職人ヴァイトリングの学者嫌いは自他ともに詠めるところであった。よってエヴァーベックは、そのような偏屈を職人たちから拭い去るのに懸命になったのだが、ブルンチュリ報告書は、エヴァーベックのこの努力を官許支持してくれたのであった。

さて、次に出版業者フレーベルについてだが、彼もまた青年ヘーゲル派の知識人と義人同盟の職人たちの連携を強化するのに大いに貢献する。ブルンチュリ報告書中、フレーベル書簡はベッカー宛の一通だけ（引用番号29）であるが、彼の名はベッカーやエヴァーベック書簡中に頻繁に出てくる。それらを引いてみよう。

「一度チューリヒのフレーベルに問い合わせたまえ。彼に〔書物の〕見本を送って、発送を引き受けてくれるかどうかたずねることだ。ぼくは、きっと彼がそれをしてくれるだろうことを疑わない。というのも、彼は我々の原理に好意をもっているからだ」（ベッカーからヴァイトリングへ、引用番号27）。「彼〔ヴァイトリング〕の書物につきましては、今週中にも発送の完全な指図を氏に与えるつもりです。氏はオットー・ヴィガントが取次人になってくれるか否かを問い正さねばなりません。それが順調にいけば、万事が首尾よくまいります」（フレーベルからベッカーへ、引用番号29）。「我々は、君がフレーベルやバクーニンと真に緊密な連携を、心からの交友をかわすことを期待している」「ヘスは、ドイツでは新聞への売れ口がまったくなく、彼が寄稿した『ライン新聞』も死滅状態なので、フレーベルのもとへ行く考えでいる」（エヴァーベックからヴァイトリングへ、引用番号30）。

ブルンチュリ報告書中に見られるかぎり、フレーベルは義人同盟にも青年ヘーゲル派にも協力的である。そのことはまたフレーベルの経営する出版社「文芸書房（Literarisches Comptoir）の出版目録――たとえばヘスの『社会主義と共産主義』を載せたヘルヴェーク編集『スイスからの二一ボーゲン』（一八四三年）など――をみてもわかる。そのようなフレーベルの活動がやはりブルンチュリ報告書を通じてドイツ領内の意識ある職人たちに公然と伝えられたのだから、義人同盟幹部にしても青年ヘーゲリアンの面々にしても、チューリヒ州当局に感謝せずにおられなかった。ヘスなど、「社会主義雑誌、ドクトル・ブルンチュリへの礼状」を草してブルンチュリに〔感謝状〕を発したくらいである。

そのほか、ブルンチュリ報告書には、一八三〇年代初期にフランス思想、なかんずくサン＝シモン主義を吸収して社会主義の傾向を強めた文学者カール・グツコウ（K. F. Gutzkow）のヴァイトリング宛書簡が収められており、この書簡もまたここでの主題に関連して、興味深い。

「つい今しがた、私は、手元に届いた『アウグスブルク一般新聞』の一論説を読み、憤懣やるかたなしであります。これは『アクナー新聞』からの借物であって、コムニスムスの題目を批評しております。貴台には、私がそのことで何を考えているかおわかりでしょう。もし貴台が私の『パリ便り』をお読みになっておられますなら、私が時折、どのみち重要な点で貴台に背いていることを、しかしまた貴台の主義や独自の才能を最も公正に評価していることを、読みとられることでしょう」。

「私の『〔パリ〕便り』を中途半端にしか読まなかったとみえる『アクナー〔新聞〕』と『アウグスブルク〔一般新聞〕』は、私が貴台に対し無制限に反論していたかのように仕立て上げ、貴台は幾多の学識ある人びとが知識を誇りとしている以上に無知を自慢にしている、などと『〔パリ〕便り』の文面をこっそりすり替えているのです。そのことで、私はいやというほど不快な気分にさせられました。こんな文章が拙著の一体どこにあるというのでしょう?」(グッコウからヴァイトリングへ、引用番号33)

「私は貴台とお近付きになりたいと思っておりました。どうぞ貴台が出版なさいます玉稿を、フランクフルトの拙宅にお送り下さい。私はコムニスムスの原理を支持しますが、多くの事柄を貴台とお話ししたかったのでございます」。(グッコウからヴァイトリングへ、引用番号34)

グッコウはドイツで、とりわけサン＝シモン主義〔アンファンタン〕の思想的核心の一つ、〔肉体の復権〕を叫び、反キリスト教の立場を旗幟鮮明に打ち出した。〔霊と肉の合一〕を主張してカトリック・プロテスタント等既成のキリスト教を全面的に批判し、サン＝シモン主義者の社会主義を自らの主義として採用したのであった。そのような彼だから、一〇年ほどのち一八四〇年代前半になって、自己の理論的支柱としてサン＝シモン主義とフーリエ主義とに依拠するヴァイトリングに接し、そこにある種の共感をおぼえたのである。だが同時にグッコウには、ヴァイトリングの革命論中、あの盗賊プロレタリアートによる武闘路線は、許容範囲をはるかに越え出たものであった。そこで彼は、ヴァイトリングに対し一定の距離を置いて、是是非非で接しようとした。その意志が右の引用文にはっきりと表明されている。ヴァイトリングという革命家は、その荒削りのファナティシズムゆえ全面的に傾倒して不安無しというわけにはいかないが、とにかく格調高きフランス社会主義を本場で体得し、かつそれを理論のままに止めることなく、ドイツ解放へ向けて実践していこうとするドイツ手工業職人中、第一の指導者であった。このことがグッコウの心を動かしたのである。だからこそ彼は、ヴァイトリングに懇願する。

「ですが、このことはお忘れなく――、もし貴台が著述家の修養をされるのでしたら、手工業者を自称することや、貴台の修養を、貴台がお棄てになったそれと同列におくことをお止め下さい」。（引用番号34）

研究者シュレープラーによれば、この時ヴァイトリングは、「彼の友人の勧めによって、もはや手工業者とは自称せず、仕立職稼業を廃したのであった(2)」。こうして知識人中に主著『保証』が普及していくのと並行して、義人同盟の職人たちは、青年ヘーゲル派の哲学者のみならず、もと青年ドイツ文学派の有力メンバーであったグツコウのごとき左翼知識人との交際圏をも拡大していったのだが、その意味からしてもブルンチュリ報告書刊行は、三月前ドイツの社会主義運動、労働者運動の利益のために、まことに有意義な出来事だったのである。ちなみに、エルンスト・テオドール・モルによれば、「パリ駐在のプロイセン公使は次のように政府に報告している。ブルンチュリ報告書のせいで三〇〇人のドイツ人手工業職人が奮起して『義人同盟』に入会したと(3)」。

一面的に強調された不良品にすぎないにせよ、とにかく発禁本中の発禁本たる『保証』のダイジェスト版が刊行されたこと、一八四〇年代前半ドイツの知識人を左右両翼で揺すぶったシュタイン著作が職人層にまで浸透するためのバイパスがつくられ、ヴァイトリングがその生証人に仕立てられたこと、ヘーゲル哲学からの必然的な帰結である哲学的共産主義がフランス思想からのこれまた必然的な帰結である職人的コムニスムスとこっそり出会い、仲睦まじくなっていく様子が、私信という生々しい証言を通じて衆目の見るところとなったこと、ブルンチュリ報告書は以上のごとき結果をもたらしたのであった。

だがこれ以降、ないしは一八四二年六月にヴァイトリングがチューリヒ市街で逮捕されてのち、スイスはドイツ解放のための主要な舞台ではなくなり、場面はロンドン（シャッパー派対ヴァイトリング派）およびブリュッセル（マルクス、エンゲルス）に移りゆく。それとともに、ブルンチュリ報告書が公刊されたおかげで一段と拡散・多様化が進行していったドイツ人のコムニスムス思想戦線に、やがて一つの、以前からの継承でありつつもそれ自体としてはまったく新しいコアが出来上がってくる。そのコアは、一八四七年一一月になって共産主義者同盟創建として具体化することになり、また一八四八年二月になって『共産主義者宣言（Manifest der Kommunistische Partei）』として理論的別世界＝科学的共産主義の教本を用意することになる。

注

（1）その点については、廣松、前掲論文、下の一、一七六〜一七七頁をみよ。

（2）E. Schraepler, Handwerkerbünde und Arbeitervereine 1830-1853, Berlin, New-York, 1972, S.69.

（3）E. Th. Mohl, Utopie und Wissenschaft, Wilhelm Weitling und Karl Marx im Vormärz und in der 48er Revolution, in hrsg. V. W. Weitling, Der Urwähler, Organ des Befreingsbundes, Berlin, 1848, 10-11 (Nachdruck, Glashütten im Taunus, 1972), S.16.

第4節　義人同盟の改組——共産主義者同盟

一八四五年にスイスを追放された青年ドイツ派と義人同盟スイス支部のうち、前者は指導者の離散によって解体・消滅してしまうが、後者は、その一部分がイギリスに渡り、義人同盟ロンドン支部で活動を再開する。この時点から義人同盟は、パリ（本部）とロンドンでドイツ解放の結社運動を強化する。その際同盟指導部は、同時期に、完全に解体した青年ヘーゲル派のなかから登場してくる共産主義者マルクス、エンゲルスと協力しあい、やがて一八四七年末に、マルクスらを理論的指導者とあおぐ「共産主義者同盟（Der Bund der Kommunisten）」に組織を再編する。この過程を、本節ではロンドン義人同盟幹部（K・シャッパーほか）とマルクスらの宣伝情報団体「ブリュッセル共産主義通信員会（Das Korrespondenz-Komitee in Brüssel）」の組織的・思想的合体を軸に考察する。その際、対象となる時期を三月革命直後までとし、また、理論的にはVormärz期のコムニスムス諸派と一線を画すマルクス、エンゲルスが、実際の行動面ではVormärz期コムニストの一翼として振舞っていく点も、あわせて考察する。

一　若きマルクスの哲学的共産主義

やがて共産主義者同盟のイデオロギー的支柱となるマルクスの共産主義は、周知のように、ヴァイトリング・コムニスムスないしフランス社会主義諸思想から直接生まれたのでなく、まずはヘーゲル哲学批判を敢行する青年ヘーゲル派（ヘーゲル左派）の哲学運動中で生じてくる。その際、同派で第一に哲学的共産主義を唱えたのはモーゼス・ヘス（M. Heß）であり、マルクス、とりわけエンゲルスは、このヘスの影響下で自らも哲学的共産主義者となっていく。そこで、科学的共産主義者マルクスの出自を問う一環として、ヘスの哲学的共産主義に触れてみよう。

一八一二年にボンのユダヤ人の家庭に生まれたヘスは、青年期にルソーを読み、またそれ以上にオランダの哲学者スピノザを研究、さらに一八三三年にはフランスに出て社会主義思想を吸収する。それらの成果を彼は、一八三六年に執筆し翌三七年に発表した『人類の聖史―スピノザ学徒による（Die heilige Geschichte der Menschheit. Von einem Jünger Spinozas）』に結実させる。ヘス研究者のあいだでは、この著作は「宗教、哲学、共産主義が不明確なまま混り合っている」が、「社会問題を前面に据えたという決定的な進歩を示した」もので、ヘスの「自由主義から共産主義への移行を準備した」ものだという解釈が有力である(1)。なるほどフランス体験をふまえ、この書において次のように述べている点からみても、彼の共産主義への接近およびその時期は、およそ右の解釈どおりである。

「貴族（Adel）はもはや敵ではない。それは将来的には消滅してしまうからだ。そうではなくて金持（Reichen）、そう金持こそいまや進歩の敵となっているのであり、今後ますますそうなっていくだろう。―金融貴族（Geldaristokratie）は、昔日の貴族が示したと同じくらい強靭な不屈の力を発揮していくだろう(2)」。

ボンの富裕なユダヤ人商人の家庭に育ったヘスは、祖父からユダヤ教精神による厳格な教育を受け、自らも宗教的観点から人類の救済を意識していた。この意識はやがてフランス社会主義を媒介として、財産共同体（Gütergemeinschaft）の実現と、それによる人類解放という要求に転化していったのである。一八三〇年代の後半にヘスが財産共同体という未来社会を構想しえたのは、なによりも当時パリで活躍していたバルテルミ＝プロスペル・アンファンタン（B. P. Enfantin）らサン＝シモニストの相

続制批判と共同社会要求の理論に負うものである。(3)

　一八三〇年代中葉より「自由主義から共産主義への移行」を開始したヘスは、その後数年の沈黙ののち、一八四一年春になって『ヨーロッパ三頭制』(4)を刊行、また同年一〇月にはベルリン大学の青年ヘーゲル派機関誌『アテネーウム』第四〇号に、「ドイツ哲学の現代的危機」を発表して、ドイツの政治思想界へ本格的にデビューする。これらの著作を通じてヘスは、青年ヘーゲル派に与して、なかんずく観想的なヘーゲル哲学に批判的注目を浴びせ、「現代的危機」のなかでは次のようにヘーゲルとその弟子たちを評価する。

「最近ルーゲ、フォイエルバッハ、バウアー等々によって公然と述べられていることの多くは、ヘーゲルにおいては明確にみいだされず、そればかりか、ヘーゲルの見解としばしば表面上矛盾しているが、しかしこの表面上の矛盾はヘーゲル哲学からの離反でなく、むしろ、ヘーゲル自身があえて引き出したもの以上に、この哲学の核心から引き出されたよりいっそう厳格な諸帰結だということが、たんに注意深い哲学者のみならず、だれの目にもはっきりわかるものなのである。……ただの哲学者にすぎなかった彼（ヘーゲル――引用者）は、そうした多くの人びとと同様、哲学の厳格にして徹底した貫徹に対し、それが生活と接触するようになるところで恐怖した。――これに対して弟子達（青年ヘーゲル派――引用者）は、観念論をのりこえて理念の実践に歩をすすめ、未来の積極的な形成に向かっていけばいくほど、ますます厳しく過去に関して批判を加えていった……(5)」。
（傍点原文隔字体）

　一八四一年の段階でこのようにヘーゲル哲学批判を行ない、青年ヘーゲル派の立場において実践と未来志向を唱えたからといって、この主張を無媒介的に哲学的共産主義の吐露とするのは誤りである。これはむしろ未来志向の哲学すなわち「行為の哲学」(6)の方向を明らかにした青年ヘーゲル派の主張というように考えるべきである。けれども、青年ヘーゲル派と共同してヘーゲル批判・プロイセン批判・キリスト教批判を行なうことによって、ヘスはこの時点以降、自らの思想をいわゆる「哲学的共産主義」としてかためていく基礎を得た。すなわち、一八世紀以来、端的に財の平等を説いてコミュニスム（communisme）、コミュノテ（communauté）を政治の領域で強化してきたフランス平等思想に、カントからフィヒテ、ヘーゲルにいたるドイツ観念論哲学において追求されてきた「精神的自由」を対置し、そこからやがてヘス独自の哲学的共産主義が構築されるのである。そしてこのヘス思想に影響されるかあるいは近い立場に寄るかして、一八四三〜四四年にラインラントで哲学的共産主義者の一群が登場した。この一群についてエンゲルスは次のように語っている。

「社会主義はドイツにおける今日的問題となっている。また一ヶ年のあいだに、強力な社会主義的党派が成長した……」。

「ドイツの社会主義者中で最も活動的な文筆家は以下の人びとである。パリのカール・マルクス博士、ケルン在住のM・ヘス博士、パリのK・グリュン博士、バルメンのフリードリヒ・エンゲルス、ヴェストファーレンのレーダ市のO・リュニング博士、ケルンのH・ピュットマン博士、そのほか若干名である。これらの人びとのほか……ハインリヒ・ハイネが我々の隊伍に加わった(7)」。

ヘスを中心として形成された哲学的共産主義の一派に、ここでようやくマルクスが姿を現わした。そればかりかマルクスは、この時点から一、二年後にはヘスの哲学的共産主義から離反し、独自の共産主義を理論化する。その過程を、こんどはマルクス自身の哲学運動を考察しながらとらえてみたい。

一八一八年にラインラントのトリーアに生まれたマルクスは、フランス七月革命の年に生地のギムナジウムに入学し、三五年にそこを卒業、そしてボン大学で法学を専攻する。翌三六年ベルリン大学へ移り、そこでは法律のほか歴史・文学・哲学等を学ぶ。翌三七年、いよいよヘーゲル哲学の研究に本腰を入れる。ここで重要なのは、カール・フリードリヒ・ケッペン（K. F. Köppen）やブルーノ・バウアー（B. Bauer）など青年ヘーゲル派の思想運動に接触したことである。その後三九年に学位論文「デモクリトスとエピクロスの自然哲学の差異」を執筆する。四一年にベルリンを去って、教職に就こうとボンへ行く。しかし、「マルクスが真新しい学位証書を手にするかしないうちに、彼がこれに期待をつないでいた生活プランは、ロマン主義的反動の新たな暴挙によってつぶされてしまった(8)」。青年ヘーゲル派に身をおき急進主義運動にはいり込んでいた彼にとって、教職の道は断念せねばならぬ方向であった。彼はそこで別の道、ジャーナリストの方向に進むことになる。それと同時に、フォイエルバッハの『キリスト教の本質』を研究し、そのなかに、ドイツ哲学の観念論から唯物論への移行、転回を読みとっていく。ヘーゲル哲学の観念的弁証法とフェイエルバッハの唯物論がマルクスの思想形成にどれほど重要な役割をもっていくかについては、もはやここで詳論するまでもなく、周知のことである。一八四二年になると、いよいよ彼は『ライン新聞』を舞台としてジャーナリズムの世界に飛び込む。それは、彼が思弁として行なってきた哲学研究に実践的・政治的素材を提供する第一の場となっていく。

マルクスの政治的発言・実践題目をあげた発言は、ベルリン大学で、ドクトル・クラブで、あるいはブルーノ・バウアーとの共同行動において、しばしばみうけられる。だが、彼が集中してドイツの現存秩序を批判しはじめるのは一八四二年初頭からである。同年一月から二月にかけて、彼は「プロイセンの最新の検問訓令に対する見解」を執筆する。これを手はじめに、彼は次々と政治論文・時事論説を書いていく。そのころの彼は何よりも封建ドイツを批判している。そのもとで苦しむのは独り人民大衆のみならず、リベラルなブルジョアジーもそうである。したがって、彼らの代表を締め出しているようなライン州議会は国民の代表機関ではない、という批判である。そして、言論・出版の自由が検閲により公然・隠然と犯されているのに対し、マルクスは『ライン新聞』への寄稿をもって挑戦する。ライン州のブルジョアジーが一八四二年一月一日に創刊したこの新聞は、反封建の立場から青年ヘーゲル派の寄稿をも受けつけた。それのみか、同年一〇月にはマルクス自身を同紙の編集者に採用している。当初からドイツの現状批判を使命としていたこの新聞は、マルクス登場以後ますます反政府的となっていく。反動的な諸新聞はその傾向を批難し、政府はやがて一八四三年四月一日以降の発行禁止を通告してくる。新聞の株主たるブルジョアジーとマルクスの関係は当然まずくなり、彼は編集の職を辞する。それでも同紙は通告どおり発禁となった。

『ライン新聞』でのマルクスの政府批判は、それでも哲学畑の論調が多い。それは、ヘーゲルが現実的なものと理性的なものとの関係から（立憲）君主制を擁護したような、政府支持を表明するイデオローグへの批判という側面をもっていたためかも知れない。いずれにせよこの時点で彼の批判は封建制度へ向けられていたのであって、いまだ明確にブルジョアジー批判を展開していない。この段階の彼は、ルーゲを筆頭とする共和主義的急進主義の流れに身をまかせていた。だがその後の理論的進展を、ルカーチ（Lukács György）は次のように述べている。

「一八四二年から四三年にかけて『ライン新聞』の編集者として活躍した短い期間に、マルクスは、五〇年以前にフランスのジャコバン主義がマラーからバブーフにかけて実践的に経過した発展過程を、理論的にたどっているのである。しかも、その間にはるかに発展した歴史的情勢に照応して、マルクスはジャコバン主義よりずっと高度の段階においてこの発展過程を経過した。……バブーフは粗野で抽象的で、禁欲的な共産主義しかうみ出しえなかったのに反して、若きマルクスは、一八四三年ごろに理論的危機におちいり、それにつづいてその危機から、その世界観的基盤たる弁証法的・史的唯物論をともなった科学的社会主義を驚くべき短期間にうみだしえたのである」[9]。（傍点原文）

『ライン新聞』ののち、マルクスはふたたびヘーゲル哲学にとりくむ。一度はジャーナリズムの世界に入り、現実を味わった彼が、いま一度哲学批判に没頭するのだから、よほどの必要性を感じていたのである。それはけっして場あたり的に、この次は何ができるかなどと考えてのことではなく、以前からの計画であった。その計画はやはりフォイエルバッハの宗教批判に起因しているのであろう。ヘーゲル哲学をどのように批判しきるかということは、フォイエルバッハをぬきに考えられなかった。そしてまた、哲学運動が突き進む道はいったいどこへ行く道なのかと考え、真理に到達する道は哲学と政治の結合によってしか切り拓かれないだろうと判断していく。ここでエンゲルスの、先に引用した発言に再度注目したい。フォイエルバッハ、バウアーなどが踏み出しえなかった断乎たる一歩を提起した者たち、一八四二年秋にはヘスを先頭にしていたグループ、そのなかにマルクスがいたのである。マルクスのヘーゲル批判は、一八四三年から四四年にかけてふたつの論文を産んだ。ひとつは「ユダヤ人問題によせて」、ひとつは「ヘーゲル法哲学批判・序説」である。『独仏年誌』に発表されたこれらの論文は、何よりもドイツ哲学からの帰結であるにしても、彼が四二年秋からフランス社会主義・コミュニスムを研究しはじめたこと、そして四三年一〇月にはパリへ行き現実の政治運動に接したことにもかかわりがあろう。エンゲルスの指摘から推測しうるように、またルカーチも述べているように、マルクスは、『ライン新聞』時代から哲学のゆくすえを共産主義的にみてとる方向へすすんだのである。そして政治への接近、現実にあるコミュニスム運動への接近をほのめかしたのである。それは、パリで活動するコミュニストたち、「すなわちカベ、デザミ、ヴァイトリング」らに接触しようと考えたことからうかがえる[10]。そうした方向をとりつつ執筆されたのが、以上の二論文である。

「ユダヤ人問題によせて」は、直接にはブルーノ・バウアー批判の一文である。そこでマルクスは宗教と国家、宗教と市民社会、政治的解放と人間的解放の関係に言及している。彼によれば、ユダヤ人もキリスト教徒も、自らの宗教を廃せず、政治的に解放されるのであり、それは宗教からの国家の解放によって可能なのである。だが政治的解放は形式としての解放でしかない。内実を獲得するには人間的解放が必要である。マルクスは、政治的解放によって実現されたとする自由・平等・安全を語る。

「信仰の特権は普遍的人権である。人間の権利（droits de l'homme）、人権はそのようなものとして、公民の権利（droits du citoyen）、公民権と区別される。公民（citoyen）と区別される人間（homme）とは誰のことか。それはほかでもない市民社会の成員のことである。市民社会の成員は何故『人間』、率直に人間と呼ばれるのだろうか、彼の権利は何故人権と呼ばれるのだろうか。この事実をどこから説明したらよいのか。政治的国家の市民社会に対する関係から、政治的解放の本質からである」。
「自由の人権の実際的適用は私的所有の人権である。……私的所有の人権は、好き勝手に（à son gré）、他人にかまうことなく、社会から独立して、その財産を享受し処分する権利、利己の権利である。……ここでの非政治的な意味における平等（égalité）とは、いま説明した自由（liberté）の平等にほかならない。つまり誰もが同等にそのような自立的な単子とみなされるということにほかならない。……安全とは市民社会の最高の社会的概念であり、警察の概念であり、……」[11]。（傍点原文イタリック）

マルクスはパリでフランス革命を研究する。その際、階級闘争の観点で貫かれたフランスの歴史家たちの書物を読んだ。政治革命では自由・平等の内実が実現されない、したがって次の革命を目指さねばならないという方向を、彼は、従来抱いていた階級関係をより明確にしていくことによって補強する。そして「ユダヤ人」で共産主義革命が示唆される。人間的解放は貨幣（ユダヤ教）からの社会の解放である。マルクスは、私的所有がどのような役割を果たしているかを指摘し、その権利は利己の権利だとする。それは、換言すれば、私的所有を普遍的な原理として擁護するブルジョアジーに対する絶縁状である。哲学運動は共産主義へと突き進んだ。だがいまだ解決されないで残っている問題がある。それは理論的帰結としての共産主義ではなく、実践題目としての革命の問題である。彼はパリで義人同盟のメンバーと接触し、デザミ以下のフランス・コミュニスム運動を見聞する。そしてプルードンともバクーニンともいずれ接触していく。パリでのそうした活動は、ドイツ革命に向かって、ヴァイトリングの推進する労働者コムニスムスとマルクスの哲学的共産主義の接点を準備していく。その際マルクスは、自ら構築しつつあった共産主義理論を現実に実践する革命主体を、近代プロレタリアートにみいだしたのである。「ユダヤ人」の次になる「序説」では、それがはっきりと提起される。

「それでは、ドイツ解放の断乎たる可能性はどこにあるだろうか。

答えはこうである。それは、ラディカルな鎖をつけた一階級を形成することにある。市民社会の階級に属さない市民社会の一階級、あらゆる身分の解消としてある一身分、その普遍的苦難によって普遍的性格をもち、けっして特殊な不正でなく不正そのものを被っているが故にけっして特殊な権利を要求しない一階層、もはや歴史的な権原でなくわずかに人間的な権原だけしか楯にできない一階層、ドイツの国家制度の諸帰結に一面的に対立するのでなしにその諸前提に全面的に対立する一階層、けっきょくのところ自身を社会の残余すべての階層から解放しなければ、またそれ故社会の残余すべての階層を解放しなければ己れを解放しえない一階層、一言でいえば人間の完全な喪失であり、したがって人間の完全な回復によってのみ自分自身を獲得しうる一階層、これを形成することにある。社会のこの解消が特殊な一身分として存在するもの、それはプロレタリアートである」。

「根本的なドイツは、根本から革命することなしには、自らを革命しえない。ドイツ人の解放は人間の解放である。この解放の頭脳は哲学、心臓はプロレタリアートである。哲学はプロレタリアートを止揚せずして己れを実現しえず、プロレタリアートは哲学を実現せずして己れを止揚しえない。

内的な諸条件が万事みたされたとき、ドイツの復活の日は、ガリアの雄鶏の雄たけびによって告げられよう」(12)。

（傍点原文イタリック）

ドイツのブルジョアジーは一七八九年の仲間とはちがう。一八四〇年代のドイツではもはやプロレタリアートの脅威が与件として存在する。それはことにフランスからもちこまれる脅威である。彼らはもはや自らの利害を普遍的なものとして提起しえない。万人がブルジョアジーの利害に自然と結びつく時代は、ドイツにはとうとうやってこなかった。あえて結びつけようとするのは時代錯誤もはなはだしいというものである。現状を変革しうる主体はプロレタリアートである。それもけっして部分的な、政治的な革命でなく、トータルな、社会的な革命を、プロレタリアートは遂行せねばならない。一八四三年から四四年にかけて、マルクスはフランス体験をとおしてそのように意識していく。そしてプロレタリアートが哲学と結びつくこと、そのことのなかにマルクスは、革命的暴力の体現者をみるのである。彼はこれを断言して次のように述べる。

「批判の武器は、もちろん武器の批判にとってかわることはできない。物質的暴力（die materielle Gewalt）は物質的暴力によって打倒せねばならないが、理論といえども大衆をとらえるやいなや物質的暴力となる[13]」。

マルクスのこの発言は非常に有名であるし、それだけまた重要なのである。彼はどこから暴力をとりだしたのであろうか。一八四三年にパリへ行ったとき、そこにはたしかに暴力があった。テオドール・デザミ（T. Dézamy）以下、ブランキなき（投獄）あとの革命的コミュニスト、そしてパリ義人同盟を通じてのヴァイトリング派、彼らの武闘路線をマルクスが知らないはずはなかった。そのほかフランス革命史のなかから、階級闘争の非和解的側面や、国家暴力の歴史を学びとりもしただろう。既成の革命運動・コミュニスム運動をどのようにとらえたにしても、マルクスは、プロレタリアートと哲学の結合をとおして、革命的暴力の路線を提起したのである。

「ユダヤ人」と「序説」の二論文において、マルクスは共産主義革命と、その主体であるプロレタリアートの任務を提起した。そして物質的暴力（国家暴力）は物質的暴力（革命的暴力）によって妥当せよと言い放った。昔ビュヒナーが述べたような、国家暴力が勝利するか革命的暴力が勝利するかはそのうちわかるだろうという考えをさらに前進させたところに、マルクスの暴力論が位置するであろう。先の二論文から一八四八年二月に出される『共産主義者宣言』までの五年ほどのあいだにマルクスは、後述するように、義人同盟以後のプロレタリア秘密結社を指導し、哲学とプロレタリアートの結合を実践していく。そのばあい、彼が近代プロレタリアートを革命的な階層と判断したことは、客観的なみかたから評価して、何ら問題がないことになろう。エンゲルスは、一八八八年の『宣言』英語版の註で、プロレタリアートとは「自らの生産手段を所有せず、生きんがためには自らの労働力を売らざるをえないような近代賃金労働者の階級」であると述べている[14]。マルクスとエンゲルスは、共産主義革命の担い手たるプロレタリアートを近代賃金労働者に限定する。彼らが革命運動にのりだす以前の革命家、たとえばブランキは、サン＝キュロットの末裔を主体とする下層民・労働者たちを、近代的・前近代的と区別することなくプロレタリアートと総称している。またヴァイトリングも、支配階級の利益のために労働を強いられ、自らはたえず貧困に苦しむような下層貧民群をプロレタリアと呼んでいる。マルクスらがプロレタリアを近代賃金労働者に限定したばあい、手工業職人やそのほかの臨時・下層労働者はプロレタリア（革命主体）のうちにはいらないのである。

一八四〇年代にプロレタリアをマルクスのように判断するということは、もちろん例外に属することであった。残余の革命家たちは、依然として厳密な認識を欠いたまま、プロレタリア運動を指導していた。マルクスらが何故そのように区別・限定したかといえば、資本主義社会にあって普遍的な存在は近代賃金労働者以外にありえず、資本主義が発達すればそれだけその数は増し、一階級をつくり、社会の圧倒的多数が貧困化し、したがって彼らこそ、世界史的な使命としての共産主義革命を成就しうる唯一の主体である、と判断したからである。それに比べて、たとえ同じように貧困にあえいでいるにせよ、手工業者職人等は古い社会に生きる存在であり、資本主義の成立とともに賃金労働者に転化していく階層であるからである。また、職人は熟練工としての誇りと親方になる希望とから、革命的になることは稀であると判断したからである。『宣言』は次のように断言する。

「中間身分（Mittelstände）、すなわち、小工業者、小商人、手工業者、農民、彼らはすべて中間階級としての彼らの存在を破滅から守るためにブルジョアジーとたたかう、したがって彼らは革命的でなくかえって保守的である。そればかりか、彼らは反動的ですらある。……

ルンペン・プロレタリアート、旧社会の最下層からのこの消極的な腐敗分子は、プロレタリア革命によって時々運動に投げ込まれるが、彼の全生活状態からみて、反動的陰謀によろこんで買収されるであろう」[15]。

マルクス、エンゲルスは「中間身分」のことを指して、同じ『宣言』中でときに「小ブルジョア階級（Kleinbürgertum）」とも記している。フランス語の petit-bourgeois にあたる術語である。後者を私は意識的に「下位中産階層」としている。

それはそれとして、『宣言』で表現された職人や農民たちは、どのように解釈しても、保守反動の陣営に区別されている。そしてまた、ブランキやヴァイトリングが味方の一部分に加えた最下層の貧民や失業者群は、ここではなんと腐敗分子であり、買収されやすい人びととされている。マルクスがまさか四八年の時点にだけそれをあてはめたのでない以上、ブランキらは腐敗分子や反動分子に革命を期待し続けたことになる。また大革命以来の労働者運動・ストライキ行動はみなそうした分子の運動であったことになる。だがしかし他方では、マルクスの実践的な判断にみられる、次のような特徴をも、ここで考慮すべきである。すなわち、なるほどマルクスは、サン＝キュロットの末裔を、階層としては保守反動に与する可能性の強い人びとだと判断した。だが、意識をもち革命運動に合流してくる彼らを、それでも拒否したであろうか。そのようなことはない。現に彼は、手工業職人から実践の手ほどきを受け、彼らとの連携を望み、ともに組織活動を展開したのである。その点でマルクスは主観的な立場を棄てていない。客観的には保守反動に与するはずの職人階層が真先にプロレタリア運動を開始した点を、彼はおおいに評価している、また、理論上では賃金労働者の運動としてあるプロレタリア革命が、実際には彼ら以前（彼らがほとんど存在しないころ）から開始されたことを否定しはしない。

一八三〇年代において、サン＝キュロットの末裔はもっとも革命的な階層であった。より革命的だと措定してみたところで賃金労働者は少数であり、いまだ手工業職人――アルチザン（artisan）やゲゼーレン（Gesellen）――が主力であった。[16]きわめて主観的な運動として出発したフランス（バブーフ）のコミュニズム運動は、ブルジョア革命のさなかにおけるプロレタリア革命を提起した。客観的にみれば時代を先取りして展開されたといわれるドイツ手工業職人の革命運動もまた主観主義的傾向をまぬがれることができなかった。だが、ヨーロッパがイギリスを先頭にして資本主義の時代を迎えつつあったことからみて、ドイツ一国が中世的であり続けることができないように、ドイツの労働者も先進国の革命運動に影響されないはずがなかった。フランスの共和主義と社会主義はドイツの知識人や学生をとらえ、パリやリヨンの民衆暴動はドイツの手工業職人たちを刺激した。イギリスでは近代プロレタリアートが形成され、すでに彼らの労働者運動が政治にくい込んでいた。大陸からの遍歴や亡命によってイギリスへ渡ったドイツ手工業職人は、そのような労働者の独自の運動に参加し、祖国解放のための組織形成を行なった。ドイツがブルジョア革命の前夜であったとしても、プロレタリアートの解放をめざしてたたかうイギリスの労働者中にあって、ドイツ手工業職人はブルジョア革命の欺瞞性を知り、私的所有の廃止をスローガンとするコムニスムス運動へと突き進んだ。

革命運動の戦列から手工業職人の姿が消え、かわって近代プロレタリアートが主力となるにはいまだ早すぎる時代に、すでにプロレタリア革命を目指してたたかうドイツ手工業職人は、たとえ科学的共産主義によって反動的・限定的に表現されようと、現実の革命運動の最前線に立つかぎり、一九世紀前半のドイツにあってもっとも革命的な階層であった。その時代を現在として生きる人びとが、自らその時代をその時代のうちに解放しようと行動した、その態度は、歴史貫通的にプラス評価されねばならない。（いっそう詳しくは本書第3章第4節参照）

あるいはまた、マルクスが期待をかけた近代賃金労働者たちは、イギリスでは一九世紀から二〇世紀にかけて労使協調の方向を選択するようになり、革命派はむしろヨーロッパの辺境に位置を占めるようになった点を、この際意識せねばならない。ヨーロッパ全土をゆるがした一八四八年革命が敗北してのち、イギリスでは、〔資本—賃労働〕の枠を破壊しようとせず、かえってこれを承認し、その範囲内で労使協調をはかり、その前提に立って物取り闘争たるストライキを打とうとする方向が労働運動の本流を形成しだした。一八三〇年代に共和主義者の多くが夢想していたような、賃金は労働の契約どおりに支払われるべきという前提、すなわち〔資本—賃労働〕は健全に保たれるべきという前提に立った労働者運動が、一九世紀後半から幅をきかせてきたのである。

このような、資本の安全弁のごとき労働組合が打つストライキは、ひとえに労働の契約を労働者に有利に決定することを目的とするだけである。したがって、この行動にはもはや労働者の自律の圏を求める声は聞かれず、叛乱の芽は摘み取られ、革命へのステップとしての意義なども消滅していった。そしてこんにちの先進工業諸国では、このズレてしまったほうの運動こそが本流を成している。だが、一八三〇年代〜四〇年代に根をもつような運動は、〔資本—賃労働〕から生まれる諸矛盾が露骨に発現してくる時代や国々では、たえず有力なままでこんにちにいたっている。

注

（1）　A・コルニュ／W・メンケ共著、武井勇四郎訳『モーゼス・ヘスと初期マルクス』未来社、一九七二年、一六頁。D・マクレランもまた『人類の聖史』を指して「ドイツにおける社会主義思想の最初の表現だった」としている。D. McLellan, The Young Hegelians and Karl Marx, p. 138. 宮本十蔵訳『マルクス思想の形成—マルクスと青年ヘーゲル派』ミネルヴァ書房、一九七一年、二二六頁。

（2）　M. Heß, Die heilige Geschichte der Menschheit. Von

einem Jünger Spinozas. Stuttgart, 1837.（Nachdruck, Hildesheim 1980）. S. 295f.

（3） ドイツのVormärz期急進主義のなかでまず第一に青年ドイツ派に多大な影響を与えたこのサン＝シモニズムは、一八三〇年代後半から四〇年代にかけては、ここにあげたヘスのほかマルクスにもきわめて深刻な影響を及ぼしており、現代の研究者は、このサン＝シモニズム→マルクス主義によりいっそう注目している。その観点で著わされた文献をわが国にみると、次のものがある。平井新「若きマルクスとサン＝シモニスムス―マルクシズムとフランス社会主義との関係に関する研究の一節―」、『三田学会雑誌』五五―三号、一九六二年。田中清助「サン＝シモンとマルクス」、『思想』四九二、四九九号、一九六五年、六六年。坂本慶一「初期マルクスとフランス社会主義」、『思想』五三四号、一九六八年。渡辺恭彦「マルクス主義のフランス的源泉に関する最近の研究動向について」、『商学論集』（福島大）四四―一号、一九七五年。

（4）『ヨーロッパ三頭制』を執筆した時点でのヘスについて、畑孝一は次のように述べている。「彼（ヘス―石塚）は、人類の完成が現実の歴史では如何に成就するかを独・仏・英三国によって具体的に考察する。彼によれば、両国の国民性の相違のためにドイツでは宗教改革によって精神的自由が、フランスでは革命によって政治的自由が達成された。しかしそれらは何れも一面的であって不完全であり、それらの結合された社会的自由が達成されなければならない。それは富と貧困との対立が貨幣貴族制（Geldaristokratie）と一般的窮乏（Pauperismus）との対立として極点にまで進んでいる英国において達成されるだろう」。畑孝一「モーゼス・ヘスの社会主義」『一橋研究』第五号、一九五九年、二二頁。また谷口建治「三月前期のモーゼス・ヘス」、『史林』五七―一号、一九七四年、にも『人類の聖史』から『ヨーロッパ三頭制』にかけての詳論がある。また、『人類の聖史』『ヨーロッパ三頭制』を含む以下の翻訳書がある。良知力・廣松渉編（石塚正英代行編集）『ヘーゲル左派論叢』第二巻「行為の哲学」、御茶の水書房、二〇〇六年。

（5） M.Heß, Gegenwärtige Krisis der deutschen Philosophie, in: Moses Heß Sozialistische Aufsätze 1841-1847, hg. v. T. Zlocisti, Berlin, 1921, S. 8, S. 10. 山中隆次・畑孝一訳『初期社会主義論集』未来社、一九七〇年、五、九頁。

（6）「行為の哲学」とは、柴田隆行によれば以下のとおりである。「ヘーゲル哲学が、過去を過去としてとらえることによって現在の法則性を認識するという〈黄昏とともに飛び立つミネルヴァの梟〉であるのに対して、〈日の光のもとで飛翔する哲学〉をめざし、フィヒテの実践理性優位への共感に基づいて構想された」。柴田「行為の哲学」、的場昭弘・内田弘・石塚正英・柴田隆行編集『新マルクス学事典』弘文堂、二〇〇〇年、一六一頁。

なお、青年ヘーゲル派（ヘーゲル左派）に関する邦語主要文献に以下のものがある。石塚正英『三月前期の急進主義―青年ヘーゲル派と義人同盟に関する社会思想史的研究』長崎出版、一九八三年。石塚正英編『ヘーゲル左派―思想・運動・歴史』法政大学出版局、一九九二年。石塚正英編『ヘーゲル左派と独仏思想界』御茶の水書房、一九九九年。良知力『ヘーゲル左派と初期マルクス』岩波書店、二〇〇一年（初版一九八七年）。

（7）　F. Engels, Rascher Fortschritt des Kommunismus in Deutschland, in: K. Marx/F. Engels, Über Deutschland und die deutsche Arbeiterbewegung, Bd. 2, Berlin, 1970, S. 110, S. 115. 邦訳『マルクス・エンゲルス全集』第二巻、五三八、五四〇頁。

（8）　F・メーリング、栗原佑訳『マルクス伝』上巻、大月文庫、八四頁。

（9）　G・ルカーチ、平井俊彦訳『若きマルクス』ミネルヴァ書房、四一～四二頁。

（10）　一八四三年九月、マルクスからルーゲへ。Deutsch-Französische Jahrbücher, hg.v. A. Ruge u. K. Marx, 1844,（Neudruck, Leipzig, 1973）, S. 126. 邦訳『マルクス・エンゲルス全集』第一巻、三八一頁。

（11）　Ibid., S. 371f. 邦訳『マルクス・エンゲルス全集』第一巻、四〇一～四〇三頁。

（12）　Ibid., S. 178f. 邦訳『マルクス・エンゲルス全集』第一巻、四二七～四二八頁。

（13）　Ibid., S. 171. 邦訳『マルクス・エンゲルス全集』第一巻、四二二頁。

（14）　K. Marx/F. Engels, Manifest der Kommunistischen Partei, Berlin, 1969, S. 42. 邦訳『マルクス・エンゲルス全集』第四巻、四七五頁。

（15）　Ibid., S. 55. 邦訳『マルクス・エンゲルス全集』第四巻、四八五頁。

（16）　手工業職人といえども一九世紀前半のヨーロッパでは、すでに〔資本―賃労働〕の枠にかなりはいり込んでいた。それはむろんイギリスで顕著であり、同国ではブルジョア革命後の一八世紀から、すでに職人たちによる賃金闘争（ストライキなど）がみられた。この点については、岡田与好「市民革命と賃労働制の形成」、大塚久雄・高橋幸八郎・松田智雄編『西洋経済史講座』第四巻所収、岩波書店、二二一頁以下参照。

二　ヴァイトリングとマルクスの論争

一八四五年以降、手工業職人と協力してドイツ解放＝プロレタリア革命を実践しようという姿勢を強めたマルクスは、しかしその解放理論たる共産主義の内容に関しては、直接にフランスから発する手工業職人たちの、なかんずくヴァイトリングのコムニスムス理論で代用するわけにはいかなかった。そこで、マルクス、エンゲルスが義人同盟のコムニスムス的潮流と完全に合流するには、それに先立って職人たちへマルクス思想の普及を徹底させ、ヴァイトリング思想を根本から論破することが不可避であった。このような、二人の対決にいたる間の事情と論争の内容について、ここでは一八四三年六月にスイスで逮捕されて以来のヴァイトリングの行動、および一八四六年初めにマルクスらが設立した「ブリュッセル共産主義通信委員会」の活動を追うことによって、あきらかにしたい。

　ヴァイトリングについて追えば、次のようである。彼は、スイスで逮捕されてのち、やがて大陸を追われロンドンへ渡る。ロンドン義人同盟は、一八三九年の四季協会蜂起を教訓化するために、オーウェンやカベの思想に近づいていった。一八四〇年からドイツ人労働者教育協会で啓蒙的・教育的プロパガンダを推進してきたロンドン支部の路線は、それ故ヴァイトリングの方針とはまるで正反対であった。シャッパーら同盟幹部がオーウェン的なものであったことは、一八四四年にドイツのシュレージェンでおこった織布工叛乱に対する声明文にもあらわれている。シュレージェンの家内労働者、下層労働者がペータースヴァルダウとランゲンビーラウの織元や工場を襲撃した事件の詳細がロンドンに達したとき、義人同盟は、銃殺されたり逮捕されたりした労働者やその家族のために募金を行なった。そしてシャッパーとモルの署名による声明では、「我々は、わが階級がいままでながく落ちこんできた窮地から、必ずはいあがってみせる――それは暴力によってではなく、我々自身の教養、我々の子どもの十分な教育によってである」と表明されている[1]。

　シャッパーはヴァイトリングの財産共同体理論を知っていたし、スイスからの雑誌も定期的に受取っていたであろう。それにもかかわらず、彼は、革命路線上ではヴァイトリングの考えるような方法をとらずに、愛にもとづくアジテーションとプロパガンダによってコムニスムスを導こうとし、ヴァイトリング流の財産共同体を変質させてしまうのであった。ロンドンでのチャーティストとの接触にしても、ウィリアム・ラヴェット（W. Lovett）のような、穏健な請願デモを主張する一群との共闘を主軸に据えていたのである。シャッパーは、一八四四年一〇月に、ラヴェットらとともに「万国民主主義同志（Democratic Friends of all Nations）」協会をつくる。ロンドンの同盟支部が以上のような穏やかな、それなりに着実な行動をとりつつある時、一八四四年八月に、流浪の風雲児ヴァイトリングがロンドンへ到着する。穏健で道徳的なチャーティストにはモッブ（無頼の徒）の統領にもみえたであろうヴァイトリングは、一八四三年にスイスで逮捕され、一〇月の懲役をうけ、その後プロイセンに引渡された。プロセイン当局は彼を出生地マグデブルクに六週間拘留したのち、ハンブルグ経由でロンドンへ追放したのである。一八四八年の三月革命時にパリ経由で再度ドイツに足を踏みいれることになるとしても、もはやドイツからの永久追放に妥協せざるをえなくなったヴァイトリングは、それでもイギリスでもう一度活動しようと考えていたのである。一八四四年九月二二日には、チャーティストや諸外国の亡命活動家が一同に会する集会が行なわれた。そこでヴァイトリングは盛大な歓迎をうける。シャッパーが演壇に立ち、ドイツ人とイギリス人の連携を強調し、席上、財産共同体の導入は相互愛にもとづくアジテーションによって促進せねばならぬと主張するのだった。その考えは万国民主主義同志協会の基調でもある。したがって、たとえ幾百人の演説があったとしても、ヴァイトリングにとってはけっして満足のいく歓迎ではなかったであろう。彼にとって財産共同体とは、「愛」や「啓蒙」のみでなく、「暴力」をもって獲得せねばならない未来社会であったし、「破壊と創造（scrap and build）」すなわち現存社会をどの程度まで回復不能に破壊しうるかでその出来ばえが決定される未来社会であった。

　チャーティストのなかでも左派を形成する一群は、ジュリアン・ハーニー（G. J. Harney）とアーネスト・ジョーンズ（E. C. Jones）によって代表される。チャーティストの雑誌『ノーザン・スター』の編集者であり、のちにはその雑誌に対抗して『レッド・リパブリカン』（一八五〇年六月創刊）を刊行するハーニーは、ブオナローティの『バブーフの陰謀』（一八二八年）を英訳したブロンテル・オブライエン（J. B. O'Brien）同様、「フランス革命の影響を強くうけた社会主義的、国際主義的傾向の思想」をもっており、(2) 一八三八年以来ロンドンで「民主主義者協会」を組織し、国家権力の暴力的奪取をめざす労働者組織の形成に努力してきた。たんなる賃上げのためでなく、〔資本―賃労働〕の枠を破壊するため下層・未熟練労働者を含めたゼネ・ストをめざすハーニーは、義人同盟ともっとも親密な交わりをもっていく。彼はエンゲルスとも会い、二人はその後長く交際していくのである。義人同盟ロンドン支部は、そうしたハーニーの思想的影響を受けながら、やがて彼を同盟員として迎え、エンゲルスの訪問をも受けるなかで、しだいにオーウェン的路線からの脱却をはかっていく。その契機は、一八四五年九月にロンドンで開かれた「諸国民祭」におけるチャーティストと義人同盟、そしてフランス人、イタリア人、スペイン人、ポーランド人、スイス人、ハンガリー人、トルコ人等の代表者の結合である。この祝祭には千名以上の人びとが参加し、国際的なもりあがりをみせた。

マルクスやエンゲルスは、この祝祭には参加しなかったが、エンゲルスがこの報告を残している。彼は「民主主義、それは共産主義の現時点である。……民主主義はプロレタリアの原理、大衆の原理となっている」（傍点原文イタリック）として、祝祭のなかに広汎な民主主義者の結集をみてとり、共産主義者と民主主義者の共闘・連合を力説している。(3)

彼の報告によれば、この祝祭、具体的には一七九二年九月二二日のフランス共和国宣言を記念する祝典の議長は、チャーティストのトマス・クーパー（T. Cooper）が行ない、ハーニー、ヴァイトリングらが演説を行なった。イギリス人、フランス人、ドイツ人を中心としたこの祝祭は、チャーティスト左派と義人同盟の結束によって、ロンドン支部が再び革命的路線への志向を明確にさせていく礎石となったのである。ハーニーはチャーティスト左派の組織「友愛的民主主義者」協会をつくり、シャッパー、モルらはそれに加わっていく。また義人同盟は、一八四五年二月から翌四六年一月にかけて、ロンドン労働者教育協会内で連続討論を展開し、革命路線の総点検を行なう。そうしたロンドン支部の方向転換は、しかしヴァイトリングを拒否し、マルクス、エンゲルスを受入れる方向なのであり、ヴァイトリングはロンドンでも活動の場を確保しえなくなったのである。それにひきかえエンゲルスは、一八四二年から四四年にかけて、すでにロンドンの労働者協会を訪れ、そこでシャッパー、モル、バウアーらと知り合っていた。後年、エンゲルスはそのころのシャッパーを評して次のように語っている。「大がらで断乎とした、精力的な彼は、自己のブルジョア的存在や生活をいつでも投げうってみせるだけの、不断の心構えがあったし、彼は三〇年代を背負ってきりまわしたところの、典型的な職業革命家であった」。そして三人に触れた彼は、「私は当時、ちょうど一人前になろうという時であって、この三人の真の男たちに受けたすばらしい感銘を、今後もけっして忘れないであろう」と述べている。(4)

このように、ロンドンの雰囲気は、オーウェン的なものからマルクス、エンゲルス的なものになりこそすれ、けっしてヴァイトリングのなじめるものにはならなかったのである。そして彼は、一八四六年初頭には同地を去っていく。行先はベルギーのブリュッセルである。そこにはマルクス・エンゲルスの組織「ブリュッセル共産主義通信委員会」があった。

一八四五年のマルクスは、エンゲルスに連れられてロンドンを訪れ、チャーティストや義人同盟メンバーと接触したが、それ以前の彼は、パリの同盟グループと密接に関係していた。彼はパリに住み、そこでエヴァーベックらと会い、また日曜日毎に開かれるドイツ人の合法集会に参加していたのである。その集会では、しばしば一〇〇人から二〇〇人のドイツ人コミュニストが討論に加わり、彼らを指導する者のなかにマルクスやヘスがいた。パリでのそうした活動ののち、ロンドンでの諸国民祭以後、彼は、こんどはチャーティストを含めたロンドン支部のメンバーと交わるようになる。義人同盟は独自に組織の拡大と国際プロレタリア党の建設を考えていたが、マルクスらもまた独自の路線を設定する。彼らは党形成の準備として、義人同盟への彼らのイデオロギー的影響力を勝ち取るために、自らの宣伝・情報機関を組織した。それが、一八四六年はじめに設立されたブリュッセル共産主義通信委員会である。この委員会の任務は、ドイツ、フランス、イギリスの社会主義者たちと連絡をとり、ドイツ国内の社会主義者に対し諸外国の社会主義の発展について通報することであった。そしてまた委員会は、革命党の建設をめざしたが、自らがそのまま党へと移行ないし発展するのでなくて、義人同盟へ接近する過程で諸組織のイデオロギー的統一をはかり、そのなかで革命党を結成していこうと考えたのである。

ブリュッセル委員会には数週間のうちに若干のメンバーがあつまった(5)。まずはブリュッセルの古文書学者フィリップ・ジゴ（P. Gigot）、詩人フェルディナント・フライリヒラート（F. Freiligrath）、モーゼス・ヘス、マルクスの妻イェニーの弟エドガー・フォン・ヴェストファーレン（E. v. Westphalen）、元プロイセン陸軍小尉で一八四五年に兵役を放棄したヨーゼフ・ヴァイデマイヤー（J. Weydemeyer）、それからロンドンでヴァイトリングの近くにいた文士ヘルマン・クリーゲ（H. Kriege）、さらにゲオルク・ヴェールト（G. Weerth）、エルンスト・ドロンケ（E. Dronke）、スイスで活躍したセバスティアン・ザイラー、そのほかルイ・ハイルベルク（L. Heilberg）、フェルディナント・ヴォルフ（F. Wolf）、ヴィルヘルム・ヴォルフ（W. Wolf）、シュテファン・ボルン（S. Born）、カール・ヴァラウ（K. Wallau）、最後に、ロンドンからやってきたヴァイトリングである。ブリュッセル委員会は、ドイツ国内への信頼網の拡大と、イギリス、フランス、スイスへの連絡の確保をはかって、各地へ通信委員会設置ないし委員会支持の申請状を送った。ドイツ国内では、ケルン、エルバーフェルト、キール、ブレスラウ、シュレージェン地方、ヴェストファーレン地方などに協力者をみいだした。そのなかでもとりわけキールのゲオルク・ヴェーバー（G. Weber）、ヴェストファーレンのヴァイデマイヤー、ケルンのローラント・ダニエルス（R. Daniels）、ハインリヒ・ビュルガース（H.

Bürgers）が有力な通信員となっていく。ブリュッセル委員会は、以下のドイツ国内のほかに、あるいはもっとも重要な地区として、パリとロンドンをねらう。一八四六年三月に、ロンドンの友愛的民主主義者協会は、義人同盟ロンドン支部の承認があれば同地に通信委員会を設置しようと申し出た。そして同年六月にはシャッパー、モル、バウアーらがブリュッセルへ同意の返答を伝え、まもなくロンドンに通信委員会が誕生したのである。

パリ・グループは、人民本部を置き人数も強化されてはいたが、エヴァーベックのカベ主義的啓蒙路線が全体を牛耳っていたわけでなく、仕立職人が多数を占める二つの班ではヴァイトリング派が、また家具工が多数を占める一つの班では同盟外の二人、プルードンとカール・グリュンを支持する一派がセクトをつくっていた。パリ・グループは、このようにフランス社会主義とドイツ哲学の諸理論によって、いくつかのセクトに分かれていたのである。マルクスらはさしあたりヴァイトリングと論争せねばならなかった。一八四六年三月三〇日、ブリュッセルで行なわれた通信委員会の会議で、ヴァイトリングとマルクスは衝突する。先に述べたように、ヴァイトリングはブリュッセルに到着する前、ロンドンにおいてすでにシャッパーらと原則的な路線論争をしている。その際ロンドンでの争点は、シャッパーにみられる啓蒙と教育による漸次的改良路線——その時点で徐々にハーニーやエンゲルスの影響をうけていたにせよ——に対する、ヴァイトリングの〔暴動即革命〕論であった。この両者は、それぞれの主義を金科玉条として堅持したままであった。

ブリュッセルでのマルクスとヴァイトリングの論争点は、ロンドンのときとはおおいにちがってくる。彼ら二人のあいだで、何が衝突の原因であったのか。それは、彼ら二人のあいだで何が共通していたか、ということのなかでみていかねばならない。ヴァイトリングの考えは、あれこれの啓蒙・教育は常に不可欠であるにしても、現存社会の変革には暴力革命がもっともありうることであり、不可避であるというものである。その考えはシャッパーにとっては拒絶の対象であった。ところが、マルクスにとって、暴力革命一般はそれこそもっともプロレタリアの利害を実現する手段なのである。マルクスとヴァイトリングとのあいだに、革命か啓蒙かという論争は不必要なのである。彼らの対立点は、すなわち〔暴動即革命〕論や、ブルジョア革命という客観的な課題を跳び越え、ドイツにすぐさま社会革命を導こうとする〔革命即社会革命〕論にあった。ヴァイトリングの考えは労働者による直接プロレタリア革命であり、武装蜂起戦術も一発的であった。しかし、ドイツ革命に対するマルクスの考えには、エンゲルスとの協働のなかで、そろそろ二段階革命論、つまりドイツ的ないし封建的体制を打倒し、続いてブルジョアジーを打倒するという構想が芽生えており、そのための武装蜂起にしても、プロレタリアートとブルジョアジーの共同行動、民主主義者と共産主義者の統一戦線を第一段階に想定しつつあったのである。その考えが、三月革命直後に「永続革命論」を提案する過程で自己批判的に総括される事は事実だが、それはもちろんまだ先のはなしである（第2章第3節で詳論）。

マルクスが後年語ったところによれば、ヴァイトリングの思想は「当時の同盟の神秘説だったフランス・イギリス社会主義ないし共産主義とドイツ哲学の混合」であり、フランス・イギリス社会主義ないし共産主義のドイツ的変種であると規定している。これに対し彼自身は、「ブルジョア社会の経済構造の科学的認識を唯一の根拠ある理論的原則」とする科学的共産主義を対置したのであった[6]。マルクスは、ヴァイトリング批判の核心を、革命的暴力をいかに組織していくかという観点からとらえていた。しかしマルクスは、自らが立脚している地点を準備した者こそヴァイトリングであったことを知ってか知らずか、彼を抹殺的に、木端微塵に論難してしまう。またヴァイトリングは、己れの最大の欠陥――運動＝現実のなかで諸理論を連携させる寛容性――を克服することなく、マルクスと訣別してしまうのであった[7]。だが、両者のその後の関係がどのように変化したかにかかわらず、こと革命的暴力の観点、〔計画としての陰謀〕たる秘密結社運動の観点からみるに、ヴァイトリングはマルクスに先行していた。ヴァイトリングは、それらをブランキから体得したのであった。また、マルクスがどれほど「科学的」にヴァイトリングを論破しようと、Vormärz 期すなわち現代を現代のうちに解放しようと考えるヴァイトリングと、Vormärz 期のドイツを将来的に解放しようと考えるマルクスとでは、そもそも論争の土台にはなはだしい懸隔があったことを見逃すわけにはいかない。この点を考慮すれば、飢餓暴動を強いられつつ Vormärz 期を生きるドイツの下層民衆には、マルクスの遠い革命よりもヴァイトリングの足下の革命の方がはるかにつかみやすかった。

科学的共産主義の旗を掲げるブリュッセル委員会では、ヴァイトリング批判に続いてヘルマン・クリーゲへの批判が行なわれる。クリーゲは、ロンドンでヴァイトリングの味方になり、その後アメリカへ渡った。そこで彼は『フォルクス・トリブーン（Volks Tribun）』紙を発行し、コミュニズム理論の普及に従事する。しかし彼の理論がブリュッセル委員会と相違する社会的平等主義であったことから、そしてまた、クリーゲがあたかもマルクスを含めたドイツ共産主義者の代表であるかのように宣伝されていたことから、委員会は一八四六年五月一一日に、「ヘルマン・クリーゲ編集『フォルクス・トリブーン』紙に反対するブリュッセル共産主義通信委員会の回状」を発する。そのなかでは次の決議が表明されている。

「決議

1 『フォルクス・トリブーン』紙上で編集長ヘルマン・クリーゲが主張している傾向は共産主義ではない。

2 クリーゲがこの傾向を唱える際の無邪気で華美な流儀は、彼がニューヨークでドイツ共産主義の文筆上の代表者と思われているかぎり、ヨーロッパならびにアメリカの共産主義党にとってきわめて有害である。

3 クリーゲがニューヨークで「共産主義」の名のもとに説教している空想的な感情的陶酔は、もしそれが労働者にうけ入れられたなら、労働者に対してきわめて頽廃的な作用を及ぼすにちがいない。

4 この決議は理由書をそえてドイツ、フランス、そして、イギリスの共産主義者に伝達される。

5 一部を『フォルクス・トリブーン』編集局に送り、この決議を理由書と共に『フォルクス・トリブーン』最新号に発表することを要求する。

一八四六年五月一一日、ブリュッセル

エンゲルス、Phil. ジゴ、ルイ・ハイルベルク、K・マルクス、ザイラー、v・ヴェストファーレン、ヴォルフ(8)」

ユートピア的とかツンフト的として批判されたのはヴァイトリングの思想であったが、ヘルマン・クリーゲの思想はドイツ哲学ないし「真正」社会主義として批判された。モーゼス・ヘスが「真正」社会主義の創始者だとするなら、その完成者または典型はカール・グリュンといったところであろうか。クリーゲ批判を行なったブリュッセル委員会の次の敵はグリュンであった。マルクスはブリュッセル委員会を代表して、一八四六年五月上旬にプルードンへ手紙を送り、そのなかで通信委員会への援助依頼とグリュン批判を行なう。しかしプルードンは、ブリュッセルの通信員になることもそれに協力することも拒否し、マルクスのグリュン批判にも同調しなかった。グリュンは青年ヘーゲル派、とりわけフォイエルバッハに熱中したが、パリでプルードンとも交わりながら「真正」社会主義の著作活動を展開し、マルクスらの批判にもかかわらずかなりの影響力を保持していったのである、またプルードンは、彼もまた当代のもっともすぐれた思想家の一人として、パリで評価を受けていたのである。マルクスが手紙でプルードンに協力を要請したのも、彼の絶大な影響力、ネームヴァリューに注目したからであった。これに対しプルードンは、こんど新しく書物を出すが、それはグリュンがドイツ語に翻訳することになろうから、批判があればしてほしいという返事をつけ加えたのである。マルクスはプルードンのその新著『貧困の哲学』に対し、たしかに批判を貫徹する。翌四七年に出版された『哲学の貧困』は、プルードン批判の書であった。それにしても、結局パリに足がかりをもつにはかなりの困難があるとみたのか、ブリュッセル委員会は自らがパリへ乗り出すべくエンゲルスを派遣することになった。一八四六年八月一五日、彼はパリに着く。エヴァーベックの支持、ケルンのアドルフ・ユンゲ（A.F. Junge）や若干の旧ヴァイトリング派の人びとの協力をえたエンゲルスは、グリュン派の家具工たちと論争する。彼の主張は次の点に要約されよう。

「1　ブルジョアジーの利害に対してプロレタリアの利害を貫くこと、

2　これは私的所有の廃止とそれを財産共同体にとってかえることによって行なうこと、

3　これらを達成するためには暴力的、民主主義革命以外の手段はありえないこと」[9]。

エンゲルスのオルグは、グリュン派の職人たちに対し、プロレタリアの利害にたつのか否か、共産主義者となるのか否かの選択をせまるものであった。そして同年一〇月末までには家具工の大半がブリュッセル委員会に同意し、グリュン派は孤立していく。グリュン自身はその後も「真正」社会主義を説き、プルードンと交わっていく。エンゲルスのパリでの活躍はブリュッセル委員会には効果的ではあったが、それでもパリの義人同盟内は、エヴァーベックを筆頭にいまだ啓蒙路線から脱しきれない者や、プルードン派を形成する者たちをかかえたままであった。さらには、パリの同盟が官憲に探られたために、エヴァーベックらは一時的に姿を消してしまった。そのためか一八四六年一一月には、パリにあった人民本部がロンドンへ移されることになった。

ブリュッセル委員会のオルグ活動は、労働者階級の解放は資本主義体制下にあって可能である、という下位中産的改革案——ヴァイトリングとプルードンは当然これに属さない——を論破していくことで続行された。委員会の目標は、ブルジョア急進主義、下位中産急進主義と明確に区別されたプロレタリア革命のための運動組織論で共産主義を統一し、革命党を建設するための準備を整えることにあったのである。国際共産主義運動におけるドイツ手工業職人の活動は、青年ヘーゲル派から出発した思想家マルクスとその同志エンゲルスの登場によって、祖国解放あるいはドイツ一国的規模での党建設指向から、世界革命あるいはインターナショナルな規模での党建設指向へ、二歩目の前進をする。労働者から出発し、現実の不平等をもっとも憎み、革命的暴力でもって現在（Vormärz期）を現在のうちに解放せよと喝破したヴァイトリングは、最初の一歩を準備したが、一八四六年一二月にアメリカへ渡ってしまう。それにひきかえ、ブリュッセル委員会と結束する義人同盟は、一八四七年には、チャーティスト左派を含む共産主義者の大会を実現することになる。

注

（1）一八四四年九月二一日のよびかけ。これは“Telegraph für Deutschland”（一八四四年一〇月一四日、第一六五号）に載った。E. Schraepler, ibid. S. 103.

（2）岡本充弘「一八四八年以降のチャーティズム―デモクラティック・コンフェランスから新綱領の採択にいたるまで―」、『社会運動史』第四号、一九七四年、一七五頁。なお、一八四〇年代のチャーティストと義人同盟の関係については、古賀秀男「チャーティストとマルクス・エンゲルス」、『思想』第六二〇号、一九七六年、参照。

（3）F. Engels, Das Fest der Nationen in London, in: Dokumente. SS. 244-253. 邦訳『マルクス・エンゲルス全集』第二巻、六三九頁。

（4）F. Engels, Zur Geschichte des Bundes der Kommunisten, in: Dokumente. S. 64. 邦訳『マルクス・エンゲルス全集』第八巻、五六四頁。

（5）ブリュッセル共産主義通信委員会のメンバーや活動については、次の文献を参照。E. Schraepler, ibid. S. 146ff. Förder, H. Marx und Engels am Vorabend der Revolution. Die Ausarbeitung der politischen Richtlinien für die deutschen Kommunisten（1846-1848）, Berlin 1960, S. 41ff. K. Obermann, Deutschland von 1815 bis 1849. Von der Gründung des Deutschen Bundes bis zur bürgerlich-demokratische Revolution, 4. Auflage, Berlin 1976.

（6）ヴァイトリングとマルクスの論争については、次の文献を参照。E. Schraepler, ibid. S. 154ff. H. Förder, ibid. S. 52ff. F. Mehring, Geschichte der deutschen Sozialdemokratie, S. 307f. 良知力『マルクスと批判者群像』、八頁以下。

（7）K. Marx, Herr Vogt, in: Marx/Engels, Über

Deutschland und die deutsche Arbeiterbewegung. Bd. 2., S. 210. 邦訳『マルクス・エンゲルス全集』第一四巻。

（8）Dokumente., S. 322. なお、決議には、署名した人びとのほかにヴァイトリングも加わっていたが、彼だけが反対を表明した。

（9）一八四六年一〇月二三日、パリのエンゲルスからブリュッセル共産主義通信委員会へ。Dokumente., SS. 425-429.

三　共産主義者同盟の結成

ヴァイトリングの共同体主義《コムニスムス》およびグリュンの「真正」社会主義との論戦で、手工業職人への科学的共産主義の浸透をはかったマルクスとエンゲルスは、いよいよロンドン義人同盟との間で組織的統合の方向を明らかにする。またロンドン義人同盟も、一八四五年二月～一八四六年一月の連続討論を経て、またヴァイトリングの理論的優位性を打ち砕いたマルクスの力量をみて、急速にブリュッセル委員会に近づきはじめる。それらの動向は、やがてロンドンにおける国際的な共産主義大会へと結実することになる。

ロンドン義人同盟は、一八四六年一一月に、国際的な労働者大会を開催するため、諸班へ回状を発送する。そのような大会についてはマルクスも同意していたが、ロンドンとブリュッセルとでは大会準備に見解の相違があった。その一つは、「真正」社会主義者などとの政治・イデオロギー論争の解決に関してである。マルクスらは、たんに単一の組織を形成するというだけにとどまらず、単一のイデオロギーを獲得するという意味において大会を計画していた。だがロンドンでは、イデオロギー問題についての明確な方針を出しきれていなかったし、「真正」社会主義者とは結束するつもりでいた。もう一つは大会を準備するにあたってのヘゲモニー問題である。ロンドンとブリュッセルとでは、各々の活動領域、経歴、そしてメンバー数からみて、前者が圧倒的に強大であった。しかし一一月の回状がブリュッセルへ送られなかったことから、一八四六年一二月末、エンゲルスはマルクスに手紙を送ってロンドンの同盟指導部を非難している。エンゲルスの考えでは、シャッパーらが大会の主導権を握ろうとするのであれば、ブリュッセル委員会の方で独自にハーニーらと準備をすすめ、逆に主導権を奪ってしまおうというのであった。その上さらに、遍歴者としての手工業職人が何かをなしうるとしたなら、それはドイツに明確な運動が存在しないかぎり不可能だなどと、職人軽視の偏狭な発言をしている[1]。こうしてロンドンとブリュッセルとではくいちがいをみせていたが、とりあえず一一月回状によって大会への一歩が踏み出されたことは事実であった。

一一月回状は一つの「強力な党」の建設を言明している。それは、「多かれ少なかれ現存社会の改造をすすめる」ものであった。またこの目的を達成する方法と路線を明確にさせるためには、「あらゆる方針に役立つ単一の共産主義信条」を設定することが必要であると言明している。各地区・各班であらかじめ討論しておく問題は、一つに上層・下層のブルジョアジー、急進的ブルジョアジーに対するプロレタリアートの立場、一つに様々の「宗教的な党派」との関係、一つに「社会的・共産主義的諸党派」との提携の問題であった。これらを解決するために一八四七年五月一日に同盟大会を招集すると発表した。この大会は「一八四八年に開かれるべき全般的共産主義大会の先駆」となるはずであった。一一月回状ではそのほかに、ブリュッセル委員会の方針とはちがったものとして、プロレタリアートの下位中産急進党への接近を必要なものとしてあげてある。(2)

シャッパーらは、一一月回状を発した際、それが同盟諸班への通達であったため、ブリュッセルへは送らなかった。けれども彼らはけっしてブリュッセル委員会を除外して、自力で大会を実現させようと考えていたわけではなかった。一八四六年三月の、マルクスによるヴァイトリング批判やその後のクリーゲ批判、そしてエンゲルスのパリ・オルグのときの、彼らの科学的洞察力は、職人軽視のマイナス面をおおってしまうほどロンドンの同盟員を驚かせていた。それにひきかえ同盟中央委員会（人民本部）の弱体化は予想以上にひどかったのである。さらにまた、一一月回状に対する大陸からの返答は期待はずれだった。そのような理由でシャッパーらは、大会を開催するにあたって是非マルクスとエンゲルスの同盟加入を実現させねばならなかった。彼らは一八四七年一月に討論を行ない、同月二〇日にブリュッセル委員会へ通知を送った。そのなかで、モルをロンドン通信委員会（義人同盟ではない）の全権代表としてブリュッセルへ派遣する旨を伝えた。(3)ブリュッセルとロンドンとの見解の相違をどのように処理したかについて詳しくはわからないが、モルがマルクスに話した内容はマルクスの回想中に見受けられる。それによれば、ロンドンに招集する同盟大会ではマルクスらの主張する見解を同盟の教義としてかかげる、というものであった。一八四五年の連続討論にあっても、モルはヴァイトリングのなかに一定程度革命的暴力をみいだしていた。したがって、ロンドンからの派遣がシャッパーでなくモルであった点は、マルクスの回想に真実性を与えるであろう。マルクスが、ヴァイトリング派等の暴力路線と已れの路線をはっきり区別したうえで再度革命的暴力を敢然と言い切ったであろうこと、そしてモルが、それを十分理解して承認したであろうこと、これらは想像に難くない。そのようなわけでマルクス、エンゲルス、それにヴィルヘルム・ヴォルフらは義人同盟に加入したのである(4)。

義人同盟は大会に各地の代表を招集するにあたって、一八四七年二月に再度よびかけを行った。二月回状の内容は一一月のものと同じ文章を繰り返しているが、次の点を修正している。一つに大会期日を六月一日に変更したこと、そしてマルクス、エンゲルスの同盟加入によってあらわれた、「真正」社会主義者・ヴァイトリング派に対する態度の変更である。一一月回状では「社会的・共産主義的諸党派」との提携を考えていたのに対し、二月回状では、「共産主義とは何か？ そして共産主義者は何を望むか？」と「社会主義とは何か？ そして社会主義者は何を望むか？」という設定をし、両者を区別したうえで、「共産主義という言葉を断乎として主張し、それを我々の旗上にかかげること」が必要であると言明している(5)。このようにして、四六年一一月から翌四七年二月にいたるあいだに、義人同盟はフランス・イギリス社会主義とドイツ社会主義から自己を区別し、科学的共産主義へとイデオロギーの統一を指向していく。そしてまた組織的にも、ヨーロッパ諸国からの新メンバーをふやし、その国際的性格をさらに強化していく。これにより大会実現の可能性は確実となったのである。

同盟大会は一八四七年六月二日から九日まで開催された。議長はシャッパーが行ない、エンゲルスはパリ支部の代表として、またヴォルフはブリュッセル共産主義通信委員会の名で出席するが、マルクスは欠席した。論議の的は綱領問題と規約問題に絞られていく。しかしこの大会は原則的な提起と討論を行なったにすぎず、大会指導部は次の大会問題を予め計画していた。各々の草案が提出されたが、その最終決議は第二回大会にもちこされることになった。そして第二回大会の日程を一八四七年一一月二九日からと決定し、その準備のため、指導部の回状が決定された。六月大会で提出された規約草案には、不明瞭なスローガン、「すべての人間は兄弟である」にかわって、マルクス、エンゲルスによって提案されたスローガン、「万国のプロレタリア、団結せよ！」がかかげられている。またこの大会では同盟機関誌の発行が採決された。

第一回大会後の同盟の活動は、提出された綱領草案と規約草案を地区や班へ送ることである。一八四七年の夏から秋にかけて、数多くの手工業職人が密使として活動する。当時、同盟の組織拡大によって獲得された班や地区は、アルトナ、アムステルダム、ベルリン、ベルン、ブリュッセル、ジュネーヴ、ハンブルク、キール、ケルン、ケーニヒスベルク、ローザンヌ、ライプツィヒ、ロンドン、リュティヒ、リヨン、マグデブルク、マインツ、マンハイム、マルセイユ、ミュンヒェン、ニューヨーク、パリ、ストックホルム、シュトゥットガルトそのほかのヨーロッパ諸都市に散在していた。諸班で活動する無数無名の職人たちは、各々独自に設立した労働者協会やそのほかの大衆的な団体に加入していき、組織活動を展開する。そうした活動のなかでも同盟の影響力が特に強かったのは、ロンドン共産主義労働者教育協会、友愛的民主主義者協会、ブリュッセル労働者協会、ブリュッセル民主主義協会である。前二者はもちろん従来義人同盟ロンドン支部とチャーティスト左派（ハーニー）の活動母体であったし、後二者は通信委員会のおひざ元であった。同盟はそのほか種々の理論雑誌や新聞への投稿を行なう。自らが発行できた月刊誌は、ロンドンで出た『共産主義雑誌』であるが、これはわずか初号（見本号）しか発行されなかった。マルクス、エンゲルス、ヴォルフらは、ベルギーで『ブリュッセル・ドイツ語新聞』に論文を載せ、一八四七年秋ころにはそれを事実上の同盟機関誌としていく。同盟はそのほか「真正」社会主義系の新聞にも寄稿する。オットー・リュニングの編集する『ヴェストファーレンの蒸気船』には「ドイツ・イデオロギー」の一部分（グリュン批判）やヴォルフ、ヴァイデマイヤーの論文が載ったという。[6]

一八四七年の二つの大会のあいだに、マルクス、エンゲルスは『ブリュッセル・ドイツ語新聞』を利用して、共産主義者と民主主義者の協力ないし共闘について語った。これは、「小ブルジョア」民主主義者とされるカール・ハインツェン（K. Heinzen）への批判として語られた。[7] エンゲルスはハインツェンの即時蜂起と連邦共和制要求を非難する。彼は、来たるべきドイツ革命はまず封建的反動権力を倒すという性格のものでなければならず、そのために共産主義者は民主主義者と連合して、労働者階級の民主主義的権利・政治的自由を獲得せねばならないと述べた。これによって、すぐさまプロレタリア革命を実行したり、全般的暴力蜂起を計画したりする路線を批判したのである。またマルクス、エンゲルスは、ドイツの連邦制度要求をも批判する。彼らは、もしそれがありうるとしたら、ヨーロッパ連邦（つまりアメリカ合衆国に匹敵する規模）でしかなく、ドイツはそのなかで強固な単一国家を築かねばならない、と考えていく。こうした批判を通じて、綱領問題についての第二回大会の準備がすすむ。六月に提出された草案は『共産主義的信条宣言草案』であったが、これはいまだにシャッパーのもつ啓蒙的体質を拭いきれていなかった。しかし一〇月から一一月にかけてエンゲルスが起草した草案『共産主義の原理』は、世界革命を暴力的手段によって貫徹するという、次のごときプロレタリア的・共産主義的な内容を提起している。

「私的所有の止揚は平和的方法で可能か。……抑圧をうけたプロレタリアートがけっきょくのところ革命に追いやられるのならば、我々共産主義者は、現在言葉でプロレタリアのなすべきことを擁護しているように、その時は行動でそうするだろう。……

この革命は一国だけ単独で起こりうるか。否である。……共産主義革命はただ一国でなしに、あらゆる文明諸国で、すなわち、少なくとも、イギリス・アメリカ・フランス、そしてドイツで同時に起こる革命となろう[8]」。

十分な準備ののち、一八四七年一一月二九日には第二大会が開かれる。大会審議の中心はもちろん綱領と規約の問題である。エンゲルスは自ら『原理』を書きあげていたが、それを採択にかけるつもりはなく、そうかといってシャッパー的信条宣言にも賛成しなかった。この大会に出席したマルクスは「ドイツ・イデオロギー」（一八四五～四六年）に書きしるした科学的共産主義の諸原理を発表し、その基盤にたつ新たな綱領を要求した。大会は、そのような旧ブリュッセル派の人びとの主張を取入れ、マルクスとエンゲルスに対し、新綱領の起草を委任する。委任をうけた二人が共同で執筆した文書こそ、『共産主義者宣言（Manifest der Kommunistische Partei）』である。

大会審議のもう一つの問題、規約の採択においても、旧来の秘密組織に尾を引いていた絶対的階級的性格、あるいは内に向かっての秘密主義的性格が克服され、組織内部の民主主義、職人と知識人の平等権が十分に制度化された。採択された条文中、「大会」（第七章）は特に重要である。

「第七章、大会

第三〇条、大会同盟全体の立法権力である。規約変更に関するすべての提案は指導地区を通じ中央委員会へ送り、中央委員会がそれを大会へ提出する。

第三一条、各地区は一名の代表を送る。

第三二条、三〇名以下の地区は一名の代表を、六〇名以下なら二名を、九〇名以下なら三名、などというようにして代表を送る。地区は、その地区に所属しない同盟員を代表にすることができる。

ただしこの場合、地区はその代表に詳しい委任状を送ること。

第三三条、大会は毎年八月に開かれる。急を要する場合は、中央委員会が臨時大会を招集する。
第三四条、大会はそのつど次の年の中央委員会の所在地と大会開催地とを決定する。
第三五条、中央委員会は大会に出席するが決定権はもたない。
第三六条、大会は各会期ののちに、その回状のほかに党の名のもとに宣言を発布する」[9]。

二度にわたる同盟大会によって、義人同盟は、その組織名称を共産主義者同盟と改め、旧来の規約と信条宣言にとってかわる新たな規約と綱領を獲得、または起草することになった。一八三二年に結成されたドイツ人民協会以来、フランス・コミュニスムの影響を受ける過程で続行されてきたドイツ手工業職人の労働者コムニスムス運動は、ここに、ドイツの哲学的共産主義と組織的、イデオロギー的に合体したのである。マルクスが求めた近代プロレタリアートとその運動は、まさしく手工業職人によって基礎づけられたものであった。

最後にエンゲルスが手工業職人（義人同盟）を評して語った箇所を引用しておこう。

「同盟員は、とにかく労働者というかぎりでは、もっぱら元来の手工業職人であった。彼らを搾取していたものといえば、世界的大都市にあってさえ、概ね小親方にすぎなかった。ひとりの大資本家の計算による、仕立手工業を家内手工業に変えることを通じて行なわれる、仕立職への大規模な搾取、こんにちのいわゆる既製服仕立業でさえ、当時のロンドンではようやく発生しかけたばかりであった。一方では、これらの手工業職人を搾取する者は小親方であったし、他方では、彼ら自身がけっきょくは小親方になることを願っていた。そしてまた、当時のドイツの手工業職人には、いまだある程度のツンフト観念が依然として残っていた。彼らは、いまだ完全なプロレタリアにさえなっておらず、たんに近代プロレタリアートに移行しつつある小ブルジョアジーの一部分に含まれていたにすぎず、またブルジョアジー、すなわち大資本に真向から対立していなかったが——これらの手工業職人が、彼らの将来の発展を直感的に先取りし、いまだ十分な意識ではなかったにせよ、自身でプロレタリアートの党を結成したことは、彼らのもっとも気高い名誉である」[10]。

注

（1）一八四六年一二月末、パリのエンゲルスからブリュッセルのマルクスへ。Dokumente., SS. 441-444.

(2) Ansprache der Volkshalle des Bundes der Gerechten an den Bund, November 1846, in: ibid., SS. 431-439.

(3) 一八四七年一月二〇日、ロンドン共産主義通信委員会からブリュッセル共産主義通信委員会へ。Ibid., S. 451.

(4) マルクス「フォークト君」、『マルクス・エンゲルス全集』大月書店、第一四巻参照。

(5) Ansprache der Volkshalle des Bundes der Gerechten an den Bund, Februar 1847, in: ibid., SS. 452-457.

(6) 良知力『マルクスと批判者群像』、一四七頁参照。

(7) エンゲルス「共産主義者とカール・ハインツェン」、『マルクス・エンゲルス全集』第四巻参照。このなかでエンゲルスは次のように力説する。

「自由競争は私的所有の最後の、もっとも発達した存在形態である。したがって、私的所有の土台から出発しながら自由競争に反対するすべての政策は反動的であり、所有のより低い発展段階を求めるものである。……ハインツェン氏は、ドイツのような産業上の従属国、隷属国は、ブルジョアジーと自由競争との利益になるような変革以外には、あえて自力でその所有関係を変革しようと企図できるものでないことを理解できない」。「民主主義がまだ獲得されていないかぎりは、共産主義者と民主主義者とは共同してたたかい、民主主義者の利害は、同時に共産主義者の利害である」。(三三〇、三三三頁)。

(8) F. Engels, Grundsätze des Kommunismus, in: Dokumente., S. 599, S. 601f. 邦訳『マルクス・エンゲルス全集』第四巻、三八九、三九一頁。

(9) Statuten des Bundes der Kommunisten, in: Dokumente., SS. 629-631. 邦訳『マルクス・エンゲルス全集』第四巻、六一六頁。

(10) F. Engels, Zur Geschichte des Bundes der Kommunisten, in: Dokumente, S. 67. 邦訳『マルクス・エンゲルス全集』第八巻、五六七、五六八頁。

四　『共産主義者宣言』に記されたKommunistenおよびParteiの意味

本節の最後として、『共産主義者宣言』（これまで『共産党宣言』と訳されてきた文書）のなかで、「共産主義者」および「党」という語がどのように定義されているか、という問題を私独自の観点から検討する。ヴァイトリングの用語、あるいはほかの職人革命家の理解と比較するためである。

『宣言』第二章「プロレタリアと共産主義者」では、次のように述べられている。

「共産主義者はプロレタリア一般に対してどんな関係に

立っているか?

共産主義者は、他の労働者党に比べて、特殊な党ではない（keine besondere Partei）＜A＞。

彼らは全プロレタリアートの利益から離れた利益をもっていない。

彼らは、プロレタリア運動をその型にはめ込もうとするような特別な原則を掲げるものではない。

共産主義者は、他のプロレタリア党から、次のことによって区別されるにすぎない。

すなわち、一方では、共産主義者は、プロレタリアの国民的闘争において、国籍とは無関係な、共通の、全プロレタリアートの利益を強調し、それを貫徹する＜B＞。

他方では、共産主義者は、プロレタリアートとブルジョアジーのあいだの闘争が経過する種々の発展段階において、常に運動全体の利益を代表する。

したがって共産主義者は、実践的には、すべての国々の労働者党のもっとも断乎とした、常に推進的な部分であり＜C＞、理論的には、プロレタリアートの他の集団にまさって、プロレタリア運動の条件、進行、および一般的結果への洞察力をもっている[1]」。

いまここで問題にしなければならない文章は、私が圏点を付けたA・B・Cの三箇所である。まず〈A〉の文章であるが、ここでマルクス、エンゲルスが強調したい点は何であろうか。一見すると二つ成り立つ。一つは、共産主義者は他の労働者党に優越するのでなく、それと並ぶ、一つの党を結成する、という解釈である。そしていま一つは、共産主義者は、他の労働者党にならって個別の集団としての党をつくることはしない、とする解釈である。前者の見解は、共産党の存在を主張したことになるし、後者の見解は、労働者党とは別の、共産主義者だけから成る党すなわち共産党を否定していることになる。私は後者の見解に立つ。

　次に、〈B〉の文章であるが、これは他の解釈を入れる余地なく、明白に一つのことを語っている。すなわち、共産主義者はいかなる種類の区別立てであれそのすべてを否定した、プロレタリアート全体の利益を強調している。あれこれ個別の国やあれこれ個別の党（その支持者）の利益を擁護しているのではない。むろん、自らも党をつくってその党利を主張することはありえない。さらに、〈C〉の文章であるが、ここでは〈B〉の「全体」とちがって「部分」が強調されている。だがその意味は、あらゆる国々の労働者党に入り込んだ、労働者党内の一部分としての共産主義者を意味しているのであって、共産主義者自らが部分としての共産党をつくるという意味ではない。要するに、

『宣言』に記された共産主義者とは、けっして党ではなく、国際共産主義運動およびこれを担う種々の労働者党全体の利益を擁護しこれを貫徹する諸個人のことであって、常に運動全体とかかわる人びとのことなのである。

『共産主義者宣言』のドイツ語文を読むと、共産党という表現は厳密には一箇所にしか記されていないことに気づく。そのことは、日本語訳版の『共産党宣言』を読んだだけではピンとこない。たとえば、わが邦で最初に翻訳された幸徳秋水・堺利彦訳のものをみると、「共産党」だらけなのである。ためしに、前節で引用した部分を幸徳・堺共訳本から引いてみる。

「共産党（Communist）は、平民全体との関係に於て、果して如何なる地位に立てや。共産党は、他の労働階級の諸党派に反対せる、別個の党派を組織するものに非ず。／彼等は平民全体の利害と分離し相異せる利害を有するものに非ず。／彼等は彼等独自の宗義を造設して、之に依って平民の運動を規律し塑造せんとするものに非ず。／共産党が他の労働階級の諸党派と異なる所は、唯だ是れのみ、曰く、諸国平民の一国的闘争に際して、共産党は総ての国枠以外に脱出して、平民全体共通の利害を指示し、標榜する、其一なり[2]」。

読まれるごとく、日本に紹介された当時の『共産主義者宣言』は、文字どおり共産党の宣言なのである。これでは、誰が読んでも日本においては、マルクス、エンゲルスは共産党の指導者であるかの錯覚に陥ってしまう。そのような党は、一八四八年当時ヨーロッパ中どこを探しても見つからなかったものである。

とはいえ、『共産主義者宣言』には、本文以外にもう一箇所、Kommunistische Parteiと記された部分がある。それは表紙の綱領名（書名）である。一八四八年二月にロンドンで印刷されたといわれている『宣言』には、明白に「共産党」という文字が表紙に刻印されている。この事実からどんなことを物語ることができようか。一八四七年一一月二三日の時点で、エンゲルスはマルクスに対し以下の発言をしている。

「信条のことをもう少し考えてくれたまえ。ぼくは、問答形式をやめて、それを共産主義宣言という題にするのがいちばんだと思う。そのなかでは多少とも歴史を述べなければ　ならないのだから、これまでの形式ではまったく不適当だ。ぼくは、自分で書いたこちらの（『共産主義の原理』――石塚）を持っていく。それは平易に述べてはあるが、まずい編集で、大急ぎで書いたものだ。共産主義とは何か、から始め、それからすぐに、プロレタリアート――発生史、昔の労働者との相違、プロレタリアートとブルジョアジーとの対立の発展、恐慌、結論となる。その間に様々な付随的なことを述べ、最後に、公開するかぎりでの共産主義者の党政策（die Parteipolitik der Kommunisten）となる。こちらのものはまだ全部は承認を求めて提出してはないが、ぼくは、わずかばかりのごく些細な点を除いては、少なくとも我々の見解に反するような点はそのなかに一つもないように、仕上げようと思っている（3）」。

エンゲルスは、義人同盟の組織上ならびに理論上の改編のために、『共産主義の原理』という問答形式の綱領を書いた。そのことをマルクスに知らせているのが、この手紙である。このなかでエンゲルスは、自分で起草しておきながら、問答形式の綱領はよくないと言っている。カテキズム（問答形式）は、カトリックやプロテスタントで用いられていた教理問答書と同一であり、またカルボナリなどの秘密結社の入会式における誓約と共通していた。そこでエンゲルスは、このカテキズムに代えて、マニフェストがいいとしたのである。その際「共産主義（者）の宣言」とはしても、「共産党宣言」とはしていない。エンゲルスは、一八四七年一一月段階において、新たに生まれ出ようとする共産主義者組織について、これを積極的に党（Partei）と表現してはいないのである。

しかし彼は、同じこの手紙の、『共産主義の原理』の内容を略述している箇所では、「共産主義の党政策」という表現を用いている。ここでは明確に共産主義者の党という表現を用いている。これはいったいどうしたことか。結論から述べると、ここでエンゲルスが党（Partei）という語を用いたのは、従来の義人同盟幹部たちの党観念および対外的な事情を考慮してのことである。一種のマヌーヴァーとして共産主義者党の表現を採ったのである。「公開するべき限りでの共産主義者の党政策」との文脈からすると、ここでエンゲルスが用いている党とは、トーリー・ウィッグ両党に始まるイギリス政党史上に位置づけられるものではない。そうした政党は国民国家の形成・維持を支えるブルジョア的支配機構の一つにすぎない点を、エンゲルスは認識できていたはずである。ここでエンゲルスが用いる「党」とは、言葉の上では党と表現しているものの、実際のところは秘密結社ないし革命組織のことを意味しているのである（4）。一八四〇年代いっぱいを通してロンドンで義人同盟の秘密行動を行なってきたドイツ手工業職人たちは、議会制度発祥の国内に呼吸するからといって、国民国家的統合に一役買うような政党政治には端から関心がない。エンゲルスは、秘密結社時代の義人同盟のことを今後は Bund と表現するほか Partei とも表現しようとしていたシャッパーら幹部の意向に、とりあえずつきあっているのである。また、当のエンゲルス自身も、対外的にはブントでなくパルタイの方がよかろうと考えていた。ただし、名称の上だけのことである。一八四七年段階で、ブントのことをパルタイと表現すべきか否かは、マルクス、エンゲルスの構想する国際共産主義運動にとって、さしたる重要事ではなかった。それよりも、なんとしても強力な党を建設しようと同盟内外の職人活動家に呼びかけるシャッパー、モルら旧来の指導者との、必要以上の対立を回避する方を、エンゲルスは選んだのである。

　ロンドン義人同盟の幹部たちは、一八四六年一一月に、国際的な労働者大会を開催するため、ロンドンからヨーロッパ各地の同盟諸班へ回状を発したが、このことに関してエンゲルスは、一二月末、マルクスに手紙を送ってロンドンの同盟指導部を非難している。

「ロンドンの連中の件（一一月回状発送の件――石塚）は、ちょうどあのハーニーのせいで腹立たしいことになっている。しかも彼らは、渡り職人たち（Straubinger）のなかでは、率直に下心なしに結びつきの試みができる唯一の相手だったのだから、それだけに腹立たしい。だが、あいつらがいやだと言うなら、それでもいい。勝手にしろだ！（中略）連中と決裂することは、我々にとって少しも利益にならないし、名誉にもならない。理論的な争いはこの連中を相手にしてはほとんどありえない。というのは、彼らは何も理論をもっていないし、彼らの暗黙の疑念さえなければ彼らは我々から教わろうと思っているからだ。彼らは自分たちの疑念を文章にまとめることもできない。（中略）実践的な党派争い（Praktische Partei-differenzen）は―彼らは委員会では少数派だし、我々も少数でしかないのだから―すぐに人身攻撃や喧嘩口論になってしまうだろう。またそのように見えるだろう。学識者（Literaten）に対しては、我々は党（Partei）として行動できる。渡り職人に対してはできない」[5]。

　エンゲルスは、一八四六～四七年当時、党という語をやはりマヌーヴァーとして用いているのである。エンゲルスは、ロンドンの職人活動家たちはおよそ党としての活動をなしていないと思っている。しかし、当のロンドン義人同盟幹部連は、自らの手で「強力な党（eine kräftige Partei）」[6]をつくるべく一一月回状を発したのであった。そうであるなら、要らぬ口論は避けよう、綱領の最後のところにお印程度に Partei を遣っておこう、対外的にも体裁が整う。

エンゲルスはそう考えて、『共産主義の原理』中で、例の「共産主義の党政策」という表現を一度だけ用いたのではあるまいか(7)。このように表現しておけば、職人活動家も満足するし、「真正」社会主義者など外部のLiteratenに対してはー応の窓口になる、というくらいに考えていたのであろう。それ以上積極的な意味を、マルクス、エンゲルスはParteiに対して認めていなかった。Bundはあくまでも協議と通信および行動の委員会として純化されればよいのであった。それゆえ、一八四八年二月刊行の同盟綱領文書の書名にParteiの文字が使われたとして、彼らにはさしたる不利益はなく、むしろマヌーヴァーとしての利益すらあったのである。書名は最終的に誰がどこで決めたか不明だが、その席にマルクスがいて賛意を表したか、自らこの書名を提案したかしてもおかしくはないのである。

そのような訳で、『宣言』本文においても、最終章のところで、『原理』同様ほんのお印程度にParteiを記したのであろう。die kommunistische Parteiの一句が含まれている『宣言』第四章は、他の章と調子が違う。他章と比較して分量がきわめて少ないだけでなく、ここではとりわけ、現実の革命諸政党、諸団体との協力・妥協の原則が語られている。また、ここでは謂わゆる二段階革命の展望が示されている。さらには、この箇所は、第一章、第二章のような考究・分析の場でなく、ひときわボルテージの高いアジテーションになっている。まさに古参の秘密結社出身者、蜂起の杵柄を思い起こして血沸き肉おどる戦士たちに読ませたい文章となっているのだ。

マルクス、エンゲルスが進める国際共産主義運動にとって必要な組織は統治にかかわるものでなく、革命にかかわるものである。それゆえ、トーリー・ウィッグ以来のイギリス議会政治を支える政党などは、二人の革命家には何の魅力もない。基礎となるものは、共産主義革命に至る諸運動を指導できるプロレタリアートの団結である。この団結は共産主義者の団結（共産党）でなく、プロレタリアートの団結（共産主義運動）であった。『共産主義者宣言』は、この国際共産主義の運動体のために書かれた綱領であって、政党としての共産党のために書かれたものではない。マルクス、エンゲルスが共産主義者の「党」を語るとき、それは政治（統治）の一部分（part）を受け持つような政党（party）ではありえないのである。また、ジャコバン派以来フランスでは「党」とは国民の一部としての「人民の敵」を指し、全体的表象としての人民の味方は「友」と称されてきたことをも、忘れてはならない。

それはそうと、ロンドン義人同盟とマルクス、エンゲルスとの度重なる接触（特にエンゲルスの活躍による）の過程で、新綱領には「党」の文字が表題に付くことになる。その間の事情をいま少し詳しく述べるならば、以下のようである。

記述のように、義人同盟再編のための国際労働者大会は、一八四七年六月と一一月の二度開催され、第二回大会席上で、マルクスとエンゲルスは新綱領の起草を委任される。それと同時に、同じ第二回大会では、新たな組織にみあった新規約が採択された。シャッパー（議長）とエンゲルス（書記）の署名が付いているこの規約の第七章「大会」の第三六条には、「党」の文字が記されている。「第三六条、大会は各会期のうちに、その回状のほかに党の名のもとに（im Namen der Partei）宣言（ein Manifest）を発布する」[8]。

旧ロンドン義人同盟の幹部たちは、マルクス、エンゲルスの理論的指導を受け入れて、新組織の名称を共産主義者同盟と改めたのだが、同時に彼らは、この組織を党ともみなした。よって、共産主義者同盟の大会が開かれたあとに発せられる声明をも、党の宣言と表現したのである。このような事情から、シャッパーら旧来の義人同盟幹部はマルクス、エンゲルスに対し、一八四七年一一月の大会後、共産主義者同盟の新綱領を、規約にしたがって共産主義者の党宣言として起草するよう依頼したのだった。そして、これに応えるようにマルクス、エンゲルスは、『共産主義者宣言』のあの「ヨーロッパに幽霊が出る――共産主義という幽霊である」で始まるはしがきに、「共産主義の幽霊物語に党自身の宣言（ein Manifest der Partei selbst）」という一句を入れたのである[9]。それにもかかわらず、この新規約は、党の、でなく同盟の、である。規約第一章に「同盟」がきているものの、規約のどこを探しても「党」の章、条はない。この規約中にParteiという語は、上述の第七章第三六条わずか一箇所にしか記されていないのである。

フランスのパリで二月革命が勃発し、これがドイツのウィーンとベルリンとで三月革命を誘発すると、マルクスらはドイツ革命の主体をブルジョアジーとプロレタリアートに据え、下位中産階層を動揺・反動分子扱いにした。そしてプロレタリアートの任務は、独自の階級利益を掲げたり独自の行動をとったりするのでなく（それらは意識的に極力回避し）、あくまでもブルジョアジーに勝利をもたらすよう全力を尽くす、というものを想定していた。したがって、革命勃発の直前にロンドンで再組織された共産主義者同盟は、事実上解散状態となった。同盟員はみな個人に立ち戻って、民主主義者や進歩的ブルジョアジーの党に加わり、その一員として行動するよう促した。

だがドイツ革命の実際は、マルクスらが期待した進歩的ブルジョアジーを産み出さなかった。彼らの革命戦略は、現実によって敗北を余儀なくされたのであった。そこでマルクスは反省する。それから、一八五〇年三月末に出された「共産主義者同盟中央委員会の同盟員への呼びかけ」という回状で、新たな革命戦略を提起する。

「ドイツの自由主義的ブルジョアが一八四八年に人民に対して演じた役割、このきわめて裏切り的な役割は、来たるべき革命では民主主義的下位中産階層によって受け継がれるであろう。（中略）下位中産民主党に対する革命的労働者党の立場（das Verhältnis der revolutionären Arbeiterpartei）はこうである。革命的労働者党は、それが打倒しようとする党派（Fraktion）に対しては、民主党と共同してたたかう。だが民主党が己れ自身のために地歩を固めようとするようなあらゆる場合に、民主党に立ち向かう。（中略）我々の利害と任務は、大なり小なり有産階級が支配の座から排除され、国家権力をプロレタリアートの手中にし、プロレタリアの協同（Assoziation）が一国のみならず全世界のあらゆる有力な国々においてきわめて広範に前進することで、このような国々でのプロレタリアたちの競争が止み、せめて決定的な生産諸力がプロレタリアの手に集中するまで、革命を永続させることである。（中略）労働者、なかんずく同盟は、またぞろへりくだってブルジョア民主主義者に拍手喝采をおくるコーラス隊を演じたりせずに、公式の民主党と並んで、労働者党の独自の組織を秘密裡にも公然とでも設立し、各々の班（同盟班—石塚）を労働者協会の中心・中核とするよう志して行動せねばならない。彼ら（労働者—石塚）は、新たな公式の諸政府と並んで同時に独自の革命的労働者の諸政府を（中略）組織せねばならない。（中略）労働者は武装され組織されていなければならない。（中略）労働者は、自ら選出した識者と自ら選出した独自の参謀とをもつ、独自のプロレタリア軍団（Grade）を組織して、国家権力でなく、労働者によって確立された革命的市町村議会の指揮下にはいるよう志さねばならない[10]」。

この「三月回状」には、不思議と「共産主義」という語句が見あたらない。わずか一箇所にだけ記されてはいるが、それはあまり積極的でない——「労働者は、もちろん、運動の始めにはまだ直接に共産主義的な方策を提起することはできない[11]」。それに代えて「労働者党」「革命的労働者党」という表現が幾度も出てくる。また、この労働者党はとりわけ共産主義者同盟がつくりだすべき独自の組織とされている。よって、同盟と党とは別個のものである。共産主義者同盟は労働者党ではない。いわんや、共産党ではない。同盟員はドイツ内外のあらゆる地方・都市で革命党としての労働者党を結成する任務を負う。そして、これら革命的労働者党はそれでまた、当面秘密組織として行動し、労働者が独自の政府を樹立するまで革命を永続させることを任務とする。さらには、労働者の独自な政府はそれでまた、労働者による革命的市町村議会に支えられながら、一国内の問題に対処するだけでなく、全世界にプロレタリアートのアソツィアツィオーンを拡大することを使命とするのである。したがって、「三月回状」中に幾度Parteiが登場しても、それは、少なくとも革命的市町村議会か革命的労働者政府が樹立されれば権力をそれらに引き渡して自らは解体する組織なのである。これらの党は、共産主義者同盟によってつくり出されるものではあってもそれ自体ではありえず、したがってこの時点でも「共産党」は存在していない。

そうであるなら、共産主義者同盟の綱領として執筆された『共産主義者宣言』は、一八五〇年段階においても依然として、共産党の宣言ということにはならないのである。

ところで、当の『共産主義者宣言』は、一八五〇年代にはしだいに労働者や革命家たちのあいだで忘却のかなたに追いやられていく。革命が敗北して挫折を嘗めた人びとは、謂わゆる四八年革命人（Forty-Eighters）として北アメリカに移住したりした。そのアメリカでは、かつてのマルクスの論敵ヴァイトリングが、自腹を切って刊行している週刊新聞『労働者共和国』中で、一八五一年秋、『共産主義者宣言』第一章と第二章を、ほぼそのまま――したがって著者名も記されず――ドイツ語で四回に分けて連載してはいたが[12]、コモン・マン（並の人）の時代からギルデッド・エイジ（金ぴか時代）への過渡期において階級的に流動化の激しいアメリカで、ヴァイトリング版『共産主義者宣言』は、アメリカのドイツ人社会ですら殆ど読まれなかった。こうして、革命的労働者のいなくなったヨーロッパでも、彼らが移住・亡命していったアメリカでも、『共産主義者宣言』は忘却のかなたに追いやられていったのである[13]。

注

（1）K. Marx/F. Engels, Manifest der Kommunistischen Partei, Berlin (Ost), 1969, S. 57f. 大内兵衛・向坂逸郎共訳『共産党宣言』岩波文庫、一九六九年（初刷一九五一年）、五七頁。
（2）幸徳秋水・堺利彦共訳『共産党宣言』、『平民新聞』第五三号（創刊一周年記念）、第五面。
（3）Neue MEGA, III/2, Briefe Mai 1846 bis Dezember

1848, S. 122. 邦訳『マルクス・エンゲルス全集』第二七巻、大月書店、一九七四年（初刷一九七一年）、一〇〇〜一〇一頁。

（4） 詳しくは、石塚正英『ソキエタスの方へ—政党の廃絶とアソシアシオンの展望』社会評論社、一九九九年、六三〜七七頁参照。

（5） Neue MEGA, III/2, S. 67. 邦訳『マルクス・エンゲルス全集』第二七巻、六七〜六八頁。

（6） Ansprache der Volkshalle des Bundes der Gerechten an den Bund, November 1846, in Der Bund der Kommunisten. Dokumente und Materialien, Bd.1 1836/1849. hg. v. Institut für Marxismus-Lenisismus beim ZK der SED und KPdSU, Berlin (Ost) 1970, S. 431.

（7） F. Engels, Grundsätze des Kommunismus, Berlin (Ost) 1970. S. 34.『マルクス・エンゲルス全集』第四巻、三九六頁。

（8） Statuten des Bundes der Kommunisten, angenomen von zweiten Kongress, Der Bund der Kommunisten, S. 629.『マルクス・エンゲルス全集』第四巻、六一六頁。なお、一八四八年一月二五日付の、共産主義者同盟中央委員会（ロンドン）からブリュッセル地区委員会（マルクスら）にあてた通信「一月二四日の中央委員会決議」では、マルクスに対し新綱領を二月一日までにロンドンへ送るよう催促しているが、そこには綱領名として„Manifest der K. Partei“と記されている。Ibid., S. 654.

（9） K. Marx/F. Engels, Manifest., S. 41.『マルクス・エンゲルス全集』、三七頁。

（10） Ansprache der Zentralbehörde des Bundes der Kommunisten vom März 1850, in Der Bund der Kommunisten, Bd. 2, 1982, SS. 136-142.『マルクス・エンゲルス全集』第七巻、一九七一年（初刷一九六一年）、二五〇〜二五五頁。

（11） Ibid., S. 145.『マルクス・エンゲルス全集』第七巻、二五八頁。

（12） 本書第5章補論「ヴァイトリング編集『労働者共和国』（ニューヨーク、一八五〇〜一八五五）主要記事目録」参照。

（13） 第一インターナショナル、パリ・コミューン、ロシア革命、それぞれの時期における『共産主義者宣言』の意味については、前掲拙著『ソキエタスの方へ』を参照。

補論　『ヴィガント四季報』掲載の宣伝広告に「三月前」期をよみとる

一八四二年、プロイセン政府は自由主義的・急進主義的な新聞や雑誌を発禁に処した。そのなかには、雑誌『アテネーウム』、L・ブール編集の『愛国者』などがあった。また翌一八四三年には、『ライン新聞』、A・ルーゲ編集の『ドイツ年誌』が、それぞれプロイセン政府の圧力のもとに発禁となった。以上の出来事は、一八四〇年六月以降に生じた、いわゆるプロイセン国家のロマン主義的反動を象徴する現象である。だがしかし、その頃でも、プロイセン領内から亡命したり、ダイレクトな政府攻撃＝キリスト教批判を回避したかたちでの反政府的文献の出版は、幾つか続けられた。例えば、ユリウス・フレーベルがチューリヒとヴィンタートゥールを発行地にして経営する文芸書房で一八四三〜四四年に刊行された数々の文献、またライプツィヒのヴィガント社で同じ頃に刊行された数々の文献がそうである。あるいは、シュトゥットガルト（一八四三年）とテュービンゲン（一八四四〜四六年）で刊行されたA・シュヴェーグラー編集の『現代年誌』、シャーロッテンブルクで刊行されたブルーノとエドガー・バウアー兄弟の『アルゲマイネ・リテラトゥーア・ツァイトゥング』（一八四四年）、マンハイムでのL・ブールによる『ベルリン月報』（一八四四年、初号のみ）、パリで刊行されたマルクス・ルーゲ編集『独仏年誌』（一八四四年、初号のみ）、同じくパリで刊行されたベルナイス・ベルンシュタインらの『前進』（一八四四〜四五年）、ローザンヌで刊行されたマールら青年ドイツ派の『社会生活のための現代雑誌』（一八四四〜四五年）などもそうである。

そうした出版物中のひとつ、一八四四〜四五年にライプツィヒのヴィガント社から刊行された雑誌『ヴィガント四季報』に注目すると、実に興味深い事実＝一八四〇年代中頃の現実が浮かんでくる。ただし、ここで『四季報』に注目するといっても、その対象は本文でなく、オットー・ヴィガントが宣伝用に巻末に添付した自社刊行物の宣伝広告である。その箇所から幾つか拾ってみると、次のようである。例えば一八四五年度の第一巻では、前年に刊行した『四季報』第一〜第四巻の宣伝をしているのは当然のこととして、それ以外に、アーチボルド・アリソンの『第一フランス革命以来のヨーロッパ』、またモンテスキューの『法の精神』、ヴォルテール選集、ルソーの『告白』、『社会契約論』、『新エロイーズ』、『エミール』、ティエールの歴史学全集など翻訳物の古典シリーズ・学術書、それからウ

1845 2er Band

Die Lage der arbeitenden Klasse in England.
Nach eigner Anschauung und authentischen Quellen von Friedrich Engels.
gr. 8. 1845. Brosch. 2 Thlr.

Der Einzige und sein Eigenthum.
Von Max Stirner.
gr. 8. 1845. Brosch. 2½ Thlr.

Ob Schrift? Ob Geist?
Verantwortung gegen meine Ankläger.
Von G. A. Wislicenus, Pfarrer in Halle.
2. Aufl. gr. 8. 1845. Geh. 12 Ngr.

1845 1er Band

Hebung der Noth der arbeitenden Klassen.
Ein Wort betreffend den Localverein zur Beförderung des Wohls der arbeitenden Klassen.
Von Julius Berends.
gr. 8. 1845. Geh. 5 Ngr.

Ronge, seine Gegner und sein Verhältniß zur katholischen Kirche.
Beleuchtet von einem Unpartheiischen.
Gr. 8. 1845. Geh. 3 Ngr.

Nothwendige und gründliche Vertheidigung des Hochw. Bischofs Arnoldi zu Trier wegen der ihm zum Vorwurfe gemachten Ausstellung des heiligen Rockes,
von Lucilius Lucianus Christhold.
Gr. 8. 1845. (4½ Bogen). Geh. 9 Ngr.

Die Hauptsätze der christlich apostolisch-katholischen Gemeinde zu Schneidemühl, beleuchtet vom Standpunkte der christlichen Freiheit. Gr. 8. 1845. Geh. 6 Ngr.

ジェーヌ・シュー全集、ジョルジュ・サンド全集、バイロン全集など外国文学・散文の翻訳ときて、次に青年ヘーゲル派の作品――B・バウアー、L・フォイエルバッハ、D・シュトラウス、M・シュティルナーの著作――を軸とするヴィガント社の看板作品が宣伝されている。ところが、そのあとに続いて「ある不偏不党の者」という匿名の作『ロンゲ、その敵およびカトリック教会に対する彼の関係』が宣伝されていて、さらにそのあとにルツィリウス・ルツィアヌス・クリストホールト著『トリーアの尊き司祭アーノルディの必然にして徹底的な弁護』が宣伝されている。特に後者については目次も掲げられている。一、真正のカトリック教徒たる（アーノルディ）司祭、二、真の信者、三、イエスの正当な使徒、四、忠実な牧師、五、深遠な哲学者、六、誠実なドイツ人、七、人類の偉大な恩人。また広告欄の最後には、「キリスト教的自由という立場から」という匿名著者による『シュナイデミュール市のキリスト教的使徒的カトリック教会の主要命題』も印刷されている。

以上の宣伝広告のうち、イギリスのトーリー党員であるアリソンの作は別としても、またフランス啓蒙思想家の古典シリーズはやや時効の気味があるとしても、同時代フランスの作家シューやサンドの作品は一八四〇年代のプロイセンでは過激な悪書であったし、ギリシア独立戦争に加わって病死したイギリスの詩人バイロンの作品も、絶対主義的・割拠主義的ドイツでは歓迎されないものであった。いわんやヴィガント社がライプツィヒ（ザクセン王国）からドイツ全土の急進派に向かって発行するドイツ人自身の作品、神と現状とのことごとくを否定する青年ヘーゲル派の作品は、プロイセン政府にとって破壊的な文献であった。そしてこのような出版傾向こそ、ヴィガント社のガイスト（社是）であった。

だが、そのあとに宣伝されているヨハネス・ロンゲをテーマとした作、トリーアの司祭アーノルディを弁護した作などは、ちょっと宣伝文句を読んだだけではその傾向がつかめないし、ひょっとして無神論・唯物論的な青年ヘーゲル派の政治的傾向と正反対のもののようにも解釈できそうである。しかしオットー・ヴィガントは、両者を同時に宣伝してはばからない。この傾向は、『四季報』一八四五年度第二巻でもはっきりと確認される。そこではマルクス・エンゲルス「ドイツ・イデオロギー」起草が象徴するごとくもはや敵対関係に移りだしたエンゲルスとシュティルナーとを同時に宣伝するほか、ハレのプロテスタント牧師グスタフ・アドルフ・ヴィスリツェヌス（G. A. Wislicenus）が信者を前に演説した時の原稿をパンフレットにして発行しているのである。ヴィガントはいったい何を根拠にして出版物を選定していたのであろうか。スイスのフレーベル同様、青年ヘーゲル派に同調してドイツの革命的転覆を願う彼だから、商売根性だけで書店を経営していたはずもない。――その回答を引き出す前に、いったいヴィガントが何のつもりで『四季報』を創刊したのか、その点をここで本人に語らせてみよう。

「序言

ザクセン（王国）では、本日をもって、二〇ボーゲンを越える書物の出版を自由にするという法が施行された。これによって与えられた機会を力の限り利用すること、およびこの中途半端の自由を使用するその仕方を通じ、我々が確かに全にして真なる者たる素質を持ち、またそれにふさわしくもあることを証明する、このことを私は著述家および出版人の義務であると考える。

そこで私は本日、この施物を十分実りあるものに成熟させるのはそう遠い先のことでないとの期待をもって、あいさつ致すしだいである。

それから、ここに自由出版による第一冊めの図書を読者にお届けするとともに、これをもって新たな文献刊行の皮切りとするものである。

この企画の目的および方針については、ここで特別の説明を施すに及ばないと思われる。というのも、そのことは、この第一巻の内容によって一部明示されているからであり、またさらに一部は、とにかく我々の文献の最近の展開に注目している人びとならだれもが、いずれにせよつとに熟知しているに違いないからである。また同様の理由から、特別に編集員の名を挙げることも無用に思えた。ここに署名の出版人は、自己の名において読者および協力者に対し、ここで必要とされるあらゆる保証を提供することに、自らの喜びを見いだすものである。

ライプツィヒ　一八四四年五月一日　オットー・ヴィガント」

ヴィガントは、一八四五年度『四季報』の第一巻でも、これを刊行する目的ないし心構えを述べている。全文引用はスペースが許さないので、抄訳を載せる。

「序言／……『ドイツ年誌』の廃刊――それは私にはひどく悲痛な出来事だった――以来、わが友人・協力者には、もはや我らの欲求に応じて自由に議論できるような機関誌が一誌も存在していなかった。わが友人のアーノルト・ルーゲはドイツをあとにし、断乎たる態度でもって、検閲下ではこれ以上書くつもりはない、と宣言した。そのほかの友人は沈黙を守り、期待と信頼をよせて前途を見つめていた。そこへ、ザクセン（王国）に新たな出版法が発せられたのであった。私は、急いで以前からの誠意ある友人たちに対し行動に移るようすすめ、私の計画と願望とを彼らに打明けた。そうしたら、みながこの件に、またとりわけ私がこの企画のキャップとなる点について同意してくれた。とにかく私は、これに対し何ら積極的な影響を及ぼそうとはせず、反対に、学問的な態度と『四季報』の傾向に矛盾する論文を拒むという控え目な影響をも留保した。

我々は宗教改革の新段階に立っている。ルター（の時代に）は宗教的な意識において戦い取ったものを、こんにちでは実際的な生活において確保するであろう。――強大な影響力をもつ思想の自由な、妨げられることのない運動！

『新たな宗教改革の命題は――と現代のある機知に富んだ人物が述べている――すでに貼り付けられたが、（ヴィッテンベルク）教会の門扉にではなかった。…』…回顧してもみよ！『年誌』への抑圧以来すでに何と多くの事が生じてきたことか。二年前には得ることが不可能と思われた事が、いまやすでに我々の確かな所有にして権利となっているのである。それとともにまた、自由な出版の義務もいよいよ重大にして尊重すべきものになってきた。勝ち得たものすべては、これを通じて断乎として自己を主張せねばならない。……わが社の『四季報』数巻はプロイセンでは発禁にされた。なぜであろうか。私にはわからない。ひとに訊ねてはみなかったし――ひとも私に訊ねはしなかった。なるほどそのようなことは、私にはひどく痛ましいことであったし、この発禁の理由を調べることもまず不可能であったが、それでもこのことで当惑したりせず、反対にわが雑誌を定期的に刊行していく意志でいる。プロイセンは、ザクセンと同様に二〇ボーゲンを越える文書について検閲を解いてきた。そうした著作において現代の最も重大で興味深い問題をとりあげるということは、当然のことである。なぜなら、時代の予兆に注目させ、考慮を要する事柄や願望などを公表するためのスペースを設けることは、自由な出版の目的だからである。……オットー・ヴィガント」

以上の引用を読んでまずわかる点、それは、ザクセン王国が一八四四年五月一日をもって条件付きながら出版の自由を認めたのに対し、ヴィガントがこの機を利用し、自由主義的・民主主義的・社会主義的な文献を刊行していこうと志したことである。また第二には、ヴィガント自身が、出版人としては何か特定の党派・思想家集団に与するのでなく、ともあれ敵（絶対主義）の敵は友という発想を幾分もっていたことがうかがわれる。さらには、書籍販売のターゲットとして、諸大学の知識人層だけでなく、田舎教師・平教師を含めた下層の民衆、なんとか文字だけは読める人びと、読んでもらいたがっている人びとをも設定していたらしいこともうかがわれる。その際、以上に挙げた諸点のうち第三点めをヴィガントが意識していた証拠となるのがロンゲ論やアーノルディ伝の刊行であり、ヴィスリツェヌスの著作刊行なのである。

ではいったい、ロンゲ・アーノルディ・ヴィスリツェヌスは何者なのか。この三人について私は、『三月前期の急進主義―青年ヘーゲル派と義人同盟に関する社会思想史的研究』（一九八三年、長崎出版）で多少とも解説しておいたが、ここではそのうちの一人、ヴィスリツェヌスについて触れておこう。ハレの下級僧侶であったヴィスリツェヌスは、一八四〇年代前半にフォイエルバッハのキリスト教批判とルーゲのプロイセン国家批判に同調し、そうした批判運動を「説教」として下層民の只中で行なった。その場合、彼がこの運動の絶頂を築く契機となったのは、一八四四年五月ケーテンでの彼の演説「聖書か精神か」であった。そのなかで彼は、自己の所属する合理主義的大衆組織「光の友（Lichtfreunde）」協会のメンバーに、フォイエルバッハとルーゲの急進思想を、肉声によってダイレクトに教え込んだ。さらに彼は、この演説草稿を翌年に出版したが、その版元を引きうけたのがわがオットー・ヴィガントだったのである。以上の諸点を考慮すれば、ヴィガントが一八四五年の序言で「宗教改革の新段階」を強調し、同時にまた徹底した宗教批判の書であるフォイエルバッハやバウアーの著作集を刊行した行為は、何ら矛盾したものではなかったのである。一八四八年前のドイツを現実＝現在として生きた民衆の心のうちを、出版人ヴィガントは知っていたのであり、共有してもいたのである。

第2章　同時代思想との比較における歴史認識と現状批判

第1節　キリスト教に対する評価

ヴァイトリングの思想と行動を軸に三月前期（Vormärz）急進主義運動の各局面をとらえてみると、およそキリスト教ないし教会勢力と無縁・無関係であったものはありえない。政治運動・社会運動と宗教が結びつくという現象は、むろんVormärz期のドイツにかぎったことではない。たとえば、一六世紀のドイツ宗教改革に端を発するローマ・カトリックとプロテスタントの抗争は、その後全ヨーロッパをおおう政治的運動として発展し、数々の事件・戦乱を惹起した。そして両派は一九世紀にはいっても、プロテスタント国家対カトリック国家という具合に、その名称が政治的なものの区別に形容詞として用いられている。あるいはまた、同じカトリックであっても、かたや一八三〇年代フランスにおける自由主義的カトリックと、かたや同時期ドイツにおけるロマン主義的カトリックという区別が生じ、双方の果たす政治的機能はまったく正反対のものとなっている。かように複雑な宗教—政治連関は、Vormärz期急進主義の展開にも多大な作用を及ぼしている。青年ドイツ派以来の急進的活動家たちは、新たな行動をおこす度に、たえずキリスト教ないしプロイセン福音領邦教会に対する態度決定を明確にしてかからねばならなかった。

そこで本節では、Vormärz期急進主義におけるキリスト教に対する評価というテーマを扱う。具体的には、一、改革手段としての積極的評価、二、攻撃対象としての否定的評価である。

一　改革手段としての積極的評価

キリスト教を未来社会における精神的支柱とし、理想国家を神の国のごとく描く急進主義者には、第一にプロテスタント系「光の友協会（Lichfreunde）」の指導的牧師たちがいる。彼らは、合理主義信仰運動の発端において、自らキリスト者であるという大前提に立って行動をおこす。この前提は一八三〇年代後半にあって、たとえば青年ヘーゲル派のアーノルト・ルーゲ（A. Ruge）にもあてはまったが、「光の友協会」の指導的牧師たち、たとえばレーベレヒト・ウーリヒ（L. Uhlich）ら牧師には典型的である。彼らは、何はさておき純粋に信仰に生きようとする動機から、ドイツの現状、とりわけ政教一体化のなかにあるロマン主義的な福音領邦教会を改革しようと志したのである。福音教会が一八三〇年代を通じて、エルンスト・ヴィルヘルム・ヘングステンベルク（E. W. Hengstenberg）、アウグスト・ネアンデール（A. Neander）ら保守派ピエティストによってしだいに牛耳られていき、四〇年の新王フリードリヒ・ヴィルヘルム四世即位後その傾向はいちだんと強まった。合理主義信仰者たちは、そうした反動勢力が宗教を政治支配の手段とし、教会を国家に従属させようとする傾向に反発し、教会は信仰の自由という一点において自律せねばならないと説く。その意味で彼らは、プロテスタント内の保守派よりも、異宗派カトリック内の合理主義者との方ではるかに信仰上の共通性をみいだしていく。たとえば、ドイツ・カトリック教派（Deutsch-Katholische Kirche）の発祥地ブレスラウの市民集会（一八四五年六月）においても、光の友協会とまったく同じ抗議が決議されたのである。

「我々は、ある一党派の越権に抗議する。福音教会内でここ数年来たえず確信を増大させながら出現してきたこの党派は、少数ではあるが外部の支持を得て重大になっており、自由で活力ある信仰を、数百年来の頑強な教義と形式に縛りつけようとしている(1)」。

このように信仰の自由、あるいは自由な信仰を求めて政治的に急進化する合理主義信仰二派は、なるほど多数の民衆に支持されてはいくが、それでも宗派の本流にはなれず、それどころかけっきょくはそこから分離・独立していくことになる。その点で彼らはきわめて激しくキリスト教（伝統主義の系譜）を批難し、その勢いはあたかも無神論者による攻撃と似た外観を呈するにいたった。そこから光の友協会内部では、よりいっそうキリスト教から離れ無神論に向かおうとする分派と、依然としてキリスト教を堅持しようという分派への枝分かれが生じ、前者が「自由信仰教会（Freie Gemeinde）」として再組織されていくのである。しかし、それでも彼らは政治的宣伝の手段としてキリスト教を大なり小なり利用する。Vormärz 期の大衆的政治運動には、飢餓からの解放という物質的原動力に加え、信仰の自由という精神的原動力が指導の上で欠かせなかったからである。したがって、政治的宣伝のためにキリスト教を利用するという方法は、自由信仰者たち以外にも、当時の多くの急進主義者が採用するところとなった。たとえば、ヘッセンの農民叛乱を企てたヴァイディヒがこれに属する。彼は、無神論を信条とするビュヒナーが起草した煽動文書『ヘッセンの急使（Der Hessische Landbote）』に、キリスト教的な装飾をほどこしたが、その意図するところは、むろんこの文書が信心深い多くの民衆に受け入れられるようにとのことであった。ヴァイディヒは、ビュヒナーの草稿に「イザヤ書」、「エゼキエル書」等からの引用を入れるなど、聖書の権威を借りて、革命宣伝の効果倍増をねらった。修正された文書の雰囲気は次のとおりである。

「一八三四年、聖書は偽りの廉で罰せられるかのごとくみえる。あたかも神が、農民と職人を第五日目に、王侯とお偉がたを第六日目に創りたもうて、主がこの輩に『地を這うけだものすべてを治めよ』と言いたもうたかのごとくである。さらに、農民と市民とを虫けらのなかに数えたもうたかのごとくである。お偉がたの生活は長い日曜日である。彼らは豪奢な家に住み、雅やかな服を着て、でっぷり肥って、特別な言葉でしゃべっている。だが人民は、やつらの前に下肥のごとく横たわっている。農民は犂の後を歩くが、お偉がたは農民と犂の後を歩くのだ…」。

「汝らは、長き生涯にわたって土を掘り続けてきた。だがそのとき（ドイツに楽園がおとずれるとき―石塚）、汝らは暴君の墓穴を掘るのだ。汝らは圧制の城を築いてきた。だがそのときにはその城をぶちこわし、自由の家を築くのだ。……したがって、主が御使と御しるしとによって汝らに呼びかけるその日までは、油断なく、精神において武装し、自ら祈り、同時に子どもらにも祈ることを教えよ。『主よ、我らが圧制者の棍棒をたたき折り、汝の国を我らがもとに来たらしめよ、正義の国を。アーメン』と[2]。（傍点原文イタリック）

引用文は『ヘッセンの急使』の冒頭と結語の部分だが、傍点の箇所はすべてヴァイディヒの作になる。貧農への宣伝効果をあげようとするヴァイディヒの目論見は、しかし当時のヘッセン農民にはほとんど通用しなかった。だがキリスト教をプロパガンダに利用するという方法は、ヘッセンのみならず、同時期のフランスではおおいに流行しており、急進主義者のなかではフェリシテ・ド・ラムネーなどが、その代表格である。また彼らのあいだでは、幾人かのメシアまで登場する。そのひとりはサン＝シモニストの首領バルテルミ＝プロスペル・アンファンタンであり、いまひとりは『イカリア旅行記』の著者エティエンヌ・カベである。彼らは、テオドール・デザミ（T. Dézamy）ら唯物論的コミュニストたちの非難をよそに、キリスト教の再生ないし新たな宗教の出現をもたらす第二のメシアと自覚して政治宣伝を強化する。このようなメシアたちに刺激されてか、パリでドイツ解放を志していたヴァイトリングも、やがて己れを第二のメシアにみたてて革命運動の先頭に立つようになる。その際、ヴァイトリングのこのメシア・コムニスムスは、ヴァイディヒのばあいとちがって、Vormärz 期における共同体主義《コムニスムス》的急進主義者、なかんずく義人同盟の手工業職人に強烈にアピールし、同盟の綱領としても彼らに承認される思想である。よって、メシア・ヴァイトリングが登場する過程を追うことで、急進主義者によるキリスト教への積極的評価の一面を把握したい。

すでに指摘ずみのことだが、ヴァイトリングは一八三八年の『人類、そのあるがままの姿とあるべき姿（Die Menschheit, wie sie ist und wie sie sein sollte, Paris 1838.）』で、まずは「自然法則とキリスト教的愛の法則」を強調し、コムニスムスに次のような宗教的粉飾をほどこした。

「金持ちであり権力を持つということは不正を意味する。それ故、諸君のなかに金持や権力者がいればいるほど、それだけ諸君のなかに不正者がいるということになる。天国は正しき者にのみ約束されているのだ。

諸君がキリスト者であるなら、金持にとってあらゆる戒律の履行が容易であっても財の分配の戒律だけは耐え難かったとき、キリストの言葉を思い出したまえ」。

「財産共同体は、いままでキリスト者のもとでは永続的な国家を築き得なかったが、それは、いつもきまってのことだが、権力者と僧侶の堕落があったからである。紀元三世紀まで、キリストの教えを威厳ある遺産として受け継いだ人びとは、財産共同体で生活していた。…キリスト教がその信仰のうちに皇帝コンスタンティヌスを迎え入れ、その後、帝の方で僧侶を社会の上位に昇格させたことによって、社会が根底から揺すぶられたのである[3]」。

ヴァイトリングは、『人類』でラムネー風に聖書の節々をここかしこに引っぱりだし、原始共同体とキリスト教徒の結びつき、未来社会（財産共同体）を導く神の意志を強調している。このような論調で執筆された本書は、義人同盟に加入してきた新参者や素朴な手工業職人を魅了し、ヴァイトリングへの支持獲得に貢献した。

これに対し、ヴァイトリング二作目の著作『調和と自由の保証（Garantien der Harmonie und Freiheit, Vevey 1842.）』

は、第一作に比べキリスト教的匂いが消え、その分だけ著者の政治的・理論的言辞が増大した。この著作はヴァイトリングの政治思想の発展における極みであり、この一書でもって彼は、当時のヨーロッパに並み居る共和主義活動家、社会主義革命家中、誰にもまして理論的に抽んでたのである。だがしかし、既述のごとく、ヴァイトリングが果たせねばならない下層労働者へのプロパガンダという点では、この書物の純理論的スタイルは、かえって災いとなった。この書物で表明された政治的判断力、理論的先見性は、なるほどエヴァーベックほかの知識人たちに称えられこそすれ、下層の労働者や義人同盟の渡り職人には神通力を発揮しえなかった。ヴァイトリングは、学者よりも額に汗して日々を耐え忍ぶ下層の民に革命の原動力をみとおしていたものだから、けっきょくのところ再びキリスト教と革命宣伝を結合することにしたのである。その作業は、一八四三年に執筆され四五年に出版された『貧しき罪人の福音（Das Evangelium eines armen Sünders, Bern 1845.)』で行なわれた。

彼の起草した『福音』は、マタイ・マルコ・ルカ・ヨハネの福音書のほか聖書からの引用句で埋めつくされている。信仰とは、希望とは、愛とは、聖書とは、一体何であるかということを、彼はプロパガンダの手段として説明する。そして、イエスは何を説いたかという説明が加わる。ヴァイトリングによれば、イエスは何よりも自由と平等を望んだ。イエスは所有の廃止を、相続・貨幣・刑罰の廃止を説いたのである。また犠牲は、イエスが教義を普及させるのに不可避であった。イエスは戦争を説く、イエスは所有にいっさい敬意をはらわない。イエスは囚人と交際する、イエスは罪を犯した女たちをつれて地方を巡回し、かの女らに支えられる等々[4]。ヴァイトリングはこの文書起草によって、『保証』以上に熱烈に、最下層貧民への支持を表明したのである。——この世におけるどのような罪も、それはけっして人民の罪でありはしない。神とイエス、それに使徒たちは、ともに我々と一心同体である。イエスの説くところすべて我々の支持するところであり、それは何よりも所有への攻撃としてあるのだ——ヴァイトリングはこのようにして、あたかも自身がイエスになりかわったごとく、聖書を引用していくのである。

この文書起草を口実にヴァイトリングを逮捕したチューリヒ州当局の御用学者ヨハン・カスパー・ブルンチュリは述べている。ヴァイトリングはキリストをあたかもコムニストとして描きだし、秘密同盟を信奉する者であるかのように説明している。外見上何も問題がないようにみえるこの文書には、実はたくみな比喩や論法で、国民に邪悪な考えを植えつけようとする意図がもり込まれている。全体として「徹頭徹尾物質的欲情」が支配し、「真の福音書とこのヴァイトリング的福音書、キリスト個人とヴァイトリングの個性が曖昧に」されている。(5) ブルンチュリによれば、ヴァイトリングはキリストをかたって、実は己れのコムニスムスを宣伝しようと目論んでいるのである。チューリヒの教会関係者はヴァイトリングを、神を冒瀆した罪で告訴したが、ブルンチュリはそれよりも、常日ごろのコムニストの秘密行動を明るみにだし、その頭目であるヴァイトリングを逮捕したかったのである。またヴァイトリングが望んだ結果、スイス諸州その他の諸国民への、キリスト教の外被をまとうコムニスムス普及の効果、それはブルンチュリにとっても十分懸念せねばならぬ点であった（詳しくは本書第1章第3節を参照）。

ところでヴァイトリングは、キリスト教に対し、それがもつ影響力に注目したのであって、彼自身が信仰を懐いていたかは定かではない。しかし誰かに、おまえは宗教家だ、キリスト者だといわれても、それで彼の描く構想が批判されるのでなければ、別段それを拒否しなかったであろう。そしてキリスト教の利用が一応の成果をあげ、一定程度労働者協会などの大衆に支持されていくと、もちまえのファナティックな性格も手つだって、しまいには己れがキリストにかわる第二のメシアであるかの妄想にとりつかれていくのである。義人同盟中では一八四三年ころにスイスのあちこちで宗教的空想をまきちらしはじめたアルプレヒトとかクールマンとかの登場と、彼らの同盟への接近によって、いきおいメシア・コムニスムスが表面化してくるのであった。アルプレヒトは次のように告げてヴァイトリングに近づいていく――ヴィンタートゥールの町の人びとは、皆ぼくのもとへかけよってくる。平和をさずける人物だと、この地ではぼくのことをそう呼んでいる。ぼくは君にすばらしい救済の手段を用意している云々。(6) そのすばらしい救済手段とは「ひとつの司祭王国（ein Priester-Königreich）」の創設である。

「我々は神とともにあり、それから神は我々とともにあります。……我々はこの世において幸福であらねばなりません。我々は神聖な人間であらねばなりません。ということは……我々すべてが神の代弁者とならねばならないということであります。我々は全生涯をかけて神のしもべ、神の司祭の職を担う、そうした姿をとるのでありますす。そしてひとつの司祭王国を創るのです。そのなかで我々は皆が司祭であり皆が王なのです。その際、人間は死にいたってようやく霊界で天福・至福をうるという、坊主的まやかしは姿を消すのです(7)」。

アルプレヒトはあらゆる論法でヴァイトリングにくいさがっていく。いまや司祭王国への過渡期にさしかかっているとか、スイスが聖書に登場する「荒野」に相当するからイザヤ書第四〇章を題材にしてみろとか。そして彼は、一八四二年中に己れのなした活動がどれほど人気を博したかを自慢し、いろいろな新聞に司祭王国の要求を載せたが売れ行きは上々だったと自慢した。アルプレヒトは現世における千年王国と新エルサレムの出現を予言し、それが司祭王国において結実するのだと吹聴してまわったのである。彼は以前に長いこと投獄されており、その間の読み物といったら朝から晩まで聖書だけであった。そうしたことから一種の宗教的空想を描くようになった。そのことをみてとったベッカーは、ヴァイトリングに忠告する。

「予言者アレプレヒトに関しては、いまぼくはもちろんシュミットと同じ考えだ。君が彼を書籍行商人として役立てるのはかまわないさ。けれども、とにかく彼と行動をともにする必要はない。……この男は聖書の読みすぎで狂ってしまったのだ。彼は、我々のすべてをイスラエルの一二種族から導きだし、ソロモンの栄華の復興を彼の晩年の夢として考えているのさ。……もはや彼にかかわりあうなどということはさっさとやめることだ。笑いとばすものではあっても真剣にとりあげるものではないこと――またこの予言者は我々を、そして我々のなすべき事を茶化すだろうということを、君は承知しているのだから、彼から手をひくんだ！[8]」

アルプレヒトの説く司祭王国とヴァイトリングの構想とは、もちろんまったく別物である。ヴァイトリングは人民の貧困と隷従を、また祖国概念とか言語とかで区切られた諸個人の敵対心を、国家権力の物理的打倒をとおして解消し、階級なき統治なき社会を導こうとしたのである。そこには『保証』によって築かれた現実性をもつプログラムが存在した。したがって、ヴァイトリングがたとえメシア・コムニスムスをプロパガンダとして採用し、己れをメシアであるかのごとく思い描いていったとしても、やはりアルプレヒトの空理空論とは区別せねばならない。彼が『保証』の地平を忘れ去り、棄て去ってアルプレヒトと接触していったのでないかぎり、以上のことは明白である。

さてアルプレヒトとともに、もうひとりの空想家ゲオルク・クールマンも義人同盟に近づいた。彼は、同じく青年ドイツ派にもわたりをつけマールに会ったが、しかし無神論者マールよりも、義人同盟のベッカーのお気に入りとなった。クールマンとベッカーのじっこんの仲はマルクス・

エンゲルス「ドイツ・イデオロギー」第二巻にその説明がある。

「クールマンは非常にエネルギッシュな男であり、哲学的教養もまったくないわけではない。彼はけっして奇跡信仰に受動的な態度をとらず、その際きわめて実際的な目的を追い求める。アウグスト・ベッカーは国民的な感情性精神病をクールマンと一緒にわずらっているにすぎないのである」。クールマンの著書『新世界、あるいは地上における霊の国、宣示』の「貧弱な内容については、第一に第一章すなわち『新世界』序説は、ホルシュタイン出身のクールマン氏が登場したのは『霊の国』『天国』を地上に創造するためにであり、また彼以前には誰ひとりとして、未来の地獄とは、そして本来の天国とは何であるか―つまり前者は従来の社会であり、後者は未来の社会、『霊の国』であること―を知らなかったし、また彼こそが待ち焦がれた聖なる『霊』であること……を知らなかったという、単純な思想にまで還元されるのである[9]」。(傍点原文イタリック)

クールマンもまた、この引用文にみられるように、奇妙な空論で人びとをひきつけた。ヴァイトリングは、この男に対しては馬鹿者よばわりし、拒絶的であった。しかしベッカーやシュミットはさほどでなく、しまいにはヴァイトリングを中心とする一群とクールマンに魅了された一群とが対立するほどになった。ヴァイトリングが己れをメシアだと妄想したとすれば、ベッカーはクールマンをそのようにみていく始末であった[10]。

一八四三年春以降、義人同盟はしだいに統率力を失っていくが、それでもヴァイトリングは『福音』によって、敵対党派である青年ドイツ派へのイデオロギー闘争を考える。彼は青年ドイツ派内で勢力をもってきた無神論(Atheismus)には同意せず、キリスト教によるプロパガンダを堅持しようとする。そうした義人同盟に対し、青年ドイツ派の無神論者マールは力説する。

「コムニスムスは社会神学である。それは、自らの聖書、予言者、メシア、天国をもっている。彼らのなかには正統信仰のキリスト者がいる。アナニアとサッピラ(ペテロにうそをついたため死んだ夫婦―石塚)の虚言が彼らの宗教史の基礎なのだ。彼らは偏屈な教義学者や教父を産んでいる。……キリスト教の二元論は彼らにおいて具現されている。彼らはそれで神と仲違いするつもりがなく、さらに悪魔とも完全に仲違いしようとしない。彼らはその筋に従順になろうとせず、〔嘆き苦痛〕を訴えようともしないが、平等（égalité）はもとめる。すなわち財産共同体を、しかもまったくキリスト教的でない、いや極度にエピクロス的なそれを。彼らは理論上のキリスト者であっても、実際上は異教徒である。……コムニストを特徴づけるこの権威信仰の不可避的結末は、来るべき、あるいはすでに出現しているメシア信仰である」[11]。（傍点原文隔字体）

マールによれば、コムニストは平等の一点張りであるというわけだが、それにしても当時のヴァイトリングたちをよく見ぬいていることはたしかである。キリスト者でないがキリスト者をかたるコムニストがヴァイトリングであれば、正統信仰のキリスト者はアルプレヒト連中のことであろうか。いやそのような区別はどうでもよくて、要するにコムニストはおしなべてメシア信仰にとりつかれている。マールのこの見解は義人同盟のメンバーたちを少なからず動揺させたのであり、したがって無神論に近づこうとする職人が出はじめた。だがそれでも依然として、トマス・ミュンツァー（T. Müntzer）以来の千年王国思想をメシア・コムニスムスのなかにみいだして、これをドイツ解放の理論的支えにしていく職人はあとを絶たなかった[12]。また、ブルンチュリが公表した報告書は、意外にもヴァイトリングのメシア・コムニスムスをスイス諸州のみならず、ドイツ本国にも、パリ、ロンドンにも伝える役割を演じたのである。ことにパリとロンドンの同盟員のなかには、この本を読んではじめてヴァイトリングの革命路線を知った新参者もいたくらいである。これをみてよろこんだ諸外国の同盟指導者たちは、わざわざブルンチュリにあてて皮肉をこめて礼状を書いた――なんでしたら、この次のために別の文書をとりそろえてお渡ししましょうか、と[13]。

注

（1）B. Bauer, Die bürgerliche Revolution in Deutschland seit der Deutsch-Katholischen Bewegung bis zur Gegenwart, Berlin 1849 (Nachdruck, Aalen 1969), S. 43.

（2）G. Büchner, Werke und Briefe, S 351f., S. 365.

（3）W. Weitling, Die Menschheit., S. 144, S. 152.

（4）Vgl. W. Weitling, Das Evangelium des armen Sünders 1846, in: Philosophie der Neuzeit Politik und Gesellschaft Bd. 22, Hamburg 1971, SS. 117-141. ところで、ヴァイトリングはキリストとイエスを区別していた。彼はキリスト教徒であるまえに、イエス主義者・イエス信仰者であった。その問題については以下の拙著を参照。石塚正英著作選【社会思想史の窓】第4巻『母権・神話・儀礼―ドローメノン』社会評論社、二〇一五年、四二頁。

（5）J. C. Bluntschli, Die Kommunisten in der Schweiz, S. 86.

（6）ヴィンタートゥールのアルプレヒトからチューリヒのヴァイトリングへ。日付無し。Vgl. J. C. Bluntschli, ibid., S. 46.

（7）一八四三年一月一三日、オールテンのアルプレヒトからヴァイトリングへ。J.C. Bluntschli, ibid., S. 71f.

（8）ベッカーからヴァイトリングへ。日付無し。J. C. Bluntschli, ibid., S. 68.

（9）K. Marx/F. Engels, Die deutsche Ideologie, Berlin 1960, S. 572, S. 575. 邦訳『マルクス・エンゲルス全集』第三巻、大月書店、五八〇、五八三頁。

（10）Vgl. E. Schraepler, Handwerkerbünde und Arbeitervereine, S. 93.

（11）W. Marr, Das Junge Deutschland in der Schweiz, S. 118f.

（12）ヴァイトリングの編集する雑誌『若き世代（Die Junge Generation）』（一八四二年一月）では、ツィンマーマン（W. Zimmermann）の『大農民戦争史（Der Große Deutsche Bauernkrieg）』（一八四一～四三年）が紹介されるなどして、ミュンツァーの革命神学が義人同盟にはいり込んでいた。Vgl. Die Junge Generation. S. 15.

（13）一八四三年八月に、パリの同盟本部は、ブルンチュリ報告書への返答を回状のかたちでメンバーに知らせた。また同年九月には、ロンドンの支部も同様のことをしている。Vgl. Dokumente., S. 174f.

二　攻撃対象としての否定的評価

キリスト教には進歩的な側面と退歩的・反動的な側面があってそのうち前者を旗印にドイツを解放すべきだ、などと考えず、およそ宗教と呼ばれるものはみな否定されるべきだと主張する急進主義者には、第一に一八四〇年代の青年ヘーゲル派と、第二に同時代スイスの青年ドイツ派がいる。また他方、キリスト教（超越神論）は否だがそれにかわる宗教（汎神論）ならば是とする意味でキリスト教批判を行なう一群もいて、その代表は青年ドイツ文学派のハインリヒ・ハイネ（H. Heine）である。

またさらに、最初はキリスト者として政治活動を開始し、やがて無神論――聖書よりも人間精神――に同調していくが、しかし宗教くさい外観をたえず維持していく自由信仰者ヴィスリツェヌス（G. A. Wislicenus）のごとき批判者もいる。だがそのような区別だては、当時の福音教会とプロイセン政府にとって、ほとんど意味をなさない分類であった。ベルリン大学神学教授ヘングステンベルクやときの文部大臣ヨハン・アイヒホルン（J. A. Eichhorn）にしてみれば、わずかでもキリスト教の権威を批判するものはおしなべて無神論者であり過激な秩序破壊分子なのである。またさらには、いくらキリスト教を信仰すると自称しても、その言動がルター的正統信仰（一八三〇年〜四〇年代でのピエティズム）から逸脱したものであれば、やはり排撃すべき邪宗とされるのである。保守的ピエティストの態度がそのようであったため、ハイネにしてもヴィスリツェヌスにしても、伝来のキリスト教からの離反は、無神論的傾向を伴わざるをえない性格のものであった。ここでは、ドイツ解放のためにはキリスト教を攻撃すべきと判断する急進主義者を、そのもっとも徹底した理論の持ち主であるブルーノ・バウアー、ルートヴィヒ・フォイエルバッハ、ヴィルヘルム・マールに例をとって考察してみたい。

ヘーゲル学派の内部から無神論が生まれてくる発端は、一八三五年にダーフィット・シュトラウス（D. Fr. Strauß）が口火を切ったキリスト教批判が、神学内部での論争からやがてキリスト教の全面的否定にまで進展したことである。シュトラウスが『イエスの生涯』を出版した当初、バウアーはいまだ老ヘーゲル派の立場から、聖書の史実性を思弁的に論証しようとして、反シュトラウスの論評を行なった。それは一、『D. Fr. シュトラウスの批判的労作であるイエスの生涯、第一巻』（『科学的批判年誌』一八三五年一二月）、二、『D. Fr. シュトラウスの批判的労作であるイエスの生涯、第二巻』（『年誌』一八三六年五月）、三、『D. Fr. シュトラウスの論争集』（『年誌』一八三六年六月）の発表によって行なわれた(1)。次々と公にされた上記の諸論文によって、いかにバウアーがシュトラウス批判の先頭をきっていたかがうかがえる。こうした批判姿勢は、一八三八年に著された『旧約聖書の宗教』においてもみうけられる。

ところが、翌三九年にいたり、バウアーは、当時彼が在職していたベルリン大学の神学教授ヘングステンベルクと論争することによって、以後、シュトラウス的立場に移行することになる。その際、キリスト教批判を引継ぐことになったバウアーの理論的武器は「自己意識（Selbstbewußtsein）の哲学」であった。この哲学は、バウアーをはじめとするベルリン青年ヘーゲル派でさかんになるところの、アリストテレス以後の後期ギリシア哲学の研究という雰囲気のなかで、一八四〇年以降に形成された。古代ギリシア哲学三派（ストア派・エピクロス派・懐疑派）を重要視するバウアーらは、ヘーゲル以後の哲学運動をアリストテレス以後のそれに対応させる。すなわち、まずもってアリストテレス以後のギリシア哲学にみられる個人主義を自己意識の最初の歴史的形態と把促し、キリスト教成立にかかわる精神的財として古代三派の自己意識の哲学を強調する。ついで彼は、福音書の物語は人間の自己意識の発展過程におけるたんなる一段階をあらわしているにすぎず、したがってそれはけっして固定化・制度化されえないという批判的小結論を引き出す。そして最後に、キリスト教は、その成立時にあってたしかに合理的・進歩的であったが、現在ではもはや発展を続けてきた自己意識にとって桎梏となっており、否定されねばならないという究極の結論を提出するのであった。バウアーによれば、宗教は人間の自己意識が分裂・解体することによって生まれたものである。だがいったん自己意識の客体となってしまった宗教すなわちキリスト教は、徐々に自己意識と疎遠になっていき、しだいにこの発展を阻害するものと化していく。そこでバウアーがめざす哲学運動は、桎梏たるキリスト教の否定と破壊を目的とするようになり、むろんその行く手には無神論がまっているのであった[2]。

バウアーについで、否、彼以上はるかに強力な影響力をもって無神論（というよりも唯物論）を理論づけた人物はルートヴィヒ・フォイエルバッハである。一八四一年に出版された『キリスト教の本質』のなかで彼が提案した問題点は次の諸項である。第一、自然はそれのみで存在しており、けっしてどのような哲学にも依存していない。また、人間は自然を土台として存在しており、自然と人間以外には何も存在しえない。第二、また神とは、人間の自己疎外によって生じた産物、人間の本質にほかならず、宗教において人間は自身の本質と対立し、神という名のもとに、それに従属させられている。第三、この自己疎外された人間をヘーゲルは本来の人間と規定し、人間を類と個、本質と実存とに分裂してしまっている。この分裂された人間を真に統一することが必要なのである。その際この分裂は宗教において貫かれており、宗教すなわちキリスト教においてこそ、人間の本質は神へと奪われている。自然と人間、神と人間を以上のように規定するフォイエルバッハは、ヘーゲルに反対して、宗教を理性の領域から感情の領域に移し、これを次のように表現する。

「たとえば、感情が宗教の本質的な機関であることは、神の本質が感情の本質以外の何ものをも表現していないということを意味している。……感情が知覚する神的本質は、実際のところ、感情の本質が自らに恍惚となり陶酔したもの—歓喜に酔い己れのうちで悦にひたっている感情——以外の何ものでもない[3]」。（傍点原文イタリック）

類と個に分裂させられた人間を統一するため、フォイエルバッハは、ヘーゲルの思弁哲学における主語（神）と述語（人間）の関係を転倒させ、いっさいの出発点を観念論的前提から唯物論的前提へ移す。彼はこの課題を、『本質』に続き一八四三年に発表した二篇の作品「哲学改革のための暫定的テーゼ」と「将来の哲学の根本命題」で推し進める。フォイエルバッハは「テーゼ」において、たんに宗教哲学を批判するにとどまらず、観念論としてのヘーゲル哲学総体を批判するにいたった。神が肥え太ればそれだけ人間はやせ細るということ、つまり人間の自己疎外の所産としての宗教を批判するだけでなく、ヘーゲル哲学を直接的対象として、その思弁的観念論哲学をも自己疎外の所産として明示したのである。そして思惟と存在に関する観念論的了解を逆転させ、自然と人間を唯一の客観的実在とするに及んだ。この考えは、『本質』においてすでに示唆されてはいたが、それはいまだ宗教哲学の領域においてにすぎなかった。

フォイエルバッハは、ヘーゲル哲学の出発点、つまりもっとも抽象的で無限なもの、観念的なものを拒否して、逆のもの、すなわち具体的で有限なもの、現実的なものを出発点と捉えることにより、現実的人間を彼の哲学の要に位置させる。そのばあいこの現実的人間は、感性において自己と他者を結びつけた、共同的存在としてある。ヘーゲルが思惟を重んじたのに対し、フォイエルバッハは思惟と結合した感性を重視する。このような考え方はまた「ガリア＝ゲルマン的」な原理のなかに展望される。フランス思想とドイツ思想の統一的結合のなかに、理性と感性の結合されたフォイエルバッハの哲学、この統一のなかにこそ、理性と感性の結合されたフォイエルバッハの哲学、現実的人間主義あるいは人間学的唯物論の完成がみられ、キリスト教批判における不退転の決意が持続していくのである。

純粋に哲学運動として敢行したフォイエルバッハのキリスト教批判は、しかしそれが一八四〇年代初期のロマン主義的反動思想に抵触するや政治的急進主義と化していく。フォイエルバッハが積極的に主張せずとも青年ヘーゲル派きっての政論家アーノルト・ルーゲがその代行をつとめる(4)。そしてさらに、フォイエルバッハの批判哲学がドイツ内外の知識人・手工業職人たちに知れ渡ると、徐々に通俗化の現象がおこり、それだけにまた、ドイツ解放＝教会・国家の打倒をめざす急進主義者たちの理論的支柱ともなった。その代表例がヴィスリツェヌスら自由信仰教会であり、またヴィルヘルム・マールらの青年ドイツ派である。ここでマールらの結社運動におけるフォイエルバッハの受容、通俗化、無神論の再解釈を考察してみよう。

青年ドイツ派で第一にドイツ哲学の無神論的傾向に注目したのはヘルマン・デーレケであった。同じく無神論に接近するマールは、デーレケがフォイエルバッハ思想で青年ドイツ派のイデオロギー的変革をはかっているところへ加わっていくのである。マールは、青年ドイツ派に加入する前は、さほどヴァイトリングのメシア・コムニスムスと争ってはいなかった。それどころか一時は「コムニスムスにいくらか性急に心酔したというのが正直なところ」だった(5)。したがって、ヴァイトリングらコムニストに対しても個人的には交際したり文通したりしていたし、青年ドイツ派に加わってからも、それはしばらく続いている。マールは、理論上ではヴァイトリングの財産共同体に猛反対だったが、心情的には彼の改革への信念に魅了されていたのであり、アウグスト・ベッカーやジーモン・シュミットに対しても同じような感想を抱いていたのである。マールは述べる、「ものごとに対する彼（ヴァイトリング―石塚）の熱狂は、宗教的＝狂言的な特徴を帯びている。しかし……この男のプロレタリアとしての誇りは、物識りの俗物である現代の政治家たちを十把一からげにした以上に、私には好ましい(6)」。

　マールはしかし感情ばかりに左右されてはいられなかった。彼には、旧来の青年ドイツ派をイデオロギー的に強化し、義人同盟との勢力争いに勝利するという任務がのしかかってきたのである。それには第一に、すでに触れてあることだが、一八三〇年代以来同盟内に巣食っていたマッツィーニ的およびヴィルト的、ファイン的共和主義を根絶することが前提であった。当初は、以前から職人たちに人気があったH・ハーリングの著作『ドイツ娘』を指導部も諸協会での推薦図書に指定していたのだが、マールは別に新たな普及版の図書を用意していく。彼は、無神論を説いた著作の最良のものとして、L・フォイエルバッハの『キリスト教の本質』を念頭においていた。この著作はマールの教本であって、たとえヴァイトリングの『調和と自由の保証』に感激しても、なおそれでも彼は『本質』の方へと引きつけられていく。だが彼は、この著作を直接職人たちに薦めず、通俗的なフリードリヒ・フォイエルバッハ（ルートヴィヒの弟）の『未来の宗教』を採用し、それもわざわざ大衆うけするようにと平易に書き直し圧縮してすすめたのである(7)。

　無神論の宣伝によってマールが職人たちに選択を迫ったもっとも重要な点は、ドイツ解放あるいは革命実現の方途として「肯定（Das Positiv）」の手段をとるか「否定（Das Negativ）」の手段をとるか、ということだった。マールはここで「否定」こそすべてを実現する手段だと語る。彼は、青年ドイツ派の獲得目標をすべて〔何々の否定〕と表現する。たとえば形式の否定、宗教（神）の否定、国家（統治）の否定、要するに現存するもの、過去から現在までに何がしかの存在価値をもってきたものすべての否定が彼の強調点なのである（因みに、彼は自由とか解放とかは否定しない。なぜなら現存しないから。また現在的に唯一肯定したものは同盟への厳格な入会形式）。それ故マールは、「古い社会の解体に従事する以外に、何らより以上の事はなしえない」、「大衆はただ―否定―を必然とする旗のもとでのみ、団結されうる」と結論し、[8]無政府主義へ傾斜していくのである。否定論者マールはしたがって、宗教に対する徹底した否定論者であるL・フォイエルバッハに共感をもち、彼なりにフォイエルバッハ哲学を消化しようとする。

「抽象的概念たる民衆、総括的概念、類似概念は理論であって、その真理は最近の哲学によって永遠に強固に基礎づけられている。概念はしかし、それが主観的（subjectiv）に把握されるあいだは、抽象的なままである。直接の、まっすぐな、実際的な態度、肉と血とからなる実在性（Objectivität）は、実践（Praxis）において理論を解消しえる。類似観念から不可避的に生じてくる要求は―個の研究である。

シュティルナーはフォイエルバッハの類をからかっている。彼はフォイエルバッハを神学者だといって非難する。しかし類は個の活動の土台であり地盤である。シュティルナーはこれを〈嚥下する〉ことによって、意志に反して承認している[9]」。（傍点原文隔字体）

フォイエルバッハの類的概念から出発したマールは「個の研究」という表現を用いて、実は彼なりの民衆観・民衆解放の理論へ到達しようとするのである。そこで彼は、概念から実在、理論から実践を産みだそうとするが、しかし出発点から到達点までの軌跡は円を描くことになってしまう。そこにマールの、フォイエルバッハ消化の完璧さ、すなわち独創性の欠如がある。彼はあるがままの民衆について、「生産階級全体、すなわち手仕事で生活する階級、けっきょくのところ搾取を蒙っており、社会改造によってじかに物質的利益を得る階級のことである」としながらも、[10]最終的に民衆解放の手段となるとまたもや出発点たる概念・観念、すなわち血と肉を備えた人間でなく、諸個人の意識の変革のところへ逆もどりしてしまうのであった。それ故、フォイエルバッハが行なった［アルター・エゴ（alter ego）］すなわち人間と自然、我と汝との関係におけるキリスト教批判＝神の否定は、マールにおいては観念上での否定、概念の否定にとどまり、そうした概念が発生する源への否定的突進はみられない。[11]

しかしながら、フォイエルバッハに依拠するマールの無神論は、一八四〇年代前半のスイスでは革新的思想といえるものであった。彼は、狂信的キリスト者アルプレヒトに攪乱される義人同盟を横目でみながら、フランス語系スイスでは「未だだれもシュトラウスを越えていなかった」という優越感を抱き、[12]そのシュトラウスよりもはるかに徹底的にキリスト教を否定したフォイエルバッハをますます賞揚していく。青年ドイツ派の秘密行動についても、マールはファミリー・メンバーに対し、否定の精神を持てと力説する。秘密結社はけっして肯定的な目標を設定してはならない。もしそうすれば必ずや陰謀団に転落する、というのが結社に関する彼の持論である。

「秘密結社が、たとえばあれこれの国家形式の導入というような、一定の肯定的な目標を追求するようになるや、結社への加入は個人的自由の欠損を招来することになる。形式ほど肯定的なものはほかに存在しない。けれども形式は、手にとるように捉えやすいもの、感覚的なもの、外見的なものとして各個人の判断基準のもとになっている。形式は諸党派のパリスの林檎（争いの種—石塚）であり、この林檎を原理に挙げている秘密結社は、どれもメンバーに自由な人格の屈服・廃棄を要求せざるをえない。だがこれによってそうした結社は解体の萌芽を受け入れることになってしまう。おそかれはやかれ主観性が有力となり、同盟内での統一が崩れ、とどのつまり解体するかさもなくば〈戦闘を開始する〉かの選択しか残らなくなる。——陰謀から革命を引きだそうとするのは悲しむべき妄想だ！[13]」

マールのこの主張は、盟友デーレケの援助もあって、青年ドイツ派のファミリー・メンバーに対しかなり説得力あるものとなった。というのも、メンバーの大半にとって、財産、祖国、神の至福など、要するに現存する幸福で彼らに属するものは一つもなく、肯定すべき重要事は身の上のほか何一つなかったからである。それでもマールの否定の精神が及ぼしうる勢力範囲は自覚した職人たちに限られ、そのほか多くの敬虔な下層民衆にはきわめてなじみにくい代物であった。無神論は、当時あまりにも新奇すぎ、またフォイエルバッハら青年ヘーゲル派の哲学運動もスイスではまだほとんど通俗化されていなかったのである。[14]その点で、狂信的と非難されようが、ヴァイトリングのメシア・コムニスムスには大きく水をあけられたのであった。

注

（1）バウアーとシュトラウスの論争については以下の文献

を参照。大井正『マルクスとヘーゲル学派』福村出版、一九七五年。同「シュトラウスとバウアー」、『現代思想』一九七五年、一一月号。なお、シュトラウス『イエスの生涯』について、私は以下の共訳書を刊行している。生方卓・柴田隆行・石川三義・石塚正英共訳『イエスの生涯・緒論』世界書院、一九九四年。

（2）バウアーの自己意識の哲学と無神論については以下の文献を参照。F. Mehring. Geschichte der deutschen Sozialdemokratie. 1 Bd. S. 116ff. 大井正、前掲書。良知力『初期マルクス試論』未来社、一九七一年。石川三義「青年ヘーゲル派ブルーノ・バウアーの哲学について」、『大学院紀要』（明治大）第一五集、一九七七年。村上俊介「ブルーノ・バウアーにおける自己意識の哲学」、『経済と法』（専修大・院）第八号、一九七七年。

（3）一八四〇年代初頭ドイツのロマン主義的反動に対するルーゲの批判運動については、以下の拙文を参照。石塚正英『三月前期の急進主義』九七頁以下。

（4）L. Feuerbach, Das Wesen des Christentums, S. 146.

（5）W. Marr, Das Junge Deutschland in der Schweiz, S.41.

（6）W. Marr, ibid., S. 46.

（7）W・マール、滝口清栄訳「W・マールによる民衆の読者のための、フリードリヒ・フォイエルバッハ『将来の宗教』」（1～3）、社会思想史の窓刊行会編『社会思想史の窓』第9号～第11号、一九八五年、参照。

（8）W. Marr, ibid., S. 131.

（9）W. Marr, ibid., S. 112.

（10）W. Marr, ibid., S. 115.

（11）同じく否定の哲学を説く急進主義者にミハイル・バクーニン（M. A. Bakunin）がいる。彼もまた一八四〇年代前半に青年ヘーゲル派思想の影響下でこれを理論化する。すなわち彼は、ヘーゲル哲学における肯定―否定の弁証法的発展の契機から、否定だけを強調し、これこそすべてを破壊し、同時にすべてを創造するという観点に立つ。だがマールとちがって、バクーニンのいう否定＝破壊とは、きわめて物理的な次元のものであった。（本章第4節二参照）

（12）W. Marr, ibid., S. 117.

（13）W. Marr, ibid., S. 160f.

（14）無神論が民衆の支持を得られなかったとしても、そのような宣伝がスイスで、またドイツ本国でも日々拡大していくのをみて、マインツ情報局のノーエ局長は、メッテルニヒに警告的な報告をしている。マインツ情報局からメッテルニヒへの報告、一八四二年五月二七日付。Vgl. E. Schraepler, ibid., S. 77.

第2節　現状批判と未来社会の構想

三月前期（Vormärz）の急進主義者たちは、下層の職人たちを除けば、その大半がまずは非政治的な領域で活動の場をえようとしていた。たとえばハイネは文学と詩の世界で、ビュヒナーは医学生として、バウアーは神学講師となって、それぞれに充実した生活を送ろうとしていた。だが彼らは、当初観念の世界で思い描いていた理想的な生活が、神聖同盟下のドイツでは実現不可能なことを思い知らされる。それは、彼らがすすんで政治的な領域に踏み込んだ結果によってでなく、逆に、彼らが自由に振舞おうとしていた社会的な諸領域へ政府の側が圧力をかけてきた結果によってであった。そこから彼らは、まずは穏やかな要求によってドイツの現状に異議を申し立て、それが無視され蹂躙されると、こんどは直接に政治の領域に踏み込み、急進主義者として現状打破の言論闘争・結社運動に奔走しはじめたのである。

本節では、このようにしてドイツの現状を否定的にみる急進主義者が、いったい現にあるドイツ、絶対主義下のドイツをどのように認識し、批判したか、またそこからどのように未来社会を構想したかについて検討する。その際、叙述の中心となるものは、一、青年ドイツ文学派のハイネ以来提起されてきた独仏精神同盟の理論化された構想としての青年ヘーゲル派の歴史認識・未来志向であり、二、義人同盟のヴァイトリングがフランス初期社会主義の社会認識に影響されつつ理論化した現状批判と未来社会の構想である。

1　Vormärz 期における政治的急進化

Vormärz 期における政治的急進化の道は、青年ヘーゲル派内での運動の担い手の人的・思想的変化をみるとよくわかる。たとえば運動の初期に活躍したシュトラウスなどは、なるほど神学上で大胆な宣言を発したが、政治的にはさほど急進的ではなく、せいぜいのところ立憲君主国家を望む穏健な自由主義者でおわってしまう。またバウアーにしても、シュトラウスが批判の矢面に立っているころは、批判者の一群、正統的プロテスタントからさほど遠くない位置にいて、真先に彼を反駁していた。さらにルーゲも、最初はフリードリヒ大王の国プロイセンが理想であった。このように、三〇年代末までの彼らがみな立憲君主制どまりの観念に留まっていた理由は、ほかでもないその観念が師ヘーゲルの観念・主張の枠内に留まり、プロイセン政府にいまだ改革の余地があると期待していたからである。ところが、一八四〇年以後の反動期にはいると、ヘーゲル学派はベルリン大学から一掃され、青年ヘーゲル派は神を否定した廉、政府に刃を向けた廉などで、公然と反体制思想家集団の烙印を押されることになった。あるいは教壇から追放され、あるいはドイツ領内から追放されるといった辛苦を味わった彼らは、師ヘーゲルが容認したプロイセンの現状を転覆させ、プロテスタンティズムを否定し、没後一〇年を経たヘーゲルをも否定しきろうと苦闘する。ここに青年ヘーゲル派は、哲学でなく政治を論じる急進主義者となってドイツ解放を指向していくことになるのであった。

Vormärz 期にあってドイツの現状を批判する者は、革命家や急進派だけでなく、保守主義者にも自由主義者にもあまねく存在している。たとえばカトリック保守派の現状批判は、主として反自由主義・反プロテスタンティズム・反啓蒙主義という内容であったし、それをさらに積極的に表現すれば、カトリックの伝統主義を昔日の神権国家の復興のなかに再現しようと志すものであった。このような彼らにとって、ドイツ（プロイセン）の近代史はことごとく憎悪の対象とならざるをえない。すなわち、宗教改革におけるカトリック的な伝統と権威に対するプロテスタントの挑戦、フリードリヒ大王のカトリック諸国に対する戦勝、フランス革命のドイツへの波及とナポレオンのラインラント占領、シュタイン・ハルデンベルクの自由主義的諸改革、ベルリン大学でのヘーゲル学派の隆盛など、これらはおしなべて自由主義・プロテスタンティズムそれに啓蒙主義の興隆すなわち伝統否定の素材となったのである。これに対し自由主義的なプロテスタント諸勢力は、右述の近代史をまさしく進歩の証と捉えた。すなわち、宗教改革をもって世界に冠たるドイツ精神が誕生し、フリードリヒ大王の果断をもってプロテスタント国家プロイセンの未来が大きくひらけ、フランス革命のインパクトによってカント的自由国家の理念が市民階級の実践的イデオロギーに転生し、プロイセン改革をもってドイツがいよいよ国策レヴェルで自由主義を指向しはじめたという印象が、彼らを勇気づけたのであった。

二　現状と未来の哲学的考察

その際、このような革新勢力の主要な目標は、プロイセンとドイツを立憲的自由主義国家へ飛躍させることであったが、こうした政治的行動の圏内にやがてアーノルト・ルーゲらの青年ヘーゲル派が入ってくるのであった。ルーゲは、一八三〇年代末から四〇年代前半において、突出した政治的急進主義を唱え、ドイツの現状を民主主義的に変革しようとする。そのばあい、彼が現状認識の素材としていたものは、ヘーゲル哲学だけでなく、師ヘーゲルを歴史哲学の領域において越え出ようとしたアウグスト・チェシコフスキ（A. v. Cieszkowski）の批判哲学でもあった。チェシコフスキが一八三八年に発表した『歴史知へのプロレゴメナ』は、青年ヘーゲル派がドイツの現状とその未来を把握するのに、第一に貢献した著作である。そこで、この著作で語られた哲学的歴史認識を中心にして、Vormärz 期急進主義による現状批判の一例を検討しよう。(1)

ポーランドの富裕な地主の子として生まれ、のちに哲学者・経済学者そして社会改革者に成長するチェシコフスキは、ワルシャワで哲学を学び、一八三二年にベルリンへ出て、カール・ルートヴィヒ・ミヘレット（K. L. Michelet）のもとでヘーゲル哲学を修めた。彼はベルリンに三年間滞在し、その後フランスにわたり、パリで社会主義（サン＝シモニズムやフーリエ主義）をも修得した。そうした学的活動の過程で彼は、ベルリンで『歴史知へのプロレゴメナ』を出版し、ヘーゲル哲学中、わけてもその歴史哲学への批判的挑戦を試みたのである。彼によれば、ヘーゲルの『歴史哲学講義』は、世界史の発展を四分法で叙述しており、これはヘーゲル弁証法の観点に立脚すれば、三分法に修正されねばならなかった。すなわち、ヘーゲルの世界史区分（ⅰ東洋的時代、ⅱギリシア的時代、ⅲローマ時代、ⅳゲルマン＝キリスト教的時代）をチェスコフスキは三分法（ⅰ東洋的時代、ⅱギリシア＝ローマ時代、ⅲゲルマン＝キリスト教的時代）に組み改めるのである。チェシコフスキによる以上の修正は、ヘーゲル弁証法に忠実であろうとすれば必ずや不可避なのであって、その意味では、けっしてヘーゲル哲学を否定したり乗り越えたりするものではない。彼はヘーゲル弁証法の不一致を師の叙述の内にみとおし、その点で師の哲学に対決したのである。(2)

ところが彼は、ヘーゲル『歴史哲学』にみられる四分法を三分法に修正する際、たんに形式上の変更をなすだけにとどまらず、内容面においても極めて重大な変更を加えるにいたる。ヘーゲルにおける四分法をたとえ三分法に修正したところで、そもそもヘーゲル哲学にあっては現在から未来への発展の理論、現状変革の理論が欠けており、世界史の発展がゲルマン＝キリスト教的時代（国家）でストップしているのであった。チェシコフスキは、現在（ゲルマン的プロイセン国家）で完結しているヘーゲル哲学の理論的限界をさらに未来へおしひろげるべく、独自の歴史哲学を構築した。すなわち彼は、世界史の弁証法的発展における三つの時代区分を、新たに以下のように提起する。

i古代……ヘーゲルにあっては東洋的、ギリシア的およびローマ的三段階にあたる。

ii近代……ヘーゲルにあってはゲルマン＝キリスト教的時代にあたる、

iii未来……古代（定立）と近代（反定立）の両段階の総合の段階であり、ヘーゲルが絶対視するゲルマン的世界を超えるもの(3)。

ヘーゲル哲学にあっては、世界史の弁証法的発展が過去から現在までで終結しているのに対し、チェシコフスキの歴史哲学は、未来の洞察をも可能とするような、現状変革の論理を含んだものである。ヘーゲル哲学が思弁哲学であるとすれば、チェシコフスキの哲学は、実践活動によって未来をきり拓く哲学、「実践」の哲学なのである。またさらに彼は、ゲルマン＝キリスト教的世界を超えるものとして、パリ時代に修得したフーリエの社会主義を未来社会の構想中にとり入れる。それによって彼は、哲学運動を、ヘーゲル＝ドイツ哲学の枠内に留めたんに過去の歴史法則の発見に終始させるのでなく、すすんでフランス思想と同盟させ、それを通じて得た知識によって未来をも選択していく運動に高める。そしてこの哲学運動＝実践哲学によって達成される未来社会を、フーリエ的社会主義社会にみたてたのである。だがしかしチェシコフスキは、無批判的にフーリエを賛美しはしない。

「私は、思弁的な思想家たちの注意をフーリエの体系に向けるのだが、それは、私がこの体系を依然としてユートピアにしている根本的欠陥を見誤っているからなどでなく、現実性において有機的な真理の展開への重要な第一歩が踏みだされている点を証示せんがためにそうするのである。……プラトンの原理とルソーのそれとの直接的宥和として、なるほどこのユートピアは未来に対して巨大な重みをもっている。――しかし私は、それが直接的宥和以上にでているとは言わない。なぜならば、もしそれがすでに、たがいに対立し世界史の両画期を典型的にしている（prototypirenden）この二つの原理の最高の宥和となっていれば、それ自身もまたユートピアであることを止めているはずだからである。……したがって未来は、フーリエがみなしていたように彼の体系には属していないが、しかし体系そのものはたしかに未来に属しているといえる(4)」。（傍点原文隔字体）

この引用文にみられるように、チェシコフスキは、世界史の三つの発展段階のうち、古代ではプラトンを、近代ではルソーを、それらの時代の代表的思想家にあげているが、第三段階ではフーリエを、そのあるがままの姿では代表とみなさない。むしろ彼は、第三段階の真の代表者を、ルソーからフーリエまでを含めたフランス思想の全体を包含するとともに、これをもってカントからヘーゲルまでのドイツ哲学を乗り越える行為の哲学、すなわちチェシコフスキ自身の行為の哲学に求めようとするかのごとくである。一八三〇年代後半にあって彼は、政治的にはフランスが、哲学的ないし精神的にはドイツが、各々近代の最も完成された爛熟期を迎え、かつ通り過ぎ、いまや世界史の発展がいよいよ第三段階の入口に立っていると考える。ポーランド生まれのチェシコフスキにとって、Vormärz 期のドイツはとりたてて史的考察の対象にならなかったにせよ、しかし右のような彼の見解は、ドイツの現状が徐々に進歩の速度をはやめながら、いよいよすっかり新たな画期にとってかわるべき秋となっていることを示唆したものといえる。また彼自身は、ロマン主義的保守派との争いに突入して政治的急進主義者になるというコースをとらず、また古代におけるギリシア人、近代におけるゲルマン人についで第三段階にはスラヴ人がヨーロッパで進歩的な民族になると考え、ドイツ解放よりもスラヴ諸民族の繁栄を未来に託していく。だが、それでも彼が提起した〈行為の哲学〉は、その後に続く青年ヘーゲル派の人びとによって、ドイツの現状認識の土台にされるのである。

　チェシコフスキ以後、〈行為の哲学〉を受け継いでドイツの現状を把握しようとするヘーゲル学徒には、モーゼス・ヘスがいる。もっとも彼は、『歴史知へのプロレゴメナ』が出版される前の一八三七年に、すでに第一作『人類の聖史』で世界史を独自に三時代に区分している。これによると、第一期は古代インド、アッシリア、エジプトにはじまってローマにいたる時代、第二期はローマからはじまってフランス、イギリス、ザクセン、プロイセンとすすみ北アメリカで終わっている。ついで第三期は北アメリカからはじまってヨーロッパで結ばれる。とはいえ彼は、以上の三期を一様に「これから生じるものの土台としての過去」としており、そののちは「いままでに生じたものの帰結としての未来」が想定されており[5]、チェシコフスキの三区分法とは異なっている。またヘスは、第一期をアダムから書きおろし、第二期をキリストから、第三期をバルーフ・デ・スピノザ (B. de Spinoza) からそうしているが、未来については特定人物をあげていない。そのような点から推測すると、ヘスは三七年段階にあっては、なるほどヘーゲルとはちがって未来をすでに歴史の延長線上に想定してはいるが、いまだ明確にその構想を把握しきれていないようである。だがヘスは、同じ著作のなかで、将来におけるドイツとフランスの同盟のかなたに、新たな歴史創造の原動力をみいだそうともしている。

「フランス、すなわち政治闘争の国から将来純粋な政治が出現し、ドイツからは真の宗教が出現するであろう。そしてさらに両者の結合を通じて新たなエルサレムが生まれるであろう。その時を告げる三番目のラッパが響きわたり、真理の王国が創設されることであろう[6]」。

この引用文中の「三度目のラッパ」に注目すると、ヘスは、彼が過去に歴史だと説いた三期のち、スピノザにはじまる第三段階はいまだ完結していないようにも解釈できる。事実その当時のヘスには、ドイツをも含めたヨーロッパ諸国の史的展開が、スピノザに端を発する第三段階の完成に向かって流動している状態だという認識があったのである。その認識は、さらに、例のチェシコフスキの三区分法に影響される過程で強まった。そして四〇年代にはいって次々と発表する論文のなかで彼は、スピノザにかえてバブーフ（コミュニスム）とフィヒテ（無神論）を第三段階の起点とし、ヘーゲルの観想主義への批判というかたちをとって、第三段階が未完成であること、それを政治の次元で押し止めているのが現存プロイセン国家である点を、積極的に打ち出していく[7]。その際、純粋に哲学運動としてはじまったこのようなプロイセンの現状批判は、必然的にルーゲをスポークスマンとする政治的急進主義者の実践的スローガンに転化していったのである。

注

（1）チェシコフスキに関する邦語文献には、山中隆次「ヘーゲルとチェシュコフスキー」（『初期マルクスの思想形成』新評論、一九七二年、所収）、国分幸「チェシコフスキの行為の哲学」、『現代思想』一九七八年一一月号、神田順司「行為の哲学とドイツ初期社会主義」『史学』（慶応大）第五〇巻記念号、一九八〇年などがある。

（2）チェシコフスキによれば、ヘーゲル自身も世界史の四区分には疑問を懐き、それを三区分（iオリエント的時代、ii古典的時代、iiiゲルマン＝キリスト教的時代）に修正しようとしたが、これに失敗した。Vgl. A. Cieszkowski, Prolegomena zur Historiosophie. S 3f. 柴田隆行訳「歴史知序論」、良知力・廣松渉編『ヘーゲル左派論叢』第二巻（石塚正英編）、御茶の水書房、二〇〇六年、四～五頁。

（3）Vgl. ibid., S. 24f.

（4）Ibid., S. 146f. 148.
（5）M. Heß, Die heilige Geschichte der Menschheit, S. 13, 227.
（6）M. Heß, ibid., S. 310.
（7）ヘスがフィヒテを近代の起点と強調している論文には次のものがある。M. Heß, Sozialismus und Kommunismus, in: Einundzwanzig Bogen aus der Schweiz, hg.v. G. Herwegh, Zürich u. Winterthur 1843. (Nachdruck, Vaduz 1977.)

三　現状と未来の実践的把握

Vormärz 期急進主義者の現状認識・未来社会の構想には、青年ヘーゲル派のそれに代表されるもののほかに、これとはまったく次元を異にした、もう一つの代表例がある。前者は、Vormärz 期を含めた近代のヨーロッパが太古から、ある時は徐々に、またある時は急激に進歩してきたのだが、いまや完成に向けてその先へ進もうとするのを逡巡しているという理解であった。しかしこれから述べる現状認識は、歴史発展の諸段階にそれなりの進歩的時代精神を看取せず、人類は太古の昔、ある時突然退歩への病原を宿し、それが近代にいたるまでずっと人類を虫食みつづけており、したがって歴史に進歩があるとしたなら、それは相対的なものでなく絶対的なもの、この病原を即座に退治しようと企てたものに認められるという認識である。このような現状の史的認識をもつ Vormärz 期急進主義者の代表はW・ヴァイトリングである。彼はこの認識を、『人間不平等起原論』（一七五五年）と『社会契約論』（一七六二年）の著書ルソー以来のフランス思想、とりわけ一八三〇年代のフランス初期社会主義思想の修得下で獲得した。ヴァイトリングは、人類の歴史をルソー的にみたて、まずもって原始時代の人類に多くを言及する。その時代にあって人類は、自然法則による災害や障害はありながらも、地上でもっとも自然に恵まれた大地に住むことで、何ら苦労もなく暮らすことができた。

「その当時、豊かな自然は人類に、彼らの欲求の千倍ものありあまる富を与えていた。大地は彼らにとって偉大であり広大であった。彼らは地球上の一〇万分の一についてさえもほとんど知らなかった。そのわけは、彼らは、自己の欲求によって地上をあらゆる方向に横切り、またあらゆる辺境を発見するというようなことを、いまだ必要としなかったためであった[1]」。

原始の人類はいまだ自由とか独立とかを意識せず、いわんや何か守るべきもののようにはとらえることなく、そのなかで生活していたのであったが、そこに病原、すなわち所有が発生するようになると、事態は一変していくのである。ヴァイトリングによれば、所有はまず動産からはじまる。それは羊飼いの登場によって開始する。ある人が自分の小屋のまわりに羊をあつめ、ミルクを得るようになった。ところがいまだ狩猟を常とする人間が、それとは知らずに羊飼いの小屋の近くで羊を射た。この時、羊飼いも狩人も互いに所有権に親しんではいなかったが、それでもしだいに双方の利害を考えるようになった。つまり羊飼いはミルクを、狩人は毛皮を相互に交換しあうようになったのである。だが今度は同業仲間の争いがおこり、そうした理由でもはや「この羊は俺の家畜だ」と言明するようになっていったのである。[2]このことはつまり所有権の主張であるが、しかしいまだ誰も所有者となる権利を奪われていたわけではないのであり、自然はいまだ人類にとって無限であった。ところが、所有が動産から不動産へと侵出してくるとカタストローフがおとずれるのである。ある者が、自分とその家族を養うに足りるくらいの土地を耕し農業を開始した。それはそれでよかったのだが、ほかのある者が「独占的にすべてを要求したという、ただこの理由から、所有者になれなくなってしまった人間が存在するようになり、まったくすべての土地が少数者に掠奪され」自分たちだけで奪ったものを享受しうるようになってからというもの、「所有は社会の自然法則に干渉し、愛を失った、兄弟殺しのような、人類の尊厳と使命に恥ずべき所業を犯すこととなった」のである。[3]

ヴァイトリングのこうした原始時代の描写については、エンゲルスのかの『家族・私的所有および国家の起原』（一八八四年）に比べれば、もちろん曖昧な点はめだつ。しかし所有の発生を動産と不動産とに段階的に区分し、それがどのようにして私的に独占されていくかを説くところは、約四〇年後にエンゲルスがルイス・ヘンリー・モーガン（L. H. Morgan）に依拠して示した原始社会を漠然とではあるが言いあらわしている。もちろん、ヴァイトリングはフランス思想の影響下で概念的にこれを導いただけで、イロクォイ人の例を引くわけでなく、彼の時代にモーガンの『古代社会』（一八七七年）は存在しなかったから、エンゲルスのような分析はまったくできなかった。それでも両者とも、私的所有の発生を核として原始時代を概観し、私的所有の何たるかを解明し、それを廃止せんとして、原始時代に言及しているのである。ヴァイトリングは所有の発生を述べる際に、したがってまた所有権の侵害についても指摘する。「俺のもの」、「おまえのもの」という概念は、文字どおりの意味とともに、だから「盗むな」ということを意味しているのである。

そうした私的所有は、では何によって排他的・独占的なものとして固定されていったのか。それについてヴァイトリングは、「貨幣」によってであると指摘する。貨幣が発明されたことにより、原始の共同体は破壊されてしまったのだ。ヴァイトリングの歴史認識における第二の重要点は貨幣である。ヴァイトリングの時代を貫く不平等は、貨幣が存在するかぎりけっして消滅しない。「この劣悪な時代がながく存続している原因は、ほかでもない、富の不平等な分配と享受、ならびにこれを産みだす、不平等に割り当てられた労働なのである。そしてこの醜悪な無秩序を維持させている手段が貨幣なのである」(4)。ヴァイトリングにとって、貨幣が古代や中世の商品流通においてたんに媒介物として機能するものであるのか、または資本主義的生産過程において自己増殖する資本として機能するものであるかは、もちろん意識されようはずがない。彼にとって、生産物が偶然商品となっている段階や、それがもっぱら交換のために必然的に商品として生産される段階の区別はなかった。彼の眼目は、要するに貨幣が流通過程で機能するところにあったのであり、搾取はその過程で行なわれるというところにあったのである。

ヴァイトリングは、現存する社会制度が以上のような所有と貨幣とによって維持されているのだと判断するなかで、人間の自由・平等は当然にも少数者への特権的な富の集中によって形骸化されてきたと主張する。動産・不動産の独占的集中はそれにみあった統治形態を産む。そこで彼は古今の統治形態を分析し批判する。彼はまずもって封建制度を批判し、貴族の特権は労働者人民を苦しめてきたと説く。だがすでにフランス大革命を経たVormärz期当時にあって、ヴァイトリングはさらに革命後の制度をも批判する。大革命によって貴族の特権が消滅したとしても、また自由と平等が高らかに宣言されたとして、それは何を意味するというのか。

「名称は、ただそれだけではほかの何の重要性もない。たとえばフランスでは言論の自由があり、あるいはすべてのフランス人は法の前で平等であり、あるいはすべてのフランス人は自由である、ということを千回もきかされ、そして目の前に憲章をおかれきつく説教されようとも、それでも私はそれを信じないし、それどころか反対に、それは欺瞞にほかならないことを、千回立証してみせる」(5)。

ヴァイトリングの歴史認識は、直観的であるだけきわめてするどい。たとえ経済的な、政治的な知識において専門家でなかったにせよ、彼の判断は当代の社会主義諸思想をすべて理解しきっているかのようである。当時にあって彼の周囲には、いまだフランス大革命のスローガンをそのまま回復しようと望む者が多かったし、私的所有を神聖な権利だとして尊奉する思想が大半であった。パリにあっては、サン＝シモニストが相続制を批判し、プルードンが一八四〇年に「所有とは何か？」という問いを発した以外に、多くの急進主義者たちは、大なり小なり私的所有を弁護していたのである。またバブーフ主義の系譜においてブランキらがそれを排撃していたくらいのものである[6]。ところがヴァイトリングは、そうした、いわゆるルソー以来の啓蒙思想を学ぶなかで、また自由主義カトリシズムの急先鋒ラムネーの思想に近づくなかで、さらにそれらを跳び越えていくのである。跳び越えを可能にしたものはバブーフ主義の影響だろう。バブーフは、彼もまたルソーの影響を受けてはいるが、ルソーが越えようとして越えられなかった私的所有の廃止を提起した。ヴァイトリングはパリ時代にこれを理論と実践で学んだのである。

さて、私的所有を批判し、封建制度どころか新興資本主義制度まで批判するヴァイトリングは、それではいったいどのような社会を導こうというのであろうか。それは第に不平等を絶滅させる社会である。不平等の根原が貨幣だというのだから、それを廃止する社会である。また一部の少数者にしか集中しない富を万人の富とするために、私的所有を廃止する社会である。ヴァイトリングが構想として描く社会は財産共同体《ゲマインシャフト》である。それは自由を保証するし、自由はまた充足を、充足は幸福を保証する。だが不平等な社会にはけっして自由が存在しない。したがって現存社会の弊害は何よりも不平等状態に起因する。最下層の貧民に伯爵のような生活がかなえられたとしても、また伯爵は皇帝の生活を、そして「あらゆる階層が以前の百倍も楽になったとして、そうだからといって人間はけっして充足しはしない」のである[7]。そのような変化は、不平等に対して何の変更も加えないからである。ヴァイトリングは、古今の支配者によって流布されてきた欺瞞的な満足などするなと警告する。満ち足りている者だけが幸福であって、上をみたらきりがない状態であればけっして幸福でないという。

「貴族は商人よりも高慢である。商人は手工業者以上にうぬぼれが強い。直接税を払う親方は労働者以上の位にあると思いこむ。彼らはすべて労働者を軽視し、そしてさらに、各々の階級にあって他人よりも多くを所有する者は誰もがそうなのである。労働者でさえ同じである。新しい衣服を着た労働者は、それを着ていない者を上品には思わないのである」[8]。

ヴァイトリングの構想する社会は万人平等の社会である。「不自由をしている人間がいまだ存在するかぎり、すべての人びとの生活と幸福に必要でないようなどんな労働も、無用の労働である」から[9]、まずは万人に必要な労働を、各人に平等に分配せねばならない。各人は定められた一日の労働を果たせば、あとは好きなことに時間を使う。その定められた一日の労働にしても、万人が自由に職業を選び、自由に時間を設定することで、けっして苦しいものではなくなるだろうし、労働時間そのものもしだいに短縮していけるであろう。そのようにして財産共同体が平和裡に二〇年も持続すれば、万人の幸福や生活に不可欠な労働時間は、「一日に五時間から容易に三時間に縮めることができる」のである[10]。だがヴァイトリングの平等観は、けっして絶対的平等主義ではない。バブーフ主義の伝統をとらえたかといって、彼はそれと同じことを繰返しはしなかった。

「労働と生活財の平等な分配は、それだけでは人類に永続的な幸福を叶えてやることができない。厳密な、あまりにも物差ではかったような平等は、疲れはてて飢えている旅人に一皿の塩味の足りない料理をあてがうようなものだろう」[11]。

ヴァイトリングは、そこで新たに「交易時間(Die Commerzstunden)」というものを想定する。この時間は、万人に必要な、万人に平等に割当てられた労働時間を越える労働時間のことである。各人がそれぞれいろいろな趣味をもち、いろいろな関心を示せるようにと、この制度が考案されている。ヴァイトリングによれば、財産共同体での各人の労働時間は一日六時間である。それを越えて働いた時間は「もはや労働しなくなった老人たちのもとで管理される」交易時間である[12]。それは各人が望むままに増すことができる。しかし極端に多くをもつことは許されないし、またそれは世襲されもしない。この制度は共同体全体の利益のために、個人的な自由がいっさい等閑に付されてしまうことを防止せんとするものである。ヴァイトリングの平等観はしたがって、万人が平等でなければ自由はありえないとしながらも、なにがなんでも平等だ、そのためには芸術が滅んでもよしとするバブーフ主義(マレシャル)から脱却している[13]。

そのほかにヴァイトリングは、未来社会に有益なものとして機械文明の発達に積極的な評価を与えているが、しかしそのばあい、留意せねばならない点をみごとにおさえている。

なるほど機械は人類の役に立つために登場してきたのだが、「しかしもっかの社会状態にあっては、機械が発明されればそれだけ、人類の大多数の状態はますます貧困になってきているのである。……ほんのわずかな助力で信じられぬほどのことを果たす機械を手にすれば、もはや大勢の労働者は不要となるのである」[14]。

ヴァイトリングは、反合理化の視点といおうか、要するに機械化を労働者支配の再編強化と一体化したものとして把握したのである。手工業職人の階層はとかく古いものに執着し、新しいものにはすべて反抗するという傾向をもっているといわれるが、ヴァイトリングのこの機械＝工業観はずばぬけている。機械導入に対する短絡的な反発をみせた例としては、イギリスにおけるラダイト運動がある。一八一〇年代に賃金問題に端を発して生じたこの機械破壊運動は、機械導入がそのまま労働者の生活の貧困化、失業に結びつくとして展開されたものである。ノッテンガム靴下編工の運動を手はじめに拡大したこのさわぎは、架空の人物であるラッド王をまつりあげてたたかわれたが、もちろん失敗した。それから約二〇年後、イギリスに比べてはるかに後進国のドイツに、機械化を十分に理解しうる人物が登場したのである。それもたんなる機械化讃美でなく、はっきりとその社会的機能の側面をとらえることによってである。

以上述べたことから判断すると、Vormärz 期についてのヴァイトリングの現状認識は、私的所有の発生・拡大によって固定化されてきた不平等社会の最悪にして最終的な事態がドイツで全盛を極めているというものである。またこの事態はフランス的な社会制度への移行をもってしてもなんら変更されないどころか、かえって諸悪の根原である貨幣の力を強め、根本的な改造にはならないというものである。このような認識には、青年ヘーゲル派がいっとき歴史的な意義を与えた宗教改革以来の合理主義的・進歩的ドイツ精神などは存在しなかった。彼の現状判断の基準には、ルソーはあってもカントがなく、サン＝シモンはあってもヘーゲルは欠落しており、フーリエはあっても青年ヘーゲル派は欠落していたのである。そしてこうした現状判断は、ヴァイトリングが指導する義人同盟の手工業職人たちの多くに支持され、封建ドイツを一挙に財産共同体《ゲマインシャフト》に飛躍させようとする革命理論、すなわち〔革命即社会革命〕論を産み落としたのである。ヴァイトリングは、この革命理論を土台にして実際的なドイツ革命の路線を確定するが、それを次節で検討したい。

注

（1） W. Weitling, Garantien der Harmonie und Freiheit, S. 11. なお、自然法の立場から私的所有を批判したモレリの著作『自然の法典』（一七五五年）が、一八四一年にパリで復刻された。Morelly, Code de la Nature, avec l'Analyse raisonnée de Système social de Morelly par Villegardelle, Paris 1841.

（2） Vgl. ibid., S. 16f.

（3） Ibid., S. 24f. ヴァイトリングのこうした原始時代の描写は、ルソーの次のような表現に影響をうけたものと解釈できよう。

「ある土地に囲いをして『これはおれのものだ』と宣言することを思いつき、それをそのまま信ずるほどおめでたい人人を見つけた最初の者が、政治社会〔国家〕の真の創立者であった。杭を引き抜きあるいは溝を埋めながら、『こんないかさま師の言うことなんか聞かないように気をつけろ。果実は万人のものであり、土地はだれのものでもないことを忘れるなら、それこそ君たちの身の破滅だぞ！』とその同胞たちにむかって叫んだ者がかりにあったとしたら、その人は、いかに多くの犯罪と戦争と殺人とを、またいかに多くの悲惨と恐怖とを人類に免れさせてやれたことであろう？しかしまたその頃はすでに事態がもはや以前のような状態をつづけられない点にまで達していたことも明らかなようである。というのは、この私有の観念は、順次的にしか発生できなかった多くの先行観念に依存するもので、人間精神のなかに突如として形作られたのではないからである。すなわち、自然状態のこの最後の終局点に到達するまでには、多くの進歩をとげ、多くの才覚と知識とを獲得し、それを時代から時代へと伝達し増加させなければならなかった」。ルソー著、本田喜代治・平岡昇訳『人間不平等起原論』岩波文庫、八五頁。

（4） W. Weitling, Die Menschheit, S. 146. なおこの指摘は、Garantien, S. 53にもみられる。

（5） W. Weitling, Die Regierungsform unsers Prinzips, in: Junge Generation, S. 85.

（6） ブランキもまた、所有の発生について、一八三四年に次のように語っている。

「いくたりかの個人が策略と暴力とによって共同の土地を独占し、自分がその所有者であると宣言した。彼らは法によって次のごとく定めた。その土地は永久に彼らの所有に属すること、この所有権が社会組織の基礎となるべきこと、すなわち所有権は人間の一切の権利、もし不幸にして少数者の特権と相いれないならば生存権にすら優先し、必要とあらばそれらを奪うことができると定められた。

　この所有権は論理的帰結により土地から他の手段へ、すなわち労働によって蓄積され、諸資本なる属名で記される諸生産物へと拡大された」。「実際、隷属とは単に人間の所有物であるとか、土地の農奴であるとかいうことだけではない。労働の諸手段を奪われ、その所有者である特権者の思いのままになっている者は自由ではないのだ。大衆を奴隷にするのはこの独占であって、かれこれの政治体制ではない」。ブランキ、加藤晴康訳「スープはつくった者が飲むべきである」、『革命論集』上巻、現代思潮社、四二、四四頁。

（7）　W. Weitling, Die Gerantien., S. 14.
（8）-（12）　W. Weitling, Die Menschheit., SS. 144-164.
（13）　バブーフ、ブオナローティほかの平等主義に関しては以下の文献を参照。柴田三千雄『バブーフの陰謀』岩波書店、一九六八年。平岡昇『平等に憑かれた人々―バブーフとその仲間たち』岩波新書、一九七三年。
（14）　W. Weitling, Die Menschheit., S.146.

第３節　ドイツ革命の展望―革命路線の確定

三月前期（Vormärz）急進主義者は、一八四八年にいたるあいだ、たんにドイツの現状を批判し未来社会の構想を練るだけでなく、実際に現状を変革するには、いったいどのような方法によったらいいか、またどの階層がこれを遂行する資格と能力をもっているか、という具体的な検討をも怠っていなかった。それは、なるほど一八三〇年代の初期にあっては、変革・革命の方法にしてもその主体にしても、極めて漠然としていた。たとえばルートヴィヒ・ベルネは七月革命直後において依然として議会から締めだされていたサン＝キュロットの末裔に同情を寄せ、ヤコブ・フェネダイはドイツの下級民衆にも所有の平等を要求したが、社会改革の主体やその方法については、せいぜいのところハムバッハ集会にみられる知識人主導型の啓蒙的路線に集約されるものであった。だがドイツにあってこのような大衆運動への発展の芽が摘みとられてしまうと、その後の急進主義者は、フランクフルト事件のような少数者の暴動・奇襲・テロリズムによって封建ドイツを転覆させようとした。しかしこの方法もまったくの徒労におわるや、これを反省した急進主義者のなかから、いよいよドイツ解放の方法とその主体に関し、現実有効性を求める模索がはじまるのである。それはまず、端緒的にはヘッセンの人権協会指導者ゲオルク・ビュヒナーとフリードリヒ・ルートヴィヒ・ヴァイディヒの論争に現れた。すなわち、一方で、封建ドイツを解放しうる階層は最下層の貧民であり、その方法は大衆によって担われる革命的暴力の路線だとするビュヒナーと、他方で、解放の主体は貧農から自由主義ブルジョアジーまでを含めた反封建統一戦線が望ましく、その方法も幅広い支援の得られる穏健なものに想定するヴァイディヒが、その後に続く急進主義者たちに、現実有効性に関する基本的争点を提起したのである。

この二種の主張は、もちろんたんなる啓蒙もたんなる暴動も拒否しようとするところで発せられているし、ともに最終的には圧倒的多数の大衆が自ら行動をおこすことが肝心なことだという前提に立っていた。Vormärz 期急進主義内でのこのような論争は、その後急進主義諸潮流に受継がれていく。たとえば光の友協会ではウーリヒとヴィスリツェヌスが衝突し、また義人同盟ではシャッパーとヴァイトリングが衝突する。革命の主体およびその路線の確定に現実有効性を付与しようとする Vormärz 期の葛藤を、本節ではヴァイトリング、ヘス、マルクス、エンゲルスが提起したドイツ革命の展望において検討する。

一　ヴァイトリングの〔革命即社会革命〕論

ヴァイトリングのドイツ革命論は、先にも述べたように、ヘーゲルまでのドイツ思想を欠落させたまま、フランス思想を全ヨーロッパ的に拡大するという構えのなかで築かれる。彼は、ブルジョア革命前のドイツに生まれ、祖国がそのように資本主義の確立にむけて発展しようとしている時期に、ブルジョア革命後のフランスでドイツ解放を指向する。その際、彼のおかれた社会的境遇（極貧の出、無学歴、渡り職人）というものが、ドイツ革命の路線確定において大きく影響を及ぼす。すなわち、彼には代々保持し防衛すべき財産がなく、したがって祖国意識もなく、学問といったなら、職業知識のほかはすべて現状をくつがえし改善するために役立つものばかりであった。また彼は、たんにドイツの現状を悪とみるだけでなく、フランスのよりすすんだ社会状態をも転覆すべきものだと考え、革命の対象としてはどちらにも差異をもうけなかった。そこから彼は、一八三〇年代にパリで活躍していたブランキらの思想と行動をそのままドイツ革命でも通用しうるものと考えたのである。

では、一八三〇年代においてブランキはフランスにどのような革命を展望していたか。それはむろん一七八九年と一八三〇年の二度の革命によって達成された成果の先を目標とするものであった。ただし、ここで重要な留意点は、ブランキにとって一七八九年はブルジョア革命として意義があったのではなく、プロレタリア革命の起点として意義があったという点である。そこからしてブランキは、来たるべきプロレタリア革命を、けっして第一歩からはじめるのだとは考えない。それはすでにフランス大革命のときに、少なくともバブーフら平等党の人びとによって踏みだされているると考えている。「平等の擁護者たちは人民の無知と愚かさのゆえに、大革命の処刑台に死んだ」だけであって[1]、彼らの提起そのものは誤っておらず、したがってブランキが諒解している大革命とは、けっしてブルジョア革命ではなかった。彼は、資本をあやつって労働者やその家族を圧迫するような〈富める者〉のための革命など、最初から価値あるものとみなさず、大革命の歴史的意義をそのような意味で認めていない。彼は大革命を敗北した、中断したプロレタリア革命と評価しているのである[2]。以上のようなブランキのフランス革命観に呼応するようにして、ヴァイトリングもまた、一八三八年の『人類』で、義人同盟員に次の訴えを行なう。

「自由と平等を宣言し、王侯や貴族、そして聖職者を没落させ、常備軍を廃止し、富者に課税すれば、諸君はなるほど多大な収穫をうるのではあるが、しかしそれでもいまだ人類の幸福を築いたことにはならい。もし我々の作業を完全なものとするのであれば、ここで中断することは許されない。我々の義務は人類が救いをもとめて努力する偉大な瞬間を利用することである。戦いの代償が血、生命、そして自由であるならば、我々は不完全なものをもとめるよりは、同等の犠牲を払ってむしろ完全なものをもとめて努力するのである」。

「諸君は敵との調停をとおして何かうるところがあるなどと信じてはならない。諸君の期待はただ諸君の剣にしかないのだ。諸君と敵とのあいだのどのような調停も諸君の不利益になる。諸君はすでにいやというほどそれを経験してきているのだから、いまやその経験を役立たせるべき時なのだ。真理は血によってその道を開拓せねばならないということは、悲しむべき経験である。それ故キリストは告げている。

地上に平和をもたらすために私が来たと思うな。平和ではなく、剣を投ずるために来たのである。『マタイによる福音書』一〇章の三四[3]」。

ヴァイトリングがここで強調したい点は革命の徹底性についてである。彼の脳裏には、これこそ人類の永遠の解放宣言であるかのごとく解されるフランス大革命への実際的判断基準があった。聖職者や封建貴族、つまり第一階級と第二階級を支配の座からひきずりおろしたこと、それはそれで人類の一部には進歩ではあろう。しかし自由・平等が最終的に実現されたわけではない。旧来の支配階級にかわって、こんどは金持階級と学者貴族が支配の座についたではないか。そのような不徹底な革命は労働者大衆のとるべき道ではない。自らの献身的な行動が、結果的に金持階級を利するだけのことであるのなら、そのような行動は何の役にも立ちはしない。労働者や貧民大衆は、当初から他の階級に依存しない、彼ら自身のための革命を成就せねばならないのだ。ヴァイトリングはヨーロッパ各地を遍歴するあいだに、そしてことにパリでフランス社会主義・コミュニスムに触れることによって、来たるべき革命はいかなる性格のものでなければならぬかを見ぬいていった。支配階級とのどのような調停もとり結ぶな、それはその都度労働者大衆を害するだけだからだ。支配階級と労働者大衆とのあいだに和解の言葉はありえない。あるのはただ一つ、剣である。ここでいう剣とは、いうまでもなく革命的暴力のことである。彼によれば、階級間の闘争はあれこれの調停や改良によっては前進しない、要は支配階級の国家権力と労働者の革命的暴力の対決をとおしてしか前進しないのである。

義人同盟員への以上の訴えからみて、ヴァイトリングは大革命をまさしく労働者大衆の革命と位置づけ、ドイツでの来たるべき革命ももちろんその性格を有するもの以外にありえないと考えていた。そのばあい、なるほどフランスでは一七八九年にプロレタリア革命の第一歩が踏みだされたとして、ではドイツでの起点をどのような史実にみたてているのであろうか。その点を彼は明確に語っていない。というのも、彼にとってプロレタリア革命はけっして一国的なものでなく、およそヨーロッパ的規模でとらえられているからである。したがって彼の書いた文書のなかでは、一七八九年がドイツでのプロレタリア革命の起点として借用されている節が多くみられる。つまり彼は、一八三〇年代フランスにおける金持（ブルジョア）と貧民（プロレタリア）との階級対立を、同時代ドイツの階級対立を論じる際にも、敵対する関係としてそのまま区別なく用いる。どれほど脆弱であろうが、ドイツの新興ブルジョアジーは、ヴァイトリングにとってやはり即刻打倒すべき敵の一つであった。

とはいえ彼は、ドイツそれ自体の歴史上でも財産共同体《ゲマインシャフト》を標榜した人物や運動のあったことを強調するときもある。その点で彼が挙げる事例は、農民戦争期のトマス・ミュンツァー（T. Müntzer）やライデンのヨハン（Johann v. Leiden）である。

「一六世紀において、ドイツの政治世界は重大な事態をはらんでいた。ザクセンの福音派の牧師トマス・ミュンツァーは財産共同体を説き、金持を諸都市から追放して多大な支持を得た。しかし、彼には勇気が欠けていた。敵軍が攻めていたとき、彼は、陣営に得ていた三万の兵に、天上にかかった虹をみあげさせ、彼らに天使の加護を告知し、敵と戦うことを禁じたのだ。彼らはほとんど無抵抗のまま惨殺されたのである。

同じ時期に、ライデンの仕立職人ヨハンが、ヴェストファーレンのミュンスターで、同様に財産共同体を実施した。……彼は無残な死をとげる。…

しかるにこれらの例は、財産共同体の学説がすでに当時にあって、不完全に説かれたにもかかわらず電気のように大衆の心を魅了していたことを証明するものである」[4]。

ヴァイトリングの説明にしたがえば、財産共同体理論はすでに一六世紀のドイツで民衆にとらえられていたのである。農民戦争期において領主制の廃止のみならず土地の共有＝神の王国まで説いて貧農を指導した再洗礼派のミュンツァーは、ヴァイトリングにとりある意味ではドイツで第一にプロレタリア革命を提起した人物と評価されたのである。フランス革命にしてもドイツ農民戦争にしても、これらはヴァイトリングの理論世界ではすべて完成されるべきプロレタリア革命の第一歩なのであって、現在、すなわちVormärz期の人民は、立ち止まらずに第二歩、第三歩を踏みだす任務を負っている。そうした考えからして、社会革命は一六世紀にも一八世紀にも、また一九世紀にあっても、つねに被抑圧人民が現実的に即刻獲得すべき目標だったのである。それ故、ヴァイトリングが展望する将来のドイツ革命は、もはや最初から、即座のプロレタリア革命として直観されており、これを遂行する資格と能力を備えた者は唯一下層の労働者階級なのである。彼は述べる。

「どのような重要な革命の導入も、ただ革命によってのみ実現可能となる。……新たな理念の実現が人民によってたたかいとられるか、あるいは一人の君主によってか、または物理的暴力によってか、あるいは精神的にか、それともその両方によってか、ということにかかわらず、どのみちこれは革命である……
二、三の俗物政治家は、前もって共和国とか呼ぶ不平等状態を勝ち取り、政治革命をせねばならないと考えている。すなわち、支配の座にある者たちをとりかえ、学者貴族や貨幣貴族の利益のために諸侯と貴族を打倒せねばならないと考える。これに対する私の考えはこうである。もし我々が一度は犠牲を強いられるのだとしたならば、我々と社会にもっとも不可欠なもののためにそうするのが、いちばん賢明というものだ。……
我々ドイツ人にとっては、社会革命よりも政治革命を行なうことの方がはるかに困難である。なぜならば、我々は宗教上のちがいによる偏見と、依然として有力なドイツ諸国民内部の反感とを、ただ世界を仰天させるくらい大規模な事件によってしか、なかでも、もっとも多数のもっとも貧しい諸階級に物質的利益を即座に与えることによってしか、消し去ることができないからである。これを叶えるような革命はみな社会革命なのだ。政治家が指向するドイツの統一は、社会革命によってこそもっとも可能なのである(5)」。

政治革命によってではドイツ解放の内実は獲得されない、内実はあくまでも社会革命によらねばならぬ。その革命は無血であろうと流血であろうと、要は私的所有と貨幣を廃止し、財産共同体を導入することである。このような方針を義人同盟の指導的職人たちに訴えるヴァイトリングは、しかしロンドンで「ドイツ人労働者教育協会」を設立し啓蒙路線を歩む同盟員たちによって排撃される。スイスを追われロンドンにやってきたヴァイトリングとロンドン支部の指導員シャッパーは、一八四五年二月から翌四六年一月にかけて、各々味方を得ながら協会内で連続討論を行なう。ヴァイトリングはクリーゲの、シャッパーはモル、バウアー、カール・プフェンダー(K. Pfänder)らの支持を得て、コムニスムスの概念、そのめざすもの、あるいはそれを担う者等を検討する。

ところで、この論争は一ヶ年にわたって展開されるのである。討論開始当初のシャッパーらはずぶずぶの啓蒙路線を固執する。またヴァイトリングの方とて、「理性」と「感情」の論争にあって「感情」優先を説いてきかないといった具合である。連続討論の前半は、かたやシャッパーらの啓蒙と教育の賛美、革命の拒絶、かたやヴァイトリングの、革命はいますぐにでもやれる。でなければ永遠にできない、という批判の応酬によって経過するのである。だが、そのようななかで、六月末になると、モルが突然第三者的な発言をする。彼は、革命をおこしてそれが人民の利益に合致するという確証が得られないかぎりで革命に反対すると述べたのである。何がなんでも啓蒙だ、などという次元の発言ではない。そして七月上旬には、今後はバウアーが前向きな発言をする。彼は、物理的な事件が起こらないかぎり、金持は譲歩しないと語る。モルにしてもバウアーにしても、こうした発言をするばあい、ヴァイトリングの発言を一定程度引合いに出している。彼らのこのような思考方向は、片方に啓蒙派、片方に〔暴動即革命〕派をおいて論争するなかでの、双方の発展的結合の道をきり拓くものである。こうした発言に応えるようなかたちで、ヴァイトリングも歩み寄りの姿勢をみせる。彼は、革命をいますぐにでもやれという発言をひかえ、今度はその奏効について語るのである。彼は、革命自体が不可欠なことを主張することによって、一ヶ年の論争中、もっともすぐれた見解を、ここで述べたのである。モル、ヴァイトリング、バウアーによる前向きな発言の箇所を引用してみよう。

モル「市民ヴァイトリングとクリーゲへの私の思い違いでなければ、彼らは革命をひきおこそうと主張しているのではなく、すでにその気運が動いておれば、それを支持するだけだと主張しているのである。しかし我々は、はたしてそれがたしかに革命の目的である人民の利害なのかどうかを、鋭く監視せねばならない。こんにちまでのあらゆる革命は、少数者の利益のために行なわれたにすぎない。フランス革命とて、ブルジョアジーの利益ですらなかったのだ。彼らの夥しい破産をみればわかる。それだから、革命の結末が人民の利益に合致するにちがいないと十分正確に予見しえぬとあらば、いたる処であらゆる革命を非難することは、我々のきわめて神聖な義務だと思うのだ。……」

ヴァイトリング「私は、いま革命を煽動することも、それを非難することもできない。只々、その奏効を語るのみなのだ。種々の諸国民が誇るどんな自由も、まったくもって革命によってのみ獲得することができるのである。啓蒙は、革命を通じて以外には、政治の面で我々に全然何も獲得させはしなかったし、それはいつも革命の後になってようやく功を奏したのだ。世界中の人びとは例外なくすべて、彼らの自由を革命に負うている。平和的路線上の啓蒙は誤りなのだ。努力して得られねばならぬものは、ただ戦いにおいてのみ貫徹される。…物質的なものに対して戦うのではあっても、物質的な基盤なしでは、どんな理性もあるものか。飲み食いなしに啓蒙は不可能だ。ひもじい者に啓蒙の説教なんでたわ言なのだ。とにかく第一に、欠乏に悩む人びとの要求を満足させねばならぬ。それ故我々は、プロレタリアの、所有への敬意を取り除き、貨幣に対して革命的に反対させねばならぬ。また彼が窮乏がもとで、物乞いしたり不自由したりするより盗みをするようなら、彼に対し、何ら犯罪者などでなく、それどころか勇敢な男であると銘記させる必要がある」。

H・バウアー「たんなる平和的啓蒙によるコムニスムスの導入は、他面、越えがたい障害として有産者の利害と対立する。有産者は、可能なあいだは抵抗するだろう。もちろん、奴らと奴らを支える諸政府は、もっぱらコムニスムス導入の進展に貢献している。奴らは、その卑劣な行為の操作によって、最良の宣伝家となっているのだ。それは、こんにちの時局に適切な模範を我々に提供するといった具合にである。そうして恥ずべき圧制は強力な叛逆を産み出さずにおかない。それは、旧社会が暴力的に爆破される終局まで存続する。要するに、たんなる平和的啓蒙の路線では、ほとんど希望がもてないということである。有産者は、強大な物理的事件によって制圧されないかぎり、今後けっして譲歩しないだろう。ヴァイトリングは、戦いなしには何も実現されない点を、また啓蒙はたえず新たな革命を準備してきたのであって、それを避けることは断じてできない点を、すでに我々に説明している。実際、我々はこんにち巨大な準備期に立っている。国法や政府の諸方策、そして産業の発展は、社会問題を暴力的に前面に押し出している。それらは、もはや奇異な法律や反コムニスムス国家に妨げられず、全人類がすすんで新たな生活原理に専念できるために、最終的に全国民がコムニスムスを理解しきり、力強い生活を築くまでは、圧迫に圧迫を重ねていくのだ。……」(傍点原文イタリック)[6]

六月末から七月初旬にかけてのこのやりとりが、一ヶ年にわたる論戦中で、もっとも実りあるものであろう。その後のバウアーやモルは、またもやのらりくらりの啓蒙的発言を繰返すのである。また、シャッパーとヴァイトリングの隔たりもそう簡単には消滅しない。双方はあいかわらず激論をたたかわせていく。その頂点というかクライマックスは、革命のため、所有の否定のためなら盗みもよしとするヴァイトリングの「窃盗理論」についてである。ヴァイトリングが、コムニスムス実現のためなら無神論でも宗教でも、また移民でも革命でも、実現可能と認められるものなら何でもよしと述べても、シャッパーは別段反対しない。だがシャッパーは、いくら手段を選ばないからといって、「窃盗理論」をもち出すことには猛反対したのである。

ここにいたってヴァイトリングは、己の社会革命論における究極の戦術を露骨に批判されたのである。それでも彼は、この戦術を取り下げないまま論争を経過していく。シャッパーの論法もまったく的はずれであった。彼は、革命的暴力の路線上でヴァイトリングの〔暴動即革命〕論を論破しようとせず、たんに啓蒙の土俵で、旧態依然たる批判に終始するのみである。それは、先に引用したモルやバウアーの発言とはかなりちがっている。ところが連続討論も終盤にはいるとシャッパーは、オーウェン、フーリエ、カベを批判しはじめた。オーウェンの構想は家父長的であり、フーリエの構想は「醜悪で馬鹿げて」いるし、カベの構想は「無為」であると。(7) 彼はまたヴァイトリングの構想をも批判する、それには「自由の保証はまったくない。有益な構想はわが国の新進ドイツ人哲学者たちによって樹立されるものと信ずる」と。(8) ここでシャッパーは、その新進ドイツ哲学の修得を言い切るのである。彼らの連続討論の結末は、したがってドイツ哲学、なかんずくフォイエルバッハの著作と、「科学的な諸問題」すなわちマルクス、エンゲルスの展開するイデオロギー運動への接近を示唆したのである。(9) ということは、シャッパーとヴァイトリングの論争は、けっきょくマルクスらの登場をまって解決されていくことを意味している。

だがヴァイトリングとマルクスの論争点は、すでに述べたように、けっして革命か啓蒙かの次元にはなかった。彼らのあいだでは、Vormärz 期すなわち封建ドイツの政治体制をそのままにして一気に労働者革命を企てるのか、それともこれをいったんは一七八九年のフランスに高めてからにするのか、という問題が第一の争点なのであった。マルクスはむろん後者の立場にいるわけだが、そうした二段階革命論を理論的に強化していくのは、彼よりもエンゲルスの方であった。また同じくマルクスらの立場に近づいてドイツ革命の路線確定に携わり、しかし最終的にはヴァイトリング寄りの路線を提起する人物にヘスがいた。そこで次にはヘスの革命路線を確認し、最後にマルクス、エンゲルスのそれを確認したい。

注

(1) ブランキ「スープはつくった者が飲むべきである」、前掲書、四五、四六頁。

(2) ブランキのフランス革命観については、内山節「初期社会主義の労働者観」、『現代の眼』一九七九年一〇月号、参照。内山はこの論文中で次のように述べている。
「ブランキには、フランス大革命が近代的不平等をなくす社会主義革命としての性格をもっていたという認識がある。ただ闘争が中途で終わってしまったために、ブルジョアジーにその成果をかすめとられてしまったのだと考えている。だから彼からしてみれば社会主義革命はすでにはじまっている。問題はそれを勝利に導く方法をつくりだすことである」。（二一七、二一八頁）。卓見である。

（3） W. Weitling, Die Menschheit, S. 147, S. 155f.
（4） Ibid., S. 176.
（5） W. Weitling, Garantien., S. 226, S. 246f.
（6） Diskussion im Kommunistischen Arbeiter-bildungsverein in London 1845. 2. 18-1846. 1. 14, in: Dokumente., S. 223ff. 石塚正英『叛徒と革命―ブランキ・ヴァイトリンク・ノート』イザラ書房、一九七五年、一六一頁以降参照。
（7）（8） Ibid., S. 235f.
（9） Ibid., S. 238.

二　ヘスの〈イギリス→ドイツ〉的社会革命論

モーゼス・ヘスは、ヴァイトリングとちがって、カント以来のドイツ哲学と啓蒙期以来のフランス思想の同盟という構えのなかで来たるべきドイツ革命の路線を設定する。この同盟が是非とも必要なことを、彼は一八四三年にスイスで発行された『スイスからの二一ボーゲン』に寄せた論文『社会主義と共産主義』のなかで述べる。

「ドイツ精神とフランス精神とが自己に課した仕事は、本質的に同一のものである。…

フーリエとヘーゲルによって、フランス精神とドイツ精神とは、次のような絶対的な立場にまで高められた。主体の無限の権利、すなわち人格的自由ないし絶対的に自由な人格と、それに劣らない権利を有する客体的世界の掟、すなわち社会におけるあらゆる個人の絶対的平等とが、もはや対立することなく、双方があらゆる生活の絶対的統一という同一の原理の相互補完的な契機となるような立場にである」。

「フランス精神とドイツ精神は、近代の根本原理を真理とした。さりとてこの真理を生活のなかで具現するためには、人格的自由と社会的平等という真理のかの両契機がふたたび統一されねばならない」[1]。（傍点原文隔字体）

この引用文から察するに、ヘスは、ドイツ精神＝ヘーゲル哲学＝人格的自由と、フランス精神＝フーリエ主義＝絶対的平等というような図式を念頭におき、両精神がいまやラインの両岸で同一目標をめざして相互補完的な役割を果たすまでに成長してきたと判断している。その際彼は、フーリエにコミュニスムをみて、ヘーゲルに無神論をみている。そして、コミュニスムとしてのフランス精神と無神論としてのドイツ精神の統一の過程に、絶対的な自由と平等の実現する基盤が備わるとするのである。さらにヘスは、フランスにおけるコミュニスムの発展をバブーフ→サン＝シモン→フーリエというコースでたどり、ドイツにおける無神論の発展をフィヒテ→シェリング→ヘーゲルというコースでたどり、バブーフとフィヒテが仏・独両精神（近代の根本原理）を開始し、サン＝シモンとシェリングがこれを継承し、フーリエとヘーゲルがこれを双方の側で成熟させたと解釈する。以上のことがらからヘスの共産主義論を考え、まずはっきりしていることは、彼はフランス革命の歴史的意義ないし積極的な側面を、さほど評価しなかった点である。彼が述べる「近代（およびその根本原理）」は、けっしてブルジョア革命としてのフランス革命を起点としていないのである。そうでなくて、彼の考える「近代」とは、あきらかにバブーフの共同体主義とフィヒテの無神論からなのである。彼にとって、ロベスピエールの急進的民主主義思想やカントの理性国家論は、「近代」以前の、過去の原理なのである。彼にとり「近代」とは、なによりもまず哲学的共産主義に向かう時代なのである。

さてヘスは、一八四三年に、右に引用した論文のほか、「一つのそして完全な自由」と「行為の哲学』」の二編を『スイスからの二一ボーゲン』に載せ、独仏精神同盟の必要性をしきりに強調し、またそれを理論によってでなく「行為」によって現実化せよと説く。だがそれでも新たな社会は、たんにドイツ哲学とフランス・コミュニスムが「行為」において結合するだけでは十分でない点を、一八四五年刊行の『ライン年誌』に載せた論文『貨幣の本質について』でほのめかしている。

「我々の期待する有機的共同体（Die organische Gemeinschaft）は、困窮とひどい激情という悲痛な棘によって、すべての我々の諸力が最高度に発展した結果ようやく生じるものだ。人間の発展の熟した果実である有機的共同体は、我々がいまだ完全に発展していないかぎり、産みだされえない」。

「……我々の諸力と諸能力とが発展したあと、もし我々が共産主義に移行しないのであれば、我々は相互に滅亡していくだけであろう(2)」。

一八四三年の「社会主義と共産主義」では主として独仏の知識人同盟が、あるいは彼らの知的営為の統合が、新たな社会を産みだす契機とされていたが、一八四五年の「貨幣の本質について」（執筆は一八四四年二月以前）では、右の引用にあるように、「我々」すなわち人間の「諸力・諸能力」の結合とその発展が、未来社会への移行に決定的な要素として表現されてくる。そしてこの「我々」がいよいよドイツの現状そのものの変革主体として、やがて一八四七年に『ブリュッセル・ドイツ語新聞』紙上で発表した論文「プロレタロアート革命の諸帰結」で明確にされる。ヘスは、この論文のなかで、端的にプロレタリアート、プロレタリアート革命、ブルジョアジー、ブルジョア革命なる用語を使って、来るべきドイツ革命の展望を公表している。といっても彼は、ドイツだけで生じる革命という意味で展望するわけではない。すなわち、一八四五年の「貨幣の本質について」で表現された「我々の諸力と諸能力」の発展の度合は、一八四七年のヘスにとって、ただイギリスにおいてのみ革命をおこすに十分な伸びをみせていただけなのである。そこからヘスは、ドイツでの革命は、ほどなくイギリスではじまるであろうプロレタリア革命の余波をうけて、やはりイギリスと同じプロレタリア革命として現実に生じるだろうと推論する。イギリス、それにフランスでもこうした革命に先立ってまずはブルジョア革命が起き、そののちプロレタリア革命が日程にのぼってきたのだが、ヘスは、そうしたコースをドイツにあてはめようとはしない。彼は、一八四三年の「社会主義と共産主義」やそれ以前の著作において、一貫して共産主義を観念的に標榜してきたのであり、ブルジョア革命たるフランス革命などにプロレタリアにとっての進歩的な側面などほとんど認めないのであった。ヘスは次のように述べて、ドイツにおけるプロレタリア革命を展望する。

「有産の臣民は、革命という目的のために彼らの無産の臣民と同盟するには、もはや臆病になりすぎている。彼らを圧迫している者に対する国家公民的(staatsbürgerlicher)憎悪は、彼らによって圧迫されている者に対する私市民的(hausbürgerliche)恐怖によって、すでに無力化されているし—彼らの無力な反抗では、もはや革命は成就しえない。しかしこのことは、ドイツのプロレタリアやコムニストたちのせいではない。…むしろそれは、次のようなドイツの全きみじめさのゆえである。すなわち、ただプロレタリアートだけから出発せねばならない革命のためにはいまだ熟しきっていないにせよ、しかしプロレタリアートとブルジョアジーの連合からだけ生じうるかの革命のためにはもうすでに熟しすぎ、爛熟し、腐り頽廃しきっているというみじめさのゆえである。…ドイツのブルジョアジーは、西方の嵐が襲来し、プロレタリアートという大波が深部からうねって泡立ち、王侯、貴族、そしてブルジョアジーをあわせて打ち砕くまで、ドイツのみじめさという静かな大海を、恐怖と期待の間で当てもなくさすらっていく運命にあるようだ[3]」。（傍点原文隔文体）

ヘスは述べる、ドイツではもはやブルジョア革命は不可能であると。またさらに述べる、プロレタリア革命もまだその時期ではないと。そして結論する、西方（イギリス革命）からのインパクトをうけて、やがて内的に成熟しはじめたドイツ・プロレタリアートが、一挙に彼らだけのための革命に成功する、と。ヘスのドイツ革命の展望は、このようにして、ブルジョア革命を跳び越える一挙的なプロレタリア革命として結実したのである。一八四四年から四五年ころまでのヘスには、このような見通しはむろん鮮明でなかった。「貨幣の本質について」段階のヘスは、共産主義を観念の領域から現実世界へもたらそうと努力していたが、しかしその実現は遠い将来のように思えていた。ドイツ哲学とフランス・コミュニスムの同盟がいかに急速に達成されようと、人間の「諸力と諸能力」が現に発展しきらなければ、共産主義は問題にならなかった。ところが一八四五年以降のヘスは、ドイツに欠けていた社会・経済的成熟をイギリスにみいだし代用し、イギリス革命→ヨーロッパ革命＝ドイツ革命の図式を採用し、ドイツでの共産主義革命の日程を一挙にはやめた。それによってヘスは、単独ではブルジョア革命もプロレタリア革命も不可能なドイツで、封建勢力とブルジョアジーを同時に打倒する革命路線を確定したのである。

なるほど一八四五年以降のヘスは、マルクスとエンゲルスによって「真正」社会主義者と呼ばれ、科学的共産主義の立場から批判されていく。しかしヘスは、「ドイツ・イデオロギー」以降のマルクス、エンゲルスに大きく影響をうけ、また彼らの組織「ブリュッセル共産主義通信委員会」や職人たちの団体である義人同盟の活動に協力し、彼なりにドイツ革命を身近かなものとして構想していった。その際、プロレタリア革命の起点をイギリスとしたのは、むろん同国がいちはやく資本主義を発展させ、それによる諸矛盾（恐慌など）を露呈していたためであり、かつその洞察を、マルクス、エンゲルスの現状分析に依拠して獲得したからである。

注

（1） M. Heß, Sozialismus und Kommunismus, in: Einundzwanzig Bogen aus der Schweiz, hg.v. G. Herwegh, Zürich u. Winterthur 1843. (Nachdruck Vaduz 1977.), SS. 79-81. 邦訳『初期社会主義論集』四〇〜四二頁、四四頁。

(2) M. Heß, Über das Geldwesen, in: Rheinische Jahrbücher zur gesellschaftlichen Reform, hg v. H. Püttmann 1 Bd., Darmstadt 1845. (Nachdruck, Leipzig 1970.), SS. 33.（邦訳『初期社主義義論集』一六〇一～六一頁）。

(3) M. Heß, Die Folgen der Revolution des Proletariats, in: Moses Heß Sozialistische Aufsätze 1841-1847. S. 229f. 邦訳、良知力編『資料ドイツ初期社会主義・義人同盟とヘーゲル左派』平凡社、一九七四年、一五一～一五二頁。

三　マルクス・エンゲルスの〔二段階革命〕論と一八四八年の試練

来たるべきドイツ革命は、部分的・政治的なものでなく、トータルな、社会的なものでなければならないという発想は、Vormärz 期のコムニストたちに共通している。彼らはその考えをともにフランス体験からひきだしている。彼らはみな、フランス的政治・社会情勢の高みに立って世界をながめようとしたのである。したがって、彼らの立つ頂からは、はるか下方に封建ドイツが見おろせたのであった。だがドイツ革命の展望を考えるとき、ビュヒナーやヴァイトリングは、下方にみえるドイツの低地に降りていこうとしなかった。とりわけヴァイトリングは、あくまでもフランスの頂にとどまり、ドイツを一気にフランス以上の高みにおしあげようとしたのである。また青年ヘーゲル派からでてきたヘスは、ドイツとフランスの落差を十分洞察しえていたのだが、これをみじめなドイツが独力で登りつめることは不可能と結論し、イギリスに始まるヨーロッパ革命という一大造山運動の一環として、ドイツをやはり一挙的に頂上までおしあげようとした。それに対し同じく青年ヘーゲル派からでてきたマルクスとエンゲルスは、ドイツの低地に降り立つことをもって、革命路線の出発点とした。

ヴァイトリングにとって不平等の延長、支配者の首のつけ換えでしかないブルジョア革命が、現実にドイツの直接課題であったことから、マルクスにとって、ドイツ解放の究極目標と段階的目標は区別すべきものとなってゆく。一八四三年当時、彼はけっしてそれを明言していない。そのころの彼は、何よりも総体的な革命が、政治的解放を越える人間的解放が気にかかっていた。ドイツ的みじめさは社会革命によってしか克服されないことを強調していた。だが、いまドイツが歩む客観的な方向に直接立ちはだかっているものはブルジョア革命であるという認識から、彼は、ドイツを一気にフランス以上の高みにおしあげようとするのは誤りだと結論する。そうした戦略展望は、エンゲルスとの協働によってしだいに強くなっていく。彼ら二人の出会いは、一八四二年一一月に、エンゲルスがバルメンからロンドンへ向かう際にケルンの『ライン新聞』編集局へ立ち寄った時が最初である。その後彼らが本格的に協力しあうようになってのち、ドイツ革命の展望はしだいに二段階的に強調されていく。エンゲルスは、一八四六年二月に、『ノーザン・スター』への寄稿文のなかで次のように述べている。

「ブルジョア階級（Bürgertum）が彼ら自身革命的、すなわち進歩的であるあいだは、労働者階級は必然的にブルジョア階級の手中の道具なのである。それ故このばあい、労働者階級の独自の運動は、たえず従属的な意義しかもたない。だがブルジョア階級が完全な政治権力を獲得するまさにその日から、あらゆる封建的・貴族的利害が貨幣の力によって潰え去るその日から、ブルジョア階級が進歩的・革命的であることをやめ、自ら保守的となるその日から、まさにその日から、労働者階級の運動は指導権を掌握し、国民的運動となる。……ドイツでは、一八三四年から一八四〇年にかけて、どのような公然たる運動も死に絶えていた。……プロイセン人の無感覚さはドイツ連邦の最強の力であった。そのことは、ドイツにはブルジョア階級の普遍的な運動の時代がいまだ到来していないということを示していた」[1]。（傍点原文イタリック）

彼はドイツ革命前夜におけるブルジョアジーの非力さを、そのままプロレタリアートの未成熟として描きだし、いまだ旧勢力を打倒しうる普遍的な階級が登場していないことを強調する。そこから、いずれドイツのブルジョアジーが十分に強大化したとき、いよいよプロレタリアートのたたかいが開始されるのだと結論する。彼はこの箇所でことさらドイツ革命の具体的な展望を語ってはいない。それが全面的に展開されるのは、一八四七年三月～四月の「ドイツの現状」、四七年一〇月～一一月の「共産主義の原理」、そして四八年初頭のマルクスとの共著「共産主義者宣言」にいたる過程においてである。「現状」で彼は次のように語る。

「フランスではここ一七年間というもの、ブルジョアジーは世界のどの国にもみられないほど完全な支配を貫徹している。……ドイツではまったく別様である。ドイツでは、ブルジョアジーは支配の座にないばかりでなく、現存諸政府のきわめて危険な敵ですらある。……ドイツの現状は我々の攻撃をけっして利用しえない。なぜなら、我々の攻撃はブルジョアジーに対してよりも、はるかに強力にドイツの現状に向けられているからである。ブルジョアジーがいわば我々の先天的な敵であり、その打倒をとおして我々の党派が支配の座に達するのであるとすれば、ドイツの現状はそれ以上はるかに我々の敵なのである。なぜなら、それがブルジョアジーと我々のあいだに立ちはだかっているからであり、我々がブルジョアジーに迫るのを阻止しているからである」(2)。（傍点原文イタリック）

エンゲルスは、ドイツのみじめさを意識する。そしてブルジョアジー以上に絶対主義権力の方を敵視する。ブルジョアジーは、たとえ前門の虎と後門の狼に迫られていようと、それでも虎たる絶対主義に挑戦せねばならなくなるのだということをエンゲルスは指摘し、その際狼は虎退治に協力すべきだという。虎と狼にはさまれたブルジョアジーを、彼は臆病者だという。一七八九年のフランス・ブルジョアジーは、相手はほとんど虎のみという好条件をつくりえたが、一八三〇年以降、リヨンで狼が吠えはじめるや、ドイツのブルジョアジーはたえずそれに気をつけねばならず、しまいには一八四四年にシュレージェンでドイツ狼が吠えだし、もはや臆病者になってしまったのである。それでもエンゲルスは、そこから四七年のヘスのような結論を引きださない。エンゲルスは、ブルジョアジーを土地貴族（ユンカー）一派と工業ブルジョアジーに分類している。そして、ドイツ東部のユンカーという農業ブルジョアジーはまったくあてにできないが、ドイツ西部（ラインやヴェストファーレン地方）の資本家は、保護関税によって外国資本から自らをまもるためにも（ユンカーは穀物輸出のため自由貿易を主張）、是非とも支配権を獲得せねばならないのだという。このようにして、エンゲルスはドイツ・ブルジョアジーを分析し、そこにプロレタリアートの当面の任務を設定する。

こうした二段階的発想は、マルクスよりもエンゲルスに強いように思われる。マルクスがこのような構想を述べた箇所を探すのは困難である。もっともそれは、彼ら二人のあいだで、ドイツ学者エンゲルスとフランス学者マルクスという分業が自然と行なわれていたためなのかも知れない。「ドイツの云々」というタイトルの文書はたいがいエンゲルスのものであり、三部作に代表される「フランスの云々」という文書はおおかたマルクスのものである。ドイツの史的分析をより多く行なったエンゲルスにその傾向が強いのは当然なのかも知れない。それにしてもふたりの共著である『宣言』では、がぜんエンゲルス的戦略展望が表面化する。マルクスは当然それに同意したか、あるいは自らもそれを起草したはずである。この傾向は、『宣言』の前に執筆された「原理」でほぼ語り尽くされる。この文書では第一に世界革命が強調され、そしてドイツ革命の当面の方針が提起される。

「……ドイツでは、ブルジョアジーと絶対君主制との決戦が、いまようやく日程にのぼっている。だが、共産主義者は、ブルジョアジーが支配者となるまでは彼らとブルジョアジーとの決戦を期待しえないが故に、共産主義者の利害は、ブルジョアジーが可能なかぎりすばやく支配者になるのを手助けすることに存する。それは、こんどは共産主義者が可能なかぎりすばやくブルジョアジーを打倒するために、ということである。だから共産主義者は諸政府に敵対し、たえず自由主義ブルジョアジーの党派を支持せねばならないが、しかしブルジョアジーの自己欺瞞を分かち持ったり、あるいはブルジョアジーの勝利の有益な結果はプロレタリアートにも利益になるといった誘惑にみちた保証を信じたりしないようひたすら警戒せねばならない。ブルジョアジーの勝利が共産主義者に提供する唯一の利害は次の点に存する。一、共産主義者が彼らの諸原理を擁護し討論し普及させ、それによりプロレタリアートの連携を、緊密に結束した、戦闘準備の整った、組織された階級へと容易に高めうるような、種々の譲歩。二、絶対主義諸政府が没落する日から、ブルジョアとプロレタリアの闘争の順番がおとずれることの確実性。この点に存する」[3]。（傍点原文イタリック）

この傾向は『宣言』において共産主義者同盟の綱領的原則として確定される。一挙的な革命、直接プロレタリア革命を主唱したヴァイトリングは、この傾向をけっして認めなかった。一八四五年の連続討論中、この傾向に近い発言をしたのはシャッパーであった――ドイツにあって「我々は法的な路線上を前進しうるし、……ブルジョアジーはなおいまだ抑圧されている」のだ、そして「彼らは政府とのあいだで第一のたたかいに決着をつけるであろうが、その際背後には我々プロレタリアートがひかえている」のだと[4]。シャッパーの発言はたしかにヴァイトリングと対立する。だがマルクス、エンゲルスの主張には、何よりも生産諸力と生産諸関係を説いた「ドイツ・イデオロギー」（一八四五～四六年執筆）の立場がある。この客観的な立場からは、主観主義的な、不平等の一挙的克服は導きだせないのであった。マルクスらは、来たるべきドイツ革命の主体を「進歩的・革命的」なブルジョアジーと、さらに彼ら以上に遠くを見抜いているプロレタリアートの二者にみたのである。

原理的にはプロレタリアートがドイツ解放の唯一の主体でありながらも、戦略的展望のなかではブルジョアジーが主人公であり、プロレタリアートはその支持勢力なのである。そして、この二大階級に属さない下位中産階層はたんに動揺するだけであり、ひょっとすれば反動の陣営に与するというのである。四八年も二月にはいるといよいよ革命の気運は高まってきた。マルクスらはあちこちでそれを予告する。そして三月にはいり、ドイツ革命に突入した。だがそれは、ガリアの雄鶏（フランス革命）の三度目の雄たけびによってもたらされたのである。このことは、前途になにか自生的でないものを感じさせる。それでもエンゲルスらは、革命的に行動するはずであろうブルジョアジーに期待を抱きつつ、二段階革命の第一段階を実践しようとドイツ領内へ向かうことになる。

　マルクスは、一八四八年一月に、ブリュッセルにて『宣言』を脱稿、それをロンドンへ発送し、やがて二月にパリの革命を知る。ロンドンにあった共産主義者同盟中央委員会は、パリ革命ののち、一時ブリュッセルに移り、すぐさまパリに拠点を構える。そこでマルクスもブリュッセルからパリへ移る（三月三～五日）。パリでは「ドイツ人民主主義協会」を指導するゲオルク・ヘルヴェーク（G. F. Herwegh）、ボルンシュテット（A. v. Bornstedt）らが、在フランス・ドイツ人亡命者・手工業職人を糾合し、本国への武装進軍を開始せよとの提案を行なうが、マルクスがこれに同意した形跡はない。彼は、ドイツ人はみな個人として帰国し活動するよう訴える。同盟中央委員会は、マルクスの方針にそって、同盟員を含むドイツ人労働者を個別的に帰国させるよう運動する。その際マルクスほか同盟幹部は、共産主義者同盟を、ドイツ革命を担うプロレタリア結社と規定せず、かえってこれを一時的に解散させる方向を選んだ。また同盟員に対しては、ラインラントを中心にして本国各地に存在する民主主義者の諸協会に加入するよう説得していく。そればかりかさらには、たとえ労働者が団結して独自の協会を設立しても、それはけっして政治指導部としての機能を有するのでなく、民主主義協会との共闘あるいは後者の政治指導を受けるかたちでの従属的位置を保持すべき、とした。

　ところが、四八年四月にケルンで労働者協会を設立した同盟員ゴットシャルク（A. Gottschalk）、それに同月ベルリンで労働者中央委員会を組織しその代表委員となった同盟員シュテファン・ボルン（S. Born）は、マルクスや同盟幹部の意向に反するような、独自の労働者運動を展開しはじめる。[5] ボルンは、革命勃発後のベルリンで印刷工のストライキに加わるなどして、当初から労働者独自の組合運動に尽力した。そこで全ドイツ的規模の労働者団体である「労働者友愛会」を結成し会長となった。ライプツィヒに本部をおくこの団体には、ベルリン、ケムニッツ、ドレスデン、エルバーフェルト、ハンブルク、ミュンヘン、マグデブルクそのほかの諸都市から、労働者協会・労働組合の通信が寄せられた[6]。そのような活動の頂点に立つボルンを、のちにフランツ・メーリングは然るべく評価として次のように述べている。

「プロレタリアートの賃金闘争の指導者である植字工のボルンとフレーリヒ、それにタバコ労働者のコールヴェクとシュテハンが、ブルジョアジーの愚鈍と利潤欲の不純な野合から生まれたたわ言を、悠然と退けた事実を知ることは、こんにちなお一つの喜びである。彼らはたいてい、いや全員が共産主義者同盟で教育をうけたプロレタリアであった[7]」。

またゴットシャルクは、同盟本部すなわちマルクスの方針に従わず、民主主義者との共闘は、いわんやその政治指導をうけるなどということは、考えられないことと判断する。そのかわり労働者本来の利益を最優先し、形勢が不利ならば不利なりに、労働者運動の基礎を固めていく意向を示したのである。こうしたボルンやゴットシャルクの動きに対し、ケルンで民主主義者協会に加入し、六月に『新ライン新聞（Die Neue Rheinische Zeitung）』を発行するマルクスは、まったく無視するか、暗に対抗するという態度にでた。その理由はむろん、マルクスとエンゲルスの二段階革命戦略にある。彼らは四八年に生じた革命を、けっして即座のプロレタリア革命とは位置づけず、あくまでも、それへの序曲としてのブルジョア革命とみなしていた。したがって、本来プロレタリア結社たるべき共産主義者同盟は、とりあえず独自の政治指導を中断しなければならなかったのである。その意味からマルクスにとって、ゴットシャルクの方針はドイツにおける資本主義の発展段階を無視するものにみえ、またボルンの労働組合運動は、これまた資本主義社会という枠のなかでの下位中産的改良（経済主義）運動にみえたのである。

以上のようにマルクスは、独自の労働者運動でなく、進歩的ブルジョアジーの行動に期待をかけたのだが、しかしそれは革命の高揚期においてだけである。ドイツ革命の実際は、周知のように、マルクスとエンゲルスが予想していたものとずいぶん異なって進行した。彼らが進歩性・革命性を発揮するだろうと計算したラインラントの実業家たちは、なるほど内閣を構成し支配権を掌握したかにみえたが、すぐさま革命の抑止にかかったのである。ブルジョア革命を裏切った階級、というより民主主義を拒否した階級、それはブルジョアジーである。革命をとことんまで推し進めようとした階級、それは一部の自覚した下位中産民主主義者と労働者大衆である。フランス大革命のとき、ブルジョアジーの急進派ジャコバンは、革命的民主主義を標榜し、ブルジョアジーの先へ先へと突き進む人びとを味方につけ、そして十分利用し尽くしたあとに彼らを弾圧した。一七八九年の革命はまさしくブルジョアジーを主人公とする、サン＝キュロットを利用した革命であった。だが、それから半世紀後のドイツ革命は、同じくブルジョア革命と呼ばれても、まったく様相を異にして経過した。この革命が一七八九年とはちがってくるだろうと、マルクスらは事前に予想しえていた。後門の狼に戦慄するブルジョアジーの意気地なさに十分気づいていた。またドイツの資本主義がどのような発展段階にあり、それがイギリス・フランス資本主義からどのように影響されているかという分析から、ブルジョアジーの階級的弱さを知っていた。そのなかから、彼らがもっとも客観的な見取図だと思って描きだしたのが、革命と諸階級に関する例の二段階戦略である。だが現実の革命は、マルクスの理論世界では動かなかった。ベルリン革命がおこりドイツ全土にまたがる中央代議機関であるフランクフルト国民議会が成立すると、その活動を見まもっていたマルクスらは、『新ライン新聞』紙上でこの議会を次のように論評するはめに陥る。

「ドイツ国民議会は、それが間接選挙で生まれたことを度外視しても、独得のゲルマン病にかかっている。それはフランクルフト・アム・マインにおかれているが、フランクルフト・アム・マインはたんなる空想上のドイツ統一にみあったところの、従来の観念的な中心地にすぎない。フランクルフト・アム・マインはまた、国民議会を支持しまたはこれを前進させる革命的住民を背後にもつような大都市でもない。……議会は、死に損いの諸政府の反動的な侵害に対し、いたるところで独裁的に立向かいさえすれば事足りたのだ。そうすれば、議会は、あらゆる銃剣・銃床を粉砕する力を、世論中に獲得しただろう。議会はそれをするかわりに、彼らの眼前にあるマインツが暴兵の横暴にさらされ、ドイツの外国人たちがフランクフルトの城外市民の術策に陥っているのを、だまって見すごしているのである。……議会は革命運動の中枢機関であるどころではない、またいままでその反響ですらなかった」[8]。（傍点原文イタリック）

革命的大衆総体の要求として生まれたドイツ国民議会は、まがりなりにも中央臨時革命政府としての形式を与えられたのだから、マルクスらの戦略展望では、すぐさま政治的・軍事的に強固になるべきだった。ドイツ全土から義勇兵でも徴募し、ドイツ国解放軍のようなものを組織すべきであった。そして、プロイセン軍が事あるたびに諸邦のいたるところに出没したとき、革命軍たるフランクフルト軍がそれを撃退し、武器を奪うべきであった。だがそのような革命の軍隊はどこにもありえず、国民議会は文字どおり議会しか設定しなかったのである。マルクスらは、ルドルフ・カンプハウゼン（L. Camphausen）らラインラントのブルジョアジーがわれ先に反動と手を携えたこと、フリードリヒ・ダールマン（F. C. Dahlmann）ら穏健自由主義者がフランクフルト議会を去勢してしまったことから、自らの理論的欠陥を悟り、やがて二段階構想を自己批判するにいたる。この点については、革命敗北後、一八五〇年三月末に出された『共産主義者同盟中央委員会の同盟員への呼びかけ』が参考となる。このなかでマルクス、エンゲルスは、同盟員が秘密組織としての工作活動を中断し、公然と大衆のなかにはいり、彼らとともに、その最先頭でたたかったことを十分評価し、また四九年のバーデン蜂起で戦死した古参革命家ヨーゼフ・モルを称えている。だがそれと同時に、同盟が労働者の党としての使命を放棄し、民主党の左派という位置におさまった結果、同盟自体の活動が麻痺し、組織網が寸断されたことを警告している。そしていよいよ、ブルジョアジー・小ブルジョアジー（私の翻訳では「下位中産階層」）・プロレタリアートの関係について、自己批判的な修正提案がなされる。すでに第１章第４節四で引用済みだが、きわめて重要な文書なので再引用する。

「ドイツの自由主義的ブルジョアが一八四八年に人民に対して演じた役割、このきわめて裏切り的な役割は、来たるべき革命では民主主義的小ブルジョアによって受け継がれるであろう。現在の民主主義的下位中産階層は、反政府派中で、一八四八年以前の自由主義的ブルジョアと同じ立場にいる。……ドイツにおいて、下位中産民主党はきわめて強大である。……下位中産民主党に対する革命的労働者党の立場はこうである。革命的労働者党は、それが打倒しようと志す党派（Fraktion）に対しては、民主党と共同してたたかう。だが民主党が己れ自身のために地歩を固めようとするようなあらゆるばあいに、民主党に立向かう。……我々の利害と任務は、大なり小なりの有産階級が支配の座から排除され、国家権力をプロレタリアートの手中にし、プロレタリアの連合（Assoziation）が一国のみならず全世界のあらゆる有力な国々においてきわめて広汎に前進することで、このような国々でのプロレタリアたちの競争が止み、せめて決定的な生産諸力がプロレタリアの手に集中するまで、革命を永続させることである。……労働者、なかんずく同盟は、またぞろへりくだってブルジョア民主主義者に拍手喝采をおくるコーラス隊を演じたりせずに、公式の民主党と並んで、労働者党の独自の組織を秘密裡にも公然とでも設立し、各々の班（同盟班―石塚）を労働者協会の中心・中核とするよう志して行動せねばならない。……彼ら（労働者―石塚）は、新たな公式の諸政府と並んで同時に独自の革命的労働者の諸政府を……組織せねばならない。……労働者は武装され組織されていなければならない。……労働者は、自ら選出した指揮者と自ら選出した独自の参謀をもつ、独自のプロレタリア軍団（Garde）を組織して、国家権力でなく、労働者によって確立された革命的市町村議会の指揮下にはいるよう志さねばならない(9)」。

マルクスらは、四八年、四九年の労働者の位置を「コーラス隊」だったと総括する。しかし彼らは革命前にすでに、コーラス隊にしかなれない方針を提起していたのである。彼らは、当時のドイツにはいまだイギリス・プロレタリアートのような本来の賃金労働者はいない、したがってストライキなど労働者独自の闘争は打てない、もし打てたとしてもそれはブルジョア革命の妨げになる、と考えた。それでは、労働者はなるほどコーラス隊でしかなく、三月革命はプロレタリア革命の序曲となりえようはずがない。共産主義者同盟が解体の道を選び民主党が労働者を指導したといっても、当の民主党の指導が重要局面で役割を果たさなくなったとき、労働者大衆は個々ばらばらに、ただ最後の死闘を孤立して貫徹せねばならなかったのである。『新ライン新聞』の情報・宣伝活動にしても、けっして労働者党の任務の一環としてではなかった。革命期の個々の局面で、部分的に同盟員がどれほど有効に大衆を指導したとしても、それは党としての全面的な、計画的な指導とはならず、悪戦苦闘のみに終わってしまうのであった。

マルクスらはブルジョアジーに三行半をつきつけた。そして来たるべき革命に向かって、同盟すべき階級をこんどは下位中産階層にみたてた。だがもはやコーラス隊に陥ることのないよう周到に練りあげた計画を提起する。その一つは独自の革命党＝結社である(10)。それは当面秘密組織として再建されるべきものである。そのほか、権力実体としての武装軍団の形成、すなわち革命軍の組織である。革命党と軍団は、来たるべき革命において、労働者政府を樹立する際の要とされる。したがって、以前の二段階革命の構想は自己批判的に総括されたことになる。二段階的構想では、革命党の独自性、その任務は強調されず、労働者（全人民）武装の不十分性も解決されていなかった。各地における労働者党を取り払った統一戦線など、プロレタリアートにとってコーラス隊でしかない。また労働者のための、ほかとは区別された、プロレタリア革命へ向けた政治指導＝革命党が存在してはじめて、ブルジョア革命は次なる革命に転化する。マルクスらはそのように意識し、そこから「永続革命（Die Revolution in Permanenz）」を捉えるにいたった(11)。この永続革命の提起をもって、四八年当時のブルジョアジー、ことに下位中産階層とプロレタリアートの共闘関係が、新たな統一戦線構想として産み直されたのである。

以上でヴァイトリング、ヘス、マルクスにおけるドイツ革命の展望を検討してみたが、それらを四八年以前に限って比較してみると、およそ次のような相違が浮かびあがってくる。第一にヴァイトリングは、来たるべき革命を、すでに続行されてきたプロレタリア革命の最終的な完成とみる。フランス革命は彼にとってこの種の革命の一起点なのである。ところがヘスにとっては、フランス革命はブルジョア革命であり、それはプロレタリア革命に先立って達成されるものである。だがヘスは、一八四〇年代のドイツにおいて、ブルジョア革命は、その主体であるドイツ・ブルジョアジーが臆病になっているからもはやありえず、さりとてプロレタリア革命も、その主体が脆弱なためいまだ機が熟していないとする。だがヨーロッパ的な規模で情勢分析すれば、プロレタリア革命はイギリスにおいてすでに日程にのぼっている。この波に乗ってドイツのプロレタリアが共同歩調をとれば、みじめなドイツを一挙に転覆できる。ヘスはそのように結論した。以上の二人に対し、マルクスはもっとも遅々とした展望を抱く。すなわち、一八四〇年代のドイツは、フランスに比べれば半世紀も遅れた社会なのだから、まずは現状より一歩前進した社会、ブルジョアジーの支配する社会となるべきという。だが、ブルジョアジーが権力を掌握するやただちに、その瞬間からこんどはプロレタリアートが彼らを打倒する闘いにはいるべし、というのである。

Vormärz 期にあって、マルクスはブルジョア革命の歴史的意義を認め、かつドイツにかぎっては将来的な意義をも認める。これに対し、ヘスは歴史的意義を同じく認めても、ドイツにかぎってはもはやありえないこととして、将来的には否定する。いっぽうヴァイトリングは、古今のいかなる時点にもブルジョア革命を進歩、すなわち革命と認めず、歴史上の諸革命を一括して貧者＝プロレタリアの解放へ向けた挫折せる企てと評価し、したがって来たるべき革命をこの企ての最終的完成と展望したのである。等しくコムニスト＝共産主義者と呼んではみても、ことドイツ革命の展望において、この三人には橋渡し不可能な相違があったのである。

注

（1）F. Engels, Deutsche Zustände, III, in: K. Marx/F. Engels, über Deutschland und die deutsche Arbeiterbewegung, SS. 49-54. 邦訳『マルクス・エンゲルス全集』第四巻、三九—四〇頁。

（2）F. Engels, Der Status quo in Deutschland, in: ibid., SS. 140-143. 邦訳『マルクス・エンゲルス全集』第二巻、六〇五—六〇九頁。

（3）F. Engels, Grundsätze des Kommunismus, in: Dokumente., S. 607. 邦訳『マルクス・エンゲルス全集』第四巻、三九—四〇頁。

（4）一八四五年の連続討論中、シャッパーの演説から。Dokumente., S. 227.

（5）四八年革命時におけるマルクス、エンゲルスとボルン、ゴットシャルクらの対立については、わが国ですでに次のような論考が公にされている。林健太郎「三月革命と社会主義」、『西洋史学』第一一号、一九五一年。東畑隆介「シュテファン＝ボルンとドイツ労働者運動」、『史学』（慶応大）三二—四、一九六〇年。政本達佳「三月革命と労働運動—ゴットシャルクを中心として」『史海』（学芸大）第九号、一九六三年。末川清「一八四六年秋の『労働者友愛会』の立場—『社会問題』と民主主義の関連」『立命館文学』三八六—三九〇、一九七七年。

（6）労働者友愛会の通信網については、Die Allgemeine deutsche Arbeiterverbrüderung 1848-1850. Dokumente des Zentralkomitees für die deutschen Arbeiter in Leipzig. Weimar 1979. 参照。

（7）F. Mehring, Geschichte der deutschen Sozialdemokratie., Bd. 1. S. 441. 邦訳『ドイツ社会民主主義史』上巻、三五三頁。

（8）K. Marx/F. Engels, Programme der radikal-demokratischen Partei und der Linken zu Frankfurt, in: K. Marx/F. Engels, Über Deutschland und die deutsche Arbeiterbewegung. S. 230f. 邦訳『マルクス・エンゲルス全集』第五巻、三七頁。

（9）K. Marx/F. Engels, Ansprach der Zentralbehörde an den Bund vom März 1850, in: K. Marx/F. Engels, ibid., S. 601ff. 邦訳『マルクス・エンゲルス全集』第七巻、二五〇～二五五頁。

（10）ここに記す「独自の革命党＝結社」は、共産主義者だけからなる同盟・革命結社であって、政党としての労働党や共産党ではない。とりわけ、マルクスにとって共産主義者だけからなる政党は矛盾である。詳しくは第１章第４節四を参照。

（11）　K. Marx/F. Engels, ibid. S. 610. 邦訳『マルクス・エンゲルス全集』第七巻、二五九頁。

第４節　革命後における過渡期の設定

三月前期（Vormärz）急進主義諸派は、いずれも、割拠主義的にして絶対主義的なドイツを単一にして民主主義的な社会に変革しようと望むわけだが、それでも諸派には、所有権の存廃いかんで、理想社会の内実に著しい相違が存在していた。諸派のうち、自由主義的・共和主義的な急進主義者はけっして所有権の廃止を認めず、むしろその万人平等を保障する国家、所有権を基盤にして民衆が自ら主権を行使する共和国を樹立しようとする。これに対し社会革命的な急進主義者たちは、革命の最終目標を所有権・相続権の廃止に定め、多数であれ少数であれ、およそ統治（Regierung）というものを認めず、またどのような形態であれ国家というものを統治機関として否定し、共同体（Gemeinschaft, Kommune）を復権させようとする。それでも、理想社会の内実についてのこのような懸隔は、Vormärz 期急進主義者にとって、反封建の実際的局面（統一戦線の形成など）でさほど意に介されない場合が多かった。というのも、理論面での諸派の異質性は、大衆運動の次元では、その差異が埋めつくされるほどに通俗化されがちだったためである。
とはいえ、一刻もはやく理想社会を実現しようとする指導的活動家たち、たとえば青年ヘーゲル派のルーゲ、ヘス、マルクス、光の友協会のウーリヒ、ヴィスリツェヌス、義人同盟のシャッパー、ヴァイトリングらは、右の懸隔を十分に自覚していた。その場合、少数者統治を多数者統治にかえ、所有の不平等を万人平等にかえようとする共和主義者たちの政治革命は、理論的洞察が容易であった。この種の革命は、すでに存在するものの質的転換をはかればよかったからであり、また前例も英・仏に存在したからである。ところが統治・所有そのものを廃止しようとする共同体主義者《コムニスト》たちの社会革命は、理論的洞察がきわめて困難であった。この種の革命は、身近かにある諸制度をどれ一つとして代用できず、古代に起因する共同体を産業革命の盛期に蘇生させようとするからである。それ故共同体主義的潮流の内部では、現存社会から未来社会への飛躍に際し、そこに一時的な移行準備期・過渡期（die Übergangsperiode）を設定すべきという構想が練りあげられていく、そこで本節では、この潮流内でしだいに重要な課題となっていく過渡期論について検討する。叙述の中心は次の三点である。一、ヴァイトリングの過渡期論、すなわち〈刹那の独裁〉。二、ヴァイトリングに影響をうけたヘーゲル学徒バクーニンの過渡期論、すなわち〈プラハの独裁〉。三、Vormärz 期における独裁理論の特徴点。この最後の項目では、後年のマルクスの独裁理論との比較を行なう。

一　ヴァイトリングの〈刹那の独裁〉

ヴァイトリングは、過渡期を問題にするにあたり、まずは共和主義者たちが好んで用いる「人民統治（Volksherrschaft）」という言葉に、批判的な方向から概念規定を行なう。

「人民統治とは何のことであろうか。——人民の統治、統治する人民のことである。この表現は往々あいまいであるから、それを望むままによびかえて差支えない。では人民とは何であるのか。——むろん言語・風俗・習慣によって結びついた社会の全構成員のことである。さて統治するとは何であるか。——統治するとは他者を自らの意思によって左右することである。この言葉についての、より適切な概念はまずおそらく想定しえないであろう。しかしこの点に関して、全人民が彼らを左右する統治者をもつことはあっても、彼ら自身が、すなわちこの法外な数の集団が一人の統治者だということはありえないと考える。……万人が万人を統治する、これは概念の混乱である。……『人民統治』の概念を適切とみるのであれば、万人もまた統治せねばならない。しかしこれはけっしてありえない。したがって、これもまたけっして人民の統治ではなく、少数者の人民に対する偶然的な統治なのである」[1]。（傍点原文隔字体）

ヴァイトリングは、ブルジョア社会における人民統治が実は何を意味しているのか、ということを選挙のなかに見いだす。彼は多数決の原理を認めないし、投票によって選ばれた代表など人民の代表ではなく、したがって人民の統治の代表ではないという。圧倒的多数の人民は、投票の際その大半を死票にされてしまい、けっきょくは少数派に転落してしまうのである。彼にとって人民統治も多数決の原理も富者のためのものである、財産共同体《ゲマインシャフト》で採用すべきものではありえない。共同体では統治の欠如こそありうることなのである。共同体には政府などいらず、ただ管理機構があればそれでよいのである。というのも財産共同体では「支配するものはいっさい存在せず、わずかに管理するものが、すなわち全体の調和、万人の生産と交換が存在するだけである」（傍点原文隔字体）から[2]。

ヴァイトリングが「人民統治」概念としてえがく右のような内容、すなわち万人が万人を統治するなどというのは概念の混乱であること、そして未来共同社会では統治一般が欠如するのだということ、これは「自由な人民国家」に対するエンゲルスの批評と類似している。エンゲルスは一八七五年に語っている――自由な国家とは国家が人民に対して自由なのだということを意味するし、そもそも国家とは一階級が他の階級を暴力的に抑圧する手段なのだから、「自由な人民国家についてうんぬんするのは、まったくの無意味」である――と[3]。エンゲルスのいわんとすることは、階級なき社会にあってこそ国家＝統治の欠如を語れるし、自由について語れるが、いまだ労働者階級がブルジョアジーを支配する階級であれば、ブルジョア国家と同様、たとえそれが人民国家（Volksstaat）と呼ばれようが、そこは歴然とした国家＝統治が存在するのであり、自由を奪う手段が存在しているのだ、ということである。そういう段階での「自由な人民国家」観は、やはり概念の混乱なのである。ところで、エンゲルスがそのように述べたからといって、それはヴァイトリングの「人民統治」批判と完全に一致しているわけではない。もちろん両者とも究極において階級なき社会、〔統治の欠如〕を想定するからこそ、人民国家や人民統治の概念を明確にしようとするのである。しかしここでエンゲルスは、プロレタリアートが権力を奪取した際の〔労働者＝人民国家〕について論じているのであり、それを〔プロレタリア独裁国家〕として、未来社会への過渡期として弁護するために論じているのである。いっぽうヴァイトリングは、ブルジョアジーが権力の座にある〔市民＝人民国家〕について論じているのであって、それを少数金持階級の国家、破壊すべき国家として批判するために論じているのである。エンゲルスは、たとえプロレタリアートが国家をうちたてたからといって、即座に支配が消滅し、自由が出現するものではないという。だからその点を曖昧にするなというのである。ところでヴァイトリングは、たとえ市民、つまりブルジョアジーとプロレタリアートが国家の主人公のように宣言されたからといって、彼ら全体が統治にあずかるのではないという、さらにヴァイトリングは、来たるべき共同社会を〔統治の欠如〕の状態とみるから、「人民統治」などということはどのような段階にもありえないと考える。同じようにエンゲルスもまた、来たるべき共同社会を〔統治の欠如〕の状態とみるから、「自由な人民国家」などということはどのような段階にもありえないと考える。論ずる対象と目的とを異にしていたにせよ、以上の観点からみるかぎり、両者のいわんとすることは一致している。

人民統治に関するヴァイトリングの概念規定は以上のとおりであるが、それでは次に、彼が、ブルジョア社会をも含めた旧社会から未来社会へいたる際の過渡期をどのように構想したかを検討しよう。それについて彼は、一八四二年六月に以下の発言を行なっている。

「フランスのコムニストの大半は独裁制に傾いている。なぜなら彼らは、共和主義者たちが、あるいはむしろ政治家たちが諒解するような人民統治は、古い組織から新しくてより完成された組織への過渡期にとってふさわしくないことを、十分見ぬいているからである。……独裁制と君主制に関しては、双方の間に大きな差異はないのである。双方とも独裁支配であり、それ故双方とも共同体原理の成就には不利益を及ぼす。これらの統治形態は、どちらも共同体と万人の平等原理にまさしく矛盾してはいるが、にもかかわらず事情いかんではそれに十分うまく適応するということを、ここで警告しておかねばならない[4]」。

ヴァイトリングは人民統治の欺瞞性を、つまりブルジョア民主主義の欺瞞性を暴露し、それを独裁制におきかえようとする。人民統治がけっきょくのところ少数者＝富者のための原理である以上、それにとってかわる独裁制は多数者＝貧民のための統治原理でなければならない。ヴァイトリングは独裁制と君主制に大きな差異はないという。しかし絶対主義権力としての君主、人民支配としての君主制とはちがうのだと主張する。

「我々は革命的な手段で共産主義《コムニスムス》を惹起するのであるが、それにはすべてを統治する独裁者が必要である。独裁者は、それだからとて、ほかの誰と比べてもより多くを所有してはならない。彼が普遍的な幸福のためにのみ活動するのであれば、我々は真によろこんでその地位を彼に与えてよいのである(5)」。（傍点原文イタリック）

ヴァイトリングの独裁制は ein Diktator、すなわち単独の独裁者によって導かれる。ただし、人民に対する独裁でなく、人民の利益に反抗する少数者への独裁であることは引用文のとおりである。それでも彼は人民（労働者）総体をもって独裁者とはしない。潜在的には貧民の、富者に対する独裁支配という考えがあったにせよ、彼の理論は明確な階級独裁を表現してはいない。彼のいう独裁者は天才的個人なのである。だがその天才は、天才だからということで、あるいは統治能力があるからということで、べつだんほかの人びと以上の利益を独占することはできない。要するに、彼のいう独裁者とは、労働者人民が自身の共同体を築くにあたって、当初予想される暴力的混乱の一時期を十分に指導しきれる人物であり、その能力をもつ人物なのである。そして独裁者は、やがて共同体維持の条件が得られれば、必然的に存在しなくなるのであり、その期間は「一時的」であり、「すべての労働が組織されるまで」でしかないのである(6)。ヴァイトリングの考えでいけば、過渡期というのはずいぶん短い。階級なき社会とか、またはヨーロッパ単位の世界革命までも展望する彼にしては、すこし軽率な気がする。彼の考えている過渡期とは、いうなればプロレタリア革命直後の暴力的混乱の一時期のことなのであろう。旧勢力やブルジョアジーの支配を打倒して財産共同体の基礎を据える、という段階はもちろん革命であって過渡期への入口である。だがヴァイトリングは入口のみをもって過渡期と称しているのであって、そこから統治なき、階級なき社会へいたる過程を彼は「一時的」ととらえたのではなかろう。彼は『人類』のなかでは、二〇年ののちにはとか三世代も経ればとかいうように(7)、財産共同体の仕上げをかなりながい期間に想定している。ヴァイトリングが過渡期を一時的だという場合、それは財産共同体の基礎を確実なものとするまでの段階であろう。それに続く〔統治の欠如〕の状態までを、彼はべつの、かなり長期的な段階ととらえているのである。その段階では、彼は独裁制という言葉を使ってはいないし過渡期とも表現していない。なぜなら独裁制は「共同体原理の成就には不利益を及ぼす」からである。

ヴァイトリングはけっして階級独裁を言葉の上では提起しなかったが、しかし以上の点からみて、彼の独裁制が支配階級に対する労働者人民の独裁であることは推測しうる。つまり、独裁の対象である支配階級がいまだ重要な勢力を保持している一時期は、独裁は断乎能力ある指導者によって推進されねばならないが、その対象がしだいに弱体化していけば、独裁自身も不必要となってくるわけである。では、彼のいう独裁制＝過渡期が過ぎた時点で、そこから〔統治の欠如〕まではどのような状態が続くのであろうか。この時期もまた、ヴァイトリングはそう呼びこそしなかったけれども、やはり過渡期であって独裁制が貫かれていると推測しうる。だが革命当初の一時期と比べて違っている点は、こんどは古老を中心にして労働者人民内部の改善に力点がおかれていることである。それだからこそヴァイトリングは、こうした時期に独裁制という概念はあてはまらないと考えたのであろう。その期間にも古老のもとに指導者は存在するのであるが、ヴァイトリングはもはやこの段階では「統治」という言葉を使っていない。そのかわりに、「管理（Verwaltung）」という言葉を使うのである。なぜなら共同体の基礎がうちたてられ、支配者が粉砕されてしまったあとでは、能力ある指導者の役割はその方面（支配階級の統治・抑圧）でなく、労働者人民の生活改善（共同体の管理）に向けられていくからである。そして統治が完全に消滅したあとは管理が残る。したがって、彼のいう独裁制はごく短期間で他の時代と区別されたものだが、その後の共同体成就までの管理と、成就されてのちの管理とは全然不明確なままということになる。[8]

さて、以上述べてきたことをまとめると、ヴァイトリングの独裁理論はきわめて曖昧なことがわかる。第一に、彼が直接表現する独裁制は天才的個人による、ごく一時期の、支配階級を物理的に打倒するまでのものである。第二に、それ以後独裁制は廃され、能力ある人びとによる管理が行なわれる。第三に、その期間が三世代もすればパラダイスがおとずれるのだが、それでも管理は要求される。しかし管理は統治ではないから、もはや支配者や反抗者はいない。これらの諸点から推測されることは、第一に（右に述べたように）、独裁制の期間が実は革命当初から統治の欠如の状態までを二段階に区別して含んでいるものと考えることである。これがもっともありうる推測である。しかしもう一つ別の推測、第二の推測も成り立つ。それは独裁制そのものを否定することである。ヴァイトリングは、革命当初の一時的混乱を指導しきるものとして独裁制＝過渡期という言葉を用いはしたが、それは後年のマルクスのいう独裁制や過渡期とはまったくべつものであり、実は革命から階級なき社会への移行過程に、長期的な独裁制をおかず、いっときの独裁者出現は、文字どおりいっときとして例外扱いにしているのかも知れない。後者の根拠は、支配階級への逆支配としての統治が革命の激動期を過ぎれば消滅してしまい、すぐに管理が登場することである。

こうした推測については、なにしろ史料が少ないため、どちらがよりヴァイトリングの本心に近いかを決定することはできない。いやむしろ、その双方を含みもったものがヴァイトリングの独裁理論であったと述べておくほうが正しいであろう。その裏付けとして、次に、ヴァイトリング思想に多大な感化をうけた若きミハイル・バクーニンの独裁理論を検討してみよう。

注

（1）（2） W.Weitling, Die Regierungsform unsers Prinzips. in: Junge Generation. S. 87f. S. 91.

（3） 一八七五年三月、エンゲルスからベーベルへ。内容は次のとおりである。

「自由な人民国家が自由国家にかえられています。文法的にいうと、自由国家とは、国家がその国民にたいして自由であるような国家、したがって専制政府をもつ国家のことです。国家にかんするこうしたおしゃべりは、いっさいやめるべきです。ことに、もはや本来の意味での国家ではなかったコンミューン以後は、なおさらそうです。ブルードンを批判したマルクスの著作や、その後の『共産党宣言』（『共産主義者宣言』――石塚）が、社会主義的社会秩序が実現されるとともに、国家はおのずから解体し消滅する、とはっきりいっているにもかかわらず、われわれは『人民国家』のことで、無政府主義者からあきあきするほど攻撃されてきました。けれども、国家は、闘争において、革命において、敵を暴力的に抑圧するためにもちいられる一時的な制度にすぎないのですから、自由な人民国家についてうんぬんするのは、まったくの無意味です。プロレタリアートがまだ国家を必要とするあいだは、プロレタリアートは、それを自由のためにではなく、その敵を抑圧するために必要とするのであって、自由についてかたりうるようになるやいなや、国家としての国家は存在しなくなります。だから、われわれは、国家というかわりに、どこでも共同体〔ゲマインウェーゼン〕ということばをつかうように提議したい。このことはば、フランス語の『コンミューン』に非常によくあてはまる、むかしからのよいドイツ語です」（傍点原文)、『ゴータ綱領批判・エルフルト綱領批判』大月文庫、七三~七四頁。

(4) W. Weitling, Die Regierungsform unsers Prinzips, in: Junge Generation, S. 84f.

(5) 一八四五年のロンドン労働者教育協会での討論。Dokumente., S. 231.

(6) W. Weitling, Die Regierungsform unsers Prinzips, in: Junge Generation, S. 86.

(7) Vgl. W. Weitling, Die Menschheit., S. 164, S. 173.

(8) 過渡期=独裁制の機能における統治(支配)と管理の二面性については、平田清明『市民社会と社会主義』岩波書店、一九六九年、で述べられている見解が興味深い。「……資本主義から社会主義への移行の過渡期にあっては、プロレタリア独裁の国家が存在するほかない。それは、一切の反革命勢力を帰討するまでプロレタリアートが維持すべき階級的国家である。それは言うまでもなく、階級的な抑圧機能によって特色づけられる。革命的移行の過渡期にあっては、このプロレタリア独裁の国家と、(われわれがすでにみた)市民的国家とが、同時存在している。もとより、前者は、抑圧すべき旧支配階級の絶滅によって消滅する国家であり、後者は、コミュニスム段階にむかっておのれの死滅を開始している国家である。両者はいずれも、みずから死滅すべき国家である。いずれも、みずから死滅すべく現実に構成されている国家である。しかし、前者の死滅がより早く、後者の死滅がより遅いこと、あえて論証を必要としないであろう。それは、まさに自明である」。(一一二頁)

二 バクーニンの〈プラハの独裁〉

ミハイル・バクーニンは、むろんロシアからの亡命者であるが、しかしたんなる外在的な通りすがりの亡命者ではなかった。彼は Vormärz 期のドイツでヴァイトリング、ルーゲ、マルクスらと交際し、やがてドイツの急進主義者のなかに混って三月革命をたたかう人物である。それ故、Vormärz 期に彼が展開した言論活動や実践行動に関しては、周囲のドイツ人急進主義者との影響関係を考慮して分析する必要がある。そのようなバクーニンは、いまここで問題としている過渡期論について、とりわけヴァイトリングの影響下で自分なりの構想を描くにいたる。その構想がどのようなものであったかを、彼の思想的生い立ちを素描しながら検討する。

バクーニンは、一八一四年五月三〇日に、ロシアのトゥヴェリ県にあるプリェムーヒノに生まれた。父母はともに名門貴族の出であり、ミハイル自身も貴族階級の子弟として、幼少のころから語学や歴史、文学、数学、それに音楽から絵画までの教養を日々修学していった。一八二五年に、母方の家系であるムラヴィヨフ一族から、かのデカブリスト事件（一八二五年一二月に生じた武装蜂起）に連座する者ムラヴィヨフ・アポストル（M. Apostol）が出たが、その当時のミハイルは、依然として貴族にふさわしい勉学を繰返していた。けれども彼は、一八二九年にペテルブルクの砲兵士官学校へ入学してのち、しだいに与えられるがままの教育に悩み反発しはじめる。そして一八三五年には、前年に士官学校を放校となったのち配属されていたミンスク駐在の砲兵旅団を退きモスクワへ出て、従来志していた己れ自身の営為たる哲学研究に没頭する。

バクーニンは、一八三五年の春にモスクワでニコライ・スタンケーヴィチ（N. Stankevich）に会い、以後いわゆる「スタンケーヴィチ・サークル」において、カント、フィヒテ、ヘーゲル等のドイツ観念論哲学の研究に勤しむのである。この間バクーニンは、スタンケーヴィチのほか、やはり同じサークルに属していたヴィッサリオン・ベリンスキー（V. C. Belinskii）とも繁く交わり、彼とはヘーゲル歴史哲学を共同して研究した。同サークルでのこのようなヘーゲル・ブームにおいてはしかし、ヘーゲル哲学の保守的な側面が強調されていた。そして、ロシアの思想的土壌に移植され、ゲルマン的なものからスラヴ的なものに換骨奪胎されたヘーゲル哲学は、世界に冠たるゲルマン民族のためでなく、ロシア国家の主権強化によるスラヴ民族繁栄の思想として歓迎されていたのである。

ところで、ヘーゲル哲学をかように変質させてしまうロシアの思想的土壌、伝統とはなにか。それはロシア国民感情のうちに存在したギリシア正教とロシア皇帝と民衆との三位一体的思想である。ロシア国民にとって皇帝とは、「諸公招致の物語」の伝説からもうかがえるように[1]、自ら迎え入れた皇帝であり、けっして征服者・抑圧者ではなかった。また、ロシアに伝統的であった原始共同的な自治組織ミールが皇帝にいっさいの政治的権限を与えてきたという発想も彼らに根強く残ってきた。こうした概念が東方教会の伝統を受継ぐ正教信仰のなかで永年にわたり培われてきた結果、西欧社会とはまったく別個な思潮、スラヴ愛国主義が発生し、それがギリシア正教・皇帝独裁・ミールの三位一体的な思想へと成長したのである[2]。

スタンケーヴィチ・サークルの哲学的営為は、そうした伝統的思潮と自由主義のドイツ的表現たるヘーゲル哲学が合体したところに立脚していた。したがって、ともすると彼らの観念中には、ミールの伝統・ロシア民衆の自治の伝統と皇帝独裁とを違和感なく並存させる素地があった。こうした発想にもかかわらず、ピョートル大帝（位一六八二～一七二五年）以来の絶対主義ロシアの現状を拒絶する方向が同サークルの人びとのなかにほどなく現われてくる。その一方は西欧文化へと向かう途での拒絶であり、いま一方はリューリック以来の諸公招致の伝統へ回帰する途での拒絶である。ベリンスキーやアレクサンドル・ゲルツェン（A. I. Gertsen）に代表される前者は、西欧的見地からロシアの未来を捉えようとしながら共和主義・社会主義を志向し、したがってスラヴの土壌に合致するような、保守的に強調されたヘーゲル的君主国家をも批判していく。一方、コンスタンティン・アクサーコフ（K. Aksakov）やフェドロビッチ・サマリン（F. Samarin）に代表される後者は、民衆の自治を極度に歪めてきたピョートル以来の西欧化をめざした絶対主義に刃を向け、古来のミールと最新の自由主義とを媒介項なしに直結させ、そのなかにスラヴ愛を貫こうとするのであった。

青年バクーニンは、こうした〔西洋派〕と〔スラヴ派〕へのロシア思想界の分裂の前夜にモスクワへ出て、まずは旧来のスラヴ愛国主義の深窓に育った己れをそのままヘーゲル学徒として吐露した。それ故、皇帝の独裁権力にしても、当初は先の三位一体的思考のなかに溶け込んでおり、とりたてて擁護、批判の対象とはしなかったものと思われる。しかし、〔西洋派〕と〔スラヴ派〕の分裂が開始されつつあった一八四〇年に、彼がゲルツェンの助力によってドイツに渡ってのちは、ロシアの現状への猛烈な批難がはじまるのである。

ドイツにいたったバクーニンは、ベルリン大学においてシェリングによる講義、ヘーゲル哲学に関する講義などを聴いたが、他方、一八四〇年以降におこったプロイセン政府によるロマン主義的反動の嵐にも直面した。そのような過程で彼は、ヘーゲル哲学受容のありかたにおいて、従来の保守的な対応からしだいに革命的な対応へと移行し、ヘーゲル学派中の左派、青年ヘーゲル派に接近する。この変化はひとりバクーニンのみならずゲルツェン（チェシコフスキ志向）やヴィッサリオン・ベリンスキー（フォイエルバッハ志向）にもみられたものである。青年ヘーゲル派のルーゲと交際しはじめたバクーニンは、一八四二年一〇月に、同派の機関誌的存在であった『ドイツ年誌』上で、「ドイツにおける反動――フランス人の覚書」と題する論文をジュール・エリザール（Jules Elysard）名で載せた。この論文によって彼は、ドイツの反動のみならず、全欧全世界の反動を根こそぎにすべしと解釈しうるような宣言を発したのである。

「永遠の精神を信じようではないか。この精神こそは、生命あるものすべての汲めど尽きせぬ永遠の創造の泉で

あるが故、破壊と絶滅を為すのだ――破壊への情熱は、同時に創造への情熱なのだ！」(3)

このように一八四二年秋に、バクーニンは突如思弁的哲学徒から実践的革命家への飛躍を宣言したのだが、この変遷過程の道標として、後年のバクーニン紹介者マックス・ネットラウ（M. Nettlau）は次の三編の論文をあげている。一つは、一八三八年にベリンスキー編集『モスクワの観察者』誌第一六号で発表したヘーゲルの「ギムナジウム講演」の翻訳とその解説であり、一つは、一八四〇年に『祖国雑誌』に載せた「哲学論」であって、第三のものはかの「ドイツにおける反動」である。(4) ネットラウによれば、ドイツ（ベルリンとドレスデン）時代のバクーニンは、ヘーゲル哲学における絶対真理を、現実とは無関係に空虚なドグマとして懐抱していたとされる。(5) だがしかし、一方で彼は、ヘーゲル哲学を彼独自の方向へと解釈しなおしていくのである。それがこの「ドイツにおける反動」に表明された否定の弁証法・総破壊の哲学である。こうして急進的方途をとったバクーニンであるが、しかし前途に待ちうける未来社会のイメージとそれを導く手段については、彼はいまだほとんど暗中模索であった。モスクワ時代に無意識に懐いていた民衆の自治とツァー権力との相互補完など、もはや論外であったが、しかし青年ヘーゲル派中には、彼の行先を示してくれる者はいなかった。ところが、まもなく彼は、皇帝でなく、民衆自身の独裁、民衆によって樹立される独裁権力を首唱する一人の共同体論者に会うことになる。「ドイツにおける反動」を著わした年に、バクーニンはローレンツ・シュタイン（L. Stein）の著作『現代フランスの社会主義とコムニスムス』を読んで感動するが、そのほか、同じ年に彼はもう一人のドイツ人、ゲオルク・ヘルヴェークとも会した。そして翌四三年初頭、スイスのチューリヒへ移ったヘルヴェークを追って、バクーニンもまたスイスの土を踏むことになった。ところが同地には、前年に著わした「ドイツにおける反動」に勝るとも劣らぬ急進的文書を書く人物が活動していたのである。その人物とはドイツの手工業職人ヴィルヘルム・ヴァイトリングである。バクーニンはヴァイトリングとその著作『調和と自由の保証』のなかに何をみたか。それは現存秩序総体への破壊宣言であり、未来社会には政府はなく管理だけが存在するというイメージであった。彼はヴァイトリングに会いたいと思った。生粋のプロレタリアにじかに話を聴きたかった。あれこれのブルジョア的自由をすべて拒否するヴァイトリングに、バクーニンの心はおどった。生涯ドイツ人ぎらいでとおし、権威的共産主義者だといってマルクスと論戦しつづけた彼であったが、ヴァイトリングにだけは親近感をおぼえたのである。研究者エドワード・ハレット・カーによれば、バクーニンはまさにこの時ヴァイトリングと接触したことによって、「思弁的哲学者から実践的革命家」へ発展したのである。またバクーニンが「権威にたいする本能的な反逆を整ったアナキズム的信条へと変形させた第一の責任者」はプルードンであるにしても、彼に第一撃を加えたのはヴァイトリングであった。(6) そのほか、バクーニンがいずれ最下層貧民の蜂起を思いたった時、その下地はヴァイトリングの最下層貧民へのあつい支持と期待によって与えられていたのである。(7) バクーニンは述べている。

「すでにアーガウ州にいたヘルヴェークは、仕立職人にしてコムニストであるヴァイトリングに、私への紹介状を渡した。彼は、ローザンヌからチューリヒへの旅の途中でヘルヴェークを訪問してあったのだった。…私はヴァイトリングが気に入った。彼には教育はなかったものの、生まれつきの敏活さと間髪を入れない理解力、あふれんばかりのエネルギーがあって、なかでもとりわけ荒削りの狂信主義と高潔な誇り、それに被抑圧大衆の解放と未来への信念があった。……私は彼に訪ねてくるよう願いでた。彼はずいぶん繁く私のところへやってきて、自説を開陳したりフランスのコムニストたちのこと、労働者一般の暮らし向きのこと、彼らの辛苦や希望、娯楽などについて、さらには創設されたばかりのドイツ人のコムニスト結社について語ってくれたりした。彼の理論に論争をいどみはしたが、事実関係については非常な関心をもって傾聴した(8)」。

厳格な秘密保持を気にかけずヴァイトリングがバクーニンに義人同盟のことを語ったということは、この両人の親密性の強さを証明している。それだけにバクーニンは、ヴァイトリングが『貧しき罪人の福音』起草を口実にチューリヒで逮捕されると、自身も身の危険を感じてベルンへ移った。その後一八四四年には、マルクスとルーゲの編集する雑誌『独仏年誌』に「ルーゲあて書簡」を発表、その後ブリュッセルを経て、やがてパリへ移り行く。彼は同地に三年間滞在し、種々の思想家・活動家に出会う。なかでも特に重要な人物はプルードンとマルクスである。ロシア人でありながらカントからヘーゲルまでのドイツ哲学を習得していたバクーニンは、その点ではプルードンの先輩であった。しかし、プルードンはすでに『所有とは何か(Qu'est-ce que la propriété ?)』(一八四〇年)という著作によって、パリの活動家中でひときわ注目される存在であった。

こうして周知のように、バクーニンは、プルードンにヘーゲル哲学を伝授しながらも、しだいに彼の無政府主義に傾斜していく。また彼は、マルクスに対し、その驚くほどの学識に敬意を表するとともに、いまだはいり込んだことのない経済学の分野へと目を向けるのであった。

パリ時代までに、バクーニンは己れにもっとも影響のあった三人と交わったのだが、一八四八年のフランス二月革命に際して、彼はポーランド革命を目指しドイツへ移るも志ならず、やがてプラハの蜂起に加わる。そして革命の渦中を転々とし、各地でアピールを発し、翌四九年にはスラヴ革命を計画しつつもドレスデンで蜂起に参加、これを指導し、そして囚われの身となるのであった。マルクスとエンゲルスは、バクーニンをロシア政府のスパイではないかと疑いをもつが、それでもドレスデンでの彼の活躍を称讃した。投獄されたバクーニンは、ザクセンからオーストリアへ身柄を移され、双方で死刑を宣告され、ついに祖国ロシアへ引きもどされ、重ねて死刑を宣告された。

一八五一年から五四年まで、バクーニンは聖ペテロ・パウロフスク要塞の地下牢に幽閉され、死の苦しみを体験しながら、しばし己れの過去を回想した。彼は、悲惨なロシア民衆の現実に触発された自身の政治的覚醒の過程と、ヨーロッパの政治思想界で受けた種々の印象とを一文に認めたのである。そのなかで彼は、ロシアの未来を独裁権力によって切り拓くことを要求している。

「なかんずく私の心を動揺させ憤慨させたものは、いわゆる下層の民（черный народ, Schwarze Volk）、善良だが誰からも抑圧されているロシアの農民のおかれた、みじめな境遇でした」。

「私は、ロシアにはいかなる国にもまして、人民大衆の高揚と啓蒙に携わる強力な独裁政権（сидьная диктаторкая вдасть, eine starke diktatorische Macht）が不可欠であると考えます。これは傾向や精神の自由はあるが、議会制度は持たぬ権力であり、いかなる内容の書物も印刷させるが、印刷の自由は与えぬ権力であり、志を同じくする人びとに取り巻かれ、協議され、その自由な強力によって強化されるが、誰からも何物からも制限されぬ権力です。かかる独裁権力と君主権力との全き相異は次の点にあろうかと自認しております。すなわち、前者はその樹立の精神からみて、ほかでもない人民の自由・独立・漸次的な成熟に心をくばるため、己れの存在をかなう限り迅速に不必要とするよう努力せねばならない。これに対し君主権力は、己れの存在の不朽を希求し、けっして不必要とならぬよう努力し、それ故、国民を相も変らず幼児の段階にとどめておかねばならないのです[9]」。

この言は、バクーニンが囚われの身となってのち、心身の苦痛を耐え忍ぶなかでロシア皇帝へ上書した「告白」文書である。したがってその点を考慮して解釈せねばならないが、それにしてもこの発想はヴァイトリングが想定した独裁制、できるだけ短期間の独裁制にきわめて酷似している。バクーニンはSchwarze Volkに親近感と期待を抱き、диктаторство = Diktaturをロシアの革命の要に据えようとする。樹立されるや否や消滅を宣告されるべき独裁制、〔刹那の独裁〕を力説する。この観点がチューリヒでのヴァイトリングとの談話で印象づけられたとする想定は、さほど断章取義ではないであろう。ヴァイトリングは徹底した反議会主義者であり、束の間の独裁を主張し、君主権力とはちがう人民の独裁権力を主唱し、かつまた、その主体を、大都会にうごめく無数無名の最下層貧民に認めたのであった。バクーニンは、このヴァイトリングの信念の大半に同調し、自らもそれを理論的支柱に据えんとしたのである。それ故、一般にはヴァイトリングの独裁理論は、マルクス的独裁理論へつながっていくとされてきたが、バクーニン的深まりの方向へも展開していったことが考えられよう。

バクーニンは、彼なりの独裁という言葉を、文字どおりдиктаторство = Diktaturとして使用する。だがしかし、刹那の、すぐさま管理にとってかえられる独裁のイメージ、は、マルクス的階級独裁理論とは橋渡し不可能なものを産みだしていく。彼は、たんにロシアの革命のみならず、スラヴ諸民族全体の革命を展望するが、そのばあいにも彼特有の独裁制が登場する。

「（ボヘミア全土の革命の中心地）プラハには無制限の独裁権力を備えた革命政府が設置されねばならない。貴族階級と抵抗する聖職者は放逐されねばならず、オーストリア政府は片づけられ、官吏はみな追放される。だがプラハには、主だった、事情に精通する者をわずかに、助言と統計調査の知識を与えるために留めおく。すべてのクラブ、雑誌、むやみな饒舌の無政府状態は廃止され、いっさいがひとえに単一の独裁権力にしたがう。青年と能力ある者すべては、各人の性格、才幹、傾向に応じて諸部門に分けられ、全国に配属され、その助力により革命軍事組織を創出する[10]」。

バクーニンは、来たるべきスラヴ革命〔東欧革命〕を、ボヘミアに拠点を構えて、独裁権力によって実現しようと考える。彼によれば、ボヘミアでの革命は、オーストリア政府にとって回復不可能なまでにすべてを破壊し尽くすことからはじまる。そして、プラハに樹立された独裁権力は、秘密結社を組織し、マジャール人やポーランド人と連帯して、ついにはロシア帝国へ攻め入ることを目的とする。こうして〔プラハの独裁〕は、スラヴ革命における束の間の権力として是認される。その際バクーニンは、スラヴ全土が革命化され、各地で社会革命の凱歌が轟きわたるまでは、独裁権力の維持・強化を叫ぶのである。

ところでバクーニンは、ボヘミア革命の要であるオーストリア政府打倒・破壊を果たしたのちは、プラハの独裁権力をすぐさま管理機構へ移行させようとも考える。片方でスラヴ全土の革命続行・拡大を考え、もう一方で、すでにかなえられた地方の権力の消滅を考えるのである。この点にこそ、ヴァイトリング的イメージの特徴があらわれている。同じく独裁という言葉を用いたにしても、ブランキの〔パリの独裁〕や、あるいはマルクス的に強調された〔プロレタリアート独裁〕は、けっしてそうはならない。バクーニンは独裁の利那をどんどん縮めることによって、やがては即座の、すべての権力否定をいう表現を採るようになる。バクーニンは、いっときたりともマルクス的に強調された独裁をイメージしたことはない。彼の念頭にあったものは、いまだ未成熟で、どちらのコースへも進むことの可能な、ヴァイトリング的過渡期論なのであった。

注

（1）『ロシア原初年代記（ラウレンチー本）』（木崎良平訳・鹿大文理学部文科報告・第九号・史学篇・第七集、二一一～二一三頁）の六三七〇年（西暦八六二年）の条には次のようにある。

「ヴァリャーグ人を海の向うに追い払い、…自ら己達の間で支配し始めたが、彼らのもとには正義なく、…お互いに戦い始めた。しかし自ら己達の間で話した、『我らを支配し、法によって裁くような公を、自ら探そう』と。しかして海の向こうへヴァリャーグ人、ルーシのところへ行った。…彼らは、ルーシに言った、『我らの地は大きく豊かであるが、そこには秩序がない。来りて公治し我らを支配せよ』と。しかして三人の兄弟が己の氏族と共に選ばれ、自らすべてのルーシをひきつれ、来った」。

（2）近代のロシア社会思想史に関し参考にした文献をあげておく。山内封介『ロシア革命運動史』金星堂、一九二九年。昇曙夢『ロシヤ知識階級論―その運動と役割』社会書房、一九四七年。及川朝雄『ロシア社会思想史』岩崎書店、一九四八年。レーヴィン、石川郁男訳『ロシア・ユートピア社会主義』未来社（社会科学ゼミナール四〇）、一九七一年。ニカンドロフ、小西善次訳『ロシア・ナロードニキのイデオローグ』現代思潮社、一九七五年。ヴァリツキ、今井義夫訳『ロシア社会思想とスラヴ主義』未来社（社会科学ゼミナール六六）、一九七九年。

（3） M. Bakumin (Jules Elysard). Die Reaction in Deutschland. Ein Fragment von eines Franzosen, in: Deutsche Jahrbücher für Wissenschaft und Kunst, 5 Jg., S. 1002. 左近毅訳『バクーニン著作集』第一巻、白水社、一九七三年、四三頁。

（4）（5） Cf. M. Nettlau, Mikhail Bakunin. A Biographical Sketch, in: The Political Philosophy of Bakunin. Scientific Anarchism, edited by G. P Maximoff, London 1953, p.34. なお、バクーニンの略伝については右のほか次の文献を参照。E. H. Carr, Michael Bakumin, London 1937. 大沢正道訳『バクーニン』上巻、現代思潮社、一九六五年。K. J. Kenafick, Life of Bakunin, in: Michael Bakunin. Translated and edited with a Biographical Sketch by K. J. Kenafick, London 1950.

（6） E.H. Carr, ibid., p. 123ff. 邦訳、七二頁以降。

（7） H・M・ピルーモヴァ、佐野努訳『バクーニン伝』上巻、三一書房、七六頁。

（8） M. Bakunins Beichte aus der Peter-Pauls-Festung an Zar Nikolaus I. Frankfurt a.M. 1973, S. 58f. M. A. Бакунин, Исповедь : Собрание сочинений и писем 1828-1876, том 4, Москва 1935. (nachdruck, Düsseldorf 1970.), стр. 106, 邦訳『バクーニン著作集』第二巻「告白」、一九七四年、一九～二〇頁。また、エヴァーベックは次のようにヴァイトリングに告げている。「我々は、君がフレーベルやバクーニンと真に緊密な連携を、心からの交友をかわすことを期待している。それは君、（そして君のなすべき事柄）にとって有益となろう」。一八四三年五月一五日、エヴァーベックからヴァイトリングへ。J.C. Bluntschli, ibid., S. 64.

（9） M.Bakunins Beichte, S. 120, M.A.Бакчнин, Исповедь. Стр. 148, стр. 153. 邦訳『バクーニン著作集』第二巻「告白」、八八頁、九六～九七頁。

（10） M. Bakunins Beichte , S. 157,Исповедь.стр. 172. 邦訳『バクーニン著作集』第二巻「告白」、一一六頁。

三　Vormärz 期における独裁理論の特徴点

ヴァイトリングおよび青年期のバクーニンにみられた過渡期論すなわち独裁制は、後年にマルクスが定義したそれに比べ、なるほどきわめて曖昧な理論である。しかしそれが、ロシアの風土に根付いてきた皇帝独裁の類とはまったく次元の異なる統治形態であったことはたしかである。皇帝独裁あるいは専制君主制などの前近代的な独裁を問題にするなら、それはおよそ国家の発生以来歴史のここかしこにみられるものであった。東洋古代、中近世ロシア、絶対主義期ヨーロッパなどでは、こうした専制政治が優勢であった。これらは、アジア的な静的なものとヨーロッパ的な動的なものに区別されるにせよ、みな民衆を下におき、主権を国家元首（君主・皇帝・教皇など）が握ることによって貫かれてきたもので、人民主権（主権在民）を成文化しない独裁形態であった。こうした専制体制は、周知のように、ある時は広大な領土の画一的支配の必要性から、またある時には対外主権強化の目的から形成されてきたものといえる。そしてこのピラミッド的統治形態は、いちど確立されると世襲的な君主決定の論理で保たれ、ときにクー・デタや侵略によって突発的に破壊されても、ふたたび新たな君主による個人独裁が再編成されたのである。

これに対しヴァイトリングやバクーニンが提起した独裁、すなわち近代的独裁は、右の君主独裁とはまるでちがったところから出発している。相異点の第一は、一時的に強力な指導者を要求したにせよ、根本的には人民主権の思想系譜にあって独裁概念が構築されている点である。人民主権の立場に立つというのだから、もちろん民衆による統治、ないし階級的独裁がそこからイメージされていく。相異点の第二は、いまだ理論の段階にあったにせよ、この独裁は現存社会から未来社会へ移行するに際して必要悪として一時的に採用されるものだったという点である。このような過渡期論としての独裁は、前近代的なそれにはありえないことである。そのように近代・前近代の諸形態の相異を明らかにしたところで、それでも近代的形態の一表現たるヴァイトリングやバクーニンの独裁理論は、実際にはあまりに曖昧すぎる。そこで、Vormärz 期のこの理論を、その先駆者的形態（バブーフのそれ）と、その発展的形態（マルクスのそれ）との中間におき比較検討を施すことによって、もういちど特徴づけてみたい[1]。

まず、バブーフについてであるが、彼が独裁制を構想するのは、フランス大革命末期に、いわゆる〔平等党の陰謀〕を企図するに際してのことである。だがこの構想ができあがるには、彼がまずは革命前に生地ピカルディ地方で農民たちの窮状を観察し、ついで革命渦中のパリでサン＝キュロットたちの経済的・社会的動揺を分析して平等主義者となり、その後所有の平等な分配（農地均分法など）の不可能性を見ぬき「財産共同体（communauté des biens）」理論へ移行していくという思想遍歴が重要な要因となっている[2]。パリで彼らが革命の主体だとみなしたサン＝キュロットは、その社会的理念においてはいわゆる〔平等主義〕、すなわち私的所有の平均化された、過不足ない社会状態を理想としていた。この層は雑多な職種で構成されてはいたが[3]、富裕な階級に対しては、それが旧来の封建貴族であれ特権的な商業資本化であれ、あるいはこれから勢力を増大させていく工場経営主であれ、一様に反対の態度に出ていく。こうした反封建・反資本の立場は、なるほど行動においてラディカルであったにせよ、ある種の保守性を特徴づけていた。それに対しサン＝キュロットの政治理念というのはきわめて急進的である。すなわち彼らは人民主権ないし直接民主制というものを標榜し、彼ら独自の代表を送れないような議会主義には反対の態度に出た。また彼らは、自らの利益が議会で十分代表されない場合には、蜂起という手段に訴えもした。ただしこの蜂起は、その大半が平和的蜂起、すなわち議会に対し外部から何らかの圧力・要求を突きつけるというものであって、議会そのものを潰そうというほどのものではなかった。

ところで、こうしたサン＝キュロットと一応共同歩調をとろうとしたジャコバン・クラブ（議会内での山岳派）は、社会的理念においてはほぼサン＝キュロットと一致していた。けれども政治理念では、サン＝キュロットの直接民主制とはまったく異なった（革命独裁）、すなわち一七九三年憲法をたな上げしたうえでの恐怖政治・独裁政治を貫こうとしたのである。このようなジャコバン派に対し、バブーフは、テルミドールの反動（一七九四年七月）以前には、パリを中心とした都市民衆、サン＝キュロットの運動に関心を寄せ、直接民主制的な立場からジャコバン独裁には反対していた。そのころまでの彼は、いかなる独裁をも批判していない人民本位の議会を要求し、一党の単独支配を許さなかった。しかし、一七九五年四月のジェルミナール蜂起、翌五月のプレリアルの蜂起ののち、バブーフは、まずもって平和的蜂起というサン＝キュロット的な考えを棄てる。さらには、組織力を欠いた、明確な指導者をもたない蜂起というものにも、疑問を懐くようになっていく。この傾向は、一七九五年一〇月に、国民公会にかわって成立した総裁政府のもとでいっそうはげしくなった食糧危機という経済的不安を背景にして、さらに強まっていく。その過程でバブーフは、ほかの共和派の最左派の人びととともに、暴力的蜂起を陰謀として計画するにいたった。この計画は、よく言われているように——労働者大衆による自然発生的な蜂起では何もなしえない、そのかわりに少数者の革命が必要なのだ——という根拠から出てきたのではなく、——少数者の計画＝陰謀があってこそ大衆蜂起に目的意識性を付与しうるのだ——という根拠から出てきたものである。

バブーフは以上の計画を実現するに際し数名の協力者を得た。このなかには、一方に総裁政府下で結成されたパンテオン・クラブに協力的であったジャコバン主義者（アマール、ブオナローティ、ダルテら）が、他方にはこれに属さずサン＝キュロット主義にもとづいて独自の行動をとっていたバブーフの秘密総裁政府のメンバー（アントネル、マレシャル、ルペルティエら）が存在した。この二派からなる〔平等党〕は、したがって、社会理念においてはともに平等主義を基盤としていても、その政治理念では、片やジャコバン派の革命独裁を、片やサン＝キュロット主義の人民主権＝直接民主制を根拠にしていたのである。バブーフらは、この一見矛盾していると思える二派を、次のようにして合同させた。すなわち、彼らは、理想とする社会をそれまでの社会とまったく異なったもの、つまりフランス革命で誕生したブルジョア国家・社会をも越える財産共同体（communauté des biens）とし、さらにそうした未来社会を導くにあたって、理想とは正反対に、一時的に強力な統治機構を想定したのである。彼らは、旧来の不平等な社会を変革して新たな平等な社会を実現するのに、それは一気に、即座にはできないもので、一時的に人民による独裁が必要なのだと解釈する。そのような独裁をバブーフらは、フランス革命という第一革命に引き続いて遂行される第二革命、あるいは〔永続革命〕において実現しようと考える。このように設定されたバブーフらの独裁は、旧社会と未来社会との間に一時的に存する過渡期の統治形態とみなしうるのであって、あきらかにジャコバン独裁と次元を異にして誕生したのである[4]。

だが、この理論は、バブーフ死後一八三〇年代にいたって、ブオナローティによって宣伝されるに及び、思わぬ変貌をとげる。ブオナローティは、平等党のなかでも系譜においてジャコバン主義を代表する者であった。彼はサン＝キュロット主義を代表するバブーフとはちがって、元来ロベスピエールを一貫して高く評価していたし、その意味では民衆の直接民主制的な下からの改革よりも、それを十分保障しきるための革命独裁をジャコバン的な見地から構想する傾向にあった。平等党の時期にブオナローティは、バブーフらとの議論の過程で、独裁は複数者によるものと結論していたが、しかし一八三〇年代にただ一人生き残った段階で、必要悪としての集団的独裁という傾向を後退させ、積極的な少数独裁論を打ち出してブランキらの前に姿をあらわしたのである[5]。ブランキが、バブーフ的な意味の独裁、集団的独裁をイメージするよりも、ブオナローティゆずりの個人的独裁にひきつけられ、これに直接影響されたということは、ブランキを少数精鋭の一揆主義者とみる見解に好都合な材料を提供することになる。たとえば、後年にエンゲルスは、ブランキをそのようにみたてて次のように語っている。

「ブランキは、がんらい政治革命家であり、人民の苦しみに同情をいだく、感情のうえだけの社会主義者である。しかし彼は、社会主義的理論ももたなければ、社会救済の一定の実際的提案ももってはいない。その政治活動の面では、彼はがんらい『行動の人（Mann der Tat）』であり、周到に組織された一握りの少数党が、適切とみなした瞬間に革命的急襲を試み、最初の二、三回の成功によって人民大衆をひきつけ、こうして革命を成功させうるという信念をいだく人物であった。ルイ＝フィリップの治下では、彼はもちろんこの中核体を秘密結社としてしか組織できなかった。するとけっきょく、陰謀につきもののことがおこった。もうじき始まるであろうという空約束にいつまでも釣っておかれることにあきあきした連中は、ついに我慢しきれなくなり、反逆的になり、こうして残された道としては、陰謀を崩壊させるか、それとも全然外部のきっかけなしに戦闘を開始するか、そのどちらかを選ぶしかなかった。……ブランキがいっさいの革命をわずかな革命的少数党の急襲とみなしていることから、おのずと急襲が成功したのちには独裁が必要になってくる。この独裁たるや、いうまでもなく、革命的階級全体つまりプロレタリアートの独裁ではなくて、急襲をおこなった、しかもそれ自体がすでにまえもってまた一人ないし二、三人の独裁のもとに組織されている、プロレタリアートのなかの少数の者の独裁なのである。ごらんのとおり、ブランキは過去の世代の革命家である」[6]。

けれどもはたしてブランキは、エンゲルスのいうように、奇襲とか少数者決起とかを、ほんとうに革命のすべてと考えていたのであろうか。事実は、本書序論で触れたように、むろんそうではない。その理由の第一としてブランキは、奇襲や陰謀を、けっして戦略的なレヴェルで定式化してはいなかったことが、まずあげられる。彼は、それをあくまでも戦術レヴェルにとどめている。また理由の第二として、ブランキは、革命の前進とともに、一定の勝利で満足してしまうブルジョア急進派・革命的民主主義者を十分把握した上で、労働者独自の政治指導を不可欠とみなし、少数者の行動がやがて多数者（労働大衆）ほんらいの革命に転化していく永続革命を構想しえていた[7]。したがって、ブランキにとって、暴力的なのは少数者にとどまってはならず、全人民が武装することによって蜂起の最高段階が形成されねばならなかった。ブランキにしてみれば、民衆が革命的な創造力を真に発揮しうる瞬間を実現し、これを革命独裁によって維持することこそ、最大の課題なのであった。

したがって彼の独裁理論には、ブオナローティ個人を越えて、やはりバブーフ自身のサン＝キュロット精神が流れ込んでいるのである。そしてこのブランキらの秘密結社運動に同調したドイツ人こそヴァイトリングら義人同盟なのであった。ヴァイトリングの独裁理論には、したがってブオナローティ的な個人的独裁の外観とバブーフ的な集団的独裁の内実とが、また積極的な独裁の外観と、すぐに消滅してしまう〔刹那の独裁〕の内実とが、やはり同居していた。それ故、彼が一八四二年に「フランスのコムニストの大半は独裁制に傾いている」と語り、また翌年にそのことをバクーニンに説明したとき、その内容は、現代から回顧すればたしかにすっきりしない、じつに曖昧な表現をとったのであろう。

だがVormärz期にあってヴァイトリングやバクーニンは、フランス・コミュニストの独裁理論を自分なりに再解釈し、独自の課題であるドイツ解放やスラヴ革命のための強力な手段にしたてあげた。その結果、ヴァイトリングの曖昧な理論は、先に述べたように、やがて後年のバクーニンと、それにヴァイトリング以降にドイツ共産主義運動の中心人物となっていくマルクスを介して、〔独裁の否定〕と〔独裁の長期的採用〕の二方向に枝分かれしていくことになる。この行末を、一八七一年パリ・コミューンへの二人の対応をはさんで理解しておこう。

一八四九年にドレスデンで逮捕され、各地の監獄を転々としたバクーニンは、やがてシベリア流刑となった。死刑が流刑に変じても、バクーニンは依然として革命の志操を保持し、一八六一年、ついにシベリアを脱出し、日本などを経てふたたびヨーロッパの政治思想界・革命運動戦線に復帰した。しかしどうであろう、一八六〇年代の社会主義運動における最大の出来事、第一インターナショナル結成ののち、バクーニンは、ついにマルクスと激突するまでに反独裁の傾向を主義にまで高め、深めたのである。一八六九年のインターナショナル第四回大会の席上、バクーニンは反マルクスの立場を公然と誇示した。まさしく反独裁論者・アナキストの首領となった彼は、その後一八七一年におこったパリ・コミューンに対し、きわめて明確に自己の主義に基づいてこれを支持したのである。いわく、

「私は、経済的および社会的平等の断平たる支持者である。なぜならかかる平等をぬきにしては、自由、平等、人間の尊厳、道徳、それに諸個人の幸福、ならびに諸国民の繁栄が欺瞞と変わらぬことを知っているからである。しかし、何はさておき人間の根本の条件である自由の支持者として、私は、この平等が、コミューンのなかで自

由に組織され連合した生産組合の集団的所有と労働の自発的組織化によって基礎づけられねばならず、またコミューンの同様に自発的な連合によってであって、けっして国家の上からの後見的な行為によってであってはならぬと考える。

　この（右に述べた）点こそ、革命的社会主義者ないし集産主義者と、国家の絶対的な主導権の信奉者である権威主義的共産主義者とをなかんずく区別する点である」。

「…共産主義者は、国家の政治権力を奪取するために、労働者の力を組織せねばならぬと考える。革命的社会主義者は、国家の破壊のために、あるいはもっと丁寧な言葉がお望みなら、国家の清算のために自らを組織するのだ」。

「私はパリ・コミューンの支持者である。……私は、とくにそれ（コミューン—石塚）が大胆な、きわめて顕著な、国家の否定であったからこそ、その支持者なのである」[8]。（傍点原文イタリック）

　一方でバクーニンが「国家の否定」としてパリ・コミューンを支持したとすれば、他方でマルクスは、同一の戦い、同一の事実を前にして、まったく異なる立場から、やはりコミューンを支持した。すなわち、

「労働者階級は、たんにできあいの国家機関を掌握するだけでは、それらを自らの目的のために用いることはできない」[9]。

「それ（コミューン—石塚）は本質的に労働者階級の政府（a working-class government）であった」[10]。


　バクーニンが、あらゆる類の統治の否定の雛型であると規定したコミューンは、マルクスによって、まったく新たな「ついに発見された」労働者の統治機関であると規定されたのである。マルクスは、周知のように、プロレタリア革命における過渡期に関し、『ゴータ綱領批判（Kritik des Gothaer Programmes, Randglossen zum Programm der deutschen Arbeiterpartei)』のなかで、それは「プロレタリアートの革命的独裁（Die revolutionär Diktatur des Proletariats)」以外にありえないと定式化している（11）。この場合、マルクスの表現する独裁とは、一時代・数世代を画するほど長期にわたるものと解釈せねばならないし、国家の死滅にいたる間の、とくに中央集権化された制度とみなさねばならない。それに対し、若き日のバクーニンが唱えた独裁制は、けっして長期であってはならず、「プラハの独裁」はスラヴ革命の本陣でありながらも、つねに各地に分散する臨時革命政権の管理機構的中枢となるべきも

のでしかなかった。すなわち、バクーニンの独裁は、当初から中央集権化を拒否するものとして概念規定がなされている。したがって、やがて彼が独裁のタームを用いなくなり、かわって全権力の否定に到達したとしても、それはけっして若き日の独裁に関する発言と矛盾してはおらず、思想的発展の一階梯であって、主義の転向といえるようなものではない。

パクーニンとマルクスが、これほどまでに水と油の思想を築きあげた背後には、若き日の、独裁概念の懐き方における、決定的な相違が存したことを見逃してはならない。両者がいかに同一の言語を用いようと、そこから何をイメージしたかということは、きわめて重大な問題であって、そこに教条的な偏見の解釈をあてはめることは断じて許されない。両者の概念構成の素材には、マルクス主義的方向へも進みえて、またアナキズムへの道も開けていたヴァイトリング的独裁理論が存在したのである。

以上で Vormärz 期のヴァイトリング的独裁理論を、バブーフ、ブオナローティらの先駆的な形態と、マルクスの発展的な形態との比較において特徴づけてみたわけだが、最後に以下の点を付言しておきたい。すなわち、ヴァイトリング的独裁は、俗に言われているようなバブーフ主義あるいはブランキズムからの借物でなかった点である。バブーフ主義およびネオ・バブーフ主義なるものを、バブーフ個人の思想と区別し、ブランキズムについてもそうした上で、それらが渾然とした状態のフランス・コミュニスムをヴァイトリングは眼のあたりにしたということである。したがって、彼の独裁理論に不明瞭な点が多いのは、素材がそもそもそうだったからで、彼の理論は、Vormärz 期ないし七月王政期という時代のそうした状況を反映したままのことである。そのことは、理論を理論として単独に捉えるのではなく、その時代に十分ひきつけて考慮しようとする本研究の歴史知的視座からは、当然のことである。そこからしてまた、ここで明瞭に解釈しておかねばならないのは、ヴァイトリングの「天才的」個人による独裁についてである。彼は、本質において、ブオナローティよりもバブーフに近かったから、独裁一般を必要悪としてみる傾向にあった。それ故、そもそもヴァイトリングには、独裁は個人によるものか集団ないし階級によるものか、などというつめの論理はさして重要でなかった。その点は不確かでもかまわないし、いざ革命となれば、誰か能力ある者が登場して首尾よくやるはずだ、くらいに考えていた。ヴァイトリングには、それよりも、どのようにしたら独裁を短縮できるか、ということの方がはるかに重要であった。その傾向はバクーニンにいたっていっそう強まる。この両者にとって、独裁の期間というのは混乱・戦争期であるから、なるべくはやくそれを終結させる必要があったのである。過渡期の統治形態は重要だ、独裁は階級的にせねばならぬ、と考える論理は、マルクスのように、これを長期的に想定するようになってはじめて真剣にとりあげられたと解釈しうる。その意味では、近代的な独裁概念は、狭義に解釈するなら、Vormärz期には確立せず、一九世紀後半になってマルクスとエンゲルスによって完成されたと判断することもできよう。

注

(1)　近代的な独裁について論じたものに以下のものがある。小林正敏「近代における革命独裁の展開」、『経理経営論集』(中央商科短大)第三号、一九六一年。柳春生「人民主権と独裁—ルソー・マルクス」、『法政研究』(九州大)第四四巻第一号、一九七七年。しかし叙述の中心がちがうためか、前者ではバブーフ、ブランキとマルクスの間にヴァイトリングは登場せず、後者は副題のとおりに絞られ、やはりヴァイトリングは問題にされない。なおバクーニンの独裁理論に関するまとまった文献も、いまのところ皆無かと思われる。

(2)　バブーフの思想的遍歴については以下の文献ほかを参照。R. B. Rose, Gracchus Babeuf. The first Revolutionary Communist, Stanford 1978. 柴田三千雄『バブーフの陰謀』岩波書店、一九六八年。平岡昇『平等に憑かれた人々—バブーフとその仲間たち』岩波新書、一九七三年。J・L・タルモン、市川泰治郎訳『フランス革命と左翼全体主義の源流』鳳書房、一九六八年。

(3)　フランス革命期のサン＝キュロットの社会的構成やその社会的理念・政治的理念については以下の文献を参照。G・リューデ、前川貞次郎・野口名隆・服部春彦共訳『フランス革命と群衆』ミネルヴァ書房、一九六三年。井上すず『ジャコバン独裁の政治構造』御茶の水書房、一九七二年。岡本明「サン＝キュロット運動とその理念」、『西洋史学』第七六号、一九六七年。小栗了之「サン＝キュロット運動と革命政府」、『西洋史研究』(東北大)第一〇・一一合併号、一九六八年。柴田三千雄、前掲書。

(4)　ジャコバン独裁がけっしてブルジョア体制を跳びこえる過渡的統治形態でなかった点は、ルソーの主張にみられる独裁制と一致する。柳春生は、前掲論文(四四頁)で、ルソーの独裁制理論を次のように解釈している。「独裁の制度は、ルソーにては、執行権力の集中の制度にすぎず、人民の主権、自由を侵犯しない、合法的な統治形態として、共和制の一つの特殊な形態である。独裁と人民主権とは矛盾しない。独裁は人民主権行使の一時的停止にすぎない」。

(5)　バブーフ主義を一八三〇年代フランスに伝達したのが

ブオナローティであって、それ故にブオナローティ的に粉飾されたバブーフ主義がブランキらを捉えた点に関し、柴田三千雄は、前掲書（三五三頁以下）で次のように述べる。

「共和第四年におけるバブーフ主義はジャコバン主義とサン＝キュロット主義の結合の産物であった。しかし第一帝政下に加えられた潰滅的打撃による民衆運動の沈滞、また、バブーフ主義の伝達者の役割がブオナロッティによって担われたという二つの事情は、一九世紀のバブーフ主義から大衆運動の側面を脱落させることになった。特に一九世紀初頭には、それが反ボナパルト的運動と結合したため、バブーフ主義の社会理論は全く後景へしりぞき、もっぱら秘密結社運動の理論に転化したのであった」。

（6） F. Engels, Programm der blanquistischen Kommuneflüchtlinge, in: MEW. Bd. 18, S. 528f. 邦訳『マルクス・エンゲルス全集』第一八巻、五二二頁。

（7） ブランキの秘密主義・奇襲作戦がけっして戦略レヴェルでなかった点を、次の二人も強調している。

「ブランキは過去の一時期、過ぎ去った一時代を体現していた。彼が一八〇五年に生まれたこと、王政復古期に政治を知り、まだ小学生の頃にラ＝ロシェルの軍曹たちの処刑を見たこと、中学を出るやいなや秘密結社に入ったことを、果たして非難できるだろうか。王政のもとでは、こういうやり方を続けるほかなかったのだ。しかし共和国が出現した時にはそれを必ずやめたこと、一八四八年にも一八七〇年にも、一八七九年にも陰謀家的な方法を捨てて自由な討論を選んだことも見のがしてはならない。秘密結社と陰謀と暴動の第一の犠牲者はブランキ自身だった。……ブランキは一つの主義の代表者ではなかった。ブランキズムなどというものはないのである」。ジェフロワ、野沢協・加藤節子共訳『幽閉者―ブランキ伝』現代思潮社、一九七三年、三七二～三七四頁。

「ブランキの通則は、軍事・革命的リアリズムの要求であった。ブランキの誤謬は、かれの直接の定理にあったのではなくて、かれの逆の定理にあったのである。戦術的無力さは蜂起を敗北させるという事実から、ブランキは反乱の技術を遵守しさえすれば、勝利は保証されると結論した。ただこの点でだけ、ブランキズムをマルクス主義と対照させることは妥当である」。トロツキー「蜂起の戦術」、中村丈夫編『マルクス主義軍事論』鹿砦社、一九六九年、三一〇頁。

（8） M. Bakunin, Die Commune von Paris und der Staatsbegriff, in: Gesammelte Werke, Bd. 2, Berlin 1921. (Nachdruck, Berlin 1975), S. 269f. 外川継男訳『バクーニン著作集』第三巻、「パリ・コミューンと国家の概念」一四七～一四九頁。

（9）（10） K. Marx, The Civil War in France, London 1921. p. 28, p. 33. 木下半治訳『フランスの内乱』岩波文庫、九〇頁、一〇一頁。『マルクス・エンゲルス全集』大月

書店、第一七巻、三一九頁。

(11) K. Marx, Randglossen zum Programm der deutschen Arbeiterpartei, in: Kritik des Gothaer Programms, Berlin 1965, S. 33. マルクス・エンゲルス選集刊行委員会訳『ゴータ網領批判・エルフルト網領批判』大月文庫、五六頁。なお、マルクスの独裁理論に関する文献として、ほかに次のものがある。大井正「プロレタリア独裁とマルクス」石塚正英・柴田隆行・石川三義・生方卓編『マルクス思想の学際的研究』長崎出版、一九八三年、所収。石塚正英「プロレタリアート革命と政党の廃絶―バクーニンとマルクスを超えてカブラルへ」、同『文化による抵抗―アミルカル・カブラルの思想』柘植書房、一九九二年、所収。

第3章　下層労働者の社会思想

第1節　社会的匪賊への親近感

マグデブルク生まれの仕立職人ヴィルヘルム・ヴァイトリングは、カール・マルクスが登場する以前のドイツにおける最もすぐれた労働者革命家と称されている[1]。また、彼の残した著作や活動を調査・研究することは、一八四八年以前のドイツおよびヨーロッパの労働運動史・初期社会主義を理解する上で「一つの有益な入門学」であるとも語られている[2]。だがしかし、他方では、ヴァイトリングの思想と行動は中世以来の労働階層であるツンフト的手工業職人の階層的体質を色濃く反映しており、ヨーロッパ社会がイギリスを先頭にして近代的な方向に転換していく節目の時代にあって、そのような大転換に歩調を合わせて自己変革していくのでなく、逆に旧来の観念を固執し、新たな時代の精神ないしはマルクスらの科学的なもののみかたをかたくなに拒否しようというものであった、と評するむきもある[3]。

ヴァイトリング評価にまつわる右の二傾向のうち、後者の評価が出される根拠の一つとして、ヴァイトリングが提起した、いわゆる「窃盗理論（Diebstahlstheorie）」がある。彼のこの理論は、絶対主義ドイツをなるべく早期に転覆し、ドイツないしヨーロッパ全土に共同体主義的な理想社会を導く手段として考え出されたもので、コムニステンと盗賊プロレタリアート（das stehlende Proletariat）の共同行動を説いたものである[4]。この着想は、従来、ヴァイトリングの陰謀主義・一揆主義的傾向、手工業職人の守旧根性をそのまま表現するものだとして、つねにマイナス評価を下されてきた。

だがしかし、そのような評価を下す人びとのある者は、その基準として、私有財産は神聖不可侵であるというロック以来のブルジョア的所有論を持ち出す。また別の者たちは、盗奪は所有を否定するものでなく、かえってそれを前提としている、という発想を基準にしたりする。そのどちらもヴァイトリングの窃盗理論を批判するのにきわめて有力な、現実（＝近代）的な理論ではある。だが時代を一八世紀・一九世紀交の数十年に限定し、とりわけその時代の下層社会に注目してみると、渡り職人すなわち漂泊者的存在のヴァイトリングが窃盗理論を思いついてもそう不思議はないような社会現象がみられる。それは、詩人フリードリヒ・フォン・シラー（J. C. F. Schiller）の作品『群盗』（Die Räuber. Ein Schauspiel, Frankfurt u. Leipzig 1781.）』の題材にもなった大盗賊団およびこれをとりまく漂白者層（Vagantenbevolkerung）の存在とその活動である。

一八世紀末のヨーロッパ、とりわけ絶対主義体制の強固なドイツでは、中世以来の伝統的な社会は崩れ出したが、しかもなおいまだ近代国家がその権力の網を社会の隅々まで張りめぐらすには至っていなかった。その時代に、右に挙げたような盗賊団は、たんに一時的にでなく、またたんに一地方的にでもなく、数十年にわたって、独・仏・蘭等の広い範囲に、国境を越えて存在していた。また彼らは、絶対王権を頂点におく当時の現存国家に対し十分対抗し得る社会的反対組織（Soziale Gegenorganisation）を形成していた。これを構成する人びとは、研究者ホブズボーム（E. J. Hobsbawm）によれば Social bandit と表現され、研究者キューター（C. Küther）によれば Sozialrebellen ないし Sozial-bandit と表現されるが、彼らは、既成秩序からはみ出したアウトローというよりも、既成秩序と完全に対決する構え・秩序をもったカウンター社会勢力、「社会的匪賊」なのであった。このような社会的匪賊は、一八世紀から一九世紀初めにかけてのヨーロッパにおいて、その存在理由を十分保持しつつ、あるいは当時の下層民衆に多大な支持を得つつ、大規模な、しかし不確定の集団を築いていた。

そのような、ヨーロッパ全土において大盗賊団の活躍する時代がまさに終らんとする時期に、かのヴィルヘルム・ヴァイトリングは登場したのである。彼はいったい盗みを何と考えたか、あるいは所有一般を何と考えたか。このあたりを検討すると、どうもヴァイトリングの所有論には、右に述べたような社会的匪賊の考え方とかなり似通っている部分があるように思われてくる。すなわちヴァイトリングは、みかたによっては、Sozialbandit の末裔とも解釈できそうなのである。その点をテーマにして、以下に本論を展開しよう。

注

（1）例えばMax Beer は次のように述べている。
〝Aber der eigentliche Denker des Bundes（der Gerechten）in den Jahren 1837-1844 war Wilhelm Weitling ein tüchtiger, konstruktiver Kopf und selbstloser Charakter,-der einzige wirklich grosse

deutsche Kommunist der vormarxschen Zeit.〃in: Max Beer, Allgemeine Geschichte des Sozialismus und der Sozialen Kämpfe, Berlin 1932, S. 508.

（2）A. Meyer は、ヴァイトリングの主著『調和と自由の保証』（レクラム文庫）の「あとがき」で次のように述べている。

〝Die Schriften Wilhelm Weitlings zu studieren und sich über seine Agitation zu unterrichten ist, eine gute Vorschule für das Studium des frühen Sozialismus, insbesondere der zentralen theoretischen und politischen Fragen des Kommunismus vor 1848 und seiner historischen Verbindung mit der sich verselbständigenden deutschen und europäischen Arbeiterbewegung.〃 in: W. Weitling, Garantien der Harmonie und Freiheit, mit einem Nachwort herausgegeben von Ahlrich Meyer, Stuttgart 1974, S.293.

（3）この傾向については本書の序論（研究史）の箇所を参照。

（4）ヴァイトリングの窃盗理論に言及した研究書に、例えば次のものがある。

(i) E. Kaler, Wilhelm Weitling, Seine Agitation und Lehre, Hottingen u. Zürich, 1887, S. 41ff.

(ii) F. Mehring, Geschichte der deutschen Sozialdemokratie, Erster Teil, Berlin 1960, S. 210f.

(iii) V. Valentin, Geschichte der deutschen Revolution von 1848-1849, Erster Band, Köln u. Berlin 1977 (1.Ausg.Berlin 1930), S. 211.

(iv) O.Brugger, Geschichte der deutschen Handwerkervereine in der Schweiz 1836-1843, Berlin u. Leipzig 1932. S. 154. 以上の四著作はみな直接・間接に次の文献をもとにしている。J. C. Bluntschli, Die Kommunisten in der Schweiz nach den bei Weitling vorgefundenen Papierien, Zürich 1843, S. 98ff.

（5）ホブズボームの著書 Bandits, Penguin Books, London 1972. (Ist ed. 1969, 斉藤三郎訳『匪賊の社会史』みすず書房、一九七二年）は次の章から成っている。

1 What is Social Banditry? ／ 2 Who becomes a Bandit? ／ 3 The Noble Robber ／ 4 The Avengers ／ 5 Haiduks ／ 6 The Economics and Politics of Banditry ／ 7 Bandits and Revolution ／ 8 The Expropriators ／ 9 The Bandits as Symbol

（6）キューターの著書 Räuber und Gauner in Deutschland. Das organisierte Bandenwesen im 18. und frühen 19. Jahrhundert, Göttingen 1976. は次の章から成っている。

1 Einführung ／ 2 Die soziale Herkunft der Räuber ／ 3 Die Banden im engeren Sinne ／ 4 Die Banden als Bestandteil einer illegalen Organisation ／ 5 Das Selbstverständnis der Banditen ／ 6 Der Bandit in den

Augen des Volkes / 7 Die Bekämpfung des Rauber- und Vagantentums / 8 Zusammenfassung / 9 Anhang

なお、本節では主に右記二著作を手がかりとしてSozialbandit を取扱う。

一　ヴァイトリングの所有論

ヴァイトリングが「所有（Eigentum）」についてまとまった理論を展開しているものに、主著『調和と自由の保証』がある。同書のなかで、彼は次のように述べる。少々ながくなるが一気に引用してみたい。

「かつて、自分一人だけで使用するために土地片を耕しても、それを自分の財産（Eigentum）とよぶようなことを誰もしなかったような時代が存在した。のちの時代になって若干の者たちが、土地片を自分のものにし、それを財産とよび始めた。だがそのことは、社会の維持にとって何ら不正でも違反でもなかった。なぜなら、当時は誰もがそれを為しえ、そのための土地が足りないなどということはなかったからである。しかしこんにちでは、土地はすっかり分割され、領主（Herr）ないし地主（Eigentümer）の手中にない土地はまず皆無となっており、他方にはまったく土地を持たない断然多くの群衆がいる。

開かれた土地の最後の一片が占取され、その者が地主となったのは、いったいいつの時代であろうか。そのことを私は知らない。とにかくイギリスやフランスと同様、ドイツでもそのような時代があったということだ。これらの国々で最後の土地片が分割されたのは、おそらくはるか昔のことだ。いまやもう分割は済んでいる。いまこれを保持している者は、それを自己の利益のために、したがって社会の不利益のために保持し利用しているのである。

誰もが所有者になろうと思ってそうなれる間は、所有は社会にとって害あるものではなかった。当時人びとは、わが方にても他方にてもきわめて少なかったので、土地の広がりについての正確な概念はまったく待ちあわせていなかった。その時代から年月がたつにつれ、著しく人口が増加したし、いまだ止まずに増え続けている。それに対し土地はいつまでも同じままである。したがって、千年からそれ以上昔に行なわれた土地の分割は、はたして現代に適合するだろうか。

否！　まったく財産を持たない者が幾百万も存在するこんにち、財産所有は社会に対して罪を犯す不正となっているし、許しがたき、嫌悪すべき盗み（Diebstahl）となっている」。

「人間の根原的な権限を獲得し（nehmen）、保持し（haben）、占有する（besitzen）こと、それは当初だれにも損害を与えるものではなかった。なぜなら、獲得し、保持し、所有するものは十分に存在し、だれもそれを随意に自己のものとすることができたからである。それによって他者の同一の権限を狭めることなく、所有（Eigentum）でも盗み（Diebstahl）でもなかった。

それが、人口の急激な増加とその一点への集中によって、生きるために労働することが不可欠となってようやく、また少数の人びとが過度に多くを保持し所有するという手助けによって労働をまぬがれるようになると、この自然の権限は不正となりだした。そして万人の生計維持に不可欠な大地の少数者による特別の占取（die besondere Besitznahme）は、社会に敵対する盗みとなった。

そして当時、その音頭取りをする者に応じて、これに従う者も大地のいかなる排他的な占取をも略奪（Eroberung）とみなし、強奪（Raub）とみなした。

しかし、盗みはそれだからとていまだ恥辱ではなく、むしろ反対に名誉であった。なぜなら、それは巧妙・狡智・勇壮・剛勇の証明であったから。その後しばらくして、そうして獲得された富のことを財産とよぶようになり、またそれを合法とし、父から子へと相続させるようにした。

またこれは、ある人から別の人へと繰返しそのまま真似されていった。

財産という名をつけられたこの合法的な盗みに対しては、しかし人間的本性が不断に反抗し続けた。所有者たちは、あらゆる非合法なやり方の盗みでこれが妨げられるのを禁じたし、処罰を行なった。

この処罰を回避するため、こっそりと盗みをはたらき、盗みの振舞を否認するという卑怯が始まった。

この時以来、泥棒（Dieb）は軽蔑され、所有者は尊敬されるようになってきたし、しかもその度合が増すにつれ、所有者はいっそう裕福になりつつある[1]」。

ヴァイトリングは、所有を二つに分け、またそれとともに盗奪についても二つに分けて論じている。まず所有の二形態だが、引用文からみると、ヴァイトリングは、人間的本性あるいは自然法則にかなったものであれば、所有を万人の利害と矛盾しないものと考える。またそのような条件下の所有すなわち「占有（Besitz）」なら、ことさら Eigentum とよぶ必要のないものと考える。この発想は、同時代のフランスで所有を攻撃して有名になった人物プルードンの着想と酷似している[2]。ヴァイトリングもプルードンも、ある一人の人間が自分とその家族を養うために眼前の土地片を耕し、それによって生じた富を自ら消費する、そういう意味での土地利用を Eigentum とか propriété とははっきり区別している。また、そのような土地利用が万人に等しく可能とされるかぎりで Eigentum や propriété は発生しないとも考える。その上ヴァイトリングにあっては、もし万人の小土地片の耕作を不可能とするような少数者への土地の私化（Privatisierung）――そのことを彼は「合法的な盗み」と表現するのであるが――が生じたなら、それを阻止するための行動――そのことを彼は「非合法なやり方の盗み」と表現する――が生ずるのは自然の成り行きであると考える。ここでヴァイトリングが盗みにも二種類あると考えていることがわかる。つまり、万人による土地の本原的利用を台無しにし土地の私化を生むような意味での盗みと、それをもとに戻すべく強制力を用いる意味での盗みとの二種類である。

　このように、ヴァイトリングは、所有と盗みとの間に決定的な対立を設定しない。それどころか例の著作で、「所有も盗みもその起原において同一である」としている[3]。また盗みについても、少数者による土地の私化としての盗みを廃するのに、土地の本原的利用を回復するものとしての盗み、いわゆる〔逆盗奪〕を是認する。彼は言う、「毒（Gift）を制するには毒（Gegengift）をもって」せよと[4]。だがこの発想は、盗みをたんに必要悪として肯定したものではない。盗みそれ自体にまったく違った概念が与えられているからである。貧民Aが金持Bから何がしかの財産を盗んだ場合、それはBからAへの所有のたんなる移動でしかないという発想とは、まったく次元を異にしているのである。とはいえ、この窃盗理論は、けっしてヴァイトリングの発案になるものではない。ヨーロッパが新興の産業都市を中心に近代化し、資本主義的な生産諸関係と行政・管理機構を整えつつあった時代に、それでもいまだ近代的な意味での所有権には殆んどなじむことのなかったヨーロッパの非近代的下層社会には、ヴァイトリング的な意味での盗みを生業とする人びとが多数存在したのである。その人びとこそ、Sozialbandit なのである。時代順からいうと、ヴァイトリングの方こそ Sozialbandit の盗奪観念に影響されて自らの窃盗理論を思いついたのかも知れない。いずれにせよ、ではその Sozialbandit とはいかなる存在であるか。それを検討してみよう。

注

（1） W.Weitling, Garantien der Harmonie und Freiheit, Jubiläums Ausgabe, Mit einer Biographischen Einleitung und Anmerkungen hg. v. Franz Mehring, Berlin 1908, S.24, S. 109f.

（2） プルードン（長谷川進訳）「所有とは何か」、『プルードンⅢ』三一書房、二五一〜二五二頁参照。

（3） W.Weitling, Garantien, S. 115. なお、プルードンも所有と盗みの関係について次のように述べる。「……すべての人々が、条件の平等は権利の平等と同じであり、所有と盗みとは同義語であり、人々の同意を得た、もっと正確にいえば才能や職務が上だという口実の下に取得した一切の社会的優位は、不正であり強奪であると信じている。まったくすべての人々がこうした真実を心の中では証言している。それを彼らに理解させることだけが問題なのだ」。プルードン、前掲書、四四頁。

（4） W. Weitling, ibid., S. 234.

二　Sozialbandit（社会的匪賊）

ホブズボームは、Sozialbanditを次のように定義する、「彼らは領主と国家が犯罪者（criminals）とみなす農民アウトロー（peasant outlaws）である。だが彼らは農民社会の内部に留まり、そこの人びとから英雄だとか闘士、仇討人、正義の戦士、あるいはたぶん解放のリーダーとまで考えられており、いずれにせよとにかく賞賛し援助し支持するに値する者たちと考えられている」[1]。ホブズボームのこの定義に対して、キューターは次のように補足的な説明をしている。「エリック・ホブズボーム（Sozialrebellen, 1971 および Die Banditen, 1972.）は、盗賊（Banditen）を、というよりはむしろ、社会的反逆の傾向をもつ盗賊の特殊なタイプを大局的視点から考察した最初の人である。しかしここにいうSozialbanditは農民の出であった。したがってホブズボームは、まず第一に社会的な周辺集団（Sozialen Randgruppen）から集まってきた圧倒的多数の徒党（Banden）のことを考慮していない。しかし彼の著作は、次の理由で、ことのほか興味あるものに思われる。すなわち、こうした非社会的集団（asoziale Gruppen）が必要に応じて農村および都市共同社会と相並ぶ独自の層として別個に取り扱われるかどうかという問題に対する、ありうべき出発点が現われたからである」[2]。キューターは、ホブズボームと違って、Bandenの主たる供給源を農民社会だけに限定しない。それ以上に、Vagantないし Vagantenbevölkerung あるいは Vagantentum という階層を、邦語におきかえれば「漂泊者」の階層を重視し[3]、農村の盗賊をBauernbanditenとして、両者をはっきり区別している。要するにキューターによれば、Sozialbanditの発生源は「非社会的集団」であり[4]、また不確定で流動的な階層であり、土地所有を介して代々定住するなどということのありえない階層なのである。

さて、ホブズボームでなくキューターに依拠してこのような漂泊者階層およびそこから生まれ出るRäuber・Gauner（ともに盗賊の一種だが、詳しくは本節の注２参照）のドイツにおける活動範囲をみると、これはきわめて広域に及んでいる。まず一八世紀後半に出現した盗賊団をみると、ライン川沿いを仕事場にした「ライン盗賊団（Rheinische Banden, 1740-1770）」、ウェーザー川中・上流、マイン河畔、ネッカー河畔を猟場にしていた「郵便物強奪団（Posträuberbande, 1784-1788）」、ネッカー上流、ライン上流、ドナウ上流域を縄張りにしていた「南ドイツ強奪団（Südwestdeutsche Räuber, 1750-1785）」、アーヘンから西方のオランダ方面に広がっていた「ボックライター盗賊団（Bockreiter Banden, 1740-1770）」そのほかがある。また一八・一九世紀交になるともっと大規模な盗賊団が出現するが、その代表は、オランダから中部ライン、ルール、ヴェストファーレン、ザール、ヘッセン南部を行動範囲とし、主としてユダヤ人からなる国際盗賊団、「大ニーダーラント盗賊団（Grosse niederlandische Bande, 1785-1805）」である[5]。そのほか大小幾つもの盗賊団が行動範囲の一部を互いに共有しながら、主としてバイエルン、ヴュルテンベルグ等の西南ドイツに多く存在した。

次に、右に挙げた盗賊団が行なった盗奪行為の様式というか原則というものをみてみよう。この点につきホブズボームは、対象をヨーロッパ以外に拡大して、次のように述べている。

「social banditにとって自分自身のテリトリー内で、あるいはたぶんどこかよそにおいてさえ、農民（peasants）の収穫物をひったくるということは（よし領主のそれはひったくったとしても）、およそ考えられない。したがって、それをやるような者たちは、盗賊をSocialたらしめている固有の関係を欠いているのである[6]」。

また、キューターは次のように説明している。

「Bauernbanditenは農民の間に支持・援助を見いだしており、またもちろん、好意的な態度をきわめて強く要求する。彼らの襲撃目標はもっぱら『領主（Herren）』やその役人たちであり、おおむね、その特権的な地位や折にふれての横暴な支配権の行使がまず第一に反抗を挑発する。彼らの行動は『正当な事』であり、農民たちが共有する信念であるという尊大な意識において、Bauernbanditen は、秘密裡に生活を営む必要はないとみなす。彼らは自分たちの行動をあけっぴろげに公言する。そこでさらに彼らは、軍隊や警察に対してじかに抵抗することを意味深いこととみなすのである。そしてこの闘いに勝利すれば、民衆の間での彼らの名声はいよいよ増すのである。彼らは正当防衛の状況において『領主』と向かいあうが、しかし現存社会秩序それ自体を排撃することはない。注目すべきことだが、彼らは領主に対して断固として逆う、ということはない。

漂泊者層から現われた『犯罪』団（'kriminellen' Banditen）は、国家と『支配者（Herrschenden）』に対する原則的な敵対の意識をより明白にして行動する。たしかに Gauner や漂泊者の生活・生計の形式は社会的（gesellschaftliche）な特徴を帯びている。しかしながら特に、国家の代表者に対する日常的な暴力行為にして、正規の、周到な組織で強化された一つの犯罪団によって遂行される強奪は――たとえ原始的であれ――社会的（soziale）な抵抗の形式を表現している(7)」。

ホブズボームおよびキューターの説明によって Sozialbandit による盗奪行為の様式・規範をみたが、このような行為を日常的に、生きるための重要事として展開する Sozialbandit を、キューターは「現存する絶対主義国家に対する競争における包括的な社会的『反対組織』（eine umfassende soziale 'Gegenorganisation'）と表現する(8)。古い領主制的な支配機構を打倒し新たな社会を実現しようというのでなく、新しくも古くもおよそ現存する権威社会のいかなる部分からもはみ出した者たち――すなわち、現状からは「根原的な権限」をまったく与えられない者たち――でつくる絶対的反対組織、これを Sozialbandit とそれを生み出す漂泊者社会・農民社会に見いだすのである。さらには、このような反対組織が既存の社会と対決する方法が盗奪なのであった。そしてこの種の盗奪概念は、一九世紀の三〇年代・四〇年代にも、少なくともヨーロッパの後進地域では生き残っていたが、ひょっとしてこの観念に多大な影響（あるいはヒント）を受けた人物の代表として、ドイツのヴァイトリングとロシアのバクーニンがいた(9)。

注

（1）E. J. Hobsbawm, ibid., p. 17. 邦訳、二二頁。

（2）C. Küther, ibid., S. 7f. ここで一言。キューターのこの著作について、私は一九七〇年代末〜八〇年代初に、同じ村瀬興雄ゼミ（立正大学大学院博士課程）のメンバーだった原奈津子さんと共同で読書会を開いていた。本節で引用するキューターの訳文は、その大半が原さんとの共同訳となっている。また、この読書会を通じて、キューターがいわゆる盗賊として挙げる種々のグループ・類型を整備したので、それを次頁に図示しておく。ただしこの図は、最初原さんが第一図を作成し、次いで私がこれをもとに第二図を作成し、さらにいま一度原さんに助言をいただきつつ、私の責任において作成した、いわば第三図である（まだ修正の余地があるかも知れない）。これをみると、ホブズボームと違って、キューターにおいては盗賊の供給源としてVagantがきわめて重要なことがよくわかる。あれから三五年ほど過ぎた。いまは篠崎姓の原さんに、私は心から感謝する。

（3） Vagantと似たような用語をキューターの著作に見いだすとEntwurzelten（根なし草）、Fahrenden, Landfahrer（ともに流浪者）、das fahrende Volk（さすらいの民）、das fahrende Gesindel（さすらいの輩）、Landstreicher（浮浪者）などがある。

（4） キューターのいう「非社会的集団」に対し本書では次のような解釈を付加したい。すなわち、中世的な伝統を保持し続ける集団は、「前近代的」と形容され、そこからやがて近代社会が生まれ出、と同時に自らはその近代社会によって解体されていくものである。これに対し「非近代的集団」は、そのような前近代的社会にも、また近代的社会にも対立し、独自に存在しようとする集団である。

（5） この国際盗賊団は、時期や場所を考慮して、さらに幾つかの小集団に分けられる。それは例えば次のようである。ブラバンド団、オランダ団、メルセン団、クレフェルト団、ノイス団、ノイヴィート団、ヴェストファーレン団など。in. C. Küther, ibid. S. 32. なお右の諸集団の名称は襲撃地に因んだもので、司法に携わる者がその命名者となる場合が多かった。in: C. Küther, ibid. S. 50.

（6） E. J. Hobsbawm, ibid., P. 18. 邦訳、二一～三頁。

（7） C. Küther, ibid., S. 145f. なお、一八・一九世紀の交まで多数存在したVagantが既存社会のふちにおかれた様子を、キューターは次のように表現している。

「時おり良心の呵責が起きたとしても、しょせん、漂泊者は世間に盗賊とみなされ、往々にして、官憲は彼を容疑者として扱うのであるから、漂泊者がそんな思いを踏みつぶすのは容易なことであった。……漂泊者たちは次の点を覚悟せねばならなかった。すなわち、皇帝権や帝国憲法そして地方の条例によって、人びとが彼らを……何の手続もなくガレー船に送り込むか、さもなくば耳を切り落とし、指を切り落とし、鞭打ちの刑にし、そのほかにも多くの体罰を与え、事情によっては死刑にすらも処するだろうということを」。C. Küther, ibid., S. 147. ただし、ホブズボームは次の

（8） C. Küther, ibid., S. 16.

ように述べている。

<社会的アウトサイダー>

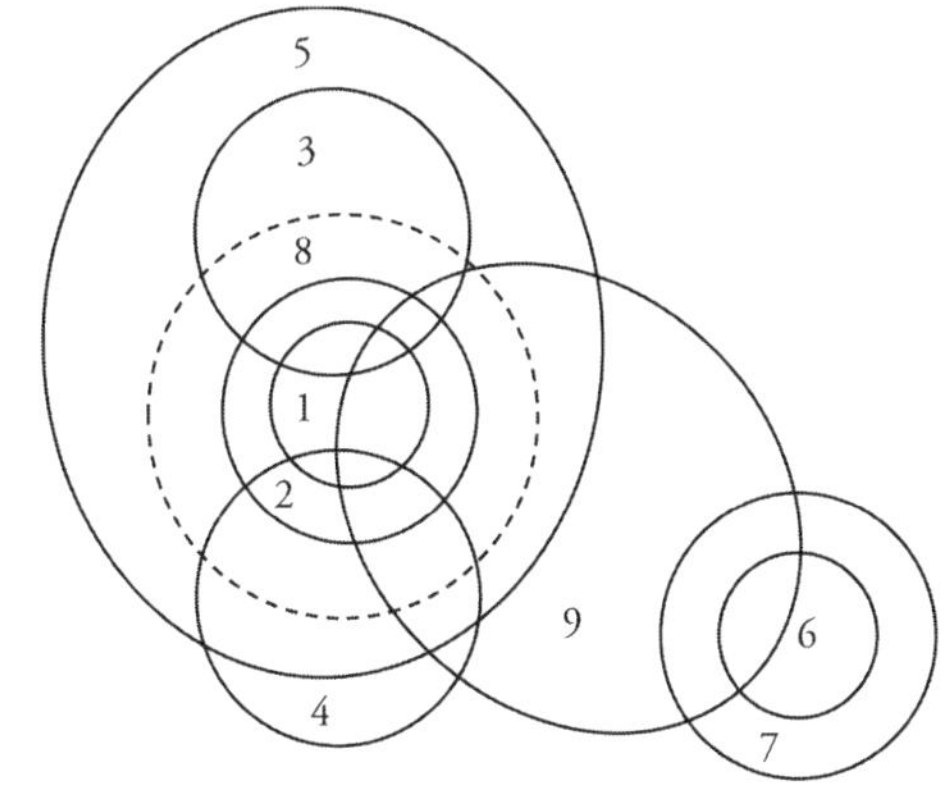

1　Räuber
2　Gauner
3　Zigeuner(ロマ)
4　Juden(ユダヤ人)
5　Vagant(漂泊者)
6　Bauernbandit(農民強盗団)
7　Bauern(peasant,小農)
8　Räuber,Gauner に何らかの関係をもつ層
9　Unehrliche Leute(卑賤の民)

※　ロマ、ユダヤ人か人種、宗教による分類。ロマの生活様式は一応漂白と考える。卑賤の民は主に職業的分類。漂泊者のサークルにはいらない部分は定住者と考える。なお上図には、がんらい平面化しえない部分を無理にそうしたためのゆがみがある点を付言しておく。また、Räuber も Gauner も適切な訳語がいまのところみあたらない。

「だれしも、広範にしっかりと足場を築きあげた bandits たちとは折り合いをつけねばならない。このことは bandits がある程度まで既存の社会に統合されていることを意味する。その理想は、もちろん、密猟者が形式上猟場番人に転化するというようなことである」。E. J. Hobsbawm, ibid., p. 89. 邦訳、九七頁。

(9)　ここに、バクーニンによる盗奪弁護を引用しておく。「各村の蹶起が可能で、自分が蹶起すれば全部の村も同時に蹶起するとわかれば、おそらくロシアの農村で反乱を起こさない村は、一つとしてないと言ってよいでしょう。そこで秘密結社の義務、使命、目的がはっきりしてくるわけです。つまり、すべての共同体に連帯の欠かせぬことを感得させ……。

この目標を達成する一つの重要な手段となり得るし、また手段としなければならないのが、わが国の自由な人民の集団であるコサック、托鉢僧や俗界の人間を問わず無数にわが国に存在する流浪の民、巡礼、無僧宗徒、強盗、山賊で、これらのどこにでもいるおびただしい非合法集団は、古くから国家と国家機構、ドイツ的な抑圧の文明に抗議してきたのです。……私そのものは強盗とか略奪、さらに概してどんな反人間的な暴力にも耐えられないが、正直言って、王位にあってすべての特権を享受しながら強盗と略奪を働くか、あるいは人民の低きにあって強盗と略奪を行なうかのどちらかを選ぶとすれば、いささかもためらわずに後のほうをとるでしょう。そのほうが自然であり、必然性があり、しかもある意味では法則にかなっているとも思うのです。……私は人民による盗奪行為を擁護するのであり、それをロシアの未来の人民革命に対するもっとも重要な手段の一つとみなすのです」。バクーニン「セルゲイ・ネチャーエフへの手紙」から、『バクーニン著作集』第五巻、白水社、一九七四年、三五四〜三五五頁。

三　ヴァイトリングの窃盗理論とSozialbandit

一八三〇年代後半から約一〇年間、ドイツ手工業職人のコムニスムス結社・義人同盟の指導者であったヴァイトリングは、その生い立ちを考えると、社会的・経済的には下層の貧民であり、職業的には卑賤の漂泊民に近かった。彼は金持とか権力者、その手先を厳しく非難する。一八三八年に義人同盟の綱領として書いたパンフレット『人類、そのあるがままの姿とあるべき姿』において、彼は次のように言う。

「諸君ら金持や権力者には、賤しい泥棒はとことん軽蔑すべき存在に思えるとしても、ではいったい諸君は、民衆は身分の高い泥棒たちのことを軽蔑の眼でみないとでも考えるのか？

　諸君が自慢する善なるものすべては、諸君かさもなくば諸君の先祖があれこれの策を用いて民衆から盗み取ったものではないのか。諸君が我々に課す地租や税金、諸君の資本をふくらませる利子、諸君がひき起こす破産、諸君が我々をだまして押しつける偽りの、金のかかる裁判、これらは盗みでないのか？　息苦しい工場や作業場で諸君が早死にさせている労働者については、社会に対して犯した殺害ではないのか。――諸君の牢獄・処刑台・銃剣部隊はいたる処で殺害を説いてまわってはいないだろうか。

　もっとも軽蔑すべき泥棒は、貧民に対してのそれであり、またもっとも軽蔑すべき殺人者は、弱者に対してのそれである」[1]。

　ヴァイトリングの窃盗理論は、たんなる独りよがりの理論で終わるのでなく、現実に労働者運動を指導する人びとの間で論争の種となっていく。とくにそれは、一八四五年から翌四六年にかけて、義人同盟ロンドン支部内外の活動家たちとヴァイトリングの間で行なわれた連続討論（これが開かれた場所は、直接にはロンドン労働者教育協会においてである）で表面化する。一八四五年六月三〇日、ヴァイトリングは次のように主張した。

「ひもじい者に啓蒙の説教なんてたわ言だ。とにかく第一に、欠乏に悩む人びとの欲求を満足させねばならない。それ故我々は、プロレタリアの、所有への敬意を取り除き、貨幣に対して革命的に反対させねばならない。また彼が窮乏がもとで、物乏いしたり不自由したりするより盗みをするようなら、彼に対し、何ら犯罪者などでなく、それどころか勇敢な男であると銘記させる必要がある[2]」。
　この発言に対して、ロンドン義人同盟の中心的存在であるカール・シャッパーは、翌七月になって、次のように反論した。

「ヴァイトリングは目的を達しさえするならどのような手段でも正当であるとしているが、私もまた同感である。しかしながら、彼のお好みの理論（窃盗の普遍化）は、それがもし、プルードンが理論的に十分証明済みのように、実際こんにちの社会情勢のきわめて厳格な帰結であるとしても、その実際上の意義において、誤謬に基づいているように思われる。窃盗を普遍化させれば、なるほど然るべき好都合の混乱を生み出すやも知れぬ。だが私は、この結末が、コムニスムスの代わりに恥ずべき軍事専制に陥るのではないかと、ひたすら恐れているのだ。……とにかく、私はこの手段を除けば、すべての手段に賛成する。というのも、実際上の問題として、この手段は総体的にみて不合理なことに思えるからなのだ[3]」。

　シャッパーは、盗みに良い盗みと悪い盗みの区別立てをしたり、貧民の行なう計画的集団強盗ならコムニスムスの実現に役立つなどと考えることを、「不合理なこと」として非難する。またそのような方法を真剣に取り上げようとするヴァイトリングを説き伏せて、思いとどまらせようともしている。だがシャッパーと違ってヴァイトリングは――引用中に登場するプルードンにもあてはまることなのだが――、将来でなく彼が現に生きている時代において最も虐げられている下層の労働大衆のために革命運動を推進していたのである。その時代はまた、大ニーダーラント盗賊団の活動がようやく鎮静化したとはいえ、いまだ残余の盗賊集団が各地で sozial な盗奪行動を続けていた時代でもあった。あるいは、その盗奪を行なう Räuber・Gauner これを支持する漂泊者・農民がいまだ下層大衆の多数を形成していた。したがって、一八四〇年代にヴァイトリングが来たるべき革命の主体に想定した大衆とは、まさにこの漂泊者・農民ということになるのである。マルクスらの影響もあっていちはやく科学的な思考方法を身につけだしたシャッパーの価値基準ではとうてい許容できない行為を、またそれに全生命をかける人びとを、ヴァイトリングはよく理解できた。地理的にでなく生活のあり方それ自体のなかに自立空間を確保し、既存のいかなる道徳観念とも一致しない、まったく独自の罪の意識と罰の体系を備えた民衆を、ヴァイトリングはこよなく愛したのである。

Räuber・Gauner の行動範囲とその様式は、一九世紀がすすむにつれて、急速に変化する。一八世紀末にフランスで確立した近代的な社会・政治体制、とりわけ行政・司法制度が一九世紀初めのプロイセン改革を先頭にしてドイツでも成立しだすと、既存社会に対する Räuber たちの反対組織も、その活動に手かせ足かせがはめられていく。また、ウィーン会議以降従来の割拠主義的なドイツに一応の政治的連係ができると、それまで司法・警察の追跡をものともしなかった漂泊者の動きが急速に麻痺する。キューターによれば、Sozialbandit の行動は、がんらい「抑圧的な社会的諸条件の変革をめざすような、理論的な計画には組入れられてはいない。したがって彼らの行動は、たんに、直接的非理論的な、その意味において『原初的』ないし『アルカイック（archaischen）』な社会的抗議の表出なのである[4]」。そうであるから、既存国家の側が支配機構の再編強化を達成し、漂泊者層の存在を不可能にしていっても、彼らはその強化された支配体制を転覆させ、自己の自立空間を従来どおり確保するわけではない。彼らは個々の領主や金持からは機に乗じて利益を奪うものの、領主制そのものを転覆させようとは計画しなかった。ただ旧式の領主制から新式の資本制へと上からの体制変革を遂行しつつある既存の社会を前提とした上で、これと「競争」していただけなのである[5]。ところがヴァイトリングは、そうした Sozialbandit と決定的に違って、下層労働大衆の自立空間を、体制の変革すなわち社会革命によって現時点に再生させようとする。その際ヴァイトリングは、たんに農業的に構成された前産業社会の只中に「反対組織」を復活させ、そのなかで「人間の根原的な権限」を樹立するという革命ではなく、産業革命によって登場してきた機械制大工業を土台の一部とし、しかも資本主義社会を超え出た、というよりこれを全面否定した未来社会「財産共同体（Gütergemeinschaft）」を建設するための革命を意図し、その社会を労働大衆の「根原的な権限」が全面展開する場とする意志であった。

注

（1）W. Weitling, Die Menschheit, wie sie ist und wie sie sein sollte, Paris 1838. (Nachdruck, München 1895), S. 40. ただし、一八九五年版のこの箇所には脱字があるので、Rowohlt 社版（一九七一年）の当該箇所（S.167f.）をも参照した。

（2）（3）Diskussion im Kommunistischen Arbeiter-bildungsverein in London 1845. 2. 18-1846. 1. 14, in: Der Bund der Kommunisten. Dokumente und Materialien,

Bd. 1. 1836-1849, hg. V. H. Förder, M. Hundt, J. Kandel, S. Lewiowa, Berlin 1970, S. 223ff.

（４）C. Küther, ibid., S. 146.

（５）これに対してホブズボームは、そのような盗賊の行動がよりいっそう大きな運動と融合することによって既存社会を変革することもありうるとしている。E. J. Hobsbawm, ibid., p. 29. 邦訳、一六頁参照。

四　人間の根原的な権限の回復

大ニーダーラント盗賊団ほかの Räuber・Gauner は恒常的な司法の追跡をかわすため、Bauernbandit を除いて、けっして確定的な組織を持たなかった。また Bauernbandit にしても、ふだんは彼らを支援する農民たちのなかにすっかり溶け込んでいた。またなるほど、彼らのなかのボス――例えば大ニーダーラント盗賊団のピカルト、ダミアン・ヘッセル、この大盗賊団の縄張りの内外で仕事をした徒党の首領シンダーハンネスたち――は、「正規の職業として強盗や盗みを働い」[1]ており、「彼らは市民的生活に背を向けていた」にしても、その周囲には、行商人や雑貨屋を営みながら盗賊団の首領に情勢を提供して利益の分け前にあずかる「情報屋（Baldover）」がいたり、隠れ家を提供してくれる泥棒宿、使い走りをしてくれる浮浪者がいた。あるいは「『生粋のドイツ人盗賊』たるシンダーハンネスは、存命中もまたその死後も広く世に受け入れられていた」[2]。そのようなわけで、盗賊団のボスの動きを司法当局がキャッチすることはきわめて困難であった。

一八・一九世紀交中欧に出現した盗賊団、いわゆる Sozialbandit とは、そのような存在であった。彼らが日常の仕事として行なう領主・金持からの盗奪は、漂泊者と農民にとって生活維持上で絶対不可欠な手段なのである。ある一団が手にした獲物の一部は故買商を介して堂々と販売ルートにのる[3]。農閑期に他所での襲撃に参加した農民やその息子は、分け前を受け取るやそれを郷里にもち返り、家族の生計維持にあてがう。かように Sozialbandit の盗奪行為は、非難されるどころか、待ち焦がれるものですらあった。例えばキューターは下層の農民たちを次のように描写している。

「よろこんで盗賊団（Bande）を援助し、追跡者を警戒するよう知らせたり、待ち伏せを妨害したり、すすんで強盗団を隠す覚悟でいる。なかには援助を拒むかあるいは裏切りすら行なう農民も若干いたりはする。だが彼らは、強盗たちに対する嫌悪からでなく、むしろ当局のドラコン風な処置への恐れの故にそうするのである」[4]。

たんなる所有権の移動にすぎない私的（privat）な盗奪でなく、「人間の根原的な権限」の獲得（回復）としての社会的（sozial）な盗奪を行なうSozialbanditが活躍する時代の末期に、ヴァイトリングは放浪生活をし、窮民革命家となった。それ故、一八三〇年代から四〇年代にかけて、彼が現存社会の大混乱を招くため領主や大都市の金持に対し盗賊プロレタリアートを編成しようと考えたことを、たんに俗物根性のあらわれとして、あるいは現代的な所有観念に反するとして、抹殺してはならない。ヴァイトリングの現状認識・革命の戦略・未来社会の構想は、現在、すなわち一八三〇年代四〇年代をその場で解放しようという立場から構築されている点、したがって彼の思想と行動にはSozialbanditの外見がつきまとって不思議のない点を、忘れてはならない。よし現代人がヴァイトリングの窃盗理論を葬り去っても、三月前の下層民にはその理論に共鳴する部分があったし、またかの時代に普遍的に出現した、下層民衆の生活手段にして善行たる盗奪も、歴史上から消し去られはしない。そのことは、「人間の根原的な権限」の獲得者としてのSozialbanditが、二〇世紀初頭のメキシコでフランシスコ・ビリャ――愛称パンチョ――の周囲においてメキシコ革命を成功させたことを思いおこせば[5]、ますます強調せねばならない。

注

（1） C. Küther, ibid., S. 30.

（2） C. Küther, ibid., S. 45.

（3） 故買商の役割についてホブズボームは述べる。「banditsは仲買商を必要とする。彼らはbanditsとその土地の経済を結ぶばかりでなく、より広い範囲の取引網との間をも結びつけている」。E. J. Hobsbawm, ibid., p. 85. 邦訳、八八～八九頁。

（4） C. Küther, ibid., S. 148. また、ホブズボームは次のようにも述べている。「農民強盗団（peasant bandits）はけっして異端的ではなく、その敬虔さ、よそ者に対するいぶかりも含め、普通の農民の価値体系を共有している」。E. J. Hobsbawm, ibid., p. 38. 邦訳、二八頁。

（5） ジョン・リード、野田隆ほか訳『反乱するメキシコ』筑摩書房、一九八二年、一〇五頁以降参照。なお、ここにいうジョン・リードとは、一九一〇年代メキシコ革命を扱ったルポルタージュ『叛乱するメキシコ』や、ロシア革命を扱ったルポルタージュ『世界をゆるがした一〇日間』の著者でもある。

第2節　旧約・新約聖書の援用

モーセとかイエスとかに限定したわけでないにせよ、私は、ヴァイトリング思想とキリスト教の関係について、一九七七年発表のある論文で、次のように書いた。

「一九世紀前半期ヨーロッパ、なかんずくフランスとドイツにおける急進的共和主義者・共産主義者たちの観念に存する宗教・政治連関をとらえてみ」て、「それによって、概略次の三種の傾向が確認された……。第一は、ラムネーや一時期のルーゲにみられたような傾向、すなわち、キリスト教を真に民衆解放の支柱と判断し、悪徳の手に染まりきったキリスト教を民衆の手に奪回しようとする傾向である。その第二は、ヴァイトリングにおいて典型的にみられる傾向、すなわち、自身がキリスト教徒であるなしにかかわらず、下層民衆の間に浸透している素朴な宗教感情を重視し、これに依拠してキリスト教的スタイル（キリスト＝共産主義者、社会革命＝神の意志等々）による革命宣伝を貫徹しようと試みる傾向である。そして第三は、フォイエルバッハらの青年ヘーゲル派学徒にみられる傾向、つまり、人間諸個人が無意識のうちに崇めている自己の本質＝神観念こそ彼らを圧迫しているのだから、諸個人は神の否定・キリスト教の批判を前提として、はじめてそのような自己疎外を超克しうるとする傾向である」[1]。

これと同様の内容を、私は一九八三年に発表した文章でも、依然として繰返した――「ところでヴァイトリングは、キリスト教に対し、それがもつ影響力に注目したのであって、彼自身が信仰を懐いていたかは定かでない」[2]。

このように私は、一九八〇年代のある時期まで、ヴァイトリングを根っからのキリスト者とはみないで、あるいはそう言い切るだけの証拠を確認せぬまま、ヴァイトリングのキリスト教論を展開してきた。だが、幾年も以前から書棚に備えてあったにもかかわらず、薬籠中の物とみなしてその実本格的に読み込むことをしなかったヴァイトリング著作『貧しき罪人の福音』（初版、ベルン、一八四五年）そのほかをもう一度読み返してみて、ようやくここに、従来の自説を幾分補強せねばならないと判断するに至った。すなわち、共同体主義者《コムニスト》ヴァイトリングは、彼の『福音』を読むかぎりでは、カトリックでもなくプロテスタントでもなく、これと完全に敵対してはいるものの、徹頭徹尾、イエスただひとり――使徒はすでにその数に入らない――を信奉する者であることがわかる。(3) 本節では、『福音』(4)をはじめとするヴァイトリングの主要文献を材料にして、この問題を解明してみたい。

注

（1）拙稿「政治的急進主義とキリスト教―一九世紀前半期ヨーロッパにおける」、酒井三郎博士喜寿記念『世界史研究論叢』同記念事業会編、令文社、一九七七年、一三一頁。このテーマについては、本書第2章第1節「キリスト教に対する評価」を参照。

（2）拙著『三月前期の急進主義―青年ヘーゲル派と義人同盟に関する社会思想史的研究』長崎出版、一九八三年、二八〇頁。本書、第2章第1節「キリスト教に対する評価」、所収。

（3）ここで『福音』ばかりを強調しているが、同じことは一八三〇年代から五〇年代にかけてのヴァイトリングの全著作に指摘しうる。

（4）本節で直接引用するヴァイトリング文献を以下に挙げる。

(i) Die Menschheit, wie sie ist und wie sie sein sollte, Paris 1838. (Nachdruck, München 1895.)

(ii) Hülferuf der deutschen Jugend/Die Junge Generation, hg. v. W. Weitling, Genf. Bern. Vevey. Lingenthal. Zürich, 1841-43. (Nachdruck, Leipzig 1972.)

(iii) Garantien der Harmonie und Freiheit, Vevey 1842. (Nachdruck, Berlin 1908.)

(iv) Das Evangelium des armen Sünders, Bern 1845. (Neudruck, Rowohlt, Reinbek bei Hamburg, 1971.)

(v) Diskussion im Kommunistischen Arbeiter-bildungsverein in London, in: Der Bund der Kommunisten. Dokumente und Materialien, Bd. 1. 1836-1849, hg. v. H. Förder, M. Hundt, J. Kandel, S. Lewiowa, Berlin 1970.

(vi) Die Republik der Arbeiter, hg. v. W. Weitling, New York 1850-1855. (Nachdruck, Topos Liechtenstein 1979.)

一 プロパガンダとしてのメシア・コムニスムス

従来私は、ヴァイトリングがキリスト教に言及する場合、その主要な動機は自身の信仰心でなく――それははっきり確定しえず――、むしろ彼がキリスト教に対して、下層民衆への革命宣伝の比類なき手段となりうると考えたからだ、としていた。この判断を下すのに根拠として考えられたヴァイトリング発言を挙げると、次のものがある。まずは『人類、そのあるがままの姿とあるべき姿』（初版、パリ、一八三八年）に次の一節がある。
「諸君には隣人愛というキリストの戒がある。それは、諸君があらゆる他者の純真性を識別するに際しての試金石である。

自分の行動と違う言葉を口にしようとする人びとを信じてはならない。彼らは無気力な者か、さもなくば詐欺師だ。どのみち民衆の教師としては有害である。

しかし、隷従と抑圧からの人類の解放に役立つべく、恵まれた生活を自ら断念する人、真理と権利とを説き、我々の解放に協力し、民衆をその死の眠りから揺り起こし、圧制者に対する武装攻撃をよびかけ、幸と不幸とを共に分かち持つ人、彼こそ尊敬に値する民衆の擁護者（Priester）である。この人物が説く宗教は決して偽造のものではない。それは平等とキリスト教的愛の宗教なのだ[1]」。


ヴァイトリングは、三月前ドイツにおいて自由と統一を求める手工業職人たちに対し、彼らの尊敬すべき原則の一つとして、ここに「隣人愛というキリストの戒」を挙げている。だが彼は、この宗教的原則のほか、もう一つ、それと正反対の原則、「自然法則」についても、手工業職人たちが従うべきものと、『人類』で宣言する[2]。また彼は、労働者の理想社会を築くにあたっては、キリスト教的愛の法則よりも、自然科学に基づいた、現実的な諸改革を強調する。たとえば、彼の構想中に登場する産業軍（die industrielle Armee）は、次の諸計画を実現するよう指令をうける。

「それ（産業軍—石塚）が従事するもっとも主要な仕事は、鉱山業、鉄道とダムの建設、運河、道路、橋の建設、森林の開拓、沼沢の干拓、はなはだしい広さにわたる不毛地帯の開墾、車輛、生産物の運送、港湾、道路、建造物の清掃、並びに遠隔地の植民である[3]」。


ヴァイトリングの、この産業主義というか工業重視の考えは、彼のキリスト教的プロパガンダの諸課題中で、著しく重大な意味をもっている。たとえば、右に引用した諸計画のうち、「鉄道」建設は、ドイツ革命敗北後に彼がアメリカに永住してから、労働者運動の実践的スローガンとなって、がぜん現実味を帯びてくる[4]。それ故、たとえ聖書からの引用やキリスト教的隣人愛を頻繁に力説したところで、ヴァイトリングのそのような発言は、あくまでもプロパガンダとしての次元にあるもので、けっして根本から「神の国」の実現を願ってのことではない、とも判断できるのであった。またこの点は、ヴァイトリングがついに「第二のメシア」の登場を予言し、(5) かつそれが本当にこの世に登場した、(6) とまでいっているにもかかわらずである。そこまでが、ヴァイトリングとキリスト教信仰との間に設定した、私の従来の諒解である。『三月前期の急進主義』（一九八三年）刊行時にはその立ち位置にあった。

だがその諒解は、『ヴァイトリングのファナティシズム』（一九八五年）を執筆する段階において、別様に修正すべきと判断するに至った。その点を、ヴァイトリングの旧約聖書および新約聖書解釈を媒介にして、次に検討してみたい。

注

（1）W. Weitling, Die Menschheit., S. 23.

（2）W. Weitling, Die Menschheit., S. 23. には次の一節がある。"Das Gesetz der Natur und christlichen Liebe ist die Basis aller für die Gesellschaft zu machenden Gesetze."

なお、ヴァイトリングのようにキリスト教と自然法則（科学）との二本立てを原則とするのでなく、新しい自然科学知識を用いてキリスト教批判を行なおうとするが、しかしそれでもキリスト教的なプロパガンダを完全に否定しきれない当時の情勢をよく説明するものに、フォイエルバッハ主義者ザクセ（Sachse 光の友協会メンバー）による、次のようなキリスト教批判がある。

「光は、たとえ一秒間に四万一千マイル走るとしても、我々が知っているなかで最も遠い星から地球まで達するのに二百万年かかる。イエスがたとえ実際に光のスピードで天国へ昇るとしても、彼はようやく一八〇〇年前に天国へ向けて出発したのだから、まだ先にあげた星への距離のほんの一部分しか進んでおらず、したがって天国へはまだまだ達しないだろう」。in: J. Brederlow, "Lichtfreunde" und "Freie Gemeinden" Religiöser Protest und Freiheitsbewegung im Vormärz und in der Revolution von 1848/49, R. Oldenbourg München Wien 1976, S. 109. 光の友協会の民主主義的なプロテスタント牧師ザクセは、フォイエルバッハの『キリスト教の本質』（一八四一年）に影響され、牧師の身分でありながら右のごときキリスト教否定の演説を行なった。だが、その内容がおよそ科学的でない点は、三月前当時のドイツ、およびその時代を生きた下層民衆の状態をよく示している。

（3）W. Weitling, Die Menschheit., S. 31.

（4）W. Weitling (hg. v.), Die Republik der Arbeiter, 4. 1850, S.58f. には「太平洋への鉄道建設（Die Eisenbahn nach dem stillen Meere）」と題した記事（無署名だがむろんヴァイトリングの筆）があり、ここでは彼のきわめて産業主義的な—その意味ではサン＝シモニストの実行した、女メシア探索とスエズ運河建設のためのエジプト遠征と似てもいよう―、しかし労働者の自主管理による企画が提示されている。

（5） Vgl. W. Weitling, Garantien der Harmonie und Freiheit, S.238.

（6） Vgl. W. Weitling, Der zweite Messias. Kommunismus in China, in: Die Republik der Arbeiter, 23. 9. 1854.

二　所有権をめぐるモーセ評価

ヴァイトリングは、彼と同時代のヨーロッパに存在した正統的キリスト教諸派をすべて否定する。また彼は、過去に存在した正統的キリスト教諸派をもすべて否定する。時期をはっきりさせて述べれば、彼は、コンスタンティヌス大帝が三一三年にミラノ勅令を発して以後の正統的キリスト教を、全部否定するのである。[1] だが彼は、キリストおよび彼を直接知る使徒の活躍した時代の原始キリスト教については、これを全面的に肯定し、称讃する。あるいはまた、キリスト出現以前の段階のユダヤ教についても、特にモーセの行為については、肯定的に解釈する。そこで、ヴァイトリングのキリスト教観の根本を探る一手段として、まずは彼のモーセ評価を、次いで彼の原始キリスト教観ないしイエスそれ自体への評価を検討しよう。

まずヴァイトリングのモーセ評価だが、これをみるにあたっては、彼の著作『福音』に綴られた、次の一節に注目することをもってはじめたい。

「旧約聖書にもまた、私有財産は神によって選ばれた人びとに尊重されない、とある。たとえば、モーセが、ユダヤの民をエジプトから連れ出すよう、神の命令をうけたとき、彼は、かなたへの行進に必要な金銭をどこから得てよいかわからなかった。その時神はモーセに告げた。出エジプト記三の二一、二二、『私はこの民にエジプト人びとの好意を得させる。あなたがたは去るときに、むなし手で去ってはならない。女はみな、その隣の女と、家に宿っている女に、銀の飾り、金の飾り、また衣服を求めなさい。そしてこれらを、あなたがたの息子、娘に着けさせなさい。このようにエジプトびとのものを奪い取りなさい（entwenden）』、すなわち盗みなさい（stehlen）」。

とはいえ、エジプトびとのこの金、銀の飾りや衣服は、いったい、本来だれのものだったのだろうか。それらは神の子たち自身による賦役（Fronarbeit）の産物ではなかったのか。それらはしたがって、彼らの財産ではなかったのか。そして、人は、一度奪われた自分の財産を、再び奪い返してはならないとでもいうのか。
モーセは、もちろん次のように言った。「あなたは盗んではならない。(Ihr sollt nicht stehlen !)」けれども、彼はいかなる前提のもとにそれを述べたのか。所有というこことで、彼はいかなる概念を思い浮かべていたのであろうか。確かなことだが、彼は、所有について、こんにち博学にしてキリスト教徒である経済学者がその鈍い頭で考えているよりもずっと明瞭な概念に精通していた。所有権(Eigenthumsrecht)を、彼は根本から、徹頭徹尾、非とした。――「大地は神のものだ」と、彼は言った。土地はけっして我々自身の労働による産物ではない。したがって、それはだれの所有にもなりえない。我々自身の労働によって土地から獲得したものだけが、所有となりうるのである。土地それ自体に関しては、ただ占有権(Besitzrecht)を必要とするのみである。この諸原則から出発して、モーセは、あるひとつの社会組織(Sozialgebäude)を創設した。それは、ちょうどユダヤ教の会堂が盗賊の巣窟にみあっているように、現存しているものにみあっている。彼は、イスラエルの子孫(ヤコブの一二の子孫―石塚)のうち、官職と祭祀を司らねばならないレビ人《びと》(レビとはヤコブの第三子の名―石塚)に一〇分の一を与えることによって、(そのほかの―石塚)一一部族の家には約束の地を平等に分け与えた。家屋敷についての家々の占有権は譲渡しえないものであった。この土地は抵当に入れられ得たが、五〇年後には負債なき地所として家々に再び帰属した。この社会組織に関し、神は次のごとき厳正な御言葉をしるされた。「あなたは盗んではならない。あなたは隣人の家、下女、家畜をむさぼってはならない」等々、そしてこの禁を犯す者に対しては烈しい御言葉で威嚇された。けれども神はそれを、あらゆる神の子に人間的生存の可能性を開示したあとになって、ようやく実行されたのである。
モーセは粗暴な民族的がんこさをもった一異邦人でしかなかった。普遍的なキリスト教的人間愛については何も知らなかった。他国人に対する彼の戒がそのことを証明している。けれども、これらの人びとに対してすら、モーゼは、現代の多くのキリスト教的政治家たちよりずっと人間的にして誠実であった[2]」。(傍点原文イタリック)
長い引用になったが、それだけまたこの箇所は、ヴァイトリングのモーセ観を知る上で重要だということである。彼は、この記述で、神の命令に表面上大きな矛盾のあることを提示する。すなわち、神はモーセに対し、まずは「エジプトびとのものを奪い取りなさい」と命じ、しかるのち、十戒のひとつとして、「あなたは盗んではならない」という一節を、モーセに言わせているのである。ただし、ヴァイトリングが出エジプト記三の二一、二二から引用した部分中、最後の「すなわち盗みなさい」の一節は、彼による付け足しである。また、普通ドイツ語訳の旧約では、「エジプトびとのものを奪い取りなさい」の語は entwenden でなく als Beute nehmen や ausplündern などとなっているかと思われる。それから、十戒の方に出てくる「盗んではならない」のドイツ語は、ヴァイトリングも用いているとおり、通例は nicht stehlen である。「盗む」という語に関する以上の留意点を総合すると、ヴァイトリングは、盗奪に関する神の命令を stehlen というドイツ語でまとめたがっているようである。そして、大地は、根本においていかなる人種・階層のものであれおよそ人間の所有物ではなく、神のものであるという大前提をまず設定し、そこから「盗奪」の概念を構築している点も、はっきりとわかる。またヴァイトリングは、人間が大地に働きかけて一定の富、「労働の産物」を取得した場合、この生産者はこの富に対し、自給自足的にわが物とするかぎりで、自由な処分権をもつとしている。このような権限を、別の著作『調和と自由の保証』（一八四二年）で彼は、人間に「根原的な権限」であるとも述べる[3]。また人間たちの「労働の産物」に対し、神は、はじめからそのように決めていたのだ、としている。そうであるから、モーセは「所有権を……徹頭徹尾、非とした」と解釈されるのである[4]。

以上の事柄から、いまいちどヴァイトリングの考えた stehlen を捉え直すと、次のようになる。まず、大地は、いかなる理由があれ永久的に私化することはできず、もしそれを行なえば stehlen ということになる。これがまず第一点。次いで、神のものたる大地に自ら働きかけて獲得したものを自らが消費するという意味での大地の利用、これは占有権（Besitzrecht）の行使であって stehlen ではないこと。だから自らの労働によらないもの、すなわち他者の生産物を一方的に消費するという意味での大地の利用、これは――その時々の合法・違法に関係なく――あきらかに所有権（Eigenthumsrecht）の行使であって、まさしく stehlen であること、すなわち Eigenthum と stehlen とは同根であること。これが第二点めの重要事である。そして第三に、自らの労働による生産物を、他者の Eigenthumsrecht の犠牲とされた場合、その者は、神と自然法とに基づく正義の権限として、逆盗奪しうること、すなわち Besitzrecht の復権としての逆盗奪はむしろ所有を否定したところに成立するということ。

ヴァイトリングの所有論の核心を構成する以上の三点

は、一九世紀のヨーロッパ社会およびアメリカ社会をみつめる彼の念頭からいっ時も消え去ることがなかった。ヴァイトリングは、移住先のニューヨークで自ら編集する月刊誌『労働者共和国（Die Republik der Arbeiter）』一八五〇年七月号で、次のようにしてモーセを一九世紀アメリカに直結させた。すなわち、一九世紀前半から中葉にかけてアメリカで勢力を拡大した平等主義的土地改革論者「ナショナル・リフォーマー」[5]は、あたかも太古の昔モーセが——一民族にのみという限界はあったものの——神の命令のもとにユダヤの一一氏族に実施したのと同様の土地均分を実施し、あるいはその要求をアメリカ政府に突きつけている。だがナショナル・リフォーマーは、土地改革における最大重要事、つまり神のものたる大地の万人による占有、別の表現を用いれば万人による「共有」を実現するところまで運動を前進させ得なかった。「老モーセの、および若きアメリカの土地改革についての諸原理は、我々の新時代にとって新たな形態を必要としている。……土地は万人のものであり、誰もこれをけっして独占してはならない。けれども各自は、みな随意にその一片を——一〇エーカーであろうと一〇〇〇エーカーであろうと——その占有にみあうだけの使用料を全人民の金庫に支払いさえすれば、占有することができる。土地と家屋とが諸個人の所有物になるということが諸個人の幸福に不可欠だなどということは、ないのである」[6]。さらにヴァイトリングは、同じ『労働者共和国』誌一八五一年六月二八日の第一一号（同年四月から週刊となった）でも、「我々には二重の法、すなわち宗教的および政治的な法がある」[7]としつつ、モーセの所有論を一九世紀に引きつけて論じている。

以上でヴァイトリングのモーセ観、旧約に表明された所有と盗奪についての彼なりの解釈を紹介した。ただそのなかで、彼がモーセを称えた部分でなく批判した部分——「モーセは粗暴な民族的がんこさをもった一異邦人でしかなかった」の箇所が気にかかる。神のものたる大地を人間たちが万人平等に占有するという発想、これはヴァイトリングにおいては財産共同体と同じ意味をもっているのだが、モーセにおいては「万人」平等ではなかったのである。そこでヴァイトリングは、このようなユダヤ民族主義の枠にはめこまれた「神の大地」論でなく、その枠を突き破った地平での「神の大地」論がモーセ以後に待ち望まれたとし、これを実現したのがイエスであったとするのである[8]。

注

（1） Vgl. W. Weitling, Die Menschheit, S. 21.

（2） W. Weitling, Das Evangelium, S. 101f. なお引用文中、

「一〇分の一」とある箇所は、旧約の民数記一八の二一にあるアロンへの主のことば「わたしはレビの子孫にはイスラエルにおいて、すべて十分の一を嗣業として与え、その働き、すなわち、会見の幕屋の働きに報いる」に関連する。また「五〇年後」とある箇所は、レビ記二五の一〇以降の「その五十年目を聖別して、国中のすべての住民に自由をふれ示さなければならない。この年はあなたがたにはヨベルの年であって、あなたがたは、おのおのその所有の地に帰り、おのおのその家族に帰らなければならない。その五十年目はあなたがたにはヨベルの年である。……」に関連する。なお本書に引用した旧約聖書はすべて、日本聖書協会発行の一九五五年改訳本である。また新約聖書は、同会発行の一九五四年改訳本である。

（3）　この発言については、本書第3章第1節「社会的匪賊への親近感」ですでに述べてある。

（4）　行論において明らかなように、ヴァイトリングによれば、モーセの言う「盗んではならない」の命令は、断じて所有権を前提にしていない。ヴァイトリングは、モーセを持ち出すことによって、現実的な効果としては、ロック的所有論・近代ブルジョア個人主義批判を狙っている。

（5）　ナショナル・リフォーマーとその土地改革思想については、本書第5章第4節「ニューヨークのクリーゲとカウンターメディア」で検討する。

（6）　(W.Weitling), Die Entwickelung der Gleichheitstheorien, in: Die Republik der Arbeiter, 7.1850.

（7）　(W.Weitling), Glaubens=und Verstandeslehren, in: Die Republik der Arbeiter, 28. 6. 1851.

（8）　しかし、カウツキーによれば、「初期のキリスト教徒はユダヤの愛国者であり、いっさいの外国支配と搾取を敵とした」。カール・カウツキー、栗原佑訳『キリスト教の起源—歴史的研究』法政大学出版局、一九七五年、四一五頁。

三　新約聖書の諸矛盾

モーセにおいては民族主義的な枠があったが、イエスの登場とともに、この枠が取り壊された。そのあとに出現した「神の大地」およびそこに住む人びとの結びつきを、ヴァイトリングは「コムニオーン（Kommunion）」という言葉で表現する。そしてまた、この言葉をつねに「コムニステン（Kommunisten）」とセットにして語る。彼は言う。

「諸君はキリスト者だ！　そうだろう？　だから諸君は、少なくともコムニオーンとコムニステンという言葉について、名前くらいは知っていよう。というのも、諸君のうちだれもが、コムニオーンをめざして歩んできたのであり、まただれもが共有しあってきた（kommuniziren）からだ。したがって、だれしもたしかに、少なくともコムニステンだったのだ。……

キリストは、死の前夜、弟子たちとテーブルを共にした。キリストは述べた。

『受け取って食べなさい。皆で飲みなさい。私を記念するため、このように行ないなさい』。

この共同の食事がコムニオーン、あるいはゲマインシャフトとよばれ、これに同席した人びとがコムニストないしゲマインシャフターとよばれたのである[1]」。

右の引用は、ヴァイトリングがスイス滞在中に自ら編集した雑誌『ドイツ青年の救いを叫ぶ声』（一八四一年）からのものだが、彼は、この「共同の食事」とコムニスムスに関連して、翌々年に起草した『福音』のなかで、次のように述べた。

「マタイ一二の一、マルコ二の二三、ルカ六の一によれば、イエスは使徒たちを連れ、（通りがかりの―石塚）麦畑で穂を摘んだ。こんにち、キリスト教徒は、そのようなことを作物泥棒とよび、体罰や投獄、罰金などでこれを処分している[2]」。

以上の二つの引用からみてヴァイトリングは、原始キリスト教徒の「共同の食事」を、たんなる私的親睦の絆、あるいはたんなる宗教儀式とみたのでなく、この行為を明らかに社会的（sozial）な行為とみ、イエスとその弟子たちの穂摘みも社会的なものと考えていたことがわかる。すなわち彼は、新約聖書に記された原始キリスト教徒たちの行動を、モーセ以来の、所有の否定という社会的規範に沿ったものと考え、新約聖書はしたがって、イエスのもとにおける財産共同体、社会的共同の存在を証明するものだ、とするのである。

だがそれでも、新約聖書には、ヴァイトリングのそのような解釈を証明する記述だけでなく、その解釈を否定する記述も含まれていた。そこでヴァイトリングは、原始キリスト教がコムニスムスであり、イエスが神に遣わされた最初のメシアであると共に史上最大のコムニストであったことを証明するため、あえて自ら、新約に含まれる諸矛盾を強調し、そこから一つの結論を引き出した。その作業は『福音』第四章第一節「諸矛盾」で行なわれた[3]。ヴァイトリングは述べる。

「イエスの教えを誤りのない土台に立って究明するためには、新約聖書に散在してみられる諸矛盾を明らかにするということが不可欠であろう。というのも、これらがまさに、キリスト教教義の解釈において混乱の大半をもたらしてきたからである。すでにキリスト教に対する哲学的反対派（D・F・シュトラウス『イエスの生涯』以来の批判運動―石塚）が提出した聖書中の諸矛盾は、私、すなわちキリストの擁護者によって、さらに半分以上増補されることになる。哲学的無神論および反キリスト者たちは、しばしば、彼らの軽浮なフレーズに対して聖書の軽浮なフレーズを持ち出しているにすぎない。キリストそれ自体の主義を研究するということを、彼らは思いつかないのである」[4]。（傍点原文イタリック）

このように宣言してヴァイトリングは、聖書中にみられる次のような矛盾を次々と拾いあげていく。一の一―イエスは万人をさばく（ヨハネ五の二二、二七、一〇、同九の三九）。一の二―イエスはだれをもさばかない（ヨハネ三の一七、同一二の四七）。二の一―イエスは罪人と一緒に食事する（ルカ一五の二）。二の二―パウロは罪人との食事を禁止する（コリント人への第一の手紙五の一一）等々[5]。こうした諸矛盾を列挙しながら、ヴァイトリングは、まず第一に、キリスト自身は何を基準として「罪人」という語を理解していたかを読者に訴える。そこでヴァイトリングは、むしろんキリスト自体を所有攻撃者とみ、その立場からキリストの「罪人」観を説明するのである。またヴァイトリングは、キリストを所有攻撃者とみるからこそ、また彼のことを、当時のローマ国家に対する反逆者であるとも述べる。たとえば、「諸矛盾」のなかで次の矛盾、一一の一―イエスは人からあかしを受けない（ヨハネ五の三四）。一一の二―バプテスマのヨハネはイエスのあかしをする（ヨハネ一の一一―三四、同三の二六）を述べたあと、次の一文をつづける。

「この者（バプテスマのヨハネ―石塚）が公開の場でイエスのあかしをしたのち、彼は獄中からイエスにたずねる、『来たるべきかたはあなたなのですか、それともほかにだれかを待つべきでしょうか』。マタイ一一の三。

ヨハネがまずイエスをキリストと称し、しかるのち、『来たるべきかたはあなたですか、それともほかにだれかを待つべきでしょうか』と獄中からたずねるかぎりでは、この最後の一文は特別の矛盾を含んでいる。この事情を私は、次のように解釈する。獄中のヨハネは、イエスがまもなく叛乱を実行するだろうと期待し、そのことを促すため、この問いを考えたのである。……またこの箇所は、ヨハネとイエスが、エッセネ派ないし何か特別の派のメンバーとして、秘かに盟約を交わしていたという推測を強めもする」[6]。

ここでヴァイトリングがイエスとヨハネとのことをエッセネ派か何かに所属する革命家に描いて、そう推測しうると述べたのは、根拠がないわけではない。その点については、カール・カウツキーが『キリスト教の起原（Der Ursprung des Christentums, 1908.）』でもっとはっきりと述べている。

「イエスの死刑は、彼が反逆者だったとすればよくわかるが、しかしそうでなければ、愚かな悪意からおこった、まるでわからぬ一幕となり、イエスを釈放したいと思っていたローマ帝国の総督も、こうした悪意には閉口してしまう。こうしたことは、後代の編者が真実の経緯を人に知られたくないためだったと考えてこそ初めてわかることなのだ。

当時は闘争を嫌った、平和的なエッセネ派でも、全般的愛国主義にとらえられていた。……

だから、イエスが処刑されたのは、彼が反乱をおこしたからだという想定は、福音書の暗示をあかすただ一つの想定であるばかりでなく、その時代や場所の性格と完全に合致する」[7]。

カウツキーの文章を援用しつつ、ヴァイトリングに独得なイエス評価を明瞭にしたが、では、彼は、新約聖書の諸矛盾をあげつらって、最終的に何を主張したかったのか。それは、イエスがコムニストであったとか、イエスとその弟子たちがコムニオーンを形成していたとかではない。それは副次的ともいえる。それよりもむしろ、彼は、翻訳やいろんな解釈を経て一九世紀までにずいぶんと手を入れられ巧妙に歪曲されてしまったにもかかわらず、それでも何ぴとにも否定しえずに残ってきたイエスその人の言動が聖書に刻まれている、それ故その部分だけを信仰せよ、あるいはその部分から他の章句すべてを判断せよ、ということを主張したかったのである。たとえイエスと一緒に行動した使徒たちのものであろうと、「イエスと矛盾することを述べたそのことは、いかなる者にとってもキリスト教教義でないこと、あるいはその一部をなすとみなされないこと、これは（イエスと使徒たちとの間の──石塚）これらの矛盾を前にして、だれもが承認せねばならないのである」[8]。

ここで少々疑問に思うことは、ヴァイトリングがいくらそのように力説したところで、イエス本人の言動と見なしうる部分を後世の福音史家等が書き改めたとしたらどうなるか、という点である。たとえば、カウツキーはマタイのことを「修正主義者マタイ」となじっている。[9] だが、たとえそのような修正があったとしても、ヴァイトリングのイエス観、すなわちイエス＝コムニスムス実現のための所有攻撃者、コムニオーン拡大のための叛乱指導者という基準に従えば、だれもが即座に見ぬけるとして、彼は右のごとき疑問を疑問としないのである。あるいはそのような修正はイエス本人の言動でなく他者の改ざんなのだから、信仰の対象にはならないと考えたのであろう。いずれにせよヴァイトリングは、原始キリスト教を信仰する、それもイエス本人のみを信仰するキリスト者であったこと、この点ははっきりしたわけである。[10] ということはまた、少なくとも四世紀初にコンスタンティヌス大帝によって公認され、同世紀末にローマの国教となって以降のキリスト教正統派・中世カトリック・ルター派その他のプロテスタントについて、彼はこれを断じて信仰することはなく、むしろこれを根絶やしにするため奔走したのであった。

注

（1） W. Weitling, Die Kommunion und die Kommunisten, in: Der Hülferuf der deutschen Jugend, 3 Lief (Nov. 1841), S. 34. なお、ヴァイトリングがここに述べる「共同の食事」に関連することとして、カウツキーの次の文章を参考までに紹介する。
「キリストの生まれる前の一〇〇年間に、大衆貧困の進行とともに、一般に、プロレタリアとその味方が組織の力で窮乏をきりぬけようとするにいたったことが、みられる。原始共産主義の最後のなごりである共同食事も、新しい共産主義の発端である」。「（原始キリスト教時代が進むにつれ―石塚）共産主義がどんなに弱められたとはいえ、共同食事は同信者全員を団結させる固いきずなとしていぜんとしておこなわれていた。扶助施設はただ個々人の窮迫した場合だけにおこなわれたが、もちろん、そうした場合はだれにでもおこりえた。共同食事は各人の毎日の必要をみたした。これには教団員はすべて出席し、教団生活全体はこれを中心として営まれた。

　しかし裕福な信者にとっては、共同食事は食事としての目的をもたなくなった。彼らは家にいた方がうまいものを気持よく飲み食いできた。……教団で裕福な人びとの数が増すにつれて、パンを食べぶどう酒を飲むことを重視しないで、ただ共同食事に集うこととその象徴とを重視する人びとの数がますます多くなってきた。……四世紀に教会が国家内の支配的権力となってからは、実際の共同食事はついに教団の家、すなわち教会堂から追放され、しだいに衰えて、つづく数世紀の間にはまったく廃止された。それとともに、実際的共産主義の最も著しい特徴は、キリスト教団からまったく消滅し、扶助制度、貧者や病人の看護がこれに代った」。カール・カウツキー、前掲書、三三〇頁、四四八〜四四九頁。
（2） W. Weitling, Das Evangelium., S. 100.
（3） この「諸矛盾」の部分は一八四五年刊の『福音』初版—これはヴァイトリングが直接刊行したのでなく、友人たちがベルンでそうしたもの—には含まれず、一八四六年の第二版で補われたものである。
（4）（5） W. Weitling, Das Evangelium., S. 48ff.
（6） W. Weitling, Das Evangelium., S. 50.
（7） カール・カウツキー、前掲書、三八八〜三八九頁。なお、ここに言う「エッセネ派」について、カウツキーは次のように紹介している。
「キリストの時代のユダヤ史の描き出した苦悩と流血の身の毛もよだつような絵巻のただ中に、平和な牧歌の印象を与える一つの現象の浮かび出てくるのを、われわれは認めないわけにゆかない。それはエッセネ派あるいはエッセネ派の修道団で、ヨセフスに従えば、前一五〇年ころにうまれ、エルサレムの破壊されるまでつづいた。それ以後は歴史から姿を消してしまう。……

しかしこの派の性格ははっきりしている。それは明らかに共産主義である。ヨセフスの時代には四〇〇〇人あまりのエッセネ派が、ユダヤの村々やいなかの邑の修道団の家にいっしょに住んでいた」。同、三一八〜三一九頁、傍点訳文のまま。

因みに、紀元一世紀当時、ローマのパレスチナ支配に反抗するユダヤ教徒はゼロテ党（Zealot）を結成してローマ総督に抵抗した。いわゆるゼロット運動である。
（8） W. Weitling, Das Evangelium., S. 53.
（9） カウツキー、前掲書、三四八頁。またカウツキーは、同書二五頁で次のようにもいっている。「……たしかなことは、四福音書あるいは他の原始キリスト教文書中、一つとしてイエスの同時代人の書いたものはないということである」。ヴァイトリングは、このことをも知っていたはずである。
（10） 文明時代のキリスト信仰でなく非文明地域のイエス信仰を「フェティシズム」に関連させた研究を、私は一九九〇年代に深めた。例えば「イスカリオテのユダはポジティヴなフェティシストであった」とした。石塚正英「フェティシズム、または演出される自己同一」月刊『状況と主体』谷沢書房、第二五五号、一九九七年、参照。なお、本稿は以下の拙著に再録してある。『フェティシズム—通奏低音』社会評論社、二〇一四年。

四　原始キリスト教信仰の系譜

ヴァイトリングがイエスその人ないし原始キリスト教にかぎって、これを信仰の対象とした経緯はすでに検討したが、では、そのような信仰を、彼はいったいどのようにしてわがものとしたのであろうか。その事情を歴史的・系譜的に探ってみなければ、イエスに対するヴァイトリングのファナティシズムを根原から認識しえたことにはならない。

ヴァイトリングは、アメリカ移住後の一八五一年七月一二日に、自身の雑誌『労働者共和国』同年度第一三号に、L. st. と署名のある記事を載せ、そのなかで、最後の審判の日は社会主義支配の日、万人が一つの家族となって共同の故郷を実現する日となろう、という主張を紹介している[1]。また、同じ雑誌の一八五二年一月三一日号にはＦ・アンネケ署名の論説を載せ、そのなかで、次のような主張を紹介している。

「コムニスムスは地上における社会生活の、最終的にして最高の形態である。それは完全無欠な自由の実現、ありとあらゆる、理論上および実践上の強制の根絶である。それは（地上における――石塚）天国の実現である[2]」。

たとえヴァイトリング本人の署名ではないにせよ、この引用から察することができるように、ヴァイトリングの原始キリスト教信仰も、一種のミレニウム（至福千年、千年王国）なのである。彼の血と汗でできている全思想の根底には、直接にはルソーの影響によるものと思われる反文明史観ないし反進歩史観が備わっている。彼は、原始キリスト教団をひとつのコムニスムス社会とみなすとともに、それよりも昔の原始時代の人類の間にも、コムニスムス的な生活の存在を認める。そして、人類が、富者による所有の導入を媒介にしてそのような自然状態を喪失すると、それを元のパラダイスに回復しようとする貧者の革命運動が開始したとする。その際彼は、「各自はみな、盗まれた品を奪回する権限をもっている」という命題を正義とし、この命題を擁護するものたちがつくりあげた歴史はコムニオーンとコムニステンの歴史であるとする。さらに彼は、パラダイスとしての自然状態を喪失してのち人類が築きだしたコムニスムスの歴史の発端を、一方では旧約聖書に見いだし、他方では古代ギリシア史に見いだし、それらがやがて原始キリスト教においてひとつになったと考える。だがその後キリスト教はローマの国教となったため、ヴァイトリングは別のところにコムニスムスの発展史を繋げる。それは、たとえば先に参照した『労働者共和国』一八五一年七月一二日号によれば、イエス→タボル派→再洗礼派となるのである[3]。ということはすなわち、ヴァイトリングの原始コムニスムスは、実践的な社会運動の局面においては、中世から一九世紀に至る間ヨーロッパの下層社会に依然として根強く残っていたミレニウムの系譜から登場してきたことを証するものである。したがって、ここでは大ざっぱにその系譜——特にヨアキム・ドルチーノ・ミュンツァー・ミュンスターの一派——をみることによって、それらの諸思想がヴァイトリングに及ぼした影響を追認せねばならない。

ミレニウムの系譜は、異端的キリスト教諸派の歴史でもある。イエスの活動期からしばらくの間、「神の国に入るには、決して死んでいる必要はなかった。生者も神の国の到来を見ることを、あてにすることを許された」といった時代があったが[4]、異端の歴史は、この時代が過ぎ去ると同時に開始する。キリスト教は、ローマ帝国内で迫害されていたような初期の一時期においては、その教義中に異端の観念を意識することは稀であった。この観念は、キリスト教がローマ帝国の国教となり、その教義における正統性が確立するに伴って発生し、かつこの正統性がローマ帝国滅亡後において、やがてローマ・カトリックとして伝統性をも帯びていく過程で、しだいに強まった。

こうして、当初は反体制的であったキリスト教——カウツキーによれば暴力的であったキリスト教——が[5]、ユスティノスら護教家の活躍を経てやがて体制的な国教と化していくと、その過程でまずはグノーシス派とモンタノス派に代表される異端諸派が形成された[6]。そのうち後者について、研究者ノーマン・コーンは次のように描写している。

「一五六年のこと、フリギアの地で、モンタノスという人物が、自分は第四福音書に来たるべきことを啓示すると記された。あの『真理の御霊』（ヨハネ一五章二〇節、一六章一三節）、聖霊の化身であると宣言した。……モンタノス主義者たちは、キリスト再臨の日を待ち望むという点において、多くの、おそらくは大半の初期キリスト教徒たちのたどった道にならっていた。ヨハネの黙示録でさえ、再臨が『すぐにも』（二二章六節、七節、二〇節）現前することを期待していた。しかしながら二世紀も半ばに至ると、そのような態度はいささか奇矯なものと見えはじめる。……だが、千年王国をすぐ間近かな出来事でなくむしろ遠い未来のこととして考えるキリスト教徒の数が増えていったにしても、時満ちれば、それはかならず現前するだろうと信じる人々は依然として多かった。……遠い近いにかかわらず、聖徒たちの王国が、もっとも物質的なものからもっとも霊的なものに至るまで、多種多様な形で想像されたことは確かであるが、もっとも高い教養を身につけたキリスト教徒の多くでも、かなり物質的な王国像を夢みていたことはまぎれもない事実である」[7]。（傍点石塚）

右の二派に続いて、アリウス派・ネストリウス派等の異端諸派が古代キリスト教史の裏道・横丁に現われたが、これらはみな正統派によって弾圧され、安住の地を求めて他所へ去っていった。だがその後、中世に入り、とりわけ一二世紀末から一三世紀初めのインノケンティウス三世の時代を頂点として教皇権が衰退し始めると、異端運動は再び活発となる。その代表は、一二世紀を中心に北イタリアやフランス南部アルビ地方に拡がったカタリ派（アルビジョア派）と、フランスのリヨンからおこったワルド派である。そのうち、リヨンの商人ピェール＝ワルド（Pierre Valdo）によって創始された後者は、財産所有を否定して原始キリスト教的清貧を訴え、贖宥・聖者崇拝・戦争などを否定し、ヨーロッパ各地の信者を一〇〇〇年昔の「共同の食事」の精神に立ち帰らせた。かつまたこの精神は、ワルド派以後、各地各派の異端運動の中に核心的な現象として息づいたが、その一例に、フィオーレのヨアキム（Ioachim 一二世紀後半）と北イタリアのドルチーノ（Dolcino 一三世紀）がいる。この二者について樺山紘一は次のように述べる。

「ヨアキム歴史哲学の特質をみるとするならば、つぎの二点に留意しなければならないであろう。第一には、歴史の転換にたいする意味づけと、時間的継起の理論化であり、これはときに未来の予言へと、みちびかれる。第二には、期待される未来において想定される世界についての、構想である」。

「（ヨアキム歴史哲学が―石塚）理想的世界を、地上において具体的に構想した、という点に、留意しなければならない。多くの終末論が、黙示録の解釈において、最終審判という絶対的解消・清算にとどまったのに対して、これは、いちじるしく、現世的色彩が濃厚である。世界の終末という清算のまえの時代に、ヨアキムは、理想的な地上の世界を予測し、構想した」。

「（ドルチーノの世界史区分と教会史区分の―石塚）この二種の世界史区分には、従来の終末論的千年王国説にはない、独得の史観がふくまれている。それは、理想世界というべき第四期の実現は、平穏には到達されないとしても、ともかく、それは、歴史の初源にあった理想的状態の回復として、構想されていることである。原へブライの平和世であれ、初期キリスト教の使徒世界であれ、それは歴史的回復としてあらわれる」[8]。（傍点樺山）

右の引用中、ヨアキムの構想「理想的な地上の世界」とドルチーノの構想「理想的状態の回復」は、一六世紀になって、ドイツ農民戦争期の農民軍指導者トマス・ミュンツァーにおいて固く結びつけられる。そのミュンツァーを引用してエルンスト・ブロッホは『革命の神学者トマス・ミュンツァー（Thomas Müntzer als Theologe der Revolution, 1921.）』で次のように述べる。

「その（キリスト教の―石塚）内容とは、フス派のばあいもミュンツァーのばあいも、『地上における神の国(Reich Gottes auf Erden)』であった。聖書において、この内容は地上に降下する天国のエルサレムという、徹底的に煮詰めて抽出したかたちであらわされている。これによってミュンツァーもついに次のように述べるのだ。

神は、彼の名が正しく讃えられるようにと、最後の日々に変革を決意しておられる。彼は世界から恥辱を除去し、あらゆる肉の上に彼の霊をふりそそぐおつもりなのだ。なぜならもしキリスト教世界が使徒の精神を体現してはならないのなら、いったいなんのために伝道するのか。我々はみな、信仰の到来のときに、キリストが人間となりたもうたことによって我ら肉の人間が神となること、それゆえキリストとともに神の使徒となり、キリストの教えをうけ、キリストによって神に変貌させられることを知るにちがいない。そうだ、地上の生が旋転して天国に入るために、徹頭徹尾変貌するのだ」(9)。（傍点原文イタリック）

ミュンツァーのミレニウム的革命神学に加え、同世紀にはいま一つ特異な、原始キリスト教への回帰を思わせる一派が出現した。それは、フッター派のアナバプティストである。この点につき、研究者の倉塚平は次のように述べる。

「再洗礼派唯一の定着形態たるフッター派ゲマインデの本質は、まさしく実現されたユートピアたるところにあった。そしてこのゲマインデをユートピアたらしめたものは、究極的には再洗礼派世界観の基本構造をなすかの二王国論それ自体にある…」。

「それ（再洗礼派の二王国論―石塚）は自己をキリストの弟子になぞらえることによって、ルターのキリスト教観における『義人にして同時に罪人』というパラドキシカルな連関を断ち切り、義人と罪人という二つの人間範疇をつくりだすことを通じて、一方では啓示の領域たる不可視な神の国を少数の再生者のみからなるゲマインデへと可視化し、他方ではキリスト外的な摂理の領域たるこの世の国を罪人のみからなる悪魔の国へと押しやり、かくしてルターの峻別しつつも相互補完的な二王国関係を決定的な相互排斥関係へと転化することによって構成されたのである。そしてこの相互排斥関係は、千年王国派のように、この世の国を、千年王国の萌芽形態である選ばれたものの同盟との暴力的対決を通じて止揚するのではなく、この世の国から神の国たる彼らのゲマインデの徹底的な分離をもたらすことになった[10]」。

さて、ここまで異端的諸派の流れを追認識したところで、その作業をいよいよヴァイトリングに結びつけることによって、本節に区切りをつけねばならないところに来た。ブロッホが述べているとおり、ヴァイトリングは、カタリ派、ワルド派、フス派、ミュンツァー等々と共に、「谷間の兄弟たち（die Talbrüder）」の一人である[11]。ここでそのようにブロッホの味方をする理由は、次のことがらである。まず、ヴァイトリングは、すでに検討済みのように、たんなるキリスト教徒ではなく――「たんなるキリスト教徒」からみれば、彼はその破壊者である[12]――、原始キリスト教徒ないしイエスその人主義であって、そのイエスが、神の国をこの地上で、物質的な共同社会として実現したと考える。これは、人間も神になり得ると説くミュンツァーをとおり越して、ヨアキムにまで遡ることのできる観念であり、さらにそのヨアキムの観念も、それはそれで再びモンタノスにまで、いや原始キリスト教徒の「神の国」観にまで遡ることのできる観念である。

次に、先にも少し触れたように、ヴァイトリングを捉えて離さなかった観念の一つに反文明史観があって、これは、その源流を探ると、自然法の系譜ではルソーからセネカに行きつくほか、異端の系譜ではドルチーノにぶつかるのである。ヴァイトリングは原始キリスト教社会を、あるいはもっと昔の太古の自然人の社会を所有なき、支配・被支配なきパラダイスに描くが、そのような社会の実現・維持に努力する者であれば、キリスト教以外の異宗派でも、またどのような民族でも、味方に括って称讃した。たとえば『福音』のなかで、彼は次のように述べる。

「所有の廃止、イエスの教えの実現にとって不可欠なこの手段は、まさに、この教義の公然たる宣言とその普及を当時においてきわめて困難にするものであった。ローマ人、ユダヤ人、司祭、助祭（レビ人―石塚）、そしてサドカイ人たちは、おびただしい財産を所有していたし、彼らの妄想の利害において、財産共同体の教義は萌芽のうちに握り潰されていた。

当時、金持はいまだ、自分の利害の擁護を他者に委任するほど柔弱ではなかった。彼らは、財産をまもるため、恥を知らぬほど残酷に戦った。すでにキリスト前四〇〇年頃、ペルシアでは財産共同体マズダク教派が、その原理の実現に加勢する王を獲得し、皇太子のもとである叛乱が突発した時、その新たな教義の告発者とその追従者を血の進出をもってペルシアの土地から洗い流した。それと同じようなことは、イタリアのピタゴール（Pithagor）の追従者にも生じた[13]」。

ここにいうマズダク教派とは、古代ペルシアでゾロアスター教の形式化に反対して農民を中心に生じた一派である。ただしヴァイトリングが紀元前四〇〇年頃といっているのは誤りで、実際には紀元後五～六世紀に出現した。この一派は、土地所有から発する社会的不平等を悪とみなし、土地水利の共同使用を説いた。教祖マズダクは雄弁で賢い男と称えられ、一時はササン朝で王の顧問にもなったが、コスロー一世時代に貴族に暗殺された。そのような古代異宗派のマズダク派共同体を、ヴァイトリングは高く評価する。そのほか彼は、一八五〇年に『労働者共和国』誌上で発表した一文「平等理論の発展史」で、宗派ではないが共同社会の一つの原型としてスパルタを引き合いに出し、次のように述べる。すなわち、古代スパルタ社会は der barbarische Communismus であり、それとモーセの Landreform とは、原始の人類の自由と平等とを一面的に表現していた。それがイエス・キリストにおいて、すなわち der religiöse Communismus において、全人類の同胞愛のなかで説かれるに至り、これをもって原始共同社会が一つの完成の域に達したと[14]。だが、その後の人類史は堕落の一途をたどるのである。それ故ヴァイトリングにおいて、希求される未来社会は、ある意味では太古の自然状態にある人類社会、ないしは財産共同体《ゲマインシャフト》時代の原始キリスト教社会への回帰、その復活によって実現されるのである。かようにヴァイトリングは、実にヨアキム思想とドルチーノ思想の統合者となるのであるが、彼にはもう一つ、トマス・ミュンツァーの、民衆蜂起による神の国の物質化という革命精神が加わる。フッター派ゲマインデの逃避型二王国論でなく、ミュンツァー的武装闘争論もヴァイトリングに流れ込んでいる。

注

（1）（3） Kann der Sozialismus die biblische Moral entbehren? in: Die Republik der Arbeiter, No. 13. 12. 7. 1851.

（2） F. Anneke, Kommunismus und Socialismus, in: Die Republik der Arbeiter, No. 5, 31. 1. 1852.

（4） カウツキー、前掲書、三七四頁。

（5） カウツキー、前掲書、四一四頁。

（6） キリスト教異端の歴史については次の文献を参照。Norman Cohn, The Pursuit of the Millennium.

Revolutionary Millenarians and Mystical Anarchists of the Middle Ages, Paladin London, 1970. ノーマン・コーン、江崎徹訳『千年王国の追求』紀伊國屋書店、一九七八年。

（7）Norman Cohn, ibid., p.25-26. ノーマン・コーン、前掲書、一四〜一六頁。

（8）樺山紘一「フィオーレのヨアキムと千年王国説の展開」、『人文学報』（京都大）第四〇号、一〜四頁、一九七五年。フィオーレについては次の文献をも参照。片山佳子「フィオーレのヨアキムの歴史観」、『西洋史学』第九九号、一九七五年。またドルチーノについては次の文献も参照。樺山紘一『ルネサンス周航』青土社、一九七九年。そのほか、ミレニウム関係では次の文献を参照。倉塚平「ミュンスター千年王国前史（一）―（三）」、『政経論叢』（明治大）第四七巻第一号、第二・三号、第五・六号、一九七八年〜七九年。E・J・ホブスボーム、青木保編訳『反抗の原初形態―千年王国主義と社会運動―』中央公論社（新書）、一九七一年。Th. Olson, Millennialism, Utpianism and Progress, Toronto Buffalo London 1982.

（9）Ernst Bloch, Thomas Münzer. Als Theologe der Revolution, Suhrkamp 1980, S. 209f. 樋口大介・今泉文子訳『トーマス・ミュンツァー・革命の神学者』国文社、一九八二年、二九〇〜二九一頁。引用にあたっては邦訳を大幅に利用した。

（10）倉塚平「再洗礼派の二王国論とその現実形態」（下）、『思想』第六〇七号、一九七五年、一三頁、二九〜三〇頁。

（11）E. Bloch, ibid., S. 228. 邦訳、三一三頁。

（12）ヴァイトリングは『福音』のなかで次のように言う。「人間解放のため、宗教は破壊されねばならないという考えは、ヴォルテールそのほかの人びとの原則であった。ところが、ラムネーおよび彼以前のカールシュタット、トマス・ミュンツァーそのほかの人びとは、民主主義的なイデーのすべてはキリスト教の成果であるとしている。

それ故、宗教は破壊されてはならず、人間解放のために利用されなければならない。

キリスト教は愛と中庸、それに享受の宗教ではあっても、屈従と奢侈、それに不自由の宗教ではない」。W. Weitling, Das Evangelium., S. 17. ヴァイトリングがいくらこのように述べても、ラムネーやカールシュタット、ミュンツァーは正統信仰の側からすれば、むしろヴォルテール以上の反キリスト者であった。

（13）W. Weitling, Das Evargelium., S. 64.

（14）（W. Weitling), Die Entwickelung der Gleichheits-theorien, in: Die Republik der Arbeiter, 7. 1850.

五　神の剣をもった革命指導者イエス

一九世紀中頃、すでにドイツ革命で敗北感を味わったあと、ヴァイトリングはアメリカに永住することになるが、彼のイエス観・モーセ観は、その本質において、革命前と少しも変らない。なるほど自らはイエスのようにメシアとなって民衆を共同食事に招くことはできなかったし、ミュンツァーのように実際上の革命で幾千幾万の民衆を指導することもなかった。だが、一八五一年に中国で生じた太平天国の革命軍を指揮する洪秀全のことを、第二のメシアと宣伝し、この原始キリスト教的民衆勢力が、南京のみならず北京をも陥落させるなら、「地上の全人類のほとんど半数がコムニスムスの諸法下におかれることになる」として、依然としてメシア・コムニスムスを行動の基準にしていく。モーセ・イエス・ミュンツァー・洪秀全は、ヴァイトリングにとって、根本のところでは自分自身であった。したがって、彼のメシア・コムニスムスをプロパガンダの手段のみに限定することは、誤りである。それからまたヴァイトリングにあっては、イエス信仰と科学（自然法則）の尊重とは矛盾なく共存していた。なぜなら、彼にとって信仰の対象であるイエスは、あれこれの宗教観念でなく、神の剣をもった、エッセネ派等の革命指導者であって、その革命行動は一九世紀においては何よりもまず自然法則（科学）と一致する必要があったからである。ただヴァイトリングに特徴的なのは、科学（理性）のまえに信仰（感性）があったということなのである。そのような感性至上主義がファナティシズムとなって爆発したところに、ヴァイトリングの根本思想が露出しているのである。[1] その点を考慮しつつ、最後に、一八五四年九月二三日号掲載の中国革命に関する彼の報道からその一部を引用して、文章を締括る。

「慰める人、聖霊とよばれる洪秀全（もっか独裁者にして革命の指導者である）は、神の第二子、イエス・キリストの弟であって、父および神の長子イエス・キリストを崇拝せず、これに従おうとしないものすべてを撲滅するために遣わされた。彼の使命は、たんに中国を統治するだけでなく、全世界を統治し、全人類を一大家族に統合することである。諸民族すべてが、年に一度、使節を南京の上帝宮に派遣すべきとされる。

モーセ五書の天地創造は、彼らの宗教上の見解ともなっている。『神』によるモーセ十戒は彼らの十戒でもあるが、彼らはさらに二戒を付加している。すなわち『あなたはたばこを吸ってはならない』、『あなたはアヘンを吸ってはならない』

宗教儀式は質素である。毎食事前、テーブル上に御飯三ぜん、野菜三皿、ワインかお茶三杯の献物がおかれるだけである。その際全員が讃美歌をうたい、跪き、わずかな祈りを唱える。説教は、当局がそのように指令する時にしか行なわれない」[2]。

注

（1）ヴァイトリングのファナティシズムに関連する記述として、以下の文献を参照。石塚正英「歴史におけるファナティシズムの役割」、『石塚正英著作選【社会思想史の窓】』第2巻「歴史知と多様化史観―関係論的」、社会評論社、二〇一四年、二七頁以下。

（2）(W. Weitling), Der zweite Messias. Kommunismus in China, in: Die Republik der Arbeiter, 23. 9. 1854.

第3節　セネカ思想への遡及

ヴァイトリング思想に反文明史観・反進歩史観が色濃く認められること、また彼にそのような着想を与えた素材として、一方には異端運動の系譜におけるドルチーノがあり、他方には自然法思想の系譜におけるルソー・セネカがあるということ、以上のことがらは前節ですでに言及済みである。ただ前節では、後者の系譜についてはたんに二人の思想家の名を挙げるに留まっていた。そこで本節では、一九世紀前半のヨーロッパで水火も辞せず革命運動を推進するヴァイトリングにきわめて重大な影響を与えたとみられるルソーと、またそのルソーに甚大な感化を及ぼしたとみられるセネカとをとりあげ、その二者、ことに後者の反文明史観を検討することによって、その作業をヴァイトリング思想の研究に役立ててみたい。

ただし、あらかじめ述べておくべきことなのだが、ヴァイトリングがルソーに影響をうけた事実は十分に確認できても、彼がセネカから直接影響をうけたかどうか、彼がセネカの独訳や仏訳をむさぼり読んだかどうかは、残念ながら今のところわずかな事例しか確認できない[1]。その点をここに記しておく。それでも、ヴァイトリングは、原始キリスト教ほどではないにせよ、よく古代ギリシア・ローマに言及している。第一作『人類、そのあるがままの姿とあるべき姿』（一八三八年）の第一一章ではアウグストゥス帝時代のローマを自説補強の材料にしているし、古代スパルタにも別の箇所で触れている。[2] また主著『調和と自由の保証』（一八四二年）の第一章では、セネカが理想人として描いたような星空の「自然人（Naturmenschen）」を力説している。[3] そのようなわけで、なるほどヴァイトリング・ルソーの結びつきと、[4] ルソー・セネカの結びつきは証明しえても、[5] ヴァイトリング・セネカの直接的影響関係には言及できないのだが、両者間にルソーをさしはさむことによって、反文明論をめぐる三者の共通性を論じてみたい。

注

（1）『貧しき罪人の福音』には、ルソー「告白」への言及がある。W. Weitling, Das Evangelium, S. 20. さらには『福音』中にセネカ「怒りについて」への言及がある。Das Evangelium, S. 98. そのほか、『労働者共和国』一八五一年九月一三日号の記事 Arbeitersammlungen in Spanien（L・Rの署名）にセネカからの引用がある。RdA, 13. 9. 1851, 2Jg. S. 219.

（2）W. Weitling, Die Menschheit, wie sie ist und wie sie sein sollte, Paris 1838（Nachdruck, München 1895）, S. 46f.

（3）W. Weitling, Garantien der Harmonie und Freiheit, Vevey 1842（Nachdruck, Berlin 1908）, S. 23ff.

（4）ヴァイトリングとルソーの結びつきは、外的には次の点から証明しうる。まず、ヴァイトリングには独（母）・仏（父）の血が流れており、また言語も独仏で会話ができたこと、それに、彼が一時滞在していたロンドン労働者教育協会にはルソーの著作集が蔵書としてあったこと、また、彼がスイス滞在中に自ら編集・発行した雑誌『若き世代』の一八四二年八月号に、ルソーに関する次のコラム記事があることなどである。
「著名人の演説・著作からの抜粋
ルソー『この平等は、実際には存在しえない頭だけでの空想だと人々はいう。しかし、乱用がさけにくいからといって、それを規制することまで不必要だということになるだろうか？ 事物の力は、つねに平等を破壊する傾向があるという、まさにその理由によって、立法の力は、つねに平等を維持するように働かねばならない』。（社会契約論、一二八頁）」in：Die junge Generation, 8. 1842 (Nachdruck, Leipzig 1972), S.144. なお、ルソーからのこの引用はドイツ語に訳されている。またここでの日本語訳は、次の文献から借用した。桑原武夫・前川貞次郎訳『社会契約論』岩波文庫、七八頁。

（5）またルソーとセネカの結びつきについては、彼の古代ギリシア・ローマ自然法研究によって十分証明される。また、著作『エミール』の扉に引用した次の一文からもはっきりと確認できる。

「わたしたちが苦しんでいる病気はなおすことができる。よき者として生まれついているわたしたちは、自分を矯正しようと望むなら、自然の助けをかりることができる。―セネカ『怒りについて』第二巻第一三章」ルソー、今野一雄訳『エミール（上）』岩波文庫、一五頁。

一　義人同盟内での論争――一八四五〜四六年

一八三〇年代後半から一八四〇年代中頃にかけてヴァイトリングが所属していた職人結社・義人同盟には、彼のほか幾人かの有力な指導者たち、カール・シャッパー、ヨーゼフ・モル、ハインリヒ・バウアーほかがいた。そのうち、理論面で指導者であったのはヴァイトリングだった。だが、一八四〇年代後半に入ると、こうした職人活動家のなかに、青年ヘーゲル派出身の知識人カール・マルクスとフリードリヒ・エンゲルスが加わって、同盟の指導権を掌握するようになる。その際、マルクスらは、従来の理論的指導者ヴァイトリングを説得するのではなく、同盟内での彼の影響力を完全に殺ぐことによって、自らの指導権を確立しようとした。そこで義人同盟内には、やがて、唯物史観の確立者マルクスらの科学的にして弁証法的なもののみかたに賛成するグループと、従来どおりヴァイトリング的メシア・コムニスムスを信奉するグループとの対立が激化してきた。そのような事態を背景にして、この二つのグループは、一方はシャッパーを、他方はヴァイトリングを頭にして、一八四五年二月から翌四六年一月にかけて連続討論を開き、原則的な路線闘争を展開した。この時の争点は幾つかあった。啓蒙か革命か、理性か感情か、ヨーロッパでか新大陸でか、将来にか即座にか等々。それらのうちで、ヴァイトリングがしきりに強調した点に、「人類はいつだって成熟している」ということと「即座の革命」とがあった。そのあたりを、この連続討論から少々引用してみよう。

シャッパー「いままでコムニスムスは発展してくることができなかった。というのは、悟性が十分に鍛えられてこなかったからである。昔の人びとと同様に、現代の人びとも迷信の鎖にしばられて、コムニスムスを成就しないだろう。我々の全活動は、次の世代のために献げられるのだ。我々が啓蒙的プロパガンダの路線上で、ただ理論的に普及しうるにすぎないことを、次の世代は実際的に成就することだろう」。

ヴァイトリング「前に述べた連中（シャッパーとＣ・

バウアー―石塚）の意見が全体の支持を得るのであれば、我々の苦労はすべて無駄になる。それはつまり、今日から明日へ、明日から明後日へという、際限ないひきのばしを意味している。というのは、今日の妥当なことは明日でも妥当となりうるからである。そんな風にしていつまでも陳腐な旧習のなかにうろついていては何も得られやしない。私は、すべてがコムニスムスのために成熟していると思っている。そのことは犯罪者にさえあてはまる。彼らはまったく現行社会秩序のなかで発生するのであって、共同社会では見あたらないのだ。人類は必然的にたえず成熟している、でなければ今後もけっして成熟しないだろう。後者は敵の慣用句だ。それに従おうというのであれば、手を懐に入れて蒸焼鳩が口にとび込んでくるのをまたねばならんじゃないか。そんなことはお断りだ！　我々はコムニスムスを成就する能力をもっている。そのために着実に行動しているのであって、たんなるプロパガンダなんぞ何の役にも立ちはせぬ(1)」。

右に引用した二人の間での見解の相違は、一八四五年六月頃の一時的な歩み寄りを除いて、この連続討論の全期間にみられた。シャッパーもヴァイトリングも、人類進歩の第一の法則として「自然法則」をあげている(2)。その点で両者の見解にズレはない。だが、ではいったい進歩とは何か、あるいは、その進歩を遅らせている（シャッパー）、ないし完全に阻止している（ヴァイトリング）ものは何か、という問題になると、両者はまったく見解を異にするのである。引用文から判断しうるように、シャッパーは一種の進歩史観に立っていて、人類は無知蒙昧な段階から、啓蒙・教育等の精神修養を経て、やがて理性的で科学的な段階へと平和的に成熟していくように想定する。これに対しヴァイトリングは、「私は、すべてがコムニスムスのために成熟していると思っている」と喝破し、「人類は必然的にたえず成熟している、でなければ今後もけっして成熟しないだろう」と断言する。彼は反進歩史観・反文明史観に立っているのである。人類社会は、太古の昔、闘争のない平和な、善悪の区別立てをまったく必要としない人びとが孤立して生活する状態であった。その昔「自然は、我々すべてに対し、ひとつのパラダイスを創ってくれた」のであった(3)。だが人類は、あるひとつの行為、自然が命じたのでもなく神が命じたのでもなく、人間が自らの歩みのなかでおかしたあるひとつの行為によって、以後そのパラダイスを喪失し、堕落の途につくことになる。その行為とは、動産（家畜・道具）から始まり不動産（土地）において固定された私的所有の発明である。自らの社会に私的所有が入りこみ、さらにそれが貨幣というものを生み、こんどは逆にその貨幣が人間たちを支配するようになった段階で、人類はしだいに相互の不平等を拡げ始めた。人口の増加、その過剰は、やがて富の奪い合いを激しくし、ついに戦争を恒常化させた。人びとの間にはやがて王侯・貴族・僧侶など少数の支配階層と、奴隷・農奴という圧倒的多数の被支配諸層が生じ、それは永久的に固定された。それ以来、人類の歴史上で繰り広げられるようになった諸々の出来事、支配者間の政権争いとか国家間の領土争奪とかは、一切進歩とは無縁のものとなった。そうした出来事のなかで唯一進歩の名に値するものといえば、神の命令か自然の法則に従って、人間の「根原的な権限」[4]を回復するべく行動した貧者の反抗だけである。ローマ権力に対する原始キリスト教徒の抵抗、ドイツ諸侯の圧制に抗してテューリンゲン等で拡大した農民戦争、ブルボン王朝の腐敗政治に対し武器を手にして開始された、パリのサン＝キュロットたちのバリケード戦、そうした行動のみが、人類史上で進歩の名に値するものである。それ以外の政治上・経済上・文芸上の諸改革は、どれひとつとして人間の「根原的な権限」回復とは結びつかない。三権分立なぞ財産を有する支配諸階層内部での権力分散でしかない。遠隔地貿易による商業都市の発展、機械の発明を通じての工業都市の拡大なども、貨幣所有者のもとへの、さらなる富の集中をもたらすのみで、不平等の蔓延に拍車をかけるばかりである。宮廷音楽や教会絵画はどうか。これとても日々の長時間労働に明け暮れる下層民にとって、むしろ民衆支配の道具にすら映る。ヴァイトリングはそのように意識して、反文明史観を信条とするのであった[5]。そうであるから、人類は啓蒙教育の促進によって必ずや進歩・向上していき、やがて彼らは、所有であれ何であれ、諸悪の根原を十分見ぬけるようになると考えるシャッパーとは、およそ議論の土俵を同じくしていなかったのである。

注

（1）Diskussion im Kommunistischen Arbeiter-bildungsverein in London, in : Der Bund der Kommunisten. Dokumente und Materialien, Bd. 1. 1836-1849, hg. v. H. Förder, M. Hundt, J. Kandel, S. Lewiowa, Berlin 1970, S. 214ff. なお引用文中〔　〕はDer Bund der Kommunisten 編者のそう入である。

（2）シャッパーは、この連続討論の最初の方で次のように述べている。

「……自然は善であり、現今の支配的な弊害の原因は、それにはない。自然が生み出すすべては、従って善であるに相違ない。人間が自然の法則に従って生きるかぎり、またこの地上の調和に従うかぎりは、……人間もまた善なのだ。けれども、人間が自然を支配しはじめ、悪意からでないにしろ無知から、個人的所有を考案した時以来、人間の幸福は消滅し、恐るべき不調和がそれに取って代わったのだ」。またH・バウアーも述べる。「自然法則からのいかなる離反も不正である」。in : Der Bund der Kommunisten., S. 214. ヴァイトリングの「自然法則」への言及は、本書第3章第2節参照。

（3）W. Weitling, Garantien der Harmonie und Freiheit, 1842 (Nachdruck, Berlin 1908), S. 85.

（4）W. Weitling, ibid., S. 109.

（5）ヴァイトリングの反文明史観に関するここでのスケッチは、彼の著作（『人類』『保証』『福音』そのほかの雑誌）を一読しての、私なりの要約である。なお、人類社会が所有の発明によって堕落し始めるというヴァイトリングの主張は、Garantien., Erster Abschnitt Die Entstehung der gesellschaftlichen Übel に集中してみられる。

二　ルソー・セネカへの遡及

『調和と自由の保証』レクラム文庫版の編者アールリヒ・マイアーは、ヴァイトリングの所有論、人間の「根原的な権限」としての土地の占有から、不正行為としての土地の私化（所有）への移行という論理を、「所有の自然法的な――そのブルジョア的な概念を廃棄した――定義」と関連づけている。(1) なるほどたしかに、ヴァイトリングの主著『保証』には、第一作『人類』や後作『福音』に比べ、はるかに「ブルジョア的な概念を廃棄した」自然法の影響が強く感じられる。それも、一八世紀啓蒙時代のフランスで展開したそれの影響が強い。マイアーは、そのひとつの例としてモレリの著作『自然の法典』（一七五五年）と『保証』とを結びつけている。(2)

一八世紀フランス啓蒙思想とヴァイトリングの結びつきは、もちろん後者が前者に関心を抱いたからである。彼はまず、同時代フランスの思想家を研究する。カトリックの急進主義者ラムネー、サン＝シモン、フーリエ、ブランキの同志バルベ等の名は彼が編集する雑誌に時折登場する。また、ローレンツ・シュタインの著作『現今フランスの社会主義と共産主義』（一八四二年）にも言及している。(3) その作業中にヴァイトリングは、フランス革命末期に登場した平等主義者バブーフと、(4) そのバブーフに強い影響を及ぼした啓蒙思想家ルソーを知った。そしてまたこの時彼は、すでに自らの信念中に潜んでいたものを自覚したのか、あるいはルソーに徹底的にたたき込まれたのかはっきりしないが、反文明論者・所有攻撃者としての己れを不動のものとしたのである。

してみよう。

では次に、当のルソーが著わした幾つかの文書中から、ヴァイトリングに流れ込んだと思われる着想をここに引用してみよう。

「なんらの結果もないところには、探究すべき原因もありません。だが今のばあい、現実の頽廃という結果は確かなことですし、われわれの学問と芸術とが完成に近づくにつれて、われわれの魂は腐敗したのです。…学問芸術の光が地平にのぼるにつれて、徳が逃げてゆくのがみられます。これと同じ現象は、あらゆる時代、あらゆる場所においてみられます[5]」。（学問芸術論、一七五〇年）

「……一口でいえば、彼ら（原始状態における人間—石塚）がただひとりでできる仕事や、数人の手の協力を必要としない技術だけに専心していたかぎり、彼らはその本性によって可能だった程度には、自由に、健康に、善良に、幸福に生き、そしてたがいに、独立の状態での交流のたのしさを享受しつづけたのであった。ところが、一人の人間が他の人間の援助を必要とするやいなや、またただひとりのために二人分の貯えをもつことが有効であると気づくやいなや、平等は消えうせ、私有が導入され、労働が必要となった。……やがて……収穫とともに奴隷制と貧困とが芽ばえ、生長するのが見られるようになった[6]」。（人間不平等起原論、一七五五年）

「一般に、何らかの土地にたいする先占権を正当なものとするためには、次のような諸条件が必要である。第一に、その土地にすでに住んでいるものが誰もいないこと。第二に、生存するために必要な広さの土地しか占拠しないこと。第三に、空虚な儀式ではなく、労働と耕作によって、これを占有すること。なぜなら、この〔第三の〕ものこそ、所有の唯一のしるしであって、法律上の権原のない場合にも、他人から尊重せらるべきものである[7]」。（社会契約論、一七六二年）

以上のルソー発言、とりわけ後二者は、ヴァイトリングの主著『保証』の第一章にはっきりと継承されている[8]。たとえば、ルソーが『人間不平等起原論』中で、労働はがんらい自然人にはいらなかったが、私有の導入とともにやむなく必要になったとしているのと同じように、ヴァイトリングは「農業の考案によって、労働の不可避性がこれと引き離しがたくなった」としている[9]。またルソーと同じように、ヴァイトリングもまた、私有の開始とともに戦争が生じたといっている[10]。ただし、現実の不平等を廃止しようとする姿勢において、ヴァイトリングはルソーとまるで違う。ルソーは、漠然と、能動的でなくどちらかといえば観想的に、不平等の廃止に向かう革命を予測する。[11] これに対しヴァイトリングは次のような姿勢を強力に前面に出す。

「我々はそれ（戦争――石塚）を、もっとはなはだしい害悪を除去するための反対毒（Gegengift）に役立てよう。なぜなら、この地上に不正がはびこっているかぎり、戦争は不可避であって、それに対しては戦わねばならないからである。それゆえキリストは言った、『地上に平和をもたらすために、私がきたと思うな。平和ではなく、つるぎを投げ込むためにきたのである[12]』」。

そのような違いはともかくとして[13]、では次に、反文明論においてヴァイトリングに多大な感化を及ぼしたルソーその人は、いったいその反文明論をどのようにして獲得したのか、という問題に移ろう。彼は、同時代の啓蒙思想家がほとんど採用しなかったその着想を、いったいどこから手に入れたのか。私はその源泉を、ヘレニズム哲学、特にストア派の自然法思想の系譜に位置するセネカ（前四年頃～後六五年）に見いだす。そこで、周知のことがらなれど、ここで少々古代ローマの諸思想に言及し、その延長上にセネカをもってこようと思う。

紀元前二世紀、ローマに一人の偉大な歴史家が登場した。ポリビオス（前二〇四頃～前一二五年頃）である。彼は、ローマによる世界統一をギリシア語で叙述し、これを『歴史』（全四〇巻）にまとめたが、その際彼は、ローマが世界統一を果たし得た最大の原因として、その政体をあげている。ポリビオスは、かつてプラトンやアリストテレスが列挙した種々の政体を研究し、それらがみな純粋形態と腐敗形態に分類できることをも捉えた。そこから彼は、君主政にも貴族政にも、また民主政にも各々長所があり、かつそれらのすべてがローマの政体に融合している、とした。すなわち、ローマの統治形態は、執政官において君主政の長所を、元老院において貴族政の長所を、平民会において民主政の長所を兼ね備えているのである。このように各政体の長所ばかりを融合させたローマの統治形態、いわゆる「混合政体（Status mixtus）」の考えは、史上ポリビオスにおいて初めて唱えられた。この考えはまた、紀元前後ローマの政治家キケロ（前一〇六～前四三年）にも受け継がれた。

ローマに対して以上の二人がそうした夢のごとき期待を寄せることができた理由は、むろんローマの対外発展と内政の充実にある。つまり、ポリビオスの生きた時代には、北イタリア・ガリア（前一九一年）、カルタゴ（前一四六年）、ギリシア・マケドニア（前一四五年）がローマの属領となり、キケロの生きた時代には、シリア（前六四年）エジプト（前三〇年）がそうなった。またキケロの時代には、二度の三頭政治と史上初の独裁制を経て、ついに元首政（初期帝政）が成立したのである。

だがしかし、ローマで帝政が確固としたものになり始めた頃に出現した文筆家セネカは、もはやキケロのように、ローマにバラ色の期待をかけるわけにはいかなかった。ネロ帝の側近にして師でもあったセネカは、現にあるローマが理想の具現であるとは、もはや思えなかった。時流に乗ってのことか独創的にかはいざしらず、彼は、現にある帝政ローマ（国家）とは別個に、何ら人為的な規制を受けることのない、自然的・原初的な人類を想定し、その集団を積極的に「社会」とみなした。そして、そのどちらをも否定することなく、しかも両者を分離して考えようとした。つまりセネカは、現実のローマ社会と、自然法下に想定される人類の自由・平等状態との乖離をまず意識し、そこから一歩進んで、人類の社会は、太古の昔パラダイスそのものであったが、やがて文明が発達し、人為的な文物制度が形成されるにしたがい、堕落してしまった、それゆえ堕落した人類社会には国家という強制力が不可欠なのだ、と結論するのである。ソキエタス（社会）とキヴィタス（国家）の区別立てを意識しつつ、セネカは述べる。

「この地上に現れた最初の人びとおよびその直接の子孫は、損われないままの自然に従っていた。彼らは、自分たちの指導者、法としてひとりの人物をおき、すぐれた長所をもつ一個人の諸決定に自分たちからすすんで従った。劣ったものよりもすぐれたものを重んずるのは自然の法則である」。

「その当時、すなわち人びとが通例黄金時代とよんでいる時代には、ポジドニウスが主張するように、統治権は賢者の手中にあった。彼らは平和を維持し、強者から弱者を保護し、何が有益で何がそうでないかを熱心に説いたり、（逆に――石塚）思いとどまらせたり、指摘したりした。前方をみる彼らの能力は、そのもとにある人びとが何にも不自由せずにやっていくことを保証したし、他方で彼らの勇敢さは危険を防ぎ、彼らの献身は臣民たちに安寧と幸福とをもたらした。統治するとは奉仕することであって、支配することではなかった。……よく統治する人びとは、同じようによく従いもした」。

「私を信ぜよ。設計者とか建築家とかがいまだ存在しないかの時代は、幸せな時代であった。樹木を直角に切り、印をつけた輪郭の線に沿って角材を切るとか、これらのことがらすべては、ぜいたくと共に始まったことである」。

「いかなる類の人間がより幸福でありえたろうか。自然を等分にして享受する人びとであった。自然は、どの人間に対しても、その生存に必要なものを、あたかも親のように配慮してくれた。……いまだ耕作される以前の大地は、それ自体で、互いに侵害しあうことのない人びとに必要以上の収穫があって、より実り豊かであった。たとえいかなる自然の産物であれ、人びとはそれを発見した時に感じたのと同じだけの喜びをもって、他の者にその発見物をみせた[14]」。

セネカ思想の真髄はわが国ではあまり知られていないだけにまだまだ引用したいのだが、さて右の文をみて、どのような印象をうけるであろうか。そのなかに、やはりルソーとヴァイトリングがちらほら垣間みえはしないだろうか。これほど徹底した自然人讃歌、支配としての統治の否定、文明批判、独占的所有の否定を打ち出した人物を、後世の賢人、革命家、思想家が無視したり見過ごしたりするはずはない。たとえば、ルネサンスを契機にポリビオスの混合政体論がマキャヴェリからモンテスキューまで伝わり、三権分立論を生んだように、セネカの反文明論も、ルソーを通じて近代民主主義理論の土台のひとつとして蘇生し[15]、ヴァイトリングを通じて、社会革命理論の重要な骨組みのひとつとされたのである。

さて、ヴァイトリングとルソー、ルソーとセネカという二組の結びつきは論じえても、中間頃のルソーを省いてダイレクトにヴァイトリングをセネカに結びつける根拠は見いだせなかった。だが、以上に論じたごとく、この三者は、現状認識の方法において、たとえアウグストゥス帝時代のローマ、ルイ一六世治下のフランス、メッテルニヒ体制下のドイツというように、歴史的コンテクストをまったく異にした「現状」であれ、自然状態と現状を比較し、前者を称える点で、完全に共通している。またそれから、三者とも、自然法的なものの考え方のなかに、あるいはその批判的継承のなかに、不可欠な要素のひとつとして神を存在させている[16]。ただし、セネカが考える神とは、ストア派流の「神々」であり、ルソーやヴァイトリングのようにキリスト教と結びついた神ではない。それはそれとして、ここにセネカの言う「神々」をみてみよう。

「優れた人物に当然ふさわしい行為は何か。運命に自らを委ねることである。森羅万象が進むままに自らも生まれ死んでいくということは、大きな慰めである。このように生き、このように死ぬことを我々に命じたものがいったいなんであろうとも、それと同じ必然性、同じ自然法則に、我々同様、神々も縛られている。我々同様神々もまた、変更のきかない軌道を進むよう指図される。万物の至高の創造主にして支配者であるものそれ自体が、自ら定めたその法則に従うのである。すなわち、指図したのは一度だけであったが、従うのは永久なのである[17]」。

なんという大胆な、徹底した自然法思想であることか。一方では神々をも貫く自然法則がありつつ、他方では、それを創造したのは神々であるというこのパラドクス。かくのごとき発想に比べれば精彩を欠くきらいがあるが、ルソーも、「神の意志が造ったものと人の技術が造ったと称するもの」との区別を云々し、その上で次のように言う。

「われわれがもし自分たちだけですてておかれたとしたらどうなっていただろうかということを考えてみれば、われわれは、そのなさけ深い御手をもってわれわれの制度を矯め直し、それにゆるぎのない地位を与えて、それらの制度から結果として起こるべき無秩序を予防し、いやが上にもわれわれの悲惨を増すにちがいないと思われたその手段からわれわれの幸福を生まれさせたもうた者〔神〕を祝福することを学ばなければならない。

神が汝に何ものとなることを命じたか、また汝が人間の世界でいかなる位置を占めているか、を学ぶがよい。（ペルシウス、諷誌第三編、七一～七三行）[18]」

要するにルソーは、自然およびその法則を造った者が神であるという根本認識の上に立ちながら、しかし人間諸個人の行為を通じて、神によって造られたままの自然状態を未来に向かって回復しようとしている。つまり、人類社会の堕落と善なるものへの回復とは、どれも自然法則にそった人為となるわけである。そして最後にヴァイトリングであるが、彼は所有の否定の上に立つ平等社会を導くにあたり、「自然法則とキリスト教的愛の法則は、社会のためにつくりだすあらゆる法則の基礎である」と宣言している[19]。すなわちヴァイトリングにおいても、大地は神のものという認識を前提としつつ、実際的・実践的な局面では、人地は万人（自然のなかの人間）のものであると規定し直し、自然法則を最大重要視しているのである。かようにみてくれば、文明批判・所有への攻撃・支配としての統治の否定などの諸傾向において、ヴァイトリングからルソーへのみならず、ルソーを介しながらヴァイトリングからセネカへの遡及は、可能となるのである。

ところで、セネカの同時代人で、同じくヴァイトリングに多大な影響を及ぼした人物にイエスがいる。そこで、本節の補足として、ここでのテーマに関連する限りでのイエスを論じておこう。

注

（1） Vgl. A. Meyer, Nachwort, in : W. Weitling, Garantien der Harmonie und Freiheit, mit einem Nachwort herausgegeben von Ahlrich Meyer, Stuttgart 1974, S. 311.

（2） Vgl. A. Meyer, ibid., S. 317f.

（3） たとえばDie junge Generationの一八四二年四月号ではラムネーやフーリエの名がみられ、同年一一月号ではサン＝シモンやフーリエその他のコムニストが、また一八四三年三月号ではシュタインの著作の紹介もみられる。

（4） ヴァイトリングがバブーフに感化されたことを、一八四三年当時チューリヒ州政府の御用学者であったブルンチュリが次のように描写している。

「ロベスピエール失脚ののち、バブーフは、それまで長いあいだ全フランスを震え上がらせていたロベスピエール派の廃墟から、新たなコムニストの一派をつくった。……

一七九六年四月に、バブーフの新たな革命の計略が漏れ、その首謀者たちが逮捕され、バブーフ自身は死刑となった。党派は潰れた。……

ようやく現代になって、ようやく近年になって、共産主義理論は再び新たな信奉者を獲得し、新たな党派を形成した。その党派は、死を賭して再度バブーフの原理に忠誠を誓い、改めて無条件の平等理論を実現し、それに熱狂した。……ヴァイトリングの諸文書から判明する制度は、本質において（フランス・コミュニスムと—石塚）同一のものであり、同一の根本的誤謬に基づいている」。（傍点原文隔字体）J. C. Bluntschli, Die Kommunisten in der Schweiz, nach den bei Weitling vorgefundenen Papieren, Zürich 1843, S. 2ff. ただしブルンチュリは、この記述を行なうに際し、ローレンツ・シュタインの『今日のフランスにおける社会主義と共産主義』（一八四二年）に依拠している。余談だが、この著作は革命家にも、それを弾圧する警察側にも重宝がられたもので、不思議な作である。著者自身の思想にも不可思議なところがある。シュタインについては、大井正「ヘーゲル学派とローレンツ・シュタイン」、『政経論叢』（明治大）第五〇巻第五・六号、第五一巻第五・六号、第五一巻第二号、第三・四号、第五・六号、一九八二〜八四年を参照。

（5） ルソー、前川貞次郎訳『学問芸術論』岩波文庫、一九頁。

（6） ルソー、本田喜代治・平岡昇訳『人間不平等起源論』岩波文庫、八〇頁。

（7） ルソー、桑原武夫・前川貞次郎訳『社会契約論』岩波文庫、三八頁。

（8）本書第1章第1節、および拙著『三月前期の急進主義』長崎出版、一九八三年、第五章第二節の（二）に引用したヴァイトリング発言を参照。

（9）W. Weitling, Garantien., S. 29.

（10）ルソー『人間不平等起源論』一〇二～一〇三頁、W. Weitling, Garantien., S. 35ff.

（11）ルソー、今野一雄訳『エミール（上）』岩波文庫、三四六頁。

（12）ヴァイトリングはまた、過剰人口による不平等の出現というルソー的発想を次のように修正する。すなわち、原始時代の人びとはVereinzelung（隔離とか別べつの意）の状態にあったが、この状態だとドイツではせいぜい三万人ほどしか生存できない。しかしVereinigung（連合、社会的な共同結合）の状態に入れば、人びとは、人口が増加してもがんらいの自由・平等を失わずにいることができる。だから貧困や不平等はいちがいに過剰人口が原因で必然化するとはいいきれない。Vgl.（W. Weitling）, Das Naturgesetz, in：Die junge Generation, 7, 1842, Verarmung ist es, nicht Übervölkerung !, in：ibid., 12, 1842.

（13）W. Weitling, Garantien., S. 40.

（14）Seneca, Letters from a stoic（Epistulae Morales ad Lucilium）, tr. by R. Campbell, Penguin Books, 1969, pp. 161-167.

（15）セネカとルソーとを関連させる研究者に、たとえば原田鋼がいる。「セネカが想定した原始社会状態のもとでは、人は強制的権威のない生活を楽しみ、悦んで賢人に服従し、財産や身分の区別も全く存在しなかった。私有財産が生起するようになって、そのような黄金時代は終末を迎えるとみる。そしてここに、社会制度の契約的起原を見い出しているのである。それは、一八世紀のジャン・ジャック・ルソーの自然状態から市民状態への転換の描写をすぐ想起させる内容のものであったといえよう」。原田鋼『新版・西洋政治思想史』有斐閣、一九五八年、七五頁。

（16）ルソーが特にローマの諸思想に注目した動機として、ルソー研究者酒井三郎は次のように述べている。「ルソーがローマ史、とりわけ法制史、もしくは政治史、さらに国家史を重んじたのは、現代もしくは近代史の道徳と国家・政治につながっている次第であった」。酒井三郎『ジャン・ジャック・ルソーの史学史的研究』山川出版社、一九六〇年。酒井がルソーとローマ諸思想との結びつきの根拠を「現代（アンシャン・レジム）」に見いだしたと同じことを、私はヴァイトリングとルソーとの間にも考えている。

（17）Seneca, Von der Vorsehung, in：Vom glückseligen Leben und andere Schriften, Reclam, Stuttgart, 1982, S. 110.

（18）ルソー『人間不平等起源論』三二一～三二三頁。

（19）W. Weitling, Die Menschheit, wie sie ist und wie sie

sein sollte, 1838 (Nachdruck, München 1895). S. 23. なお、蛇足だが、一言。本節ではルソー・セネカからヴァイトリングへの影響関係をみたのだが、そうだからといってヴァイトリングが、自然法則（das Naturgesetz）と自然法（das Naturrecht）を明確に区別したり、あるいは古代の自然法、ホッブズ、ロックの近代自然法、ルソーによるその批判的継承等を理論的におさえていたわけでないこと、これははっきりしている。身体知でおさえていたのである。身体知については、以下の拙著を参照。『石塚正英著作選【社会思想史の窓】』第3巻「身体知と感性知—アンサンブル」社会評論社、二〇一四年。

三　イェルサレムのイエス

紀元前三世紀にイタリア半島を統一していたローマは、その後地中海沿岸各地を矢継ぎ早に征服していく。そして、紀元前六四年にシリアを占領してハスモン朝を滅ぼし、紀元前三〇年にアクティウム沖でクレオパトラの軍隊を撃破してプトレマイオス朝を滅ぼすことによって、ローマはついに地中海を統一したのであった。

その征服地シリアの一角に、やがてイエスが生まれる。新約聖書によれば、この人物はのちに神の子にして人類の救世主（メシア）であることを自覚するにいたる。だが、その新約聖書は一種の神話である。聖母マリアを介して誕生したイエスは、ヨハネから洗礼を受け、メシアを自覚し、やがて十字架上で死に、ほどなく霊的なありさまで復活する。このストーリーは、イエスと同時代か彼の目撃者が生存している時代かに形成された物語の、事後における総編である。カール・カウツキー『キリスト教の起原』によると、イエスは洗礼者ヨハネともどもローマ権力に対する反逆者であった。

「イエスが処刑されたのは、彼が反乱をおこしたからだという想定は、福音書の暗示をあかすただ一つの想定であるばかりでなく、その時代や場所の性格と完全に一致する。イエスが死んだとされているときから、エルサレムの破壊されるまで、そこには騒擾のたえまがなかった(1)」。

イエスが深いユダヤ愛の持ち主で反ローマの一指導者ないしオピニオン・リーダーだったと仮定することは、さほど非現実的ではない。おおいに有り得ることである。彼はおそらく宗教的な意味でもガリラヤの漁民に崇敬の念で讃えられていたと考えられる。メシアとしてでなく、ガリラヤ地方土着の神そのものとして崇拝されていた可能性もある。

イエスが刑死の前日まで行動をともにした弟子たちは、イエスが少年時代を過ごしたガリラヤの出身であった。マタイの福音書（四・一八）によれば、イエスはガリラヤ湖周辺で弟子たちを集め、そこをくまなく回って福音を宣べ伝えた。そしてイエスと弟子たちは、イエス復活後このガリラヤで再会することを約束している（マタイ二六・三二）。つまり、イエスはイェルサレムにのぼる以前に、すでにガリラヤの下層民たちから福音を説く聖なる人物と見做されていたのだった。彼らは、イエスをその肉体もろとも崇拝していた。ユダヤ教徒のなかでも上層の人びとには、神の子あるいはメシアを自称するイエスが気懸かりだったが、下層の労働大衆にはユダヤ教もなにもない、ただ彼らをじかに救済してくれる聖者としてのイエスが崇拝の的だったのである。

イエスは、刑死の前夜、弟子たちを集めて彼らと食事をともにした。その時イエスは弟子たちにとんでもないことを要求する。「私の肉を食べ、私の血を飲む者は、いつも私の内におり、私もまたいつもその人の内にいる」（ヨハネ六・五六）。この言葉は比喩ではない。文字通りの解釈がもっとも正しい。イエスは単独で神なのであり、信徒である一二人の弟子たちにわが肉体を食べるよう求めているのである。神の肉を食べる、そのような信仰ははたして存在するのだろうか。ヘロドトス（Hērodotos）『歴史』によれば、その風習は存在する。高齢となり神の域に達しつつある長老を親族が殺し、聖なる動物の肉と一緒に煮て食べるという尊い風習を紹介している(2)。

紀元前後までのオリエントには、未だトーテミスティックな信仰が地域単位でここかしこに存在していた。イエスはいわばガリラヤ地方において部族神の霊を一身に帯びた人神（神となった人）なのであった。そのような神はトーテミズムないしそのさらに原初の信仰であるフェティシズムの刻印をつよく遺している。人間イエスは、人間のままで神の位にあるが、その位はけっして信徒の位以上のものではない。トーテミズムないしフェティシズムにおいては、聖なる存在は神ばかりではない。これを作り出す人間自体からしてまずもって聖なる存在なのである。そのような存在のイエスであればこそ、もはや聖なる位にないとみたユダによって裏切られるのであった。

一二人の弟子のうち、ユダ以外の人たちは、福音記者たちの手でイエス以後の宗教すなわちキリスト教の信仰者に仕立てあげられた。しかし、イスカリオテのユダだけはイエスの信仰者として、イエス死後彼つまり神の肉を食べていたかもしれない人物に相応しい扱いをうけたのである。

思うに、一二人の弟子たちは、その全員かどうかはわからないが、処刑後イエスの死体をガリラヤ湖畔かどこかに運び、最後の晩餐においてイエスが要求した通りに、ひそかにイエスの肉体を食べたのかもしれない。それは、トーテミズムやフェティシズムの信仰圏にあっては聖なる行為である。非難されるいわれはない。ガリラヤ時代のみならずイェルサレムにのぼってからのイエスにも、どこかしらフェティシュな神観念が付きまとっていたのであろうが、現在に遺された聖書には、その面影はすくない(3)。

因みに、イエス没後におけるイェルサレムの行く末を追っておこう。ユダヤ人はローマからのイェルサレム奪回を幾度か試みたが、六六～七〇年のユダヤ戦争と一三二～一三五年のパル・コホバの叛乱鎮圧でその試みは悉く失敗し、以後、ユダヤ人はディアスポラ（流浪生活）を余儀なくされた。その後イェルサレムはローマ皇帝コンスタンティヌス一世（位三二四～三三七年）によってキリスト教の聖地とされた。だが六三八年イスラム教徒に占領されてからはエル・クードスと呼ばれてイスラムの聖地になった。

注

（1）K.Kautsky, Der Ursprung des Christentums, Berlin, 1977. S.390. 栗原佑訳『キリスト教の起源』法政大学出版局、一九七五年、三八九頁。

（2）Herodotus, tr. by A. D.Godley, Book1 London 1990, p.270f. 松平千秋訳『歴史』岩波文庫、上巻、一五八～一五九頁。

（3）二〇〇六年四月七日付『朝日新聞』夕刊には、「ユダの福音書 写本だった」と題して、以下の記事が載った。写本は「ユダの行為が、実はイエスの一番弟子として本人の依頼に従い、『救済』を完成させる役目を負った善行だったと主張している」。今後の実証研究にかかるとしても、この分析は、じつに意味深長である。以下の拙著を参照。『石塚正英著作選【社会思想史の窓】』第4巻「母権・神話・儀礼―ドローメノン（神態的所作）」社会評論社、二〇一五年、一七六～一七七頁。

四　一九世紀の庶民的読書法による一成果

一九世紀前半期ドイツにおいて下層労働者の解放を目指してたたかった手工業職人ヴァイトリングは、貧困のなかに生まれた。正規の学問の道は踏めず、一四歳位で徒弟職人となり、ほどなく遍歴職人となってヨーロッパ諸都市の場末に生活しつつ、身体知を駆使して職人の技術や価値観形成の知識を身につけ吸収していった。生業と密接に関連した独学の方法は、諸都市に存在する職人宿のような施設や職人互助会のような制度を利用するなかでの、読書と討論とである。

そのような機会に読まれる書物の多くは、プラトンやスピノザといった哲学者や思想家が直接書いたものではない。庶民にも理解しやすいように原著作を再話した、二次的な文献である。だれが指導者ともつかない職人サークルに加入したり出向いたりして読書会に出席すると、字の読める下級僧侶や教師がそうした二次的文献を職人たちに読んで聞かせるのである。

一八世紀から一九世紀頃に出版された書物には、右ページ最終行の右下に、次ページの最初にくる単語がまえもって印刷されていることがある。当時の読書形式は、現在のようにひとりで黙読するばかりでなく、読み手を立てての朗読ないしは数人による輪読が盛んであった。右ページ最終行の右隅にまえもって次頁最初の語が印刷されているのは、とぎれなく発声していく上で重宝だったのである。この時代の書物のいくつかは、明らかに声を出して他者に読み聞かせることを配慮して作られている。一九世紀ヨーロッパ諸都市に散在した渡り職人たちの宿泊施設や扶助協会、教育協会や歌唱協会には、そういった読みきかせのための図書があった。ヴァイトリングも、遍歴に出たばかりのころは、そのような方法で古典の著作を読み継いだのであろう。

ヴァイトリングは、独学というよりも遍歴という実践の場でイエスのほかさらにその同時代人セネカの自然法思想、神がみをもつき従わせる〔自然の法〕に魅了されていった。渡り職人ヴァイトリングの身体において、自然への信頼と自然のなかに生まれた人神イエスへの信仰が一つになったのである。

ところで、わが国であまり知られていないセネカについて何を記そうが反響は少なくても、キリスト教の神イエスについて先述のようにひどいことを記すと、罪でも犯してしまったのではないかと思われるかもしれない。けれども、のちの近世ヨーロッパの民衆指導者にはイエスのことをきわめて身近な同志のように描く者がでてくる。その代表がドイツ農民戦争で活躍した革命の神学者トマス・ミュンツァーである。また、そのミュンツァーを讃えて労働者運動を組織した一九世紀ドイツの職人革命家ヴァイトリングも、〔イエスその人〕主義に立って民衆を指導した[1]。こうして生まれたヴァイトリングの革命思想は、一八四二年刊行の『調和と自由の保証』および一八四五年刊行の『貧しき罪人の福音』に申し分なく表明されている。前者にはヴァイトリングがとくにルソーからセネカへと思想遍歴していった足跡が記されている。また後者にはもっぱら〔イエスその人」主義者であるヴァイトリングがありありと記されている。この二著は、たしかに一手工業職人によって書かれた、一九世紀の庶民的読書法による一成果だったのではあろうが、その理論的深みはその時代までに培われたヨーロッパ諸思想にしっかり根ざすものであった。

注

（1）そのあたりの事情については、以下の文献を参照。石塚正英『近世ヨーロッパの民衆指導者』社会評論社、二〇一一年。

第4節　ユートピア社会主義のアクチュアリティ
――『共産主義者宣言』批評

かつてマルクス主義思想が全盛だったころ、その思想を基準にして、マルクス以前の社会主義諸思想をユートピアと形容していた。例えばマルクスの青年ヘーゲル派批判、ヴァイトリング批判、プルードン批判等として、一九六〇年代〜七〇年代の日本でもよく議論されていた。だが、それらの研究の大半は、視点をマルクスの側に置き、しかも三月前期の急進主義者を常にマルクスによって乗り越えられる人びととして取り扱っていた。本書は、そうした立場をとらない。ここでは逆に、青年ヘーゲル派のマルクス批判、ヴァイトリングの、プルードンのマルクス批判というように、主役を入れ換えて、視点を正反対に転じて、同じ問題を論じるのである。またそのための前提として、マルクスが三月前期（Vormärz）の急進主義者に与えた肩書き「ユートピアン」なる語を、とまれマルクス自身にも冠しておきたい。理由は単純である。例えばマルクス、エンゲルスの共著「ドイツ・イデオロギー」に記された次の一節を思い起こせばよい。

「だれもが独占的な活動圏を持つことなく、どこでも任意の部門で自分の腕をみがくことのできる共産主義社会においては、社会が全般的な生産を統制しているから、私には、きょうはこれを、あすはあれをするということができるし、朝には狩りを、昼には魚とりを、夕べには家畜の世話をし、しかも猟師、漁師、牧夫にならずに済むという可能性がある」。「ラファエロのような一個人が彼の才能を伸ばすかどうかは、ひとえに需要（Nachfrage）にかかっており、またこの需要も、それはそれで分業と、それから生ずる人類の文化的形成状態にかかっている」。「共産主義社会においては、画家などというものは存在せず、せいぜいのところ、ほかにもいろいろすることがあるが、とりわけまた絵を描きもする人間がいるくらいのものである[1]」。

右の文章をいま改めて読み直してみると、マルクス、エンゲルスが当時第一級のユートピアンであったこと、科学的共産主義の確立等「ほかにもいろいろすることがあるが、とりわけまた」絵空事を「描きもする人間」であったことがよくわかる。ただし、ここまで述べて、事前に確認しておくべき点がある。それは、私はなにもマルクス葬送を目的として議論したいわけでない点である。目的はむしろ逆である。ただここでは、マルクスを、すくなくとも一八四八年までのマルクスをユートピアンと位置付けたほうが三月前期的すなわち現実的だ、ということを強調したいだけなのである。

注

（1）K. Mark/F. Engels, Die deutsche Ideologie, Dietz-Verlag Berlin 1960, S. 30, S. 378f. 邦訳『マルクス・エンゲルス全集』第三巻、二九頁、四二三〜四二五頁。

一　歴史の車輪を反対にまわす中間身分

革命結社の共産主義者同盟がマルクスとエンゲルスに執筆を依頼してできあがった同盟綱領文書『共産主義者宣言』（以下『宣言』と略記）を、出版から一六〇年以上を経た今日あらためて読んでみると、彼らは相当ユートピア的なことを議論していたことに気づく。もっとも、それらは一六〇年前の時点では現実的な議論ではあった。本節では、一六〇年前には現実的だったが今ではそうでないもの、当時はユートピア的だったが今ではそうでないもの、以上の問題について階級、国家の二点に関連させて検討してみることにする。

第一の階級については、近代工場労働者（プロレタリアート）以前の雑多な労働階層（中間身分）に対する評価をめぐってである。また、なかでも特に『宣言』著者たちが「ルンペン・プロレタリアート」という集団に括った人びとの評価をめぐってである。第二の国家については、『宣言』著者たちがプロレタリアートを「国民」に上昇させようとし、また『宣言』の結語として国家に所属する労働者に団結を呼びかけた点に関してである。

共産主義者同盟の綱領文書『共産主義者宣言』が出版されたのは一八四八年二月ロンドンにおいてだが、この団体はイギリスの革命家や労働者でなくドイツの革命家や手工業職人を主体としていた。主要な指導者、たとえばカール・シャッパーは植字工、ハインリヒ・バウアーは靴工、ヨーゼフ・モルは時計工であった。また、指導者の一人ヴィルヘルム・ヴォルフは貧農の家に生まれている。ところで、『宣言』著者たちは、来たるべきドイツ革命ないしヨーロッパ革命との関係で、そうした手工業職人や農民をはなはだ消極的に表現する。社会的にそのままの存在であり続けると保守反動の陣営に入る、というのである。そのくだりを引用しよう。

「中間身分（Mittelstände）、すなわち小工業者・小商人・手工業者・農民、この人びとはすべて、中間身分としての存在を没落からまもるために、ブルジョアジーと闘う。したがって彼らは革命的でなく、保守的である。それどころか、反動的でさえある。なぜなら、彼らは歴史の車輪を反対にまわそうとするからである。もし彼らが革命的になることがあるとすれば、それは、彼らがプロレタリアートに落ち込む時が迫っていることをさとった場合であり、現在の利益でなく未来の利益をまもる場合であり、彼ら自身の立場を棄ててプロレタリアートの立場に立つ場合である(1)」。

マルクス、エンゲルスは「中間身分」のことを指して、『宣言』中でときに「小ブルジョア階級（Kleinbürgertum）」とも記している。後者を私は「下位中産階層」としている。フランス語の petit-bourgeois にあたる術語である。

それはともかくとして、ここに引用した発言は「もし」の後に続く文章でなく、その前に記された文章に力点がおかれている。シャッパーやバウアー、モル、ヴォルフたちは「もし」の後に述べられていることを自覚して「革命的になる」ことができた人びとである。けれどもドイツに暮らすそのほかたくさんの「中間身分」の人びとは、「保守的」ないし「反動的」ということになる。さらには、そのような「中間身分」に期待をかけて革命運動を強化しようとする社会主義者や結社はおしなべて反動的、ないしはユートピア的ということになる。

一九世紀前半のドイツに存在した労働者といえば、その大半が、『宣言』著者たちの用語でいう「中間身分」で占められる。彼らのなかには、ナポレオン占領期からドイツに浸透し出した近代的所有観念を受け入れず、社会的盗奪(Sozialbandit)[2]を行なう者も存在した。また、すでに入会権を喪失していたにもかかわらず依然としてかつての共有地で薪用の材木をとり窃盗の罪で訴えられる農民たちがいた。[3]『宣言』著者たちは、西欧で進捗する「近代」にとり残されつつあったドイツの「中間身分」を、労働者革命の陣営から追い払うのである。切り捨てられたくなかったなら、旧習にしたがって行なっている共同体的な生活様式を棄てて、個人として自立した存在・近代的な労働者に転身せよと迫るのである。

『宣言』著者たちはなんというユートピアンであろうか。この時代の「中間身分」中には、自らの職業に誇りをもって生活している人びとがたくさん存在した。彼らは、たとえば以下に記すルソーの言葉を信条としていた。

「あらゆる技術のなかで第一位におかれるもの、もっとも尊敬されるべきものは、農業だ。わたしは鍛冶屋を第二位に、大工を第三位に、といったふうにしたい。一般の偏見によってまちがったことを教えられていない子どもなら、まさしくこんなふうに考えるだろう[4]」。

このような文章を含んだルソー著作は、たとえばドイツの仕立職人にして義人同盟（共産主義者同盟の前身）指導者のヴィルヘルム・ヴァイトリングが雑誌による労働者オルグによく用いた。[5]ヴァイトリングは一九世紀前半を現在として生きる人びとが現在のうちに自らを解放する方途を模索したのである。その発想は実に現実的である。彼は、一八三〇年代後半にパリで、フランス人コムニストのブランキから永久革命論を学んだ。その理論には、『宣言』著者たちが構想した段階論の発想は介在しえない。四八年当時において、ブルジョア革命になにがしかの意味を見いだす者は段階論を肯定した。なるほど、当時のドイツがブルジョア革命以前の状態にあると考える人びとには、その発想は現実的である。しかしその発想は、社会の最下層で絶対主義と資本主義双方の抑圧にあえいでいた人びとには「クソ喰らえ！」であった。彼らはむしろ一八四一年パリで復刻され四四年に『フォアヴェルツ』第七二〜七三号にその抜粋が掲載された、モレリ（Étienne-Gabriel Morelly）

の著作『自然の法典』（初版一七五五年）の方に信頼をおいたであろう。[6]

「現在の利益でなく未来の利益をまもる」よう、『宣言』著者は「中間身分」に要求する。これを現在の言葉で言い換えるとこうなる。「未来世代まで持続可能な発展（sustainable development）を」。これは、国連の「環境と開発に関する世界委員会」が一九八七年に示した原則にして、最近は環境倫理学のスローガンにもなっているものである。しかし一九九七年京都会議の結果をみるかぎり、先進諸国で今この要求に応えられる国は一つもない。同世代間に連帯性を持ちたがらず、いわんや異世代間にそれを持とうと本気で考えることの少ない現代社会では、未来のためどころか隣国・隣人のためにすら現在の自己を犠牲にすることはないのである。上記のスローガンは、我々の社会が再び連帯性とか協同性を獲得しえた段階で実現されるだろう。

ところで一八四八年革命は、前近代の様式においてではあるがヨーロッパ社会がそれまで何とか維持してきた連帯性を最終的に破壊し、代わって物欲の個人主義を生み出したのである。そのような行為は断じて許されるものではない、と考える人びとはあの革命をブルジョア革命＝政治革命としては拒否している。フランスのプルードン、ドイツのヴァイトリングはその代表である。社会主義の前に資本主義を、というのが「未来の利益」だとは到底思えないこの二人は、四八年革命において、国家＝政治よりはるかに強く社会＝経済の変革を求めた。

『宣言』著者たちにすれば、上記二名はサン＝シモンやフーリエと変わらないユートピア社会主義者である。けれども、『宣言』刊行一六〇年以上の現時点にして振り返れば、二一世紀はかえって『宣言』著者たちの方がユートピア社会主義者である。今となれば、『宣言』著者たちは革命の主体の問題では近代主義に立っていたと結論づけてよいのである。当時のドイツがちょうど近代市民社会の確立期にあった、という意味では『宣言』著者たちの「中間身分」観は現実的だった。だが『宣言』著者たちのひとりマルクスは近代を超えて進んだ思想家だ、と言う人もいる。それが正しいとするならば、彼は、我々には測り知れない深遠なる人間観を育んでいたということなのであろう。

注

（1）Marx/Engels, Manifest der Kommunistischen Partei. Dietz Verlag Berlin 1969, S55.『マルクス・エンゲルス全集』第四巻、大月書店、四八五頁。引用の訳文は邦訳書を参考にしつつ、今回のために多少改訳した。以下同様。

（2）「社会的盗奪」とは、現在横行している私的盗奪と違い、下層民社会での共同所有・共同消費を目的に行なわれるものである。この種の盗奪は一八世紀半ばから一九世紀初のヨーロッパ、特にライン川流域で頻発した。詳しくは本書第3章第1節「社会的匪賊への親近感」参照。

（3）　この木材窃盗事件はたとえばモーゼル川流域で頻発したが、その結果生じた裁判にかかわった弁護士にカール・マルクスの父ハインリヒ・マルクスがいる。また、息子のカールものちに『ライン新聞』紙上において農民を弁護した。詳しくは、的場昭弘『トリーアの社会史』未来社、一九八六年、参照。

（4）　ルソー、今野一雄訳『エミール』岩波文庫、上、三三三頁。

（5）　本書第3章第3節「セネカ自然法思想への遡及」参照。

（6）　ルソー『人間不平等起原論』出版と同じ一七五五年に刊行されたモレリの『自然の法典』には、前者と同様、私的所有への激しい批判が記されていた。「自然の恩恵を生じる沃野の所有権は、これを分割すべからざるものとして人類のすべてのものに与え、各人にはただその自由を行使できるだけにとどめた」。「総じて財産の分配、各人にその分前を与えるあらゆる個人的な〔所有権〕というものは、どんな社会においてもホラーティウスのいわゆる〔最悪の素材となるsummi materiam mali〕のである」。モルリイ、大岩誠訳『自然の法典』岩波文庫、一九九六年〔初刷一九五五年〕、一二一、六四頁。

二　消極的な腐敗物ルンペン・プロレタリアート

『宣言』著者たちは、上記「中間身分」の文章にすぐ続いて以下の文章を記している。この発言も二一世紀の今日では聞くにたえないものである。「ルンペン・プロレタリアート、旧社会の最下層のこの受動的な腐敗分子は、ときどきプロレタリア革命によって運動に巻き込まれるが、その生活状態全体からみて、むしろ喜んで反動的陰謀に買収されるであろう」[1]。ここに出てくる「ルンペン・プロレタリアート」とは、具体的にはどのような人びとを指しているのだろうか。その事例は、一八五二年にマルクスが執筆した『ルイ・ボナパルトのブリュメール一八日』に示されていて、「浮浪者、犯罪人、売春婦」などである[2]。

これはいったいどうしたことか。『宣言』著者たちは、一方で、社会の最下層に存在するのはプロレタリアートだと言い、他方ではルンペン・プロレタリアートだと言う。おかしいではないか。後者は前者に含まれるのではないのか。あるいは、前者はいつだって後者に移行するのであり、潜在的には後者なのではないか。『宣言』著者たちは、ある者は弁護士の息子で貴族の娘と結婚する。またある者は産業資本家の息子で将来その実務を手伝うことになる。彼らの場合にも、幼少の頃の意識が成人してからの存在を決定したのである。

それと正反対に、ナポレオン占領軍のフランス兵とマグデブルクの貧しい洗濯女の間に生まれたヴァイトリングは、生まれからしてルンペン・プロレタリアートだったので、義人同盟指導者としてその階層を革命の主体と考えていく。一八四八年当時、なるほど『宣言』著者たちの言うように、特にイギリスではプロレタリアートの数が日増しに増大していった。彼らはたしかに近代を象徴する階級のひとつであった。しかし、時代を一八八四年第三次選挙法改正と同年開催のベルリン会議以降に移せば、イギリス・プロレタリアートはアジア・アフリカ等海外植民地のルン・プロ的労働者・農民を構造的に永続的に収奪する主権者に成り上がる。『宣言』著者たちにとって一八四八年当時に現実的であった諸関係は、「近代」が自己矛盾を露呈しだした一九世紀末にはそうでなくなったということなのである。

そのことをヨーロッパの民主主義者・社会主義者にはっきりと示した人物に、フランツ・ファノン（Frantz Omar Fanon）とアミルカル・カブラル（Amilcar Lopes Cabral）がいる。特にカブラルは、ポルトガルからのギニア・ビサウの独立を自ら指導する際、かつて『宣言』著者たちが幾度も腐敗分子のレッテルを貼った最下層のルン・プロ、デクラッセを独立・解放の戦士としてきわめて高く評価した。実際、彼らはそれだけの役割をみごとに果たしたのである。また、彼らのなかには未だにフェティシュと石器で生活するバランテ人もいたが、カブラルによると、重火器を装備したポルトガル軍との戦闘において、彼らはだれよりも果敢に立ち向かった(3)。

『宣言』著者たちはルン・プロ階層を「喜んで反動的陰謀に買収される」と判断する。しかし、二〇世紀末の日本で連続した大蔵省や厚生省、防衛庁の官僚たちによる途轍もない汚職や買収、二一世紀にはいっての国交省や文部科学省、財務省の官僚たちによる談合関与や収賄を想起してみよ。インサイダー取引、飛ばし、帳簿外債務、自衛隊装備品納入不正査定ほか、巨大な権力や企業と結託した犯罪など、最下層の労働者にはまったく実行不可能である。それはむしろ、かつてのイギリス・プロレタリアートの末裔のごときエリート・プロレタリアート、キャリア組官僚たちにこそ可能なのである。

注

（1） Marx/Engels, ibid., S.55.『マルクス・エンゲルス全集』第四巻、四八五頁。
（2） マルクス、植村邦彦訳『ルイ・ボナパルトのブリュメール一八日』太田出版、一九九六年、一八七頁。またマルクスは『資本論』第一巻第二三章でも、「本来のルンペン・プロレタリアート」の具体例として、同じことを繰り返している。『マルクス・エンゲルス全集』第二三b巻、八三八頁。

(3) カブラルのルン・プロ、デクラッセ論については以下の文献を参照。石塚正英『文化による抵抗―アミルカル・カブラルの思想』柘植書房、一九九二年、特に第一章「カブラルのデクラッセ論とギニア・ビサウの現実」。

三　それ自身国民的なプロレタリアート

『宣言』著者たちは、プロレタリアートをまずは「国民」に上昇させたがる。世界各地で「国民」プロレタリアートを誕生させた後、彼らを一挙に糾合したいらしい。「労働者は祖国をもたない。……ブルジョアジーの意味とはけっして違うのだが、プロレタリアートは、まずもって政治的支配を獲得して国民的な階級の地位にのぼり自らを国民(Nation)としなければならない点で、それ自身やはり国民的である[1]」。「万国のプロレタリア団結せよ！(Proletarier aller Länder, vereinigt euch!)[2]」。

ここに言う「万国」とはせいぜいヨーロッパとアメリカくらいなのだが、またここに言う「国民」とは「ブルジョアジーの意味とは違う」のだが、それでも、そこで生じる第一の問題は「国民」を自決的に形成できない人びととの扱いである。『宣言』著者たちは彼らをどう扱ったか。「労働者は祖国をもたない」とするだけである。では、祖国をもたない労働者が「国民」をも形成できなかったなら、いったいどうなるのか。漂泊（さすらい）のルン・プロとなるにきまっている。けれども、そうなったのでは『宣言』著者たちから「反動分子」に括られてしまう。

一八四八年当時には、スラヴ語系の人びとはドイツ語系の人びと以上に「国民」を形成していなかった。そうした人びとはたとえば同じ言語を話す人びとだけでは「国民」ないし「国家」を形成できず、マジャール語人はドイツ語人にしたがい、ポーランド語人はロシア語人にしたがい、といった具合だった。そのような複数民族国家を肯定するについて『宣言』著者たちは、この文書では明確に述べていなかったが、ある一つの基準をもっているのは確かだった。以下に引くエンゲルスの発言が好例である。

「アメリカでは、我々はメキシコの征服を傍観し、そしてそのことを喜んだ。……この国（メキシコ）が将来アメリカ合衆国の後見のもとにおかれることは、この国自身の発達にとっても有利である。合衆国がカリフォルニアの占領によって太平洋の支配権を握ることはアメリカ全土の発展のために有利である」[3]。

二段階革命論に立つエンゲルスは、一八四八年一月の同じ論説でこうも言う。「我々はブルジョアジーの友人ではない。これは周知の事実である。しかし今回我々は喜んで彼らに勝利をあたえるのだ」[4]。この発想は『宣言』著者たちに了解ずみであった。資本主義の発展に成功した国家はそれに失敗したか出遅れたかした国家ないし民族を併合したほうがよいのである。その方が、その次にやってくるプロレタリアート革命には好都合なのだった。成功したブルジョアジーの国家に育つプロレタリアートは、自らの革命にも成功する可能性が高いということか。

それにしても、ここに引用したエンゲルスのメキシコ併合発言は今日ならば大問題である。ちなみに、一九九二年のコロンブス五〇〇年に際して当時日本のマスコミはこう論評した。「五〇〇年前もいまも、『発見』した方が支配し、『発見』された方が支配される構図は変わらないのだ」[5]。そうした現状を拒否するべく、今、「発見」された側の人びとは「発見」した側の人びとに対し様々な分野で告発を行なっている。たとえばメキシコの先住民組織「インディオ独立戦線」代表マルガリート・シブ・ルイスはこう言う。「『発見』ではない、スペイン政府が呼ぶような『二つの世界の出合い』でもない。軍事侵略だ。われわれの文化、教育、宗教、法、思想を奪い、彼らのものを押しつけた。この戦争は今も続いているのだ」[6]。また、一九九二年当時ニカラグアの国会議員で「先住民族および黒人、民衆たちの抵抗する五〇〇年キャンペーン」実行委員だったミルナ・カニンハム・カインは、こう述べている。「白人は自然を収奪しただけではない。ニカラグアでは、貧困層の子どもの臓器売買も進んでいる。白人は人間の体も資源のひとつと考えている」[7]。

しかし他方では、メキシコ人口の約六割を占める混血メスティソたちは、コロンブス五〇〇年に対し、先住民たちとまったく同じ対応をすることはできなかった。先頃亡くなったメキシコのノーベル文学賞作家オクタビオ・パスはメスティソの立場を代弁して、こう言った。混血とは、ヨーロッパの征服者が先住民の女性を犯した結果であって、コロンブスを正面から断罪すると、「父」を斬ることになる、と。そうした点も背景としつつ、一方では先住民と欧米のキリスト教徒の間の和解も進んでいる。たとえば一九九二年にノーベル平和賞を受賞したグアテマラ先住民運動家のリゴベルタ・メンチュは、けっしてキリスト教を一方的には断罪しない。彼女は、結婚相手は同じマヤ民族の同じキチュ人がいいと言ってはいるものの[8]、受賞決定後ローマ法王やフランスのミッテラン大統領と会うなどして、キリスト教徒との対話をかさねた。
メスティソの苦悩やメンチュの対話的立場をもとにして一八四七年のエンゲルスの発言を評価するならば、後者は近代主義的ユートピア社会主義者の発言である、と結論づけてよかろう。

注

（1）Marx/Engels, ibid., S.64.『マルクス・エンゲルス全集』第四巻、六五頁。
（2）Ibid., S.83.『マルクス・エンゲルス全集』第四巻、八七頁。
（3）エンゲルス「一八四七年の運動」、『マルクス・エンゲルス全集』第四巻、五一六頁。
（4）同上、五一七頁。
（5）毎日新聞、一九九二年一〇月一六日付朝刊。
（6）毎日新聞、同上。
（7）朝日新聞、一九九二年一二月四日付朝刊。
（8）朝日新聞、同上。

四　『宣言』の現代的意義

本節の議論だけをみるかぎり、マルクス思想や『共産主義者宣言』に親しんできた読者は、サン＝シモンやフーリエ、オーウェンなどのユートピア社会主義にアクチュアリティがあるとするは、いったいどのような根拠によってなのか、と疑問に思うだろう。しかし、私はもう四五年ほど、ヴァイトリング研究を中心にしてマルクスをユートピアンとみる見解を懐抱してき、四〇年ほどそれをモチーフに論陣を張ってきた者である。[1]さりとて私は、一九世紀思想史の研究者として、マルクスと『共産主義者宣言』とをきわめて高く評価する者でもある。一九九八年春には、『共産主義者宣言』一五〇年を記念する共編著『共産党宣言─解釈の革新』を刊行してもいる。

マルクスの辺境を研究するのが、長年の私のスタンスである。辺境であるから、外部に出て内部を批判することはしばしばである。私は研究者なのであって、主義者なのではない。そうであるからなおのこと、『共産主義者宣言』は一九世紀から二〇世紀を経て二一世紀へと受け継いでいきたい遺産のひとつなのだ。一九九〇年代後半、私は共編『新マルクス学事典』（弘文堂）を刊行する作業に没頭していた。その仕事も、今こうして『共産主義者宣言』批評を起草した動機と同じなのである。

では、私が積極的に評価するマルクスおよび『共産主義者宣言』とは何か。それは、マルクスにおいてはじめて、被支配者の側から本格的な歴史が書かれたということである。それまで、被支配者や被抑圧者のことを余人への啓蒙や告発として書いた人びとは存在した。スペインの宣教師ラス・カサス（Bartolomé de las Casas）はその代表である。けれども、告発を超えて、大切なことは世界を様々に解釈するのでなくこれを変革することだ、と言い放って被支配者の歴史を書いたのは、マルクスがはじめてであった。また、マルクスは『宣言』著者として、一方ではフーリエのアソシアシオン（ファランステール）を批判しつつ、他方で自らは将来社会をアソシアシオンとして構想して[2]、その卓越した洞察力をいかんなく発揮したのであった。

最後に、一九七五年刊行の私の第一作の巻末近くに記した言葉を引用して本章本節の結びとしたい。

「マルクスらの戦略的誤謬は、けっして原理的誤謬ではなく、『宣言』にもりこまれた基本的なテーゼは現代においても普遍性を逸していないといえよう[3]」。

注

（1）たとえば、以下の文献を参照。石塚正英『ヴァイトリングのファナティシズム』長崎出版、一九八五年、第四章「三月前期ユートピアンのマルクス批判」。

（2）Marx/Engels, ibid., S.68, 80.『マルクス・エンゲルス全集』第四巻、四九六、五〇六頁。

（3）石塚正英『叛徒と革命—ブランキ・ヴァイトリンク・ノート』イザラ書房、一九七五年、二二七頁。

第Ⅱ部　後期ヴァイトリング——一八四八年以後・アメリカ

ヴァイトリング肖像画

第4章　コミューン論からアソシアシオン論へ

第1節　ヴァイトリングの解放同盟
――一八四八年を中心に

「ヴィルヘルム・ヴァイトリングは、一八〇八年にマグデブルクで婚姻外の子として生まれ、……幼年期を困窮と不自由のうちに過ごした。彼は、マグデブルクで仕立職の修業を積み、その後、同市で発行してもらった遍歴旅券を携え、一八二八年から三五年にかけて、ドイツ国内を渡り歩いた。一八三〇年にはライプツィヒに至った。そこで彼は風刺詩を発表して、ザクセンで当時生じていた自由を求める運動（Freiheitsbewegung）にはやくも参加し、また急進的な論説をライプツィヒ日刊新聞に投稿したが、しかしこれはほぼまったく採用されなかった。その後彼はウィーンへと遍歴の旅を続けた。そこでは自分を題材にしたロマンティックな恋の冒険が語られる。それはつまりこうだ。ウィーンで造花を作っては生計を立てていた彼は、取引上である若い貴婦人と交際するようになった。だが彼女には、ハプスブルグ家の王子様も好意を寄せていた。ヴァイトリングとその貴婦人は親密な恋におちたのだが、それは権力を持った恋仇に突きとめられてしまった。そこでヴァイトリングは、憤激した恋仇の復讐で犠牲にならぬよう、即刻ウィーンから逃げ出さねばならなかった（云々）。このエピソードめいた話を除けば、コムニスムスの煽動家にして文筆家としてデビューするまでのヴァイトリングの経歴は、さして多くはわかっていない[1]」。

右の引用はヴァイトリングの伝記作家E・カーラーの著作『ヴィルヘルム・ヴァイトリング、煽動と学説』からのものである。ヴァイトリングは、後世、ドイツ労働運動の父と称せられ、また研究者W・シーダーによれば「ヴァイトリングをもってドイツにおける社会主義思想およびその運動の歴史が始まる[2]」という評価まで受けた人物なのだが、右の引用のとおり、成年に達しひとかどの思想家となるまでの経過は、ほとんど知られていない。その点では同時代ヨーロッパの革命家M・バクーニンやK・マルクスと大きく異なる。バクーニンにしてもマルクスにしても、然るべき家系の出であり、双方ともアナキスト・共産主義者に成長する過程がよく記録に残され、また研究もされている。(3)

青年期までのヴァイトリングの略歴があまりはっきりしない点は出生の事情や育った環境からみて当然としても、フランスをはじめヨーロッパ各地で職人結社運動を指導し終えた後のヴァイトリング、ないし一八四六年三月にマルクスと論争し彼と訣別してのちのヴァイトリングについて再び記録や研究が乏しくなるのは何故であろうか。その理由の第一は、ヴァイトリングが、バクーニンやマルクスに思想的影響を与えはしたものの、早い時期に彼らによって理論的に乗り越えられたとみる見解が支配的な点である。また理由の第二は、ヴァイトリングが、一八四〇年代中頃までヨーロッパで活動した後、一八四八年を例外としてアメリカに移住してしまい、かつ一八五〇年代後半には政治活動からほぼ身を引いたとされる点である。その結果、ヴァイトリングは、バクーニンやマルクスと違い、最も活動的だったとはいえ生涯のわずか一〇年ほどの期間だけで、思想家・革命家としての性格付けが固定的になされてしまった。しかしヴァイトリングの活動は、一八三〇年代中葉から一〇年間のほか、少なくともさらに、一八四七年からドイツ革命をはさんで一八五〇年代後半までの一〇年間にも及んでおり、しかもこの二つの時期で、ヴァイトリングは外見上おおいに異なった発言をしているのである。そこで本節では、従来よく研究されてきた前期一〇年間でなく、あまり言及されることのなかった後期一〇年間のヴァイトリングに注目し、とまれ一八四八年革命前後の活動歴だけでも明確にし、かつその間に彼が展開した特徴ある思想傾向の幾つかを検討してみたい。(4)

注

（1）　E. Kaler, Wilhelm Weitling, Seine Agitation und Lehre, Hottingen-Zürich 1887, S. 31.

（2）　W. Schieder, Anfänge der deutschen Arbeiterbewegung, Die Auslandsvereine im Jahrzehnt nach der Julirevolution von 1830, Stuttgart 1963, S. 246.

（3）　青年期までのマルクスについては言わずもがなのことだが、バクーニンについては後年のアナキストのイメージが青年期をも覆い尽くしている感がある。それは事実にそぐわない。その点については、本書第2章第4節参照。

（4）　前期一〇年間に関する研究書は豊富だが、ここでは私が直接参照した文献のうち、注（1）・（2）およびヴァイトリングの著作以外に幾篇かを挙げておく。E. Barnikol, Weitling der Gefangene und seine

〝Gerechtigkeit〟, Kiel 1929.（Gerechtigkeit と略記）/ O. Brugger, Geschichte der deutschen Handwerkervereine in der Schweiz 1836-1843, Bern-Leipzig 1932/H. G. Keller, Die politischen Verlaganstalten und Druckereien in der Schweiz 1840-1848, Bern u. Leipzig 1935/G. Winkler, Dokumente zur Geschichte des Bund der Kommunisten, Berlin 1957/W. Seidel-Höppner, Wilhelm Weitling, der erste deutsche Theoretiker und Agitator des Kommunismus, Berlin 1961/M. Vuilleumier, Frankreich und die Tatigkeit Weitlings und seiner Schüler in der Schweiz（1841-1845）, in Archiv für Sozialgeschichte, hg. v. Friedrich-Ebert-Stiftung, V. Band, 1965/E. Schraepler, Handwerkerbünde und Arbeitervereine, 1830-1853, Berlin-New York 1972.

いっぽう後期一〇年間に関する文献はきわめて少なく、私が直接参照しえたのは、E. Barnikol の前掲書のほか、H. Schlüter, Die Anfänge der deutschen Arbeiterbewegung in Amerika, Stuttgart 1907. H-A. Marsiske, Eine Repubulik der Arbeiter ist möglich, Hamburg 1990. それに史料として hg. v. E. Barnikol, Klassifikation des Universum von Wilhelm Weitling, Eine frühsozialistische Weltanschauung, Nebst Anhängen Weitlings 〝Adressbuch〟, Kiel 1931（Weitlings 〝Adressbuch〟 と略記）/hg. v. W. Weitling, Der Urwähler, Organ des Befreiungsbundes, Berlin Oktober 1848（Nachdruck, Glashütten im Taunus 1972）/hg. v. H. Förder, M. Hundt, J. Kandel, S. Lewiowa, Der Bund der Kommunisten. Dokumente und Materialien Band I. 1836-1849, Berlin 1970（Dokumente と略記）そのほかである。

一　ニューヨークの解放同盟

一八三八年にパリで第一作『人類、そのあるがままの姿とあるべき姿（Die Menschheit, wie sie ist und wie sie sein sollte, Paris 1838.）』を発表していちはやく職人結社「義人同盟（der Bund der Gerechten）」の理論的指導者となったヴァイトリングは、以後一八四一年から四三年にかけてスイスで結社運動を続行し、またその間に主著『調和と自由の保証（Garantien der Harmonie und Freiheit, Vevey 1842.）』を刊行して、思想面でフォイエルバッハやマルクスら急進的なヘーゲル学徒を驚嘆させる実力を示した(1)。だがそのヴァイトリングは、一八四六年三月になって、ドイツ革命の路線確定をめぐりマルクスと激しく対立し、ついに彼と訣別するに至る。その対立点についてはすでに本書第2章第3節で指摘済みなので、ここではごく簡単に要点のみを記そう。すなわち、一方で一八四五年以降、マルクスのドイツ革命に対する構想には、エンゲルスとの協働の過程で、そろそろ二段階革命論、つまりまずはドイツ的ないし封建的体制を打破し、続いてブルジョアジーを打倒するという図式が芽生えていたが、他方ヴァイトリングは、依然としてア・プリオリな反封建・反資本主義の立場に依拠し一挙的プロレタリア革命論、〔革命即社会革命〕論を堅持していたのである。

　主としてドイツ革命の路線確定をめぐりマルクスと訣別したヴァイトリングは、一八四六年一二月、ついにヨーロッパを去りアメリカへ移住する。だがこの行動は、ヴァイトリングの考えに立てば、たんなる挫折とか逃避ではなく、ある意味で積極的に計算されたものであった。その積極性は、もしヴァイトリングの人物像をF・メーリングに従って次のように描写したら、理解することが困難となる。

「あらゆる立派な人物と同様、彼〔ヴァイトリング─石塚〕においてもまた、長所と短所とは同根から伸びていた。彼の長所は次の点にある。すなわち、彼の時代の労働者階級の心を動かしたものすべてを、ちょうど凹面鏡に集めるようにして理解しえた点である。またそれだけに彼の欠点として、この階級の心を動かしたものに拘束を受けたという点があった。一方は他方なくして存在しえなかったのである。……彼は労働者階級の歴史的生命に関しては何も知らないし、したがって彼はあらゆる歴史的遠望が欠け、それどころかいかなる歴史的洞察すらも欠けている。資本制社会の弊害を描写しうる点にかけては卓越していたが、しかし彼の時代の歴史的認識の点では十分でなく、この弊害の発生源に関して述べるものは、けっきょくのところブルジョア的啓蒙という安っぽい分別に甘んじている。つまり世界史は一大盗賊物語であって、そのなかで誠実な人々は常に欺かれっぱなしである、と[2]」。

　ここに示されたメーリングのヴァイトリング観ないし一八四〇年代の労働者観からは、大衆貧困と社会問題が噴出する三月前（Vormärz）を現代として生きる民衆の悲痛な嗚咽が聞こえてこない。当時の民衆・労働者のおかれた境遇と彼らの意識とは、次のようである。すなわち、封建的政治体制が一掃されておらず、かつまた〔資本─賃労働〕を基軸とする資本制も普遍性を得るに至っていなかった三月前のドイツでは、労働者への圧迫は二重であった。そこから必然的に、当時の労働者は、その一部分が、封建的体制を攻撃しつつ同時に〔資本─賃労働〕関係（目に見えるものとしては個々の資本家・工場主）をも、所有の平等化を阻害し、不平等な社会をさらに拡大するものであるとして拒否した。さらにまた別の一群は、所有の平等というのは元来ありえず、真の平等は所有一般を否定すること、ないしそれを共有することだとして、やはり〔資本―賃労働〕の枠を破壊しようとしたのである。そこからして前者の要求は、ドイツの歴史発展の歯車を逆転させる意味で反資本となり、また後者の要求は、ドイツの歴史発展の段階を二段跳びさせる意味での反資本となって、ともに現実有効性を欠いたものとなってしまった。だがこうした評価は、現代から三月前を回顧して下されるものであって、少なくとも当時の自覚した民衆、労働者はこれを真剣に考えていた。そして右のごとき労働者中、後者の典型がヴァイトリングであった。彼は、時代の要請である反封建・反資本の立場を崩さずにドイツ解放の運動を再建するため、それがより貫徹しやすく思えたアメリカ大陸へ渡ったのである。ヨーロッパを去らんとするヴァイトリングに対し、『テレグラーフ・フュア・ドイチュラント（Telegraph für Deutschland）』第一五号は、一八四七年一月に次の記事を掲げた。

「W・ヴァイトリングは北アメリカへの移住に出立した。彼はニューヨークで『（フォルクス）トリブーン』紙（クリーゲ編集）の編集局に加わることになっている。ヴァイトリングの声望は、最近とみに落ち込んでいる。というのも、彼の元来の党派が大きな発展をみせ、たえずかれに貼り付いて離れない拒絶的傾向と偏狭性とから自由になったからである。彼にしてみれば、たぶん海の向こうの方が好都合なのだろう。信念と活力を備えた彼のことだから、従来同様今後も時代の役に立つことだろう。ドイツとスイスで付きまとっていた不運に、彼はへこたれなかった。（だから）自由の地アメリカで彼は…偉大な闘争にはつらつたる力で身を投ずるであろう。道中の無事を祈る！」[3]

ヴァイトリングの渡米に直接の契機を与えたのは、引用文中にもみられるように、すでにアメリカでドイツ人労働者にコムニスムスの宣伝を行なっていたヘルマン・クリーゲ（Hermann Kriege）が一八四六年末にヴァイトリングに出した一通の書簡である。[4] クリーゲはそのなかで、ニューヨークで彼が発行中の新聞『フォルクス・トリブーン（Volkstribun）』（一八四六・一・五〜一二・三一）の編集を引継いでほしいとヴァイトリングに依頼した。ヴァイトリングはさっそくこの依頼に応じて渡米したが、ちょうどその時、当の新聞は財政難から廃刊に追い込まれたところだった。そこで止むなくヴァイトリングは、しばし手ずから自著やその英訳本を販売して生計を立てねばならなかった。とはいえ、ニューヨークをはじめとする当時の北アメリカの大都市には多くのドイツ人労働者が移住しており、彼らの間では、かつてヨーロッパで名声を博した労働者革命家ヴァイトリングは忘れられていなかった。したがってヴァイトリングは、生計維持に難儀しながらも、在アメリカ・ドイツ人労働者の一部を組織して政治結社「解放同盟（Der Befreiungsbund）」を結成し、これを、当時アメリカで流行していたフリーメースンに範をとって幾つかに段階区分した。すなわち、

「第一段階は、この（同盟の――石塚）根本原則に同意した者すべてで構成される。第二段階は、さらにその上、月毎ないし年毎の醵金によって同盟機関紙を予約購読する者で構成される。第三段階は、同盟支部（Loge）に加入し、月毎の醵金によって老人や疾病者の相互援助を保証する者で構成される(5)」。

また、解放同盟の「盟約書（Bundesbuch）」をみると、その冒頭に次の三箇条からなる同盟原則がある。

「一、全官吏は国家の労働者であり、かかる者として釣合いのとれた平等な賃金を得る。
二、国家は労働を要求する者すべてにこれを与え、また官吏と比べて過不足ない賃金を支払う。
三、国家は、労働不能な者すべてに対し、恩給を受けている退職国家官吏と同様の扶助を行なう(6)」。

すべての統治を否定していたはずのコムニスト・ヴァイトリングがまるで国家主義者に転向したかの印象を与えるこの原則をスローガンにして、彼は一八四八年初頭に南部に向けて北アメリカを旅行し、次のような地区に同盟支部を獲得した。すなわち、皮なめし工Ｓ・シュミットのニューヨーク支部、仕立工Ｐ・ツィンマーマンほかのニューアーク支部、ホテル主人Ｇ・レンベルトらのフィラデルフィア支部、商人Ｋ・ミューラーらのシンシナティ支部、商人Ｊ・ネルソンらのニューオーリンズ支部、そのほかＯ・ベーアのテキサス州ニューブラウンフェルス支部等である(7)。こうしてヴァイトリングは、かつての義人同盟の再建ともみられるこの解放同盟の指導者として、ドイツおよびヨーロッパの解放へ向け積極的な政治宣伝を開始した。だが彼は、ニューオーリンズまでの旅行を成功裡に終えてニューヨークへ戻る途中、折りしもドイツ革命勃発の知らせを耳

にしたのである。そこで解放同盟ニューヨーク支部は緊急会議を開き、ヴァイトリングを解放同盟の代表としてドイツ本国へ派遣し、革命渦中のベルリンで同盟支部を設立し、プロパガンダを拡大する旨を決議した。

注

（1）例えば、フォイエルバッハがヴァイトリングの『保証』を高く評価した点は、F・エンゲルス「ドイツにおける共産主義の急速な進展（Rascher Fortschritt des Kommunismus in Deutschland）」にみられる。Vgl. K. Marx/F. Engels, Über Deutschland und die Deutsche Arbeiterbewegung, Band 2, Berlin 1970, S. 118. 邦訳『マルクス・エンゲルス全集』第二巻、大月書店、五四二～五四三頁参照。

（2）W. Weitling, Garantien der Harmonie und Freiheit, Jubiläumsausgabe. Mit einer biographischen Einleitung und Anmerkung herausgegeben von Franz Mehring, Berlin 1908, S. XXII.

（3）Telegraph für Deutschland, No. 15, Januar 1847, in E. Barnikol, Gerechtigkeit, S. 223.

（4）渡米後のヴァイトリングの行動については主として次の文献を参照。もっとも有益なのはシュリューターである。H. Schlüter, ibid., S. 49ff./E. T. Mohl, Utopie und Wissenschaft. Wilhelm Weitling und Karl Marx im Vormärz und in der 48er Revolution, in hg. v. W. Weitling, Der Urwähler, Einleitung, S. XXIIff. H-A. Marsiske, Eine Republik der Arbeiter ist möglich, Hamburg 1990.

（5）Hg. v. W. Weitling, Der Urwähler, No. 1, 10, 1848, S. 7.

（6）Ibid., Anhang, S. 1.

（7）Ibid., No. 1, S. 7.

二　ベルリンでの宣伝活動

解放同盟の派遣代表者としてヨーロッパへ戻ったヴァイトリングは、自身の証言によれば、まず「六月蜂起の戦闘日の二日前」にパリへ入り[1]、すぐさまラインラントのケルンへ急行した。七月、同市に着いた彼は、在アメリカ解放同盟の正式な代表委員の資格で、二一日にケルン民主主義協会総会に出席した。この会議には、六月一日以来同市で日刊紙『新ライン新聞（Die Neue Rheinische Zeitung）』を発行していたマルクスも出席していた。むろんこれを意識してのことと察するが、ヴァイトリングは演説の機会を得、革命遂行上で「政治運動と社会運動の分離」および「洞察力ある者たち」による独裁を主張した[2]。これに対しマルクスは、当日は黙って退場したが、翌八月四日の総会にエンゲルスを伴なって出席し、ヴァイトリング批判を一気に行なった。そのなかで彼は、ヴァイトリングの見解とは逆に、ドイツ革命を遂行するにあたって「政治的利害と社会的利害は相互に浸透しあわねばならない」こと、また「残念ながら社会的な発展に関してドイツ人は今になってもまだフランス人が（一七―引用者）八九年にすでに達成していた立脚点に立っている」だけであることを強調し[3]、それによってヴァイトリング的な即座のプロレタリアート革命・独裁の主張に真向から異論を唱えた。

ここに挙げた両者の対立が今に始まった事でない点はすでに述べた。一八四六年三月三〇日に、「共産主義をすぐさま実現させよというのは不可能な事だ。まずはブルジョアジーが政権を掌握せねばならない」と述べたマルクスと、「僕はマルクスとエンゲルスがその批判を通じて自分自身を批判することになると思う」とヘスに述懐したヴァイトリングは[4]、一八四八年七月にも、基本的に同一の理由によって衝突したのである。そしてまたこの対立は、ヴァイトリングが、四八年当時の労働者を彼らにとって現在であるところの四八年当時のうちに解放しようと志したのに対し、マルクスが、四八年当時の労働者にはいまだ自己解放の前提がなく、彼らの解放はブルジョア支配の後に託されると判断したところから生じた深い溝なのであった。そこでヴァイトリングはケルンでの活動を見限り、本来の目的地であるベルリンへ移動した。

ベルリンに着いた彼は、八月二三日から九月三〇日まで同市で開催された第一回全ドイツ労働者会議に出席した。この会議は、共産主義者同盟のメンバーでありながらマルクスらに冷やかな目で見られ出したシュテファン・ボルンが中心になって組織したものだが、成果は上々で、これを機に労働者の全国的組織「全ドイツ労働者友愛会（Die Allgemeine deutsche Arbeiterverbrüderung）」が誕生する。そのように重要な会議に出席したヴァイトリングは、しかしケルンの民主主義協会総会においてと同様、さしたる活躍をせぬまま議場を去る。その理由は、研究者クヴァルクによれば、ヴァイトリングが「ベルリンの会議では第一に労働者の自由意志的で自立的な組織および彼らの国民的連合が重要な問題となっていた点を理解しなかった」からである[5]。だがヴァイトリングがベルリンの労働者会議でも活躍できなかったのは、例えばその指導者の一人ボルンの思想中に、マルクス的な二段階革命の発想を鋭く嗅ぎとったためであり、また同じくボルンの思想中に、社会革命でなく長期にわたる社会改良を求める傾向を察知したためと思われる[6]。究極において〔革命即社会革命〕論を堅持していたヴァイトリングは、けっきょくのところドイツで大衆

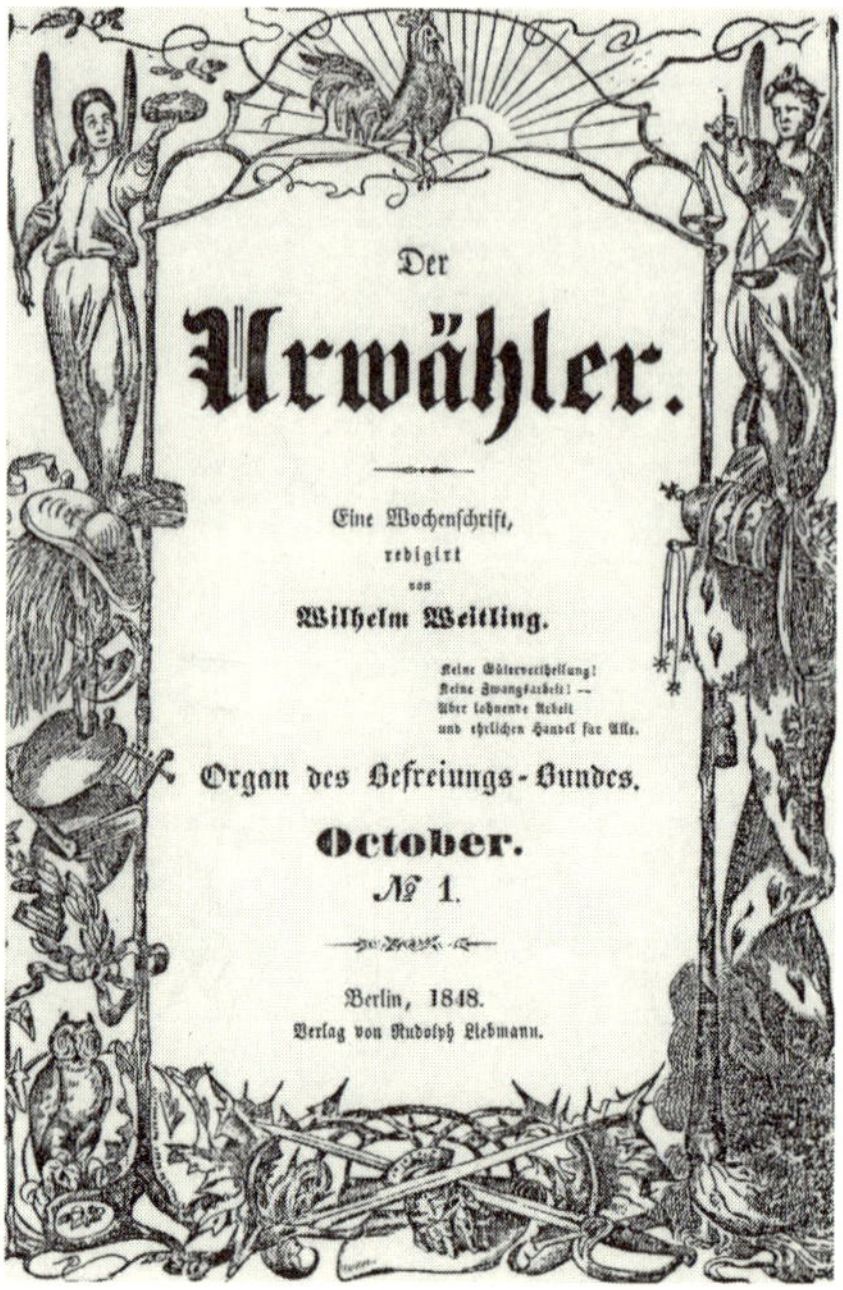

的な支持団体を獲得することなく、やがて一〇月にベルリンで解放同盟機関紙『第一次選挙人（Der Urwähler）』を、ほぼ孤立した状態で編集・発行することになった。
『第一次選挙人』は、一八四八年一〇月にベルリンのルドルフ・リープマン出版社から計四号発行されただけだった。にもかかわらずこの雑誌は、ヴァイトリングが革命渦中のドイツで労働者大衆に何を訴えたかったかを知るのには十分豊富な材料を提供している。その第一は、一八四八年の時点で、革命の主体およびその方法について彼が論じた「我々はいかなる改革を望むか（Welche Reformen wollen wir ?）」と「選挙（Die Wahlen）」（ともに第一号）である。そのなかで彼は次のように述べる。

「我々とはだれのことか。もちろん万人のことだ。では、いかなる万人か、家族全員のことか、都市の、州の、それともドイツ国の全員か。それは市民全体なのかあるいは労働者階級全体なのか。たんに靴工全体、仕立工全体、機械工、印刷工だけなのか、それとも彼らみながこれに属するのか。商人や実業家もこれに属するのか……貴族は、軍隊は。それは資産家ないし工場主か、貧民ないし富者なのか、それとも双方あわせてなのか。……

熱狂的で曖昧な極り文句で、人びとはある迷妄から別のそれへと、君主政から共和政へと、そして再び共和政から君主政へと転がるだけだ、どちらにおいても要求が満たされることなく。自由と正義の名において、すでにどれだけの血が流されたことだろう。そしていったいどこに各人の自由が、またどこに正義が存在していようか。主人と奴隷の存在するところ、金利生活者と臨時労働者が、貧乏人と金持ちが、教養ある者と無学の者とが存在するところには決してありえない[7]」。

「我々は、偉大な改革の前夜に立っている。だれがこの点を疑うというのか。……けれども我々は、いかなる方途を通じてそこに達するのか。選挙を通じてか。歴史を眺めてみよ。スイスは五〇〇年来このかた共和国であるし、アメリカは七〇年間、フランスは半年前から二度目の共和国となっている。これらの国々では、改革のための選挙を通じて何が達成されたか。無である！　富と貧困はまさにわが国同様に膨れあがっている[8]」。

このようにしてヴァイトリングは、基本的にはパリ時代・スイス時代に確定した反封建・反資本の立場に立ってプロパガンダを展開するが、しかし、一八四七年初から約一年間の北アメリカ滞在の結果得た微妙な思想的変化も表明する。それは、『アメリカの声、解放同盟からドイツ国民へ（Stimmen aus Amerika. Der Befreiungsbund an das deutsche Volk）』にみられる。

「我々は（アメリカで―石塚）、多大な政治的自由を享受している。厭わしい警察処分というものを知らない。我々は気の向くままに旅をしたり滞在したり、あるいは結婚したりできるし、商工業を営むこともできる。……我々は自分自身で政府を選挙するし、自分の思想も、政府批判だといって迫害されやしないかと気遣うことなしに、口頭や文書で表明して差支えない。それればかりか我々は、憤懣やる方ない時には反乱を起こして差支えない。……（アメリカでは―石塚）諸君が有しているよりはるかに多くの自由がある。しかし、それは秩序なき自由（eine unordentliche Freiheit）である。それによって最も富める者、最も強力な者、最も狡猾な者が多大な享受を得ている。……そこから自由のアナーキー（eine Anarchie der Freiheit）が出現する。そのなかではある者が他の者に対し、より多大な自由の手段を戦い取ろうと挑みかかり、そして万人は相互に自由の享受を妨害しあう。欠乏と奢侈、怠惰と日傭い仕事、盗みと詐欺、支配と隷従は、この闘争の諸帰結である。そしてこれは年々、この国でもヨーロッパでも、たえず甚しくなっている。それ故、こうした状態に対して総力を挙げて対応策が講ぜられねばならない。だがそれは、我々が平等な権利と平等な義務に基づいた自由というものの必要性を明らかにし、それを選挙で実現するため、政治的自由を利用してはじめて実行できる[9]」。（傍点原文隔字体）

この引用は、ヴァイトリングがわずか一ヶ年の滞米中に新興資本主義国アメリカの光と影の双方を確実に捉えたことを示唆する。すなわち、引用文の前半ではアメリカ独立宣言の解説かロック主義者のごとき内容が語られ、「政治的自由」獲得の意義をおおいに認めている。しかし後半の引用では、北アメリカに存する自由は、半面で経済的な搾取の自由としても機能し、「秩序なき自由」でしかないと語られる。そこで、このような「自由のアナーキー」を解消する手段としてヴァイトリングが採用するものは、不思議なことに、社会革命でなく、議会主義的な「選挙」なのである。不思議な点はほかにもある。すなわち、彼は、先に引用した論説『我々はいかなる改革を望むか』では「政治的自由で我々は今まであまりに甚しく欺かれて来た」と[10]し、ここに引用した『アメリカの声』では「政治的自由を利用」しようと訴えているのである。

この一見混乱を来しているかにみえるヴァイトリングの諸見解は、実は一八四五年にロンドンの義人同盟員たちと論争した際に彼が述べた次の意見を参考にすれば、混乱ともいえなくなる。すなわち、

「私にしてみれば、コムニスムスを導くものであれば、どのような手段でも正しいのである。……プロパガンダを無神論でしようと、宗教でしようと、または移民でしようと革命でしようと、主たる路線を終始維持するのであれば、それは我々にとって同じことであるに違いない。私はなるほど独自の見解を持っている。だがそのことは、コムニスムスに勤勉な人びとが私の見解に対し寛容な立場をとるならば、私がそうした、あらゆる異なった人びとを支持する妨げにはならない[11]」。

ヴァイトリングは、すでに政治的自由が前提となっている北アメリカでも、またそれが獲得されそうな革命渦中のドイツでも、右の見解に立って行動した模様である。その証拠にヴァイトリングは、ドイツでの解放同盟員獲得および支部設立の手順として、次のような構想を雑誌上で発表した。

「盟約書に署名しそれを手にした者は全員、解放同盟の初級班（der erste Grad）の会員となる。この者のうち、同市民の選挙によって選挙委員、市民軍将校ないし何かある大衆的にして民主主義的な協会の委員会のメンバーとなった場合、要するに同市民の選挙により彼にある官職が委任されるかすでに任務に就いている場合、この者はそれによって解放同盟の中級班（der zweite Grad）の会員となる。諸協会の会長、市民軍の指揮官、立憲国民議会の議員は、もし同盟に加入したなら、上級班（der dritte Grad）の会員となる。……立憲国民議会に所属する同盟員は、中央の委任を受けて同盟の最高指導を担う[12]」。

一八四八年のヴァイトリングは、スイス時代までの彼と違い、現に民衆によって戦い取られた革命の渦中にあった。また、下層民以外の勢力によって牛耳られていたとはいえ、革命の成果としてドイツ諸邦に成立した憲法制定議会や民主主義団体を、ヴァイトリングは十分利用しうるはずであった。そうした環境にあって彼は、同盟活動の主目標を「選挙」での民衆の勝利に置き、またこれを通じて国民議会を民衆の声で埋め尽くそうとした。だからそこ彼は、フランクフルト国民議会が一八四八年八月以降反動派の捲き返しにただ手を拱いているだけなのを見た時、「我々が三月に一撃で獲得したもの」を確保し、「警察の後見」を払いのけ、議会を「アメリカにおけると同様自由にしておく」よう警告したのである[13]。ただし、そうだからといって、ヴァイトリングは、ブルジョア的な議会主義者に転向した訳ではない。彼はあくまでも国民議会に「社会的自由の基礎付けなどは期待しなかった。ただ政治的なそれだけ」をアメリカ並に求めたにすぎなかったのである[14]。社会的自由を実現できるのは議会でなく、二月のパリや三月のウィーン・ベルリンで赤旗を振り上げた民衆だけなのであった。

このようにヴァイトリングは、宣伝機関紙『第一次選挙人』において、たとえブルジョア的なものであれ利用できる既存の権利・手段はすべて利用しつつ、しかも「我々はブルジョア共和政を求めない、守銭奴の統治は何よりも吐気を催させる」と楔を打ちながら[15]、最終的には民衆に支持された強力な独裁政権の樹立を踏まえたプロレタリア革命を宣伝していったのである。だが研究者シュリューターによれば、「ベルリンでのヴァイトリングのアジテーションは、いかなる成果もあげなかった。同市で解放同盟の支部を設立するのには、一度も成功しなかった。『第一次選挙人』は五週間分の号数（実際は第四号で終刊──石塚）を発行して沙汰止みとなった」のである[16]。

注

（１）W. Weitling, Ein Stück Selbstbiographie, in Schlüter, ibid. S. 63.

（２）E. T. Mohl. ibid., S. XXIII.

（３）Bericht über das Auftreten von Karl Marx gegen Wilhelm Weitling in der Generalversammlung der Demokratischen Gesellschaft in Köln, in Dokumente., S. 827.

（４）Von W. Weitling an M. Heß, 31. 3. 1846, in

Dokumente., S. 307f. なお、ヴァイトリングの意図通りの方向ではなかったにせよ、一八五〇年三月になって、マルクス・エンゲルスは二段階革命戦略が失敗した点を自己批判するはめに陥っている。Vgl. K. Marx/F. Engels, ibid., S. 230f. 邦訳『全集』第七巻、二五〇～二五五頁。

(5) M. Quarck, Die erste deutsche Arbeiterbewegung. Geschichte der Arbeiter bewegung 1848/1849, Leipzig 1924. (Nachdruck, Glashütten im Taunus 1970), S. 157.

(6) ボルンおよび全ドイツ労働者友愛会の活動については、右に挙げたM. Quarckの著作や、資料集 Die Allgemeine deutsche Arbeiterverbrüderung 1848-1850. Dokumente des Zentralkomitees für die deutschen Arbeiter in Leipzig Weimar 1979. それにボルン自身の回想録 S. Born, Erinnerungen eines Achtundvierzigers, Leipzig 1898. (Nachdruck, Berlin-Bonn 1978) で捉え得るが、邦語文献として東畑隆介「シュテファン・ボルンとドイツ労働者運動」『史学』第三二巻第四号、一九六〇年、柳沢治『ドイツ三月革命の研究』岩波書店、一九七四年、末川清「一八四八年秋の『労働者友愛会』の立場―「社会問題」と民主主義の関連」『立命館文学』第三八六～三九〇号、一九七七年が重要である。とりわけ末川は、「社会問題」の解決策としてボルンが決定した方策には、「社会革命への志向」と「社会改良の志向」があると指摘し、「客観的には、前者の道が、思想面でも実践面でも後景に押しやられていくこととなった」と結論している。(前掲論文、四三二頁)

(7) W. Weitling, Welche Reformen wollen wir? in Der Urwähler, S. 3f.

(8) W. Weitling, Die Wahlen, in ibid., S. 5.

(9) W. Weitling, Stimmen aus Amerika, in ibid., S. 6.

(10) W. Weitling, Welche Reformen wollen wir? in ibid., S. 4.

(11) Diskussion im Kommunistischen Arbeiter-bildungsverein in London 18. Februar 1845～14. Januar 1846, in Dokumente., S. 229.

(12) W. Weitling, Stimmen aus Amerika, in Der Urwähler, S. 7.

(13) W. Weitling, Hohe Nationalversammlung! in ibid., No. 2, S. 9f.

(14) Ibid., S. 10.

(15) W. Weitling, Politische Umschau, in Ibid., No. 3, S. 24.

(16) H. Schlüter, ibid., S. 52.

三 ハンブルクでの最後の抵抗

ベルリンでヴァイトリングが雑誌を編集していた一〇月に、オーストリアでは、オルミュッツに逃亡していた皇帝フェルディナンド一世のもとへスラヴ人を中心とする反革命派が結集し、同月末にはついにヴィンディシュグレーツ軍がウィーン砲撃を開始した。その結果一一月一日ウィーンが皇帝軍に敗北した。また一一月一〇日には、こんどはベルリンで王党派のウランゲル軍の入城があって、ウィーン・ベルリン両都で革命の敗北が色濃くなった。こうした政治情勢の推移を『第一次選挙人』のコラム「政治的展望(Politische Umschau)」で論評してきたヴァイトリングは、ウランゲル入城後の一一月二一日、ついにベルリンから追放されハンブルクへと向かった。同市へ着いた彼は、さっそく秘かに解放同盟の支部設立に乗り出す。その活動の一部は、翌年八月三日にアルトナで生じたある傷害事件を契機としてアルトナ警察署がヴァイトリングから押収した書類、およびこの事件に関する調査記録から判断できる。(1)

ヴァイトリングがハンブルクでまず手がけた仕事は、同市およびアルトナで彼が個人的に知っている職人たちを尋ね歩き、自著『調和と自由の保証』第三版その他を販売したり、解放同盟への協力を要請することだった。また同盟員に獲得された職人たちを集めて演説会を開き、「貨幣に関する演説を行ない、それは廃止されねばならないという見解を述べた」り、「キリスト自身が最初にして最も偉大なコムニストであった」と力説することだった。(2)さらにこの組織形成・支持層拡大をいっそう促進するため、彼は、解放同盟の任務と目標とに関するパンフレットを発行した。これは計二〇項目からなっており、その内容を要約すれば次のようである。一、解放同盟の根本原則は社会革命の根本原則と一致する。二、革命軍は解放同盟の原則に基づき金持ちの余剰の財を貧者に無償配布する。三、革命軍は同盟の名において臨時政府を選出する。四、囚人の大赦。六、プロレタリアートの武装、金持ちの武装解除。五、司法・警察権の廃止。七、常備軍の人民武装軍への融合。八〜一一、旧来の貨幣制度の廃止と革命紙幣の発行。一二、民主主義的・コムニスムス的交換証券の採用。一三、余剰の財はすべて臨時政府が管理する。一四〜一六、労働能力ある者は各地で独自の委員会を形成し生産物の価格を決定し、また政府は生産物を買い入れ管理する。一七、初期の物資欠乏期の調整策について。一八、弱者救済、青少年の教育、種々の保障。一九、聖職者やそのほかの知的ペテン師への賃金支払停止。二〇、君主や守銭奴との間の「社会戦争(Der Soziale Krieg)」が続くかぎり、臨時政府は存続する。(3)

このようなパンフレットで解放同盟メンバーの理論的指導を行なっていたヴァイトリングは、しかしハンブルクでもたえず警察当局の監視下に捉えられた。すなわち、一八四八年一二月九日、ハンブルク警察ははやくもヴァイトリングがベルリンから逃れてきた情報をキャッチし、翌四九年一月五日、ヴァイトリングに警察署への出頭を通知する。翌六日、警察署に出頭した彼は、むろん解放同盟の活動は一切語らず、ただ「ある学問的な仕事に専念しているので春までここに留まれるよう」願い出た。(4) だがハンブルク警察署がそれを聞きいれるはずもなく、ヴァイトリングは一月中旬にアルトナへ移る。だが同地でも彼は、陰に陽に警察の圧迫を受け、ついに八月、寄留先の室内装飾師シュタルケ宅が家宅捜索され、逮捕こそまぬがれたものの、宣伝活動の道は完全に断たれてしまった。そこで彼は決心してロンドンへ渡り、年末には再びニューヨークへ戻ったのである。

注

（1）この書類はいわゆる「ティム調書（Untersuchungssachen Timm）」で、次の事情でアルトナないしハンブルクの警察の手に入った。「本年（一八四九—石塚）八月三日の夕刻、ブリュッヘル橋で当市（アルトナ—石塚）の市民J・H・W・ロールフゼンが、見たところ酩酊状態のある人物に鋭く研がれた短刀で傷つけられた。同夜、犯人として一九歳の下男C・W・T・ティムが発見され逮捕された。…上述のティムは、わが政府が禁じているいわゆる人民軍の軍曹であり、それからまた、有名なヴィルヘルム・ヴァイトリングが当地に設立した家族同盟ないし解放同盟と称するコムニスムス的な協会の会員である。…ヴァイトリング個人に関する限り調査は不成功に終わったが、解放同盟に関連する様々な文書、印刷物、備品の入った箱一箇を押収した」。E. Barnikol, Gerechtigkeit, S. 225.

（2）E. Barnikol, Weitlings „Adressbuch.“, S. 55f.

（3）ヴァイトリングがハンブルクで発行した当該パンフレットは、H. Schlüter, Ibid. SS. 54-56. および Wermuth/Stieber, Die Communisten-Verschwörungen des neunzehnten Jahrhunderts, Berlin 1853（Nachdruck, Hildesheim 1969）, SS. 197-200. にも収録されている。

（4）E. Barnikol, Gerechtigkeit, S. 244.

四　大西洋のむこう、労働者の共和国へ

ドイツ革命の敗北過程に歩調を合わせるようにして渡米したヴァイトリングは、それでもドイツ解放ないしヨーロッパ革命へ向けた宣伝・組織活動を中止しなかった。すなわち彼は、ニューヨークへ戻るや月刊誌『労働者共和国（Republik der Arbeiter）』を創刊し、一年後にはこれを発行部数四千部ほどの規模にまで育てあげた。また彼は、ハンブルクで起草した解放同盟のプログラムに沿う

かたちで、「産業交易銀行（Gewerbetauschbank）」の設立、「労働者紙幣（Arbeiterpapiergeld）」の発行、「協同作業場（Assoziationswerkstätte）」の設立等をこの雑誌で宣伝して、一部に支持者を得た。またそのほか、一八五〇年一〇月には、フィラデルフィアで第一回在アメリカ・ドイツ人労働者会議を主催し、これに四四〇〇名の代表者を招集している。この会議の議題中で注目すべきものは、ヴァイトリングの発議になる大陸横断鉄道の建設案である。さらに彼は、一八五一年にはアイオワ州クレイトンで共同体主義的なコロニー「コムニア（Communia）」の建設にも参加していく。

このように、一八五〇年代アメリカでのヴァイトリングの言動は、ヨーロッパ時代からみて著しく違ってしまったのだが、この現象からシュリューターは、「彼が初めてスイスで出版した諸文書に記した多くの学説をアメリカで放棄した[1]」、つまりヴァイトリングは転向してしまったと結論する。本節では、シュリーターのこの解釈を論評する余裕を持たない。ここではむしろ、一八四八年革命期のヴァイトリングの思想と行動を明らかにし、その若干の特徴点を検討するに際しおおいに留意すべき点をいま一度強調して結びとしたい。すなわち三月前およびドイツ革命期を現在として生き、現在を現在のうちに解放しようとしたヴァイトリングの言動は、既述したように、およそ現代から回顧するかたちでは十分評価できない点、また研究者ブルガーのように、それを理解しないで単純にヴァイトリングをマルクスと比較しようものなら、「ヴァイトリングの主たる基盤（および彼の学説）がプロレタリアートの階級闘争理論に根ざしていない[2]」という例の極り文句で、マルクスの登場とともにヴァイトリングをユートピアンとして無条件に切り棄てることになってしまう点、以上である。

注

（1） H. Schlüter, ibid. S. 76.

（2） O. Brugger, ibid. S. 84f.

第2節　北アメリカ移住

記述のように、ヨーロッパでは、一八四八年の二月から三月にかけて革命運動が激化し、フランス、ドイツ、イタリア、それに東欧では、民族統一や民主主義実現を求めて、体制（国王）と反体制（民衆）の間に激しい戦闘が繰り広げられた。しかし結果は後者の敗北に終わった。戦いに参加した民衆のなかには改めて戦う陣形をつくるため、あるいは失った生活の基盤を確保するため、とりあえず新大陸アメリカに亡命する者が続出した。その一群を総称して「四八年人（The Forty-Eighters）」という。彼らのなかには、いったん移住して生活を始めると、故国への慕る思いを心の片隅におきつつも、それとは別個に、改めてアメリカならではの政治・社会問題に関心をもっていくケースが見られた。彼らの多くは、一八四八〜四九年にはウィーン、ベルリン、ドレスデン、バーデンのラシュタットなどで生命を賭した、自由のための偉大な闘争の渦中を全力疾走した経験を有している。革命という煉獄でいったん最高潮に燃えさかった生命の火炎を、彼らはその後アメリカでの生活で引き続きどのように内燃させ、あるいは外へ向かって再燃させていったか、それはさまざまである。ヨーロッパから渡米したそうした移民のひとりに、わがヴィルヘルム・ヴァイトリングがいた。

一　活動の背景——一九世紀前半期アメリカにおけるドイツ人労働者運動

ヴァイトリングが初めて北アメリカへ向けてヨーロッパをあとにしたのは、一八四六年末のことである。その後一八四八年に、フランス二月革命とドイツ三月革命が勃発したのをうけて、一度ヨーロッパ（パリ→ケルン→ベルリン→ハンブルク）へ戻り、諸革命敗北後、一八四九年末に、再度アメリカへ渡り、これ以降、けっしてヨーロッパへ戻ることはなかった。

ところで、彼が渡米した一九世紀中葉、すでにドイツ人労働者が、土着のアメリカ人労働者のなかにまじって組合運動、政治活動を展開していた。あるいはまたオーウェン主義者、フーリエ主義者等、他のヨーロッパ諸国からの移住者と共同行動を強化していた。そこで、一八五〇年代になってヴァイトリングが本格的に行動を開始する直前までの、アメリカにおける労働者運動について概観しておこう。資料としては、むろんシュリューターの例の資料集を兼ねた研究書を手がかりとするのが最良である。

シュリューターによると、北アメリカでは独立以前においてすでに、ニューヨークでパン焼職人たちによるストライキが生じている。また独立後の一七九六年と九八年、九九年の三度にわたって、フィラデルフィアの靴工ストライキが生じ、そのうち九八年には労働者側が首尾よい成果をあげている。その後一九世紀に入ってからは、例えば一八〇二年頃、ニューヨーク水夫の賃上げ要求ストライキ、一八〇九年ニューヨーク靴工によるゼネスト等が生じている。これらの闘争は、たいがい、職人組合の結成をともなうか、それを前提するかして発生したものである。そして、このようなアメリカ人労働者の組織化傾向は、一八三〇年代に至って、ニューヨーク・ボストン・フィラデルフィア・ボルチモアそのほかを含む、ひとつの全国的レベルにまで達し、一八三四年〝ナショナル・トレード・ユニオン〟という北アメリカで初めての労働組合全国組織が誕生し、『ナショナル・レイバラー』と称する機関紙も発行された。こうした労働者運動は、一八三七年、北アメリカに史上初の経済恐慌が発生するや、きわめて荒々しいものとなった。例えば、ニューヨークの情勢はこうだ。

「シティ・ホール・パークに莫大な数の群衆が集まった。演説者があいさつのなかで、暴利をむさぼる投機師たちを弾劾している一方で、五千人の群衆がワシントン通りを下って市場へと向かい、そこにあった穀物商のいろんな店を叩き壊した。数百樽の穀粉が通りに積み上げられ、その一部は婦人や子どもたちがかき集めていった。合言葉は『パンを！　パンを！』『独占反対！』であった。警察はなす術を知らなかった。穀物商たちは、一樽につき四ドル値下げして販売しようと申し出た。『あとの祭りだ！』これが返答であった。破壊は成り行きまかせとなった」[1]。

経済恐慌を媒介に、一八三〇年代後半に高揚した北アメリカの労働者運動は、たんに一過的に終息せず、その頃同時的に進行していた産業革命を通じて、しだいに恒常的な、組織的なものとなった。あるいはまた、たんなる経済闘争にとどまらず、例えば政府に対し、万人平等をうたいあげたはずの一七七六年の独立宣言が未だ〝紙上〟の宣言にとどまっている、という批判を浴びせるかたちで、急進的な政治運動をも惹起した[2]。そしていよいよ一八四〇年代、それも、我々がこれから検討しようとするヴァイトリングが、ヨーロッパから渡ってくる直前の一八四五年、ニューヨークにおいて、アメリカ土着の労働者を主体としつつ、ほかにイギリス、フランス、それにドイツ等から移住してきた職人たちを加えての、一連の国際的な労働者会議が開かれるに至ったのである。シュリューターによれば、一八四五年一〇月、まずオーウェン主義者たちによって〝All Worlds Convention〟なる大会が開かれ、同月、これにすぐ続いてより大規模な、ニューイングランド労働者同盟およびニューヨーク全国改革者協会の二者共催の大会が開かれた。こちらはとりわけフーリエ主義者が多く発言したという。(3)

ところで、一八四五年一〇月ニューヨークにおける以上の二度の労働者大会のうち、後者を開催した団体のひとつ、ニューヨーク全国改革者協会、通称「ナショナル・リフォーマー」の理念にいたく感動し、この団体に急接近したひとりのドイツ人がいた。その人物とは、一八四五年九月に、ドイツから大西洋を渡りニューヨークに上陸したばかりの自称コムニスト、ヘルマン・クリーゲ（Hermann Kriege）である。当時ロンドンを中心として組織されていたドイツ人のコムニスト結社〝義人同盟〟の一員として、クリーゲは、ニューヨーク港に着くや一ヶ月もしないうちに、その支部建設を始め、数人の同志をつのって、秘密組織「青年アメリカ・ゲマインデ（Deutsche Jung-Amerika Gemeinde）」を創設した。この結社を拠点にして、クリーゲらは、まずもって、それまでニューヨーク市に存在していたドイツ系移民の扶助団体「ニューヨーク市ドイツ人協会（Deutsche Gesellschaft der Stadt New York）」に対し、一〇月二〇日付書簡（ティルマン、ドレスラー、ヴァイセンバッハの連署）で誘いをかけ、ともにアメリカ土着の政治団体ナショナル・リフォーマーに協力しようともちかけた。だが、ドイツ人協会幹部は、クリーゲらの誘いを無視した。そこでクリーゲらは単独で大衆的労働者団体を創設することになり、この新組織を「社会改革協会（Sozialreformassoziation）」と名づけた。またその機関紙として、一八四六年一月五日に『フォルクス・トリブーン（Volkstribun）』が創刊されたのである。(4) ただし、この新設協会は、その組織名からも推測しうるように、ナショナル・リフォーマーの理念を自らも共有したのであって、例えば同時期にロンドンの義人同盟指導者シャッパーらが同じように大衆的労働者団体としてイギリスで組織していたロンドン労働者教育協会と違って、共産主義でなく、経済的な平等主義を、政治と経済の全体を貫く社会的民主主義――私の言う「初期民主主義」(5)――を綱領的原則としたのであった。ということはすなわち、一九世紀三〇年代・四〇年代の北アメリカでは、オーウェン主義やフーリエ主義の協同思想に影響を受けたコロニー建設・土地改革運動こそ広範に存在したものの、ドイツのコムニスムス、とりわけようやく義人同盟のイデオロギー的支柱となり始めたカール・マルクスとフリードリヒ・エンゲルスの共産主義は、あまり、あるいはほとんど移植される余地を持っていなかったことを示唆するものである。[6] だがそれでも、そのマルクスやエンゲルスに一時期多大な影響を及ぼしたドイツ労働運動の父、ヴィルヘルム・ヴァイトリングは、秘密結社と革命的蜂起という彼独自の社会革命論を堅持しつつ、一八四六年末、北アメリカへ向かってヨーロッパを去ったのである。

注

(1) H. Schlüter ibid., S. 7. なお、一九世紀前半期における北アメリカの労働者運動についての本書での概観は、特に注記しない限り、シュリューターに依拠している。

(2) 当時、アメリカ独立宣言の約束不履行を批判して活動した人物の代表として、トマス・スキドモアがいる。彼についてはさしずめ、安武秀岳「トマス・スキドモアとその思想」『西洋史学』第一二九号、一九八三、をみよ。

(3) シュリューターによると、一八三〇年代、四〇年代の北アメリカでは、オーウェン主義とフーリエ主義は相当の信奉者を獲得していた。

「オーウェンとフーリエの信奉者たちは、その主要部分が賃金労働者ではなく、所有階級および中級階級に属する人びとから成っていた。だが、その煽動の全体的な性格からみると、それは労働者階級に感化を与え、階級意識とあらゆる類の改革理念で満ちあふれていたに違いない。

当時においてこの国で最も熱心だったフーリエの使徒は、ある富裕な地主の息子、アルバート・ブリスバーンであった。ブリスバーンはベルリンとパリで教育を受け、フーリエとは個人的な交際をもつに至り、その熱烈な学徒となったのである。その学説にあらん限り熱狂して、彼はアメリカに帰国後、著作『人間の社会的運命』を出版し、そのなかで主にフーリエ著作の翻訳を行なった。この著作は大成功を収めた。当時、約一万五千部の購読部数をもち、ホレス・グリーリー編集人であった『ニューヨーク・トリビューン』は、フーリエ学説に紙面を提供し、その普及に多くを為した。（中略）

オーウェンとその学徒もまた、北アメリカで活動した。またオーウェンは四〇年代の中葉、すでに創立の仕事を引受けてあったコロニーを援助し、奨励するため、四度目の渡航を行なった。北アメリカにいる彼の学徒たちのなかでは、特にライトとローズの二人の婦人が卓越していた。両人は優れた女性弁士であって、ニューヨークでの彼女たちの集会には、多数の聴衆が集まった」。H. Schlüter, ibid., S. 12f.

なおそのほか、一九世紀北アメリカにおけるコミュニズム―アメリカの教会のコミュニズム、オーウェン主義、フーリエ主義など―に言及した同時代ドイツ人にローレンツ・シュタイン（一八一五～一八九〇年）がいる。Vgl. Lorenz von Stein, Der amerikanische Sociaismus und Communismus, Wien 1880. 同書を所蔵する一橋大学古典資料センターの元助手（現・神奈川大学教授）的場昭弘によると、これは同年Nord und Sud, Eine deutsche Monatsschrift に掲載されたものである。ただし、残念ながら、"三月革命人"（フォーティーエイターズ）については、特に触れられていないとのこと。

（4）社会改革者協会、『フォルクス・トリブーン』を舞台とするクリーゲの思想と行動については、本書第5章第4節「ニューヨークのクリーゲとカウンター・メディア」をみよ。

（5）ここに記した「初期民主主義」の厳密な概念規定については、本書第5章第4節「ニューヨークのクリーゲとカウンター・メディア」をみよ。

（6）マルクス、エンゲルスの共産主義が一九世紀アメリカ社会にダイレクトに移植され得なかった理由を考えるのに、例えばアレクシス・ド・トックヴィル（一八〇五～五九）による次の文章が参考になる。「かくして法が米国民にすべてをなすことを許すのに、宗教は何を考えてもよいとはいわず、何を敢てしてもよいというわけにはいかぬと禁止的な役割を果している。／宗教は、米国人のもとに於て、直接、政治に介入することは決してないが、政治的制度の第一のものと考えられるべきである。何故ならば宗教が自由の味を彼等に与えないとしても、奇妙にも自由の行使を容易にするからである。（中略）すべての米国人がその宗教に信仰をもっているかどうか私は知らない。（中略）しかし彼等が宗教を共和政体の維持に必要であると信じていることは確かである。この意見は一階級、一党派に属するものではなく、全国民全階層の懐く処である」。アレクシス・ド・トックヴィル『米国の民主政』第二巻第九章から。アメリカ学会訳編『原典アメリカ史、第三巻―デモクラシーの発達』岩波書店、一九五三年、二八九頁。

因みに、このようにトックヴィルが語る一九世紀前半の北アメリカ社会に出現した新宗派のなかから、ユニテリアンの主張を引いておこう。

「神に対する愛が普通世間で考えられているようなものならば、そんなものはない方がよっぽどましです。もし宗教が悟性の破滅を意味するものならば、宗教から遠ざかる方がどれ程よいかわかりません。この問題についてはわれわれが何時でもはっきりと語っているとおりです。熱心だと云われたいために理性を犠牲にすることはできません。真理と宗教の本質上主張できることがありますが、狂信、偏執狂、急激な感動、忘我恍惚の状態などというものはけっして敬虔と同じものではありません。／神に対する真の愛とは道徳的な感情であって、この根柢は神の道徳的な完全性を明確に認識することにあり、この完全性を高く評価し、これを尊敬することによって成立するものであります。したがって、徳、正義、善に対する愛とまったく一致します。事実同一のものであります」。チャニング「ユニテリアン基督教」（一八一九年）、アメリカ学会訳編『原典アメリカ史、第三巻―デモクラシーの発達』三三七～三三八頁。

二　活動の足場づくり――機関紙創刊

ヴァイトリングが北アメリカへ渡ることになった直接のきっかけは、ヘルマン・クリーゲがつくってくれた。クリーゲは、一八四六年一月以来、社会改革協会（ゾツィアル・レフォーマー）の機関紙『フォルクス・トリブーン』を編集していたが[1]、種々の事情で、ヨーロッパ時代から彼を支援してくれていたヴァイトリングに、その編集を引継いでくれるよう依頼した。ヴァイトリングはここを先途とその申し出を受諾し、一八四六年末、ニューヨーク港に着岸したのである[2]。

だが、渡米後すぐさまヴァイトリングは、失職の憂き目にあう。彼がニューヨークへ着いた時、ちょうど『フォルクス・トリブーン』の最終号が出た、すなわち、自らがその編集人となるはずの新聞が廃刊に追い込まれたばかりだったのである。それればかりか、クリーゲは、せっかく大西洋を越えてやって来たヴァイトリングに、次なる編集の仕事をあてがわなかった。そこでヴァイトリングは、だれに頼ることもできないまま、自らの生業である仕立職か、あるいはもうひとつの準職業的活動である文筆かで糊口の資を得なければならなかった。そのあたりの事情を、のちになって本人が次のように回想している。

「私は、一七ヶ月間ロンドンに滞在したのち、ブリュッセルへ移住したが、まさにそこで、ヘルマン・クリーゲの協会の名において一通の書簡を受けとった。そのなかには、ニューヨークへ来て、彼が創刊した『フォルクス・トリブーン』紙の編集を引受けてほしいとの要請があった。ニューヨークの社会改革者（のちの反対改革者に非ず）――これはヴァイトリングのそう入（石塚）――が旅費を送ってよこしたが、若干の借金を返済したり渡航費の値上がりがあったりしたためこれでは足りず、パリの人びとからあと一一〇フランをルアーヴルへ送ってもらった。

私は、一八四六年末にニューヨークへ着いたが、その時には一セントも持たず、またちょうどその時、『フォルクス・トリブーン』紙が廃刊になるということを、その最終号で読み、その上一〇〇ドルの負債をあとに残したという事情をも聞き知った。協会は以前に、私が仕事を見つけるまで毎週五ドルずつ支給してくれるよう申し合わせてあった。しかし私は、強いて押しつけられた約五ドルを除き、この援助を断わった。その後私は、若干のパンフレットと『貧しき罪人の福音』の新版を印刷し、それを販売してまわるという、その当時の私にとって非常な緊急事にわき目もふらず、努力を払った。そこでまもなく私は、印刷費を信用貸してくれた人たちに返済し、また(『福音』の―石塚)英語版にかかった五〇ドルをも支払うことができた。しかるに、これらの英語版を販売するために何も為しえないままに終わってしまった。というのも、一八四八年の革命が起きて、それによって私の(販売―石塚)旅行の計画が中断されたためである。それゆえ私は、債権者(当地の書籍業者)――ヴァイトリングによるそう入(石塚)――にこの英語版をすべて、すでに支払済みの五〇ドル分の損失を覚悟しつつ引渡し、さらにこのほか、売却用にドイツ語版の『貧しき罪人』を約二〇〇部、担保として債権者に渡した(3)」。

アメリカに渡ったヴァイトリングにとって、一八四六年末から一八四八年三月までの約一年四ヶ月間は、以上にみたように、まずは自活を保証するための、大変な一時期であった。それでもこの間、なるほどクリーゲら社会改革協会のメンバーとはしだいに距離をおくようになったが、その分いっそう強力に、自己の信念にマッチした運動体創出に努力するようになる。上述引用文中にもあるように、ヴァイトリングは、例えば、"The Gospel of the poor sinner"と題して『貧しき罪人の福音』(初版一八四五年、第二版一八四六年)の英訳本を出版したり、また新たな著作として『労働し心わずらいをする人びとへの警報(Notruf an die Männer der Arbeit und der Sorge)』を一八四七年中にニューヨークで刊行したりして(4)、主義貫徹と生活費確保の双方を一石二鳥のかたちで実現しようと奮闘する。それから、アメリカ人フーリエ主義者のアルバート・ブリスバーンをはじめとする数多くの社会主義者、民主主義者と交流を重ねていく(5)。その過程でようやく彼は、ニューヨークを拠点とするドイツ人労働者の政治結社「解放同盟(Befreiungsbund)」を創設するのに成功したのであった。

この結社は、直接には〝アメリカの解放〟でなく〝ドイツの解放(ヨーロッパ革命)〟を目指したものであった点、また指導理念がアメリカ的ないしナショナル・リフォーマー的平等主義でなく、あくまでヨーロッパ仕込みのヴァイトリング的コムニスムスを土台としていた点で、さしあたり北アメリカの政治運動にはほとんど何の影響も及ぼさなかった。また一八四八年三月に、実際にドイツ革命が生じた時点で、なるほどヴァイトリングがこの同盟の全権となってベルリンへ乗り込んだものの、こちらでも組織面では何の成果も挙げずじまいのまま、反革命によって蹴散らされてしまった。[6]ヴァイトリングの解放同盟は、したがって、一八四八年・四九年における現実的革命主体としては取るに足らぬものでしかなく、一八四八年一〇月に解放同盟機関紙として刊行した週刊紙『第一次選挙人（Der Urwähler）』中でのヴァイトリング自身の主張とて、ドイツ三月革命の渦中では、積極的なエピソードとして後世に伝えられるほどの内実を残さなかった。その意味では、シュリューターの言う通り、ベルリンで、ヴァイトリングのアジテーションは、いかなる成果もあげなかった。[7]またそのこともひとつの原因となってか、研究者シュターデルマンは、一八四八年のヴァイトリングを指して、次のように論評している。

「一八四八年の初夏にヴァイトリングがベルリンを訪れたとき、彼が行なった諸提案はベルリン労働者会議によってほとんど怒りを込めて退けられたのであった。彼の『解放同盟』構想はそれほど不条理なものではなく、市民階層にやみくもに戦いを挑むことも財産に攻撃を加えることも意識的に差し控えていたのだが、しかし、そもそも労働者を恩給・年金付きの一種の安定した国家公務員に変えてしまおうとする国家社会主義の理念そのものが、すでにドイツの営業階層が革命から期待していたものを遙かに越えてしまっていたのである[8]」。

シュターデルマンがここで、一八四八年におけるヴァイトリングの思想を「国家社会主義」と強調している点は、当のヴァイトリングのアジテーション中に、そのように受けとめられて当然と思えるような箇所が散見されるので、まったくの曲解とも言えない。[9]そのようなわけで、一八四八年のヴァイトリングと解放同盟とは、とにかく、ケルンやベルリンで、多くの職人たちに見捨てられたかっこうになった。それは確かなことである。だが、まさにその一八四八年・四九年の足かけ二年間に、ヴァイトリングは、後に再度アメリカへ渡ってから全面展開することになる、あるひとつの理論的中核を築き上げ、それをとりあえずメモ程度に、二つの文書中に記した。その理論的中核とは、労働者銀行（Arbeiterbank）ないし交換銀行（Tauschbank）の設立計画である。また、この構想を書き記した二つの文書とは、上述の解放同盟機関紙『第一次選挙人』第三号、およびヴァイトリングの主著『調和と自由の保証』第三版序文（一八四九年）である。

注

（1）ここにいうクリーゲとは、一八四六年春に、マルクス、エンゲルスから集中的に非難されたことで有名な人物である。その非難の内容については、『マルクス・エンゲルス全集』第四巻、大月書店、三〜一八頁をみよ。また、少々蛇足ぎみなれど、一九〇五年にレーニンが、当時のロシアにおける農民運動を正しく理解するために、マルクス、エンゲルスのクリーゲ批判に触れているので、その箇所を引用しよう。「マルクスの批判は、辛辣さと諷刺にみちている。彼は、クリーゲの見解のうちで、今日わが『社会革命党』員のあいだに見られるものとまさに同じ特色にたいして、クリーゲをむちうっている。すなわち、から文句の横行、最高の革命的空想主義であるとしてふれだされる小ブルジョア的空想、現代の経済制度とその発展との現実的基礎の無理解、これがそうである。当時はまだ未来の経済学者にすぎなかったマルクスは、おどろくべき洞察力をもって、交換、商品経済の役割を指摘している。農民は、土地はともかくとして、土地の生産物を交換するであろう、と彼は言う。そしてこの一語で万事が言いつくされている！　この問題の立てかたの全体がじつに、じつに多くの点で、ロシアの農民運動とその小ブルジョア的な『社会主義的』思想家たちにあてはまる。／しかし、それと同時にマルクスは、けっしてこの小ブルジョア的運動を単純に『否定し』たり、それを教条主義者ふうに無視したり、多くの経文読みなどにありがちなように、革命的小ブルジョア民主主義者にまじったらわが手をよごしはしないかとおそれたりはしなかった。（中略）マルクスは、小ブルジョア運動を、プロレタリア的・共産主義的運動の特異の、最初の形態として承認する」。レーニン「アメリカの『黒い割替』についてのマルクスの所論」マルクス・エンゲルス・レーニン研究所編『マルクス・エンゲルス・マルクス主義』第二分冊、大月書店（国民文庫）一六〜一七頁。

（2）ヴァイトリングのニューヨーク渡航について『フォッシッシェ・ツァイトゥイング』第二号（一八四七年一月四日付）には、パリ、一二月二九日発の通信記事として、次の一文が掲載された。「社会主義者ヴァイトリングは、八日前、きわめて秘かな微行で、また偽造旅券を携えてブリュッセルからパリに至り、騒動なしに同市に二四時間滞在した。その間パリ在住のドイツ人手工業者から寄付金を受け、ヴァイトリングは、その収入で二五日にルアーブルにてニューヨーク行きの船に乗ることができた」。E. Barnikol, Weitlmg der Gefangene und seine „Gerechtigkeit.“ Kiel, 1929, S. 223. 右の新聞記事中、ヴァイトリングの〝パリの潜行〟は、本人の回想にはない。くい違っている。

（3）W. Weitling, Übersicht der Erfolge einer zwölfjährigen Propaganda mit bezug auf die Geldpunkte, in: Die Republik der Arbeiter（以下RdAと略記）, hg. v. W. Weitling, New York, 1850-1855（Nachdruck, Topos Liechtenstein 1979）19. 7. 1851, Nr. 14. 2Jg. S. 157. なお、本文中で〝ヴァイトリングの回想〟とある文献はこれを指す。

（4）この小文は、のち（一八五四年）にヴァイトリング自身の編集する『労働者共和国（RdA）』紙に転載された。Vgl. RdA, 29. 7. 1854, 5Jg. Nr. 31, SS. 243-245/5. 8. 1854, 5Jg. Nr. 32, SS. 250-251.

（5）アメリカに渡ったヴァイトリングが、当初の経済的困難を乗り越えて労働運動を再開したことについて、ドイツの『トリーア新聞』第二二五号（一八四七年八月一三日付）が記事にした。「ワシントン、七月二四日付―米国に滞在している二人のドイツ人社会主義者は、最近再び活動の兆しを見せ始めた。その二人とはヴィルヘルム・ヴァイトリングとヘルマン・クリーゲと思われる。ヴァイトリングはフィラデルフィアで開催された独米大国民祭（?）で、ある長い演説を行なったが、それは議長の提議により『万歳』三唱の返礼を受けた。そのほかザイデンシュトッカー博士およびそのほか彼の見解に賛成の多くの人びとも、彼に続いて演説した」。in: E. Barnikol, ibid., S. 223.

（6）ヴァイトリングの解放同盟と、そのアメリカおよびドイツでの活動（一八四七～四九年）については、本書第4章第1節「一八四八年の解放同盟」をみよ。

（7）H. Schlüter, ibid., S. 52.

（8）シュターデルマン、大内宏一訳『一八四八年ドイツ革命史』創文社、一九七八年、二二二頁。

（9）シュターデルマンのこの発言は、おそらく、『第一次選挙人』に載った次の記事か、それともそれに類似した記事――いくつかある――を根拠にしている。「合理的な制度下では、一般に、各人はなんらかの労働者であり、そのもとでは官吏も国家労働者としてあり、（中略）厳しい従属関係からは解放されている。その上かかる国家制度下では、徐々に各々の労働者が多くの点で国家官吏と同等になるのである」。Der Urwähler, Organ des Befreiungsbundes, hg. v. W. Weitling, Berlin 1848, 10-11 (Nachdruck, Glashütten im Taunus 1972.), 10, 1848, Nr. 2. S. 12. なお、この雑誌全四号を通しての内容について、解説内容に多少重複もあるが、このあと本章補論で詳述する。

三　運動方針の提起――労働者銀行

一八四八年二月のパリ革命に続き、翌三月にウィーンとベルリンとで革命が続発すると、当時ニューオリンズへのプロパガンダ旅行から帰る途中にあったヴァイトリングは、その報に接するや急遽ニューヨークへ戻り、ジーモン・シュミットら解放同盟幹部と協議の結果、自らベルリンへ乗り込んで、社会革命へ向けて祖国の労働者を指導することに、方針決定を行なった。そのあたりの経過を、すでに一度引用済みの、ヴァイトリングの回想録にひろってみよう。

「国内（プロパガンダ旅行―石塚）から戻って、私は当地（ニューヨーク―石塚）の『解放同盟』から、ヨーロッパへの旅費として六〇ドル受取った。同じく同盟員であったドゥーヴィアートも六〇ドル受取った。そのほか我々は、この目的のために、ドゥーヴィアートがフィラデルフィアで行なった演説会で集められた四〇ドルをも受取った。さらに、当地の革命協会から一〇〇ドルもらい、シンシナティのナショナル・リフォーマーからは二〇ドル受取った。これらの資金のうち四〇ドルをドゥーヴィアートに与え、さらに若干の借金を支払い、残りをもってヨーロッパへ立った」。「六月蜂起の戦闘日の二日前に、私とドゥーヴィアートはパリに到着した。その後私はドイツを旅行し、パンフレットを印刷してフランクフルトやバーデン領内、ことにハイデルベルグで、これを無償配布した。私は、当地の諸協会からの派遣委員として、諸労働者会議に出席し、ベルリンでは一八四八年一〇月に、自分で創刊した『第一次選挙人』を編集した。ウランゲル入城後はそこを追放され、ハンブルグへ行った。ここで私は、同地の市民にして家主の或る人物に好意的なもてなしを受け、その冬の間中、自著『論理学と言語学』に力を注いだ。同地でもまた追放されたが、しかし私は立ち退かなかったし、当時は警察もまだあえて暴力で処置を講ずるところまで至っていなかった。一八四九年の春、私は友人たちの助力を得て、『保証』第三版の発行を企てた」(1)。

以上のヴァイトリング証言から推測すると、彼は、在アメリカ解放同盟の指導者・代表者としてドイツに戻って、まず一八四八年六月以降、フランクフルトそのほかで配布したパンフレット、それから同年一〇月にベルリンで発行した週刊紙『第一次選挙人』、それと翌四九年春に刊行を企てた主著『調和と自由の保証』第三版において、何か重要な、政治的な、いや社会革命的な構想を、ドイツの民衆に向かって開陳、アピールしたはずである。そのなかから、まず第一に、『第一次選挙人』を検討し、次いで第二に『保証』第三版に付けられたヴァイトリング自身による「序文」を検討してみる。それによって、一八四六年末～一八四八年三月アメリカ滞在中、ヴァイトリングが社会革命に結びつけて最も重要視するようになった思想内容を明確化させよう。また、これこそが同時に、三月革命敗北後彼が、ドイツでなくアメリカで本格的に実現しようと考えるようになっていくもの、〝交換銀行と労働者協同企業〟の構想なのである。

　一八四八年一〇月刊行の『第一次選挙人』紙第三号に、「協同組合（Association）」と題する記事が載っている。これを見ると、一八四〇年代前半までのヴァイトリングしか知らない人びとにとって驚きといえるような、次なるパラグラフに目が注がれる。

「ところで、政府（Regierung）はたぶん善意はもっているであろうが、ただ適切な改革手段については、何ら理解するところがない。このことはなるほどあきれかえるばかりだが、かといってまるきり見込みなしということでもない。今後政府が我々を行政（Verwaltung）につかせればだ。それも、政府が我々に大蔵省を任せ、新たな銀行設立の全権を与えればだ。ただそれだけでいい、それ以上は何ひとついらない。そのほかの法律など、政府が意のままに変えてもかまわない。政府はまたぞろ昔の馬鹿げたガラクタをそっくり呼び戻すかもしれないし、（ピーパーの言うように）昔ながらのありとあらゆる詐欺の維持に関して討議し、採決するであろう。こうした事どもはみな、我々には取るに足らぬ事である。それより貨幣だ！ 貨幣だ！（Geld! Geld!）これこそが肝要事だ。これこそが、その周りを政治的・社会的全国家機構が回っている心棒なのである。新たに社会＝経済的に経営される銀行は、改革への新たな燈火である。その光の前では、政治的な油のランプなど、ますますその黒煙を目立たせるだけのことだ。それ（銀行――石塚）を我々に与えよ、ただそれだけでいい。されば諸君には、王冠であろうと勲章であろうと、また爵位でも称号でも、そのほか諸君をうれしくさせ我々にはどうでもよいものを、何なりとよろこんで与えようじゃないか[2]」。

ここに「政府」という語が出ているが、それは言うまでもなく、ドイツ三月革命によって生まれたプロイセンの革命（ブルジョア）政府のことである。あるいは、もう少し拡大解釈すれば、同じく三月革命によって成立した、全ドイツ統一の使命をもつフランクフルト国民議会のことである。三月前までのヴァイトリングは、既存の政府など、それがたとえブルジョア的なものであろうと民主主義的なものであろうと、一切合財、否定していた[3]。それが、一八四八年の時点では、政府への期待を表明しているのである。ただし、プロレタリア独裁のような、政治的に強力な労働者政権を第一に望んでいるのではない。その点も、三月前のパリ時代、スイス諸都市時代のヴァイトリングを知る者にとっては、実に奇妙である。一八四八年一〇月にベルリンで彼が宣伝し要求したものは、〝銀行〟であった。あるいは、別の表現をすれば、この時ヴァイトリングが三月革命政府に対し第一に求めたもの、というよりも彼自身が第一に着手したかった事柄は、政治改革でなく、経済改革なのであった。この指摘は、『第一次選挙人』以外に、ヴァイトリングが一八四八年末からのハンブルク滞在中にパンフレットのかたちで公表した〝解放同盟のプログラム〟についても、妥当する。このパンフレットは、同時代のプロイセン警察官吏ヴェルムートとシュティーバーが作成した報告書『一九世紀におけるコムニストの陰謀（Die Communisten-Verschwörungen des neunzehnten Jahrhunderts, Berlin 1853-1854.）』に収められている。(4)このパンフレットは、前文の「解放同盟のプロパガンダ」および本文の二〇箇条から成っていて、すべて解放同盟（ヴァイトリング）がドイツ革命の臨時政府、革命軍の全権を掌握した段階の任務として記されたものである。そのうち幾つかの条項は、労働者の武装、革命軍の強化を述べているが、また幾つかの条項は、「革命紙幣」の発行による経済革命、社会革命の方針について述べてある。そして、この革命紙幣の性格について、「いうなれば、旧来の劣悪な橋（こんにちの貨幣制度）と並んで設営され、新たな橋……の建設が終了したら再び取払われる仮橋であるといえる」（第八条）と描写している。

すなわち、この時点で、ヴァイトリングの経済改革構想中には三種の、三段階の交換手段が想定されていた。第一のものは、劣悪な「こんにちの貨幣」である。第二のものは、ここに登場が望まれる臨時の「革命紙幣」、そして第三のものは、「人民の勤勉と能力とによる個人的および社会的な労働価値を表す」手段、ヴァイトリングの表現によれば「民主主義的コムニスムス的交換証券（das demokratisch-kommunistische Tauschanweisungspapier）」（第一二条）である。この段階的構想は、次のようにして実現される。まず第一に臨時政府は、旧来の貨幣を所有する資産家のうち、革命に反対する者の財産は無条件で没収するにせよ、「資産や所有権を、革命の初期において、ただちにそのために提供したような善意ある金持ちと有産者のすべては、彼らの慣習と要求に一致した年金（Pension）を、革命紙幣、鋳造貨幣（銀ないし金貨）、あるいは民主主義・コムニスムス交換証券のかたちで受取る」（第四条）。しかし、鋳造貨幣の用途は、第一に「社会に必要で有用な産物を外国から購入するのに使われる」（第一一条）のであって、革命後の社会では漸次的に鋳造貨幣は革命紙幣に切り替えられていき、さらにその革命紙幣も、なるべく早期に民主主義・コムニスムス証券に切り替えられる。革命後の社会を管理する「家族同盟」の証券担当局は、人民によって「すすんで提供された生産物、労働、勤務のすべてに対し」鋳造貨幣でなく「この交換証券で」支払いをする（第一二条）。こうした経済改革の先に、ヴァイトリングは次の状態を想定する。「これを通じて近い将来に、次のような状態にまで達するだろう。すなわち、悪らつな金持ちは黄金のつまった袋などを差出しても一ポンドのパンも得られず、もし彼らが新たな制度下の諸事情に十分従おうとしないならば、餓死せねばならない」（第一二条）。一方では、交換証券を手に入れるのに絶対に労働（農業・手工業）が不可欠であること、しかも他方では、金貨・銀貨は一時的な過渡期を除いては――すなわち、中間段階の革命紙幣と交換可能な時期をのがしてしまうと――まったく交換の機能を奪われてしまうこと、この方策によってヴァイトリングは、旧来の貨幣を、またそれを革命政府に提供せず隠匿している資産家たちを、無力化しようと計画したのであった。

この二〇箇条を載せたパンフレットは、シュリューターによれば『調和と自由の保証』第三版への付録であるとのことだが[5]、当の『保証』第三版に添加された、新たな「序文」を読むと、そこにも武装蜂起とかプロレタリア独裁とかのアジテーションでなく、経済改革に主眼を置いた運動方針の記されていることに気づく。その箇所をここに紹介しよう。

「一八四一年にプルードンの最良の作『所有とは何か』が出版されたが、それは「所有とは盗みである」という結論でもって名高くなった。所有に対する最も効果的な批判とみなされるこの書物は、社会的文献中の精華として、とにかく永久に輝きつづけるであろう。プルードンは、その後も数多くの著作をものし、それらは関心をもって読まれたが、しかし残念なことに、独自の党派の強さをむしばみ、コムニスムスを目標にかかげた口やかましい論争屋にして、しかも破廉恥に類する多くの連中の方（マルクス派のことと思われる―石塚）が、その間ずっとひかり輝いてしまった。七年間プルードンは見過ごされるか、あるいは否認され続けた。（中略）プルードンが我々に課した七年間の謎を解けば、それはすなわち、『信用と流通の組織、および社会問題の解決』のことを意味している」[6]。

ここでヴァイトリングは、経済改革の重要性を強調するのに、同時代フランスの労働者革命家プルードンの著述活動を引いている。それも、一八四八年三月三一日に、『人民の代表（Représentant du Peuple）』紙（四七年一〇月四日にプルードン本人が創刊したもので、四八年四月から日刊）において発表されたばかりのプルードン論説『信用と流通の組織、および社会問題の解決（Organisation du crédit et de la circulation et solution du problème social）』を挙げて、プルードン的経済革命の方針を称賛している。なおここでヴァイトリングは、共産主義者の側、マルクス派と私は解釈するが、これを非難して、アナルシを主張する側、プルードンを支持しているのである。本書の「はしがき」で既述したように、この『保証』第三版は、メーリング以来ヴァイトリングの思想的後退を特徴づけるものとされ、当然その序文もマイナス評価を下されてきた。だが、視点を転じてみると、すなわちヴァイトリングを中央集権的・プロレタリア独裁的社会主義の系譜にでなく、アナキズム的ないしは経済信用改革論者の系譜に位置づけてみると、『保証』第三版は―少なくともここに引用した「序文」のかぎりでは―後退どころか前進を示すものである。私の従来のヴァイトリング研究の成果に照らせば、[7] それは転向でもない。発展・前進である。次節以下で、そのことを詳論しよう。

注

（1） W. Weitling, Übersicht der Erfolge einer zwölfjährigen Propaganda mit bezug auf die Geldpunkte, in: RdA, 19. 7. 1851 Nr. 14, 1Jg. S. 157f. なお、この回想録中でヴァイトリングは、ハンブルグ警察から追放命令という弾圧を受けたと記しているが、当のハンブルグ警察側の資料によると、一八四八年一二月九日までに、同署は、ヴァイトリングのハンブルグ滞在を確認し、翌年一月一五日に本人をアルトナへ追放し、さらに以後一ヶ年にわたって監視の網を張り、ついに、ヴァイトリングがハンブルグ市内に設立した解放同盟支部を探知、解体したことがわかる。例えば、ハンブルグ警察署長からベルリン警視庁にあてた一八四九年一二月二八日付書簡が、その一端を次のように伝えている。

「プロイセン王国ベルリン警視庁御中

自由都市かつハンザ都市
ハンブルグ警察署

本年八月、当市において、あるコムニスト団体の存在に手掛りがついた。それはきわめて有名なヴィルヘルム・ヴァイトリングの庇護下において創設されたものである。国家の保安にとって危険なこの団体は、即刻潰走されたが、しかしそれでも上部のいわゆる首魁を逮捕するのには成功しなかった。というのも、この首魁はただちに逃亡し、多分イギリスへ渡ったものと思われる。そこからまた多分、いまでは北アメリカへ渡航していることだろう。ただちに開始された捜査で、いまやかの団体に関して次の事柄が判明した。

すでにやや長期にわたって北アメリカの合衆国に、また殊にニューヨーク、フィラデルフィア等の大都市に、純粋にコムニスムス的な傾向を有する結社、いわゆる解放同盟が存在していること。またその際立った目標として、ヨーロッパ諸国全土の、とくにドイツの革命化があり、また現存するすべての政府の転覆、およびコムニスムス的・民主主義的政体の導入があげられる。その代理人および宣伝者として、今回ヴィルヘルム・ヴァイトリングがニューヨークの委員会ないしロッジ——なぜならこの同盟は、アメリカにおいて、同国にきわめて人気のあるフリーメースンという形態で動いているからである——からドイツに派遣されたのである。彼は学問上の仕事に専念しているだけであって、悪意のない文筆家だなどという仮面をかぶり、秘かに当市およびアルトナでかの解放同盟の諸班を設立し、またこれに少なからぬ同盟員を引き込んだが、これによって彼は、自らに課せられた委任をきわめてこっけい狡猾に、しかし残念ながら成功裡に片付ける術を心得ていた。

いまやこの公共の危険となる行状が暴露され、当市の解放同盟は潰走せられ、その最高指導者を奪われてしまったから、たぶんこの排他的な団体が秘かに他所へ移されたであろうことが、難なく想定しえる。また、新たに近頃発見された根跡とても、たんにその想定の補強に役立つのみである。（以下省略）

一八四九年一二月二八日

（ハンブルグ市）警察署長

Dr. ゴースラー」

Der Bericht des Hamburger Chefs der Polizei vom 28. Dezember 1849 an das preußische Polizei-Präsidium zu Berlin, in : E. Barnikol, Weitling der Gefangene., S. 225f.

（2）　Der Urwähler, 10, 1848, Nr. 3, S. 18.

（3）　ヴァイトリングの〝政府（＝統治）〟批判については、本書第2章第4節「革命後における過渡期の設定」をみよ。

（4）　Propaganda des Befreiungsbundes. Notwendige Maaßregeln in der nächsten Sozialen Revolution, in : Wermuth, K. G. L./Stieber, W., Die Communisten-Verschwörungen des neunzehnten Jahrhunderts, Berlin 1853-1854. (Nachdruck, Hildesheim 1969.) SS. 193-200. なお、このパンフレットのうちNotwendige. はシュリューターの著作にも転載されており、(SS. 52-56)、そこでシュリューターは次の付言を行なっている。「解放同盟の任務と目標に関し、ヴァイトリングは一八四九年、ハンブルグ滞在中に、パンフレットで公表した。そのパンフレットはもっぱら解放同盟のプロパガンダにかかわるものであった。このパンフレットはまた、『調和と自由の保証』第三版の付録とされている。／この文書でヴァイトリングは、同盟の道徳的、民主主義的、共産主義的、および経済的諸原則をいま一度叙述し（前文の部分―石塚）、さらに続けて、来たるべき社会改革において不可欠な方策（二〇箇条）に言及している」。H. Schlüter, ibid., S. 52.

（5）右の注（4）のシュリューターからの引用文を再読のこと。

（6）W. Weitling, Geschichtliche Entwickelung des Kommunismus, als Parallele der Gegenwart, in：RdA, 2, 28, 1852, Nr. 9, 3Jg. S. 65f. すなわち、ここに引用した『調和と自由の保証』第三版序文は、一八四九年の第三版それ自体からのものでなく、一八五二年二月〜三月、ヴァイトリングがニューヨークで編集した『労働者共和国』に、あとで転載された記事からのものである。残念ながら私は『保証』第三版は所持していない。しかし幾つかの文献、例えばDer Bund der Kommunisten. Dokumente und Materialien, Bd. 1 1836-1849（以下Dokumenteと略記）hg. v. H. Förder, M. Hundt, J. Kandel, S Lewiowa, Berlin 1970, S. 115. そのほかの断片的引用に記された資料とつきあわせてみるかぎりでは、内容に変更が加えられた形跡はない。

（7）一九八三年刊『三月前期の急進主義』で、私は、ヴァイトリングをマルクス主義の系譜にも、またバクーニンを例にとってアナキズムの系譜にも位置づけたが、それは本書にも引き継がれている。とくに、本書の序論、および第2章第4節をみよ。

第3節　交換銀行構想へ至る道

ヴァイトリングの思想は、通説的に表現すると、ネオ・バブーフ主義者、あるいはブランキからマルクスへの橋渡し役という内容をもち、また彼の革命論は、社会の歴史的発展段階を考慮せず、もっぱら貧者と富者の間の非和解的階級対立を武力によって強引に解消し、独裁権力の樹立を通じて一挙に社会革命を成功させる、という要約によって象徴されてきた。そのようなヴァイトリング像について、私はすでに根本的な修正を提起してきたが、ここでは、そのような修正動議を、いまひとつの問題、すなわちヴァイトリングの経済革命思想、具体的には彼の銀行論に着目して、提出してみたい。その第一として、一八三八年にヴァイトリングがパリで刊行した第一作『人類、そのあるがままの姿とあるべき姿』から、一節を引こう。

「よく気をつけるんだ。資本の分配を通じて獲得しようとする社会改良にして、そのなかで貨幣が主役を演ずるようなものすべては、けっして完全なものでありえない。そのような財の平等は、ラムネも言っているように、朝に造られても夕べにはもはや存在していないことがよくある、といったところである。働ける者すべてに信用貸付（Credit）を与えるという国立銀行（Nationalbank）の設立によってでは、労働者に対し、たんに仕事ができるための資金調達を保障してやるだけのことにすぎない。仕事それ自体は、自分で探さねばならない。しかし、平等な労働の分配――各人にあてがわれる一定の労働量、あるいはむしろ労働時間はこの平等な労働の分配を通じてのみ決定されうるのだが――が行なわれないとしたら、各人が常に仕事をみつける保証は、いったいあり得るのだろうか？（中略）したがって我々は、資本を用いて考量された諸改革など信用しない。それはちょうど資本家を信用しないのと同じだ。この両者に完全性を期待すべきではない」[1]。

引用文にラムネの名がみられるが、社会革命との関係でヴァイトリングが銀行のことを学んだのは、彼からでなく、たぶん一八三〇年代のフランスで社会主義的な見地から銀行論を展開していたサン＝シモン主義者、そのほかの信用改革論者からであろう[2]。それはそれとして、ここでの内容をみると、ヴァイトリングは一八三八年段階で、銀行をけっして肯定していない。無意味だといってまるきり非難しているわけではないが、社会革命の手段としては根本的とみなしていないのである。国立銀行は、労働者――ヴァイトリングの場合は手工業者――に対し就労資金の調達は保証してくれるが、肝心要めの平等な労働の分配は未解決のままだ、というわけである。その彼は、やがて銀行にあつい視線を注ぐ事態となる。革命戦略における〔政治から経済へのシフト〕である。本節では、その重要問題を検討する。

一　三月前における銀行観
――消極的評価からの脱却

次に、一八四二年暮にスイスのフェファイで刊行した主著『調和と自由の保証』をみると、一八三八年段階とは少々趣きを異にした論旨が展開されている。

「勤勉な労働者すべてに対し、国家が国立銀行の設置を通じて仕事場設立のための貸付金を用だてる、などということには抗議して差支えない。そうとも！　そうしたところで収支相償うのは困難というものだ。（中略）国家の費用でいったいどのくらいの個々の作業場が建てられようか。そしてまた無駄な浪費と零落による破産を通じて、いったいどのくらいの損失が生じるであろうか。

唯の一人で働く者には、一〇人ないし二〇人の労働者でもって営業している者と競争することは、実際不可能だ！

思い違いを最高潮にまで高めんとして、若干の者が国立作業場（Nationalwerkstätten）を建設しようと結束している。むろん国立作業場じたいは良いのであるが、しかしそれらの利益が国立銀行の利益とまっこうから対立しているのである。

国立作業場は、けっして現代の監獄でありはしない。そのなかでの労働はきちんと自由意志によっている。ゆえにそこで支払われる賃金は、その外で支払われる賃金と同等である。そこでこれらの制度は、競争という戦争を、両者のどちらかが没落するまで、不可避的に遂行せねばならないのである。そのことは、もし政府が実際に圧倒的多数の赤貧階級の利益を擁護するというのであれば、必ずや上述の目的で設置された国立銀行で生じるにきまっている。

国立銀行の利益は、銀行のすべての債務者が受取った貸付金に対し正当な利子を支払い、また同時に債務者の借方資産が貸付高の価値以下に下落することがない、ということである。なぜなら、そのようなケースは国立銀行の存続を危くするからである。だが、あらゆるこうした小規模の、国立銀行によって支えられている仕事場が、大規模な、当然政府によって庇護された国立作業場との競争に耐えぬき、国立銀行に対して義務を履することが、いったいどうしてできようか。もし国立作業場が、資本家の利益のために働かされるような強制労働所などでなく、また国立銀行も、けちな商人を支えることにもっぱら奉仕するものでないというのなら、そのプランははなはだしい思い違いか、さもなくば政治的ごまかしでしかない[3]」。

一読してわかるように、一八四二年の時点に至って、ヴァイトリングは、少々銀行制度の評価を高くしている。すなわち、一方では、自らもその階層の一員であった職人＝小生産者の立場から国立作業場の建設――この構想はパリ時代にかのルイ・ブラン著『労働の組織』（一八三九年）から学び知ったとしか考えられない――を批判し、他方では、同じ国立でも、銀行の方は小規模経営の職人たちの利益を擁護するものとして、プラス評価をしているのである[4]。ただし、「銀行は小生産者を支える」という発想は、それが職人たちのささやかな仕事場を維持してくれるというところから生まれたものであるから、そのような小生産者の職場を〝競争〟によって解体してしまうような大規模な、国家という大資本による作業場が存在するという前提のもとでは、銀行は何ら労働者解放の手段たりえないのである。だとすると、とどのつまり、既存の国家権力――それがたとえフランス的なブルジョア国家であろうとイギリス的な議会制国家であろうと――が存在するかぎり、その権力下にある国立銀行は、けっして労働者に労働＝生活を保証しえないということになる。したがって、一八四二年当時のヴァイトリングにとって、社会革命を確実に実現する上で即座に効を奏する手段としては、国家権力打倒のための革命的蜂起があるのみなのであって、その判断はパリ時代以来、すこしも変化がなかったのである。現に、ちょうどこのころからであった―例の〔盗賊プロレタリアート〕を社会革命の前線部隊としてコムニストに結びつけようと企図したのは。(5)

注

（1）　W.Weitling, Die Menschheit, wie sie ist und wie sie sein sollte, Paris 1838.（Nachdruck, München 1895.）SS. 18-20.

（2）　一八三〇年代フランスにおける社会主義者の銀行論については、佐藤茂行「フランス初期社会主義と信用改革――『金融封建制』をめぐって」北海道大学『経済学研究』第二八巻第一号、一九七八年、をみよ。同論文には、サン＝シモン主義者、フーリエ主義者、その他の社会主義者（F・ヴィダル、プルードン、L・ブラン、A・エスキロ、A・バルベス、デザミ）らの信用制度論が説明されている。また、サン＝シモン主義者の信用改革論をみるのに参考となる文献として、バザールほか（野地洋行訳）『サン＝シモン主義宣言――「サン＝シモンの学説・解義」第一年度、一八二八～一八二九』木鐸社、一九八二年、がある。そのなかには、ひょっとしてヴァイトリングも直接か間接かに読み知ったであろう、次の一節がある。

「我々にとって政治とは、泡沫のような小人物たちが動きまわっているあの狭い領域のことではない。産業を欠いた政治とは意味のない言葉なのだ。ところで産業の核心的事象は今日銀行家であり、銀行である。政治的情況を変えるということは、それゆえ必然的に銀行家と銀行を変容させることである。また逆に銀行の完成、銀行家によって遂行されている産業の社会的機能の完成は、すなわち政治の完成なのだ。したがって政治の完成は、今日の政論家たちが純粋に産業的なものとみなしている事象から生ずるかもしれず、このような事象は我々にとって今日有力な政治的指導者を夢中にさせている大部分の論議よりもはるかに重要であろう」。（一一七～一一八

頁）

（3） W.Weitling, Garantien der Harmonie und Freiheit, Vevey 1842.（Nachdruck, Berlin 1908）. S. 219f.

（4） 一八四〇年代に入って、銀行制度に対するヴァイトリングの評価が変化したことの間接的な理由のひとつに、同時代フランスの思想家に強烈な衝撃を与えたプルードンの著書『所有とは何か（Qu'est-ce que la propriété? 1840.）』がある。この著作についてヴァイトリングがすぐさま反応を示したかどうかは不明であるが、後半のプルードン評価から推測して（本書5章第2節をみよ）、一八四〇年代前半にまちがいなく読んでいる。この著作中でも、例えば次の一節はヴァイトリングの銀行観に大きく感化を及ぼしたであろうと推測される。「自由な協同社会《アソシアシオン》、すなわち生産手段における平等と交換における等価とを維持することに限られる自由こそは、それだけが正しく、それだけが真実である、可能な社会の唯一の形態である」。長谷川進訳『プルードンⅢ』三一書房、一九七一年、三〇〇頁。

（5） ヴァイトリングの〔盗賊プロレタリアート〕については、本書第3章第1節「社会的匪賊への親近感」をみよ。ヴァイトリングが社会革命に窃盗団を活用しようとした点について、すべての研究書はマイナス評価を下している。だが私は、三月前という社会的流動の時代の只中において、いまだ国際的盗賊団組織の残滓が存在していたという点に着目して、別様の評価を行なっている。

なお、『保証』初版を執筆、刊行した頃のヴァイトリングの実践（結社運動と党派闘争、プロパガンダ）については、本書第1章第2節をみよ。

二　一八四八年段階の銀行観——積極的評価

マルクス主義の成立過程を綴った歴史書では、一八四六年三月、ブリュッセル共産主義通信委員会の席上でマルクスとヴァイトリングが論争し、前者が後者を完全に〝論破〟したのちの段階では、ヴァイトリングの思想と行動は、もはや、意味あるものとしては記されない。マルクス主義者の多くは、例えば一八四六年末にヴァイトリングが渡米した件では、そのことを指して「ヨーロッパにおける運動の行きづまりを感じて新世界に逃げだした」と解説し、また一八四八年六月にヨーロッパへ戻ってきた件では、「昔ながらの偏狭な一揆主義、職人コムニスムスをもはや誰も相手にしなかった」と解説する。だが、一八四〇年代後半、とくに一八四八～四九年にヴァイトリングが著した文献をよく読んでみると——よく読むにはマルクス主義的なフィルターをいったんはずさなければならない——メーリングやそれ以後の正統的マルクス主義史家の解釈とは次元の異なったヴァイトリング像を発見するのである。そこに我々は、中央集権論者でありつつも政治革命（権力奪取）でなく経済革命を唱えるヴァイトリングを発見し、また、プロレタリア独裁論者でありつつも政府の能うかぎり迅速な廃絶を求めるヴァイトリングを発見するのである。そのようなヴァイトリング像は、先に第4章第2節の三で引用した『第一次選挙人』の記事「協同組合」に、端的にみられる。ドイツ革命によって成立したプロイセンのブルジョア内閣、ドイツ全土を掌握するはずのフランクフルト国民議会等に対し、ヴァイトリングは、ただひたすら銀行設立を求めるのである。「新たに社会・経済的に経営される銀行は、改革への新たな燈火である。その光の前では、政治的な油のランプなど、ますますその黒煙を目立たせるだけのことだ。それ（銀行）を我々に与えよ、ただそれだけでいい」という主張、路線決定は、もはや政治の改革＝労働者国家樹立のイメージからほど遠い。何らかのマヌーヴァーとは解釈しえない、本心である。この時、ヴァイトリングは、けだし、経済の変革＝労働者銀行と労働者協同企業の樹立の方向に向かっていたのである。そのことが主であって、そのことが一八四八年に彼が訴えた即座の社会革命の、当面する内容なのであった。

武力によるたんなる一挙的プロレタリア革命だけを、その当時ヴァイトリングが放言高論していたなどと、通説の尻馬に乗っかってきめつけてはならない。なるほど、三月革命に続く、ブルジョア内閣を打倒するための真なる革命を彼が唱えたことは事実である。だがそれは、現に〝革命〟が勃発した以上、一種の物理的、軍事力学的な問題、動き出した荷車の後押し強化の問題でしかなかった。真に肝心なことは、内実の問題であった。それは、労働者銀行の設立という経済革命によって与えられるべきであった。「我々を行政（Verwaltung）につかせ」よ、との訴えから解読できること、それは、一八四八年一〇月の時点で、ヴァイトリング的社会革命はその完成まで一歩手前に至っているということである。三月前の時点からみたなら、「予想される過渡期」――これは『保証』第二章「社会の再組織の理念」第一八節「予想される過渡期」、第一九章「過渡期への準備」ですでに方針化されてあった――がすでに過半をすぎ、いまや政府（Regierung）に代わって管理（Verwaltung）が社会革命の前面に登場するほどの時点にさしかかっている、あるいはそのような新局面に向かってドイツ革命を急転回させねばならない、との認識にヴァイトリングは至っていたのである。

すなわち、一八四八年一〇月の段階でヴァイトリングが銀行制度を最大重要視した根拠には、一八四二年当時においてははなはだ打倒困難であった国家――貴族的であろうとブルジョア的であろうと――が、いまやドイツ革命の勃発によって、きわめて柔《やわ》なものに軟化している、という情勢分析があったのである。この認識と分析は、三月前の、正確には一八四六年までのヴァイトリングには、獲得不可能なことであった。彼は、たとえ革命経験豊かなブルジョア国家フランスに滞在してあったとしても、一国の政治権力が労働者――ここではArbeiterとするよりもPöbelとした方が未だ実情に近いかも知れない――の大衆的要求を自覚的に支持し、助長するほどの事態に出くわしたことは、かつてなかった。三月前にあってヴァイトリングは、既存の政府に対しては、フランスであれイギリスであれ、すべて革命的蜂起によって打倒するべき対象でしかなく、そこに何か段階的区別など差しはさまなかった。ところが、一八四六年末にアメリカ合衆国へ渡ってしばらくして、彼は発想の大転回を行なうのである。

ヘルマン・クリーゲの招きに応じて渡米したヴァイトリングは、しばし実情を観察してみて、一八四〇年代の北アメリカ社会とその国家は、自営農民、都市職人等、いわゆる小生産者の生存にとって、ヨーロッパとは比較にならない程、快い条件を提供してくれるところであることを知った。すなわち、一八二〇年代末から三〇年代後半にかけて、北アメリカでは〝ジャクソニアン・デモクラシー〟と称せられる民主主義運動の大転回がみられ、同国の支配的階層だけでなく、末端の男女労働大衆に至るまで、この運動から一定の利益を引き出した。合衆国政府自らが、労働大衆のレベルにおいて、政治的自由の権利のみならず、西部開拓を背景に、経済的にも一種の平等主義的政策を立案――〝実現〟ではない――しえていたのであった(1)。同時代のヨーロッパでは過激思想・大逆的運動であった民主主義(暴民政治)が、北アメリカでは国是とされていたのである。この国の「独立宣言」には革命権をも肯定するロック以来の社会思想がかたちを変えて――ジェファソニアン・デモクラシーとして――混入されてあったのである。そのような労働者・農民の国であるアメリカ合衆国に上陸したヴァイトリングには、もはや国家体制の暴力的転覆はさしたる関心事でなくなった。その方法は、ドイツへと準備された革命運動――解放同盟の路線決定――においては依然として必須条件であったが、合衆国では棚上げ可能なのであった。この国の労働者は、武力を用いて政治的に自立空間を獲得するのでなく、経済的に自立し得る、ブルジョアジーの経済から分離し、自ら企業体を、その連合を構築することでブルジョアジーの資本と対抗し得る――ヴァイトリングは、そのような意向を固めていったらしく思われる。その際、労働者の経済的自立を根底から支える基盤として、労働者による労働者のための銀行設立が浮上してきたのであり、ブルジョアジーの経済的横暴を支える現行貨幣制度の廃絶に向けた信用改革構想が浮上してきたのである。だがこの構想を十分煮詰めないうちに、ドイツ革命が勃発したのであった。ヴァイトリングは、自分でもほとんど設計図のないままベルリンに急行し、革命政府に対し、ともあれ「銀行を与えよ、ただそれだけでいい」と訴えかけたのであった。ヴァイトリング思想にみられる、一八四七年中における以上の変化を証明する典拠としては、いまのところニューヨークの解放同盟の綱領的原則、およびこの同盟の対外宣伝、よびかけ文等が挙げられるのみであるが、(2)この思想変化は、むしろドイツ革命が敗北し、ヴァイトリングが再度ニューヨークへ戻って以降の、彼の実践のなかで明瞭に看取できよう。

注

（1）一九世紀前半期のアメリカ社会に対する性格規定に関しては、本書第5章第4節七をみよ。そのなかで私は、「初期ブルジョア社会」、「初期民主主義」という術語を使用して、自分なりの見解を記している。この術語は、例えば岡田与好「市民革命と賃労働制の形成」（大塚・高橋・松田編著『西洋経済史講座』第四巻、岩波書店、一九六〇年、所収）にみられる「初期ブルショア国家」とも違っている。ところで、ジャクソニアン・デモクラシーの本質に係わる見解として、次のものがある。「そこでの『民主主義』は、特定の社会思想のものとしてではなく、いわば全階級的な市民主義として成立していたものであり、ジャクソン時代の特色として指摘される平等主義《エガリタリアニズム》・マス政治・党争は、そのような第一次市民社会＝無根底な生《なま》の市民社会における超階級的な政治「参加」への高まりをあらわすものであり、二四年の大統領選挙における三五万票から四〇年の二四〇万票への一般投票数の驚異的な膨張そのものがそのなによりの指摘であったといえる。／こうして、ジャクソンの時代は第一次市民社会における市民の政治「参加」の大幅な実現の時代であり、ジャクソン自身はまさにそのような社会の「英雄」または「象徴」としての役割をになって登場していたのであり、かれとかれの時代が、その「民主主義」の特色――非常な政治的要求の噴出とそれにたいする不釣合いなまでに貧弱な成果――にもかかわらず、神話化されるにいたったもっとも基本的な背景はここにあったと考えねばならない」。山本幹雄「政治――一九世紀における政治権力の軌跡」『岩波講座・世界歴史』第二〇巻（近世七）、一九七一年、四〇三頁。

以下、長々と蛇足になるがそれだけ重要であるので、一気に書き記す。ここに述べられた「超階級的な」という表現は、往々あいまいである。超階級的な階級が存在したのでもなく、支配階級と被支配階級、金持ちと貧乏の双方とも消え去ったわけでもない。したがってまた、そのような〝超階級的な〟社会としてのアメリカ「第一次市民社会」という術語も、概念があいまいとなる。「第一次」とくれば「第二次」があるわけで、そうであるからには両社会の決定的な相違を、経済構造の変化をも考慮して把握せねばならない。そのためもあって、私は、あえて「初期ブルジョア社会」いう術語を用い、独自の概念を定めたのである。

また、ジャクソンの時代のアメリカ社会はけっして超階級的といえない、という主旨の主張を、安武秀岳も強調している。

「ジャクソンが第二合衆国銀行を廃止に追い込んだいわゆる『銀行戦』は、かつて金権勢力に対する民衆の勝利として謳歌されたが、銀行制度史の権威ブレイ・ハモンドによれば、それはフィラデルフィアの資本家集団に対するニューヨーク市のウォール街の金融業者たちの勝利にすぎなかった。当時、特権的株式会社の独占に反対して、金権勢力打倒のスローガンの下に、株式会社設立の自由化が闘いとられた。しかし、労働運動の指導者ジョージ・ヘンリー・エヴァンスは事態の本質を鋭く見抜いていた。『特別立法であろうと一般立法であろうと、株式会社が貧乏人に何の役に立つか』と。まさしく二〇世紀初頭のマルクス主義者A・サイモンズが指摘したごとく、ジャクソン民主主義は『期待に満ちた資本家のデモクラシー』だったのである。ジャクソンのもっとも強力な支持基盤が奴隷制南部にあったこと、彼が連邦権力を用いてインディアンを強制移住させた最初の大統領であったことと並んで、彼が労働運動弾圧に連邦軍を投入した最初の大統領であったということは否定すべからざる事実である」。安武秀岳「コモン・マンの時代」本間長世編『アメリカ世界Ⅰ』有斐閣新書、一九八〇年、七九～八〇頁。

さらにまた、一九世紀前半期のアメリカ社会、および合衆国政府をすこぶる批判的に論評したヘンリー・デーヴィッド・ソロー（一八一七～六二年）の、次の言葉も、ここでは大いに参考となろう。

「私は『最もいい政府は支配することの最も少ない政府である』という標語《モットー》を、心から受容れ、それが速やかに又組織的に実行されるのを見たいと願うものである。それが実行される暁には、これも私の信ずる標語であるが、『いちばんいい政府とは、全然支配をしないものである』ということになる。人々自らがこういう政府を受容する心の覚悟ができる時、彼等は初めてこういう政府をもつようになるのである。政府というものは結局一つの方便《エクスピディエント》（便宜）なのだが、しかも大抵の政府はかえって不便な場合の方が多く、どんな場合でも不便なことのないような政府は存在しないのである」。

「このアメリカ政府――そもそもそれは何者かと言えば、それは最近にできたものであるが、それは単に一つの伝統となりつつあるといえまいか。何等損われることなしに子孫に伝えられようと努力しながらも、刻々にいくらかずつその個性を毀損されつつある伝統ではなかろうか」。

「けれども、無政府論者（no-government men）と自称する連中とは違った一人の公民として、又実際的な、発言をするならば、私は即時に無政府を要求する者ではなく、即時に、よりよき政府を要求する者である。各人をしてどういう種類の政府を尊敬するかを明言せしめよ、それだけでそういう政府を得る第一歩は踏みだされるわけである」。ヘンリー・デーヴィッド・ソロー、「市民としての反抗」（一八四九年）から、アメリカ学会訳編『原典アメリカ史、第三巻―デモクラシーの発達』三六三～三六五頁。

　蛇足はまだ続く。上述の山本論文にみられる、合衆国の「第一次市民社会」――私の術語では「初期ブルジョア社会」の一部――は、南北戦争以後しだいに消滅へと向かうが、それを象徴する現象としてリンカーンの政策を述べた、同じ山本による次の一文（上述論文の四二八頁）をここに引こう。

「リンカーンの理解していた自由労働《フリーレーバー》制度にあっては、労働《レーバー》は資本《キャピタル》と相即・不可分の関係にあり、両者の未分化が本体であり、労働者《レーバラー》＝生産者＝資本家《キャピタリスト》の同次元的認識が基幹となっていたという点である。それは、自由労働制度にたいする決定的なプチ・ブル的認識を意味する。／リンカーンがもっとも大切なものとしてかかげた連邦《ユニ》第一主義《オニズム》の根底には、右のような認識が存在していたのであり、その意味では、リンカーンもまた、一世代まえジャクソンが中産的混合型の第一次市民社会の象徴として登場したのとほとんど同じ次元で登場していたといえる。したがって、リンカーンはアメリカにおける第一次市民社会の末端に立つ政治家として、たえず、それまでの『もとのままの連邦《ユニオン》』の維持を政治ゴールとしていたのであり、内戦の『革命』的な旗手、真の意味での奴隷制打倒戦のリーダーとなりえなかったのは当然であったといえる。／（中略）こうして、戦争がおわらないまえから、すでにリンカーンの孤立化と急進派《ラディカルズ》の台頭が顕著となっていたのであり、この点だけからいえば、突然の暗殺が、急進派《ラディカルズ》との勝味のない対決からリンカーンを永久に救ったといえる」。

　最後の蛇足。一九世紀前半のみならず、ほぼ一九世紀全体を貫いて、アメリカ社会をいまだ産業資本支配確立前のブルジョア社会として描いた著作、ハーバード・G・ガットマン、大下尚一・野村達朗・長田豊臣・竹田有訳『金ぴか時代のアメリカ』平凡社、一九八六年、から引いておこう。ガットマンのこの著作は、文句なしにおもしろい。

「一九世紀における移民およびアメリカ生まれ双方の職人たちの表現方法《レトリック》に共通する一つの思想傾向を、ここで考察してみよう。それは土地改革、通貨改革、協同組合運動、労働組合運動に対する彼らの不断の熱意を説明するのに役立つものである。それは従属、『プロレタリア化』、中央集権化に対する恐れであり、産業資本主義が『西方の偉大な共和国』を『ヨーロッパ的な』国に変える危険にさらしているという憂慮の念であった」(七〇頁)

「『前近代的な』職人および下層階級による抗議行動のうち、ヨーロッパ特有とされた諸形態が合衆国でも見られ、しかもそれらは国の『近代化』以前にもみられた」。(七七頁)

「一九世紀アメリカの社会変化、とくに産業資本主義の到来に対する対応の微妙で複雑なパターンを歴史家は十分に強調してこなかった。(中略)ここでの結論は以下の通りである。経済的権力は容易には社会的・政治的権力へと転化しなかったこと、そして、急速な工業化に起因する諸変化は産業資本家に対する反対を惹起し、彼が求め、必要とした地位と権威を与えなかったということである」。(三〇八頁)

(2) ヴァイトリングが三月革命渦中のベルリンやハンブルグで発表した解放同盟のプログラムや諸戦術は、もちろん、すでにアメリカにおいて一定程度練り上げられていた。また、一八四八年一〇月刊行の『第一次選挙人』にも、「アメリカからの声、解放同盟からドイツ人民へ」というような記事を載せ、一八四七年段階でのヴァイトリングの指導理念、組織原則の一端を公表している。Vgl. W. Weitling, Stimmen aus Amerika, in: Der Urwäwler, Nr. 1, S. 6. なお、この一文について、本書第4章第1節に、その抄訳と解説がある。

三　一八五〇年代における銀行観
——実践の中心的テーマ

ヴァイトリングの回想によると、彼は一八四九年末にロンドン経由でアメリカへ戻り、一八五〇年一月、はやくも新たな宣伝機関紙『労働者共和国』を創刊した。これは当初月刊であったが、一八五一年四月から週刊となり、一八五五年四月の廃刊まで、末期を除いて、週刊のペースをほぼ維持し続けた。その創刊号の紙面をみると、創刊にあたってのよびかけ文、紙名の説明(以上第一面)等のあとに、「大規模な実践の試み」という記事が目に止まる。その内容はコロニー建設、労働作業場の設立に対する批判と、それに続く産業交換銀行(Gewerbetauschbank)設立の奨励である。[1] また、すぐその後に続けて、「産業交換銀行」と題する論説を載せ、「かかる産業交換銀行の理念は、ほとんどすべての立場からする改革者たちにとって、いまや時事問題となっている」のだとして、その制度の利点につき、解説を行なっている。[2] 創刊号は、そのほか「社会民主主義の根本原則」と題して、選挙制度の改革を訴えたりもしているが、全体的には政治改革よりも経済改革の提議に多くの紙面をさいている。また同年二月号でも「産業交換銀行」と題して、労働者銀行設立による信用改革の早期実現を訴えている。さらに三月号になると、「産業交換銀行の組織化」と題する長文の論説を載せ、そのような「銀行の重要性」「我々の原則普及プラン」「労働者紙幣」「かかる産業交換銀行による全般的な利益」「産業交換銀行の管理局」そのほかの諸問題について、詳しい説明を施している。(3)

以上の記事のうち、創刊号の論説をいますこし詳しく紹介すると、次のようである。

「産業交換銀行の創始には、その目標と一致するためになくてはならぬものとして、新たな労働者紙幣の発行、倉庫、貯蔵庫の設立が前提となる。この倉庫には、あるいはその代理機関に対しては、労働者、雇主（Arbeitsgeber）、それに農民が、労働者紙幣と引き換えに、いつでも彼らの生産物を売ることができる。またこの紙幣で必要物資を買うことができる。そこで、この交換銀行の創始によって、各員はつねに仕事を得、またつねに生産物を売買することができる。それも、資本家とか仲介人とかに訴えたり、彼らに欺かれざるを得ないなどということなしに、できる。各人はこの産業銀行の交換規準に基づいて、つねに支出した分、労働した分にみあった価値を受けとる。

もっか、商人や代理人、投機師や高利貸が労働から引き出している利益は、従ってこの銀行を通じて労働者と雇主の役に立つようになる。もし交換銀行が、よく計算した機構に従って機能を発揮すれば、この利益は少なくとも一〇〇パーセント達成されよう」(4)。

この記事を読んだドイツ社会民主党出身者ヘルマン・シュリューターは、こう解釈した。「産業交換銀行というヴァイトリングのプランは、次のことを志していた。つまり、剰余価値を――その本質と起原についてはいずれにせよかれは知らなかったのだが――資本家の手にでなく労働者の手中にもたらすことを」(5)。だが一八五〇年のヴァイトリングには、「剰余価値」などという概念の構築とか、労働者によるその獲得とかよりも(6)、もっと単純にして、現実的に差し迫ったことがら、すなわち、銀行設立の資金をいったいどのように捻出するか、という問題で頭がいっぱいであった。

「私がもし、もっと金持ちであったと仮定したなら、雑誌の編集を通じて我々の目標に賛同を得たり、あるいは管理対策を提案したりすることなど、要らない。私はまったく単純に、私にとっても目標にかなっているような制度を立て、それから私が選んだ専門知識に明るい人物をそのための協議者とし、協力者とするだろう。私は必要な土地と家屋を買い、必要な倉庫と店を建て、一〇万ドルで商品を仕入れ、しかも買入れでは私にもっとも好都合なかたちに思われる質と量とで、そうする。これらの商品を、私はすべて利益なしに小口に分けて再び売る。そうすれば、誰も、私のところでほどに安く買うことができなくなる。そののち私は、紙幣を製造して言う――私は一〇万ドルの財産を現金と商品とで持っている。これを担保にして、私は一〇万ドル以上の紙幣を発行する」。[7]

このように、少々戯けぎみの話を記事にしながら、ヴァイトリングは、実際はニューヨークを中心として合衆国各地に在住するドイツ系移民労働者を糾合し、彼らが寄せてくれる資金・労働力を基盤に、労働者銀行たる産業交換銀行を設立しようとしたのであった。その際、彼はこの銀行制度の設立・維持の基本となる規約として、「産業法(Gewerbeordnungen)」をも定めた。このプランも『労働者共和国』紙の創刊号に載った。[8] この記事そのほかによると、交換銀行に加入する労働者は「産業法」に定められた各々の営業別・職業別に分かれて連合し、その中枢に位置する中央委員会が、交換銀行の全体を組織する。またこの法は、交換銀行を媒介にした生産物や労働の価格をも決定し、支払いはすべて独自発行の労働者紙幣によって行なうよう規定されている。

このようにしてヴァイトリングは、一八四八年には、ドイツ革命という激動の渦中にありながら、たんなる一方的宣言としてしか提起できなかった交換銀行設立プランを、一八五〇年春のニューヨークでは――特に革命騒動が生じたわけではないが、日常的に民主主義を看板とする国で――、眼前に存在する数千単位の行動的、反産業資本家的労働者に、自らの信用改革プランを直接訴えかけることができたのである。[9] とはいえヴァイトリングは、一八五〇年代初頭にあって彼と同様ほとんど一文無しに近い労働者をどれだけ集めても、一〇万ドルであろうが五万ドルであろうが、そのような大金はとても積み立てることが出来なかった。したがって、彼には、もうひとつのプラン、一人一人では文無しにすぎない職人たちがおおぜい集まって実行できる、自己解放のための資金づくり構想を練り、これを交換銀行創設の運動とドッキングさせた。そのプランとは、協同した労働者による太平洋岸への大陸横断鉄道企業の設立であった。

注

（1）（W. Weitling.）Practische Versuche im großen Maaßstabe, in : RdA, 1, 1850. 1Jg. S. 3. なお、シュリューターの説明によると、『労働者共和国』紙の創刊号は、ニューヨーク市内で九五〇部売れ、第三号ですでに二〇〇〇部、ニューヨーク郊外をも含めて二三〇〇部ほど売れ、一八五〇年末までに発行部数四〇〇〇ほどに成長した。Vgl. H. Schlüter, ibid., S. 70.

（2）（W. Weitling.）Gewerbetauschbank, in : RdA, 1, 1850. 1Jg. S. 3.

（3）Vgl.（W. Weitling.）Organisation der Gewerbetauschbank, in : RdA, 3, 1850. 1Jg. SS.34-40. なお、一八五〇年五月のRdAには、「交換銀行の簡単な解説（Kurze Erklärung）」と「交換銀行の本質的な諸条件（Wesentliche Bedingungen der Tauschbank）」が載っている。Vgl. RdA, 5, 1850. 1Jg. 1Jg S. 73f.

（4）（W. Weitling.）Gewerbetauschbank, in : RdA, 1, 1850. 1Jg. S. 3. なお、この引用文では「雇主」が労働者や農民と同列に置かれているが、ニューヨーク時代のヴァイトリングは、「雇主」については〝自らも作業場で労働する者〟という規準にあてはまる小経営者を想定していた。

（5）H. Schlüter, ibid., S. 73

（6）ヴァイトリングのことをどうにもマルクスの挫折せる先行者にみたてたがるマルクス主義的研究者は、シュリューターのこの解説――「ヴァイトリングは無意識・無自覚・無理解ながらも剰余価値論に立っていた」――を「さもありなん」と感じるであろうが、いま問題の引用文について、私にはむしろ、プルードンの「集合力」と「不労所得」をヴァイトリングが相当に学んでいる証に思える。

（7）（W. Weitling.）Organisation der Gewerbetauschbank, in : RdA, 3, 1850. 1Jg. S. 39.

（8）（W. Weitling.）Gewerbeordnungen, in : RdA, 1, 1850. 1Jg. S. 4.

（9）因みに、一九世紀前半期の合衆国における国立銀行設立をめぐる論争をここに紹介してみたい。「関税同盟と同様に、国立銀行の問題も地域的対立を激化した。合衆国政府の発足後、工業の育成と商業の発展を促進するため、アレキサンダー・ハミルトンの提案にもとづいて一七九一年に第一国立銀行が発足した。これは一八一一年に二〇年間の特許期間の満了とともに南部プランターの反対によって廃止された。その後、一八一六年にいたって通貨の安定と供給の確保のために、連邦議会は第二国立銀行設置法案を通過したが、南部は依然として、これに強く反対していた。北部に対して債務者の立場にあった南部人は、国立銀行の活動をつねに疑惑の目をもって見ていたからである。／銀行問題は、北部の金権勢力に大きな不信と憎しみをもつジャクソンの登場によって、一大政治問題となった。ジャクソンはホイッグの支持をうける国立銀行の総裁、ニコラス・ビドルに対して激しい闘争を挑み、ついに一八三二年に国立銀行に再許可をあたえる法案を拒否した。そして翌年ジャクソンは政治資金を国立銀行から引きあげてこれを州立銀行に預けた。ジャクソンの銀行戦は人民対独占という形態をとって展開されたが、それは地域的に見れば、奴隷制南部の商工業的北部に対する闘争であった。事実これ以後三〇年間南部プランターの連邦政府の支配のもとで国立銀行は日の目を見ることができなかったのである」。山岸義夫『南北戦争』近藤出版社、一九七二年。なお、ここでのジャクソンの役割に関しては、前節註（1）の安武論文による若干の修正が必要なことはいうまでもない。

それから、序でに、右の引用文中に述べられてあるジャクソンの反銀行発言（一部）は以下の通りである。

「その本質上殆んどわが国に束縛されることのない銀行は、わが国の自由と独立に対する危険となりはしないか。大抵の州立銀行は合衆国銀行の寛容によって存立している、と合衆国銀行総裁はわれわれに語った。その利害が外国株主のそれと一致している自選取締役会の手に銀行の勢力が集中されるようになるならば（このようなことは、この法律が実施される場合には起こりそうなことであるが）、平時にはわれわれの選挙の純正にとって、戦時にはわが国の独立にとって、苦悩の種とならないであろうか。彼らの権力は、彼らがそれを行使せんとするときには、いつも強大なものであろう。しかしもしもこの独占権が彼ら自身の提出する條件に従って一五年或いは二十年毎に規則的に更新されるならば、彼らが選挙を左右し、国事を支配するために、平時にその力をふるうことはまれであろう。しかし平市民であれ、官公吏であれ、誰かが干渉してその権力を剥奪し、或いはその特権の更新を妨害せんとするならば、彼は疑いもなくその力のほどを思い知らされるであろう。」「アンドルー＝ジャクソンの銀行法案拒否」（一八三二年）、アメリカ学会訳編『原典アメリカ史、第三巻』四四八〜四四九頁。

第4節　労働者協同企業の提唱

一八五〇年、ヴァイトリングが『労働者共和国』を創刊した頃、アメリカ合衆国々内では、大陸の東から西へと向かう移住運動、いわゆる西漸運動（Westward Movement）が空前のピークにさしかかっていた。西漸運動それ自体は植民地時代からみられた。西部未開拓地の獲得を目指して、また東部での宗教的・社会的差別からの解放を目指して、ほとんど個々の家族単位で、人びとはこの移住運動に加わったのである。ところが、一八四六～四八年のアメリカ・メキシコ戦争と、これによるアメリカのカリフォルニア占領、さらにはその新領土カリフォルニアにおける金鉱発見という事態をむかえると、西漸運動は、いわゆるゴールド・ラッシュと称されて、特別に激しいものとなった。一八四八年にカリフォルニアの一農夫が水車小屋で金を発見すると、ロッキー山脈および太平洋岸へと、文字通り一獲千金を狙った人びとのラッシュが生じた。彼らは一括して〝四九年の人びと（Forty-Niners）〟と称された。また同じ頃、一八四八年革命に敗北してドイツから合衆国に移住してきた人びと――彼らは一括して〝四八年の人びと（Forty-Eighters）〟と称された[1]――の一部も、Forty-Ninersの仲間となった。彼らの一部は、二〇世紀的に表現するならば〔自主管理社会主義〕と称されるような共同企業を設立して新時代を切り開こうと意欲する。本節では、その動向を追認する。

注

（1）　Forty-Eightersについては、次の文献をみよ。A. E. Zucker (ed.), The Forty-Eighters, Political Refugees of the German Revolution of 1848, New York, Columbia University Press, 1950. なお、本書のなかから、ツッカーの編著になるBiographical Dictionary of the Forty-Eighters（pp. 269-357）の部分だけ、次の雑誌に折々分載して発表した。A・E・ツッカー編著、石塚正英訳『アメリカへ渡った三月革命人・人名辞典』（社会思想史の窓刊行会編集『社会思想史の窓』第二四号以降に分載）。以後、この文献は以下の単行本として出版されている。A・E・ヅッカー編著、石塚正英・石塚幸太郎共訳『アメリカのドイツ人――１８４８年の人々・人名辞典』北樹出版、二〇〇四年。

また、西漸運動とドイツ人の移住との関係について、S・モリソンの次の一節も参考となる。「新参者たちは一小分派を除いてすべて、ボストンとボルチモアのあいだにある海港に上陸し、アメリカの国土の北半分に留まった。アイルランドからの移民は一八四六年の大飢饉のあとでその峠に達した。アイルランド人たちはその大半が小農階級に属する人たちであったけれども、畑仕事に嫌気がさして、いくつかの都市に結集し、そこから数千人もの人びとが建設業や召使の仕事に駆り集められた。ドイツ人の大多数もまた小農であったが、その中には数千の職人、一八三〇年と一八四八年の革命をのがれた政治的亡命者、また、わずかながら、たとえばヨハン・スタロー(アメリカに渡ったドイツの哲学者)のようなインテリが含まれていたが、スタローの『哲学の一般原理』(一八四八年)はアメリカの読者にドイツの学者たちを紹介した著述である。ドイツ人の居住地が各地の都市、特にニューヨーク、ボルチモア、シンシナティならびにセント・ルイスに形成された。ミルウォーキーは一八五〇年まではドイツ人の町であった。しかし大部分のドイツ人は、その資金ができしだい、西部の土地を特にウィスコンシン州とミズーリ州に買った。なお、その土地をフリードリッヒ・ミュンヒは、亡命した自由主義者たちのための新しいドイツにしようと望んだのであった」。サムエル・モリソン、西川正身監訳『アメリカの歴史・2』集英社、一九七一年、一一二~一一三頁。

一　太平洋への横断鉄道――資本家に対抗

北アメリカにおける〝四九年の人びと(Forty-Niners)〟による激しい人口移動、人口増加の動きを観察していた合衆国の産業資本家たちのなかには、それまで東部を中心に部分的にしか敷設されていなかった鉄道網を整備・拡張し、別の乗物への乗り換えや長期の待ちあわせなしに、大西洋岸から一挙に太平洋岸へと大陸を横断できる幹線建設に投資欲を燃やし始めた。だが、資本家たちがその計画を煮詰めて実現させるには、結果として約二〇年ほどかかった(一八六九年開通)。当時、それほどに達成困難な、大規模な建設事業であった大陸横断鉄道敷設を、資本家たちの見積りよりもっと短期間に、経済的・合理的に成就させようという宣伝が、一八五〇年四月に、ニューヨークで、労働者側の発案として発表された。その発案者こそ、ヴァイトリングであった。『労働者共和国』一八五〇年四月号に、「太平洋への鉄道(Die Eisenbahn nach dem stillen Meere)」と題する記事を載せ、在アメリカ・ドイツ人労働者に、次の呼びかけを行なった。

「資本家たちは、この鉄道について一億ドルの予算額を見積っている。彼らは、信用による国費支払でそれだけの金額を彼らに用だてるよう、またそのほか幅三〇イギリス・マイル、全長二〇〇〇マイルの鉄道用敷地をも用立てるよう、国に要求している。さらには、この事業を四ヶ年で完成させるつもりでいる。その後に彼らは運賃を決定し、剰余金を着服する算段である。彼らは労賃の大半を、国家から贈与された三〇マイル幅の路線用土地数エイカーで支払おうというのである（したがって――石塚）支払いの代わりとして一〇〇エイカーずつ二万人の労働者に与えたとして、それでも彼らの手元には依然として三六四〇万エイカーが売却できるものとして残り、それらは時とともに途方もなく地価が上昇し、一〇年後には一〇億ドルで換金できるようになる。

労働者諸君！この利益を何ら値打ちのない大食漢どもの手に渡すことはない。団結せよ！賢くあれ。そして我々すべての利益のために努力せよ。また、我々は、集会や新聞における、諸君らドイツ人民衆の代弁者を、いま発足した労働者友愛会においても、しっかりと共同に得ている。大衆に対し団結の模範を示そうではないか。この順調に開始された運動に対するねたみ深い破壊者であってはならない。また、理論的な学校を卒業していない人びとが舵とりをしていても、はばかることなく、我々の権利でもって改革の索具に慈悲の手をさしのべようではないか。たしかにみながみな舵とりになれるわけではない。もし勝利の栄冠を共に分かつとすれば、個人的なことに頓着せず本分の成功のため最大の能力を発揮すべく善意を示したような、まさにそうした人びとが最良の一半を担うことだろう。

それだから我々は、合衆国の人民に対し、『労働者共和国』紙に掲載されてある諸原理への支持を表明するよう要求し、それによって我々の団結にひとつの強固な方針を与えるものである。またさらに我々は、次回の労働者大会に代表者を派遣し、我々のこの決議に関して承知してくれるよう、あらゆる人びとに求める。この大会では最高に重要なことがらが問題にされ、またこれを少なくとも一〇万の人民を結集して組織しようと思っていること、また彼らが国家に対し、太平洋岸への鉄道建設が労働者友愛会によって施行されるよう請願すること、以上のことをあらゆる人びとに気づいてもらいたい。もし国が――資本家たちが要求しているように――技術者を提供してくれて、全長二〇〇〇マイル、幅三〇マイルの敷地を譲ってくれて、またさしあたり一日一万ドルを、また鉄道完成後に残りの額を払い渡してもらい、あらゆる必要資料を供給してくれるならば、我々はこの鉄道建設を二ヶ年で完成させよう。このようにすると鉄道は、国に対し二年間に労賃で七〇〇万ドル、資材でおそらく二〇〇〇万ドルの出資を負担させることになろう。また鉄道完成後――資本家たちの見積っている建設費に一致させるためには――さらに七三〇〇万ドルを受取ることになろう。また、もし資本家たちが我々と競争しようという場合には、一三〇〇万ドルで満足することもできる。その場合、鉄道は国家の所有になり、この建設中に我々が造ったそっけない都市すべてを含んだ線路ぎわの土地は我々の所有となる。また我々が一日あたり受取る一万ドルで、衣服や敷布類、飲物類の必需品を除いた原料品、例えば家畜、果物等々を大量に買い、交換銀行を介することにより、その総計でもって二万人の労働者に多大な享受を提供できる。それは、現在鉄道建設において週給五ドルを提供するほかにである。こうして二年後には、労働者友愛会のために〝自由の郷土〟を創り出していることであろう。したがって、ドイツ人ジャーナリスト諸君！ウィッグ党員と民主主義者の諸君！諸君が人民との調和を考えているのなら、この自由の郷土を支援せよ。我々のすべてがそれに支援の言葉を述べれば、それは必ずうまくいく。全人民がそれを支持して立ち上がるであろう[1]」。

ヴァイトリングは、東部資本家たちの「資本主義的」な横断鉄道建設計画に対し「労働者的」に対抗すべく、まずは在アメリカ・ドイツ人労働者を中心にした大衆的な発企集会を開こうと計画する。これは一八五〇年一〇月二二日～二八日に、フィラデルフィアで開催され、セント・ルイス、ルイビル、ボルチモア、ピッツバーグ、フィラデルフィア、ニューアーク、ニューヨーク、バッファロー、ウィリアムズバーク、そしてシンシナティから、各々の地域に存在する労働者団体代表が集合した。ヴァイトリングが〝第一回ドイツ・アメリカ労働者会議〟と名づけたこの集会には、総計四四〇〇名の労働者が間接的に参加し、寄せられた資金の総額は一九〇七一ドルとなった[2]。だが、このような勢力と資力とでは、とても鉄道建設を具体化しえず、そこからヴァイトリングは、もっと恒常的な運動を維持し強化するため、労働組合ともつかぬ、また救済金庫ともつかぬ、政治結社ともつかない、しかしそれらすべての機能を満足させ得るような労働者団体の創設を考える。果たして、この腹案は、一八五二年五月一日にようやく実現し、ヴァイトリングはこの新組織を「労働者同盟（Arbeiterbund）」と命名した[3]。以後彼は、この組織を基盤として、ひとつに、鉄道建設に象徴される労働者協同事業――ヴァイトリングが〝労働者友愛会〟と称するもの――の企画、ひとつに、労働者銀行＝交換銀行の設立、ひとつに、両者を軸として成立する労働者の自立圏＝コロニー建設を推し進めることになるのであった。

注

（1）（W. Weitling,）Die Eisenbahn nach dem stillen Meere, in：RdA. 4. 1850. 1Jg. S. 58f.
なお、翌月の一八五〇年五月にヴァイトリングは、同じ『労働者共和国』紙に「自由の郷土へ至る最良の道」と題する、鉄道建設計画を宣伝した論説を掲げた。「労働者諸君！　手工業者、工場労働者、農民、自らの労働で生活するありとあらゆる諸君、境遇に圧迫と隷属を感じているすべての諸君」に対してよびかけられたこの論説は、次の目次からなっている。
　1、資本家の諸要求。2、我らが団結の軍旗。3、宣伝プラン。4、労働者友愛会（ヴァイトリングが名づけた労働者の協同企業名）の構成。5、管理局。6、実施プラン。7、かかるプランの全般的な利益。8、友愛会の労働に有益に利用しうる全般的規則。9、会員の権利。10、会員の利益。11、特別労働（Luxus-Arbeiten）。12、全般的参加。13、かかる交換銀行に独自の利益。14、自由の郷土。
Vgl.（W. Weitling,）Der beste Weg zur freien Heimath, in：RdA. 5. 1850. 1Jg. SS. 65-72.
　それからまた、一九世紀前半の合衆国における鉄道建設についての一証言として、以下のものがある。「この国の鉄道は、全体として、種々の計画、即ち個々の会社《コーポレイション》、或は特許会社《チャータード・カンパニー》によって建設された。しかしこれらの企業体《アソシエイションズ》は、資金の全部でなく、恐らく半分以下を自ら醸出し、彼等の事業を担保として借金することを得策なこととして行った。これらの会社の大なる目的は、投資から直接の利益を受けるよりも、一つの大道《ハイウェイ》の建設を行い、その運営によって事業《ビジネス》を増加し、財産の価値を高め、以前に市場性のなかった多量の産業生産物に利用価値を与えることによって、一国の流動資本を膨張させるにあった。何故ならば、新しい一地域における一鉄道の影響は、たとえその鉄道に吸収されたより以上の資本を創造しないとしても、少くとも既存の一般蓄積資本にそれだけの資本を加えるであろうからである。／かくして過去二十五年間に、鉄道の建設のために十億万ドルが投下された。そして今や資本は、この莫大な資本の支出以前に比較してより潤沢である。土地価値は、鉄道が建設された諸地方において、貨幣価値で測った場合、鉄道への出資以上に増加している！」トマス・ケッテル「〔初期鉄道の〕立地と建設、一八二六～一八五〇年」アメリカ学会訳編『原典アメリカ史、第三巻』二一九頁。

（2）Vgl. H. Schlüter, ibid., S. 83f.

（3）ヴァイトリングの「労働者同盟」とは別に、一八五三年三月二一日にも、同名の団体がニューヨークで結成された。これは、正式には「一般労働者同盟（Allgemeiner Arbeiterbund）」といい、のち、ヴァイトリングの同盟と区別するため、「アメリカ労働者同盟（Amerikanischer Arbeiterbund）」と改称された。こちらの方の指導者はヨーゼフ・ヴァイデマイヤーであった。Vgl.（W. Weitling）Wochenübersicht der Arbeiterbewegung, in：RdA, 16, 4, 1853. Nr. 16. 4Jg. S.121. /H. Schlüter, ibid., S. 351f.

二　労働者企業と交換銀行の結合――国家に対抗

前節に引用したヴァイトリングの論説『太平洋への鉄道』のなかに、「我々が（国家から）一日あたり受け取る一万ドルで、衣服や敷布類、飲物等の必需品を除いた原料品、例えば家畜、果物等々を大量に買い、交換銀行を介することにより、その総計でもって二万人の労働者に多大な享受を提供できる」との一節があった。そうしてみると、合衆国における労働者解放というヴァイトリングの構想のなかで、交換銀行と、そこで発行されるべき労働者紙幣――一八四八年の解放同盟段階では〝革命紙幣〟――の創始がきわめて重要な前提的・基礎的要件となっていることがわかる。その昔、スイス時代の一八四二年、ヴァイトリングは『調和と自由の保証』中で、「国立作業場」と「国立銀行」の双方を、それ自体としては批判せず、ただ国立作業場の「利益が国立銀行の利益とまっこうから対立」する点を批判していた。そこから結論としては、小生産者擁護の立場から、「政府によって庇護された国立作業場」を批判していた。だが一八五〇年代、ニューヨークに拠点を構えるヴァイトリングにとって、一〇年前の見解は、すでに自らのものではなかった。ドイツ革命とアメリカ体験が、彼を大きく成長させていた。いまやヴァイトリングは、一方では国立作業場に代えて、協同した労働者自身による企業を創建することによって、また他方では国立銀行に代えて、やはり協同した労働者自身による交換銀行を創建することによって、この二つの経済機構を、労働者解放を目指す機関車に取付けられた最大重要な両輪としたのであった。

ヴァイトリングが『労働者共和国』でこの二つの機構を宣伝し始めた一八五〇年、ニューヨークでは一連のストライキ運動が生じた。それにはドイツ人労働者、とりわけ家具工、大工、仕立工、靴工、パン焼職人、旋盤工、時計工が多く参加した。だが、こうした実力行使は一時的なものであって、労使間の争いには必ず労使間の調停が、実力行使のあとには必ず議会主義的な協議・妥協か司法による調停がまっていた。ヴァイトリングは、こうした意味での組合運動、経済闘争には、ほとんど関心を示さなかった。あるいは、生か死かの瀬戸際に追いつめられ、どうしても事を構えねばならないのなら、一企業内や一地区内でなく、全米を揺るがすマッセン・シュトライク（ゼネラル・ストライキ）で貫徹せよ、と訴える。

「局部的な罷業でなく、区別なき全労働者による罷業でなければならず、したがって全労働者・全職種による完全な操業停止でなければならない。だがそのことは、革命と、強奪、殺人、そしてテロリズムとほぼ同義となってしまう。そのような試みはきわめて凄じい戦闘となろうし、成功した場合には、はなはだしく予想を超えた結果を惹き起こすであろう。もしどこかある都市でいちど、労働者諸階級が何がしかの事件を通じてあらゆる労働の放棄に着手したとすれば、その際まず第一に、同盟罷業をした労働者たちと、働き続けようとする労働者たち、ならびに雇主側を支援する者たちとの間で争いがみられる。そうした闘争にあっては、財産は生命同様保護されず、社会のあらゆる階級が、特に失う物を多く持つ者とそれをまったく持たない者とが、この闘争に加わる。（中略）商品は突然、無価格となり、金銭はもはや通用しなくなり、食べたり飲んだり、衣服を着たり居住したりせねばならない者には、飢え、欠乏、食糧、そして武力のみが、すべてを決するものとなる。また自暴自棄となった労働者の一派が初日に打ちのめされたり虐殺されたり、縛首にされたりせずに済んだなら、二日目にはとにかく自己の利益となる条約を結ぶことであろうが、さもなくばモスクワの大火となるやもしれぬ――」[1]

いかにも、シュリューターがヴァイトリング転向説を提出する気になったのも頷けるような内容のアジテーションである。ニューヨークの労働者に対し、武力に訴えるようなことはするな、かりに一部でストライキが成功しても、その後資本家とその手先によるたいへんな弾圧の嵐が巻き起こるぞ、と警告しているのである。したがって、一八五三年の時点で、ヴァイトリングの革命思想中にあって、合衆国を政治的危機に陥いらせ、それを社会的な危機に高めて社会革命を貫徹しようという構想は、たしかに背後に退いたか、棚に上げられたかした。しかし、そのことは、ヴァイトリングが革命主義者から経済的改良主義者に転向したというような事態を想定させるものでは、ない。彼は、別のところでは、「ニューヨーク・コミューン」まで構想してもいるのである。[2] ではなぜ、ここでは労働者の直接的ストライキ行動を戒めているのか？　その理由はこうだ――一八五三年当時、ヴァイトリングの思考圏の中枢にあったものは、いま本章で我々が検討しているところの、労働者協同企業と交換銀行の連動によって達成可能とみられる構想、別言すれば、武力蜂起によるプロレタリア革命＝〔政治権力の奪取→社会革命〕にかわる、労働者の協同による自主管理的社会主義建設＝〔経済的自立空間の確立→社会革命〕に、彼が全力を投入していたからなのである。したがって、ここでは、労働者の武力は、後者の構想実現のための補助の位置に下げられているのである。

だが、そのような自主管理的社会主義の構想は、太平洋への鉄道建設計画がほとんど実行に移され得なかったことによって、挫折する。一八五〇年段階で一時的に周囲の支持を得たものの、鉄道建設という、最大多数の労働者に就労のチャンスを与えはするものの一挙に巨大資本が必要となってくる企画は、数千からせいぜい一万人程度の移住労働者たちには、手に剰る代物であった。発想それ自体は一九世紀中頃のアメリカ社会にしっかりと存在根拠を得たものであったが、具体化に向けての基盤づくりには、脆く失敗したのであった[3]。

そこでヴァイトリングは、鉄道建設に代えて、より手近かな、ある意味でより現実的な企画である〝コロニー建設〟へと、活動の軸を移動させていく。コロニーに対する彼の関心は、がんらい批判と賛同の双方が入り交じったものであった。というのも、ヴァイトリングはそもそも、社会革命の手段として何か唯一のものを固定的に決定するということがなく、事態の推移にあわせて種々変化させてきたからである。その昔、一八四五年七月ロンドンで、彼は次のように述べていた。

「コムニスムス導入に最も効力ある手段を問題とするのであれば、まずもって我々は、従来適用されてきたあらゆる手段を厳密に批判することから始めるべきだ。オーウェン主義者がハーモニーホールを設立した時には、彼らは物質的繁栄をテコとして、周囲のすべてを加入へと巻き込み、納得のいく実践の方途によって、徐々に全イギリスのコミュニズム支持を獲得しようとしたのである。彼らの期待は無に帰したが、それは何故だろうか？昔ながらの社会から、突然ある数の人びとが小世界に隔離されたならば、そのうち、彼らは興味をそそるものしか目にはいらなくなり、昔ながらの社会に存する弊害などもはや見えなくなるだろう。彼らは、無益な、こじつけの対立を通じて、調和をおのずと台無しにすることだろう。なんと彼らは、全体と自己の物質的な利益を損ねることなく、容易に場所や社会を換えられるというのだ。彼らは敵に道を譲ることもできるから、そうして調和が保証されるというわけなのだ。けれども、そうした弱小コロニーにあっては、必ずしもこんにちの社会以上にうまくいきはしないのだ。それは、あたかも妻が夫に結びつけられ、夫も妻に結びつけられているように、利害関係によって、土地と狭い人間世界に結びつけられている。自由は制限されている。欲望と気紛れを回避することはできない。ハーモニー・ホールがとりたてて要求するものは、すでにその構想を達成し損ねてしまった。この団体は、己れ自身の活動を考える以前に、むしろ九〇〇ポンドの肉なりとも調達せねばならなかった。そこから、この団体は競争を維持するために、旧社会のあらゆる価格を維持せねばならなかった。このようにして、主たる利益はむろんすでに崩れ去ってしまい、さらに悪いことには、住居や社会環境、労働環境の転変が不可能という、かの第一の不利益が作用したのである。

アメリカへ渡った移住者たちは――ヴァイトリングは、この時点では、なるほどプロイセンには戻れなかったものの、まさか自分自身もほどなくアメリカへ渡ることになるとは考えていなかった（石塚）――さらにその上、慣れ親しめばそれだけ彼らを堪えがたく悩ますような、精神的な糧にいまだまったく不自由している。彼らは、現代社会全体から離れているから、やがて必然的に退屈に苦しめられ、昔の状態への一種のホームシックとたたかい、互いに頽廃した生活に陥るのだ。ヨーロッパでは完成済みのものすべてをアメリカでもう一度新たに作り出そうとして、ブルジョアジーの立派な創造物を見棄てようなどと考えるのは、まったくもって愚かなことだ。そこで人びとは、この地ヨーロッパで何か良い事をなし、またせめて彼らがせねばならぬ事をする代わりにこれからずっと己れの自由を断念したり、森を切り倒したりせねばならない等々なのである。

さて、私はいまや本質的な問題に触れているから、返答せねばならない。私にしてみれば、コムニスムスを導くものであれば、どのような手段でも正しいのである、我々は無益な、絶えざる争いで分裂してはならない。それどころか、我々と手を携えて活動する者すべてを、徹底して支持せねばならない。だれかが自分でお気に入りの観念をいだいているとして、我々がそれに賛成でないなら、その場合我々は彼に反論するよりも沈黙する方を、どれほどか好むのだ。我々は決然たる方向にむかう偉大な党派なのだ。個々の色あいに反対して自分たちの時間を失うことはしないでおこう！　プロパガンダを無神論でしようと宗教でしようと、または移民でしようと革命でしようと、主たる路線を終始維持するのであれば、それは我々にとって同じことであるにちがいない。私はなるほど独自の見解を持ってはいる。だがそのことは、コムニスムスに勤勉な人びとが私の見解に対し寛容な立場をとるならば、私がそうした、あらゆる異なった人びとを支持する妨げにはならぬのだ[4]」。

このヴァイトリング発言は、一八四五年当時、ロンドン義人同盟の理論的・組織的指導者であったカール・シャッパーとの論争――革命か啓蒙か――におけるものである。その内容としては、まずもってコロニー批判を行ない、その線でオーウェン主義批判とアメリカ移住批判を展開している。しかるのち、社会革命という大義を成就し得るのであれば、という条件付きで、コロニー建設やアメリカ移住にも、それなりの役割を与えている。つまり、ヴァイトリングの思考圏に、コロニー建設への絶対的拒絶はみられないのである。そのことは、ヴァイトリングが自らアメリカへ移住してきた一八五〇年代において、いよいよもって強調しうるのである。いったん棚上げしたものでも、客観的諸条件の変化、事態の推移によって、再び棚から下ろされて座右におかれるということは、ヴァイトリングにしばしばみられる現象である。その証拠ともなろうが、一八五三年一〇月八日付『労働者共和国』第四一号に、「コロニー建設」という論説を掲げ、そのなかでこの事業に対する「交換銀行の導入」を宣伝している。[5] この点は、特にオーウェン派、カベ派等のコロニー建設とヴァイトリングのそれとを区別する、重要な要のひとつである。すなわち、ヴァイトリングのコロニー建設案は、これと交換銀行とが結びつくことによって、新たな、労働者解放にとってきわめてユニークな手段に組み換えられたのである。

注

（1）（W. Weitling) Über das Ausstehen der Arbeiter, in: RdA. 12. 3. 1853 4Jg. S. 84.

（2）ここに言うヴァイトリングの「ニューヨーク・コミューン」発言はシュリューターによって、「革命的コミューン綱領（Ein revolutionäres Kommunalprogramm）」と題して報告されている。シュリューターは述べる。「労働者がストライキを勝利的に展開した場合に――それをヴァイトリングはたぶん予期していた――提起すべき諸要求について彼が考慮していたことは、或るひとつの論文――そのなかで彼は、いわゆる夢を再現している――から明らかである。

この論文は一種の労働者綱領を含んでおり、それは、次の時点で効力を発生させる――この夢想家（ヴァイトリング―石塚）が仮定したように、ニューヨーク市が革命によって労働者の手中に帰し、ニューヨーク・コミューンが宣言された時である。この労働者綱領は、次のような要求を含んでいる――それらは市中での声明というかたちで普及されるはずのものであった」。（以下はヴァイトリング編集『労働者共和国』一八五五年二月一七日号の記事 "Ein Bild aus dem Herzen〃 in RdA. 17. 2. 1855, 6Jg. S. 9f. からの抄録）

「一月一四日、月曜日、午後四時

ニューヨークの労働者は自らの利益に合致した政府を獲得した。

市役所は労働者の武装軍団によって占領されている。諸官庁は業務を中断された。

禁をおかして制服で街路へ出たり、会合場所へ出席したりする将校全員は、死刑をもって罰せられる。そのようにして街路に姿をみせた者は、だれもが銃殺される。

武器を調達できる者はすべて、労働服で即座に廠へ行き、そこで労働委員会の指示どおりに行動するよう要求される。

労働者に対し武器、弾薬、糧食を与えるのを拒む者は、銃殺される。

ニューヨークの労働者は、これをもって次のように指令する。

ニューヨーク市の全家屋は労働者の所有に帰属する。なんぴとたりとも、有用な労働と誠実な取引による稼ぎと証明できる以上の財産は、今後もはや所有しえない。人民を欺く者はみな国外に追放され、財産を押収される。

負債はすべて廃棄される。むこう三ヶ月間、もはやだれも家賃（Rente 地代、利息とも訳せる）を支払うに及ばず、その後はただ労働者諸当局に支払うだけとなる。

官吏は今後、誠実な労働者が稼ぎ得る金額以上の俸給は受け取ることができない。

有用な仕事で労働することを理解しない者は市民権を失い、何の俸給も得られない。

金持ちとして知られる者や我欲で行動しているとわかっている者たちすべては、即座に武装解除される、
労働者は大隊に編成され、武装される。

この大隊は労働、欠乏の充足、防衛に対して同時的に奉仕する。

現金はすべて債券と引換えに、労働者政府に引渡される。

この大隊は、合衆国ないしニューヨーク州の人民が、自己の体制の基盤として労働の権利と義務とを受ける時点まで、効力を持続する。

労働者中から選出された委員会はその時点まで永続し、相補い、一人の独裁者（ein Diktator）を選出し、委員会自体はすべての指令において彼に従う』。

ニューヨークの革命的コミューンに関するヴァイトリングのこの綱領にかぎっては、残念ながら、それはたんなる夢に終ってしまった」。H. Schlüter, ibid. SS. 93-95.

（3）とはいえ、大陸横断鉄道の構想は、この時点で完全に潰え去ったわけではない。例えば『労働者共和国』紙一八五三年八月二七日号には、「人民の断乎たる改革意識」と題したL・Aの署名のある論説において、再び太平洋鉄道の企画として「政府、資本、それに人民」の三者競争の可能性が述べられている。また資金の融資をめぐる政府への人民コンタクトの見込みについて語られている。

Vgl. RdA, 27. 8. 1853 4Jg. Nr. 35. S. 279.
因みに、社会主義者によるこうした大土木事業計画は、ヨーロッパにも例がある。それは、サン＝シモン主義者によるスエズ運河建設の発案である。またサン＝シモン主義者は、アルジェリア植民事業や鉄道建設等にも乗り出している。ただし、こうした彼らの活動には、その財政的パトロンとしてロスチャイルド、ラフィット、オタンゲ等の協力があった。その点、ヴァイトリングの方式は労働者企業としてはるかに潔癖であった。なお、以上のサン＝シモン主義者の活動については、見市雅俊「サン＝シモン主義の社会観と実践―正統的サン＝シモン主義アンファンタン」『思想』第六二〇号、一九七六、二月号をみよ。

(4) Diskussion im Kommunistischen Arbeiter-bildungsverein in London 1845. 2. 18-1846. 1. 14, in: Dokumente. S. 228f. なお、この討論会の模様を、私は以下の自著で抄訳紹介している。「〈革命か啓蒙か?〉ロンドン労働者教育協会における連続討論から―一八四五・二・一八～四六・一・一四」、石塚正英『叛徒と革命―ブランキ・ヴァイトリンク・ノート』イザラ書房、一九七五年、二六一～二九二頁。

(5) Vgl. (W. Weitling.) Die Konstitution der Kolonie, beleuchtet und erklärt im Sinne der Zweck des Arbeiterbundes, in: RdA. 8. 10. 1853 4Jg. SS. 323-325.
なお、シュリューターによると、コロニー建設参加は、ヴァイトリングの「主要な企画である交換銀行を実現しえなかった」結果としている。だがそのように断言するのは早計ではなかろうか。コロニーについても、ヴァイトリングは交換銀行との結合を指向しているからである。Vgl. H. Schlüter, ibid., S. 110.

三　コロニー「コムニア」の建設とその失敗
――もうひとつの「協同」志向

たとえいかに現実的な企画であれまったくの力量不足のため、ほんの一時的な盛りあがりののち挫折してしまった太平洋への横断鉄道建設案にかかわって、ヴァイトリングは、ますますコロニー建設に力を注いでいく。その際、彼が直接運営に参加したものは、すでに一八四七年アイオワ州クレイトンに、ハインリヒ・コッホという人物の手で設立されてあったコロニー「コムニア」であった。一八五〇年一月の『労働者共和国』創刊号ではいまだコロニー批判を展開していたヴァイトリングであったが[1]、同年一二月の『労働者共和国』紙に、例の「コムニア」コロニーの現況を好意的に、大々的に取り上げ、またコムニアからヴァイトリングに寄せられた一八五〇年一〇月三一日付書簡をも、同時掲載した。その書簡には次の文面がみられる。

「次の年に我々のもとでは、社会主義的なコロニーが創設されるでありましょう。（中略）このコロニーの指導的仲介者はブロックマン博士です。この仲介者の言によると、根本原則は次のものであります。財産共同体への道における、各個人の幸福、自由の、能う限り最高位での獲得[2]」。

この書簡によってコムニアの存在とその内実を詳しく知ったヴァイトリングは、自らの組織、労働者同盟を基盤にして、また宿願の交換銀行創設という前途のためにも、新たにコロニー建設に着手することに意を決したのであった。そして、一八五一年一月早々から、『労働者共和国』紙でさかんに交換銀行の具体化に関するプランを発表し、また現に銀行設立への参加状況・醵金状況を報告しながら、これと並行して、例えば次のごとき記事によって、コムニアの発展状況を紙面に連載していく。「コロニー・コムニアは近頃多数の会員を増やし、製材所一棟と七〇〇エイカーの耕地を新たに増設した[3]」。また同年四月からは『労働者共和国』紙が月刊から週刊になり、ますますその宣伝力を強化した。四月二六日号では、アメリカ人労働者たちの大会がフィラデルフィアで開かれ、長い討論ののち、ヴァイトリングの交換銀行支持を決定したと報ぜられ[4]、それと同時に、一八五一年現在までに合衆国で建設され、また挫折したコロニー史について概述し、およそ次のような結論を提示している。この五〇年間に少なくとも五〇のコロニーが建設されたが、そのうち宗教的でないものはみな潰滅してしまった。また外国から移住してきた人びとのコロニーでは、ドイツ人のコムニスムス的なそれが最大の成果を挙げている。だが現存するコロニーのうち最も強力で勇敢で、永続性を有していものは、モルモン教徒のコロニーである。ヴァイトリングは、このような現況分析を載せる一方、フランス人社会主義者エティエンヌ・カベ（E. Cabet）に由来する名称のイカリア・コロニーの現況をも報告し、とにかく彼独自の路線として、交換銀行創設とコロニー建設の二件を徹底的に宣伝していった。そしてついに彼は、一八五一年秋、初めてコロニー〝コムニア〟に自ら出向いたのであった。

「私はここで、わが人生で初めて、友愛に満ちた共同体のある神聖な土地にいる。そこの住民は中途半端でも一面的でもなく、まさに全面的に、次のような神聖な事柄に味方している。すなわち、そのために私および神父カベと共に、その信義あるドイツ人コムニストの諸君らが数年来ヨーロッパでたたかってきたような事柄に味方しているのである。私の目でこの山や谷を越えて眺められる限りのところまで、自由な共有の大地なのだ。また、搾取や衆愚化の軛から労働を解放するため、我らがプロパガンダの民が耕し、建物を建ててきた大地にあたるのだ。この土地はしたがって―プロパガンダの民と労働者同盟の諸君よ―我々のものなのだ[5]！」

初めて体面したコロニー「コムニア」に対してかくも絶賛の辞をおしまなかったヴァイトリングであったが、それからしばらくして、一八五二年七月にコムニアを訪問した時には、コロニー内外の状況変化、いやその悪化によって、彼の表情は由々しきものに転ずる。当時、コロニー運営がさほど順調でなかった様子は、例えば一八五二年二月二八日付の『労働者共和国』記事によっても暗示されていた。

「コロニー・コムニアは、来たる夏季にはいまだ、大人ひとり一〇〇ドル、小人ひとり五〇ドル相当を提供できず、また家族のために少なくとも向こう一ヶ年分の敷布、衣類、履物を調達しえない者を収容しえない[6]」。

コムニアのこうした苦しい運営状況に対し、それでもヴァイトリングは、労働者同盟を動かしてできる限りの財政援助を行ない、その総額は九〇〇〇ドルを超えるに至った[7]。だがまさに、その援助金が、後にコムニア在住者とヴァイトリングの間を引き裂く楔の役を果たすことになったのである。すなわち、一八五二年七月、それまでニューヨークそのほかの地でコロニー救済のキャンペーンをし、資金調達に奔走してきたヴァイトリングは、ついに自らコムニアに赴き、耕地、製材所、製粉所、家畜等の現況をドルに置き換えて計算し、またコロニー内での日常の経済的運営状況を調査した。それによって彼は、七月二二日、労働者同盟側からの多大な支援に見合うだけの「信託行為（Deed of trust）」として、少くとも五〇〇〇ドル分以上の保証をヴァイトリング自身に与えるよう要求した[8]。その結果コムニア住民は二派に分裂し、一方はヴァイトリングらの援助を返済せぬままコロニーから脱退し、他方はその返済に保証を与えることによってコロニー内に留まったのである。それ以後、もはやコムニアは経済的に立ち直ることができなかった[9]。コロニーの運営をなんとか好転させるため、同年一〇月にはコロニーへの交換銀行の導入を強化する方針を提起し[10]、一八五三年一一月にはヴァイトリング自らがコムニア管理人となって尽力したが[11]、事態は悪化の一途をたどっていった。彼がコムニア運営に手を染める度合が強まればそれだけ、コムニア住民との対立は深まった。その挙句、いずこのコロニーにもつきものの臨終劇が始まった。双方とも弁護士をつけ、事態は裁判沙汰にまで進展、いや退化したのであった。そして一八五四年中に、コロニーは再び二派に解体し、その一部は〝第二コムニア〟と称して再建を企てたが、これとても創立時の勢いを挽回することなく、いよいよ終息に向かって転がっていったのである。

ヴァイトリングはといえば、ニューヨークで、コムニアのそのような臨終に立ちあう暇もなく、これまた刻々と死期の近づきつつある労働者同盟の再建に一縷の望みをたくして、狂奔するのであった。しかしながら、シュリュータ一の述べるところでは、この労働者同盟はニューヨークにあっては、とうの昔に意義ある活動を停止していた。ヴァイトリングはもはや、

「一般的な労働運動には参加せず、亡命ののち新たに到着した革命家に敬意を表して開かれる宴に出席するのが精々であった。ナポレオンのクーデターののち若干のドイツ人共産主義者がパリで逮捕された折、ヴァイトリングは、彼らの救済およびその家族の扶助のための募金の誘いを行なった。ヴァイトリングないし彼の労働者同盟が、自分たちだけの狭い範囲から出た目的のため公然と活動したのは、ただこの時が唯一の例であった[12]」。

ドイツ社会民主党員であったシュリューターは、とかくヴァイトリングをヴァイデマイヤーと比較しがちで、マルクスの友ヴァイデマイヤーの側を高く評価する傾向にあった。したがって、上述の引用も、その辺の事情を考慮して読まねばならない。しかし、まるきりのアベコベが述べられているわけではない。ヴァイトリングの労働者同盟は、コムニア解体の翌年、一八五五年の七月に解体した。その時までにこの同盟に参加した人数は、合計九六七名であった。そのうち主な職種別をみると、仕立工二三四名、家具工一一八名、靴工九五名、錠前工三五名、たばこ製造工二三名というところであった[13]。なお労働者同盟の崩壊をまって、ヴァイトリング編集の『労働者共和国』紙も、七月二一日号をもって廃刊となった。事態の推移はなるほどかくのごとく進行したのだが、次に、いったん話題を転じて、ニューヨークにおけるヴァイトリングの思想と行動にとりわけ顕著にみられた特徴点の幾つかを拾いあげてみよう。それはすなわち、三月前ドイツ——正確には一八四六年以前——におけるヴァイリングにはまったく見られなかった理論、交換銀行と労働者協同企業構想についての、さらなる検討になるであろう。また、そのためにはさらに、ヴァイトリングがいったいどのような契機・経過によって交換銀行論に着目したのか、という問題をも前段で調べておか

なければならない点であろう。以上の問題点を一言で表現すれば、〝北アメリカへのプルードン思想導入の試み〟となる。

注

（1）本書第4章第3節三の注（1）をみよ。

（2）F.Weis（Im Namen der Kolonisten）an W. Weitling, Communia, 31. 10. 1850. RdA. 12. 1850. 1Jg. S. 183.

（3）（W. Weitling,）Berichte aus den verbündeten Städten, in：RdA. 3. 1851 2Jg. S. 47. なおこの記事にすぐ続けて、「交換銀行はどうか？（Wie geht es mit der Tauschbank?）」と題する記事を併載し、「忍耐あるのみ！」と記して支持者たちを激励している。

（4）Vgl.（W. Weitling,）Frohe Botschaft, in：RdA. 26.4. 1851 2Jg. Nr. 2. S.9（Nachdruck の通しナンバーでは S. 57）

（5）（W. Weitling,）Kolonie Communia, den 5. 10.1851. in：RdA. 18. 10.1851 2Jg. Nr. 27. S.9（S.257）なお、のちにヴァイトリングは、コムニアを中心とした合衆国におけるコロニー建設の経験を、『労働者共和国』紙（一八五四・一〇・一七付）で略述している。Vgl. RdA. 17. 10. 1854 4Jg. Nr. 41. SS. 321-323.

（6）W. Weitling, Zur Reise in die Kolonie, in：RdA. 28. 2. 1852 3Jg. Nr. 9. S. 72.

また、同年五月一日号の『労働者共和国』紙に載ったコムニアの現況紹介欄——土地案内も含まれている——には、現地の住民から『労働者共和国』紙に寄せられた便りを紹介しているが、その内容から推測される現地の生活も、まことに苦しげである。

「我々は、きわめて厳しい冬と春とをすごした。ほとんど三月いっぱい雪が降り続いた。四月にもそうたいして良くはならず、それによって仕事がはかどらなかった。すでに二回程コムニアでの生活を中断して町での生活に切換えたことのある会員ケーニヒは、今度もまた町へ行っている」。（W. Weitling,）Kolonie Kommunia, in：RdA. 1. 5. 1852, 3Jg. Nr. 18. S. 142. なお、この号の次に出た五月八日号には、やや長文の〝コムニア建設史〟が掲載されている。Vgl.（W. Weitling,）Kolonie Kommunia, in：RdA. 8. 5. 1852, 3Jg. Nr. 19. SS. 147-149.

（7）Vgl. H. Schlüter, ibid., S. 114.

（8）（W. Weitling,）Kolonie Kommunia, 30. 7. 1852, in：RdA. 14. 8. 1852, 3Jg. Nr. 33. S. 260.

（9）例えば、『労働者共和国』紙一八五二年の最終号（一二月二五日付）には、コムニアの運営が火の車であることを想像させるような記事が載った。そのひとつはコロニー在住者の一人F・ヴァイスによるもので、それは、「我々のコロニーは、ここに創立五年を経過した。だがその全期を通じて多大な困難とたたかわねばならなかった（云々）」という一節で始まっている。またこれに続いて、「回想（Zur Erinnerung）」と題してヴァイトリングが、また「コロニー・コムニア」と題してJ・クリークという人物が、各々コムニアの苦境を述懐している。Vgl. RdA. 25. 12. 1852. 3Jg. Nr. 52. SS. 414-6.

（10） Vgl.（W. Weitling.）Die Konstitution der Kolinie, in : RdA. 8. 10. 1853. 4Jg. Nr. 41. SS. 323-325.

（11） 『労働者共和国』紙一八五三年一一月一九日号には、「コムニアにおける選挙（Die Wahl in Communia）」と題する記事がトップをかざっている。それをみると、次の一節が目にとまる。「本選挙の結果、W・ヴァイトリングが管理人に選出された」。RdA. 19. 11. 1853. 4Jg. Nr. 47. S. 369. また『労働者共和国』紙一八五四年三月四日号には、「私は何故コムニア管理人を引きうけようとしたか？」と題する論説が載っている。Vgl. 4. 3. 1854. 5Jg. Nr. 10. S. 73.

（12）（13） H. Schlüter, ibid., S. 119.

補論　ヴァイトリング編集『第一次選挙人』（ベルリン　一八四八・一〇）を読む

第一号

記事―（一）若者への古参のプロパガンダ、（二）我々はいかなる改革を欲するか（署名W）（三）選挙、（四）アメリカからの声・解放同盟からドイツ人民へ（署名W・ヴァイトリング）、（五）政治的展望（ベルリン、パリ、イギリス）、（六）郵便函

（一）「若者への古参のプロパガンダ」は、『第一次選挙人』発刊の辞に相当するもので、ドイツ革命の一翼を担わんとするヴァイトリングの決意表明のごときものである。
「現下の出来事はまったく予測困難な期待にみちて、一九世紀の政治世界にますます接近して殺倒している。ほんのちょっとした出来事でも、新たな、旧来の世界史と断絶した時代を招来せしむることができる。シュヴァイドニッツ（ニーダー・シュレージェンの一都市―石塚）の反動勢力を人民に屈服させた小さな雪塊も、ベルリンやポツダム、そのほかの諸都市では地響きをたてた雪崩にまでなり得るし、その最終的な効力は未だまったく予測しえない。
　したがって諸君は覚悟をきめておくことだ。時は近づいている！　天空からぼんやりした自由の理想がいよいよ降りてくる。いまや二束三文の世界で現実性の創造に役立つことが肝要だ。その現実性とは、予告されたもの、それに対して確信を求めるもの、それを得んが為に我々が耐え忍び苦しんできたものと一致する。いまや政治的諸出来事のぼんやりした大気圏にあって、また疑惑と神秘、希望と期待との海原にあって、そのような諸潮流を選択し、そのような流れに出会うことが問題だ。困難な局面を体験して獲得された我々の自由を、嵐と岩礁とをくぐって我らの黄金郷《エルドラド》の港へと連れていくのに適した流れに、である」[1]。

　だが、この記事の最後の箇所でヴァイトリングは、三月前期の彼のことしか知らない職人たちには奇異に思える発言を行なっている。「我々は諸君に、次の選挙に際し、諸君が求めるようなあらゆる勝利を約束しよう」[2]。すでに本論で指摘したように[3]、一八三〇年代後半から一八四〇年代前半にかけて発表されたヴァイトリング著作中には、非和解的階級対立と、武力（キリストの正義の剣）によるその解消こそ説かれてあるものの、議会主義や選挙（権獲得）闘争は全面的に否定されていた。だが一八四八年の時点で、

彼は選挙を、革命運動の一手段として大々的に宣伝したのである。

（二）「我々はいかなる改革を欲するか」では、まずもって革命主体の検討がなされる。「我々とは誰のことか。もちろん万人すべてのことだ。ではいかなる万人か。家族全員のことか、都市の、あるいは州の全員か。それは市民全体なのか。それともただ労働者階級全体なのか[4]」。その返答としての次の一文が記されている。「一定の原理を通じて団結している我々なのだ[5]」。そのほかこの記事では以下の点が強調される。

「我々は政治的自由によって、いままであまりにもはなはだしく欺かれてきた。その点についてはっきりさせる時が来た。政治的自由とは次のようなものでしかない。すなわち、自由を得るため我々がいったいいかなる能力と義務の均衡を本来的に望むかの同意を協議し決定するところまででしかない。（中略）そこでいまや政治的自由はひたすら次のことに利用されることになる。つまり政治的自由について論ずるためか、または、その拡大について、認可の拡大について選挙し協議し、決議する必要のためである。人民の大半は、それが期待しうる全き自由であると信じているし、さらに、多くの人民は自由の改善に期待をよせている。しかし、その方法について彼らはあいまいであり、よってそのような改善を得んがための努力もあいまいである。三月運動についてのいろいろな雑誌、パンフレット、プラカードをみまわしてみたまえ。その大半は自由という一語への熱狂で諸君を鼓舞している。その場合、これはむろん立派な文書ではある。しかし、諸君が第二、第三の三月事件を体験したあかつきには、いったい何を要求し、何を期待したらよいかを、諸君はどのようにして知るのか。どのような人物を諸君は信頼しうるのか。どの人物が諸君に確実な約束をしたか、何において諸君は彼らを判断できるか、また彼らが諸君に利益をちゃんと管理できるや否やを、何において見ぬくことができるのか[6]」。

こうしてみると、ヴァイトリングが主張する〝一定の原理〟とは何なのか、一見しただけでは端的に示されていないように感じられる。一方では〝選挙〟を重視する発言をし、他方では政治的自由など欺瞞でしかないとして批判しているからである。

（三）「選挙」には次の一文がみられる。「各人がその利益において正当に選挙しうるためには、いかなる方法によったなら社会が彼のために、また他者の願いと調和のなかで再編されるかを、本質的に根本的に知らなければならない」[7]。ここでヴァイトリングは、〝正当な選挙〟を云々する。ということは、彼は選挙それ自体は否定していないのである。また彼は、正当な選挙が保証されるため「人民はまず第一に種々の根本原則に対し投票すべきであって[8]」代表者の選挙はそのあとでよしとしている。

次に（四）「アメリカからの声、解放同盟からドイツ人民へ」をみよう。この記事ではまずアメリカ共和国賛歌が冒頭に綴られる。

「我々の大多数は、祖国においてよりもこの国においての方がよりうまくいっている。我々はこの国で、ありあまるほどの土地、木材、家畜、猟獣、牧草、そしてあらゆる種類の果実に恵まれている。また我々は、より少ない労苦で諸君より多くの物的享受を創出し、さらにはますますその傾向を強めている。なぜというに、我々はよりいっそう安価な国家行政を得ているからだ[9]」。

とすれば、ヴァイトリングは、ヨーロッパでなく新世界アメリカでなら、理想的な選挙が実施され、彼の出身階層でもある手工業職人等、下層労働者の利益が十分に実現されていると考えるのか。この点について、彼はアメリカの現状をそのように諒解していない。ただ、アメリカについてはヨーロッパのような武力革命を必要としないと考えるだけである。これに対し一八四八年のヨーロッパ、とりわけドイツでは武力革命は避けられず、ついにこれがウィーンとベルリンとで勃発したのだ、という情勢判断が導かれて出てくるのであった。ではそのドイツ革命について、ヴァイトリングはどのように論評したのか。これは、（五）「政治的展望」において看取される。

「ベルリン。シュヴァイドニッツではいわれもなく人民が狙い撃ちされている。反動は、勘違いを口実にして弁解している。民主主義は、反動の悪戯けをそのなかに見ぬいている。人民は怒っている。ハンゼマン内閣はかの勘違いについて左翼の質問にあっている。反動的な将校に対し軍役から退くことを良心上の義務となす、というシュタインの動議が提出されるに至った。ヴァンツレーベン出身シュルツは修正動議を提出し、将校たちに対しこの退役を当然の義務とした。動議と修正動議は一票差の多数決で承認された。だが主義に忠実なことで際立つハンゼマン内閣は、この決議は実施に移されない、と宣言した。それが原因でベルリンとその州はたいへんな興奮に陥っている。この興奮とその憶測上の成り行きによって、国民議会の不決断は正気に戻った。この動議に関してもう一度採決が要求されたが、左翼はこの反議会的な要求をはねつけている。その際彼らは、水中に跳び込んで口に魚をくわえて捕える釣師のごとく振舞った。シュタイン動議は、その修正動議とともに（結局再投票が行なわれ―石塚）、今回は六七票の多数を獲得した。内閣は辞職し、ベルリンはクーデタに対する準備を整えている。ベルリン付近への軍隊集結とウランゲルの軍命令とは、そうしたクーデタにふさわしい先触れとして現われている。ベルリンは激昂しているものの大胆となっている。三月一八日以来（こんにちほど―石塚）、進歩的な党がより強大な精神力を発揮したことはないし、より強固な団結を示したことはけっしてない。我々にはプフェール内閣がある。人民は戦闘準備を整えているし、確かな勝利に先立って喜々としている。なぜなら、ウランゲルの軍命令は、明らかに挑発的で反動的な傾向にあるからである[10]」。

引用文にみられるように、ヴァイトリングは、議会と戦闘とを双方ともドイツ革命を推進させる原動力にみたてているものの、究極的には第二の三月一八日を望んでいる。

第一号最後の記事（六）「郵便函」では、第一にドイツからアメリカへの移住を希望する人びとに対するインフォメーションを載せている。それは例えば、ベルリンを経由してニューヨークへ移住したい者は当人の住所、出発日をグローセ・フリードリヒ・シュトラーセのベルゲマンに連絡せよ、との内容である。そのほかアメリカの各地で展開されているコロニー建設や土地改革運動、社会改革運動について、アメリカに残留している同志に問い正す記事が続いている。例えばニューオリンズのジェイムズ・ネルソンに対しては、「カベのコロニーはどうなっているか？」シンシナティのクリツィンガーに対しては、「ドイツ人ナショナル・リフォーマーはどの程度の進展をみせているか？」シンシナティのツォイナーへ、「ドレスデンで或るフランス人が死亡し、莫大な遺産が遠く離れた彼の親族の手に渡ったが、その家族の一員であるツォイナーに申出のよびかけが発せられた[11]」等々。

これらの記事を一読して思うに、ヴァイトリングは一八四八年一〇月の段階で、アメリカをもはやたんなる一時的逃亡地・避難所とみなしてはいないようである。アメリカをたんにヨーロッパ（ドイツ）革命のための体制たて直しの地と考えるのでなく、大西洋をはさみ世界的規模で発展する労働者運動の一大重要国とみなし、この地でも、いやこの地でこそ積極的に、労働者解放のための組織形成を目指すべきとの意志すら、この「郵便函」から判断し得る。

註

（1）（2） Der Urwähler. Organ des Befreiungsbundes. hg. v. W. Weitling, Berlin 1848. 10-11（Nachdruck, Glashütten im Taunus 1972）S. 3. なお、『第一次選挙人』はベルリンとその近郊で一五〇名ほどの予約購読者を集めたくらいでしかなかったと、ヴァイトリング自身がのちに証言している。Vgl. Die Republik der Arbeiter, hg. v. W. Weitling, New York 1850-1855（Nachdruck, Topos Liechtenstein 1979）3Jg. S. 66.

（3） 本書第2章第2節をみよ。

（4） Der Urwähler, S. 3.

（5） Der Urwähler, S. 4.

（6） Der Urwähler, S. 4f.

（7） Der Urwähler, S. 5.

（8）（9） Der Urwähler, S. 6.

（10） Der Urwähler, S. 8.

（11） Der Urwähler, S. 8.

第二号

記事―（一）国民議会殿！（二）解放同盟諸原則の説明、（三）協同計画、（四）赤旗、（五）ドイツ・ファミリーブント初年度におけるドイツ議会、（六）改革者への照会、（七）一八四八年三月一八日を記念して（詩）、（八）政治的展望（ベルリン、ウィーン、パリ、コロニー）、（九）赤色民主主義の機関紙、（十）郵便函

まず（一）「国民議会殿！」であるが、ここにいう国民議会 Nationalversammlung とは、おそらく、革命後フランクフルトアム・マインに設置された「ドイツ国憲法制定国民議会」（一八四八年五月一八日成立）でなく、その直後に設置された「プロイセン憲法制定国民議会」（一八四八年五月二二日成立）のことであろう。またこの記事中でヴァイトリングは、表題に用いられた用語 Nationalversammlung のほか Volksversammlung（人民議会）という語をも用いている。さらには、その二語とも、記事のなかでは複数形で出てくる。例えば次のようである。

「諸政府や Nationalversammlungen は、Volksversammlungen への参

加およびそこでの刺激のバロメーターによって諸政府、Nationalversammlungen は、その協議と諸政策とを修正している。全き民主主義のなかにあって、出版・結社そして特になかでも Volksversammlungen の影響下で立法議会 die constituirenden Versammlungen の最も決然とした、最も迅速な、そして最良の方策が実施される(1)」。

そのほか、Volksversammlungen の方は、これに続く次のような文脈で使用されている。

「それゆえ、Volksversammlungen は自由に、アメリカにおけると同様、自由にしておくことである。またそれを後見なしに、少なくとも警察などの後見なしに――さなくとも我々は幼ない頃からこれに反感を抱いてきたのだ――置くことだ。警察に対し、Volksversammlungen を監視し、これを何か抽象的な法概念に基づいて禁止するような権限を与えようものなら、それはちょうど、我々のすべての自由をその後見のもとに置くのと何らかわないことになる(2)」。

このように引用してみると、ヴァイトリングはこの二種の議会のうち国民議会 National versammlung を現状のもの、ないしヨーロッパ的なものとし、人民議会 Volksversammlung を理想に近いもの、ないしアメリカ的なものとみなして使い分けしているように思える。その際、この二種の概念の区別は、『第一次選挙人』第一号にみられた〝選挙〟についての使い分け――現状のそれ・より公正なそれ――と同様の流儀に基づいていると判断し得る。またこの区別立ては、外見上では〝警察の後見〟をメルクマールとしている。つまり、その後見のもとにある選挙や議会がドイツの――三月革命によって成立した――新たな体制下のそれであり、その後見を拒否しているとされるのが同時代アメリカの選挙や議会ということである。少なくとも、この記事からはそのように推察しうる。その限りでヴァイトリングは極端な比較をしすぎている。なぜなら、ほかの彼の文書では、一八四〇年代末アメリカの現状を、然るべく批判しているからである(3)。

(二)「解放同盟諸原則の説明」――これはヴァイトリングが『第一次選挙人』の記事とは別個に起草した『解放同盟・盟約書』の部分的転載である(4)。それはそれとして、転載内容の特徴を挙げると、次のようである。

「いま我々が何か完全なものを要求するのであれば、その際我々は全体のなかのあらゆる各個別であると称するには及ばない。もし馬車を用命するとして、それが車輪を備えているにきまっていることは、おのずと諒解し得る。社会的自由を、すなわち万人の、釣合いのとれた平等な権利と義務の保証を要求すれば、これによって同時に我々が政治的自由の拡大をも望んでいることが、つまり書いたり話したり協議したり決議したりできる保証やその実施についての認可の拡大をも望んでいることが、おのずと諒解し得るのである。そればかりか、その際さらに次の点もおのずと諒解される。すなわち財産・時間・金銭そして確実な生活を欠いている者すべては、それを得ている人びとほどにはこの政治的自由を活用していないことを見ぬいているがゆえに、我々はたんなる認可だけでは満足し得ないということである(5)」。

政治的自由をたんにそれのみの形態で要求しても、これはけっして内実も十全に獲得できるものではない、政治的自由は社会的自由という全体のなかの一個別を構成しているにすぎない、というのがここでのヴァイトリングの主張点である。〝馬車〟が社会的自由に、また〝車輪〟が政治的自由になぞらえられている。

ところで、上述の主張点を、ヴァイトリングは彼一流の方法でもって実践に移そうとする。その方法は、一面ではそれなりの根拠をもって批判される内容を備えている。要点のみを挙げれば、以下の三ヶ条（解放同盟の諸原則）である。

Ⅰ、全官吏は国家の労働者であり、かかる者として釣合いのとれた平等な賃金を得る。

Ⅱ、国家は、労働を要求する者すべてにこれを与え、また官吏と比べて過不足ない賃金を支払う。

Ⅲ、国家は、労働不能な者すべてに対し、恩給を受けている退職国家官吏と同様な扶助を行なう(6)。

右の各々についてヴァイトリングは解説を施しているが、ここで彼が用いている術語「国家 Staat」を、我々は労働者国家（労働者共和国）と読みとり、かつそれが「統治 Regierung」でなく「管理 Verwaltung」の内実を備えたもの――ないし前者から後者への内実変化を経過しつつあるもの――と読んでいく必要がある(7)。右に、一面ではそれなりに根拠ありとしたのは、Staat を Regierung という段階に固定して強調した場合のことである。だがヴァイトリングの過渡期論には、例えばマルクス的な意味での長期的独裁＝統治の形態は介在しえない(8)。よって、批判はやはり一面的、すなわち皮相的なのである。

（三）「協同計画」の〝協同〟とは Association の訳語であ

る。この術語は〝連合〟とも〝協会〟とも様々に訳し得るが、この記事のなかでヴァイトリングは、次ように使用している。

「団結は強力となり、もっかのところ多額の資金がどの協会 Association にとっても活力のもとになっている。（中略）私は、次号でもって以下のことを論証しよう。たとえその大半が週ににわずか四ターラーしか稼がない労働者で構成されていようとも、一〇〇〇人の協同者 eintausend Associrten からなり、一年間に一〇万ターラーの資力を得るというような協会 Association が可能となっているということを(9)」。

このように述べても、ヴァイトリングはベルリンの労働者に対し、協同計画にはさしあたって慎重な態度で臨むよう警告している。その理由の一つとして、「もし若干の金持ちの人びとがこの協会に重要なかたちで参加すれば、なるほどそれで協会は十分な在庫資金を確保できる。だがその際、おおむね、民主主義においてかかる金持ちの影響力が、選挙で著しく作用することになる(10)」からであった。

（四）「赤旗」の記事では、一方で、この色が社会主義・共産主義という特定のイデオロギーを象徴するものというよりも、常に世界史上の貧民・弱者の抵抗運動・革命行動を象徴してきたものとして語られる。

「赤旗は感動 Aufregung の旗であり、危急 Not の旗である。晩餐のワインがキリスト教徒にとってそうであるように、この旗はその信棒者にとって、人類救済のために流される血を象徴している。（中略）赤はムハンマドの神聖な血の旗だ。（中略）赤はジャコバン派の旗でありその帽子であった。赤はバブーフの陰謀の旗色だった。それは一七九七年にフランスのブルジョア共和国を倒し、一人の独裁者のもとにコムニスムスを導入しようとした。赤旗は二月革命にその意義を与えた(11)」。

だが他方で、赤旗はけっして国旗ではないとして、はっきりとナショナリズムに対するインターナショナリズム――記事のなかでは〝コスモポリタニズム〟と称しているが――の象徴として、また共和主義に対するアナキズムとコミュニズムの象徴としても語られる(12)。

（五）「ドイツ・ファミリーブント初年度における「ドイツ議会」では、武装した、無敵の革命が存在してはじめて臨時政府が真に労働者の利害と一致し、労働者を含めた全市民の選挙、議会活動を革命的に保証するのだ、という内容を提示している。この記事は、ヴァイトリングが仮りにしつらえた、想像上の議会——そのように私には思われるのだが——の模様を伝えている。そこで〝市民C〟は次のように語っている。

「我々は武装した、無敵の革命の声なのであり、我々に与えられた委任権を革命の敵の手中に渡しはしないであろう。奴らは未だに、人民に対し、その真の利益を欺くためのあらゆる手段を持っている。それゆえ私は、少なくとも一年間はこの議会を臨時政府として存続させるべきことを提議する。(議場と立席から嵐のような拍手がおこる。採決が行なわれる。市民Cの提議が圧倒的多数を得て通過。会議の設定が承認される)[13]。

ヴァイトリングは、自らの掌中にある限りでの臨時政府の首班に選出された模様である。

(六)「改革者への照会」は、一八四八年革命期にライプツィヒとベルリンでアーノルト＝ルーゲが編集していた雑誌『改革 Die Reform』に対し[14]、ヴァイトリングと『第一次選挙人』誌を支持せよとの要求を載せた短文である。また『改革』誌へのこうした要求と同誌への批判的論評は(九)「赤色民主主義の機関誌」にもみられる。

さらに(八)「政治的展望」では、まずベルリンにて〝政治囚は依然として牢獄で憂いやつれている〟こと、一方ウィーンでは「カマリーラ(宮廷党—石塚)がその奸智にたけた裏切りを、敗北という代償でつぐなった。激怒した人民、特に本来の人民であるプロレタリアートは、その血で戦いの決定を行ない、いつものように他者のために身の危険をおかした[15]」との報道を行なっている。またパリからの通信文は次のようである。「二月革命後、パリでは、周知のように肉税が廃止されてあった。だが六月決戦以後、勝利を得たブルジョアジーが再びこの税制を導入した。彼らのソフィスト的弁士や新聞記者が、その対策は何の役にも立たないなどと嘘ぶくことによって[16]」。だが、このような報道記事のなかにも、やはり選挙弁護の主張がみうけられる。いわく「フランスの人民は、その多くが未だに選挙によって自らの利益を主張するということを殆んど理解していないものだから(云々)[17]」。そのほか、ヨーロッパ革命とは直接何の係りもないのだが、ボーア人によるトランスヴァール共和国建設の模様を「コロニー・喜望峰」と題して報道している[18]。また一八四七年から続いているアメリカ・メキシコ戦争およびカリフォルニアのゴールド・ラッシュにも言及している。なお(十)「郵便函」の論調は第一号のそれと同様である。

注

（1）（2）　Der Urwähler, S. 10.
（3）　Vgl. Der Urwähler, S. 6. この箇所は第一号の記事「アメリカからの声・解放同盟からドイツ人民へ」に含まれ、そのなかで一八四〇年代のアメリカにも〝自由のアナーキー〟が存在していると指摘している。
（4）　Der Urwähler. 覆刻版（ここで引用しているもの）には、新たな頁立てで付録として収録されている。そのうちSS 2-4. が完全な重複部分である。
（5）　Der Urwähler, S. 11.
（6）　Der Urwähler, S. 12f.
（7）　Regierung としての Staat でなく Verwaltung としてのそれとなれば、もはや Staat という術語を用いることはできない。にもかかわらずヴァイトリングがあえて一八四八年段階で Staat という語をなぜ頻繁に用いたのか、ひとつの疑問として残る。
（8）　ヴァイトリングの過渡期論については本書第2章第4節をみよ。
（9）（10）　Der Urwähler, S. 13.
（11）（12）　Der Urwähler, S. 14.
（13）　Der Urwähler, S. 14f.
（14）　ルーゲ編集の『レフォルム』について、『マルクス・エンゲルス全集』第六巻（大月書店、一九六一年）六三五頁に次の注解がある。〝『ディー・レフォルム。政治新聞』はアーノルド・ルーゲとH・B・オッペンハイムによって、一八四八年四月から六月まではライプツィヒで、七月から一一月まではベルリンで発行されていた。小ブルジョア民主主義者の機関紙であった。〟
（15）　Der Urwähler, S. 15f.
（16）（17）　Der Urwähler, S. 16.
（18）　喜望峰からの報道は次のごとくである。「三〇年代のドイツ人亡命者間で周知のヴィルヘルム・ヤーコプ・プレトリウスは、ヴァインスベルクにて、同国人および原住民一二〇〇人からなる勢力を結集し、今年の七月一七日に共和国を宣言した。この蜂起を鎮圧するためイギリス人が援軍を待ちうけた」。Der Urwähler, S. 16. なお、ここに訳されたプレトリウスの息子マルティヌス・ウェッセル・プレトリウスは、トランスヴァール共和国初代大統領となった。

第三号

記事──（一）協同組合、（二）出版の自由と出版法（署名F）、（三）言葉の解釈について、（四）民主主義とは何か、（五）フリードリヒ・クリューガー、いつでも（詩）、（六）政治的展望（一〇月一八日のベルリン、ウィーン、パリ）、（七）郵便函第二号掲載記事の一つ「協同計画」で予告した通り、ヴァイトリングは本号のトップに（一）協同組合と題する論説を掲げている。そのなかでの主張点は、一言に要約すれば、労働者は協会（協同組合）を組織して連合し、経済面での政府参加を達成すべき、というものである。

「およそ協会はすべて、これを通じて万人が、例外なく万人が援助をうけるべきものであり、これを通じてまた最も不幸な人びとのすべてが救われ、またあらゆる労働者と貧困な雇主も救われるべきものである。さらには生きんが為その日暮らしをせねばならないのと同然の稼ぎしかない者すべてが救われるべきものである。したがって、住民の四分の三を、しかもそのうち最も貧しい部分を救うべき協会はどれも、国家の保護と指導のもとでのみ存立可能で、目的を達成し得る。（中略）

しかし、もしも或る好都合な協会の諸条件が力を与えれば、若干のものは協会を通じて自己救済できる。ひとつの優れた協会を通じ、密集したファーランクスを形成することで、そうできる。このファーランクスは全般的な社会混乱のなかで、よりたやすく目標に突き進み得る。（中略）

通常、諸協会のもとでは、次のような労働者の集団が想起される。すなわち、寄付金を醵出しあい、管理局を選出し、共同で労働し、作ったものを売り、その利得を通じて然るべき賃金を確保し、協会の諸力をたえず増強させ得るような労働者集団である。だがそのような協会はすでに数多く破滅してきている。（中略）統一の欠如がこれらすべての協会を破滅させる。絶えざる協議、批評、そして非難を通じて、けっきょく以下のような事態が生ずる。すなわち、だれもが統御したがるもののだれも聴従したがらず、あるいは会員が徐々に飛散し、管理局だけにしてしまう。かような協会に最良の人物を集めても、たとえ真に天使のような人であっても、結末は依然としてそのようになる。——」

「このことから我々は、資本家が最も好都合に、協会の利益を搾取し得るのだということがわかる。また実際、彼らはそれを行なっているのである。（中略）靴工が連合して、ある店舗 *Magazin* を開始したと仮定しよう。資本家もまたこれに対抗してそれを開き、連合した靴工が倒産するまでこれを維持することができるのである。資本家がそれを為し得るためには、靴工連合自体が稼ぎ得る以上のものを自分の労働者に与え、たとえ損をしてでも商品を安く販売するだけで十分なのだ。もちろん、競争相手を破滅させてから、再び損失分を回収する。

それは実際、毎日どこかの営業部門で生じている。その際資本家は、損をすることなどまったく要らない。なぜなら、彼らはより多くの資本 Mittel をもっていて、より安く販売し得るからである。

　したがって諸君ら労働者は、たんに協会だけでもって自己救済し得るとか、国家や政府には救済能力がないなどと信じ込んではならない。それどころか政府は、ただその意志さえもてば救済ができ、いともたやすくそうすることができる。救済されるべき者が少数にとどまらず万人にゆきわたるべきとすれば、かような救済を創出せねばならないのは政府である。さもなくば、何のために政府を必要とするというのか？(1)」

協会《アソシエーション》（協同組合）に関するヴァイトリングの主張を整理すれば、次のようになる。第一、資本家が介入し得ない、労働者のみからなる協会を設立する。第二、だが資力において劣勢な労働者連合（協同組合）が資本家との競争に勝利するためには、政府に援助を求めるべきである。第三、その政府は、意志さえもてば、協会を通じて、資本家に対する労働者の利益を保護し得る。このように整理できる。

　そこで問題となるのは、ヴァイトリングのいう「政府」である。彼の立論でいくと、明らかにこれはブルジョア政府でなく〝労働者政府〟でなければならない。よって、労働者の自主管理的協会活動が労働者自身の利益を保証する前提として、政府の、あるいは国家の革命的転化が実現していなければならないことになる。ヴァイトリングが、一八四八年一〇月にベルリンでこの記事を発表したということは、彼の念頭に、三月革命政権は労働者政府か、あるいはこれに転化する動きの途上にある臨時政府という判断があったのである。カンプハウゼンやハンゼマンがいつまでも首班であってはならなかったのである。そこで彼は、この「協同組合」記事の後続部分で、労働者の〝政府への参加〟を提言している。既存のプロイセン政府に対し直接名指しで要求しているわけではないが、「政府が我々に大蔵省を任せ、新たな銀行設立の全権を与えれば」よしと叫んでいる(2)。

　こうしてヴァイトリングは、第一に労働者の自主管理的協会活動という下からの変革、および労働者の政府参加、財政担当を通じての上からの変革という二本の基軸を設定することによって、資本家の私的財力を無力化しようと計画した。とはいえ「銀行は改革への新たな燈火である」との彼の発想は(3)、たんなる経済主義でなく、またたんなる国家行政上の変革でなく、人民の武装、人民の議会という、『第一次選挙人』第一号、第二号で表明された二大変革手段とドッキングした、社会革命三大支柱のひとつなのである。このトリアーデこそ、一八四八年一〇月の段階でヴァイトリングが到達した、彼の実践理論の頂点なのである。この新地平は、むろん一八四二年刊の『調和と自由の保証』に示された地平を、大きく凌いでいる。

（二）「出版の自由と出版法」では次のごとき現状分析と、その批判とが展開されている。

「出版はわが邦の法律で三月から自由になったが、しかし依然として革命党は、真の出版の自由にブレーキをかけている法を、プロイセン王フリードリヒ・ヴィルヘルム二世が我々に遺した刑法から削除するところまで成功してはいない。それどころかむしろ反対に、新たな国家権力 Reichsgewalt が、過去の亡霊を今後もずっと呪術によって国家内に生き返らせておこうとしている。（中略）

出版（の自由―石塚）を脅かす危険を眼前にして、次のことは民主主義者の差迫った義務である。つまり、出版（の自由―石塚）を我が身のように保護し、愛児のように大切にし、いたわるということが。悪意にみちた虚偽の出版の合法性に対し、我々は、そのアナーキーを宣言する。あらゆる党派の、そしてあらゆる思想の公然たる、正々堂々たる戦場である出版（の自由―石塚）は、どこかある一党派の特権であってはならない[4]」。

ブルジョア出版法、政治的自由を証明するだけの出版の自由、出版をこのような段階にとどめおこうとするプロイセン三月政権に対し、ヴァイトリングは、人民の多種多様な、流動的な利益を存分に表明し得るような、〝出版のアナーキーを対置する。出版の自由の一党的独占を許さないヴァイトリングの路線は、この段階ではブルジョア的政権に対して向けられているのであって、第二の三月一八日を勝ち取るまでの路線である。人民の武装、人民の議会、それに人民の銀行を掌中にした新たな局面――これをもってヴァイトリングは労働者政府の完成とみ、同時に旧来の意味での統治一般の欠如とみる――に立ったなら、もちろん人民による出版の自由の独占が唱えられるはずである。

（四）「言葉の解釈について」――ここでは特に民主主義について、その言葉の真の意味を諒解するのに、周囲のソフィスト的美辞空語に惑わされてはならないとの警告が与えられる。

「長時間の討議でソフィストへの反駁を行なうのは為にならない。しかし、ソフィストのだれもが抵抗し得ない確実な手段がある。それはこうだ。特に議論がいかなる集合名詞、抽象語の周囲をまわっているかに注意すること。それから、最もよく用いられる集合概念ないし抽象語を指摘し、ソフィストに対し、その語の解釈を問うことだ。かれはその瞬間たじろぐだろう。うまくいけば、かれはまったくその語の説明ができずにただ踠くだけであるし、たとえ或る解釈をしても、彼に対し即座に反駁を立証できるだろう[5]」。

ベルリンの人民に対しこのような老婆心ともとれる警告を発しつつ、ヴァイトリングは自ら（五）「民主主義とは何か」と題する記事を、すぐその後に掲載し、ソフィスト反駁の理論的武器を提供する。

「それは人民の力 Volkskraft すなわち人民統治 Volks-herrschaft のことであろうか？　ギリシア語からの翻訳によれば、たしかにこれを指す。だが実際上では、それは少数者に対する多数者の統治である。したがって人民統治というのはありえない。なぜなら、万人の投票を通じて少数者が多数者に統治されるということだからであり、またしたがって人民全体が統治にあずかるということはありえず、たんに多数者がそうするだけだからである。さらに、この統治する多数者というのは、いまだかつて一度も人民による多数者であったためしがない。その理由の第一は、人民 Volk という言葉の概念には青少年や女性も含まれるのに、彼らは未だ投票に参加したことがない点であり、理由の第二は、選挙に際して有権者全員が姿をみせたことがなく、しばしばその過半数が姿をみせないからである。民主主義はしたがって、投票に参加し、その権利を合法的に備えている諸個人のなかの多数者による統治なのだ。しかし、この多数者ですらもが、けっして直接に支配的ではない。なぜなら、彼らは元来、ほんのただ代表者を、あるいはただまったくもって選挙人を選出するだけだからであり、したがってこの代表者の投票が第二、ないし第三の議会とその投票を通じてようやく、国民議会 Nationalversammlung としての、法律的つまり直接的な意志力 Willenskraft を獲得するだけだからである。

人民統治というのは、一般に非論理的に組み立てられた概念であって、実際面では何ら文字通りに理解される意義をもってはいない。なぜなら、統治する herrschen（支配する―石塚）という語で同一人物の意志の自由な行使を表現しているからである。唯一の意志は、しかしただ唯一の個人が持つだけである。この意志は他者のそれと連合させる associren ことはできるが、しかし全人民が唯一の意志を持ったことなどはない。万一それを持てば、あるいは持ち得るならば、個人の意志に関する投票など無用になろうというものだ。（中略）
　共和政は王のない民主主義だ。民主主義的王政というのは、大統領が大権を握っているような多くの共和政と、しばしば次の点で区別されるにすぎない。すなわち、自由にとってきわめて不利な結果となり得るような同一家系の政府に相続されてきた大統領制ということである。然るに他方共和政下にあっても、選挙によって官職に就いたものの、そこいら多くの国王よりずっと僭越な行動をとるような大統領もいる(6)」。

ルソー以来フランス思想史上の一大政治思潮を創出してきた人民主権の問題を、ヴァイトリングは三月前期より執拗に問いつめてきた(7)。その結果彼は、民主主義に対し、右に引用したような内実を与え、この術語にたとえブルジョアでなく〝プロレタリア〟とかの形容詞が冠せられても、その内実に変化はないとする。ただし彼は、人民に対し、あるいはコムニスト同志に対し、民主主義者と自称することを拒絶するには及ばない、と忠告する。「コムニストと社会主義者は必然的に少なくとも民主主義者であらねばならない」のである(8)。そのわけは、『第一次選挙人』第二号掲載記事「解放同盟諸原則の説明」でも宣言されたように、社会的自由を求める者は、それだけでもはや必然的に政治的自由をもあわせて要求しているからである。これと同様、コムニスムスを求める者は、必然的に、これに至る間に人民が利用すべき民主主義をも要求していることになるからなのである。これによっても、三月革命に対するヴァイトリングの現状認識に内実が十分に表明されている点を、我々は容易に判読できる。その内実は、特にマルクスのそれと決定的に違っているのであった。
　クリューガーの詩は措くとして、（五）「政治的展望」をみると、そこではまずもって次の宣言が注意を引く。「統治形態の変更では改善はない。守銭奴の統治は何よりも吐気を催させる」。これは一〇月中旬にベルリンのケップニッカーフェルデおよびロースガッセの街路で生じた戦闘に関する、以下に引用する報道文中に記されたものである。

「（この事件は—石塚）三月の戦闘以来初めてのものだ。その原因および結果は、パリの六月蜂起と多くの点で類似している。そこで比較をやってみよう。まずパリでは臨時政府が、労働者やパンを求める労働者に対しそれらの供給を引受けた。また仕事を得られなかった者たちには毎日一フランを与えた。だからパリではだれも極端な困窮に苦しむ必要はなかった。臨時政府のこの処置は、なるほどきわめて誠意あるものではあったが、しかし財政上の法律によって熟考の上に実施されたものではなかった。それはブルジョアジーの（通常そのように考えてられているように）多大な金銭上の負担に依存していた。そこで国民議会は別の政府を選出し、国立作業場および上述のような処置を部分的に廃止した。よってこんどは労働者が、いままで享受していた恩恵を幾分切りつめられることになったが、それは最終的にすっかり廃止するための処置であった。これに対して全般的な憤激が発生し、労働者がバリケードを築いて戦闘を開始した。また社会（主義的—石塚）党派は労働者を支持した。それは何ら労働者蜂起などではなく、パリでの四日間にわたる市民決戦 Bürgerschlacht だったのである。

　ベルリンでは、ここでもまた政府が労働者に仕事をさせる役を引受けた。それゆえにケップニッカーフェルデの労働者は、たいへん苦労しながらも賃金を稼いでいる。だが仕事のない者に対してわが邦の政府は何も与えない。そこでますます、彼らのなかには失業状態を余儀なくされる者が続出してきた。しかしそれだけますますベルリンのブルジョアは、それを通じてこの町に増大してきた出費について不平を言う理由がなくなっている。いまや、かの労働のかわりに機械が設置され、その結果、数百の労働者に解雇が約束されている。（中略）要するに、パリの人びとはただちに戦闘を開始したのに対し、わがケップニッカーの人たちは、ただ機械を破壊しただけだった。（中略）さらに二度目の破壊を防ぐため、市民軍の一部隊が配置された。しかし、これが真の目的であったなどということは、公正な眼をした者ならだれしも疑うにちがいない。（中略）しかし人民は、たんなる政治運動で何を勝ち取るであろうか。いったいぜんたい何を求めるべきか。人民によりよい生活を獲得させようとせず、また社会的な旗を政治的な手から手へと渡すならば、なるほどいかなる戦いも、のっけから無用というものだ。統治形態の変更では改善しえない。我々はブルジョア共和政を求めない。守銭奴の統治は何よりも吐気を催させる。それなら武力政治 Säbelregiment（軍制—石塚）の方がまだましというものだ。——いずれにせよ、ここでは反動的な市民軍が、その武器を野蛮に、不必要に使用したのである。そのことは人民の大半とベルリン市民軍とが認める見解である。かく反動的な市民軍にはしたがって、この突発事件の全ての結末の責任が帰せられる。すくなくとも同様に、別の面からして、機械破壊の責任も市民軍に帰せられる」[9]。

パリの革命のみならずウィーンやベルリンの革命もみな、ヴァイトリングにとっては社会革命の一ステップと位置づけられていることが、はっきりと読みとれる。民主主義的変革は求めるが、それは社会革命というトータルな運動内部の一段階、一部分としてはじめて意味をもっている。政治的な旗は、社会的な大旗のもとに付けられる小旗の意味においてようやく、労働者の旗として使用できるのである。また右の引用には直接表明されていないものの、ヴァイトリングは、国立作業場設置がブルジョアジーの資力によってまかなわれている限り、たとえそれによっていかに多くの労働者が職にありついたとしても、革命は依然として政治的な段階にとどまってしまう、ということを念頭においている。よって、彼の構想する臨時政府の強化は、軍事力と並んで、労働者の直接参加を通じての財政力の強化をも意味している。労働者政府による銀行管理と、これを土台とした労働者自主管理企業——一八四八年の段階で彼はたんに Association としか表明していないが——の拡充、これが肝心かなめなのであった。

「政治的展望」の記事には、そのほかウィーンからの報道とパリからの報道が並載されている。そのうちウィーンからのものは、革命派からのブルジョアジーの脱落、ウィーン郊外にせまる王党派やイエラチッチ軍に対するプロレタリアートの再武装が報ぜられ、次の一文で締括られている。「かつてポーランド人はウィーン郊外でドイツの自由を救った。いまやハンガリー人がこの自由をウィーン郊外で救うため招集されているらしく思われる。けだし、ウィーンはドイツ内に存在しないのであろうか?」またパリからは、六月決戦時の逮捕者一万人中——記事にはそのように数えられてある——三四二三人が流刑となったことが、またその人たちの出身国、職業別統計が報ぜられている。因みに、三四二三人中一〇〇人以上を占める職種は、日雇労働者の四六〇人を筆頭に、家具工三二八人、機械工・錠前工・鍛冶工三〇五人、石積工二五一人、芸術家・画家・音楽家一五六人、織布工と経師一二二人、鋳金工一二二人、靴工一一七人、捺染工一一〇人となっている。なお、最後の記事「郵便函」では、いつも通り、ベルリン経由でニューヨークへ移住を希望する人びとへのインフォメーションを流している。

註

（1）Der Urwähler, S. 17f.
（2）（3）Der Urwähler, S. 18.
（4）Der Urwähler, S. 19f.
（5）Der Urwähler, S. 21.
（6）Der Urwähler, S. 21f.
（7）本書、第2章第3節参照。
（8）Der Urwähler, S. 22.
（9）Der Urwähler, S. 23f.

第四号

記事—（一）改革プラン、（二）移民、（三）フィラデルフィア市およびその州における在アメリカ・ドイツ人労働者協会の会憲、（四）ドイツ・ファミリーブント初年度におけるドイツ議会（第二会議）、（五）選挙、（六）誤解（詩）、（七）政治的展望（一〇月二四日のベルリン、ウィーン）、（八）郵便函

トップ記事（一）「改革プラン」では、冒頭に突如「社会協会 Der Sozial-Verein」という名称の団体が出てくる。「社会協会は国民議会 Nationalversammlung に対し、我々が以下で仔細に論証しようとする事柄を協議するよう要求するものである」[1]。この団体は、ヴァイトリングがまえもってアメリカで創設してあったもので、このあと解説する記事（三）「フィラデルフィア市およびその州における在アメリカ・ドイツ人労働者協会の会憲」中にも登場する。「改革プラン」の内容は、第一、革命政権下のドイツで負債を背負っている弱小の土地所有者をいかに救済するかについて、第二、その土地片すらも持たない無産者の利益をいかに保護するかについて、以上が中心である。その解決策としては、ロスチャイルド家等の大商人を含めた資本家たちが自由にしているような貨幣（金貨）の代わりに、革命政府が独自に紙幣を発行して、まずは「鋳造貨幣を国中から追放する」[2]。それと同時に、資本家と競り合って、彼らの抵当に入っていた土地を国家が買い占める。その後、次のように事を進める。

「国家が土地所有の圧倒的部分を、あるいはそれに付着している抵当権を手中にすれば、次には商業の占有を意図するだろう。国家は多くの生産物加工をも自ら引受け、そこで未だ屈服していない私企業と競合することになろう。中軸商人 Zentral-Kaufmann たる国家の力は巨大である。ロスチャイルド家さえこれに屈服し、生きんが為には或る有益な職に就かねばならないのだ。

かかる国家に資本家はもはや長くは存在しえないが、しかし彼らに関して、国内の金銀を好みに応じて持ち出すのを許容しはしないかという問題が残っている。だが私はそのように思わない。個々人に対して、彼が代替価値と引換えにしないまま全生産物を持ち去るという権限を与えなければよいのである。

したがって、徹底した処置を講ずるなら、差迫った危険から土地所有が救済され、資本という網から万人の生活の資が救済されるだろう。利益は莫大となろう。国内で利息が支払われるものすべて、例えば家屋、田畑、資本等々、および商人の甚大はなはだしき無用の出費、彼らの利益、これらすべては国庫に帰することになる。それだからもはや我々は税金を支払うには及ばず、逆に、現在税金等々として支払っている財の二〇倍以上もの財を得ることになる(3)」。

ここでヴァイトリングは、無産のプロレタリアートのみならず、弱小ながら土地片を所有する人びとについても、被救済者の対象に括っている。これは彼の Volk 観に関連するものだが、その語に関する彼自身の解釈については、すでに紹介した第一号記事「我々はいかなる改革を欲するか」をみれば、十分諒解できる。こうした小土地所有者＝小生産者擁護は、彼の主張する社会革命と矛盾しないばかりか、むしろその特徴を表明したものと言い得る(4)。

(二)「移民」には、「I、渡航費・ル・アーヴル経由の渡航」と記されてあるから、雑誌が順調に刊行されておれば、ヴァイトリングの計画ではII、IIIと続篇を発表していくはずのものであったろう。内容としてはとにかく、ドイツの貧しい農民家族や手工業職人に対し、いかにして安全に、安価に大西洋を渡るか、懸命に報道している。ドイツ諸邦からブリュッセルやシュトラースブルク、パリ等を経由して出港地ル・アーヴルへ達する移民列車の手配状況、どのような方法が最も便利で快適か、ル・アーヴルに着くと必ずゴロツキが移住者の懐を狙って近寄ってくるから要注意、などが記されている。

(三)「フィラデルフィア市およびその州における在アメリカ・ドイツ人労働者協会の会憲」――この記事は、前述したヴァイトリングの「社会協会」が母体となってフィラデルフィア市に結成された団体の会憲 Verfassung である。一〇ヶ条と付録の八ヶ条から成っており、前半の一〇ヶ条では、主に次の内容が列記されている。〝労働者とは〟(第一条)〝労働者だけが国家の基礎〟(第二条)〝労働者の利益保護は国家の義務〟(第三〜五条)〝労働者の不自然な現状〟(第六条)〝労働者の果たすべき義務〟(第七〜八条)〝この原則の意義・目標〟（第九〜一〇条）、また付加条項では〝アメリカ人労働者との連合〟（第一〜二条）〝役職・例会・醵金・役員選挙〟（第三〜八条）が規定されている。[5]ここでも、ことのほか国家 Staat が強調されている。もちろん労働者国家・労働者共和国の意味で用いられてあるが、いかにもシュターデルマンのような――「ヴァイトリング理論は国家社会主義だ」――批判者が出てもおかしくない諸原則ではある。

（四）「ドイツ・ファミリーブント初年度におけるドイツ議会（第二会議）」――これは第二号掲載の同名記事の続篇である。第一会議では市民Cの口を通じて「武装した、無敵の革命」が強調されてあったが、この空想上の第二会議では、まず市民Gに「いまや革命家たちの期待に光栄を与えた臨時政府が正式に発足したのに応じて」と語らせることによって、ヴァイトリングは、第二の三月一八日以後にプロイセンで登場するであろう労働者政府の任務を語る。革命の熱狂さめやらぬうちに全土で為すべきこと、人民各自が「その力の限りで、労働不能者や失業者をこの期間引受ける、国家が万人の利益において処置を講ずる時間を得んがために」。（市民G）「社会経済局は、急を要する事柄から順に協議するために、届出のあったあらゆる提案・動議を、その緊迫性に応じて調査する委員会を設置する」。（市民C）「次回の会議では人民教育委員会の選出を提案する」。（市民H）[6]

次の記事（五）「選挙」も、第一号掲載の同名記事の続篇とみなし得る。前篇では「正当な選挙」が強調されたが、ここではそのための保障といおうか、リコール権に言及している。また全人民の直接投票を文字通り実現するため、「電信によって von electrischen Telegraphen 都市間や村落間の網が結ばれること」が「前もって不可欠」であるとしている。[7]ヴァイトリングは旧来の手工業職人出身であるが、新しい科学技術に対してはきわめて敏感に応じ、[8]これを人民の利益に役立てようとする。因みに、当時における電信の水準は次のごとくであった――一八三二年、モールス、有線電信機の発明。一八七六年、ベル、実用的電話の発明。一八九五年、マルコニー、無線通信法の発明。

例のごとく（六）の詩は措くとして、（七）「政治的展望」にはいる。ここでは一八四八年一〇月二四日のベルリンでの出来事と、ウィンディシュグレーツの反革命軍が刻々と迫ってくるウィーンの緊迫した情勢が伝えられている。そのうち、ベルリンからの報道では、反革命の攻勢がしだいに強まるなかで開かれた、第二回ドイツ民主主義者大会の模様が伝えられている。

「きょうベルリンに召集されたドイツ民主主義者大会が、その第一回会合を開いた。すでに約二〇〇名の代表委員が出席しており、またさらに多くの出席者が見込まれている。我々は、出席代表委員中に、差し当たってはゲオルグ・ファインに気づいた。この人物は自由という普遍的な事柄にとっての古くからの誠実な、そして偽りのない闘士である。（中略）大会は彼を議長に選出した」[9]。

次にウィーンからの報道では、同市の革命派がペルツェル指揮下のハンガリー軍を待ち焦がれている様子などが伝えられている。

「依然として重苦しい、あやしげな状態が続いている。ハンガリー（軍―石塚）は来ない。正式に当局から援軍依頼を受けていないからだ。（中略）援助なしにウィーンの人びとは勝利できない。彼らは転がり落ちるか降伏するかするまで、生活物資の補給を断たれるだろう。だれが彼らを救うべきか？　我々ドイツ人すべてだ。しかし、それにはもはや時が遅すぎる。ウィーンは敗北している。したがって、ベルリンもまた同じように生活物資輸送の中断が待ちうけることになろう。ハンガリーがウィーン救済に来れば、ロシアもフランスも、もはやいたずらに傍観者をきどってはいられまい。全土的（ヨーロッパ的―石塚）な、革命的な諸国民の嵐は必ずや生じるように思われる。さあ、やれ！　長々したおしゃべり、お談義では、もはやこの激動期には、どのみち前進できやしない。

　ついいましがた、ニュースが拡がった。ハンガリー軍が近づきつつあり、またその結果としてウィンディシュグレーツが、すさまじい砲撃でもってウィーン開城を強要するため急行しているとのニュースだ。しかしウィーンの人びとは、決死の覚悟で敵を待ちうけている。勇敢な出撃で、彼らは生活物資を獲得した。民家を砲撃されたなら、これに対し公共（施設―石塚）を爆破するだろう。勝利者に対し、彼らは廃墟と屍だけを残す覚悟だ。かくも大胆な反抗が保障されれば、彼ら、それと共に我々は、みな勝利することになろう」[10]。

　ヴァイトリングの、ベルリンでの『第一次選挙人』編集は、ウィーン陥落（一一月一日）、ベルリン開城（一一月一〇日）によって停止を強いられ、彼自身も、一一月二一日にはウランゲル将軍によってベルリンから追放された。以後彼はハンブルグへ移って、『調和と自由の保証』第三版刊行等の努力を再開することになる。なお、第四号最後の記事（八）郵便函は、前号どおり、ベルリン経由でニューヨークへ移住を希望する者へのインフォメーションを、その内容としている。

註

（1）Der Urwähler, S. 25.
（2）Der Urwähler, S. 26.
（3）Der Urwähler, S. 26f.
（4）ヴァイトリングの小生産者擁護論は、本書第3章の随所において解説されてある。
（5）Der Urwähler, S. 30.
（6）Der Urwähler, S. 30f.
（7）Der Urwähler, S. 31.
（8）ヴァイトリングが最新の科学技術に敏感であった一例をここに挙げよう。それは、一八四二年刊の主著『調和と自由の保証』に綴られた〝飛行船〟についての一節である。「当初人類はただ足で歩くのみだったが、やがて馬などに乗るようになり、それから乗り物で移動するようになった。それに続いて道路をつくり、運河を開いた。いったんこうしたことに慣れてしまうと、さらには鉄道の発明や蒸気力の応用へと駆り立てることになった。これは現在でも日々に改良されているし、飛行船による航行がさらにいっそう改善され改良されていったなら、そのうちに道路や鉄道を不要にしてしまいやしないかということを知っている」。W. Weitling, Garantien der Harmonie und Freiheit, mit einen Nachwort hg. v. Ahlrich Meyer, Reclam, Stuttgart 1974, S. 124. なお、この時代、飛行船がどれほど最新――というよりＳＦ的――であったかを知るのに、次の文が参考となる。「風向に左右されない気球の研究も進められ、きそって各種の飛行船が設計された。いくつかのものは実際に製作されたが、その推進力を人力、蒸気力、電気などに依存していたため動力が不足がちで、内燃機関が積載されるようになった一九〇〇年頃までは十分な成功を収めることができなかった。／一八四九年、ストロングフェローの製作した翼長三メートルの模型飛行機は、軽量の蒸気エンジンによって揚力を得、一五メートル近くの距離を飛んだ。だが、たゆまぬ創意工夫、忍耐強い研究、そして多大な資本の投入にもかかわらず、人間を乗せて自動的に飛行できる機体が完成するまでには、なお五〇年もの歳月を要したのである」。レオナルド＝デフリーズ（本田成親訳）『ヴィクトリアン・インベンション―一九世紀の発明家たち』シグマ、一九七七年、五頁。
（9）（10）Der Urwähler, S. 32. なお、ゲオルグ・ファインについては本書第1章第2節をみよ。

『第一次選挙人』を読み終えて

第一号と第二号までの前半をまずかえりみる。ここにおいて表明されたヴァイトリング思想を端的に述べるなら、次のようにまとめられる。まず第一、一八四八年段階においてヴァイトリングは、三月前同様、依然としてマルクスのごときと違って、ブルジョア革命に対し何の価値をも認めず、常に社会的自由を最短距離で実現するための革命を目指していたことが挙げられる。第二、とはいえ三月前と大きく違った特徴として、武力革命・武装人民軍と結びつき、これによって物的基盤を保証された限りでの人民議会・人民選挙＝第一次選挙を公然と要求し、支持したことが挙げられる。ウランゲル軍のベルリン入城を目前にしてヴァイトリングが第二、第三の三月一八日を求めた時、それは三月前のごとき秘密結社と陰謀団による盗賊的蜂起でなく、人民軍と人民議会による正規の首都防衛の決戦をよびかけたものなのであった。彼がこの革命宣伝雑誌をなぜ『第一次選挙人』と命令したかが、ここにはっきりしたわけである。

ところで、このような人民選挙としての第一次選挙を、ヴァイトリングは実のところ、一八四六年暮〜四八年春までのアメリカ体験で学び知ったのであった。したがって、彼のこうした人民議会・人民武装が結合した革命路線のプロパガンダは、一八四九年末アメリカへの再亡命ののち、よりいっそう本格化していったと、そのように推測される。だが、その段階を捉える前に、『第一次選挙人』第三号・第四号にもきわめて重要な理論が提示されてあったことを、ここで想い起こさなければならない。それは、第三号でとくに展開された、労働者銀行論である。また、これを土台に組まれた協同＝労働者自主管理企業である。以上の三支柱、つまり人民の武装・人民の議会・人民の銀行（ないし人民の協同）、このトリアーデを確認すれば、ヴァイトリング編集『第一次選挙人』をひととおり読み終えたといえる。

思えば、私がこの雑誌を最初に読んだのは一九八一年三月〜一一月のことであった。その間七月〜九月上旬には、読書を中断して西ドイツへ行き、マルクス・ハウス等でヴァイトリング関係の文献を集めたりした。とにかくこの年はヴァイトリング読書で夢中の一年であったような気がする。

第5章　アメリカ民主主義に対抗する社会的民主主義

第1節　諸系譜雑居のヴァイトリング思想

フランス革命以後一九世紀前半までのヨーロッパにおける初期社会主義や革命運動を俯瞰すると、いわば「すべての道はヴァイトリングに通じる」と称してみたくなるような史的展開を確認できる。私は一九六〇年代末から、トマス・ミュンツァーに始まって、バブーフやブランキ、ヴァイトリングなど近世近代ヨーロッパの民衆指導者について研究して来ている。一九八九年に『近世ヨーロッパの民衆指導者』を刊行し、二〇一一年にその増補改訂版（社会評論社）を刊行した。私は、マルクス以外の初期社会主義思想のもつ歴史的重要性および現代的意義について、二〇世紀マルクス主義が撃沈される以前から機会ある度に訴え続けてきた。その詳細を本節に記録する。

一　初期社会主義のこんにち的意義

訴えかけは、少なくとも二回を記憶している。一つめは、一九七九年一一月に法政大学法政祭で開かれた、法政大学Ⅱ部資本論研究会主催の講演会での報告である。その時の私の講演テーマは、主催者の求めにより「歴史の中の共産主義者たち――その思想と運動」であり、バブーフとブランキ、それからヴァイトリングについて語った。私の第一作『叛徒と革命――ブランキ・ヴァイトリンク・ノート』（イザラ書房、一九七五年）の宣伝を兼ねていたが、バブーフについては概略こう述べた。バブーフは一七九五年のサン・キュロット蜂起（ジェルミナールとプレリアルの両蜂起）から何を学んだか。それは、労働大衆による自然発生的な蜂起では何も為しえない、その代わりに少数者の革命が必要なのだ、と結論したことではない。そうではなくて、少数者の計画＝陰謀があってこそ、大衆蜂起に目的意識性を付与しうるのだ、と結論したことなのである。しかしただ一つ、ジャコバン独裁という反バブーフ的要因が介入したことから、そこに大きな誤謬が発生した。それは、少数者の陰謀に大衆の蜂起を従属させたことである。[1] また、ブランキについては概略こう述べた。国家権力がもっとも恐れる点は、少数革命家の陰謀が大衆と結びつき、その支持を獲得し、蜂起を組織しうるようになることであり、またそれを不断に指向する革命結社が存在することである。陰謀が終始陰謀に止まるのでなく、たえず大衆運動を意識し、それに従属し、政治情勢の客観的推移のなかで自ら大衆蜂起に結合させること、これは国家暴力に対する革命的蜂起の勝利を意味する。この〔計画としての陰謀〕はブランキによって大胆に実践された。だが、逆立ちされてであった。[2]

訴えかけの二つめは、一九八六年一〇月に社会思想史学会第一一回大会で開かれたインフォーマル・セッション初期社会義部会での問題提起である。その時の私の報告テーマは、主催者の設定により「初期社会義思想の復権」であり、「初期社会主義のこんにち的意義とは何か？」と題し、あらまし次の内容を報告した。

初期社会主義といえば、わが国でもひところ〔マルクスへの継承〕の一点において関心のもたれる領域・テーマという問題意識が蔓延していた。一八世紀末から一九世紀前半までのヨーロッパ社会思想は、〔三つの源泉〕とか〔唯物史観の形成過程〕とかの問題の枠内において研究され、すべてが初期マルクスに収斂するきらいがあった。また、そのような傾向の副産物として、〔マルクスへの継承〕の対象からはずされたもの、マルクスの批判を浴びたものに対しては、これを一括して空想的（ユートピア）思想、〔小ブル根性〕の温床等として、研究価値のいちだん低いもの、あるいは現代においてすでに存在意義を失ったもの、とみなしてきた。さらに、もっとひどい傾向としては、初期社会主義に備わっていた積極的な思想内容がマルクスに〝継承〟された段階で、それらをすべてマルクス独自の創造であるとし、初期社会主義をまったくの反面教師扱いするというものがあった。これは個々に自覚されないケースが多く、その分だけ大きな勢いをもって存在していた。

もっとも、このような問題意識は、初期マルクス研究それ自体にとってもずいぶんと害悪を及ぼすものであった。そこで、この分野の研究者のなかには、早くから、レーヴィットやシュトゥーケ、マクレラン等をわが国に紹介しつつマルクス周辺の思想家群を相対的に独立させて捉えかえそうとする人びとが多々存在していた。だがそれでも、このような革新的研究者たちの間にも、依然として〔初期マルクス研究〕という大前提のもとでの初期社会主義研究という構え方が厳存していた。

ところで、この初期マルクス研究が全盛であった一九六〇年代においても、マルクス以外の初期社会主義・社会運動を、それはそれで独自の研究テーマにして追究する人びとが、着実に業績を積み上げていた。本書の序論でその一部を紹介した。そうした人びとの諸論考を幾つか読み返してみると、そこに、マルクスを経由しないままの初期社会主義思想の独自性、こんにち的観点からみてこそ高みを増すような価値を見いだすことができる。また、一九六〇年代から八〇年代にかけてのオーウェン研究にしてもプルードン研究にしても、その多くに、むしろマルクス主義というフィルターをかけないが故に、現代性を確認しうる。ただその果実を、現代人は、オーウェン主義のままでの復権とか、初期社会主義の超歴史的普遍性というようにして摘み取ることはありえない。そうではなく、〝△△思想の根幹が自己の血肉と化しているが故にむしろ△△主義者を名のるまでもなく、だれはばかることなくその大改造を自己変革として敢行していく思潮〟に組み入れることによって、その成果を摘み取っているのである。こうした作業の前提として、初期社会主義研究が、マルクス研究から相対的に自立したところで続けられ、その果実摘みの一つとしてオーウェンの協同体思想が、プルードンの交換銀行論が、現代に活かされんとしているのである。

ではこんにち、マルクス研究から相対的に自立したところで展開されてきた初期社会主義研究に、いったいどのような成果を見いだすことができるだろうか。この問題は、別の側面からみると、二〇世紀末におけるマルクス主義の沈没といった現象と密接に関連している。そうした事情を考慮した上で、たとえば、一九三〇年代にスペイン革命に参加し一四歳で銃をとった経験のあるアベル・パスによる毎日新聞のインタビューに対する次の証言は意味深長である。インタビュー記事はこうだ。——スペイン内戦には多くの節目、ナゾがあった。一九三六年一一月、四人のアナキスト幹部が政府に入閣したことも一つ。アナキスト閣僚は世界でこれが最初で最後だった。権力を否定するアナキストが大臣となるのは自己矛盾、自己否定を意味するのではないか。「私もあの時点では理解できなかった。理解するためにはたくさんのことを知らなければならない」といいながら、その「たくさんのこと」を説明した。労働者の権力樹立、フランコ軍の進撃、英・仏の不干渉政策、スペインの金と引き換えならば武器を供給しようとするソ連。「ＣＮＴはこの事態に直面して少なくとも八〇〇万人に責任があった。カタロニア、アラゴン、バレンシアのね。敗戦は虐殺を意味する。一時的な形式として政府に加わる交渉をしたんだ(3)」。

この老アナキストの証言は、我々をそのまま一八四八年のパリへと連れ戻す。そう、ルイ・ブランと対決しつつも「政府」を一時的に用いようとしたアナキスト、プルードンのもとへと。だが同時に、このアベル・パスの証言は、ひるがえってスペイン革命から幾年月を経たこんにち、我々の時代、プルードンのアナキズムを「無政府主義」と訳すことも、あるいはそう解釈することも困難だと訴えかけるところまで至った初期社会主義研究のこんにち的成果へと、我々を引き返させるのである。ここにおいて我々は、もはやプルードン思想の一九世紀的真髄を捉えたが故にむしろまるごとのプルードン主義を復活させようと試みるのでなく、混迷せる現代社会を未来に向かって切り拓くため、だれはばかることなくその改造をポジティヴに敢行していく基礎としての初期社会主義研究の新地平を垣間見るのである。「初期社会主義が現代に生きる」とは、例えばそのような意味においてのことではなかろうか。(4)

以上のような訴えかけを行なってから数年して、あの一九八九年東欧革命が勃発し、一九九一年末のソ連邦崩壊がそれに続いた。この現象は、初期社会主義研究にとってはプラスに作用した。その理由は、マルクス主義沈没に直面して〝マルクスへの継承〟レベルの初期社会主義研究がおおかた雲散霧消したということだけではない。いっそう重要なのは、マルクス研究自体が政治的イデオロギーとしての〝マルクス主義〟から解き放たれはじめ、そのことによって我々は、もはやマルクス主義からみての〝初期〟でない、マルクス思想をも包み込んで進展していった一九世紀社会主義を、あらためて、二一世紀を切り拓く理論的基礎にすえることができるようになったことである。

では、二一世紀開拓の理論的いしずえとなる一九世紀社会主義とはいったい何なのか。〝初期〟でない一九世紀社会主義は、今後にどのように活かされるのだろうか。その問題を、ここではヴィルヘルム・ヴァイトリングを事例に引いて説明してみたい。

注

(1) 石塚正英『叛徒と革命―ブランキ・ヴァイトリンク・ノート』イザラ書房、一九七五年、二一四頁。
(2) 同上、三六頁。
(3) 毎日新聞、一九八六年六月二二日付朝刊。
(4) 第一一回社会思想史学会インフォーマル・セッション初期社会主義部会、問題提起用のレジュメ、「初期社会主義思想の復権」(石塚正英)一九八六年一〇月一〇日、参照。なお、この学会は私の研究生活における中軸であった。二〇一一年三月一一日の東日本大震災を機に、中軸を、地域文化に関連するNPO活動に移した。

二　諸系譜雑居のヴァイトリング社会主義
――バブーフ・ブランキの系譜

ナポレオン軍占領下ドイツのマグデブルクで一八〇八年、フランス兵を父に下層ドイツ人女性を母にして生まれたヴィルヘルム・ヴァイトリングは、成長して婦人服仕立ての渡り職人となり、一八三四年秋パリに至った。当時同地には、一八三〇年七月革命を機に約四〇年ぶりに亡命先から帰還した革命家フィリポ・ブオナローティがいた。彼は、一八二八年ブリュッセルで、フランス革命期の秘密結社運動を回顧した著作『バブーフの平等党の陰謀』を刊行しており、それを一八三〇年パリに持ち帰った。一八四二年のローレンツ・シュタインによれば「この著作のなかでは、究極財の完全な平等という理念が、平等の唯一の真正な、究極の帰結として決然たる自己確信をもって」表現されていた[1]。

ブオナローティとじかに接し、革命の元老からバブーフ主義を学んだ若者の一人にルイ・オーギュスト・ブランキがいる。ブランキは、たとえばバブーフ主義にならって農地均分法を批判する。この法については、大革命末期の一七九六年、バブーフ平等党メンバーの一人シルヴァン・マレシャルが「平等者の宣言」中で次のように述べていた。

「農地均分法、つまり農地の分配は、原則というものを持たぬ兵士らの、理性よりも本能のままに動く野蛮人たちの、はかない願望だった。我々はいっそう崇高なもの、いっそう公正なもの、共同の財（bien common）、すなわち財産共同体（communauté des biens）を要求する」[2]。

この要求を引継ぐようにして、のちにブランキはこう語る。

「平等とは農地の分割のことではない、とつづけて言っておこう。土地の無限の細分化は、実のところ所有権をいささかも変えはしない。労働の、というよりもむしろ労働手段の所有、この搾取の守護神は相変わらず生きつづけていて、それによって生ずる富は大きな財産を復興させ、すぐに社会的不平等を再建するだろう。

個人の所有にとって代わる協同体（association）のみが、平等による正義の支配を確立するだろう」[3]。

大革命期に出現したバブーフ主義は一八三〇年代中頃パリで、ブランキら若い革命家たちによって、ネオ・バブーフ主義として再生されたのだが、そのような〝革命的〟雰囲気のパリにヴァイトリングは到着したのである。彼は、バブーフとブランキとからある重要な理論を学ぶ。それは、蜂起の技術に関連するものだった。あるいは別の表現、二〇世紀的表現をとれば、「前衛」ないし革命党と大衆運動との関連性についてであった。それは〔計画としての陰謀〕である。これは一九世紀社会主義が提起した最大重要な理論の一つであって、大衆蜂起という形態によって社会主義を実現しようとする革命実践家であれば、必ずや熟考の対象としたものである。この理論をヴァイトリングは、一八三〇年代中葉からパリで展開するフランス人の労働者運動・秘密結社運動で学んだのだった。そしてさらにこの理論を一方ではヴァイトリングを介して、また他方ではブランキ派を通じて、マルクスも学び知った。

マルクスは、一八四八年革命敗北後の一八五〇年三月、自ら指導する共産主義者同盟のメンバーにあてて、次のような呼びかけを発した。

「我々の利害と任務は、大なり小なりの有産階級が支配の座から排除され、国家権力をプロレタリアートの手中にし、プロレタリアのアソツィアツィオンが一国のみならず全世界のあらゆる国ぐににおいてきわめて広汎に前進することで、このような国ぐにでのプロレタリアたちの競争が止み、せめて決定的な生産諸力がプロレタリアの手に集中するまで、革命を永続させることである」[4]。

プロレタリアートの大衆運動を基盤とする永続革命を提起するマルクスは、同時に、独自の党すなわち労働者党（共産党ではない、念のため）を組織せよと訴える。そのほか、権力実体としての武装軍団を編成せよとも訴える。党と軍団は、来たるべき革命において労働者政府を樹立する際の要である。

ところで、ここに記した労働者の大衆運動、革命党（議会政党と混同することなかれ）、武装軍団の三要素は、すでにバブーフによって捉えられていたものである。バブーフは、サン＝キュロットの大衆運動に目的意識性を付与しようと、秘密の計画を、革命家の独自の組織行動を提起していた。だがバブーフ個人と区別される平等党の理論には、ブオナローティを通じて、独自の組織（平等党）を大衆運動に優先させるというジャコバン独裁的傾向が持ち込まれていた。その傾向は、のち一八三九年五月ブランキ、バルベスらによって四季協会の蜂起というかたちで実行されてしまった。そのような蜂起はバブーフの意図するところではなかったし、ブランキにしても結社禁止法（刑法第二九一条）下のフランスでなければ敢行しなかったものだった。

それよりも、ここで強調しておきたいことは次のような

すべての道はヴァイトリングに通じる

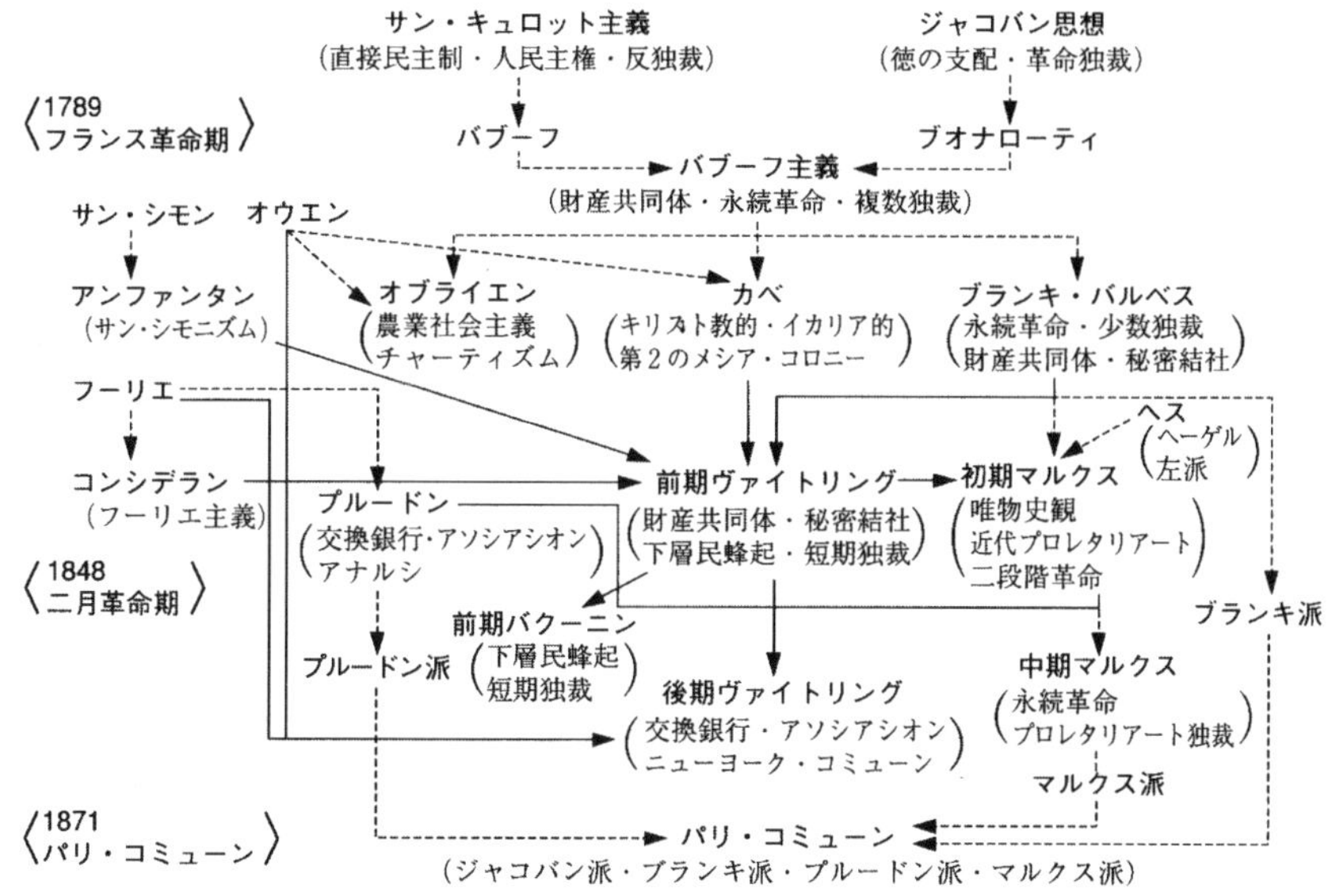

ブランキの構えである。すなわち、革命党の任務はけっして革命を行なうことでなく、それを準備し指導することであり、革命の主体はあくまでも大衆、武装した大衆である。ブランキは、一八三一年一一月におこり数日間持続したリヨン絹織工暴動に直面して、まさに革命的な階層を彼らに発見し、そこから一つの行動を強化しようと試みた。それは〔計画としての陰謀〕であり、プロレタリアの結社運動だった。そしてこの〔計画としての陰謀〕を実践したもう一人の革命家としてヴァイトリングがおり、さらにいま一人の革命家としてマルクスがいたのである。[5]

注

（１）ローレンツ・シュタイン、石川三義・石塚正英・柴田隆行訳『平等原理と社会主義―今日のフランスにおける社会主義と共産主義』法政大学出版局、一九九〇年、四八七頁。なお、邦訳書からの引用にあたって、欧文に照らして訳文をあらためた箇所がある。以下、同様。なお、一八三六年ロンドンでブオナローティの著作が英訳出版（ダイジェスト出版？）されている。Buonarroti's History of Babeuf's conspiracy for equality. London 1836.

（２）M. Dommanget, Pages choisies de Babeuf, Paris, 1935, p. 314.

（３）ブランキ「スープはつくった者が飲むべきである」、

一八三四年。ブランキ著、加藤晴康訳『革命論集』上巻、現代思潮社、一九七一年（初刷一九六八年）、四八頁。
（4）マルクス「共産主義者同盟中央委員会の同盟員へのよびかけ」、『マルクス・エンゲルス全集』第七巻、大月書店、一九七一年（初刷一九六一年）、四八頁。
（5）〔計画としての陰謀〕は、以下の拙著で初めて用いた私の造語である。石塚『叛徒と革命―ブランキ・ヴァイトリンク・ノート』イザラ書房、一九七五年。

三　諸系譜雑居のヴァイトリング社会主義
――サン＝シモン、フーリエ、プルードンの系譜

ヴァイトリング社会主義をさらに検討するに際し、ここでいったん時と場所を一八三〇年代末のパリに戻す。この時点でヴァイトリングは、ネオ・バブーフ主義に影響を受けるほか、サン＝シモン派およびフーリエ派の社会主義にも多大な影響を受けることになる。

ヴァイトリングは、初めてパリに移り住んだ一八三五年秋に、ドイツからの亡命知識人や渡り職人でつくられる共和主義的秘密結社・追放者同盟に加入し、その後一時フランスを離れ、ふたたびパリへやって来て一八三七年秋、こんどは主として渡り職人からなる新たな秘密結社・義人同盟に加わる。その後一八三八年末、この結社のリーダー（人民本部メンバー）となった彼は、一八三九年五月ブランキ、バルベス（Armand Barbès）らによる四季協会蜂起が生じてのち、行動の場をスイスへ移す。けれども彼の脳裏には、パリ時代に修得したフランス社会主義のこととか結社運動のこととかが鮮明に刻印されていた。一八四二年、ヴァイトリングはスイスで自ら編集する雑誌『若き世代』で、次のようにしてフランス社会主義・コミュニスムに言及している。

「フランス・コムニストの大半は独裁制に傾いている。〈中略〉イギリス・コムニストの領袖オーウェンは、成年はだれもがその定められた本務を果たさねばならず、したがって管理機関（Verwaltung）の最高指導者たちは同時にその機関のなかで最年長であることが望ましいとする」。
「フーリエ主義の王制（Monarchie）だけはごめんだ！　王制下での全般的アソシアシオンだけはごめんだ！　フランス・コムニストの独裁制の方がましである」。
「この状態（共同体の状態）の下では、支配するもの（zu herrschen）はいっさい存在せず、わずかに管理するもの（zu leiten）が、すなわち全体の調和、万人の生産と交換が存在するだけである」(1)。

以上の引用文中に出てくる「フランス・コムニスト」はバルベス、ブランキ、カベら、ネオ・バブーフ主義者ということになる。また上記引用文中ではオーウェンと結びついている「管理機関」を、ヴァイトリングはサン＝シモンの著作かサン＝シモン派のプロパガンダを通じて知ったとも考えられよう。それから、フーリエ派のアソシアシオンのことを「王制」だといって批判しているが、それは的はずれである。この批判はフーリエからじかに得た知織によるものでなく、コンシデラン等を通じての一知半解の結果であろう。いずれにせよスイス時代（一八四一～四三年）のヴァイトリングは、一方で秘密結社・義人同盟を活動基盤にして大衆蜂起の計画を練りつつ、他方ではフランス社会主義を理論的基礎にして過渡期論、未来社会（共同体）論を練り上げていくことになる。

ところでヴァイトリングは、著作『貧しき罪人の福音』起草を口実にして、一八四三年六月チューリヒ州警察に逮捕され、その結果ドイツ解放・大衆蜂起へ向けた政治的プロパガンダと経済的体制がための活動を中断されてしまう。その後彼はスイスからプロイセンへ護送され、一八四四年秋にはハンブルクからロンドンへ追放される。ロンドンにも義人同盟支部が存在したが、ヴァイトリングの蜂起路線はもはやシャッパーらロンドン支部のリーダーたちには支持されず、彼は一八四六年三月ブリュッセルへ渡る。この地にはマルクスが活動していたのだが、革命論をめぐる二人の討論は決裂に終わり、またそのほかの事情も加わって、ついにヴァイトリングは四六年末ブリュッセルを離れニューヨークへ渡航することとなった。一八四八年革命に際して一度ドイツに戻るのだが、以後ヴァイトリングはアメリカに永住し、ニューヨークを拠点にドイツ人居住諸都市であらためて社会主義のプロパガンダを続行することになる。このあたりの事情については、すでに前章で検討したのだが、本章で必要な限り、繰り返しながら議論を進める。

合衆国におけるプロパガンダの手段として、彼はまずニューヨークでドイツ語新聞を発行する。『労働者共和国（Die Republik der Arbeiter）』と命名されたこの新聞は、一八五〇年一月から五五年にかけて発行される。そのうち、一八五〇年一月から翌五一年三月までは月刊で、その後五四年一一月まで週刊となり、のこりの期間はふたたび月刊に戻った。こうして足かけ六年にわたって刊行される『労働者共和国』紙には、フランス社会主義者の名とその理論がことのほか頻繁に登場する。その筆頭はフーリエであり、記事の分量からする筆頭はプルードンである。その際、フーリエに関する記事においてはもっぱらアソシアシオンとそれにまつわる社会改革論が語られ、またプルードンに関する記事においてはもっぱら交換銀行論が語られる。

まず一八五〇年一月の創刊号には「大規模な実践の試み」と題して、交換銀行設立が提議され、二月号では一八三九年五月四季協会蜂起の回想や一八四八年の「革命記念祭」についての記事とともに、やはり交換銀行が論じられている。三月号では「交換銀行の組織化」「アソシアシオン」、四月号では「太平洋への鉄道」と題して労働者協同企業設立の提言がなされるに至る。そして五月号では、「裁判官の前に立つアルマン・バルベス」と並んで鉄道建設〔協同企業〕・交換銀行および「プルードン主義」が登場してくる。プルードンの銀行論を批判的に摂取していくのである。

他方でヴァイトリングは、在アメリカ・ドイツ人労働者による協同組合・協同店舗、および農民による農場コロニーの設立とその運営についても日常的に報道するようになる。たとえば創刊第二号（五〇年二月号）では、フィラデルフィアの仕立職人と靴職人の協同組合が五月に各々協同店舗を開設するとの広告を掲載し、一八五一年二月号では「コロニー・トイトニア設立のための暫定的会則」を載せている。また、在アメリカ・ドイツ人の協同組合だけでなく、フランスで展開される「労働者交換銀行」、「相互主義のアソシアシオン」（五〇・五・一七、週刊第五号）などについても報道している。

一八四八年のドイツ三月革命敗北後アメリカに永住することになるヴァイトリングは、もはや、パリやスイス時代のような秘密結社はつくらない。解放同盟とか労働者同盟とかの諸組織を設立しはするが、それらは公然とした労働者団体であって、およそ結社らしくはない。『労働者共和国』紙上では、なるほど、一八四八年以前にパリで活躍した武闘派の一人アルマン・バルベスについて幾度か記事にしたりはする（一八五〇・二、五〇・三、五一・四・二六、五四・一〇・二八、五四・一一・一四日号の計五回）。また、バルベの同志ブランキについても二度ほど紙面に登場させてはいる（五一・四・二六、五三・～二・二四日号）。けれどもヴァイトリングは、ニューヨークにおけるプロパガンダでは、圧倒的にプルードン思想を使うのである。プルードンのアソシアシオン論、具体的には産業交換銀行とか鉄道部門での協同企業とかが、一八五〇年代のヴァイトリングにとって、プロパガンダ上における主要な切り札となるのであった。

そのほかヴァイトリングは、『労働者共和国』紙上でフーリエの理論にもしばしば言及する。その一つに、一八五一年九月（週刊第二四号）から始まる連載記事「社会改革に関する七つの問題、社会改革者による返答」がある。ヴァイトリングの筆になるこのシリーズでは、次の問いが発せられる。「第一問、労働はいかに組織されるべきか。第二問、いかなる方法によったなら諸個人は労働に関心をそそるか。第三問、いかにして、またにだれによって労働者は指導されるべきか。第四問、最良の交換制度とはどのようなものか。第五問、教育はいかに指導されるべきか。第六問、婦人はいかなる境遇に生活することになるか。第七問、いかなる過渡期がありえようか」[2]。このシリーズの内容をいま少し詳しく記すと、次のようである。第二四号（九・二七）ヴァイトリングによる問題提起。第二五号（一〇・四）フーリエのファランステール、第二六号（一〇・二二）オーウェン、カベ、ヴァイトリング自身に関連、コミューンかアソシアシオンか、労働時間の短縮。「社会改革」シリーズはその後第四八号（一一・二七）までほぼ毎号延々と続く。登場人物はむろんフーリエ、オーウェン、カベ、それにヴァイトリング本人である。そのような記事からここに冒頭の一部を引用する。

「第一問、社会主義およびコムニスムスにおいて、労働はいかに組織されるべきか。

第一の返答……フーリエによる

社会的調和の状態においては、市町村はもはや存在しない。人びとは、四〇〇から二〇〇〇の構成でもってパレステン（ファランステール）に住む。これらのファランステールは互いに分散して、各々徒歩で一時間平方に建てられる。人びとはみな耕地で働き始める。あらゆる労働は諸部門に区分され、全体として営まれる。そこで果実栽培は各々の、たとえばナシ、リンゴ、プラム種等々の系列からなる果実綱に対して、それ独自の労働者系列をもつ。また異なる属に応じて、ナシならばそれでまた独自の、ナシ栽培に従事する一系列をもつ。それから、各々の労働がブドウ（栽培）とか穀物、住宅建設、家具（製造）でもって手短かに区分されるので、それがたえず区分されていくならば、あらゆる労働者は自分の労働部門においてわずかばかりの知識で全体の役に立ちうるようになる。

その際、同一種における退屈な就労を避けるため、二時間毎あるいはもっと短い時間毎に就労部門を交替し、また随意の部門に就くことができる。これは、青少年に対し就労期間に（産業軍において）与えられる教授を通じて容易にされる。青少年の教育、住宅の建設、衣服の製造、仕事の交換、それに仕事中の飲食物の分配、これらすべては仕事をできるだけ生産的に、快適にするよう計算される。フーリエはこれらの制度について、すこぶる興味津々の細目にまで立入って論じている。そのなかで彼は、来たるべき社会組織についての魅惑的にして興味深い像を描いており、同時にまた、いかなる場合にもすべてがさほど形式にこだわらねばならないわけではない点に注意を促している。たとえば、彼が書いているように、計画というものは必要とあらば変更されていいし、四囲の状況とか、ファランステールが建てられる土地柄や気候に応じて、さらには設立者の自由になる資金の規模に応じて、またわけても特に経験が示すいろんな変化を通じて、変更されねばならないのである。

それは、ファランスールの目標を全般的にするのに役立つ。これは世帯の協同および工業・農業労働の協同（die Association des Hauswesens, sowie der industriellen und Landarbeiten）である。[3]」

かつてスイスで秘密結社運動を指導していた頃、ヴァイトリングはフーリエのアソシアシオンのことを「王制」に支配されていると批判していた。しかし今や彼は、ファランステール＝ファランジュに来たるべき人類社会の調和と自由とを発見したかの論調で、フーリエ思想を革命宣伝に活用している。こうしてヴァイトリングは、一八三〇年代末〜四〇年代前半に身につけたバブーフ、ブランキの系譜に連なる現状変革の思想と、一八四〇年代末〜五〇年代前半に身につけたサン＝シモン、フーリエ、プルードンの系譜に連なる未来社会の構想とを、一八五〇年代のアメリカ体験を通じて一つに結びつけたのである。そのような思想的境地では、もはやマルクス思想についても拒絶するに及ばなかった。ヴァイトリングは、『労働者共和国』紙の一八五一年第一九号（八・二三）、第二〇号（八・三〇）、第二一号（九・六）に「万国のプロレタリア、団結せよ」と題し、一八五一年五月のロンドン共産主義者同盟（義人同盟の再編組織）からのよびかけを連載し、続いて第二六号（一〇・一一）〜第三〇号（一一・八）にかけて、『共産主義者宣言』（従来『共産党宣言』と邦訳されてきたもの）第一章〜第二章を分載したのだった。

このようにしてヴァイトリングは、一方ではサン＝シモン主義的管理とフーリエ的協同、そしてプルードン的交換でもって未来社会主義社会を構想しつつ、他方ではバブーフ、ブランキ、バルベス等への回想を下敷きにしつつ、現状としては一八五〇年代の中国で生じていた太平天国の乱（一八五一〜六四年）に注目することで、大衆武装蜂起のありようをどこまでも追及していくのであった。すなわちヴァイトリングは、一八五三年七月の第二六号（六・二五）から中国の動き、特に太平天国情報を在アメリカ・ドイツ人労働者、農民に報道し始める。情報源はむろん自前のものでなく、『フレンド・オヴ・チャイナ』、『アウグスブルガー・アルゲマイネ』、そして『ペキン・ツァイトゥング』などだった。だがヴァイトリングは、洪秀全率いる南京の労働者・農民政権になみなみならぬ注意をはらう。これは明らかに労働大衆（貧農・流民）の蜂起に支えられたプロレタリア的革命運動である、と認識したのである。そしてまた、ニューヨークにあって彼は、たんなる架空の出来事として、待ち望まれるニューヨーク・コミューンを実行したのである。『労働者共和国』一八五五年第二号（二・七）に、次の記事が載った。すでに本書第4章第4節二で一度引用したが、ここに再掲する。

「一月一四日、月曜日、午後四時
ニューヨークの労働者は自らの利益に合致した政府を獲得した。

市役所は労働者の武装集団によって占領されている。諸官庁は業務を中断された。

（中略）

現金はすべて債券と引換えに、労働者政府に引渡される。

この大隊は、合衆国ないしニューヨーク州の人民が、自己の体制の基盤として労働の権利と義務とを受け取る時点まで、効力を持続する。

労働者中から選出された委員会はその時点まで永続し、相補い、一人の独裁者（ein Diktator）を選出し、委員会自体はすべての指令において彼に従う[4]」。


一八世紀末から一九世紀にかけて出現した社会主義諸思想を、ヴァイトリングほどに一身に背負った実践家は、ほかにいない。この人物の社会主義を検討することにより、我々は、思想としての一九世紀社会主義ばかりでなく実践としての一九世紀社会主義をも把握できることだろう。では以下に項を改めて、まとめとして、一九世紀社会主義の二一世紀的射程について述べるとしよう。

注

（1）ヴァイトリング、松岡晋訳「われわれの原理による統治形態」、良知力編『資料ドイツ初期社会主義—義人同盟とヘーゲル左派』平凡社、一九七四年、七七〜八二頁。
（2）W. Weitling (hg.), Die Republik der Arbeiter, New ~ York, 1850 ~ 1855. (Nachdruck Topos Liechtenstein, 1979.) 1Jg. 27.9.1851. Nr.24, S. 185.
（3）W. Weitling (hg.), ibid. S. 185.
（4）W. Weitling (hg.), ibid., 6Jg. 17.2.1855. Nr.2, S. 9f.

四　一九世紀社会主義の二一世紀的射程

一九世紀社会主義が求めた理想的な社会は、ソキエタスすなわち政治のない社会である。マルクス、エンゲルス共著『ドイツ・イデオロギー』（一八四五〜四六年）の文脈で表現すれば、「私はしたいと思うままに、今日はこれを、明日はあれをし、朝に狩猟を、昼に魚取りを、夕べに家畜の世話をし、夕食後に批判をすることが可能になり、しかも、けっして猟師、漁夫、牧夫、批判家にならなくてよい」[1]社会であり、一言で括れば「共同社会（Gemeinschaft）」である。[2]だが、ここで語られるゲマインシャフトについては、「そこで個人性の本格的展開が構想される社会」であるとの研究者田畑稔の指摘を考慮すべきである。[3]「ほんとうのゲマインシャフトでは、諸個人はアソツィアツィオンにおいて、またアソツィアツィオンをとおして、かれらの自由を凍得する」[4]。

田畑の補説を通して再読されるマルクス、エンゲルスの『ドイツ・イデオロギー』は、まさしくヴァイトリングに典型的に表現される一九世紀社会主義の一特徴を備えている。その特徴とはすなわち、以下のものである。一八世紀以前から持ち越された中世村落共同体、農奴的貧困の共同、キリスト教的精神の共同たるコムニタス・コムニオは、近代に至って、一方ではロック的理念すなわち服従契約社会、擬制的共同社会、個人的市民社会、市民的政治社会たるキヴィタスへと完全に解消されていった。だが他方では、いったんルソー的理念すなわち個と全体とにかかわる結合契約的協同、立法者と人民とにかかわる人民主権的社会たるキヴィタスへと分解しつつも、そうであるがゆえにプルードン的理念、すなわち全体（主権者たる人民＝一般意志）と個（国家の構成員たる人民）との間の同意であるルソー的結合契約を超える、同格の二者の間、個と個との契約たる水平契約に基づく協同つまりソキエタスへと転化していったのである。

だが、転化したのはルソーからサン＝シモン、フーリエ、プルードンへと連なるフランス社会主義の系譜において、すなわち理念においてだけのことであって、このような協同社会が実践的に産出されたわけではない。これを産出することこそ、二一世紀に託された全人類的課題なのである。バブーフ、ブランキの系譜から発する〔計画としての陰謀〕は、そこでいま一度、革命的純化の試練に耐えなければならない。それは、すぐれて、前衛解体としての党の問題である。

では、二〇世紀社会主義は、この百年間、何をしていたのか。たんなる理念・理論でなく現実的運動としての二〇世紀社会主義は、もちろんボルシェヴィズムに代表される。マルクス・レーニン主義とも別称されるこの社会主義・共産主義は、田畑が指摘する「個人性の本格的展開」を実現することができなかった。また、私なりに表現すれば、スターリニズムは〔計画としての陰謀〕をけっきょくのところ逆立ちさせたままで実行し、大衆のための、でなく、大衆に対する陰謀に終始したのである。それが共産党独裁である。

そもそもマルクスの前に素材としてあった二種のフランス社会主義、つまりサン＝シモン派のそれとフーリエのそれとでは、たとえば所有権存続の問題などで本質的に異なる要素を含んではいたものの、国家＝政府を放棄している点で共通していた。マルクスが究極の社会像として提起する協同社会（アソツィアツィオーン）は、このサン＝シモンやフーリエのそれと一致する。しかしルソー的なアソシアシオンにおいては、いまだキヴィタス的片鱗が付着していた。むりやり国家を棚上げにした上の個と全体の結合という点でだけルソーを問題にすると、これはサン＝シモン（派）の産業主義に近い。そこで、ルソー→サン＝シモン（派）→マルクスの系譜上に浮上してくるアソシアシオンでは、全体のイメージが個のイメージにまさってお り、「個人性の本格的展開」は不発に終わる可能性が強い。陰謀は権力に対してでなく、大衆に対してめぐらされてしまう可能性が大きい。いま仮に、これをコミューン型社会主義としておく。これは前衛を不可欠とする。それに対し、ルソー→フーリエ→プルードンの系譜上に浮上してくるアソシアシオンでは、個と全体の結合から個と個の結合、すなわち全体のイメージよりも個のイメージがまさっている結合形態への変化がみられるだけに、「個人性の本格的展開」はいっそう容易となる。〔計画としての陰謀〕は正立となり、真に人民のもの、対権力のものとなる。いま仮にこれをアソシアシオン型社会主義としておく。これは前衛の解体を前提とする。

ところで二〇世紀社会主義は、実のところ全体のイメージが強いコミューン型社会主義を実践したのだといえる。ソ連共産党はその象徴である。よって、すでに二一世紀を生きている我々は、こんどは個のイメージの強いアソシアシオン型社会主義を実践すべきなのである。そのための第一の作業としてジャン＝ジャック・ルソーに立ち帰り、そのルソーからフーリエ、プルードンへと一つの系譜をたどりつつ、社会主義理論の洗い直しをせねばならない。しかし、今の我々にとって、思想の洗い直し以上に重要なこととして、実践の掘り起こしがある。一九世紀社会主義をたんに著作のなかだけでなく、顧みられなくなって久しい運動・実践の追認識のなかに、いまこそ捉え直さなくてはならない。そして、そのような実践的社会主義者、アソシアシオン型社会主義の実践者の一人として再検討を求められる人物が、アメリカに渡ってからのヴァイトリングである。一九世紀の欧米をまたにかけて活躍したこの社会主義者の思想と行動には、ルソー、サン＝シモン、フーリエ、オーウェン、ブランキ、マルクス、そしてプルードンなど、すべての諸思想が影響を及ぼしている。また、ヴァイトリングの実践に多大な影響を受けた革命家にミハイル・バクーニンがいる。

よって我々としては、二〇世紀社会主義＝コミューン型社会主義を準備した思想家すなわちマルクスとエンゲルスを、こんどはフーリエ、プルードンらアソシアシオン型社会主義を理論化した思想家たちと連合させ、二一世紀社会主義をアソシアシオン型社会主義として実現すべきなのである。そして、この過程でコミューン型社会主義者マルクスというイメージをアソシアシオン型社会主義者マルクスの実像に転換させることが肝要である。それは、とりもなおさず、一九世紀アメリカで『労働者共和国』を編集しつつ、交換銀行と労働者協同企業の設立に尽力したヴァイトリングの実践を、我々が二一世紀に引き継ぐことにもなるのである。

ここで、ひとつ蛇足を付記する。それは〝個のイメージの強いアソシアシオン型社会主義〟に関連する「個人」についてである。突飛であるが、私はここで、翻訳語「個人」について、それを単独の意味でなく単位の意味をもつ「単人」と訳し直したい旨、説明しておきたい。石塚正英・柴田隆行監修『哲学・思想翻訳語事典』（論創社、二〇一三年）には「個人個人・個体」の項目（柴田筆）があって、以下のように記されている。「個人や個体の原語は、語源以来、『分けられないもの』という意味を持つ」。ギリシア語ではatomon、そのラテン語訳はindividuumである。英語ではin～divide～able（分けることのできないもの）を含意するindividualである。その語の日本語訳は「個人」では誤解を生む。二〇世紀までの近代的個人の意味であればそのほうが都合よかったかもしれないが、近代を相対的に突き放す横超の近未来には「単人」と訳すのがベターである。現在、「個人」とは、全体を分けていった究極の一部分をさす。「個人」は全体とは区別される。それに対して「単人」とはそもそも分けることができず、【alter ego＝他我】を介して全体と一致する単位である。フォイエルバッハの意味での我と汝におけるalter ego（あなた、すなわちもう一人の私）としてある「単人」である。一人であって一人でない単位、それが【individual＝単人】である。

注

（１）マルクス・エンゲルス、花崎皋平訳『ドイツ・イデオロギー』合同出版、一九六九年（初刷一九六六年）、六四頁。
（２）同上、一三七頁。
（３）田畑稔『マルクスとアソシエーション』新泉社、一九九四年、七三頁。増補新（二〇一五年）も同頁。
（４）マルクス・エンゲルス『ドイツ・イデオロギー』一三八頁。田畑、同上、七四頁。増補新（二〇一五年）も同頁。

第２節　プルードン思想の批判的受容

結論に近いことから述べれば、北アメリカへ渡って来てからのヴァイトリングの思想と行動とには、プルードン思想からの影響と思われる要素が、がぜん強烈に印象づけられる。特徴的な術語で表現すれば、すでに前章までにその外観を語って来た、あの〝交換銀行〟である。ヴァイトリングが『労働者共和国』の論説中でこの術語を用いる時、しばしばそれはプルードンの名と結び付いてなされている。ある時はプルードンを賛え、またある時は自己と比較してプルードンを批判するというかたちで、なされている[1]。そこで、ニューヨークにおけるヴァイトリングの活動を理解する上で、プルードン・ヴァイトリング関係の解明が、是非とも要求されるのである。したがって本節では、この問題を三月前（Vormärz）にまで遡って検討することにしたい。

一　ヴァイトリングとプルードンの親近性駄
——所有は盗みである

三月前、ヴァイトリングは一八三〇年代後半から一八四〇年代初頭までフランス、とりわけパリに過ごした。その後一八四一年から四三年にかけて、スイス諸都市に活動の拠点を移した。同年六月にチューリヒ州当局に逮捕されると、秋にはスイスを追放となり、生まれ故郷のマグデブルクを経てドイツ領内を護送され、一八四四年にはイギリスへ追放され、同年九月にロンドンに着いた。さらに一八四六年三月、ロンドンからブリュッセルへ移り、同年末、クリーゲの招きに応じてニューヨークへ渡った。

その間にヴァイトリングは、自己の思想形成に重要な影響を及ぼした幾人かの人物、およびその思想運動を知っていく。まずフランスではラムネーとカベ、バルベス、それにサン＝シモン主義者とフーリエ主義者である。次にスイスでは、ロシアからの亡命者バクーニンとの交際が重要である。それから、ロンドンではチャーティストやオーウェン主義者、最後にブリュッセルでは、マルクスとエンゲルスである。もっとも、最後の二人については、ヴァイトリングにとって反面教師として影響があったとした方がよかろう。とにかく、三月前においてヴァイトリングがものした諸文書・書簡などには以上の人びと・思想運動は、直接に登場する。[2]だが、いま我々が最大重要視したいところのプルードンについては、その名を三月前のヴァイトリング著作に発見することは、不思議なほど困難である。管見の限りでは『貧しき罪人の福音』に一ヶ所である。[3]況んや、三月前のヴァイトリングが〝プルードン主義者〟を自称した、あるいはそう呼ばれたなどということは、想定不可能である。三月前のドイツ人活動家でプルードン主義者と我々がみなし得る人物は、カール・グリュンである。[3]ヴァイトリングは、むしろブランキ主義者と評価されるのである。

ところが、具体的な接点を確認しえないにもかかわらず、ヴァイトリング・プルードン両者には、たいへん親密な竹馬の友か、あるいは赤子のうちに離れ離れとなってしまった異母兄弟か異父兄弟ではないかと空想したくなる程、その思想的共通性がみられる。その要点をここに繰返す。第一は、小生産者擁護の共通性である。本書第4章第3節に引用したように、一八四二年、ヴァイトリングは「唯一人で働く者には、一〇人ないし二〇人の労働者でもって営業している者と競争することは、実際不可能だ！」と述べて、小生産者擁護の立場を表明し、そこに立脚して国立作業場を批判した。共通性の第二は、ヴァイトリングも、「所有は盗みである」と言っていることである。そして共通性の第三は、思想的系譜において、両人ともルソーに激しく揺り動かされ、多大な影響を被った点である。そのほか、一歳違いの二人の生い立ちが小生産者的であったこと――プルードンは農民の子、印刷工、ヴァイトリングは洗濯女の子、仕立工――、現行の教会制度・過去の教会史を全面否定しつつも、宗教的連携は保持したこと、人民主権と普通選挙を批判したこと、等々も挙げられる。ただし、理想社会へ至る手段の点で、三月前のヴァイトリングはバブーフ主義の系譜にあった。とはいえ、そのバブーフ主義も、ヴァイトリングをくぐりぬけると、マルクスへというよりもバクーニンへと連なっていくので、三月前においても案外プルードンとヴァイトリングは近い。すなわち、ヴァイトリングの表現する過渡期とは、ほんの一時期＝革命戦争期でしかなく、その後すぐさま〔統治の欠如〕が実現するのである。バクーニンは、ヴァイトリング理論の、この箇所に衝撃を受けたのであった。

以上、三月前のヴァイトリングとプルードンとの間の、直接的無関係のなかの間接的親近性に関して述べてみたが、いかなる理由があってか、一八四九年春に起草したと思われる文章『調和と自由の保証』第三版への序文で、ヴァイトリングは、突如プルードンとそのデビュー作『所有とは何か？』について、称讃の一節を綴るのである――「一八四一年にプルードンの最良の作『所有とは何か？』が出版されたが（中略）この書物は、社会的文献中の精華として、とにかく永久に輝きつづけるであろう」。（本書第4章第2節で引用済み）また、一八五〇年代のニューヨーク時代になると、例の『労働者共和国』紙上に、フランスにいるプルードンの情報がしばしば掲載されていく。それは例えば、次のような雰囲気においてである。

「プルードンは三年の獄中生活を堪え抜き、フランスから退去を命ぜられた。行先はベルギーの予定である」。（一八五二・五・八付）

「（プルードンの）『一二月二日のクーデター』に関する新刊」（『一二月二日のクーデタによって証明された社会革命』のこと―石塚）はルイ＝ナポレオン政府によって最初発禁に処せられたが、のちに解除されて出版を許され、パリではすこぶる普及しているらしい」。（一八五二・八・二八付）

「フランスに対するプルードンの判断

一介の職人から身をおこして最も重要な文筆家にして理論的社会改革者にまで、またヨーロッパ中に知れわたる人物にまで成長したプルードンは、彼の或る二面性をもった文書のなかで、次のようにして――たしかにまったく正当なことだが――フランス国民をスケッチしている（後略）」。（一八五二・一〇・二付）

「プルードンの新著『進歩の哲学あるいは綱領』がまもなく発行されるか、あるいはすでに発行された」。（一八五三・九・三付）[4]

以上の『労働者共和国』紙掲載記事と、それに本章本節の注（1）にみられる。『労働者共和国』紙でのプルードン言及の頻度をみれば、三月前とうってかわって、一八五〇年代ニューヨークのヴァイトリングにとり、プルードンは最大重要人物となっていることが判明する。そこで、以下において、少々長くなるが、ニューヨーク時代のヴァイトリングによるプルードン消化の度合を、『労働者共和国』掲載の二論説において、観察してみることにする。最初のものは、一八五〇年一〇月号に掲載され、次のものは、それから四年後の一八五四年五月二〇日号に掲載されたものである。ともに〝交換銀行〟を話題にしてプルードンに言い及んでいる。

「二種の交換銀行の問題

アーベント・ツァイトゥングが読者に交換銀行のことを解説し、またプルードンのことを説明しようとするのであれば、――同紙は『労働者共和国』のことを無視したりすることは許されないし、交換銀行についての両者の相違を確認しなければならない。例えば、ヴァイトリングの交換銀行においては、労働者ないし事業家（Geschäftsleute）として何らか有用な労働をして生活する人びとだけが、その銀行への参加者、用益者となりうる。ところがプルードンの交換銀行にあっては、資本家（Kapitalisten）も資産家（Eigenthümer）も区別なく、みな参加者、用益者となりうる。またプルードンの交換銀行にあっては、すでに多大な財産を所有する資産家でも資本家でも、家屋や工場等を建てるためとか、事業を拡張し労働者を雇えるようにと、銀行から多額の紙幣を借用することができる。

いっぽう、ヴァイトリングの交換銀行では、資産家や資本家は自分の財産や在庫品を売りに出すか、ないしは賃貸に出そうというばあいになら紙幣を受け取ることができるとしても、それは彼らが最悪の困窮に陥ったばあいのみであって、その紙幣を投機に用立てることはできないし、それで家屋や土地を買い入れることもできない。というのは、交換銀行はなるほど土地と家屋を買い入れることはあっても、それらを再販することは決してないからである。

プルードンの交換銀行は、金持ち（Reichen）や有力な雇主の意のままとなっている。彼らはまず第一に、プルードンに提携を求める。彼らの各々はプルードンの交換銀行において、自分の財産価値にみあった一定額をその自由な使用に役立てている。したがって、一方に百万ドルの紙幣を受取ることのできる者がいるとすれば、他方には、ひょっとして一ドルしか受取れない者もいるというわけである。だがヴァイトリングの交換銀行は労働者の意のままとなっている。それは本来的に為替銀行（Wechselbank）でしかない。それは利子を食う資本という鳩の群れを勤勉な労働の畑から飢えたまま追い出して鳩小屋へ押し戻し、そのなかではこのようにしてまもなく、すべての貯えが食い尽くされることだろう。

プルードンの交換銀行は、その委員会の判断に従ってクレジットで金銭を発行するものだから、それゆえまったく信頼が見いだせないできた。これに対しヴァイトリングの交換銀行は、こうしたリスク、およびそれと関連しためんどうな手続や不公正はようなしである。それ（ヴァイトリングの銀行—石塚）は現金に対してのみ、また労働とか物品に対してのみ紙幣を発行するのであるから、はるかに安全確実な状態にある。


プルードンの交換銀行は、途方もない規模で競争のカオスを存続させている。ヴァイトリングの交換銀行は、諸個人の勤労への刺激として、個人に対する個人の競争を存続させるだけである。さらには、その操作を通じて資本から奪い取った財のすべてを労働者銀行（Arbeiterbank）への加入者全員のために、比較的平等な方法で役立てる。同時に、徐々にそこから経済（eine Oekomomie）が、また生産（Produktion）が生じてくるのだが、これはプルードンの人民銀行（Volksbank）にみられるような荒っぽい競争を目指すことはありえない。

ヴァイトリングの交換銀行は、資本家と私的商取引の利益に対してじかに反対の操作を行ない、それから労働者の利益を切り離す。しかしプルードンの交換銀行は、これらの敵対しあう諸利益をただ相変わらず相互に巻き添えにするのみなのだ。

そのほかプルードンの交換銀行は、アーベント・ツァイトゥングは見誤っているが、地方分権の原理に立脚していない。というのも、プルードンは彼の交換銀行にただ一人の支配人として座っているからである。我々は、地方分権原理の擁護者たちがプルードンに代えて何を据えようとしているか、知りたいものだ。おそらく自分自身であろうが、とっととうせよ！　ぼくがそこに座ろう

じゃないか！」[5]（以下ではこの論文を「五〇年論文」と略記する）

「交換銀行

生産者の手から消費者の手へ生産物の公正な、経済にかなった交換の必要性とその利点についての学説がまず学説として樹立され、しかるのちよくあるように、それが喜んで迎え入れられるとか嘲笑の的になるとか、妨害されるとか忘れられるとかしながら、ほぼ四六年が過ぎ去った。

この一〇年来、その学説は多種多様の、特定の諸形態のもとに、また交換銀行という名称をおびて、よりいっそう広い新生面を開拓している。その際プルードンが、自らの著作によって、この学説を最大限広く普及させ、最大限大衆的にするのに貢献してきた。

いままでそのような銀行の導入に関する実際的試みに反対してきたような、国家による公式的な、政治的な妨害を、一八四八年革命が、最終的に打負かした。

この革命を通じてプルードンに与えられた政治的影響力の保護下で、プルードンが自らの学説を実際的真理に具現する試みを敢行したのは、したがって必定のことであった。

この試みとこれに対する共感は、その確実な成果を期待しうるのに十分なほど多大なものであった。しかし革命によって増大した、社会主義的臭いのするあらゆる革新に対する貨幣貴族たちの恐怖、この貨幣権力の反感、それから革命によって奪われず、それどころか逆に保証されるようになった彼らの資力は、自らに敵対してくる諸努力との勢力均衡において、これを凌駕した。そのためプルードンによる交換銀行の試みは甚大な損失をともなって破滅したのである。

いまや再びいつものように、そのような改革を妄想だとして、また非実際的手段としてまえからやじり倒し、いまでも相変わらずそれをやじり倒している人びとが、うわべ上の権利を得たのである。この学説の信奉者たちのなかには、落胆して無関心となってしまった者があり、それればかりかこの学説の激越な敵となった者すらいる。

最後のフランス革命（一八四八年革命―石塚）が勃発するに先立って、すでにハンブルグでそのような試みが敢行されている。その地の社会的分子は、業務の拡大に気を配り、同地であらゆる職種が集まって設立された営業組合が成立し、それは構成員から引渡された物品で大規模な共同倉庫（ein großes gemeinschafiches Magazin）を開設し、相互性の原則に従って生産物の販売を管理した。

しかし、この組織は、全体として幾分不活発であったし、全体の管理もあまりに民主主義的な基盤に立ちすぎ、またその筋に精通した商人や簿記掛の協力をまったく得られずに経営されたため、この営業組合の会議以外どこにおいても見たことのない喧嘩口論が生じた。それはなるほどおさまり、ある一人の精通した商人の援助で再建され、たとえその事業全体が資力の点でたんに取るに足らぬ状態であったにせよ、翌年には順調な成果を期待しうるように思われた。

当時フランスでは、ナポレオンが民主主義を突き倒し、多種多様な改革を庇護したが、そのなかには交換銀行の理念もあった。

それらの成り行きは、新種の試みとなり、今回は輝かしい成果をあげた。ボナール商会（Firma Bonnard u. Komp.）という名称において、パリとマルセイユとに交換銀行が設立された。物品が必要な各加入者は、この品物に対して支払わねばならない金銭の代わりに、彼の営業でつくった生産物から当該額にみあう負担分を引渡すようにする。例えば、靴屋がなめし革を買うとする。そのばあい、銀行は短靴ないし長靴に対して信用貸付券、あるいはそれらと同等額の記載された債券を彼に発行する。そのようにして仕立屋は織布を買い肉屋は家畜を、農夫は農具を買うか、あるいはこれを修理する。またそのようにしてパン屋は麦粉を使う。パン屋は、ある信用貸付金額を請求するに際し、それと同価値量のパン等を為替の代わりに提出する。そのようにして粉屋は彼に必要な物品のために麦粉を提出し、家具屋は家具を、材木商は材木を、等々となる。さらに、そうすることによって彼らはみな、仲買業や金融業にみられるような、高利率を免れている。交換銀行の機構は、品質粗悪な製品や詐欺に対する予防手段を備えている。製品の選択は各人の自由である。（共同─石塚）倉庫への物品の引渡しは必要ない。各営業は、倉庫から引出すばあい、いつも通り自分の営業所で交換を取り決める。

いま現在ではパリだけにおいて、総額七百万（フラン─石塚）という支払い額でそのような信用貸付券が流通している。そうであるからしたがって、皇帝が新しく公債を要求した時、たとえ貨幣王たちの拒絶にあったとしても、五千万を越える人民から要求額以上いっそう強力な資金流入を受けた訳が、はっきり説明されるのである。金銭力はかの交換銀行の操作によってすでにいっそう局限されたた範囲におし込められ、より確実な投資の機会はないものかと、欲望のまなこでいる。いまや七百万フランの信用貸付券が流通しているところでは、交換銀行の導入以前をみると、その大半が現金流通であった。現金がいっそう渇望された訳は、その方がそれだけまだ必要とされていたためと、現金所有者にはより大がかりな投機を為す機会が生じたためである。

パリとマルセイユとにあるこれら二つの銀行は、いまや株主総会を開いた後、パリ一ヶ所の合資会社に転化し、この共同銀行資本は、あらためて一億フランに増大した。

しかし、ヨーロッパの戦争騒ぎ（クリミア戦争—石塚）およびベディニ、ネブラスカそのほかの地での騒動ラッパの真只中にあっては、社会的諸関係の変革にとってのこの重大な萌芽は殆んど看過されている。けれども、それが枝葉のなかにのちに花咲く大きな未来を隠し持っていることは明白なのである。

したがって、プルードンがフランスの民主主義的政府のもとで成功しえなかったであろうようなことが、皇帝の専制的な認可のもとで、その精華を安らかに、しかも活気にあふれて開花するのである。これを通じて再び、真なるものの理念が永遠に妨害されることなど決してありえないこと、そしてまた、それは遅かれ早かれ実現されるものだということが、証明されることだろう。さらにはまた、いかなる改革の試みにも闘争と敗北がついてまわるが、そうした敗北は、知性によってものごとを認識しうるという真理を打ち負かすことはできないという ことも、あらためて証明されることであろう」[6]。（この引用文は以下で「五四年論文」と略記する）

以上に引用した二論説には、ヴァイトリング・プルードン関係に限らず、ニューヨーク時代のヴァイトリング自身の思想的核心に触れる諸問題が幾つか提示されている。そこでこの論説二篇を主たる手がかりにしながら、以下にプルードン主義的ヴァイトリングの側面を描き出し、分析してみることにする。本書での論議は、いよいよ佳境に入っていく。

注

（1） 因みに、『労働者共和国』の論説・報道にプルードンの名やかれにまつわる記事がどの程度登場するか、大ざっぱに調べてみた（紙面のすみずみまで目を通したわけでない）。その結果を以下に挙げてみよう。また、せっかくだから、序でにバルベ、カベ、フーリエ、オーウェン、それにマルクス等の同時代人についても、目に止まった限りで挙げてみる。なお、名を列挙するに際しての基準は、『労働者共和国』中に本人に関する記事（動向・通信・書簡・文献引用ないし紹介など）が出たもの、とする。また列挙の順序は頻度順。

因みに、この表のなかで、頻度がプルードンよりも多

	人名	『労働者共和国』紙・当該号の発行日付
1	ルイ＝ナポレオン	51・7・19、51・7・26、51・8・2、51・8・16、51・11・18、51・12・27、52・2・21、52・3・6、52・3・13、52・3・19、52・4・3、52・4・17、52・4・24、52・5・22、52・7・24、52・9・11、52・10・23、52・11・6、52・11・20、52・12・11、53・1・8、53・1・15、53・1・22、53・2・12、53・2・19、53・2・26、53・3・5、53・3・26、53・5・21、53・6・18、54・1・1、54・2・4、54・2・18、54・3・18、54・4・8、54・4・29
2	フーリエ（派）	51・9・27、51・10・4、51・10・11、51・10・25、51・11・1、51・11・8、51・11・15、51・11・22、51・12・20、51・12・27、52・1・3、52・3・19、52・4・17、52・5・29、52・6・5、52・6・19、52・6・26、52・7・3、52・7・10、52・7・17、52・7・24、52・7・31、52・8・7、52・8・14、52・8・21、52・9・4、52・9・11、52・10・30、52・11・6
3	A・シェルツァー	52・5・22、53・2・26、53・12・24、54・1・7、54・1・21、54・2・18、54・2・25、54・3・11、54・3・18、54・3・25、54・4・1、54・4・15、54・5・27、54・6・10、54・6・17、54・7・15、54・7・22、54・8・19、55・1・13
4	マルクス（派）	51・10・11、51・10・18、51・11・1、51・11・8、52・7・17、52・12・4、53・4・9、53・7・4、53・10・15、53・11・26、53・12・17、54・4・1、54・4・8、54・4・15、54・4・22、54・4・29、54・5・6
5	オーウェン（派）	51・8・16、51・10・11、51・11・8、51・11・22、52・1・10、52・9・18、52・9・25、52・10・2、52・10・9、52・10・16、52・10・30、52・11・6、52・11・13、53・5・28
6	プルードン	50・2、50・3、50・10、51・5・24、52・3・19、52・5・18、52・7・17、52・8・28、52・10・2、53・3・12、53・9・3、54・5・20
7	ヴィリヒ	52・1・3、52・3・27、52・4・10、52・5・15、52・5・22、52・6・5、52・7・17、53・2・19、53・7・16、53・12・17、54・4・29
8	共産主義者同盟	51・8・23、51・8・30、51・9・6、52・11・20、52・11・27、52・12・4、52・12・11、52・12・18、52・12・25
9	カベ（派）	51・4・26、52・1・10、52・6・7、52・7・17、52・10・30、52・11・13、53・3・19、53・4・9、54・5・20
10	ヴァイデマイヤー	53・6・4、53・7・9、53・9・24、53・10・29、53・12・17、54・4・8

	人名	『労働者共和国』紙・当該号の発行日付						
11	ハインツェン	51・10・4	52・2・15	52・6・26	52・7・3	52・7・10	53・3・12	
12	コシュート	52・2・14	52・2・28	52・5・1	52・5・15	53・3・26	54・5・6	
13	バルベス	50・2	50・3	51・4・26	54・10・28	54・11・4		
14	マッチーニ	52・5・1	52・7・17	53・3・26	54・5・6			
15	A・ジャクソン	54・4・1	54・4・8	54・4・15	54・4・22			
16	A・ベッカー	50・8	50・11	54・4・29				
17	フライリヒラート	52・10・2	52・11・13	52・12・4				
18	V・ユゴー	52・9・11	52・10・9	54・4・29				
19	A・ブランキ	51・4・26	53・12・24					
20	クリーゲ	51・1	54・9・30					
21	K・シュルツ	52・1・3	52・12・25					
22	E・ジョーンズ	52・2・28	54・1・7					
23	キンケル	52・12・25	53・2・19					
24	ハイネ	53・3・12	54・11・4					
25	チャーティスト	53・7・30	53・12・17					
26	S・シュミット	50・8						
27	J・フレーベル	51・5・24						
28	シュトルーフェ	51・10・4						
29	F・アンネケ	52・1・31						
30	H・ベルンシュタイン	52・11・13						
31	W・ヴォルツ	52・12・4						
32	ルイ・ブラン	53・4・9						
33	シュティルナー	54・3・18						
34	B・バウアー	54・3・18						
35	A・ルーゲ	52・5・22						
36	エヴァーベック	54・4・29						
37	G・クールマン	54・12・16						

い人びとについて一言。まずルイ＝ナポレオンが圧倒的に頻出しているが（実際にはもっと多い、詳しくは本章補論をみよ）、それは時代の反映（話題の人）であるとともに、ヴァイトリングが最大限注目した人物のひとり、〝交換銀行を認めた独裁者〟ナポレオン三世であったためである。また第2位にフーリエが来ているのは、フーリエ学説の紹介（翻訳）と批判とが小刻みの連載で発表されたためで、分量や内容としては、プルードンに及ばない。また第3位にアンドレ・シェルツァーが来ているのは、彼がナポレオン三世の国フランス（パリ）在住の『労働者共和国』通信員であったからである。ナポレオン情報の大半が、このシェルツァーから寄せられている。シェルツァーは三月前からヴァイトリングの親友・部下であった。それから第4位にマルクス派が来ているが、それはヴァイトリングが当分ロンドンの情勢に気を配り続けたこと、また『労働者共和国』紙上でマルクス、エンゲルスの共著『共産主義者宣言』を連載したことによる。因みに、8番「共産主義者同盟」の内容は〝ケルン共産主義者裁判〟の報道が主である。第5位のオーウェンについては、フーリエの場合と同様の理由で頻度が高い。また6位のプルードンについては、『労働者共和国』紙に記載されたフランス情報中に頻出する交換銀行情報を考慮すれば、もっと上位にランクするであろう。そのようなわけで、一八五〇〜一八五五年の間に『労働者共和国』が注目した人物とは、何よりもまず交換銀行設立に関与した二人、ルイ＝ボナパルトとプルードンであったと結論づけることができる。

蛇足ついでにもう一言。一八四六年当時よくマルクス派から指摘されたヴァイトリング・クリーゲの間柄であるが、北アメリカでの両者の結びつきは、全くといってよいほどない。『労働者共和国』紙には二度クリーゲの名が登場するが、二度とも本人死後のもので、一度目はその追悼文（内容は批判ばかり）で、二度目はコロニー・コムニア建設についてのヴァイトリングの回想中に、ほんの名のみというほどで出ているだけである。なお、そのうちクリーゲ追悼文については、私の訳がある。『ヴァイトリングのファナティシズム』第七章「三月革命人と一九世紀アメリカ社会」一三七〜一四〇頁をみよ。

さらに蛇足を付け加えるが、ヴァイトリングが三月前のパリ滞在中に影響を受けたサン＝シモン主義者に関連する記事がまったくみられないのは、ひとつの不可思議である。それと、ブランキの名が意外に少ないのは、本書の序文でその理由が頷けよう。またバルベスについては、これは逆に、登場回数はさほどでないが、その内容・分量は相当なものである。この人物に対してヴァイトリングは、依然として注目し続けている。

(2)　例えば、ヴァイトリングがスイス滞在中に発行した雑誌『ドイツ青年の救いを叫ぶ声（Der Hülferuf der Deutschen Jügend）』と、その後継誌『若き世代（Die Junge Generation）』（Nachdruck, Leipzig 1974）には、ラムネー（Der Hülferuf, S. 58, S. 63 ほか）、シャトー・ブリアン（Die Junge Generation 1842, S. 14）、フーリエ（J.G., 1842, S. 59.）、フーリエ主義（J. G., 1842, S. 86, S. 185 ほか）、カベ（J. G., 1842, S. 84）、サン・シモン（J. G., 1842. S. 185）、アンファンタン、シュヴァリエらサン・シモン主義者（J. G., 1842, S. 185）などが登場する。また、J. G., 1843, S. 39f.（三月号）では、ローレンツ・シュタインの著作――ヴァイトリングは書名を挙げていないが、時期からみて、これはまちがいなくDer Socialismus und Communismus des heutigen Frankreichs. Ein Beitrag zur Zeitgeschichte, Otto Wigand Leipzig, 1842 のこと――の内容に言及しているから、とりわけバブーフ以来のフランス社会主義・コムニスムには精通していたはずである。また主著『調和と自由の保証』では、フーリエ主義者V・コンシデランの Destinée sociale, Paris 1837 の一部分をドイツ語で要約して引用し、かつそれに注を付けて、「これは彼の最も有益な特徴である」としている。W. Weitling, Garantien der Harmonie und Freiheit, SS. 96 ~ 106.

（3） W. Weitling, Das Evangelium., S. 137.

（4） 因みに、プルードン主義者としてのカール・グリュンを紹介している論考を挙げておく。良知力「プルードン主義者カール・グリューン」『現代思想』一九七七年七月号所収。村上俊介「カール・グリュンにおけるプルードン主義―マルクスとの対立に即して―」『専修大学北海道短期大学紀要』第一六号、一九八三年所収。特に後者は、ヴァイトリングの思想圏に相当重なったグリュン論を展開していて、私にはことのほか興味深い。

（5） RdA.8, 5, 1852, 3Jg. Nr. 19, S. 145./RdA. 28, 8, 1852 .3Jg. Nr. 35, S. 278./RdA. 2, 10, 1852, 3Jg. Nr. 40, S. 313./ RdA. 3, 9, 1853, 4Jg. Nr. 36, S. 282.

（6） (W. Weitling,) Zwei Tauschbanken in Frage, in:RdA. 10. 1850, 1Jg. S. 147f.

（7） (W. Weitling,) Die Tauschbank, in : RdA. 20, 5, 1854, 5Jg. Nr. 21, S. 165f.

二　貨幣廃絶への意欲
――権力奪取に先行する経済革命

「ヴァイトリングの交換銀行論」の検討に入るに先立ち、まずは三月前における彼の貨幣観、およびその廃絶方法について、一、二、三の説明を行ないたい。そのうち、ヴァイトリングの貨幣観は、例えば、一八三八年の第一作『人類、そのあるがままの姿とあるべき姿』のなかの、次なる一節を想起すれば、その一端が判明する。

「貨幣は人類の贖罪の山羊である。また貨幣の外で社会改良の理念を獲得できない者は、貨幣への激しい欲情から公明率直に免れることが出来そうにないであろう。言葉のこんにち的意味において、貨幣を手放さないでいるということと、不平等な享受、ならびに不平等な労働分配とは不可分なのである。つまり、諸身分の差異、欠乏と過剰、およびそこから発生する諸悪、このすべては、そのまま残る。かつまた、貨幣制度を擁護する者はまさにそのことを意図している。というのも、彼らにとって幾分なりと他の同胞以上に所持するのが寛ろぎとなるからであり、手工業者ないし農民と食卓を共にするよう彼らに要求しても、まったく堪え難いからである」(1)。

引用文から察することができるように、ヴァイトリングにとって、貨幣は「諸悪」の根原であり、またその諸悪は、生産でなく、分配を含めた流通の部分において生まれるのである(2)。このような捉え方は、一八三〇年代後半のフランスにおいて、ヴァイトリングただ一人の独占物でなく、同時代の多くの社会改革者、革命思想家の共有するものであった。事実、この頃までのヴァイトリングの思想形成には、フランス社会主義が、それも特に、欲求と能力の均衡に関するフーリエ主義の理論が、多大な感化を及ぼしていた。それ故、ヴァイトリングの貨幣観は、むしろ同時代のサン＝シモン主義やフーリエ主義から借りてきた、あるいはそれらをベースにして自分なりの観点を築き上げた、という程度のものであろう。ただし、一八四二年にスイスで刊行した『調和と自由の保証』――すでにみたように、これもフーリエ主義（コンシデラン）に学ぶところが大きかった――にみられる貨幣観となると、より積極的にヴァイトリングの個性、独自性が前面に出てくる。

「貨幣制度はあらゆる理性的秩序に対立している。それ故はなはだしく非理性的な、矛盾だらけの法則である。社会がその法則をすこしでも必要としているかぎり、自由のいぶきは悪臭に染まったままである」。

「切符（Karten）や証紙（Marken）のごときもまた同様、目的にかなった交換手段ではない。なぜなら、蓄積を防止せんがため人びとは時折それらを別のものに代えねばならないのだが、切符ではなおのこと手数がかかってしまうだろうからである。調和と自由の制度内でそれらが交換手段としてなぜ役立ちえないかというと、その主要根拠は次の点にある。すなわち、それらを用いたのでは貨幣制度下でと同様、贈与、買収、賭博、詐欺、窃盗がありうるからだ。それ故、調和と自由とに基づいた社会組織内にあっては、株券や金属貨幣、木材、宝石、あるいは切符もみな、交換手段として役立ちえない。

交換手段というのは、したがって次のような特性を通じてのみ、調和と自由とに役立ちうる。

a、それによって何ら蓄積が生せず、贈与も賭博もなく、相続も盗みも生じてはならないこと。

b、それによって唯の一人の自由とて、他社の利益のために侵害することになってはならないこと。

c、あらゆる交換にもかかわらず、その手段はつねに占有者（Besitzer）の手中に残り、と同時に彼の欲求と能力との仕訳帳がありうること[3]」。


このような議論になると、なるほど依然として諸悪の根源を流通過程に設定したままであるとはいえ、貨幣を廃止するということの内実が、一八三八年段階とは比較にならないほど豊富化されている。この段階から一八四九年一〇月の『第一次選挙人』での「銀行を我々に与えよ、ただそれだけでいい」の叫びまで、ほんの一歩という感じである。だが実際には、一八四二年段階のヴァイトリングは、憎き貨幣制度を廃する方法として、銀行など決して念頭になかった。既述したところでもあるが、その頃――すなわちスイス諸都市時代――の彼は、まず貧民の、それも窃盗団を含めた下層民の武力＝革命的蜂起を用いて、人為的に社会危機を醸し出し、これを義人同盟に代表されるコムニスト革命家集団が政治的・軍事的に指導し、一挙的プロレタリア革命を成功させようと、プロパガンダを強化していた。その点を考慮して、本書第4章第3節に引用した『調和と自由の保証』の一節に、再度注目したい。この段階では、「国立銀行」であろうが「国立作業場」であろうが、そこに言う国立とは、現状の限り「ブルジョア国家の」（フランス）とか「絶対主義国家の」（ドイツ）とかである。したがって、そのような後楯――その内実は「保護」である以上に「支配」――をもった銀行や作業場には、ひとかけらの幻想も持ってはならないのである。ヴァイトリングは、すでに一八三八年の第一作でこう言い放った――「諸君は敵との妥協を通じて何か得るところがあるなど、毫も信じてはならない。諸君の期待はひたすら、諸君の剣にかかっているだけだ[4]」。

この判断は、一八四二年のヴァイトリングにも、依然として、真理として備わったままである。だが、一八四六年末に渡米してのち、あるいはもっと端的には一八四八年革命の渦中に身をおいた際、ヴァイトリングはようやくこの判断をフレキシブルに据え直すだけの理論的前進を示すことになる。そしてこのことの証拠として、こんにち我々が接することのできる資料が、例の『第一次選挙人』第三号（一八四八年一〇月）に掲載された論説「協同組合」であり、また翌四九年春の『調和と自由の保証』第三版への序文なのである。特に、前者のなかに示される「政府」とは、もはや絶対主義のそれでなく、さりとて未だブルジョア的に固定されるに至っていない段階の革命政府――つまり労働者政府への飛躍の途にある、あるいはその可能性を十分備えた臨時政府――である。したがって、このような性格の政府に対してであるからこそ、貨幣廃絶へ向けての経済政策を要求したのであった。だがその望みは、ウランゲルのベルリン入城によって敢え無く水泡に帰し、[5]その実践はドイツにおいてでなく、一八五〇年代の北アメリカにおいて本格的に開始されることとなるのであった。ヴァイトリングがニューヨークで一八五〇年初頭に創刊した機関紙名を『労働者共和国』とした根拠も、そのあたりに存する。すなわち、彼にとって一九世紀中葉の合衆国は確立したブルジョア国家なのではなく、未形成の労働者国家、あるいはより適切には、数百年、数千年前からヨーロッパに存在してきた農民と手工業的労働大衆にとって最も身近にある国家なのであった。

さて、ヴァイトリングの貨幣観、貨幣制度廃止への意欲に関する上述の検討を参考にしつつ、次には、一八五〇年代ニューヨークでヴァイトリングが立てた交換銀行構想について、その特徴付けを行なおう。まず、前節に引用した二論文のうち、「二種の交換銀行」――いわゆる〝五〇年論文〟――をみると、そこには利子生み資本の否定という内容が看取しうる。また「信用（クレジット）」でなく「現金」か、あるいは「労働とか物品」とかに対してのみ交換券が発行される、と明記されてある。この考え方は、四年後の論文「交換銀行」――いわゆる〝五四年論文〟――では少々変更される。すなわち、ボナール商会の説明というかたちをとって、「信用」の部分のみ、ヴァイトリングは認めるようになっている。「交換銀行の機構は品質粗悪な製品や詐欺に対する予防手段を備えている。製品の選択は各人の自由である。（共同）倉庫への物品の引渡しは必要ない。各営業は、倉庫から引出すばあい、いつも通り自分の営業所で交換を取決める」。このくだりは、生産物の直接的交換の事態を信用によって行なう、という内容を示唆するものである。また、五〇年論文では「ヴァイトリングの交換銀行は、資本家と私的商取引の利益に対してじかに反対の操作を行ない、それから労働者の利益を切り離す」として、経済の分離を唱えている。いっぽう、五四年論文では――やはりフランスでの例においての説明だが――「金銭力はかの交換銀行の操作によってすでにいっそう局限された範囲におし込まれ」という表現によって、五〇年論文の〝分離〟から一歩すすんで、〝ブルジョア的経済の〝封じ込め〃を交換銀行に期待するようになっている。

ところで、交換銀行に関するヴァイトリングのこのような理論的詰めは、すでに指摘してきたように、実のところプルードンからの多大な影響下において前進している。そこで、本節を締め括るにあたって、私なりに、プルードンの交換銀行論とヴァイトリングのそれとの比較をここに提示しておこう。この作業については、特にプルードン研究者佐藤茂行の「プルードンの交換銀行論」、「フランス初期社会主義と信用改革――『金融封建制』をめぐって――」、および同じくプルードン研究者藤田勝次郎の「二月革命期プルードンの『経済革命』論」、「プルードンの無償信用論――プルードン・バスティア論争の一検討――」を重要な参考としたい。まずそのうち、佐藤論文を用いて、ヴァイトリング自身がプルードンとの違いを力説している部分――五〇年論文――を調べてみる。ただし、この点について私は、佐藤氏から前もって教示をいただいてある。[6] それを参考にしながら記すと、

a、五〇年論文中でヴァイトリングは、「プルードンの交換銀行にあっては、資本家も資産家も区別なくみな参加者、用益者となりうる」とあるが、その批判には根拠がある。なんとなれば――佐藤茂行「フランス初期社会主義と信用改革」に記されているように――プルードン交換銀行の定款に関連して、次の規定があるからである。「定款に同意する者はすべて社員となれるが（第一条）、この社員の商品の品質等の条件に応じてその生産費の1／2、2／3、3／4、4／5をもって銀行は社員から商品を購入し、特権委託行為（民法一九三一条）により、これをその社員に委託販売させることができる（動産信用供与：第三一条）。同様に、不動産をその価値の3／4で購入し、これをその所有者に期限付で供託することができる（不動産信用供与：第四一～四六条）。また、二名以上の社員の保証により無担保貸付を行うことができる（対人信用供与：第三七、三八条）[7]」。

なるほど右の引用文をみれば、ヴァイトリングによるプルードン批判は当たっている。だが、五〇年論文でその後に出て来る批判、「プルードンの交換銀行は、その委員会の判断に従ってクレジットで金銭を発行する」という批判は――既述したごとく――「クレジット」の部分のみ五四年論文で修正されることになるので、この批判は結果的に矛先がやや歯こぼれしている。だが、もっと誤解を生みそうな批判は次のものかと思われる。

b、五〇年論文中でヴァイトリングの交換銀行は「本来

的に為替銀行でしかない」と述べられているが、プルードンとの対比のつもりでそういう表現をとったとすれば、ヴァイトリングの指摘は、あたかもプルードンの交換銀行が為替銀行でないかのような含みをもったものとして受けとめられる。これは正しくない。プルードンのばあいも〝為替銀行〟だからである。佐藤茂行「プルードンの交換銀行論」の次なる箇所がその参考となる。「プルードンの銀行は通常の取引によって振出された為替手形、約束手形などを割引き、その際に銀行券を発行する。つまりそれは手形割引業務を中心とした銀行なのである」(8)。

このように検討してみると、ヴァイトリングの交換銀行論を特にプルードンのそれと区別すべき点は、一も二もなく、前者は後者とちがって完全に労働者に限定された、労働者による労働者のための銀行、ということになる。そのことがあってか、ヴァイトリングは自らの銀行を、時に〝労働者銀行（Arbeiterbank）〟と呼びもしたのである。ただし、すでに第4章第3節で断ってあることだが、ニューヨーク時代のヴァイトリングが労働者として許容した階層には、〝自ら労働する〟という条件付きの雇主（Arbeitsgeber）も含まれる。この点は、プルードンの〝人民〟銀行との関連で、問題をうやむやにしないでもない。それから、プルードンの交換銀行は「地方分権の原理に立脚していない」とのヴァイトリングの指摘は、あながち的はずれでもないが、この点は次節で検討することにして、話題を先へ進めよう。

さて、次には、たとえヴァイトリングがどれだけプルードンと自己の差異を強調しようとも、前者が決定的に後者の影響を受け、そのことから両者はけっきょく一牛鳴地に位置していると判断しうる箇所に目を配ってみる。それはまず、藤田勝次郎「二月革命期プルードンの『経済革命』論」中の次の一節に関連することがらである。「二月革命の理念を『経済革命』と措定した場合、この『経済革命』はいかなる内実をもつものであるのか、が問われなければならない。いうまでもなく、それは、利子付貸付に代わる信用の『無償』化とその実現形態としての『交換銀行』計画を明らかにするのである。これらは、『流通と信用の組織』の現実的政策として、利子付貸付に代わる信用の組織および社会問題の解決』、『社会問題の概要』をはじめとする『人民の代表』紙に執筆した『交換銀行』論、『人民銀行』計画についての諸論説に示されていることは、いうまでもない」(9)。

プルードン評価に関連する以上の指摘は、一八四八年春に発表された『流通と信用の組織』の、一八四八年当時における現実的意義をよく表現しているが、その『流通……』をまさにヴァイトリングが現代（一八四八～四九年）におけるヨーロッパ革命のための最良の、最も身近かな、具体的政策のためのテキストと考えたのである。またその一文がヴァイトリングに及ぼした実質的な内容であるが、それについては藤田勝次郎「プルードンの無償信用論」中の、次の一節が参考となる。

「ここで、これまで述べてきたプルードンの論理展開を再度整理するならば、次のように示すことができるであろう。現実の商品の流通過程で諸商品は、市場の攪乱的諸要因によって貨幣に対する『交換可能性』を欠くことになり、またたとえ、それらが交換されえたにしてもそれの生産に要した労働『時間と費用』にもとづく価値どおりの交換は期待することはできない。この攪乱的市場こそ、プルードンのいう『不確実性』の支配する『エコノミスム』的世界であり、にもかかわらずセー、バスティアの経済学がその自動調整機能を信じたものであった。『エコノミスム』的世界の『不確実性』をつくプルードンは、セー、バスティアと異なって、さきに指摘した『価格の構成』の三つの側面のうち第二と第三の側面、つまり信用の無償化によって利子形態をとった所有を否定しつつ、同時に貨幣の蓄蔵機能を事実上抑制することによって、交換手段としての貨幣の存在にもかかわらず、諸生産物の直接的交換の事態を自覚的に生み出し、需給の社会的均衡によって『使用価値』と『交換価値』の『比例性』を確立し、結果として労働『時間と費用』にもとづく諸生産物の『相互性』を成立させることにあった、といってよいであろう。

ただ、プルードンにとって、『信用の組織』それ自体は自己目的たりえないものであった。『信用は、進歩の二義的手段にすぎない』ものであり、それは、『普遍的アソシアシオンのもとで消滅する』はずのものであった[10]」。

この内容は、殆んどそっくりヴァイトリングに入ったのではあるまいか。殊に、「信用は、進歩の二義的手段」、すなわち過渡的な橋にすぎないという捉え方は、三月前からのヴァイトリングの過渡期思想にすんなり受け入れられるものである。また現にヴァイトリングは、一八四八年発表の「解放同盟のプログラム」中で――これも第4章第2節ですでに引用済み――「この革命紙幣は、いうなれば旧来の劣悪な橋（こんにちの貨幣制度）と並んで設営され、新たな橋の建設が終了したら再び取り払われる仮橋である」と述べているのである。

佐藤・藤田両先学の業績に学びつつ、プルードン交換銀行論とヴァイトリングのそれとの比較を行ない、それである程度ヴァイトリングの構想がわかってきたが、それでも、ここでもうひとつ、疑問が依然として残っている。それは、二人とも、交換銀行構想の実現、すなわち貨幣廃絶へ向けての行動主体を人民、労働者としつつも、一八四八年革命という異常事態発生のなかで、その構想実現のため、両人そろって〝革命政府〟に助力を求めたことである。あるいはまた、革命後の一八五〇年代においてということであれば、交換銀行の実施をめぐっての、ルイ＝ナポレオン政府に対する、プルードンおよびヴァイトリングの、部分的に前向きな対応のしかたである。

一八四九年末以降アメリカに永住することになったヴァイトリングではあるが、すでに――第5章第2節一の注(1)で――一覧表にして示したように、彼は一八五〇年代を通じてルイ＝ナポレオンとプルードンとを執拗に追いかけた。それ故、ヴァイトリングにおける交換銀行と政府(国家)との関係については、革命期だけでなく、一八五〇年代にまで時期を拡張して検討することが必要である。そしてまたその作業が、本章における最終的課題となろう。

注

(1) W. Weitling, Die Menchheit, wie sie ist und wie sie sein sollte, S. 20.

(2) ヴァイトリングが諸悪の根原を貨幣に見い出し、そのことによって搾取は流通過程において行なわれるとみなした点、これは大方の研究者の一致した見解であって、わが国でも、一例を挙げれば、次の文献がその立場を表明している。良知力『マルクスと批判者群像』五二頁、六八頁。

(3) W. Weitling, Garantien der Harmonie und Freiheit, S. 164f.

(4) W. Weitling, Die Menschheit, S. 25.

(5) 革命勃発から反革命復活に至る間のドイツ三月革命の推移については、月別にまとめられた私の『年表・三月革命人―急進派の思想と行動―』秀文社(社会思想史の窓刊行会の取扱い)、一九八三年、をみよ。

(6) 私は、一九八六年六月二八日、経済学史学会関東部会でヴァイトリングの交換銀行論を発表した際、佐藤茂行教授・藤田勝次郎教授からたいへん有益なご意見を頂戴し、あまつさえ、七月四日、佐藤教授にはお手紙にて、再度、発表当日のご意見を文章化してお送りいただいた。ここにいう「前もって」の意味は、そのことを指す。

(7) 佐藤茂行「フランス初期社会主義と信用改革―『金融封建制』をめぐって―」北海道大学『経済学研究』第二八巻・第一号、一九七八年、三月、二二二頁。

(8) 佐藤茂行、「プルードンの交換銀行論」一橋大学経済研究所『経済研究』第二八巻・第四号、一九七七年、一〇月、三二二頁右。
(9) 藤田勝次郎、「二月革命期プルードンの『経済革命論』『国学院経済学』第三〇巻・第一・二合併号、一九八二年、九月、四一頁。
(10) 藤田勝次郎、「プルードンの無償信用論―プルードン―バスティア論争の一検討―」『国学院経済学』第三一巻・第一号、一九八三年、九月、七頁。

三 革命政府に対する態度とルイ＝ナポレオン観
――原則とマヌーヴァー

一八四八年の春にドイツ革命が勃発し、まずはケルンに、次いでベルリンに、その後ハンブルグに拠点を移しながらプロパガンダを継続するヴァイトリングは、現実に生まれた革命政府に対し、いささかの幻想をも持たなかった。マルクスは戦略レベルでたいへんな幻想を懐抱したが、ヴァイトリングは、幻滅こそ味わったものの、幻想は抱かなかった。すなわち、一八四八年三月からベルリンに存在した政府――三月カンプハウゼン内閣、六月アウエルスヴァルト内閣、九月プフェール内閣、一一月ブランデンブルグ内閣――を、けっして労働者政府とはみなさず――この点はマルクスも同じ――、はっきりとブルジョア政府と規定して一定の距離をおいた――マルクスはブルジョア政府を戦略レベルで支持した。マルクスとの対比でこのまま語り続けると少々めんどうなので、ヴァイトリングのみに話を集中するが、彼は、『第一次選挙人』第二号に、「国民議会殿！」と題する論説を載せて、次のように言っている。

「貴会は、かつてドイツの歴史が輝しく提示したような何ものかを為されたか？　我々は、貴会のおかげで、何か新たな成果を、何か以前の成果の拡大を為しえたであろうか？――そのような事を何一つ、貴会は為していない。我々は貴会に謝意を表すことはできない。それから、貴会がそのようなことを続けるなら、貴会は誹謗を被ることになろう。知識あるプロイセン国民が選挙によって卓越することができず、またそのような多数派を代表に選んだことを、世界に恥じねばならないし、歴史に恥じねばならない。貴会の多数派の悪しき意志と偏狭な判断力とによって、三月に我々が一撃で獲得したものを滅じてしまうために貴会が存在しているのでない点を、しかと思い起こしていただきたい。我々は、古いものが貴会の仲介で徐々に、こっそりと入り込んでいることでもって貴会を取り沙汰しているのではない。我々は、国民が、おのずと自明な事柄に関する長々としたお談義を通じて眠り込まされ、そのエネルギーが喪失しているという事でもって貴会を取り沙汰しているのでもない。また、貴会がよかれとみなした事柄をすべて是認し貴会が決議した事柄をすべて寛容の精神で甘受する点について貴会をとやかく言っているのでもない。問題は我々が前以っては戦い取ってなかったもの、あるいは確かに獲得したとみなされるものを、貴会がいまだ我々に何一つとして創り出していないということなのだ[1]」。

公開書簡のようなこの記事は、一八四八年五月に成立したプロイセン国民議会に対し、革命の遂行能力ある主体としては完全に否定した内容のものとなっている。ただし、少々気にかかる事であるが、この記事には、邦訳するどちらも〝国民議会〟となってしまうのだが、それに当たる二種のドイツ語が使い分けられている。ひとつは、表題に大々的に使用された語Nationalversammlung（憲法制定国民議会と訳せば歴史用語としては適切）であり、いまひとつは、記事のなかで全面的に用いられている語Volksversammlung（ハムバッハ祝祭のごとき人民集会のイメージ）である。そして、後者については、例えば次の文脈で用いられている――「それ故、Volksversammlungは自由に、アメリカにおけると同様自由にしておくことである。またそれを後見なしに、少なくとも警察などの後見なしに――さなくともわれわれは幼いころからこれに反感を抱いてきたのだから―置くことだ」。これは明らかに、ヴァイトリングが、三月革命によって成立したブルジョア的議会、ガーゲルンやダールマン指導のNationalversammlungに対し、理論的には労働者権力樹立へと連なっていくはずの人民議会、Volksversammlungを対置している点をうかがわせるものである。かようにしてヴァイトリングは、三月革命の結果成立したベルリン政府やプロイセン憲法制定国民議会に対して幻想を抱いた形跡など、みじんもない。

だがしかし、同じ一八四八年一〇月、『第一次選挙人』第三号には、あの「銀行を与えよ、ただそれだけでいい」の記事「協同組合」が載ることになった。ヴァイトリングが、三月革命（臨時政府・革命政府）に対しこのような二重の態度をとりえた理由は、次のようである。すなわち、彼の思想圏にあって「進歩」とか「発展」、「善の拡大」とかは、どれもみな労働者の即時解放と結びつく限りで生じ得る。そこに何か間接的な、段階的な――貴族の時代・ブルジョアの時代というような――中間項を挿入することはない。そのような各時代はいずれも進歩でなく退歩か、せいぜい停滞の象徴にすぎない。例えば、ドイツ農民戦争もフランス大革命も、みな失敗した労働者（農民）革命なのであって、その意味で――労働者革命という意味で――進歩の道標なのである。ただ、農民や労働者の多くの生命を犠牲にして得られた成果を、そっくり貴族や僧侶、ブルジョアに奪われただけのことである。古今の革命をそのように解釈するヴァイトリングは、一八四八年の、彼の眼前で動きつつある革命についても、同様の判断を下す。すなわち、ここに生じた動乱は、数百年間続いている労働者革命の最終的局面としての、その完成とならねばならない。だがしかし、いったん動き出した革命の車輪を、はやくもベルリン政府はストップさせようとしている。つまり、一八四八年のドイツでも、ブルジョアたちがプロレタリアの血と汗の結晶を奪い取り、そのうち最も大切なもの〝社会革命の萌芽〟を踏み潰そうとしている。しかし、そのような事態は、一八四八年一〇月の時点ではいまだ結果しておらず、革命政府は、まがりなりにも労働者階級の圧力を考慮せねばならないといった状態にある。ここにおいて労働者が革命のさらなる前進を勝ち取る方法は二つある。一つは選挙を通じて議会に労働者の代表を送り込むこと、[2] いま一つは現行のブルジョア政府を説得して経済改革に着手させる、あるいはその権限を労働者の手に獲得することであった。『第一次選挙人』の全号（本書第4章第4節を参照）を読むと、この二つの懸案について最大の紙面がさかれている。とはいえヴァイトリングは、ブルジョア統治原理としての民主主義について、それは「一般に非論理的に組み立てられた概念であって、実際面では何ら文字通りの、理性的な意味をもってはいない」として、一線を画し、[3] それにもかかわらず、「コムニストと社会主義者は必然的に、少なくとも民主主義者であらねばならない。そのわけは、人民の利益はただ諸原理に関する投票という方法でのみ要求されうるからである」と述べて、[4] いまはドイツ革命の渦中にあるのだからその成果を利用せよ、と宣伝するのである。

ここに至って、ヴァイトリングが交換銀行の実施に関し、なぜ革命政府に期待を寄せたか、その理由の一端が示されたことになる。すなわち、ヴァイトリングは、民主主義に対して示した上述のごとき二重の解釈と同様のことを、革命政権に対しても当てはめたのである。そうすることによって、一方でフランクフルト国民議会を激しく批判し、選挙を通じてその人民議会的な旋回を求め、他方でベルリン政府に対し、労働者の代表を行政に、それも経済政策に就かせるよう要求したのであった。そうだからこそ「銀行」を与えさえすれば「諸君」すなわちブルジョア政府や、その中心人物には「王冠であろうと勲章であろうと」何でも授けよう、と言い放つことができたのである。いったん政治的改革の途についたドイツに、次なる革命として必須のものは、交換銀行の創出による経済革命なのであった。その意味では、ヴァイトリングのプロパガンダは、選挙よりも銀行に集中していく。あるいは、来たるべき革命独裁は、銀行に奉仕する位置におかれるのであった。

ところで、ヴァイトリングがベルリン等でそのような行動をとっていた一八四八年、パリではプルードンが、やはり一種の経済革命を求め、やはり同じようにこれを革命政府との妥協の上に達成しようと考えていた。藤田によれば、「プルードンは、『二月革命は、論理的にも、また正当に労働者の革命である』、としながらも、この革命によって成立した臨時政府には当初からいささかの幻想をもつものではなかった。（中略）『国立作業場は、社会主義のカリカチュア』である、と断言するのである」[5]。だが、幻想を持つ持たないということと、革命政府（流動的情況）を利用するしないということとは、次元の違うことである。ヴァイトリングのばあいと同様、プルードンにおいても、双方の態度が同時的に生じたが、それは自己矛盾というほどの現象ではない。佐藤によれば、事実、プルードンは「論敵ルイ・ブランに手紙を送り、これらの論説（『民衆の代表』に発表したもの—石塚）で明らかにしていた『信用組織計画』の臨時政府による採択を懇願する。（中略）このように、反権力を標榜していたプルードンがあえて政府に助力を求め、また必要に迫られたとはいえ、宿敵ルイ・ブランにこれを依頼し、かつ（中略）妥協すら惜しまなかった事実は注目に値する」[6]。二月革命初期において、国家（革命政権）と交換銀行との関係についてプルードンが二重の態度をとったこと——一方ではいささかの幻想ももたず、他方では妥協すら惜しまなかった——、および隣国ドイツでヴァイトリングも現象としては同様の態度をとったこと、これらの事柄は、はたして偶然の事態であろうか？　あるいは、交換銀行構想を実現するためには、どうしてもこれを保護・助成する後見が必要であるとのことで、一種の必然の事態であったのだろうか？　そのような疑問を解決するため、ここで、一八五〇年代ニューヨークにおけるヴァイトリングの交換銀行論（五〇年論文・五四年論文）を、特に国家（合衆国政府）との関係でいま一度引き合いに出してみよう。またそれと同時に、彼が一八五〇年代フランスにおけるプルードンの交換銀行創設運動を当時の国家（ルイ＝ナポレオン政府）とどのように結びつけていたかの点も、あわせて検討しよう。

まず五〇年論文中でヴァイトリングは、どちらかといえばパリ六月事件以前のプルードンを想起しつつ、その交換銀行論を批判した。その内容は、プルードンの交換銀行は資本家の介入が許され、その分だけ労働者の利益が損なわれてしまうというものであった。そこには明らかに、資本家と国家とに対するプルードンの無節操な態度への批判が含まれていた。これに対しヴァイトリングの交換銀行では、国家の利用こそ唱えられたものの、そこには同時的に国家＝資本家からの分離が方針化されてあった。だが、五〇年論文の数ヶ月前に『労働者共和国』紙に発表された「太平洋への鉄道」には、なるほど資本家との妥協はありえないものの、労働者協同企業実現のため、一種の政治指導が暗示されていた。「たしかにみながみな舵とりになれるわけでない。もし勝利の栄冠を共に分かつとすれば、個人的なことに頓着せず本分の成功のため最大の能力を発揮すべく善意を示したような、まさにそうした人びとが最良の一半を担うことだろう[7]」。ここに、三月前のヴァイトリングが一八五〇年現在においても歴然として健在である証拠が提示された。すなわち、ヴァイトリングは、昔の秘密結社と武力革命の推進者であった時代に樹立した〔刹那の独裁〕理論を[8]、一八五〇年のニューヨーク時代にも堅持したままなのである。すなわち、合衆国に大陸横断鉄道を建設するに際し、彼はまず労働者の団結＝労働者友愛会への結集を第一の前提条件にし、次いで合衆国政府——けっしてロスチャイルドのごとき金融業者ではなく——による労働者企業への金融面での提携を第二の前提条件とした。だが第三に、この二つの前提条件を、交換銀行を媒介にしてひとつにする役割を果たす中核として、どうやらヴァイトリングは強力な指導者＝独裁者を想定していたらしく思われる。だがそのような理想的な独裁者を、彼は同時代の合衆国には見い出すことができず、はるか太平洋のかなた、中国の太平天国の指導者、洪秀全にそのような一典型を発見したにすぎなかった[9]。だが、それほどの典型でなければ、部分的にしかそういう規定が当てはまらなくとも我慢するとすれば、ヴァイトリングの身近かに、ひとりその一時的代理人がいた。それは、いまでこそ少々離れているが、常時情報だけは集めている人物、フランスの統治者ルイ＝ナポレオンである。

五四年論文を読むと、そこにナポレオン三世への言及がみられる。「当時フランスでは、ナポレオンが民主主義を突き倒し、多種多様な改革を庇護したが、そのなかには交換銀行の理念もあった。それらの成り行きは新種の試みとなり、今回の輝かしい成果をあげた」。「プルードンがフランスの民主主義政府のもとで成功しえなかったであろうようなことが、皇帝の専制的な認可のもとで、その精華を安らかに、しかも活気にあふれて開花するのである[10]」。ヴァイトリングによると、「あまりに民主主義的な基盤」に立つと、労働者解放――交換銀行と労働者協同企業による――は成功しないのである。ここぞという刹那、何ものにも束縛されない強力な独裁権力が樹立されて、民主主義という欺瞞を武器としたブルジョアジーの言動を封じ込め、並の状態では決断しえない事柄を一挙に実現するということが不可欠なのである。ルイ＝ナポレオンはその任務を一部限定的に、すなわち直接的な労働者解放でなくフランス産業の奨励という範囲においてであるが、一応達成したのだ、ヴァイトリングはそのように判断する。なるほどナポレオンは、一八五一年一二月のクーデタによって独裁権を掌握し、次いで一八五二年一二月には人民投票によって帝位に即いたのち、たしかに個人資産に依存する高利率の金融機関〝オート・バンク〟に代えて、国民大衆の貯蓄を基盤にして産業投資を行なう金融機関――〝クレディ・モビリエ〟の例――設立に力を貸した。だがこの政策は、ヴァイトリングが現象面だけを見て淡く思い浮かべたほどにその内実は甘くなかった。ナポレオン三世の政策によって結果したのものは、オート・バンク体制の崩壊とこれを担ってきた七月王政期の大ブルジョアジーの失脚と、これらに代わる産業資本家の本格的登場であったからである。

もっとも、ヴァイトリングのナポレオン評価には、大きな矛盾がみられる。ストライキ評価等で大きな矛盾を呈する彼の理論中、この実在せる独裁者評価はピカイチの矛盾をみせている。例えば『労働者共和国』紙一八五四年二月一八日号には、パリ通信員アンドレ＝シェルツァーが送ってよこした、次の記事を載せた。

「ルイ＝ナポレオンは、帝冠を捨て、共和国の大統領になること、そして革命の赤旗を立てようと発表した。そこに何か真理が含まれてるなど、私（シェルツァー――石塚）には断言しえない。だがしかし、ルイ＝ナポレオンが法外、極端な手段を掌中にし、それでもってただちに事にとりかかるだろうということは、前以って容易に知られる」[11]。

三月前からヴァイトリングの腹心であったシェルツァーであるだけに、上述の主張はヴァイトリングも共有するところなのであろう。まさかルイ＝ナポレオンがサン＝キュロット的民衆の先頭に立って赤旗を翻すはずはないということも頷け、同時に大ナポレオンの威を借りた小ナポレオンの独裁権力が農民や職人たちに利益をもたらすであろうことも頷ける、そういった指導者像を思い描いている。

次に、ヴァイトリング自身が語ったルイ＝ナポレオン評価を引いてみよう。それは一八五四年に彼がものした『労働者の教理問答（Der Katechismus der Ardeiter, New York 1854）』からの引用である。

「労働者の利益の擁護者が強力となればその分だけ、この利益の貫徹は良好となる。ひとりの君主が、ひとりの冠を戴いた指導者が、諸君のために挑戦に応じようとし、それればかりかこの教理問答中に不可欠のものと表現されているものの半分でも諸君に対して承諾するようであれば、かかる人物を受け入れ、拒否せず、支持するものである。共和国を求める叫び声は、諸君の改革プランを再び数百年分も後退させてしまう。共和国を放棄せよ。共和国を放棄せよ。それは諸君をホラ吹き、駄作家、なまくら剣士の野心に引渡してしまうし、最終的には、ここ合衆国においてのように、守銭奴にすっかり引渡してしまうことになる。そのような共和国はなんら労働者の共和国などではない。（中略）それ故、いつの日にか我々の要求に味方してひとりの権力者が挑戦に応じ、またそれがいつか必ず生じるのであれば、その時、たとえ彼が皇帝、国王、独裁者、あるいは労働者の保護者であらんとしても、我々は彼を支持する」。

「目的を意識した権力者が、日常は大衆の騒ぎをあまり気にかける必要がないというのは、幸いなことである。（中略）ルイ＝ナポレオンは、そのような例を我々に与えてくれた。この人物は、私が労働者に対し期待をかけてよい人物と主張できるほどには、いまだ多くを為していない。しかし彼は、より多くの事を為す意志だけは備えているし、彼の時代の君主たちが為した以上の事を、すでに為している、彼はまた、あまたの周知の共和主義者よりも多くの事を、労働者のために為してもいる――それについて従来行なわれて来た事柄を歴史が証明している限りで。

ナポレオンは、注意を引き期待を集めるのにさして多くの事をするには及ばない。しかしナポレオンは、一八四〇年にはより多くの事をする意志と期待とをもっていた。当時、彼の意志はただひとえに、軍隊と労働者階級にとっての皇帝となることであった。一八四〇年における仕立職人ストライキへの彼の支援――秘密の資金送付を通じて他の殆んどすべての職種でもストライキがこれに続いた――、ブーローニュでの彼の声明は、このことを明白に証明している。これは、ただフランスの労働者階級に向けられ、彼らの利益のために計算され、貨幣鋳造者やブルジョアジーをすっかり無視して書かれたので

あった！（略）
（略）労働者階級の利益のため、安価で立派な政府を我々に保証してくれる者が我々を統治すべきである。（中略）だができるだけひとりの人物が選出され、彼が統治し、他のすべての官吏は彼のもとへ強力に従属すべきである(12)」。

マルクス、エンゲルスのようにボナパルティズムの概念を築き得なかった哀れなヴァイトリングをさらけ出すことになってしまった。だが、そう言い放って一蹴してしまうほど、この一文はみすぼらしいものでもない。一八五〇年代のフランスにおける交換銀行の実施、その発展をたえず調査し報道し続けるヴァイトリングにとって(13)、ナポレオン政府はたしかに二月革命政府よりも力強く感じられ、成果のより大なるものを感じたのである。だがその反面、ナポレオンのクーデターに際して「若干のドイツ人共産主義者がパリで逮捕された折、ヴァイトリングは、彼らの救済およびその家族の扶助のための募金の誘いを行なった(14)」。つまり、ヴァイトリングの思想圏にあっては、独裁とは本来的に必要悪であって、したがってこれは短いほどよい。またこれは瞬発的な能力であって持続的な制度ではないという信念が、三月前から一八五〇年代まで一貫して備わっていたのである。

ところで、一八五〇年代のニューヨークで、ヴァイトリングがそのようなナポレオン観を築いていたのと同じ頃、フランスのパリで、プルードンは、やはり現象としてはヴァイトリングと同様、交換銀行の実現に向かってルイ＝ナポレオンを利用しようとする方向をほのかに示していた。そのあたりの事情を探る手がかりとして、研究者阪上孝の「プルードンの歴史観」から引いてみよう。

「プルードンによれば、ルイ＝ナポレオンの（一八四八年一二月の大統領への――石塚）選出は二つの部分をふくんでいる。一つは『ボナパルト家の紋章の下で勝ち誇った反動のすべての前進を意味するもの、つまり立憲君主政という決定的な表現に要約される』ものである。もう一つは、共和国と憲法の尊重の約束、彼が以前に書いた『貧窮の絶滅』（一八四四）で表わされる労働の権利の保障、プロレタリアの解放である。多数の労働者、人民がルイ＝ナポレオンに投票したのは、この後者を支持したからであった。この両者は決して両立しえない。それらは根本的な対立・矛盾の関係にある。ルイ＝ナポレオンの登場は、『大衆にとってはもっと迅速な革命の希望であり、大衆を抑圧する王党と教会にとっては反革命の希望』であった。こうしてルイ＝ナポレオンの選出は事態の解決でなくて、二月革命が内包する矛盾の深化を意味している。」

「プルードンの考えでは革命は、それが廃棄すべき社会秩序に反対して直接的に成功することはできずに、少なくとも一時的には、廃棄すべき社会秩序の利益として、革命の反対物の形態をまとって遂行されることがありうる、ということである。このような含意をこめてプルードンは『ルイ＝ナポレオンは革命の宿命的な担い手である』という表現ではなくて、『ルイ＝ナポレオンは、諸事件の歴史的必然性と世論の不可抗的な流れとによって、革命に奉仕するように強いられている』という表現を用いたのであった[15]」。

読むほどに――外見上に限定すれば、というところだが――ヴァイトリングとプルードンの対ナポレオン観はよく似ている。かたや短期的中央集権論者＝〔刹那の独裁〕論者、かたや一切の権力を否定する〔アナルシ〕論者であるのだから、まるきり異分子どうしと解されるこの両者が、表面に現われた行動的特徴では、奇妙に一致してくるのである。だがそれでも、プルードンは直接一八五〇年代のフランスで活動しただけに、ルイ＝ナポレオンへの対応はヴァイトリングに比べてはるかに厳格・慎重なものであったし、また第三者には怪しげに映りもしたのであった。一八五二年七月の『一二月二日のクーデタによって証明された社会革命』即日発禁処分と、その直後のボナパルトへの発禁解除要請、これを受けてのボナパルトによる発禁解除。一八五五年、〝永続的博覧会の計画〟をジェローム＝ボナパルト（ルイ＝ナポレオンのいとこ）に提出、その後のジェロームとの交際。プルードンのこうした行動は、本人の動機から一定程度独立したところで、種々の疑惑を生んだ。だが、例えばプルードンとジェロームとの接触は、交換銀行構想の実現と深く係わっている点を想起すべきである[16]。また、研究者西川長夫が誠実に、正しく表現している次の一節も、ここで強調せねばならない。

「しかしながらプルードンのこのような態度から、ただちに政治的無節操とか、プチ-ブル改良主義の陥穽とか、あるいは第二帝政のイデオローグといった結論を引き出すことは、われわれの時代的偏見をプルードンにおしつけることになりかねない。なぜなら、一般に当時のルイ・ボナパルトは現在のわれわれが理解するのとは非常に異った評価をうけていたのであり、また『もしルイ・ナポレオンがわれわれを援助すれば……』という期待をもったことを隠さない当の人物が、実は当時ルイ・ボナパルトにたいしてもっとも果敢な闘争をいどんだ人物であったという事実は否定できないからである[17]」。

ルイ＝ナポレオンに期待を抱いたプルードンこそ、その反ナポレオン行動の旗手であった点を、もうここまで本書を読み進めて来た読書は、十分理解するであろう。そしてまたこの態度は、ヴァイトリングにも――程度の強弱はあれ――共通していたのである。そのような両者の共通した態度の土台にあった中核的実践理念こそ、かの交換銀行論と労働者協同企業論なのである。最後に、偶然の一致であろうか、プルードンとヴァイトリングの二人がほぼ同時期に練り上げようとしていたらしい労働者協同企業の構想に関し、プルードンの側から引用して、いよいよ本節の結びへと至らん。

「私の意見では、鉄道は、今日の営利会社と異なるばかりでなく、国家からも独立した、労働者の結社の手に委ねられるべきである。鉄道、鉱山、製造工業、海運業等の事業と、それに従事する労働者との関係は、巣箱と蜜蜂との関係と同じである。これらはいずれも、彼らの道具であり、住居であり、故郷であり、領分であると同時に、彼らの財産でもある[18]」。

注

（1）（W. Weitling）Hohe Nationalversammlung ! in : Die Urwähler, Nr. 2, S. 9.

（2）『第一次選挙人』中の〝選挙への参加〟に関する記事は、例えば第一号、「選挙（Die Wahlen）」、第二号、「解放同盟諸原則の説明（Erklärung der Grundsätze des Befreiungs-Bundes）」、第三号、「民主主義とは何か（Was ist Demokratie ?）」、第四号、「選挙（Die Wahlen）」などにみられる。詳しくは本書第4章補論をみよ。

（3）（4）（W. Weitling）Was ist Demokratie, in : Die Urwähler, Nr. 3, S. 21, S. 22.

（5）藤田勝次郎「二月革命期プルードンの『経済革命』論」三七〜三八頁。

（6）佐藤茂行「プルードンの交換銀行論」三二一頁。なお、佐藤茂行「フランス初期社会主義と信用革命」には、プルードン交換銀行と政府（国家）との関係につき、次のような記述がある。

「さて、『交換銀行』は国家機能の一端を担う組織ではない、とプルードンは明言している。だがこの銀行は国家をまったく排除しているわけではない。定款にしめされている国家の役割をみればそれは明らかである。すなわち、（1）交換銀行は「国家」から独立してはいるが、国家の監督下にある（第五四条）。（2）国家も市民と同じく社員になりうる。ただし管理的地位につくことはできない（第五五条）。（3）銀行は国家が必要とするならば、二〇年償還・無利子の条件で国家に貸付を行うことができる（第五七条）。ただしそれは交換券をすべての公共金庫で国家が受け取る場合の代償としてなされる（第五六条）。（4）国家は銀行の名誉創設者ではあるが、理事会の構成分子たりえない（第六〇条）。（5）法務大臣によって代表される国家は監査委員会の議長となる（第七〇条）。

このような『交換銀行』における国家の地位と役割を理解するには、この計画が発表された一八四八年五月一五日時点の政治的背景を考慮しておく必要があろう。つまり、これらの条項から、この段階ではまだ新政府にたいするそれなりの期待をプルードンが抱いていたことが十分に推測されるからである。だが周知の六月事件とその後の事態からやはりかれの戦術的態度は変化したのであろう。四九年一月に実際に設立をみた『庶民銀行』の定款からは国家という字句はほとんど消失するに至っている」。（二一九〜二二〇頁）。

（7）（W. Weitling,）Die Eisenbahn nach dem stillen Meere, in : RdA. 4. 1850. 1Jg. S. 58f.

（8）私はヴァイトリングの独裁理論を〔刹那の独裁〕と形容しているが、その具体的な形成過程、概念の成立については、本書第2章第4節をみよ。

（9）ヴァイトリングは、太平天国の指導者洪秀全に関し、「神の第二子、イエス＝キリストの弟」であるとし、「彼の使命は、たんに中国を統治するだけでなく、全世界を統治し、全人類を一大家族に統合することである」と述べて高く評価した。（W. Weitling,）Der zweite Messias. Kommunismus in China, in : RdA. 23. 9. 1854, 5Jg. S. 305. なお、この記事については本書第3章第2節をみよ。

（10）（W. Weitling,）Die Tauschbank, in : RdA. 20. 5. 1854, 5Jg. Nr. 21. S. 165f.

（11）Korrespondenzen, Paris, 19. 1. 1854, in : RdA. 18. 2. 1854, 5Jg. Nr. 8. S. 61. なお、この通信記事の内容を理解する上で、一八五四年当時、ナポレオン三世はクリミア戦争（一八五三〜五六）に介入しており、特別にフランス国民の支持を獲得しておかなければならない時期であったことに、留意する必要がある。また他面でナポレオン三世は、大ナポレオンほどの政治力を持ち合わせていなかったので、皇帝としての名声を保つには、農民や職人の支持だけでなく、是非とも産業資本家の支持をもとりつけておかねばならなかった。そこで、大ナポレオンに匹敵する対外成果をあげるべく、クリミア戦争に介入した。この戦争は、黒海・地中海方面への南下政策をとるロシアに対しトルコを援助するというかたちで、イギリス・フランス・サルディニアが宣戦して拡大したが、結果は近代的な軍備・技術を誇るイギリス・フランス側の勝利に帰した。一八五六年に結ばれたパリ条約で、ロシアは威信を失墜し、イギリスはコンスタンティノーブルとバルカンに対するロシアの進出を抑えるという目的を達成し、ナポレオン三世は、自らの追求した皇帝としての栄光と権威とを獲得した。なおナポレオンはその後さらにイタリア統一戦争（一八五九年）にも介入したが、次のメキシコ出兵（一八六一～六七年）では失敗し、国内での人気を落とした。その後最終的にビスマルクとの間で普仏戦争をおこし、ついに皇帝は戦争中セダンでプロイセン軍の捕虜となって没落した。

（12） W. Weitling, Der Katechismas der Arbeiter, New York 1854, in : H. Schlüter, ibid., S. 100. なお、この文書は『労働者共和国』紙でも連載された（一八五四、一〇、七～一〇、二八、第四一～四四号）。だがこちらには、ここに引用した箇所が含まれていない。その理由として考えられることは――推測の域を出ないが――次の三通りである。第一、シュリューターが何か別のヴァイトリング文献と勘違いした。第二、ヴァイトリングが『労働者共和国』紙に発表した方はダイジェスト版であった。第三、まず『労働者共和国』に発表した記事を、一〇月から一二月にかけて一冊の単行本にするに際し、ヴァイトリングが増補を行なった。以上の事情を明確にすることはできないものの、内容が重要であるだけに、今回は「労働者教理問答」とみなして引用することにした。なお、この引用文中でヴァイトリングが述べているナポレオンのブーローニュ声明は、一八四〇年にブーローニュで彼が反乱を起こした時のものである。この反乱に失敗したルイ＝ナポレオンは、終身禁固刑を宣告された。このほかルイ＝ナポレオンの反乱計画は、すでに一八三六年にも生じ、この時にはアメリカに亡命している。

（13）『労働者共和国』紙では、例えば一八五三年三月一二日付（第一一号）ではフランスの交換銀行の動向を伝え、また一八五五年一月一三日付（第一号）では、〝それでも交換銀行！〟という雰囲気の記事を載せている。Vgl. RdA. 12. 3. 1853, 4Jg. Nr. 11, S. 81/ RdA. 13. 1. 1855, 6Jg. Nr. 1, S. 6.

（14） H. Schlüter, ibid., S. 119.

（15） 阪上孝「プルードンの歴史観」『現代思想』一九七七年、七月号、一四三頁、一四八頁。

（16） 阪上孝、「プルードンの社会批判と革命観」河野健二編『プルードン研究』岩波書店、一九七四年、七八頁には次のように述べられてある。
「パリ万国博中央委員会議長は、ナポレオン三世のいとこのジェローム公であった。かれは民主主義的で反宗教的な意見の持主で、プルードンとも個人的交流があった。かれは、万国博の跡地を有効に利用するためのプランを何人かに諮問した。プルードンの提案はそれに応えたものであった」。

（17） 西川長夫「反国家主義の思想と論理―プルードンとボナパルティズム―」河野健二編、前掲書、一〇二頁。

（18） プルードン、陸井四郎訳「一九世紀における革命の一般的理念」（一八五一年刊）、『プルードンⅠ』三一書房、一九七一年、二三〇頁。

第3節　ドイツ系移民組織化の試み

すでに本書「はしがき」で引用済みなのだが、いま一度引く。哲学者エルンスト・ブロッホは、大著『希望の原理』のなかで、アメリカに渡ったヴァイトリングについて次のように描写している。「ヴァイトリングは（一八七一年に死んだが）ドイツの労働運動のいとぐちをアメリカ合衆国において実行に移した」。また、ヴァイトリングの人となりについて次のように評価している。「ヴァイトリングは生まれながらの友愛の人である。しかも彼は、聖書をかつて一人の洗礼者ヨハネが読んだとおりに読むことのできる、最初にして最後の人間なのである[1]」。

ヴァイトリング評価に関するブロッホの以上二つの文章のうち、前者については、一八四八年革命後ヨーロッパからアメリカに移住した幾多の民主主義的・社会主義的知識人、労働諸階層に妥当するように思われる。一八世紀末から一九世紀前半にかけてヨーロッパに存在した労働大衆は、一方において、依然として完全には倒れずに残存している絶対主義的諸勢力・諸制度に最終的なとどめを刺したいと願い、また他方においてはやくも様々な社会問題を噴出させて労働大衆の生活を圧迫し始めていた産業資本主義のマンモン（財神）に対して拒絶の態度を示した。ところで、一八世紀末から一九世紀中葉にかけてのアメリカでは、その二つの敵のうち前者は存在せず後者もダイレクトに威力を発揮することは困難だった。だれにもコモン・マン（独立独歩の並の人）になる可能性と機会が与えられていた。ヨーロッパで並の人になろうとしてそうなれなかった四八年人のある部分は、見果てぬ夢をこんどこそかなえてくれる希望の国・機会の国を求めて大西洋を渡ったのだった。

ヨーロッパ社会が前近代から近代に転換していく過程で、歴史創造の主体もまた大きく変化する。その動きは国民国家の形成と連動している。したがって、一八四八年前後の過渡期に歴史を動かした人びとを考察することは、二一世紀の現在のように国民国家とか国民経済、国民意識の揺らぎだしている時代——一種の過渡期——にあって新たな歴史創造の主体を展望し構築するうえで、示唆をえることになる。

ブロッホは、「ヴァイトリングには、徹頭徹尾本物である面と、遅れている面とがある[2]」としている。そうした特徴は、前近代から近代への転換期、フランス革命から一八四八年革命に至る歴史の転回点に立つヨーロッパの民衆とこれを指導する思想家・革命家に概ね共通している。彼らの思想と行動には〔変革の思想＝政治的理念〕と〔保守の思想＝社会的理念〕が共存している。その共存を基盤として「四八年革命人（Forty-Eighters）」は、あの革命で一種の社会的平等ないし社会的デモクラシーを求めたのだった。

本節では、一九世紀中葉のニューヨークで、人権とか平等とかを個の社会的連合であるアソツィアツィオーンの形成にみいだそうと奔走したドイツ手工業職人ヴィルヘルム・ヴァイトリングに注目しつつ、アメリカへ渡った一八四八年人の政治的および社会的理念を特徴づけてみることとする。なお本報告では、ヴァイトリングやヴァイデマイヤーのような知名度のある亡命者のほか、今となっては無名の移住者たちについても、資料のおよぶ限りで論究する。

注

（1）Ernst Bloch, ibid., S. 672, 674. 山下肇ほか訳『希望の原理』第二巻、白水社、一九八二年、一六八、一六九頁、一部改訳。

（2）同上、一六六頁。

一　一八四八〜四九年の移民——ドイツ系を中心に

一九世紀のアメリカ移民に関する堅実な研究として、次の文献がある。①的場昭弘『フランスの中のドイツ人—一八四八年革命前後の移民、亡命者、遍歴職人と社会主義運動』（御茶の水書房、一九九五年）②井村行子「一九世紀ドイツの移民—ヨーロッパ移民史の一側面」（『史学雑誌』第九三巻第二号、一九八四年）③野村達朗『民族で読むアメリカ』（講談社、一九九二年）以上のうち①は著者が毎年のようにヨーロッパに出かけて進めた調査の集大成であり、②はおもにドイツで刊行された人口学者などの著作に含まれる移民統計資料に依拠している。また③はアメリカ史サイドの移民史研究者によるものである。この三点を参考にして、本報告に必要な限りでのアメリカ移民について概観してみたい。

③によると、一八四〇〜六〇年の二〇年間におけるヨーロッパからのアメリカ移民の数を国別に見ると、トップはアイルランドの二九〇万人、次はドイツの一五〇万人、そしてイングランドの四二万人となっている。[1]ここでは①に依拠してさらにこまかく時代区分をしてみると、次のようである。「ドイツ人のアメリカ移住は、一九世紀になって増大していくが、特に一八一六年から一九年にかけて（二万五〇〇〇人）を除けば、一八三〇年代以後に始まり、その数は一八五四年にピーク（二三万九二〇〇人）を迎え」る。[3]また②に依拠してドイツ系アメリカ移民をその

出身地で分類すると、「ドイツの国外移住は一八三〇年代にヴュルテンベルク、バイエルン、バーデンなど西南ドイツの諸地域で始まり、そこから次第に北と東に広がった。(…)こうして五〇年代半ばまでにドイツのほとんどの地域が国外移住者を送り出すようになった」[5]。次に、同じく②に依拠して移民の職業構成をみると、たとえば一八四八～五一年バーデンでは農民が六五〇八人(四七・五パーセント)、手工業者が三九五六人(二八・九パーセント)、一八五六～六〇年ヴュルテンベルクでは手工業者が三六三三人(三八・一パーセント)、農民が三一一二人(三二・七パーセント)である[4]。彼らのほとんどは、祖国では貧困から抜けだせないでいる人びとだった。一九世紀中ごろまでの「典型的な移住の形態は、西南ドイツの農民および手工業者が、永住をめざし、家族を伴って移住するというものであった」[5]。

一八三〇年代四〇年代の移住者は、その多くが大西洋から船出するためフランスのル・アーヴルへ集まった。ブレーメンやハンブルクでなくイギリス海峡のセーヌ湾北岸に位置するル・アーヴルを出発地に選んだ理由の一つは、地理的利点である。「ブレーメンに対して西にあった」ル・アーヴルだと「ヨーロッパからアメリカへの日数を八日から一〇日短縮することが可能になった」ためであり、また、当時ル・アーヴル―パリ間で鉄道建設が進んでおり「渡航費用がル・アーヴルで稼げた」からである[6]。一八五一年ころル・アーヴル―ニューヨーク間を往復する船の主力は帆船であり、蒸気船はいまだ二三パーセントだった[7]。「一九世紀前半では、ドイツを去って三週間でル・アーヴルに到着し、そこで数週間待ち、やっと乗船できたと思うと四〇日もすしづめ状態となり、三ヶ月から四ヶ月もかかってアメリカへ着くのである」[8]。

このようにしてル・アーヴルからニューヨークへ渡航した人びとのなかに、のちに「ドイツ労働運動の父」と称されることになるヴィルヘルム・ヴァイトリングがいる。彼は一八四六年末から翌四七年初めのころにかけて渡航した。また、カール・マルクスの親友ヨーゼフ・ヴァイデマイヤーも、一八五一年九月から一一月にかけて渡航している。ドイツ手工業職人の労働運動を指導するこの二人の著名な革命家は、おそらく、ル・アーヴルからニューヨークまでの渡航船船内で、悪臭、船酔、病気、喧嘩といったありさまを数週間にわたって見続けただろう。そうであればこそ、たとえばヴァイトリングは、ニューヨークにおける社会的・政治的な活動のあいまをみては、いやその活動の一環として、自ら発行する『労働者共和国(Die Republik der Arbeiter)』にそうした移住の悲惨を克服するための提言を載せたのだった。一八五〇年七月号掲載の「みじめな移民（Arme Einwanderer !）」では、「どこよりも安全で格安で良質の移民共同宿舎を建設せよ！」と提言した。また一八五二年一一月には記事「ル・アーヴルからの移民」を載せている。[9] また後年の一八五五年から南北戦争の勃発するまでニューヨークの移民局において移住業務の仕事に従事している。[10] このような社会的奉仕活動に身を挺するヴァイトリングであればこそ、エルンスト・ブロッホは彼の人となりを「生まれながらの友愛の人である」と賞賛したのであろう。

注

（1）野村達朗『民族で読むアメリカ』講談社、一九九二年、八三頁。なお、一九世紀前半（一八二〇～六〇年）におけるドイツ人の海外移民の動向については、以下に掲げる統計が参考になる。

……………………………………………………

年	海外移住	アメリカ移住
一八三一	七二〇〇	二四一三
一八三二	一一二一三	一〇一九四
一八三三	七六八七	六九八八
一八三四	一九四五五	一七六八六
一八三五	九一四二	八三一一
一八三六	二二七七八	二〇七〇七
一八三七	二六一一四	二三七四〇
一八三八	一二八五一	一一六八三
一八三九	二三一三一	二一〇二八
一八四〇	三三六七四	二九七〇四
一八四一	一六八二〇	一五二九一
一八四二	二二四〇七	二〇三七〇
一八四三	一五八八五	一四四四一
一八四四	二二八〇四	二〇七三一
一八四五	三七七九一	三四三五五
一八四六	六三三一七	五七五六一
一八四七	八〇二五〇	七四二八一
一八四八	六二六一一	五八四六五
一八四九	六四二三八	六〇二三五
一八五〇	八三一六九	七八八九六
一八五一	七八八一五	七二四八二
一八五二	一七六四〇二	一四五九一八
一八五三	一五〇六六三	一四一九四六
一八五四	二三九二四六	二一五〇〇九
一八五五	八三七七三	七一九一八
一八五六	八〇九二七	七一〇二八
一八五七	一〇三一一一	九一七八一
一八五八	五六八三四	四五三一〇
一八五九	四七三五四	四一七八四
一八六〇	五七八七六	五四四九一

Bruce Levine, The Spirit of 1848. German Immigrants, Labor Conflict, and the Coming of the Civil War, University of Illinois Press, Urbana and Chicago, 1992, p. 16.

（2）的場昭弘『フランスの中のドイツ人―一八四八年革命前後の移民、亡命者、遍歴職人と社会主義運動』御茶の水書房、一九九五年、二一四頁。

（3）井村行子「一九世紀ドイツの移民―ヨーロッパ移民史の一側面」『史学雑誌』第九三巻第二号、一九八四年、五七頁。

（4）同上、六一頁。

（5）同上、六六頁。

（6）的場、前掲書、二一二頁。

（7）同上、二三〇頁。

（8）同上、二二七頁。

（9）Die Republik der Arbeiter,（以下 RdA と略記）hg. v. W. Weitling, New York 1850～1855.(Nachdruck, Topos～Verlag, Liechtenstein 1979), Juli 1850. S.111, 11. 3. 1852, Nr. 46, S. 361.

（10）Hermann Schlüter, Die Anfänge der deutschen Arbeiterbewegung in Amerika, Stuttgart 1907, S. 126.

二　ドイツ系移民の足跡
――今となっては無名の移民たち

ある人は経済的な貧しさから、ある人は政治的な避難地を求めて、たくさんのヨーロッパ人が大西洋を渡った。ヨーロッパ全土が革命の、ないし民族独立の機運にみちみちたあの一八四八～四九年を別とすれば、ドイツからアメリカへ渡った人びとは、経済的な理由で渡航を決意した。しかし、時代を「自由のための闘争という雄々しい一時期」[1]である一八四八～四九年とその直後に限定してみると、渡米の理由はたんに経済的なものだけでなく、政治的なものがぜん比重を増してくる。「三月革命人」(Märzrevolutionäre)「四八年人」(Forty-Eighters) と称される人びとは、なんらかの政治的理由から、ルアーヴルでニューヨーク行きの渡航船に乗り込んだのだった。アメリカに渡った三月革命人に関するちょっとした人名辞典を編集したヅッカーは、ある無名に等しい三月革命人、コンラート・クレッツが創作した一篇の詩を辞典の冒頭においている。

「　　我が祖国へ

おまえの森のすべてのうちで、私のものである樹は一株もなかった、
おまえのライ麦畑のすべてのうちで、私のものは一茎もなかった、
それからおまえは、防備なき、寄辺なき私を狩りたてて追いだした、
若く無邪気だった私には見抜けなかった
おまえを愛することなお浅く、我を愛することなお深かりしことを、
さはあれど、なお、私はおまえを愛す、わが祖国よ！(2)」

今となっては無名の移民たちの、このような詩的感傷は、ヅッカーの人名辞典に収められている三〇〇名強の人びとにあまねく共通していた。この辞典にはいろいろな経歴・職業の三月革命人が登場する。一番多いのは七四名のジャーナリストである。次いで六七名の兵士、三七名の医師、二五名の教師と続く。こうした職業は渡米後に就いたものを含んでいる。たとえばジャーナリストが筆頭にあるのは、三月革命人がいかに同郷のコミュニケーションを大切にしたかを証明している。また兵士の数が目だつのは、いかに多くの三月革命人が南北戦争に参加したかを物語っている。そのほか、二五名の体育家が収録されているが、この職種は一九世紀前半のドイツで特別の意味をもつ。ナポレオン軍占領下の一八一一年、ベルリンでフリートリヒ・ルートヴィヒ・ヤーン（F. L. Jahn）が設立した体育場と体育運動は、ドイツ各地の自由主義勢力と結びつき、あるいはそれ以上に民族的な理念を鼓舞したことによって、一八一九年に禁止された。この弾圧が解かれるのは一八四二年だが、解禁後の一八四七年ころには、ヤーンらと主義をことにした、より急進的にして共和主義的な体育運動が進捗してきた(3)。そして体育家たちの多くは、一八四八～四九年に革命渦中に身を投じ、避難地を求めてアメリカに移住してきたのだった。そのような体育家の一人を以下に記す。

「フィリップ・ベッツ（Phil. Betz）、体育家、兵士。バーデンで革命に参加し、三ケ年の禁固刑を受ける。その後、移住という条件つきで釈放された。アメリカへ来てアイオワ州ディヴンポートに腰を落ち着け、熱狂的な体育家となった。北軍で活躍(4)」。

次に、今となっては無名のあるジャーナリストの項目を記す。一応、生年月日は判明しているが、ヅッカーが記録しなければ名の知れぬ三月革命人のひとりである。

「ルートヴィヒ・ボーゲン（L. Bogen, 一八一〇・六・七〜一八八六・四・六）、ジャーナリスト、オーデンヴァルト生。法学を修める。自由主義運動中にあってすこぶる活発に行動し、フランクフルト議会の議員に選出される。そうして政治的亡命者となって、一八五三年に合衆国へ来る。中西部で多彩な活動をしてのち、一八六四年に『ニュー・ウルム・ポスト』の編集人として、彼本来の職業を見いだした。彼はその新聞を自由主義的な精神で経営し、鉄道王たちによる労働者搾取に関してのある論説執筆中に亡くなる[5]」。

最後に兵士の代表格のような無名人を挙げる。彼は、ドイツ人である以上はるかにアメリカ人であり、ビスマルクにでなく、リンカンに忠誠を誓うのだった。

「アンドルー・ブリッケル（Andrew Brickel）、バーデン革命に加わったがため、その結果として合衆国へ至る。ポトマック軍の砲兵隊長。彼の砲兵中隊はバッファロで編成されてあったもので、ほとんどドイツ人から成っていた。彼は南北戦争を、抜群の殊勲を立てながら戦いぬいた[6]」。

以上数人の三月革命人は、当時の在アメリカ・ドイツ人社会であまり知られていなかった部類と考えられる。それに対し、以下に名を挙げる人びとは一八四八年革命以前からの急進主義的な行動のゆえに、政治亡命でアメリカへ移住してきたドイツ人に比較的広く知られていた部類である。また、一八四八年以前には無名であっても、アメリカに移住してのちにめざましい活躍をなしたことで有名になった人びとである。アウグスト・ベッカー、カール・ベルナイス（K. Bernays）、ハインリヒ・ベルンシュタイン（H. Börnstein）、ゲオルグ・ファイン、ヘルマン・クリーゲ、カール・シュルツ（K. Schurz）、ヴィルヘルム・ヴァイトリング、ヨーゼフ・ヴァイデマイヤー、アウグスト・ヴィリヒ（A. Willich）等々。以下の節ではそのなかから数人を拾い、ドイツ系移民の足跡をいま少し詳しく辿ってみたい。

注

（1） A. E. Zucker, Biographical Dictionary of the Forty-Eighters, in ed. by A. E. Zucker, The Forty-Eighters. Political refugees of the German Revolution of 1848, New York, Colombia University Press, 1950, p. 271. ヅッカー編、石塚正英・石塚幸太郎訳『アメリカのドイツ人――一八四八年の人々・人名辞典』北樹出版、二〇〇四年、一一一頁。

（2） Ibid., p. 269. 同上、七頁。
（3） 石塚正英『三月前期の急進主義』長崎出版、一九八三年、一七一〜一七三頁。
（4） A. E. Zucker, ibid., p. 279. ヅッカー、前掲書、二九頁。
（5） A. E. Zucker, ibid., p. 281. 同上、三三頁。
（6） A. E. Zucker, ibid., p. 282. 同上、三六頁。

三　ドイツ系移民の足跡——移住ドイツ人のリーダーたち

まずはアウグスト・ベッカー（一八一三〜一八七二年）である。彼は一八三〇年代前半にヘッセンで農民解放の革命運動に加わり、ゲオルグ・ビュヒナーやルートヴィヒ・ヴァイディヒらとともに、一八三四年、秘密結社の人権協会を設立した。また一八四〇年代初には、当時スイスに存在した秘密結社の青年ドイツ派に加わっていくが、一八四一年ヴァイトリングがスイスにやってきて義人同盟の秘密支部を設立すると、これに関与するようになる。(1) その後四八年人となってアメリカへ亡命することとなるが、アメリカ時代のベッカーについてヅッカーはこう記している。

「ジャーナリスト、牧師、ヘッセンのビーデンコップフ生。ギーセンで神学を修める。一八四八年以前、彼は革命運動に身を捧げ、三年間投獄されたが、その後スイスにて亡命生活を送る。一八四八年ドイツへ戻って、ヘッセン議会に選出された。反動の復活によって再度追放を強いられ、スイスへ、その後一八五三年にボルチモアに到着した。同地で彼は数年間『ヴェッカー（雄鶏）』の編集に携わっている。そのような立場で彼は、忠実な共和党員となり、奴隷制反対論者となった。その後シンシナティへ移り、『ホッホヴェヒター（高見の監視人）』紙から『クリヤ（新報）』へと次々にジャーナリストの仕事を継続していった。シカゴでの一八六〇年大会ではオハイオ州の代表派遣団員を勤めて名をあげた。南北戦争勃発とともに従軍牧師としてニューヨークのステューベン連隊に加わり、三年間軍務についた。戦後はふたたびジャーナリストの活動に復帰している。彼は堅固な信念をもった不屈の人で、その急進的傾向のゆえ、時に赤ひげベッカーと呼ばれている。自由のための闘いを称えた印象的な詩を数篇ものしている。所属していた連隊の同僚には〝馬上の福音〟として知られた」(2)。

次にカール・ベルナイス（一八一五〜一八七九年）である。彼は一八四三年から四四年にかけてパリを舞台に、ハインリヒ・ベルンシュタイン、アーノルト・ルーゲ、カール・マルクスらと交わる。そして、出版の自由・ドイツ統一などをスローガンにして一八四四年一月に創刊されたドイツ語新聞『フォアヴェルツ（前進）』にかかわることになった。ベルンシュタインが編集していた四四年前半にはさして急進的でなかった同紙は、やがてベルナイスが編集に参加しだすと傾向がかわる。すなわち、ベルナイスがこれを編集するようになる夏以降、共産主義者マルクスが同紙に協力し投稿しだしたのである。その結果、プロイセン政府の後押しによりフランスのギゾー政府が弾圧を開始し、一八四五年一月、マルクスとそのほか数名の同紙協力者がフランスから追放された[3]。それ以後のベルナイスの行動をつかむため、ヅッカーの記事を引用する。ちなみに、このなかでリンカンとの交友が記されているが、ケンタッキー州の貧農の子として生まれたエイブラハム・リンカン（一八〇九～六五年）は、正規の教育も受けることができずに育ち、どことなく三月前ドイツの貧農と共通する意識を培っていた。

「ジャーナリスト、領事、マインツ生。ミュンヘン、ゲッティンゲン、ハイデルベルクで法学を修める。自由主義的ジャーナリズムの活動に従事したため、一八四二年にドイツを去らねばならなくなり、パリへ行き、同市で革命的な新聞『フォアヴェルツ』を編集中のベルンシュタインに協力した。一八四八年ウィーンへ行ったが、革命に係わり合ったとの理由で合衆国への逃亡を強いられた。ベルンシュタインとともにセント・ルイス『アンツァイガー・ヴェステン』紙を編集したが、これによって彼は、三月革命人中で最良のジャーナリストの一人に数えられる。彼は、一八六〇年にシカゴで開催された共和党大会にミズーリ州代表として出席し、名をあげた。またリンカンの親友であって、選挙当日など、二人していっしょに、電送されてくる選挙開票報告をみつめて夜をあかすのだった。南北戦争が勃発すると、セント・ルイスの情勢は北部支持者と南部支持者とに分かれて危機的となったので、ベルナイスはワシントンへ行き、体育家たちがよろこんで活動する意志でいることをリンカンに伝え、またドイツ人諸連隊の武装許可をリンカンからとりつけた。一八六一年、リンカンは彼を軍の会計担当官に任用したが、これは閑職であって、おかげで彼は『アンツァイガー』に復帰することができた。その目的は、ドイツ共和党員を引き付けることによって、彼らがプレートリウスに従って急進派陣営に引き入れられるのを防ぎ、政府支持派にとどめることであった[4]」。

次にヨーゼフ・ヴァイデマイヤー（一八一八～六六年）をみていこう。野村達朗「アメリカ亡命以前のヨーゼフ・ヴァイデマイヤー」によれば、ドイツ時代の彼は次のように行動していた。マルクスの生年と同じ一八一八年、ミュンスターに生まれた彼は、ベルリンの陸軍士官学校を卒業して一八三八年将校に任官された。ミンデンに赴任したのだが、同市で一八四二年、マルクス編集の『ライン新聞』に接して急進化し、軍務を放棄する。一八四四年にはパリのマルクスを訪れ、翌四五年夏、『ヴェストファーレンの蒸気船』の編集に関与してこれに政治的な論説を載せていった。その後一八四六年ブリュッセルでマルクス、エンゲルスに協力し、一八四八年ドイツ革命が勃発すると、ヴァイデマイヤーはこれに積極的に参加したのだった。それ以降の彼の行動について、ヅッカーの辞典を読んでみよう。

「ジャーナリスト、ユートピアン、兵士、（出生地未詳）。ヴィリヒおよびアンネケ同様、彼はプロイセン軍の将校をつとめ、両名同様、その革命的な傾向と活動のゆえに除隊となる。その後フランクフルトの自由主義的新聞の編集助手となるが、むろん、革命が挫折すると逃亡を余儀なくされた。ロンドンでカール・マルクスと会い、その後一八五一年に合衆国へ来た。ミルウォーキーで、短命に終わった月刊誌『革命』を編集し、しばらく技師として働いた。それから『人民の声』を発刊するべく、シカゴへ行った。のちにはヴァイトリングの編集する共産主義的な『労働者共和国』において彼と一緒に仕事をした。一八六〇年、シカゴのドイツ人共和主義者大会に出席している。南北戦争では、第四〇ミズーリ連隊の連隊長をつとめ、多大な殊勲を立てている。戦後、セント・ルイス市民は彼を会計監督官に選出し、一八六六年コレラで死去するまで、その地位にあった」[6]。

最後にアウグスト・ヴィリヒ（一八一〇～七八年）について紹介する。この人物の経歴は、一八四八年以前に関しては未詳の部分が多いものの、三月革命が退潮期にはいった一八四九年一〇月、亡命先のスイスからロンドンへ渡ると、ドイツ手工業職人たちの間で影響力をもつようになる。彼をロンドンへ呼んだのはエンゲルスである。ヴィリヒはエンゲルスの推薦をうけて同市に来て、さらにマルクスの提案をうけて共産主義者同盟中央委員会メンバーとなった。たいした見込まれ様である。ところが翌五〇年、同盟最古参の指導者カール・シャッパーと組んで、いわゆるヴィリヒ・シャッパー派を形成してマルクス・エンゲルス派と対立した。その後ヴィリヒは活動の場をアメリカへ移すのである。本人の心づもりでは、次なるドイツ革命の戦略を練るためにアメリカへやってきたのだった。[7] ヅッカー編「人名辞典」の「ヴィリヒ」の項をみてみよう。

「兵士、ポーゼンの急進的組織者。貴族の兵学校で訓練をうけ、プロイセン軍の砲兵隊長をつとめる。革命的な扇動を理由に除隊を余儀なくされ、大工職を修得する。職人や労働者と一緒になって、ヘッカー指揮下のバーデン革命に加わる。亡命者となってロンドンへ渡り、そこで追放者たちと一緒に共産主義に従った生活をした。一八五三年合衆国に到着し、諸州を広範囲に旅行してまわる。その目的は、共和国樹立を目指してドイツに武力侵入するため、政治亡命者を組織することだった。彼はまたジャーナリズムの活動にも携わった。南北戦争が勃発すると、彼の助力で数時間のうちに第九オハイオ連隊(第一ドイツ人連隊)が創設された。彼の戦歴は輝かしかった。一八七〇年、六〇歳のときにドイツへ行きプロイセン王に仕えようと申し出たものの、骨折りのかいなく、つれなく断わられた。そこで合衆国へ戻り、晩年をシンシナティ近郊セント・メリーで過ごした。同地には彼のための記念碑が建てられている。ヴィリヒはドン・キホーテ的性格だったが、自由のためにすべてを捧げ、主義のためにはいつだって生命をなげうつ覚悟の人だった。彼は体育家の仲間たちから愛された。カール・マルクスは彼のことをあざけって〈心情の共産主義者〉と呼んだが、それはヴィリヒの人となりをうまく言いあらわしている。同様に、彼は四八年人のうちで最も勇みはだの兵士だった」。[8]

以上で著名な三月革命人のアメリカ生活を概観したことにする。次節以下では、本節の中心である、ニューヨークにおけるヴァイトリングの思想と行動に関する検討にはいることとする。

注

(1) 石塚、前掲書、第二章、第四章、四七頁以降、一七七頁以降。
(2) A. E. Zucker, ibid., p. 276. ヅッカー、前掲書、二三三頁。
(3) 的場昭弘『パリの中のマルクス—一八四〇年代のマルクスとパリ』御茶の水書房、一九九五年、第四章、一一七頁以降参照。
(4) A. E. Zucker, ibid., p. 278. ヅッカー、前掲書、二七頁。
(5) 野村達朗「アメリカ亡命以前のヨーゼフ・ヴァイデマイヤー」愛知県立大学外国語学部「一八四八年」共同研究会『研究報告集』第五号、一九七八年参照。

（6）A. E. Zucker, ibid., p. 354. ヅッカー、前掲書、一五三頁。
（7）野村達朗「一八五〇年代初頭のアメリカにおけるドイツ人亡命者政治」、『研究報告』第六号、一九七九年、四頁。
（8）A. E. Zucker, ibid., p. 355. ヅッカー、前掲書、一五四頁。

四　ニューヨークのヴァイトリング
――『労働者共和国』の記事から

アメリカの四八年革命人および彼らの社会――その共通性と多様性と――を観察したいのならば、なるべく前述の「今となっては無名の移民たち」に注目するのがよい。けれども日常生活者としての移民たちは、文字どおり日常生活をきりもりするので精いっぱいのため、自分たちの生活について記録するということは少なく、況やそれを移民史として叙述することなど、きわめて稀である。だから、アメリカにおける四八年革命人の足跡を追うには、渡米後なんらかの領域で著述活動を行なった人びとに注目する必要がでてくる。

そうした人びとの一群は、一九世紀後半のアメリカ社会でコモン・マン（並の人）以上に立身出世したため記録や叙述を遺した人びとである。事業や興業に成功し南北戦争後のいわゆるギルデッド・エイジ（gilded age. メッキ時代とも金ぴか時代とも訳される）に参画できた人びとや、北部支持の政治活動で手腕を発揮した人びとである。[1] 後者の代表はカール・シュルツであろう。バーデン蜂起に失敗しラシュタット要塞を命からがら脱出後イギリス経由でアメリカにやってきたシュルツは、一八六八年ミズーリ州選出の上院議員に就任し、一八七七年にはヘイズ政権の内務長官に任命されている。ヅッカーによれば、シュルツはリンカンについてのエッセーやたくさんの演説集を執筆したほか、三巻からなる回想録を出版しており、「彼は四八年人中、断然、もっとも著名であった」。[2]

渡米後に四八年革命人およびその社会について記録を遺したいま一つの一群に、ジャーナリストとしてドイツ語新聞を発行した人びとがいる。なかには『女性新聞』を発行したマチルデ・アンネケ（M. Anneke）のように、夫のフリッツ・アンネケ（F. Anneke）ともども在アメリカ四八年人の記録を綴った人物がいる。[3] また、フリードリヒ・カップ（F. Kapp）もジャーナリストとして活躍し、移民史に纏わる記事を書いている。[4] だが、たんなるジャーナリストでなく移民たちの組織者として、一八五〇年代を通じて系統的に報道記録をとった人物にヴァイトリングがいる。

我々は以下で彼の発行になる週刊『労働者共和国』（一八五〇〜五五年、但し一八五〇年一月〜五一年三月および一八五四年一二月〜五五年四月は月刊）に記された在アメリカ四八年人に着目することとしたい。(5)

一八三〇年代後半からパリ、スイス諸都市、ロンドン等で秘密の職人結社・義人同盟を組織して革命運動を展開していたヴァイトリングは、一八四六年末、ル・アーヴルからニューヨークへの渡航船に乗った。本人の回想では「私は一八四六年末に一文無しでニューヨークに到着した」(6)。その後一八四八年ヨーロッパ革命が勃発するやドイツへと急行したが、四九年末にはふたたびニューヨークへ戻った。

同市でヴァイトリングは、一八五〇年一月から、さしあたり月刊ペースで『労働者共和国』を発行する。合衆国内各地に通信員が確保されるまで記事の大半はヴァイトリングが書いていくが、その見出しや論説中には、「社会的（social）」という形容詞が割合目につく。たとえば創刊号には、「社会的議会（Das Social-Parlament）」という記事が掲載されている。それによると、「労働者の党（die Parthei der Arbeiter）」は一八五〇年に合衆国で第一回大会を開くのだが、それはけっして政治的な組織をつくるためでなく、将来に社会的な議会を選出することを目的にしている。(7)ヴァイトリングは、一八五〇年代のニューヨークにおいて、労働者の利益のためにということで、けっして政治的組織を求めはしなかった。社会的な組織形成をたえず在アメリカ・ドイツ人労働者に訴え続けた。またその前提として、北部資本家の経済力に対抗する労働者の産業交換銀行（Gewerbetauschbank）設立を計画した。その上でヴァイトリングは、労働者同盟（Bund der Arbeiter）を設立する。その過程で彼は、次のような楽観論を表明する。「交換銀行について、現在我々の全力を集中すれば、おそらく八週間後には二万人の加入者を得るだろう」(8)。革命手段におけるこのような社会的傾向は、一八三〇年代〜四〇年代にヨーロッパ各地で政治的な結社運動を推進していたころのヴァイトリングには、ほとんどみられなかった。一八五〇年代のニューヨークで四八年人ほかのドイツ系アメリカ人に様々なニュースを報じるヴァイトリングは、彼と同じようにアメリカにやって来たドイツ人活動家の動向についてもたびたび掲載した。そのような記事を一瞥すると、まずはアウグスト・ヴィリヒに目がとまる。彼は、ニューヨークへ来る前のロンドン滞在中から「ニューヨークの労働者同盟中央委員会へ」と題する通信記事で『労働者共和国』に登場する。一八五二年三月三日付ロンドンからの通信には次の文章が読まれる。「昨日、二月一七日付貴簡および同封の投獄者とその家族への義援金一一ポンドを受け取りました。（…）多くの地域で生活物資が不足していますし、とりわけジャガイモが失敗しました。残ったものの一部は相場師たちが焼酎に造りかえています」[9]。この通信シリーズは、以後、五～六回続く。

また、前述したマチルデ・アンネケの『女性新聞』に関する記事が一八五三年二月の紙面に載っている。「新刊のドイツ語新聞」と題された記事に、『ニュー・イングランド・ツァイトゥング』（ボストン）、『独立』（シンシナティ）などの紹介に続けて、こう記されている。『ドイツ語女性新聞』は「女性編集者Ｆ・Ｍ・アンネケの力によって確実な、申し分ない予約購読数を得ている」[10]。なお、夫のフリッツ・アンネケは、一八五二年一月の『労働者共和国』第五号に「コムニスムスと社会主義」と題する論説を寄せ、「コムニスムスは、地上における社会生活の最終的にして最高の形態である」と論じている[11]。そのほか、前述のカール・シュルツについて、一八五二年一月の第一号に、未だロンドン滞在中のシュルツからの通信文のかたちで記事にしている。その文章の最終段落でシュルツはこう述べている。「旧世界においてドイツ人ほど自由への活力を身につけた民族はほかにいない[12]」。

このようにしてヴァイトリングは、在アメリカ・ドイツ人、ないしいずれニューヨーク港へ姿を現すことになる有力なドイツ人たちの記事を次々と紙面に載せていく。その活動は、おのずと、彼が一八四八年にもっとも情熱を傾けて闘いぬいたヨーロッパ革命に対する、あるいは労働者革命に対する意味深長な反省を促すことになる。その点について次に検討する。

注

（1）ハーバート・Ｇ・ガットマン、大下尚一ほか訳『金ピカ時代のアメリカ』平凡社、一九八六年参照。

（2）A. E. Zucker, ibid., p. 341. ヅッカー、前掲書、一三二頁。

（3）cf. A. E. Zucker, ibid., p. 272～3. ヅッカー、前掲書、一一六～一一七頁。

（4）cf. G. B. Bravo, RdA, Einleitung, S.XI.

（5）アメリカのヴァイトリングを調査・研究したヘルマン・シュリューターは、『労働者共和国』についてマルクス主義的な立場から、多少の偏見を含んだ評価をくだしている。「『労働者共和国』は、労働者運動の全体を代表していたのでなく、ただヴァイトリングの個人的な見解をそうしていたのみであった」。この表現の前半は正しいとしても、後半は正しくない。cf. Schlüter, S.119.

（6）RdA. Jg.2. 1851. 7. 19. Nr.14. S. 109. なお、ヴァイトリングのアメリカ渡航期日に関して、的場『フランスの中のドイツ人』では疑問が提出されている。二二五頁参照。

(7) cf. RdA, 1Jg. 1850. 1, Nr.1, S. 6.
(8) RdA, 1Jg. 1850. 10, Nr.10, S. 152.
(9) RdA, 3Jg. 1852. 3. 27, Nr. 13, S. 103
(10) RdA, 4Jg. 1853. 2. 5, Nr.6, S. 46.
(11) cf. RdA, 3Jg. 1852. 1. 31, Nr. 5, S. 37.
(12) RdA, 3Jg. 1852. 1. 31, Nr. 1, S. 5.

五　ニューヨークのヴァイトリング
——社会的デモクラシーの実現

従来、ドイツ労働者運動史の研究は旧ソ連・東独のマルクス主義的な立場のものが主流をなしていた。そのような研究においてヴァイトリングは不当に評価されてきた。参考までに、『マルクス・エンゲルス全集』第二七巻「人名索引」に記された「ヴァイトリング」の項（岡崎次郎執筆）を引いてみる。

「マクデブルク出身の仕立職人。一八三五年にはパリで追放者同盟のメンバー。一八三七年からは義人同盟の指導的メンバーで理論家、ユートピア的労働者共産主義のドイツにおけるきわめて重要な代表者。一八四〇～四三年にはスイスで革命活動、一八四四／四五年以後は彼の理論的、政治的見解はプロレタリアートの階級闘争の要求に取り残されてしまう。彼は一八四五年にはロンドンで義人同盟の指導者たちと、一八四六年の初めにはブリュッセル共産主義通信委員会と決裂した。一八四六～一八四八年にはアメリカに滞在。一八四八～四九年の革命中はベルリンとハンブルクにあって、無政府主義的思想を述べた。一八四九年末からは再びアメリカにあって、労働運動で積極的に活動したが、宗教的な分派にまきこまれた。一八五〇～一八五五年には『レプブリーク・デル・アルバイター』を発行し、そこで特にマルクスとその仲間を攻撃した。晩年には国際労働者協会に接近した[1]」。

この人名索引で特に問題なのは、ひとつに「ユートピア的労働者共産主義」の記述、一つに一八四八／四九年革命中における「無政府主義思想」という記述、そしてひとつに一八四九年以降アメリカ滞在中「宗教的な分派にまきこまれた」と「マルクスとその仲間を攻撃した」の記述である。マルクス本人によって批判された同時代の革命家や思想家に対して、マルクス以後のマルクス主義者やそのサイドの研究者たちは、概ね、ユートピアンとかアナキストとかの烙印を押す。レッテル貼りまがいのことをする。上述の「ヴァイトリング」の項はその一例である。けれども、エンゲルスは『空想から科学へ』を執筆したことで、マルクスの唯物史観から逸脱してしまったと、エンゲルス没百年の一九九五年に強調された[2]。エンゲルスですらそのように酷評される時代であるから、逆に、マルクスと同時代の様々な傾向の社会主義者やコムニストをユートピアンと括るのは、もはや無理なことである。況やレッテル貼りの対象となる革命家・思想家の実際が十分に解明されていないうちから烙印だけ先に押してしまうのは無謀である。

ヴァイトリングは、上述の人名索引の内容からずいぶんかけ離れている[3]。本節の冒頭で紹介したエルンスト・ブロッホの描写は、いっそう事実に近い。ヴァイトリングは、一八三〇年代末〜一八四〇年代前半にかけて、正統信仰のキリスト教を激しく批判した。その意味で彼はアナキストである。というのも、アナキズムの今日的意味は「無政府主義」だが、その中世カトリック的意味では正統信仰批判としての、神の秩序を乱す思想としての「無神論」だったからである。ヴァイトリングは後者の意味でアナキストなのである。しかし彼は同時に、最下層の労働者大衆が抱くイエス信仰は否定しないし、一時的な労働者権力としての独裁者の出現は擁護する。それから、ヴァイトリングは一八五〇年代アメリカでマルクス・エンゲルス『共産主義者宣言』の普及に尽力している[4]。

そのヴァイトリングは、一八四六年末ないし四七年初に一度目の渡米を行なう以前から以後にかけて、労働者革命とか将来社会とかについてのイメージを大きく変えていく。労働者革命については、渡米以前の秘密結社と労働者蜂起による武力革命のイメージから、渡米後の労働者協同企業と交換銀行による経済革命のイメージに変わる。また将来社会については、渡米以前の財産共同体(Gütergemeinschaft)から渡米後の協同社会(Assoziation)に変わるのである。これらの変更は何によって生じたのか。ヴァイトリングのアメリカ体験によってである。

ヴァイトリングは、二度目の渡米後、一八五〇年一月、『労働者共和国』創刊第一号で「デモクラシー」と題する論説を発表し、そのなかで「ひとりの例外もなく各自が持つ権利」としてのデモクラシーを直接民主主義として提唱する[5]。また、同年七月の第七号で「平等理論の発展」と題する論説を発表し、そのなかで古今の財産共同体史、スパルタ・原始キリスト教、バブーフ、ブオナローティ、サン＝シモン、フーリエ、オーウェン等に論究しつつ、「社会的デモクラシー(die Sociale Demokratie)」という術語を用いて、次のような達成課題を提起する。

「（一）革命および普遍的な共和国
（二）急進的な社会的デモクラシーにおける普通選挙権
（三）貨幣力の打倒
（四）労働者アソツィアツィオーン、労働者交換銀行、
そして労働者紙幣
（五）労働不能者の扶助
（六）平等な教育、平等な権利、平等な義務」[6]

「普通選挙権」ないし「直接民主主義」と「労働者アソツィアツィオーン」「労働者交換銀行」の結びつきは、渡米後のヴァイトリングにして初めてありえたものである。このようにしてヴァイトリングは、アメリカ体験を通じて自己の革命思想を大きく旋回させたのだった。それは、たとえば『労働者共和国』一八五〇年三月号の記事「革命はなぜ失敗したか?」および一八五〇年一一月号の記事「次なる革命」にうかがえる。

まずは前者「革命はなぜ失敗したか?」でこう語られる。昔の革命家たちは、政府要人の首をつけかえたり、統治形態を変えたりするのを目標としているだけで、けっして国家の全面的な、社会的な改造は考えなかった。しかし今やまったく違う。新たな革命家たちの理念は、現存するすべての諸関係の改造を企てている。けれどもそれは新たな秩序の構想に関しては未だまちまちである。一八四八年にフランスでルイ・ブラン（Louis Blanc）の行なった国立作業場の設立は、よくない結果に終わった。従来の社会主義者がおかした誤りは、概して、国家に頼りすぎたことだ。国家ではなく、人民それ自体に依拠しなければならない。旧来のような政治的選挙制度では革命を敗北させる。従来見られた政治的な諸革命の成果は社会的な改革を台無しにし、ふたたび諸派への分裂と相互の闘争を開始するだけだった。けれども一八四八年二月の社会革命は、社会状態の改革に一つの普遍的な理念をもたらした。今後は「人民は自己の労働の価格（Preis）を自ら決定する」という社会的デモクラシーの原理に立つことだ[7]。

第二に、後者「次なる革命」の内容を見よう。革命の一時期には独裁が行なわれる。適任の人物が適格な時期にこれを樹立すれば、革命は中途半端に終わらず、完全なものとなるだろう。それをつうじて真のデモクラシーが実現する。純粋なデモクラシーにおいては、もはや議会というのは必要でない。今日の言葉の意味でのあらゆる立法と統治は、廃止される。ただ労働の管理（Verwaltung）と、科学の発展があるのみだ[8]。

以上の二論説の内容を総合して考えれば、ニューヨークのヴァイトリングは、次のような結論に達していたことに

なる。まずは、一八四八／四九年に中途半端で挫折した労働者革命を将来、短期だが強力な独裁によって再開し、ついで、それを政治革命＝労働者政権の樹立としてでなく、経済革命＝労働者アソツィアツィオーンの形成として完成させる。とはいえヴァイトリングは、こうした次なる革命をヨーロッパにおいて完遂しようとは考えない。それよりは、アメリカに現に存在している民主主義的国家形態を前提にして、その先に革命を構想する。一九世紀前半にジェファソニアン・デモクラシーとかジャクソニアン・デモクラシーとして政治的なレベルにおいて国是となっているアメリカ民主主義を、労働者のアソツィアツィオーンと交換銀行の組織網を通じて、経済的なレベルに転化することを最大の目標に掲げたのだった。そのようにして達成される合衆国をヴァイトリングは「労働者共和国」と位置づける。北部の実業家や銀行家、南部のプランターに牛耳られている段階の合衆国はいまだ資本家の共和国にすぎない。これを労働者の共和国に転化することだ。その際第一に必要なのは、労働者協同企業と交換銀行であって、独裁ではない。これが、一八五〇年代のニューヨークで『労働者共和国』を編集するヴァイトリングの現状認識と将来展望だった。

ところで、合衆国は資本家の国であるよりも労働者の国ないしコモン・マンの国であってほしいとの願いに限定すれば、それは同時代のアメリカ各州各都市で労働し生活する四八年革命人の多くに共通するものだった。次には、本節のむすびとして、民主主義国家アメリカに移住して並の生活を確保しようと努力した四八年革命人のアメリカ社会観について、ヴァイトリングほか幾人かの移民たちの生涯を参考に、検討してみたい。

注

（1）『マルクス・エンゲルス全集』第二七巻、「人名索引」、大月書店、四二頁。

（2）杉原四郎・降旗節雄・大藪龍介編『エンゲルスと現代』御茶の水書房、一九九五年、参照。

（3）人名事典の適格な記述としては的場昭弘・内田弘・石塚正英・柴田隆行編『新マルクス学事典』弘文堂、参照。

（4）本書第5章第2節一、注（1）参照。

（5）RdA. 1Jg. 1850. 2. S.27.

（6）RdA. 1Jg. 1850. 7. S.101.

（7）RdA. 1Jg. 1850. 3. SS.40 ～ 43.

（8）RdA. 1Jg. 1850. 11. SS.161 ～ 163.

六　四八年革命人にとってのアメリカ

ヅッカーの調査によれば、アメリカへ渡った四八年革命人たちの多くは、のち一八六一年に勃発し六五年まで続く南北戦争に参加し、北軍のために生命を賭けて戦った。彼らは奴隷制に反対する北部に共感をもつが、これを維持する南部には反感をもっていた。一八五四年、奴隷制反対をスローガンに、北部資本家や西部農民を地盤にして共和党が結成されると、多くの四八年革命人はこれを支持していくことになる。

一八六〇年、共和党のエイブラハム・リンカンが第一六代合衆国大統領に当選すると、南部の一一州（人口にして約九百万人、そのうち約三五〇万人が黒人奴隷）は合衆国から分離し、首都をリッチモンドに置いてアメリカ連合国を結成、民主党のジェファソン・ディヴィス（Jefferson Finis Davis）を独自の大統領にして、一八六一年四月北部二三州（人口約二千二百万人）に宣戦を布告した。しかし戦局は北部に優勢となり、一八六五年、グラント将軍の率いる北軍がリッチモンドを占領、南北の統一を果たした。

南北戦争は、アメリカでは北部側で内乱（Civil War）と称し、南部側で諸州間の戦争（War between the States）と称する。南部の人びとにすれば、この戦争は北部資本の束縛からの分離・独立だった。また北部の人びとにすれば、この戦争は必ずしも奴隷解放を第一目標にしたものでなく、連邦政府に謀反をたくらんで内乱を引き起こした勢力に対する聖戦だった。北部・南部各々の個別利害を比較してみると、自由の国アメリカ、機会の国アメリカのイメージに合うのは、やはり北部と共和党の主張だった。四八年革命人をはじめとする在アメリカ・ドイツ人の多くは、したがって南北戦争においては北部支持にまわったのだった。

そのようにして北軍を支持した四八年革命人の一人に、ブラウンシュヴァイク出身のエドゥアルト・デーゲナー（E. Degener）がいる。一八四八年革命時デッサウで活躍した共和主義者の彼は、一八五〇年移民となって合衆国へ来て、南部テキサス州で農場を経営するようになったが、けっして黒人奴隷は使用しなかった。南北戦争が始まると、デーゲナーの二人の息子は北軍に加わるべく海路メキシコに出ようとして途中南軍に襲撃されて戦死した。父親のエドゥアルトは、四八年革命人中では例外的に南部に移住した人物だったが、それでも南北戦争においては奴隷制反対の北部を支持したのだった[1]。また、ウィーン生まれでセント・ルイスに住んだアウグスト・ボンディ（A. Bondi）は、南北戦争開始前の「一八五六年、持ち前の強固な反奴隷制志向によってカンザス州へ移り、そこでジョン・ブラウンに合流し、ともに戦った」[2]。ここに出てくるジョン・ブラウン（John Brown）はコネティカット州生まれの奴隷解放論者である。彼は、一八五九年一〇月、ヴァージニア州で奴隷解放のための武装蜂起を敢行し、連邦政府の武器庫を襲撃した。だがこの奇襲は失敗し、ブラウンは同年一二月、解放反対派に縛り首で殺された。四八年革命人の一人ボンディがこの一八五九年の蜂起に加わったかどうかは判明しないが、合衆国においてかくも急進的な武闘派と組む四八年革命人もいたのである。

ところで、南北戦争勃発の一一年前、ニューヨークのヴァイトリングは、『労働者共和国』一八五〇年一〇月号で、合衆国内における黒人奴隷の扱いを批判して、奴隷制度は合衆国憲法に法的な根拠をもっていないし、奴隷州は連邦からの分離を考えている、と述べた。[3]一八五〇年代を通じて、四八年革命人の多くがヴァイトリングと同じような疑問を抱きつつ奴隷制反対を主張していたのであるが、そうした四八年革命人にとって一八五〇年代のアメリカは、依然として小農や職人など小生産者の国、あるいはコモン・マンの国であり続けた。並の人には、独立以前からの植民地人民と独立後にヨーロッパから移住してきた人びとだけでなく、独立以前から植民地で奴隷として売買され重労働を強いられてきた黒人たちも加わるべきだ、と考えたのだった。

その発想は、ヴァイトリングが強調する「労働者共和国アメリカ」という概念に一致するものだった。総じて、四八年革命人にとってのアメリカとは、現在我々がイメージするようなアメリカではなかった。南北戦争以前のアメリカは、例えばヘンリー・ディヴィッド・ソロー（Henry David Thoreau）の次の言葉に象徴されている。

「私は、『最もいい政府は支配することの最も少ない政府である』という標語を、心から受入れ、それが速やかに又組織的に実行されるのを見たいと願うものである。それが実行される暁には、これも私の信ずる標語であるが、『いちばんいい政府とは、全然支配をしないものであると』いうことになる[4]」。

ヴァイトリングは、一八五三年『労働者共和国』第一六号（四月一六日付）から第二八号（七月九日付）にかけて、ヴァイデマイヤーと彼のグループの動向を批判的に紹介した。その際ヴァイトリングが批判の対象にしたものは、ヴァイデマイヤー派は合衆国社会にヨーロッパ同様、資本家階級対労働者階級の二階級対立をあてはめ、マルクスにならってアメリカ労働者階級による階級闘争を考えていたことである。[5]ようするに、ヴァイデマイヤー派を政治革命主義者として批判したのだった。これに対しヴァイトリングは、労働者政権樹立を目指す意味での階級闘争を構想せず、むしろ労働者協同企業（アソツィアツィオーン）と交換銀行による労働者の自立的経済圏の拡大を狙っていたのである。

その最大の企画は、ヴァイトリングの企画で成立した「労働者友愛会」（労働者協同企業）による、太平洋岸への大陸横断鉄道建設である。こちらの企画、つまり鉄道建設を通じての労働者自主管理企業の設立と拡大の方こそ、当時の在アメリカ・ドイツ人労働者にはなじみやすいものだった。四八年革命人の一人で、カッセル近郊ナウムブルク生まれで一八四九年ニューヨーク港に着いたユリウス・ビーン（Julius Bien）は、印刷技術を身につけていたため、「その技術を政府に提供し、陸軍長官ジェファソン・ディヴィスは、太平洋への大陸横断鉄道に必要な幾つかの地図の準備をビーンに委託した[6]」。

一八四八年革命敗北を機にアメリカへ渡った人びとの多くは、ヨーロッパでついに果たせなかった、労働者の経済的・社会的自立という夢をこんどこそ叶えようと努力した。彼らにとってアメリカとは、政治的な意味で自由な国である以上に、社会的な意味で自由な国だった。ヴァイトリングの言葉を用いるならば、社会的デモクラシーの実現可能な国に思えたのである。

注

（1） A. E. Zucker, ibid., p. 286. ヅッカー、前掲書、四二頁。
（2） A. E. Zucker, ibid., p. 281. ヅッカー、同上、三三〜三四頁。
（3） RdA. 1Jg. 1850. 10. S. 149.
（4） H・D・ソロー「市民としての反抗」から、アメリカ学会訳編『原典アメリカ史』第三巻、岩波書店、一九五三年、三六三頁。
（5） マルクス自身はアメリカの特殊な事情を読んで、一八五一年ヴァイデマイヤーに手紙で注意を促している。本書第5章第4節七、参照。
（6） A. E. Zucker, ibid., p. 279. ヅッカー、前掲書、二九〜三〇頁。

第4節　ニューヨークのクリーゲとカウンター・メディア

ヘルマン・クリーゲ（一八二〇〜一八五〇年）の名は、一八四六年頃、若きマルクス、エンゲルスによって集中的に批判を浴びせかけられた人物として、わが国の学界でも知られている。[1]だが従来のクリーゲ論はなにやら欠席裁判の匂がしてならない。あるいは、常にマルクスが原告席にいてクリーゲが被告席にいるように思われてならない。また当のマルクスにしても、彼がクリーゲ批判の証拠として引き合いに出すクリーゲ自身の言動も、いかにも自身に都合のよいところだけを取り出し都合のよいように改釈しているようにも思える。そこで今回、クリーゲの社会思想をもう少し深いところから理解するため、とまれクリーゲ側の言い分をも、彼自身が語った事柄と為した行動を中心にして紹介してみたい。クリーゲについては、すでに本書第4章第2節で扱ってあるが、本節ではさらに突っ込んだ議論を為したい。

注

（1）　マルクス、エンゲルスとヘルマン・クリーゲとの対立を論じた邦語文献に、次のものがある。良知力『マルクスと批判者群像』平凡社、一九七一年。

一　ヘルマン・クリーゲの根本思想

まず、クリーゲ思想の根底にあるものとして私が重視する点を、ここであらかじめ述べておきたい。それは、クリーゲの次の言葉に垣間見られる。

「我々は、すでにヨーロッパにおいて次の点を見ぬいていた（クリーゲは一八四五年九月にロンドンからニューヨークへ移住していた―石塚）。すなわち、労働と享受、貧困と富との間のすさまじい相剋が、たんに批判されるというのではなく、実際に廃棄されないあいだは、永続的な幸福や平和、それに自由というものは、この地上のどこにおいてであれ支配的にならない、という点である。我々は、この世のありとあらゆる地域において、でっぷり肥えた怠け者が食い道楽を続け、誠実な労働者が飢えと寒さに苦しみ、純潔を売ったり、美貌を汚したりするのを見てきた。このことはまた当地、この共和国においても見られることである。この邦の第一の根本法は次の事柄である、『人はすべて、生来譲渡しえぬ権利を有する！』だがいたる処に暴利行為が見られ、怠惰、飢え、困窮、売淫が見られるではないか。それなのに、我々もまた傍で静かに見物し、『共和国の自由という幻覚について』なにか批判的な書物を綴るべきとでもいうのか。また、ませた学童のように、だれもが知っているような事についてだれ一人にも役立ちそうにない名言を吐いておればよいというのか。我々はきわどい（kritisch）ヨーロッパから逃げ出して来たが、それは一つの仕事を最終的に完成しきるためにであり、そのためには肉体も生命も捧げることを誓った」。

我々は、次に来る世紀の人間を喜ばせるプランや制度を考え出すつもりはなかった（明らかなマルクス批判―石塚）。況やこのような他愛のない戯れをほかからけなそうなど、毫も思いつかなかった。人類が現時点で（wirklich）前進的な一歩を踏み出すことこそ、我々には重要なのであった。（明らかなヴァイトリング支持―石塚）」。(1)

右の引用文を一読すれば、私が何故マルクスに対するクリーゲの言い分を紹介しようと思ったか、理解されるだろう。私はかつて「三月前期ユートピアンのマルクス批判」と題する論文を公にし、(2)そのなかで、ヴァイトリングとマルクスの対立に関連して、三月前期という時代とそこに生きる民衆の直接的利害を考慮すれば、ヴァイトリングは現実的だがマルクスはユートピア的であると評した。それと同じような評価を、本節ではクリーゲについて下してみることとし、以下に私独自の、新たなクリーゲ像を描いてみる。

注

（1） H. Kriege, Unsere Stellung in Amerika, in : H. Schlüter, Die Anfänge der deutschen Arbeiterbewegung in Amerika, Stuttgart 1907, S. 34f.

（2） 石塚正英『ヴァイトリングのファナティシズム』長崎出版、一九八五年、第四章。本書第3章第4節、参照。

二 アメリカでの活動

一八二〇年七月二〇日、ヴェストファーレンのテックレンブルグ近郊リーネンに生まれたクリーゲは、若くしてL・フォイエルバッハに傾倒しつつ、他の青年ヘーゲル派にも近寄り、一八四五年春には、同年齢のエンゲルスともブリュッセルで知り会った。その後彼はロンドンに渡り、こんどは同市に存在した義人同盟に加わって、ヴァイトリングの思想に引き寄せられた。だが彼は、一八四五年のうちにまたも居所を変え、ニューヨークへ渡ったのである。

同地でクリーゲは、さっそく義人同盟アメリカ支部の設立に奔走し、やがて他の同志と一緒になって「青年アメリカ・ゲマインデ（Deutsche Jung-Amerika Gemeinde）」という名称の秘密結社を創設する。この頃、ヨーロッパが「空腹の四〇年代」をむかえていたのと同様、ニューヨークでも窮乏が労働者の生活を脅かしていた。クリーゲは、このような経済・社会情勢のニューヨークで、政治意識を持ったドイツ人労働者（その大半は手工業職人）、在来のアメリカ人労働者を比較的楽に組織化することができた。その際、彼とともに青年アメリカ・ゲマインデの中心人物となった人びとは、次の顔ぶれである。N・ティルマン、Ch・ヴァイセンバッハ、ライヒマン、ルートヴィヒ、グレーザー、ドゥレーレ、K・アイアー等々。彼らは、地下組織・青年アメリカ・ゲマインデの掲げる社会革命的な政治目標を実現するため、あるいは自派組織への人員獲得のため、別組織の、公然たる大衆団体をも設立した。その名を「社会改革協会（Sozialreformassoziation）」という。この協会は一つでなく、識別番号を付けて複数存在したが、最大のものがニューヨークの第二協会であり、一時期三四五名の会員を数えたという。また、社会改革協会が主催して公会堂や野外広場で開いた集会には、しばしば四〇〇名から六〇〇名の市民・労働者が参加した。

ところでクリーゲらは、ニューヨークでたんに在アメリカ・ドイツ人労働者を指導するのみでなく、すすんでアメリカ土着の民主主義者と協力関係を築こうとする。その際、ニューヨークでクリーゲの眼前に存在した最も有力な団体に、「全国（農業）改革協会（National Reformassociation）」（通称・ナショナル・リフォーマー）があった。この団体は、例えばマルクスが片思いしながら空想したのとちがって、けっして共産主義社会の実現を求めず、どちらかといえばトマス・ジェファーソンの思想にみられたような農民（小生産者）を主体とする平等主義的民主主義社会を理想にしていた。ジェファーソンは、その昔、次のように述べていた。

「ヨーロッパでは、土地がすでに耕作しつくされているか、さもなければ耕作者に対してまったく閉ざされた状態にある。その結果、余った人口を支えるためには、選択の結果としてではなくまったくの必然から、工業に頼らざるをえないのである。けれどもわれわれの場合には、農民の勤勉を誘う無限の土地がある[1]」。

ジェファーソンは、政治理念においてはロック主義的であるにせよ、社会的理念においてはむしろルソーの平等主義ときわめて近しい間柄にある。エミール君（ルソーの文筆上の子ども）が、農民でないにせよ職人に育てあげられたのをみてもわかるように(2)、ルソーは、小生産者・小所有者の社会を理想として描いた。その点で、ジェファーソンの社会的理念とルソーのそれとは共通している。

そこでわがクリーゲであるが、彼は実はこのような社会的理念の実現を通してのみ、彼の時代の人民＝小生産者を解放するための、第一段階を達成できるとみたのである。すなわち彼は、アメリカ合衆国において現に存在する政治的自由を大いに利用して、まずは大衆運動のかたちで土地改革運動（Bodenreformbewegung）を展開し、耕作意欲ある農民に一定限度の土地（一六〇エーカー）を与え、労働する諸個人の生活をとにかく保証し、彼らの力総体でもって少数の資本家階級を無力化することを狙ったのである。そしてまたこの方法は、国土の狭いヨーロッパでなく、当時にあって無限にも等しかった耕地をもつアメリカにおいてのみ唯一可能であると考えた。そこからしてまた彼は、アメリカを小生産者・労働者の国、イギリスを貨幣貴族・資本家の国というふうに、固定的に観念する傾向にあった。そのことは、例えば、一八四六年にオレゴンの帰属をめぐって英米間に戦争の危機が迫った時に発表されたクリーゲの一文「ロンドンの同志へ」がよく示している。

「アメリカは被抑圧者の避難所であり、労働者の、自由な農民の国である。――いっぽうイギリスは専制の、資本の、独占の本拠地である。――アメリカでは、労働が貨幣支配の手からなんとか自己を解き放ち、新たな人類にこの世の天国への道を準備している。――いっぽうイギリスでは、マンモンが声高らかにその勝利を祝っている。――アメリカは新たな世界秩序にとって最初の地である。イギリスでは旧世界の最もひどい結末が出現している。――英米間の戦争は旧世界と新世界の戦争であるし、独立に対する専制主義の戦争、労働に対する資本の戦争である」。

「オレゴンがイギリスの手に落ちれば、それはじかに資本の手中に帰すことになる。……アメリカ人はおのずと労働を代表し、またおのずと、イギリスの貨幣貴族に支持を得ている資本に対する敵なのである(3)」。

このようにアメリカ社会を高く評価するクリーゲは、一八四六年、テキサス・カリフォルニアおよびニューメキシコをめぐってアメリカ・メキシコ間で戦争の危機が高まった時、やはり労働の国アメリカの側に立って戦うことを社会改革協会に訴えた。また、この戦争が実際に勃発した時、クリーゲを除く社会改革協会の主な指導者は、ニコラウス・ティルマンを隊長として、五〇名の義勇団「ヤング・アメリカン・ライフル銃兵（Young American Riflemen）」を組織し、テキサスへと向かった。

ところで、一八四六年から四八年にかけて生じたこのアメリカ・メキシコ戦争について、本家本元のロンドン義人同盟の評価はどうであったか。これをみるには何よりもまず、オレゴン合併問題で生じた英米間の戦争危機に対する在ロンドン活動家の態度表明をみれば、端的にわかる。一八四六年三月三日、オレゴン問題を一つの議題にして、ロンドンでチャーティストを中心とする国際的な労働者大会が開かれ、ジュリアン・ハーニーによって、英米両国の労働者にあてた回状が起草された。またこの回状には、ヨーロッパ四ヶ国の代表者、イギリスのヘンリー・ロース、トマス・ウェーバー、ドイツのカール・シャッパー、フランスのA・ミシュレー、そしてスカンディナヴィアのペーター・ホールムが各々署名した。その内容をみると、次のようである。

「労働者階層は我々の階層である。我々の多くは生まれながらにして、すでにそうなのだ。そのほか、任意の選択を通じて労働者階級に仲間入りした者もいる。全世界を貫いて『労働の子ら』の利害は、我々の利害なのである。ありとあらゆる国際的な差異を、我々は止揚し、だれも彼も兄弟であり人類という家族の一員であることをよろこんで認識している」[4]。

この論調は、義人同盟ロンドン支部、チャーティスト左派の友愛的民主主義者協会内外で当時醸し出されていた、労働者＝職人の国際主義的連帯意識のあらわれであって、マルクス、エンゲルスの意識とはズレがある。ことにエンゲルスは、アメリカが外国と戦争をする場合、反戦一本やりではなく、相手いかんによってはこれを許容することがあった。例えばエンゲルスは、後年に修正することになったにせよ、一八四八年段階で、アメリカ・メキシコ戦争のことを次のように評している。

「アメリカでは、我々はメキシコの征服を傍見し、そしてそのことを喜んだ。……この国（メキシコ―石塚）が将来アメリカ合衆国の後見のもとにおかれることは、この国自身の発達にとっても有利である。合衆国がカリフォルニアの占領によって太平洋の支配権をにぎることは、アメリカ全土の発展のために有利である。……こういうわけで、アメリカにおいてもブルジョアジーは長足の進歩をとげた(5)」。

クリーゲと社会改革協会幹部が抱いていた政治理念・社会的理念を明らかにするため、ロンドンの活動家およびエンゲルスの諸見解を引いてみた。そこで、他と区別された、とくにエンゲルス（科学的共産主義）と明確に区別されうる部分、エンゲルスがアメリカを若いブルジョアジーの国とみ、クリーゲがそれを労働者の国とみた点に注目したい。その最大のものは、むろんクリーゲの労働者観である。すでに言及済みだが、クリーゲにとって労働者とはだれかれの抑圧を受けたり金銭上の債務を負ったりすることなく、自分およびその家族を養うに足りるほどの小土地片（一六〇エーカー）をわが物とし、これを現実的な基盤として同等の他者と共同しあう小生産者なのである。そのような理念を、彼は、ヨーロッパではほっきりと認識できなかったが、アメリカ合衆国へ来て、それも右のごとき小生産者社会＝総中産階級社会を社会的理念に掲げて民主主義運動を展開していたナショナル・リフォーマーを知って、しかと実感したのであった。

だがそのことは、ヨーロッパでまず形成されたクリーゲの思想に、微妙だが決定的な変更を加えることになった。そもそもクリーゲは、一八四四～四五年の間に青年ヘーゲル派や義人同盟（とくにヴァイトリング）の影響を受け、自らもコムニストを自認するに至ったのだが、残念ながら、この信念には現実的な実践が伴わずじまいであった。彼が本格的な実践運動に介入したのは、アメリカに渡ってからなのである。そのため、ニューヨークでほぼはじめて現実の労働者運動に接し、あるいは労働者組織を指導してみて、クリーゲは、暴力的手段による私的所有の一挙的廃止と財産共同体の導入というヴァイトリング的発想から離れ出した。そして、渡米後ほんの一ヶ年ほどで、ついに共産主義者（マルクス一派と同類であること）を自称することに「恥ずかしさ」を感じるまでに変質した、というより初めて現実に根ざした信念を抱くに至ったのである。ここに、マルクスを批判するクリーゲの、たいした自信のほどを紹介しよう。

「マルクス、エンゲルスほかの諸氏が行なった仕事は共産主義運動についての批判的叙述、労働者階級の状態についての叙述、家族や結婚等についての叙述である。これらの事柄はすべて、たんに彼らの叙述のための題材を与えるという意味で彼らの関心を引いただけのことである。したがって彼らは、なるほど私のことについては、次のようにしか想像できないのだ。つまり、私は当地アメリカにおいて、所与の諸関係について皮肉を述べる以外に何もしていないと。また、『フォルクス・トリブーン』は手元に見いだされる運動を描く以外に目的などありはしないのだと。しかしながら私は、彼らのように現実の運動の外に立っているのではなく、そのほぼ真っ只中におり、云々」。(6)

さて、右のような自信家へと成長するクリーゲの思想遍歴をいま少しはっきり見定めるため、ここで、彼が一八四六年の一ヶ年間編集した社会改革協会の機関紙『フォルクス・トリブーン』（第一〇号からは青年アメリカ・ゲマインデの機関紙）の記事に注目してみたい。この週刊新聞は、ニューヨークで初めてのドイツ人の労働者新聞として、一八四六年一月五日に創刊された。初号の表題には、ナポリ出身の古代ローマ護民官（tribunus plebis）マザニーロの肖像があった。また新聞のモットーとして「労働万歳！　資本を倒せ！」が掲げられていた。初号でクリーゲは述べる。

「我々の新聞は人民の、すなわち貧乏人の、苦しみをなめている者の、踏みつけにされている者の護民官となるべきものである。……ただ、そうはいっても、我々は資本家から何か貨幣を盗もうなどとは考えていない。貨幣それ自体から、その価値を奪おうというだけのことである。そこで次の点を労働者に理解してもらいたい。ただ労働だけが真に富を創造するのであって、資本には断じて価値などないこと、そのようなことは妄想でしかないこと。またしたがって、彼の労働は、貨幣によってでなく労働によって支払を受けるべきことを、理解してもらいたい。……だが労働者諸君、いま諸君はすべてを創り出しているのに何も受け取っていない。諸君は来る日も来る日も、食うや食わずの生活をせねばならないし、あらんかぎりの骨折りをしても、また汗まみれになったところで、裸の身を被うものや、パンをほんのひと切れ買うに値するほどのものも、殆んど得ることがないのである」。(7)

『フォルクス・トリブーン』創刊号でのクリーゲの論調は、一応義人同盟風である。ヴァイトリングのアジテーションをまねている節がみられなくもない。新聞の購読については、労働者には一部五セントで宅配し、「資本家」には「一年間分の前払い」を条件に付けた。またドイツ語のこの新聞がニューヨーク市内でかなり読まれ、またドイツ語で頻繁にクリーゲらの集会が行なわれるのに腹を立てたアメリカの自由主義者、とくにウィッグ党は、新聞『モーニング・エクスプレス』(一八四六年四月一一日号)で次のような抗議を行なった。

「昨夕、ナショナル・リフォーマーの政治活動を支援して、そう多勢ではない集会が公園(セントラル・パークのことか—石塚)で開催された。我々はその原理——公有地から各人が農地を受け取るというもの——に対し、少なからぬ異議を前提としてきた。……我々は外国から抑圧された民衆を受け入れてきた。彼らに対し、以前には手にしていなかった特典や権利を与えた。彼らは、例えば子どもを養い、衣服を着、家も手に入れた。投票権も叶えてやった。にもかかわらず……これらの改革者たちがわが国の法を変えようとするのなら、その前に、少なくともわが国の言語を覚えてからにしていただきたい(8)」。

だが『フォルクス・トリブーン』は、第二六号(七月四日付)に至って、表題のモットー、「労働万歳! 資本を倒せ!」を削った。なるほど、今やミルウォーキー、シンシナティ、ボストン、ニューアーク、フィラデルフィア、シカゴ、セントルイスそのほかの大都市に足場を得た同紙ではあったが、そうした販路の拡大は、新聞の論調のアメリカ化、ここではとくに、そのナショナル・リフォーマー化を促進したのであった。そして、クリーゲおよび『フォルクス・トリブーン』のこの変質ぶりを、早い時期に鋭く感じとったのが、ブリュッセルのマルクス、エンゲルスら、共産主義通信委員会のメンバーであった。

一八四六年五月一一日、ブリュッセルの通信委員会では、以上のようなクリーゲの言動に反対する決議が行なわれた(『マル・エン全集』第四巻に訳文がある。ただし、この訳では決議の月日に誤植がある。正しくは右の通り)。その決議文をクリーゲに送るに際し、決議人の一人エドガー・フォン・ヴェストファーレンが、次のような添え書きを付けた。

『フォルクス・トリブーン』編集者、ヘルマン・クリーゲ殿

当地の共産主義団体(ブリュッセル共産主義通信委員会のこと—石塚)の委任により、また五月一一日の会議の議長の資格で、一一日にとり結ばれた決議を別紙として封入させていただきます。これは、『フォルクス・トリブーン』に対する我々の見解を述べたものであります。もし貴殿がこの決議を理由書とともに貴紙に掲載されない場合、それでもこれはヨーロッパおよびアメリカで印

刷・発行されましょう。しかしながら当方としましては、貴殿ができるだけ早い時期に、ボーデンブロック街八番地のジゴ氏にあて、我々の決定を載せた『フォルクス・トリブーン』当該号をお送りいただけますよう、お願いいたします。

エドガー・フォン・ヴェストファーレン
一八四六年五月一六日ブリュッセル(9)」

また、この決議に加わりながら唯一クリーゲ弁護の側に立ち、決議に反対の態度を示したヴァイトリングは、反対理由をはっきりと文書で示そうとしたのだが、マルクスらによってもみ消されてしまったらしい。そのあたりの事情を、決議直後にクリーゲにあてたヴァイトリング書簡にみてみよう。

「親愛なクリーゲ
ブリュッセル、(一八四六年)五月一六日
君は、当地で君に反対して起草された批判文を手にすることだろうが、この文は、君のことを猫かむりとか、臆病で頭の空っぽな奴等々と言っており、また君を感情放出管だといって嘲笑している。ぼくだけが反対票を投じたんだ。そのことをぼくは文書で添え書きすべきと思った。ぼくはっきり言ってやった。彼らが望むならそうしようと。そしたら、こうだ『もちろんだとも、今後だれとても署名に加わらないなんてことがあってはならない。もしたとえ一人が何かに反対票を投じたとしても、彼はそれに賛成したものとして、名前を貸さねばならない』。ハイルベルクとぼくは抗議したさ。……はっきりと、こうも言ってやった。どちらかといえばむしろ、ぼくの名前をすっかり省いた方が連中の利益となるにちがいあるまい、と。だがぼくは、ただ署名するだけでなく、ぼくの動機も添え書きすべきと思った。ぼくは強いて要求した。『ヴァイトリングは反対票を投じるものである。そのわけは、概して彼は、このようなデモンストレーションにはいかなるものにも反対だからである！』

このことでは、マルクスは満足しなかった、『はっきりと理由が述べられねばならない！』そこでぼくは次のように書いた。

『本署名者は反対を表明したが、上述の多数の人びと(マルクス、エンゲルスら賛成表明者―石塚)の同意のもとで、彼が反対した動機を文書で提出せよとの要請を受けた。それを簡単に述べれば次のようである。

『フォルクス・トリブーン』は、これをみれば、アメリカの諸事情に完全に一致したコムニスムスの機関紙である。また、この機関紙の編集者およびその協力者、宣伝者たちの熱意は、同紙にとってきわめて喜ばしいがため、そのあら探しをするなどということを、彼はまったく望んでいない。

全体として本署名者は、コムニスト党のような、ヨーロッパにおいてかくも夥しくまた強大な敵をもつ党派が、その利益のためなぜアメリカへ武器を向ける必要があるのか理解できない。また同様に、そちらで彼らの武器を自分自身に向けることでいかなる利益が得られるのかも、理解できない。

ヴィルヘルム・ヴァイトリング』

このことにつきマルクスは浅間しい声明とよび、またザイラーはとるに足らない声明とよんだ。そこでまず、この声明は添付しないと決議され、しかるのち、これはただロンドン・パリそしてドイツへは伝達するが、アメリカへはそうしないことも決議された。……

ぼくは、こうした批判家諸氏が狡猾な陰謀家であることを知った。……この批判（マルクスのこと—石塚）は、一切の存在する物を食い破り、たとえもはや食い破るものが何もないとなったら、こんどは己れを食い尽くすのだ。すでにこれは、自己の党派のもとで、それを開始している。ほかの者がそんな事にまったく頓着しなくなって以来は、とりわけそうだ。だれもみな、競争者との角逐を気遣うや否や、自分だけがコムニストだと主張し、他の者をすべてコムニストであると言明したがる。ヘスも、ぼくと同様、追放に処せられた。[10]……」

注

（1）トマス・ジェファーソン、中屋健一訳『ヴァジニア覚え書』岩波文庫、一九七二年、二九六頁。
（2）ルソー、今野一雄訳『エミール』岩波文庫、一九六二年、参照。
（3）H. Kriege, An unsere Brüder in London, in : H. Schlüter, ibid., S. 44f.
（4）H. Schlüter, ibid., S. 42. なお右の注（3）の An unsere Brüder in London は、ここに引用した回状への回答として書かれたものである。
（5）エンゲルス「一八四七年の運動」、『マルクス・エンゲルス全集』第四巻、大月書店、五一六頁。ただし、訳文の一部をかえてある。
（6）H. Kriege, Unsere Stellung in Amerika, in : H. Schlüter, ibid., S. 37.
（7）Volkstribun, Nr. 1, 5. 1. 1846, in : H. Schlüter, ibid., S. 26.

（８）　H. Schlüter, ibid., S. 25.
（９）　H. Schlüter, ibid., S. 28f.
（10）　Volkstribun, 27. 7. 1846, in : H. Schlüter, ibid., S. 38f.

三　もうひとつのクリーゲ評価

ここで再び、議論の中心をクリーゲ・マルクス論争の周辺に引きつけてみよう。いままでの引用から明らかな点として、マルクスもヴァイトリングも、クリーゲの根本思想を一面的にしか捉えていないということが指摘できる。まずマルクスは、かの五月一一日に決議した『クリーゲへの回状』――クリーゲはこれに『破門状』という題をつけて『フォルクス・トリブーン』に発表した――で、クリーゲおよび社会改革協会の運動とアメリカ独自のナショナル・リフォーマーとを勝手に分断し、前者を「愛の夢心地」とか「形而上学的駄ぼら」といってからかい、後者を――事実を殆んど調べもしないで――「共産主義への方向をたどるにちがいないもの」と高く評価している[1]。また、たぶんナショナル・リフォーマーを指してのことと思うが、ニューヨークに共産主義グループが存在するかの描写をしている。これは、マルクスのとんでもない誤認である。なるほどアメリカには、一八二〇年代末から独自の労働者党――一八二八年七月結成のフィラデルフィア市の勤労者党、翌二九年四月の結成のニューヨーク市の勤労者など――が存在していた。また、トマス・スキドモアが出て、一八二九年に『財産に対する人間の権利』を出版してもいた[2]。だがそれでも、アメリカ東部の労働者運動は、ヨーロッパのそれとちがい、西部の広大な未開拓地を背景にして、共産主義の方でなく、小生産者（小所有者）育成をめざす方向に傾いていった。一八四〇年代にナショナル・リフォーマーを指導した人物Ｇ・Ｈ・エヴェンズも、私的所有を肯定した上での、平等主義的な民主主義を重視していたのであった。マルクスは、トックヴィルやＴ・ハミルトン、ボーモンらの古い著作に依拠するあまり、勘ちがいをしていたのである。クリーゲの社会改革協会（ゾツィアル・レフォーマー）とナショナル・リフォーマーは、共通の理念で動いていたのである。

また、渡米後そのような方向で自らの信念を固めたクリーゲを、ロンドン時代の同志ヴァイトリングは、知らなかった。それを知らずに彼は、クリーゲ弁護を行なったのである。クリーゲの根本思想は、よってもって以上のごときアメリカの特殊な諸事情、クリーゲ個人の思想遍歴、実践運動への介入等を考慮して、初めて明確にされるのである。ということはまた、一八四六年五月の『クリーゲへの回状』も、いま一度読み返されねばならない、ということでもある。

以上の議論からひとつの結論として示したいのだが、クリーゲ思想のある部分は、一八四〇年代中葉のアメリカ社会で——あえて言えば、同時期のヨーロッパ社会においてさえ——、存在理由をしっかりと保持していたのである。ただし、クリーゲ自身は、一八五〇年四月に精神を乱し、同年一二月にニューヨークで没した。いまだ満三〇歳であった。

さて、次には、クリーゲと彼のジャーナリズムからいったん離れて（クリーゲに関しては既述の文章と少々重なる箇所があるものの）、カウンター・メディア史の側面から一九世紀アメリカ社会をさらに考察しておきたい。

注

（1）「クリーゲに反対する回状」、『マルクス・エンゲルス全集』第四巻、七頁。

（2）安武秀岳「初期マルクスのプロレタリア概念の形成とトマス・スキドモア」、『愛知教育大学研究報告』（人文・社会科学）、第二七号、一九七八年、参照。

（3）マルクスは「クリーゲに反対する回状」のなかで「ヨーロッパならびにアメリカの共産主義者党（die Kommunistische Partei）」という表現を用いてナショナル・リフォーマーを性格づけている。マルクスやエンゲルスは大きな見誤りをおかしていたのである。なお、『マルクス・エンゲルス全集』第四巻三頁でこの箇所は「共産党」と訳されているが、この訳語は誤解を招くものである。詳しくは本書第1章第4節四を参照。

四　草創期のカウンター・メディア

新聞はメディアの一つであり、「中間」「媒介」を意味するラテン語 medium に由来する。そのメディアはどのように発展したのか。古代ギリシアに吟遊詩人が存在したが、彼らによって担われたメディアに、口承＝身体表現があった。口承が有する役割の一つに、人びとをある種の陶酔状態に誘うということがあった。古代ギリシアにおいてポリスはそれぞれ政治的に独立を保っていたが、同じギリシア人としての同胞意識が強く、自らをヘレネス、その国土をヘラスと称し、外国人をバルバロイとよんで区別した。この同胞意識の具体的な現れとして神殿と祭礼を同じくするポリス間の隣保同盟（アムフィクティオニア）があった。そのうち、デルフィのアポロン神殿を中心とするものが最も重要であって、この神託は権威が高く、それを通じて宣戦や講和、都市の建設などが決定された。吟遊詩人は、そうした神話的儀礼を背景に同胞意識や対外戦意を高揚させるのに貢献したのである。

その後キリスト教がヨーロッパに広まると、こんどは教会のミサといった共通の場所での共通の行為が、古代ギリシアの口承と同様の役割を有するに至った。中世まで文化の担い手は教会・聖職者であった。教会は、文書をラテン語で記すことで知識・情報を独占し、庶衆とのコミュニケーションは説教＝話し言葉で通していた。だが、やがて文書表記が世俗化し、同時に商業活動、生産活動が活発化していくと、文化の担い手は商人や市民に移ることになった。この際に重要なのは、話す行為・内容でなく書く行為・内容への変化である。広場の一角で人々を熱狂させるだけだったアジテーションは、同時にビラやパンフレットとなって各地に伝達された。イギリス市民革命、アメリカ独立戦争、フランス革命においては、反体制を形成することに大いに役立った。言葉＝発声でなく、それ以上に文字＝文章が世界史を動かし出したのである。

郵便制度の確立と並行して定期発行新聞が出現した一七世紀前半、ヨーロッパ諸国は絶対主義的・権威主義的な思想を根幹として統治権を行使していた。そのような時代に、新聞は、統治行為の枠内で、王の許可や特許を受けた者に牛耳られ、彼らは多かれ少なかれ新聞を支配装置の一つに用いたのである。

その後一八世紀後半から一九世紀にかけて、新聞――その一部――は啓蒙思想の普及や宗教的自由の獲得闘争などによって社会改革支持へと変わっていき、印刷技術の革新と相まって、市民メディアあるいはカウンター・メディアとなった。さらに二〇世紀のマス・メディアの時代となるや、新聞はこんどは帝国主義的な国益と連携した巨大資本に支配され、人びとの自由や権利を侵害し、時には人の名誉を棄損し、プライバシーを侵すような傾向を強めていった。さらに、二〇世紀後半に至って国家権力から独立し報道の自由が確立してなお、新聞において情報を発信する行為は、政治を行い、国民の世論を左右する重要なモメントとなり続けた。その反省から、マス・メディア自身が社会的責任を自覚し自らがそうした報道姿勢に対して厳しく自己規制するという社会的責任理論が普及していき、次第に「行政」「立法」「司法」に並ぶ「第四の権力」と称されるようになったのである。[1][2]

ところで、新聞が大々的に民衆に浸透した理由は、新聞記事の内容ではなかった。理由の一つ目は、一九世紀の中盤に新しく掲載されだした新聞小説であり、他にも娯楽や刺激的な冒険を提供し始めた点である。理由の二つ目は、印刷機に機械動力を取り入れ大量に生産し、新たに交通の中心になった駅で販売することで、購買客に新たなコミュニケーションを提供し、発行側にはコストダウンを実現させた点である。また同じ時期に誕生した広告は徐々にその地位を向上させ、新聞発行部数を伸ばす要因となっていった。

さて、ここでのキーワードのひとつ「トリビューン」であるが、これは上記の新聞史における「カウンター・メディア」として出現した。その代表はフランス革命期にフランソワ・ノエル・バブーフがグラックス・バブーフすなわち護民官グラックスの後裔を名乗って編集した新聞『護民官（Le Tribun du peuple）』である。その後一九世紀に入って、J・J・ピロが同名の月刊新聞を一八三八年にフランスで創刊している(3)。そして、一八四一年、こんどはアメリカで、ホレス・グリーリーが日刊新聞『ニューヨーク・トリビューン（New-York Tribune）』を創刊した。そして一八四六年、ドイツから移住してきた社会改革者のヘルマン・クリーゲが週刊新聞『フォルクス・トリブーン（Volks Tribun）』を創刊した。こうした新聞『護民官』をカウンター・メディアの一つと考え、欧米新聞史上における紙名「tribune」の意味を考察することとする。考察の舞台は北米社会である。

注

（1）印刷博物誌編纂委員会編『印刷博物誌』凸版印刷株式会社、二〇〇一年、参照。

（2）佐藤卓己『現代メディア史』岩波書店、一九九八年、参照。

（3）Lorenz Stein, Der Socialismus und Communismus des heutigen Frankreichs. Ein Beitrag zur Zeitgeschichte, Leipzig, Otto Wigand, 1842, S. 333. ローレンツ・シュタイン、石川三義・石塚正英・柴田隆行訳『平等原理と社会主義』法政大学出版局、一九九〇年、四〇七頁。なお、記載されている文脈は次のようである。「以上が一八三五年以降における市民階級中の反政府派一般と人民との関係の基盤であった。……当時、中間派は若干の純然たる民主主義的雑誌や新聞『トリビュン（die Tribune）』、『リューロペアン』、『ル・ポピュレール』を産み出したが、…」

五　ナショナル・リフォーマーと『ニューヨーク・トリビューン』

ホレス・グリーリーは、一八一一年、イングランド系の父ザキアスとアイルランド系の母メアリーの間に生まれた。グリーリーは二〇代からジャーナリズムの世界に入り、『トリビューン』に関わる以前は『ログ・キャビン（Log

Cabin)』の編集に従事していた。この新聞は「四ページだて半年購読料五〇セントの週刊新聞で、ニューヨークとアルバニーで同時に発行された。本紙は主に、グリーリーによるハリソン大統領選挙キャンペーンに貢献した」[1]。そのハリソンは大統領当選直後、病死した。在位わずか一ケ月だった。一八四一年四月一〇日、みぞれ交じりでどんよりした空の下、ウィリアム・ハリソン第九代大統領の葬儀が執り行われたが、『ニューヨーク・トリビューン』はその記事を報ずるかたちで創刊された。この新しい新聞の見通しや売れ行きは必ずしも芳しくなく、さまざまな困難が待ち受けていた。グリーリーが当選に尽力したハリソンが急死し、これを弔うかのようにニュースを報じたグリーリーの思想的スタンスはブリスバーン譲りのフーリエ主義であって、必ずしも権力（大統領）に寄り添うことを信条にしていたわけではない。『トリビューン』はむしろ、「奴隷制反対、戦争反対、ラム酒反対、タバコ反対、誘拐反対、酒場・売春宿・賭博場反対、に捧げられた新聞だった」[2]。

グリーリーの評伝を出版したヴァン・デューセンは、グリーリーに、一九世紀前半フランス思想界をリードした思想家シャルル・フーリエの影響を見通している[3]。それは、グリーリーがフーリエ主義者のアルバート・ブリスバーン（Albert Brisbane, 1809–1890）を『トリビューン』の定期寄稿者に迎えたことによって論証される。ドイツ社会民主党員でアメリカ亡命後同国のドイツ人労働運動史をまとめたヘルマン・シュリューターによると、一八三〇年代～四〇年代の北アメリカでは、ヨーロッパ由来の社会改革運動理念として、オーウェン主義とフーリエ主義が相当の支持を得ていた。

「オーウェンとフーリエの信奉者たちは、その主要部分は賃金労働者でなく、所有階級および中間階級に属する人びとから成っていた。だが、その煽動の全体的な性格からみると、それは労働者階級に感化を与え、階級意識とあらゆる類の改革理念で満ち溢れていたに違いない。当時においてこの国で最も熱心だったフーリエの使徒は、ある富裕な地主の子、アルバート・ブリスバーンであった。ブリスバーンはベルリンとパリで教育を受け、フーリエとは個人的な交際をもつに至り、その熱烈な学徒となったのである。その学説にあらんかぎり熱狂して、彼はアメリカに帰国後の一八四〇年、著作『人間の社会的運命（Social Destiny of Man）』を出版し、そのなかで主にフーリエ著作の翻訳を行なった。この著作は大成功を収めた。当時、一五〇〇〇部の購読部数をもち、ホレス・グリーリーが編集人であった『ニューヨーク・トリビューン』は、フーリエ学説に紙面を提供し、その普及に多くを為した[4]」。

ここに記されているシャルル・フーリエ（一七七二～一八三七年）は、フランスはブザンソンの豊かな商人の家に生まれ、自らもフランス革命期に貿易商として活動を開始したが、まもなく破産に追い込まれた。その後王政復古期にも商業活動を再開して、またもや失敗した。そこからやがて商業に対する批判が始まり、ついに資本主義の批判へと突き進む。フーリエは、秩序なき産業と不平等な財産所有に基づいた資本主義社会では悪徳しか栄えないとし、これに代えて、ファランジュと称する一種の協同社会「アソシアシオン（association）」を建設し産業の組織化を実現するよう説く。フーリエは、産業革命期イギリスで実施されていたような自由放任主義を「経済主義」と称して批判し、基本組織ファランジュを介して諸個人が生産物を直接交換するという特徴を有する協同社会を構想したのである。この理想社会では私的所有は廃されず、生産的余剰は一定の比率によって各構成員に配分される。構成員各自はさまざまな労働に従事し、それらには家事労働と社会的有用労働の区別は与えられなかった。またその構成員は、サン＝シモンの産業社会の場合と違って、小所有者、職人など旧来の生産者である。これら小生産者の分業と協業とによって生産力を高め、人間の諸情念を解放し、物心両面において実り豊かな社会を実現すること、これがフーリエの理想であった[5]。ブリスバーンはそのようなフーリエ思想に強く惹きつけられたのであった。ブリスバーンはその思想、あるいはそれに依拠して展開される試みを当時のあらゆる改革運動における、いわば崇高な極致（grand culmination）として示すよう企図したのであり、「『トリビューン』編集人は、それにすっかり目を奪われた[6]」。かように、グリーリー編集の『トリビューン』は、あきらかにカウンター・メディアの先駆であった。

注

（1）Glyndon G. Van Deusen, HORACE GREELEY Ninteenth-Century Crusader, University of Pennsylvania Press, Philadelphia ,1953, p43.

（2）New-York Tribune, Dec. 3, 1845. in:Van Deusen, ibid., p.51.

（3）cf : Van Deusen, ibid., p.63～64.

（4）Hermann Schlüter., Die Aufänge der deutschen Arbeiterbewegung in Amerika, Stuttgart Verlag von J.H.W.Dietz Nachfolger, 1907, S. 12. なお、シュリューターは、本論に記したように、ドイツ社会民主党員にして

一九世紀末アメリカ移住後、在アメリカ・ドイツ人労働運動を克明に記録した。本書は研究書でなく史料集に類する。私にとっては、シュリューターを介してうかがわれる「フォルクス・トリブーン」が重要なのである。本稿で参照しているドマンジェにしてもデューセンにしても、彼らは研究者というよりも、ある時代や人物を描くドキュメント作者とみなしうる。

（5）石塚正英『近世ヨーロッパの民衆指導者』社会評論社、二〇一一年、六一頁以下、参照。

（6）Van Deusen, ibid., p. 64.

六　ゾツィアル・レフォーマーと『フォルクス・トリブーン』

グリーリーは編集活動の一環として、一八三〇年代ニューヨークで勢いを増していた社会改革運動と連携していった。それは「全国改革協会（National Reformassociation、通称ナショナル・リフォーマー）」である。

ナショナル・リフォーマーの指導者にしてグリーリーの協力者であるジョージ・ヘンリー・エヴァンズは、私的所有を肯定した上での、平等主義的な民主主義を重視していたのである。グリーリー評伝著者のヴァン・デューセンは、そのようなナショナル・リフォーマーを、「フーリエ主義者同様、ユートピアンで逃避主義者である」と評価しているが[1]、それは一九世紀という時代を現代として生きたエヴァンズやグリーリーにはあたらない。そのナショナル・リフォーマーの運動に感化されるかたちでドイツ語版『フォルクス・トリブーン』を発行した人物こそ、一八四五年九月にドイツから大西洋を渡ってニューヨークに上陸したばかりの自称コムニスト、ヘルマン・クリーゲである。クリーゲは、一八四六年一月に週刊新聞『フォルクス・トリブーン（Volkstribun）』を創刊した。

『フォルクス・トリブーン』は、労働者に対しては一部五セントで宅配し、「資本家」には年購読料の前払いを条件に付けた。当初ドイツ的だった本紙は、やがてミルウォーキー、シンシナティ、ボストン、ニューアーク、フィラデルフィア、シカゴ、セントルイスそのほかの大都市に足場を得ていくと、第二六号あたりから論調におけるアメリカ化が進んでいく。それは要するに、ナショナル・リフォーマーへの同化傾向の現われである。クリーゲは、アメリカにおいて問題なのは共産主義でなく平等主義だということを、当時の運動の中で了解していた。そのような事情を知っているシュリューターは、次のように記している。

「一八二九〜一八三〇年の間に、ニューヨークでは『労働の擁護者（Workingmen's Advocate)』が発行されたが、おそらくそれは、ニューヨーク州で最初の労働者新聞であった。この新聞の編集人はジョージ・ヘンリー・エヴァンズとフレデリック・W・エヴァンズの兄弟であった。彼らはイギリス出身の人で、故国でロバート・オーウェンの理念に精通してあった。（中略）一種の土地改革を主張しており、その諸要求は次に掲げる一二項目を含んでいる。またそれらは、当時における政治的労働者運動の綱領にも含まれているものであった。

1 土地に対する当然の要求―各戸に一農場を
2 あらゆる独占、とりわけ合衆国国営銀行のそれの抑制
3 公有地の開放
4 家宅の売買権
5 あらゆる負債取立法の廃止
6 一般破産法
7 労働収益に対する労賃の第一の要求権
8 債務拘留の廃棄
9 男女双方の平等な権利
10 黒人奴隷制と賃金奴隷制の廃止
11 160エーカーまでの土地所有制限
12 郵便局の日曜営業(2)」

「エヴァンズ兄弟が提起した一二箇条は、次の一〇年間ひき続いて『ナショナル・リフォーマー』運動として知られ、この国全土に夥しい数の組織を得ていった運動の指導的原理であった。

　一八三五年から一八四五年にかけての一〇年間に、生産の資本主義的な特質がますます強く際立ってきたこと、その一〇年間の最初の頃に生じたかのすさまじい経済危機の影響、その時期のとりわけアイルランドからの大量移民、そして自国内労働者と彼らとの競争、これらはアメリカの労働者階級を動かすための理由の多くとなった。けれどもいまだそれは、ようやくその緒についたばかりであった。独自の道を歩むかわりに、あらゆる類の改革プランに救援を求めたのであった(3)」。

　シュリューターによる以上の説明によって明らかなように、一八三〇年代四〇年代にアメリカ北部の工業都市で展開した経済的および政治的な労働運動は、土地改革すなわち小生産者創出運動と深くかかわっていた。これは当時北部で隆盛を誇りだしたジャクソニアン・デモクラシー（上昇期資本主義のデモクラシー）とは対立するもので、『フォルクス・トリブーン』は後者に対するカウンター・メディアの役割を果したのであった。同紙を創刊したクリーゲ

は、論説「アメリカにおける我々の立場（Unsere Stellung in Amerika)」において、次の宣言を発した。

「我々としては合衆国の公有地以上に土地所有を攻撃するのに有利な場はない。当地には、我々に対立するような私権や何か特権の類はない。徹底して民主主義的に組織された人民を説得し、彼ら固有の利益を求める以外、何事もするには及ばない。（中略）我々はこの目的のために公然の集会を開き、ドイツ人社会改革協会をニューヨークに設立し、アメリカ人の同志とともに『青年アメリカ』という政治結社をつくったが、その主要目的は、公有地開放の実現である。この目的のために『フォルクス・トリブーン』が発行された(4)」。

アメリカ労働者運動の重要人物としてシュリューターはトマス・スキドモアの名を挙げているが、彼の社会的理念も、マルクス的でない。その点は安武秀岳「トマス＝スキドモアとその思想――米国産業革命期におけるラディカリズムの追求」で明瞭に看取しうる。

「スキドモアの思想は……いわば労働者階級独自の立場からのアメリカ体制論とでも言うべき性格を持っていたのである。当時の都市職人、特に金属加工職人の中には、技術革新の担い手として、産業資本家と共に自国の産業保護を期待しながら、同時にその技術革新の進展によって、たとえ個人的には社会的地位を上昇させることが出来る人々はあったとしても、自らの階級全体としてはますます資本に従属させられつつあることを明断に自覚していた人々も存在したのである。スキドモアの思想はこのような職人達の苦渋に満ちた情況認識から出発したものであり、従って……南部プランター主導の農業利害に立つ自由貿易主義には断じて組みせず、北部諸州において世襲財産を平等化し、台頭しつつある産業資本の支配を廃絶すると同時に、南部の貧しい白人による黒人奴隷制廃棄をも展望する全勤労民衆の解放の理論を構築することになるのである」。

「彼（スキドモア―石塚）はアメリカ市民社会の展開の中から発展して来た個人主義を徹底させ、その個人主義の精神に固執しながら、彼の言う『非所有』の階級の中で最もラディカルな運動の担い手であった都市の職人層の立場から、アメリカ独立宣言の平等主義の不徹底性を根底から批判したのである。その結果、一方では近代的所有権一般の排他的・独占的性格を批判し、非所有階級による所有階級の収奪を主張しながら、他方では銀行、株式会社等の特権に反対し、市民社会の基本原理である『営業の自由』を擁護しようとしたのである」[5]。

このように、マルクス、エンゲルスによる一方的な期待に反して、一八三〇年代四〇年代アメリカの都市職人は、同時期ヨーロッパ諸都市の手工業職人と同様、いまだ小生産者中心の社会、政治的平等と経済的平等とが分かち難く結合し、それこそが望まれる民主主義の内実であるような、そのような民主主義——本書では「初期民主主義」という——を備えた労働者社会を求めていたのであり、これが、ナショナル・リフォーマーにとって最大の運動目標なのであった。

ところで、一九世紀前半において欧米双方の労働大衆が、その全部といわないまでも相当部分が同じような社会的理念・政治的理念を懐抱していた点を確認するため、次の史実にも注目したい。すなわち、一八四八年にドイツでブルジョア革命が勃発した際、これを民主主義革命——その内実はむろん初期民主主義を求める革命——と認識して行動した労働大衆が、革命敗北後大量にアメリカへ移住し、そこで再びヨーロッパにおけるのと同内容の民主主義を求めて組織形成にのり出し、また元来のアメリカ人民主主義者と提携していったという事実である。その点を「特殊アメリカ的状況」と題して次に検討する。

注

(1) Van Deusen, ibid., p.112.
(2) H.Schlüter, ibid., S. 9ff.
(3) H. Schlüter, ibid., S. 9ff.
(4) H.Schlüter, ibid., S. 37.
(5) 安武秀岳「トマス=スキドモアとその思想—米国産業革命期におけるラディカリズムの追求—」六頁、一七頁。なお、この引用文が示唆しているように、アメリカ社会における小生産者運動は、ヨーロッパにおけるゲマインデのごとき共同体的結合を土台にはしていない。

七　特殊アメリカ的状況

ドイツ三月革命で敗北した民主主義者の多くがアメリカへ亡命し、それによって再び民主主義運動を開始しえたこと、その点はすでに述べてある。またクリーゲのように、ヨーロッパではコムニストを自称していても、アメリカへ渡ると初期民主主義者に転向してしまう者がいたこと、その点もすでに述べてある。そのような現象をやや痛しかゆしの思いで傍観していた人びとに、かのマルクスとエンゲルスがいる。

この両人は、三月革命前後の頃まで、世界的規模での共産主義革命の実現にとって、アメリカ合衆国はきわめて有力な文明国であると考えていた。例えばエンゲルスは、一八四五年に次のように述べている。

「ドイツの工業は現在大いに努力しており、アメリカの工業は、無尽蔵の資源をもち、まったく測りしれない石炭と鉄の鉱脈をもち、他にその例をみないほど豊かな水力と航行に適した河川を擁し、わけても、これにくらべればイギリスでも無精なのろまでしかない精力的で、活動的な住民をもっているが、このアメリカは、この一〇年たらずのうちに工業をつくりだした。その工業は、比較的粗製の綿製品（イギリス工業の主要品目にぞくする）では現在すでにイギリス人を北および南アメリカの市場から駆逐してしまい、中国ではイギリス製品と肩をならべて売られている。その他の工業部門でも事態は同じである。もし、どこかの一国が工業上の独占権を奪取する能力があるとすれば、それはアメリカである[1]」。

「共産主義革命は、けっしてただ一国だけのものでなく、すべての文明国で、いいかえると、すくなくとも、イギリス、アメリカ、フランス、ドイツで、同時におこる革命となるであろう[2]。……」

また、マルクスは次のように述べて、ブルジョアジーの若い国アメリカ合衆国を、共産主義革命の一歩手前にある文明国として描く。

「イギリスで労働者がチャーティストという名でしたように、北アメリカでは労働者は、ナショナル・リフォーマーという名で政党を形成しており、彼らの闘争の合言葉は、けっして諸侯制か共和制かではなくして、労働者階級の支配かブルジョア階級の支配かである。

要するに近代ブルジョア社会、すなわちそれに照応した立憲的あるいは共和制的代議制国家という形態をもった社会においてこそ、『所有問題』はもっとも重要な『社会問題』になっているのであるから[3]……」

三月前において、このようにアメリカ合衆国の政体とその社会を称讃していたマルクスとエンゲルスは、しかしながら、一八四八年革命後、とりわけ彼ら二人の大切な同志であるヨーゼフ・ヴァイデマイヤーが渡米を決意した頃、従来のアメリカ観とは違ったみかたを吐露したのである。その点を、両人からヴァイデマイヤーへの書簡そのほかで確認しよう。まず、一八五一年八月七日付のエンゲルスからヴァイデマイヤーへの書簡から引こう（既に一度引用してあるが、改めて)。

「君がアメリカへ行ってしまうのは困ったことだ。……君は君の生活の場は十分に見つかるだろうが、君の最大の障害は、いくらかでも値打のある役に立つドイツ人は容易にアメリカに同化し、帰国する考えをまったく放棄しているということである。さらにアメリカ特有の諸関係が問題となる。つまり、過剰人口の農村への流出が容易であり、必然的にますます急速に農村の繁栄が増大していること、このことが彼らにブルジョア的諸関係を美しい理想と思わせている等々[4]」。

また、マルクスからヴァイデマイヤーあての書簡二通(一八五一・九・一一付および一八五二・三・五付)をみると、次の一節がある。

「……ニューヨークで君の計画を実行するのが実際にうまくいけば、いずれにしてもそこで君は、革命の場合にヨーロッパへ帰る手段を、我々がここ(ロンドン—石塚)から帰るよりも、もっと容易に見いだすだろう。

だがそうはいっても私は、君がここに定住できる計画はないかと考えあぐねている。実際、一度向こうに行ってしまえば、君が極西に消えてしまわないという保証があるだろうか!…仕事をここでやってみる気はないかどうか、もう一度考えてくれたまえ[5]」。

「合衆国では階級闘争が目に映るところまでブルジョア社会がなおも成熟していない[6]」。

右に引用した諸見解は、たんに親密な同志たちがその別離のつらさを述べただけという内容のものではない。マルクス、エンゲルスが、アメリカ社会に対する捉え方において、すでにきわめて重大な変化をみせた証といいうる。すなわち、三月前にあって両人は、アメリカに対し、若々しいブルジョアジーの国とみ、古くさい遺制が無いだけ容易にブルジョアジーの権力を強化でき、それだけにプロレタリアート革命へ向かっての諸矛盾が典型的に出現する、あるいは平和裡に諸矛盾が解決される、と考えていた。ところが両人は、一八五〇年代に入って、その同じアメリカに対し、みかたを変えた。その時期のアメリカにはいまだ「ブルジョア的諸関係を美しい理想と思わせ」る条件があるとし、またアメリカはブルジョア的若々しさを今後も保持し、いまだブルジョア社会を「なおも成熟」させていない、と考えるようになったのである。端的に述べれば、マルクスとエンゲルスは、一八五〇年代のアメリカ社会をプロレタリアート革命実現にとっての典型的な文明国からはずしたのであった。その点を強調するため、マルクスの筆になる『ルイ・ボナパルトのブリュメール一八日』（一八五二年）から一節を引こう。

「この北アメリカ合衆国では、確かに階級はすでに存在しているが、まだ固まっておらず、たえず流動しつつその構成要素をたえまなく変え、たがいに入れ替えており、そこでは近代的な生産手段が、そのまま停滞的な過剰人口を意味しないで、かえって頭と手の相対的な不足を補うものとなっており、最後に、物質的生産の熱狂的な若々しい運動は、一つの新しい世界を開発する使命を負わされているため、古い亡霊の世界をかたづける時間も機会も残さないのである(7)」。

マルクスがここで描写したアメリカ社会は、どのように解釈しても、ブルジョアジー対プロレタリアートの階級闘争が熾烈に展開する国ではなく、政治的発展ではチャーティストの時代のイギリスや二月革命の時のフランスにも遅れをとった国であり、階級闘争の高まりの点だけからみれば三月革命時のドイツにも遅れをとった国とみなされよう。このように特殊アメリカ的状況を思い知ったマルクスとエンゲルスは、以後もはや、以前のような意味ではアメリカを評価しなくなり、この国に対し即座のプロレタリアート革命という期待を抱くことはなくなった。

あらゆる状況に対し科学的に対応しようとするマルクスとエンゲルスが失望感を味わった特殊アメリカ的状況を、しかしドイツの職人やその指導者ヴァイトリングは、大いに有利なものとみた。また、理論面でも行動面でもかつてマルクスらときわめて近しい間柄にあったヴァイデマイヤー自身も、特殊アメリカ的状況に失望するのでなく、逆にそのなかで自ら新しい闘争目的を見いだすことによって、一八五〇年代を生きぬいていった(8)。彼らがそのように行動できた理由はどこにあるか。それは、エンゲルスがヴァイデマイヤーに語ったように、いまだアメリカがブルジョア的諸関係を美しく装っていたというようなものではない。主要原因はむしろ次の点にある。すなわち、独立以降一九世紀中頃までのアメリカ社会は、ちょうどイギリスがピューリタン革命時から一九世紀初頭までそうであったような、初期ブルジョア社会であって、初期民主主義の存在可能な時代だったということである。そこで、この「初期ブルジョア社会」とは何か、「初期民主主義」とは何か（この方はすでに前節までで一部了解済みではあるが）という問題を、以下に論じてみよう(9)。

まず、イギリスにおいては、一七世紀の二度にわたるブルジョア革命の結果、それ以前にすでに実質的には地主化・ブルジョア化していた領主層や特権商人が法的にも政治制度上でも近代的な階層となったが、しかしそのことは、資本主義の本格的な担い手である産業資本家の登場と彼らの政治的支配権の確立を意味するわけではない。ブルジョア革命後のイギリスにおいてまず政権を掌握したのは地主と大商人である。東インド社会も依然として（後期）重商主義的な貿易活動に従事していた。したがって、彼らの支配下にあってイギリス社会の下層を形成していた人びとも、近代賃金労働者ないし工場プロレタリアートではありえず、その中心は小片の耕地にすがりつくか、ないしは熟練工として腕一本でその時代を生きぬこうとする職人等、小生産者たちであった。

イギリスでは、ブルジョア革命以前より、商品経済の発展に伴う封建制・農村共同体の解体という現実に対し、労働大衆（農奴・ギルド職人）が次のような三種の対応を示した。その一つは、少数の富裕化した農民（独立自営農民・借地農業経営者）の対応である。彼らは近代的な土地所有権（私的所有）を神聖にして絶対的な権利とすることによって、ブルジョア的個人主義を求めた。またいま一つは、多数の没落した農民（土地を持たない貧農・農業労働者）の対応である。彼らは旧来の村落活動において伝統的であった共同体観念を捨てず、そこから少数者への土地集中を否定し、さらに一歩進んで、土地の共有（入会地的共同）を求めた。[10] 最後に第三のものは、前二者の中間に位置する農民および都市職人（小所有者・小生産者）の対応である。彼らは生活の再生産に足るわずかな土地片や労働手段を万人が平等に保持（占有）する社会、共同体の基盤に立った、あるいは反資本主義を基軸とした総中間階級社会を求めた。[11] 以上のうち後二者、とりわけ第三の階層が活々と活動しえた時代、この時代に存在していた社会を初期ブルジョア社会といい、この時代に彼らが追求した民主主義、政治と経済（労働）の全体を貫く平等主義を「初期民主主義」という。レヴェラーズからチャーティスト左派に至るイギリス急進主義諸派が、その政治的アジテーターであった。[12]

このようにイギリスで長期にわたって出現した初期ブルジョア社会と初期民主主義は、一九世紀前半における産業革命の完成によって急速に消滅した。機械制大工業の出現によって、産業資本が生産と流通の全過程を支配するようになると、従来の支配層であった地主や商人はこぞって産業資本家の協力者に転じていった。また、この時代になると、小生産者の多くは未熟練の労働者とともに都市プロレタリアートに転化していった。そしてまた、これと似た現象は、一七八九年から一九世紀中頃までのフランスにも現われたし、英仏の資本主義化に影響をうけるかたちで、一九世紀初頭から同世紀中頃までのドイツでも、秋空の虹のようにみられた。

ところで、いまここで直接問題にしている独立後のアメリカはどうか。[13] この国は、独立以前の植民地時代に、初期ブルジョア国家たるイギリス本国の後期重商主義経済の圏内にあった。イギリス王室や本国の大商人が支配する北部には、年季契約奉公人（Indentured Servant）と称する、本国の商人や現地の経営者から渡航費を前借して渡ってきた労働者まで含めて、多種多様な小生産者・労働大衆がいた。また南部には、黒人奴隷とそれを支配するプランター、小商人が、やはり本国の経済的支配下にあって、さらに小さな枠内での支配関係をつくりあげていた。ところが、一七七六年、植民地人民が独立を宣言し、イギリスの直接的政治支配を倒し、合衆国という一つの独立国家を築くと、こんどは、北部にあっては商業資本・マニュファクチャ主が雑多な小生産者・都市職人を支配するようになり、南部では、イギリス資本に左右されつつも製鉄プランターほかの大地主が黒人奴隷やプーア・ホワイト、その他の労働大衆を圧迫するようになった。

だがその支配・被支配の関係は、一九世紀に入って北部を中心に開始した産業革命によって、幾分修正される。すなわち、アメリカ産業革命の進展とともに、北部では産業資本が賃労働に基づいて従来の生産様式を大転換させ、他方南部ではイギリス産業資本の貿易に依存する大プランテーションが成立まもない北部産業資本を圧迫しだしたのである。その意味で、一九世紀前半のアメリカには、自国産業資本（北部）とイギリス産業資本（南部）に二源を発する複雑な支配・被支配構造が拡大したといえる。

一九世紀前半における以上のようなアメリカ資本主義経済の構造に加え、広大な西部への労働者・農民の移住――東部の工業地域において〔資本―賃労働〕から生ずる矛盾はこの移住によってぼかされた――を考慮すると、たとえ産業革命が開始した後といえども、アメリカ社会は、イギリスの古典的な形態と一致しないにせよ、一種の初期ブルジョア社会であったと想定しうる。イギリスの先例が、第一に絶対王政が打倒されて生まれた点、またそれが産業革命の進行過程で消滅していった点からすれば、アメリカの初期ブルジョア社会はこれとまったく別物のようである。しかし、マルクスが痛しかゆしの思いで主張したように、南北の経済構造の相違、西部の広大な未開拓地の存在によって、一九世紀前半のアメリカ社会には、産業資本は存在しても産業資本家の全面的な支配権は確立せず、かつまたそのもとに大量に生み出されてきた賃金労働者も、社会問題・労働問題で苦境に立つくらいなら、自己とその家族の生計維持に足る小土地（一六〇エーカー）を求めて西部へ進出した——マルクス流にいえば「極西に消え」た。そのような経済的社会的状況のアメリカでは、小生産者の世界・初期民主主義者の活動の余地は、西部の広さと同程度に無限に存在したのであった。そこで、このような状況のアメリカ社会であるからこそ、ナショナル・リフォーマーもゾツィアル・レフォーマーも労働者に多大な支持を得、ヴァイトリングも労働者の企業による大陸横断鉄道建設のプランをひっさげてニューヨークやフィラデルフィア等で人びとを動員できたのである。

注

（1）エンゲルス、「イギリスにおける労働者階級の状態」、『マルクス・エンゲルス全集』第二巻、大月書店、五三〇頁。

（2）エンゲルス、「共産主義の原理」、『全集』第四巻、三九一頁。

（3）マルクス、「哲学の貧困」、『全集』第四巻、三六〇頁。なお、一八四八年革命前後におけるマルクスとエンゲルスのアメリカ観について、より詳しくは次の文献を参照。野村達朗「一八五〇年代におけるマルクス・エンゲルスのアメリカ観—一八四八年以前と比較して—」。

（4）エンゲルスからヨーゼフ・ヴァイデマイヤー（在チューリヒ）へ、一八五一年八月七日、マンチェスター、『全集』第二七巻、四八一—四八二頁。

（5）マルクスからヨーゼフ・ヴァイデマイヤー（在チューリヒ）へ、一八五一年九月一一日、ロンドン、『全集』第二七巻、四九一—四九二頁。

（6）マルクスからヨーゼフ・ヴァイデマイヤー（在ニューヨーク）へ、一八五二年三月五日付、ロンドン、『全集』第二八巻、四〇七頁。ただし、訳語を一部変えてある。

（7）マルクス、「ルイ＝ボナパルトのブリューメル一八日」、『全集』第八巻、一一五—一一六頁。ただし、訳語を一部変えてある。

（8）渡米後ヴァイデマイヤーが取り組んだアメリカ独自の政治的課題に「黒人奴隷制度」廃止運動がある。その過程で彼は、一八六一年に生じた南北戦争で北軍側に参加した。Vgl. H. Schlüter, ibid. S. 157ff. また、アメリカ移住前後のヴァイデマイヤーに言及した文献に次のものがある。野村達朗「アメリカ亡命以前のヨーゼフ・ヴァイデマイヤー」

（9）私の提唱になる〔初期ブルジョア社会〕論は、大谷瑞郎『ブルジョア革命』御茶の水書房、一九六六年、二九～三〇頁で述べられている次の一節が重要な契機となって生まれた。「ところで一般にブルジョア革命によってただちに産業資本が確立するのではない。ある国における産業資本の確立にとって必要な諸前提条件のすべてが、ブルジョア革命によってただちに与えられるとはいえないからである。むしろ資本の本源的蓄積過程を強力に推進するような政策は、絶対王政によっておこなわれるというよりは、がいしてブルジョア革命後に出現するいわゆる初期ブルジョア国家によっておしすすめられる場合がすくなくない。ここで初期ブルジョア国家とよんでおくのは、封建的領有関係はなくなったけれども、まだ産業資本の確立をみない時期における政権のことである。すなわち初期ブルジョア国家は、資本の支配的な存在形態が商人資本である時期のブルジョア政権を意味するが、この政権は、場合によっては地主層に対してある程度妥協的な政策をおこなったりする点で、過渡的な性格をいくらか残している」。私は、一九七〇年に本書に接して以来、右の見解に注目し続けていた。また、大谷瑞郎『近代史研究序説』時潮社、一九七七年、一一五～一一九頁の、次に引用する指摘も重要であろう。「テューダー朝や、ことにステュアート朝はブルジョア政権の色彩におびている。むろんブルジョア政権といっても、いわば初期ブルジョア政権であり、政権をささえているブルジョアジーは大商人を中核としていたわけである」。「もともと絶対王政は、ブルジョア的性格をその一面にもち、そうした性格はしだいに強まっていったのだから、ブルジョア革命を経なくても、強い外圧に刺激されてブルジョア的性格のきわめて濃い政権に変質をとげるような要因を内在させていたとも言える……」。「だから絶対主義国家を一種の封建国家だと主張するのは、歴史的感覚の欠けた議論である」。

(10)　このような方向において一派をなしたものに、イギリス革命期にウィンスタンリが指導したディガーズがある。渋谷浩『ピューリタニズムの革命思想』御茶の水書房、一九七八年、二六二頁以下参照。

(11)　このような傾向のグループをイギリス革命期において探せば、やはりリルバーン指導下のレヴェラーズを挙げるべきである。水田洋編『増補イギリス革命―思想史的研究―』御茶の水書房、一九五八年。林達『イギリス革命の構造』学文社、一九六五年。渋谷浩、前掲書、六一頁以下、森修二『イギリス革命史研究―経済と社会』御茶の水書房、一九七八年、九三頁以下を各々参照。

(12)　チャーティズムのラディカルな傾向、本書でいう初期民主主義的傾向を知るには、次の文献がある。エンゲルス「イギリスにおける労働者階級の状態」、『全集』第二巻所収。マルクス「哲学の貧困」、『全集』第四巻所収。古賀秀男「チャーティスト運動の歴史的性格と意義について―労働組合との関連において」、『西洋史学』第四二号、一九五九年。古賀秀男『チャーティスト運動』教育社、一九八〇年。岡本充弘「一八四八年のチャーティズム―国民大会から国民集会にいたるまで」、『思想』第六四五号、一九七八年。

(13)　独立後のアメリカ経済の発展については、鈴木圭介編

『アメリカ経済史』東大出版会、一九七二年参照。ただし、一九世紀前半のアメリカを初期ブルジョア社会とするみかたは、本書からは導き出せない。

八　カウンター・メディアの将来的展望

グリーリーやエヴァンズ、それにクリーゲたちが望みを託した小生産者中心の社会は、その後次のような政治的・経済的激動の前に縮小していく。それは一八四六～四八年のアメリカ・メキシコ戦争とこれによるアメリカのカリフォルニア占領と、さらには新領土カリフォルニアにおける金鉱発見である。その間にアメリカ社会は近代化を進め、その傾向は南北戦争を境に一気に完成する。小生産者の社会が消滅すれば、これを擁護するメディアは不必要となる。その後、『護民官』の「民」は小生産者から賃金労働者や市民各層に移り行く。前者の意味での「民」は第一六代大統領エイブラハム・リンカンのゲッティスバーグ演説「人民の人民による人民のための政府」に刻印されて最後を迎えるのだった。

さて、ここで紹介ないし検討したトリビューンという名称の新聞は、現在のところすべて存在しない。ピロ創刊紙は一八三九年に、またクリーゲ創刊紙は一八四六年に、それぞれ廃刊となっている。グリーリー創刊紙は一九二四年に『ニューヨーク・ヘラルド』と合併して『ニューヨーク・ヘラルド・トリビューン（The New York Herald-Tribune）』となったのち、一九六六年に廃刊となった。トリビューンという名称の新聞は、唯一、一八四七年創刊の『シカゴ・トリビューン』のみ、現在に存続している。これは『ニューヨーク・トリビューン』と同様に、一九世紀前半期アメリカのジャーナリズム世界に、カウンター・メディアの一種として登場したが、これまた『ニューヨーク・トリビューン』と同様に、一九世紀後半に至って時の政治勢力の一端を担う有力メディアに変貌した。しかし、これも経営母体のトリビューン社（Tribune Co.）が財政破綻をきたし、二〇〇八年一二月、米連邦破産法一一条による「破産」を現地裁判所に対して申請している。

さて、そのように巨大資本に膨張してしまった新聞は、じつは護民官の名に似つかわしくない。古代ローマの護民官グラックス兄弟やフランス革命期にグラックスを名乗ったバブーフにすれば、巨大新聞資本は監視や打倒の対象であろう。また、一九世紀の諸『トリビューン』紙編集人からみても、二〇世紀のトリビューン社はカウンター・メディアでありはしない。それ自体がカウンターの対象に過ぎない。一九世紀前半期欧米における「tribune」紙が有した意義・意味は一九世紀のうちに消滅した模様である。「tribune」紙がカウンター・メディアの意義を有した社会、それを私は「初期民主主義社会」あるいは「初期ブルジョア社会」と規定している。(1)

以上に挙げた数名の改革指導者・新聞発行者が依拠しようとした人びと、つまり一八〜一九世紀の民衆は、アメリカに渡った人びとも含めて、いまだ大なり小なり前近代的な小生産者的結合、農村の共同地、都市のギルド等、の社会関係を不可欠とするか、あるいはそうした関係の崩壊に抵抗するかしていた。したがって、彼らは一九世紀前半から全ヨーロッパ的、欧米的規模に拡大していく産業社会の諸原理およびその利益とは、根本的に対立していたのである。その社会構造が続くかぎり、「tribune」紙はその名のとおり、民衆の保護者・カウンター・メディアの意義を有したのであった。そのような経済的社会的状況のアメリカでは、小生産者の世界・初期民主主義者の活動の余地は、西部の広さと同程度に無限に存在していたのであった。そこで、このような状況のアメリカ社会であるからこそ、ナショナル・リフォーマーやゾツィアル・レフォーマー、それにヴァイトリングの『労働者共和国』も、職人的労働者層にそれなりの支持を得たのであった。(2)「tribune」紙はそのような人びとと歩みをともにしていったのである。フォーディズムに象徴される二〇世紀的産業構造が大きく揺らぎを見せ始めている今日、「tribune」に示された初期民主主義的カウンター精神は、二一世紀においてあらためて追認識し、再審される意義はあろう。(3)

注

（1）　一九世紀前半のアメリカには、自国産業資本（北部）とイギリス産業資本（南部）に二源を発する複雑な支配・被支配構造が拡大したといえる。以上のようなアメリカ資本主義経済の構造に加え、広大な西部への労働者・農民の移住——東部の工業地域において資本賃労働からずる矛盾はこの移住によってぼかされた——を考慮すると、たとえ産業革命が開始した後といえども、アメリカ社会は、イギリスの古典的な形態と一致しないにせよ、一種の初期ブルジョア社会・初期民主主義社会であったと想定しうる。イギリスの先例が、第一に絶対王政が打倒されて生まれた点、またそれが産業革命の進行過程で消滅していった点からすれば、アメリカの初期ブルジョア社会はこれとまったく別物のようである。しかし、南北の経済構造の相違、西部の広大な未開拓地の存在によって、一九世紀前半のアメリカ社会には、産業資本は存在しても産業資本家の全面的な支配権は確立せず、小生産者の世界・初期民主主義者の活動の余地は、西部の広さと同程度に無限に存在した。初期民主主義社会初期ブルジョア社会については以下の拙著で説明ずみ。『ヴァイトリングのファナティシズム』長崎出版、一九八五年、『社会思想の脱構築―ヴァイトリング研究』世界書院、一九九一年。なお、以上二著は一部を除いて本書に再録されている。

（2）一九世紀前半にアメリカに移住したドイツ人について、以下の文献を参照。ヅッカー、石塚正英・石塚孝太郎訳『アメリカのドイツ人―一八四八年の人々・人名辞典』北樹出版、二〇〇四年。

（3）なお、二〇一三年八月下旬にシカゴ市を訪れ、ゴシック風のシカゴ・トリビューン高層タワーを目の当たりにして、本稿を執筆するモチーフを得た。約三〇年ぶりの一九世紀アメリカ社会研究となる。

補論　フランス革命期における「tribune」紙の登場――バブーフ

ところで、トリビューンという名称を新聞メディアに最初に用いた事例は、フランス革命期のバブーフである。そこで、本補論では、時期的には一九世紀から一八世紀に遡るものの、バブーフにおける「護民官」の意味を考察することとしたい。

バブーフ（F. N. Babeuf, 1760-1797）は、一七六〇年に北

フランスの農村ピカルディ——この一帯はイギリス的な先進的農業地帯であった一方で、旧来の共同体的結束が依然として根強く残っていた——で生まれ、貧農の出であったため、幼い頃から家計を助けるため働いた。それでも非常に熱心に読書し、独学でフランス啓蒙思想を修得していく。また封建領主の土地台帳監督官になるために、その方面の勉強をもしたという。もちろん、彼は生計補助のためにこの仕事を選んだのであり、それ以上何かをこの職業に求めた形跡はない。

地方領主の土地台帳監督官の仕事は、しかし、旧制度を承認し、貧農収奪の手助けをすることになるわけで、バブーフはそのことを感じとるようになっていく。そして、この仕事を通じて、農村社会の窮状や封建領主の巧妙な搾取ぶりを知った彼は、フランス革命期に至って、民衆サイドに立つ革命家に成長することになる。

ところで、こんにちバブーフがコミュニストと評価される根拠として、次の点が挙げられる。

①私的所有の廃止を唱えた。（中心思想）

②消費物資の共同管理、その平等な分配を唱えた。

③労働の共同管理を主張した。等々。

これらの主張はしかし、どれも大革命がかなり進行し、テルミドールの反動（一七九四年七月）後に至ってはっきりと提起されるのであって、それ以前には曲折した試行錯誤を繰返している。私的所有への批判は、ピカルディ時代には、ルソーの影響があってか、「疑うべきもの」として浮かび上がっていたが、いまだ積極的なものではなかった。彼が本格的に、一人の政治的活動家として所有への批判的取り組みをみせていくのは、大革命が勃発してただちにパリへ赴き（七月一七日〜一〇月五日）、絶対主義打倒・封建的所有の暴力的転覆の革命運動を直接見聞したときからである。バブーフは、このパリ滞在中に『永久土地台帳』を出版し、秋にピカルディに戻ってからは、この地方の反税闘争に参加、これを指導することになる。

ここで、大革命前からのバブーフの思想的変遷過程を追えば、およそ次の段階に分けることができよう。

①一七八九年（大革命）以前……現状（アンシャン・レジーム）への批判を貧農的立場からする潜在的平等主義の時代

②一七八九年七月〜一七九三年二月（一〜二月、パリで食糧暴動）……サン-キュロットの立場からする平等主義の時代—農地均分法の提唱（２）。

③一七九三年〜一七九五年（サン・キュロットによるジェルミナル、プレリアルの蜂起後）……サン〜キュロット運動の挫折を知ってのちの、平等主義の動揺の時代

――農地均分法の動揺、私的所有権の動揺。

④一七九五年七月（ジェルマンあて書簡）～一七九七年二～三月（処刑）……第二の革命を志向するコミュニスムの時代――財産共同体の提唱。

バブーフは、革命勃発ののち、一七八九年七月に出版した『永久土地台帳』のなかで、農地均分法の思想を表明し、さらに一七九一年九月一〇日付の、立法議会議員クールペあての書簡でも、次のように表明している。

「土地は譲渡されるべきではない。各人は、生まれた時、空気や水と同様に、その（土地の―石塚）充分な部分を見いださなければならない。そして死んだ時、それ（土地―石塚）を、社会における最も身近かな関係者に相続させるのでなく、社会全体に相続させなければならない」。

「私は言いたいのであるが、農地均分法は、私が述べたことの帰結であります。……この法は金持に恐れられ、その到来を感じられているが、大多数の貧民、すなわち人類の五〇分の四九は未だそれについてなんら考えていない。しかし、この貧民たちは、もしこの法が実施されなければ、せいぜい二世代のうちに滅び去ってしまう(1)」。

以上の文面からもうかがわれるように、バブーフの理解する農地均分法というのは、原則として私的所有権を前提とした上で、相続・譲渡権のない土地の所有を、一代に限って認めるというものである。したがって、この思想の底流には、ルソー以来の、多すぎも少なすぎもしない平等な私的所有の考えがよこたわっていると見倣し得よう。

さて、バブーフは、やがてそのような平等主義的あるいはサン・キュロット的発想に動揺を覚え、自覚せるコミュニストとなっていく。その過程は、どのような要因によるものなのか。ひとつの契機は、一七九三年（共和暦第一年）三月一八日（ヴァントーズ二八日）に、国民公会（九二年九月成立）がこの思想を危険思想と断定し、それを唱えてまわった者は死刑に処すと決定したことである。また一七九二年一月から二月にかけて、パリで食糧暴動が起き、春にはアシニア紙幣の下落、生活物資の価格高騰という経済危機が起こり、それが翌九三年の春にも再発するという危機的状況も、ひとつの契機といえよう。この危機は一七九五年四月（ジェルミナル）の蜂起、五月（プレリアル）の蜂起（共にサン-キュロットによる）の頃まで慢性的に拡大していき、そうしたパリでの不穏な情勢、都市労働者の窮乏化を見て、バブーフは、彼の発行する新聞『護民官（Le Tribun du peuple)』第三五号（九五年一一月三〇日付）で、次のように述べるに至った。

「諸君が欲した農地均分法は、善良な人びと幾千もの声を代表するだろうか。いや、代表しない。我々は、たとえ周囲から反対されようと、その議論の無効を知っている。周囲が我々に農地均分法はたったの一日しか存続しないだろうと言うのは、当然のことだろう。農地均分法成立の翌日には、はや不平等が再発していることだろう[2]」。

バブーフがこのようにして、農地均分法によって表現された「おおよその平等」観を否定しようとしたとき、総裁政府（九五年一〇月成立）もまた、一七九六年（共和暦第四年）四月一四日（ジェルミナル二五日）に、農地均分法に関する九三年三月の国民公会の決定を再確認して、その用語の使用を禁じたのである。それによってバブーフらは、この用語に代えて「財の共有（communauté des biens）」なる語を使用していく。これによって、たんに用語が変化しただけでなく、生産物を共同で管理するという概念が導入され、私的所有権の廃止が明確にされたわけである[3]。

以上の考察を踏まえて、あらためて『護民官』の意味を考えると、ここでの「民」は大革命当時の小生産者階層にあたるサン・キュロットということなる。また、擁護するべき利害は農地均分法に支えたられた平等な土地所有ということになる。ただし、革命期においてこれを主唱したバブーフ自身、ついには農地均分法を否定して「財の共有」へと思想的変遷をなすことになった。いずれにせよ、大革命の推移によってサン・キュットが政治勢力として後方に退き、その後半世紀の間に経済的勢力としても減退していくのにしたがい、彼らの利益を擁護する『護民官』は不必要になっていくのだった。ジャコバン政府に対するカウンター・メディアとして登場した『護民官』の趨勢は、そのような歴史の歩みとともにあったのである。

注

（1）M. Dommanget, Pages choisies de Babeuf, Paris, 1935, p. 124, p. 122.

（2）M. Dommanget, ibid., p. 255.

（3）バブーフの思想と行動に関しては石塚正英『近世ヨーロッパの民衆指導者〔増補改訂版〕』社会評論社、二〇一一年、四九～五三頁、参照。

補論　ヴァイトリング編集『労働者共和国』（ニューヨーク、一八五〇～一八五五年）

主要記事目録

以下に列記された『労働者共和国』紙の記事目録は、同紙に掲載されたすべての記事のうち、本書および後期ヴァイトリング研究のために不可欠と思われるもの、さらには、もっと広く、一九世紀アメリカ社会におけるドイツ系移民労働者の運動を調査する上で重要と思われるものに限定してある。分量にして半分以下。

そこで、同紙の省略しないままの紙面がどのように構成されているかについて、ここで簡単に説明しておく。まず第一年度（一八五〇年）から第二年度四月までの、月刊の時期について。第一に、「『労働者共和国』紙に関する諸新聞の意見」（第二号—第六号）がある。これはアメリカ人、ドイツ人等が編集する種々の傾向の新聞の、ヴァイトリングに対する態度表明である。第二には、当該号の主要論説が来る（一八五〇年七月からは、これがトップ）。第三にアメリカ各地からの通信。第四に、ちょっとした散文・詩。そして最後に、購読者（諸団体）への告知と、同紙の対外世話人の活動報告などが来る。

次に一八五一年四月一八日からの週刊の時期について。第一に、世界情勢の欄がおかれる。これは、のちに新世界と旧世界の二区分となるが、アジア、アフリカ、ラテン・アメリカの独立運動・労働者運動・農民反乱をよく紹介している。また日本のペリー来航やクリミア戦争、太平天国の乱などにも言及している。第二に外国からの通信が載る。これは、その半分くらいがパリ（アンドレ・シェルツァー）からのナポレオン情報である。そのほかロンドン、ベルン、フランクフルト等からのもの。第三に当該号の主要記事、および連載論説が来る。その一部にはヴァイトリング自身の旧作やマルクス・エンゲルス『共産主義者宣言』の再録などが含まれる。第四には、アメリカ国内からの通信が載る。これはのちに、コロニー・コムニアからの情報、および労働者同盟の各支部からの報告という様相を呈する。第五に、ちょっとした散文や詩が来て、最後に購読者への告知、同紙の対外世話人の報告が来る。

紙面の構成は以上のごとくである。なお、以下に挙げる各記事のタイトルは、原則として同紙そのものに掲載されているドイツ語タイトルを邦訳したものである。それから（　）内の記述は、同紙復刻版の総目次に付けられた記事内容の説明文を、私が要約して書いたものである。

第一年度（一八五〇年）

一月号　⦿よびかけ　⦿紙名の解説　⦿大規模な実践の試み（コロニー建設・労働者作業場批判、交換銀行設立の提議）⦿交換銀行　⦿産業法（これは一種の労働者機構でもある）⦿合法手段において現金をいかにして無力化しうるか　⦿現在の協同組合《アソシエーション》とコロニー、建築者協会等をどう考えるか　⦿保護関税と自由貿易をどう考えるか　⦿現在の民主主義者とウィッグ党員をどう考えるか　⦿社会的議会　⦿社会民主主義の諸原則　⦿人民の組織化　⦿労働価値の尺度　⦿労働価値の尺度に即した紙幣　⦿W・ヴァイトリング、第一の伝令、プロパガンダの情熱と紀律

二月号　⦿いかさま貨幣　⦿財神の門　⦿産業交換銀行　⦿家族同盟（一八三九年五月、四季協会蜂起の回想）⦿ゾチアル・レフォーマーの義務とは何か？ に関する社会改革協会の議論のレジュメ　⦿労働の組織　第二の伝令（ヴァイトリングの）⦿二月二四日の革命記念祭について

三月号　⦿産業交換銀行の組織化　⦿革命が失敗続きなのは何故か　⦿通信（ハンブルクから、『保証』没収の件）⦿赤旗の説明　⦿協同組合《アソシエーション》　⦿第三の伝令（ヴァイトリングの）

三月号の追加　⦿ニューヨークの家具工産業法　⦿ニューヨークのドイツ人靴工産業法制定

四月号　⦿労働者同盟のあらゆる組合、産業法（下の各職種）の会則に不可欠な調和のための道しるべ　⦿労働者大会の組織化　⦿カリフォルニアにおける金鉱採掘の成行き　⦿太平洋への鉄道（労働者協同企業の提起）

五月号　⦿自由の郷土に至る最良の道（鉄道建設の宣伝）⦿土地問題　⦿交換銀行の簡単な説明　⦿交換銀行の根本的諸条件　⦿裁判官の前に立つアルマン・バルベス　⦿プルードン主義

六月号　⦿ニューヨーク（各職種）合同産業法中央会則草案　⦿フリーセン・トリッペル・ヴァイトリング、上述の草案に関する鑑定委員会の最終発言　⦿自由貿易と保護貿易とに関する真実みある講演

七月号　⦿平等理論の発展（古今のコムニスムス史、スパルタ・原始キリスト教・バブーフ・ブオナローティ・サン＝シモン・フーリエ・オーウェン等）⦿ユートピアからの通信　⦿交換銀行に関するアーノルドの演説（ボルチモアから）⦿交換銀行の準備　⦿みじめな移民（移民共同宿舎の提言）

八月号　⦿生活、享受と労働の関係の問題　⦿生産、怠惰

に抗して　⦿団結　⦿不可避な事柄　⦿自由　⦿貨幣
⦿アウグスト・ベッカー、演説のリート
九月号　⦿価値　⦿投機　⦿資本と利子　⦿所有　⦿相続
⦿法　⦿窃取　⦿資本征服のための最有力な手段
一〇月号　⦿二種の交換銀行の問題（プルードンとヴァイトリングの）　⦿高くつく下宿人、ルイ＝ナポレオンの旅費と俸給　⦿二、三の黒人問題　⦿星条旗の汚れ（黒人問題）　⦿我々のプログラム（交換銀行ほか）
⦿フィラデルフィアにおける労働者大会準備のよびかけ
一一月号　⦿次なる革命（人民主権、独裁、真正なる民主主義）　⦿第一回ドイツ人労働者大会決議（一八五〇・一〇・二二、於フィラデルフィア、決議第一項は交換銀行）　⦿交換銀行導入の準備　⦿交換銀行の命名について
一二月号　⦿人民は新聞によっていかに欺かれているか
⦿最良の選挙制度　⦿市民ハインツェンへ、『フェルカー・ブント』紙見本刷でのW・ヴァイトリングへの手紙に対する応答として　⦿合同交換協会（に加わる）労働者諸協会の会則　⦿資本は虚偽にほかならない　⦿交換行為とは何のことか　⦿信用は力なり

第二年度（一八五一年）

一月号　⦿銀行券の作成　⦿銀行券の両替　⦿両替の利点
⦿交換銀行の利益　⦿利益の分配　⦿疾病の看護　⦿火災による損害の援助　⦿老後の扶助　⦿交換銀行の管理規則　⦿交換銀行管理規則の羅針儀　⦿連合したチャーティストと社会主義者の宣言　⦿ヘルマン・クリーゲ（追悼文）
二月号　⦿人民は新聞によっていかに欺かれているか　⦿コロニー・トイトニア設立のための暫定的会則　⦿ニューヨークのドイツ人営業者および労働者合同協会中央委員会の会則
三月号　⦿いかなる手段が目的を聖化するか（交換銀行に言及）　⦿マルサス学説　⦿無神論と社会主義　⦿額面価値とは何か　⦿銀行券とその価値　⦿交換銀行の現況
⦿『労働者共和国』の週刊化
第一号（四・一八）――以下週刊となる――
⦿世界情勢（ヨーロッパ各国、トルコ、中国）　⦿黒人会議一八五〇・三・一八　⦿労働者大祭
第二号（四・二六）
⦿朗報（アメリカ人労働者がヴァイトリングの交換銀行を支持）　⦿世界情勢（フランス、特にバルベスのこと）　⦿

コロニー（ユートピア的、コムニスムス的）⦿コロニー・イカリア

第三号（五・三）

⦿砂漠から（モルモン教徒の生活）⦿社会主義とエゴイズム ⦿マルサス主義 ⦿アルバイターボール（婦人解放）

第四号（五・一〇）

⦿世界情勢（ロシア、ポルトガル、カナダ、ハイチほか）
⦿現存の協同組合《アソシエーション》をどう考えるか

第五号（五・一七）

⦿労働者交換銀行（フランスの例）⦿世界情勢（アイルランドからの移民）⦿禁酒法 ⦿中国の真正な友（太平天国情報）⦿「相互主義」の協同組合《アソシエーション》（フランス情報）⦿ハインツェンの誤植 ⦿シュレージエン織布工の晩餐 ⦿都会（聖なるアルマン・バルベス、オーウェンの生誕祭）

第六号（五・二四）

⦿通信（パリ、獄中のプルードン）⦿世界史と教会史 ⦿教父たち ⦿教会の戒律 ⦿ある手工業者の日曜思考 ⦿プロパガンダの理念的および実践的傾向 ⦿パリの協同組合《アソシエーション》 ⦿婦人解放（パリから）⦿都会（ユリウス・フレーベル、G・シュトルーフェ）

第七号（五・三一）

⦿通信（ナポレオン情報）⦿社会主義の使命に関する簡単な考察 ⦿精神労働者 ⦿奴隷問題によせて ⦿婦人解放によせて ⦿雑報（ハンブルグのW・マールについて）

第八号（六・七）

⦿イカリアへの道（ヴァイトリングの交換銀行称揚、コロニー設立によせて）⦿平等者のプログラム ⦿労働はいかに支払われているか

第九号（六・一四）

⦿世界情勢（アフリカにおけるアラブ人とフランス人の戦い、スペイン革命、イギリスの農民革命）⦿通信（パリ、流血なしに共和国はどうか？）⦿ある手工業者の日曜考察 ⦿告知（ヴァイトリングの新著『論理学・言語学と人類世界言語の概要』出版）

第一〇号（六・二一）

⦿世界情勢（スペイン、ポルトガル、中国革命）⦿財神の三位一体 ⦿我々の力は投票権に存する（労働者銀行の要求）⦿労働者友愛会の全体的連合のよびかけ ⦿合衆国の膨張

第一一号（六・二八）

⦿通信（パリ、ナポレオン、ティエール情報）⦿財神の三位一体（続き）⦿ドイツの労働運動 ⦿ドイツ人の労働者ホール

第一二号（七・五）
⊙世界情勢（囚われの身の六月戦士たち）⊙貨幣、労働者階級、そして彼らの困窮の原因　⊙貧しき移民たちの苦悩　⊙（ヴァイトリングの）旅行の印象（ルイビルでの交換銀行への払込）⊙ロンドン産業博覧会に因んで　⊙ある手工業者の日曜考察（自愛とコムニスムス、宗教的コムニスムス）⊙朝（スイス時代ヴァイトリングの獄中詩から）

第一三号（七・一二）
⊙社会主義は聖書的モラル無しで済まし得るか　⊙貨幣、労働者階級、そして彼らの困窮の原因　⊙ドイツ人労働者ホールからの再録（政治権力は社会全体に渡らなければならない）⊙希望、すっと伸びた若枝の小鳥たち（ヴァイトリングの獄中詩）⊙労働者同盟の組織化　⊙運動のあらゆる友へ（旅先のヴァイトリングへのカンパの要請）

第一四号（七・一九）
⊙世界情勢（パリ、「真のプロレタリア」の「皇帝」、ロンドン、一八五二年の全国労働者大会準備）⊙貨幣問題に関連する一二年間のプロパガンダの成果の概述（ヴァイトリングの自伝的回想、パリ時代～アメリカ移住まで）⊙ドイツ人労働者ホールからの再録

第一五号（七・二六）
⊙通信（パリ、ナポレオンの不人気、警察に相手にされもしない共和主義者）⊙労働者扶助組合の会則　⊙ある手工業者の日曜考察　⊙貨幣、労働者階級、そして彼らの困窮の原因（完）

第一六号（八・二）
⊙世界情勢（中国革命の拡大、トルコに対するロシアの関心）⊙通信（パリ、ナポレオンの苔打団）⊙発行者（ヴァイトリングないし代理編集人）の通信（自由信仰教会の問題）

第一七号（八・九）
⊙世界情勢（ロシアに対するカフカズの蜂起、中国革命の拡大）⊙コムニスムスにおける女性の幸福　⊙発行者の通信（ニューヘイヴンの自由信仰教会、交換銀行問題の長期的解決、交換銀行の真価承認）

第一八号（八・一六）
⊙ロバート・オーウェンの小冊子　⊙通信（パリ、ボナパルトの狂気沙汰）

第一九号（八・二三）
⊙世界情勢（エジプトにおけるイギリスの鉄道建設、中国革命さらに拡大）⊙万国のプロレタリア、団結せよ（ロンドン共産主義者同盟からのよびかけ、一八五一・五）⊙通信（パリ、ウジェーヌ・シューの新作）

第二〇号（八・三〇）
⦿万国のプロレタリア、団結せよ（続き）⦿発行者の通信（財産共同体での生活、遊びとしての労働、エゴイズムなしのコムニスムス）
第二一号（九・六）
⦿世界情勢（キューバの解放、ホッテントット〔現在はコイコイ人と称される〕が共和国を建設、中国における武装蜂起、イギリス資本によるエジプトでの鉄道建設）⦿万国のプロレタリア、団結せよ（続き）⦿我々は何を望むか？（労働者の団結を！）⦿通信（パリ、ボナパルト派の計画）
第二二号（九・一三）
⦿世界情勢（キューバの反革命、ニカラグアの革命）⦿スペインにおける労働者の諸集会
第二三号（九・二〇）
⦿世界情勢（フランスとイタリアの危機、ロシアの優位）
第二四号（九・二七）
⦿世界情勢（フランス・イギリス・スペイン・トルコの同盟、中国革命の前進）⦿社会改革（ヴァイトリングによるシリーズ）⦿通信（パリ、イカリア・コムニスムに対する甚しい攻撃、貧者の立場、赤色テロか白色テロか、エヴァーベックの文書）⦿夜（スイス時代ヴァイトリングの獄中詩から）
第二五号（一〇・四）
⦿世界情勢（ライプツィヒの体育者祭、バイエルン・スイス間の犯罪者引渡条約却下）⦿社会改革（フーリエに関連、ファランステール的所有、窃盗）⦿カール・ハインツェン　⦿グスタフ・シュトルーフェ
第二六号（一〇・一一）
⦿世界情勢（フランスにおける出版の自由、ドイツにおけるコムニスト狩、自由となったコッシュート、アメリカへ）⦿社会改革（オーウェン、カベ、ヴァイトリング自身に関連、コンミューンかアソシエーションか、労働時間の短縮）⦿ブルジョアジーとプロレタリアート（マルクス・エンゲルス共著『共産主義者宣言』第一章の再録）
第二七号（一〇・一八）
⦿世界情勢（フランスとドイツにおける共産主義者狩）⦿社会改革（フーリエに関連、アソシエーション）⦿ブルジョアジーとプロレタリアート（『共産主義者宣言』第一章から）⦿発行者の通信（ヴァイトリングのコムニア訪問記）
第二八号（一〇・二五）
⦿世界情勢（デンマークはドイツ連邦に加盟か？ コッシュートのフランスでの受入れ）⦿社会改革（フーリエに関連

して、ファランジュの構想） ⦿発行者の通信（ヴァイトリングのコムニア訪問記） ⦿通信（パリ、カベのアメリカでのコロニー）

第二九号（一一・一）

⦿同盟に関する事柄（労働者同盟の会則） ⦿社会改革（フーリエに関連）ブルジョアジーとプロレタリアート（『共産主義者宣言』第一章から） ⦿プロレタリアートと共産主義者（『共産主義者宣言』第二章から）

第三〇号（一一・八）

⦿世界情勢（ナポレオンが普通選挙の再導入を主張、キューバはイギリスに売られることになるか？ メキシコ 革命支持） ⦿社会改革（フーリエ、オーウェン、カベ、ヴァイトリング自身に関連して） ⦿プロレタリアートと共産主義者（『共産主義者宣言』第二章から） ⦿通信（パリ、ボナパルトの人民にへつらった政策

第三一号（一一・一五）

⦿世界情勢（フランスにおける普通選挙権の問題、ロシアにおける貴族たちの陰謀） ⦿社会改革（フーリエに関連して） ⦿モルモン教徒 ⦿労働者同盟中央委員会からフィラデルフィアの社会的労働者扶助協会へ ⦿通信（モスクワの赤い軍旗、フランス労働者の協同組合《アソシエーション》）

第三二号（一一・二二）

⦿世界情勢（コッシュートのロンドン受入れと演説） ⦿社会改革（フーリエ、オーウェン、カベに関連して）

第三三号（一一・二九）

⦿世界情勢（コッシュートのイギリス凱旋、フランスにおける普通選挙権の再建） ⦿社会改革（ヴァイトリング自身に関して）

第三四号（一二・六）

⦿世界情勢（ナポレオンの悪ふざけ） ⦿社会改革（ヴァイトリング自身に関連して） ⦿コムニアについての見解

第三五号（一二・一三）

⦿世界情勢（ドイツの圧制者、ロベルト・ブルムの忌日にフランクフルトに立った黒旗、アメリカのコッシュート） ⦿社会改革（ヴァイトリング自身に関連して） ⦿コロニー建設（イカリア・コロニーの例） ⦿コロニー・コムニア会員の決議 ⦿太陽（ヴァイトリングの獄中詩から）

第三六号（一二・二〇）

⦿社会改革（フーリエに関連して） ⦿同志を救え！（パリから）

第三七号（一二・二七）

⦿盗賊たち ⦿世界情勢（パリ、ボナパルトのクーデタ、国民議会の解散、普通選挙権、バリケード戦士銃殺さる、ロンドンのフランス人亡命者七〇〇名、フランスへ出航、ナポ

レオンの完全勝利）　⦿社会改革（フーリエに関連して）

第三年度（一八五二年）

第一号（一・三）

⦿ルイ＝ナポレオン（アルフレート・マイスナーによる）

⦿アウグスト・ヴィリヒ、パリ一二月四、五、六日のカタストローフ（ロンドンにて）　⦿カール・シュルツ、普通選挙権について、フランスとドイツ革命（ロンドンにて）　⦿社会改革（フーリエに関連して）

第二号（一・一〇）

⦿世界情勢（パリ、選挙結果、フランス情勢についてのルイ・ブラン書簡）　⦿発行者の通信（ナポレオンとその敵）

⦿社会改革（オーウェン、カベに関連して）

第三号（一・一七）

⦿クーデタに関するドイツからの声　⦿クーデタの秘密

⦿社会改革（交易時間）　⦿通信（クーデタ後の英仏関係、ナポレオンは〝栄光〟を必要とする、フランスとドイツ、イタリア、ハンガリーの革命、ヨーロッパ革命とアメリカの同盟はなるか？）

第四号（一・二四）

⦿世界情勢（フランスの選挙結果、皇帝戴冠式はあるのか？　⦿ハインリヒ・リヒターからクリーヴランド『コミュニスト』編集人レオポルド・シュティガー氏へ、ニューヨーク、一八五二・一・一七（交換銀行について）　⦿発行者の通信（フランスでのみ革命の勝利がありうる、たんなる政治革命では大衆を満足させえない）　⦿社会改革（交易時間）　⦿文献紹介、トマス・ペインの政治編集

第五号（一・三一）

⦿ドレスデンのＨ・リンドマンからの通信（フランスはもはやヨーロッパ民主主義の希望ではない、いまやドイツが革命運動の中心となろう）　⦿社会改革（交易時間）　⦿共産主義と社会主義（フリッツ・アンネケ）

第六号（二・七）

⦿世界情勢（ドイツとロシア、革命と軍事反革命）　⦿社会改革（交易時間）

第七号（二・一四）

⦿世界情勢（新フランス憲法）　⦿ドレスデンのルートヴィヒ・ヴィティヒ、フランス一瞥、ロンドン、一八五二・一・一三　⦿社会改革（交易時間、交易帳）　⦿発行者の通信（ハインツェンの反コムニスムス的哀泣）

第八号（二・二一）

⦿世界情勢（パリ、ルイ＝ボナパルトは社会主義か、ロンドン、社会主義がチャーティズムを駆逐）　⦿Ｈ・Ｂ・オ

ッペンハイム、イギリスと反動　⦿現代との比較としてのコムニスムスの史的展開（ヴァイトリング著『調和と自由の保証』第三版序文の再録）　⦿同盟通信（このコラム登場により、『労働者共和国』紙が労働者同盟の機関紙化したことがわかる）　⦿社会改革（交易時間）

第九号（二・二八）

⦿世界情勢（アメリカの奴隷貿易）　⦿現代との比較としてのコムニスムスの史的展開（続き）　⦿同盟通信（イカリア、コロニー・ベテルス）⦿コッシュートについて、チャーティスト指導者アーネスト・ジョーンズによる　⦿社会改革（交易時間）

第一〇号（三・六）

⦿世界情勢（欧米における反革命的傾向）　⦿フランスとドイツ（ナポレオン・クーデタ後の両国）　⦿現代との比較としてのコムニスムスの史的展開（続き）　⦿社会改革（交易時間、盗みの問題）

第一一号（三・一三）

⦿世界情勢（ヨーロッパの食糧危機）　⦿社会改革（管理の問題）

第一二号（三・一九）

⦿ヨーロッパにおけるフランスの侵略の可能性（一七九二、一八三〇、一八四八年の回顧、ルイ＝ナポレオンの戦争計画）　⦿同盟通信（労働者同盟員はモーセからプルードンまでを、労働者のために学べ）　⦿社会改革（フーリエに関連して）

第一三号（三・二七）

⦿同盟通信（ロンドンのヴィリヒから労働者同盟中央委員会へ）

第一四号（四・三）

⦿世界情勢（ナポレオン情報）

第一五号（四・一〇）

⦿同盟通信（ロンドンのヴィリヒから労働者同盟中央委員会へ）

第一六号（四・一七）

⦿世界情勢（ナポレオン、労働者のために一〇〇〇万フランを支出）　⦿社会改革（フーリエに関連して）

第一七号（四・二四）

⦿世界情勢（一八四八年革命の回顧、ナポレオン情報、ユタ州のモルモン教徒）　⦿同盟通信（マチルデ・アンネケの『女性新聞』）

第一八号（五・一）

⦿世界情勢（マッツィーニとコッシュートの社会主義者批判）　⦿コロニー・コムニア

第一九号（五・八）

⦿世界情勢（プルードンのベルギーへの亡命）　⦿コロニー・コムニア（建設略史）

第二〇号（五・一五）

⦿同盟通信（ロンドンのヴィリヒからヴァイトリングへ）

第二一号（五・二二）

⦿世界情勢（ナポレオンはアメリカではもはやバカ者とみなされない、アーノルト・ルーゲについて、ハインツェンについて）　⦿同盟通信（ロンドンのヴィリヒからヴァイトリングへ）　⦿コムニスムスとエゴイズム　⦿ある手工業者の日曜思考（A・Kと署名）

第二二号（五・二九）

⦿E・ギーン（グリーンの誤植か?）、革命の可能性（アメリカでのプロパガンダが主な任務）　⦿同志のコムニア訪問　⦿社会改革（フーリエに関連して）

第二三号（六・五）

⦿同盟通信（ロンドンのヴィリヒからヴァイトリングへ）
⦿社会改革（フーリエに関連して）

第二四号（六・一二）

⦿所有の不可侵性（E・グリーン）　⦿ある手工業者の日曜思考（A・Kと署名）　⦿社会改革（フーリエに関連して）

第二五号（六・一九）

⦿世界情勢（中国人のカルフォルニア移民、金鉱探し）　⦿E・グリーン、コムニスムスの敵　⦿ある手工業者の日曜思考（A・K）　⦿社会改革（フーリエに関連して）　⦿労働者同盟（その目標と会則について）

第二六号（六・二六）

⦿E・グリーン、コムニスムスの敵（後篇）　⦿社会改革（フーリエに関連して）

第二七号（七・三）

⦿ピッツバーグにおける「労働と労働者」に関するハインツェンの陳述　⦿社会改革（フーリエに関連して）

第二八号（七・一〇）

⦿ピッツバーグにおける「労働と労働者」に関するハインツェンの陳述（後篇）　⦿同盟通信（コロニー・コムニア）　⦿社会改革（フーリエに関連して）

第二九号（七・一七）

⦿世界情勢（ロンドンでのマッツィーニの演説、カベ、ニューヨーク到着）　⦿土地改革の敵（シンシナティ『民主主義者週報』からの転載）　⦿同盟通信（ロンドンのヴィリヒからヴァイトリングへ）　⦿社会改革（フーリエに関連して）

第三〇号（七・二四）

⦿世界情勢（ナポレオンの手本たるロシアのツアー）　⦿

同盟通信（コロニー・コムニア）⦿社会改革（フーリエに関連して）

第三一号（七・三一）

⦿政治的展望（太平洋の将来、イギリスとオーストラリアの関係）⦿同盟通信（コロニー・コムニア）⦿社会革命（フーリエに関連して）

第三二号（八・七）

⦿世界情勢（南米エクアドル部隊の最高指揮者ガリバルディ）⦿カールからGへ、一八五二・七、ドナウにて（交換銀行）⦿ある手工業者の日曜思考（A・K）⦿社会改革（フーリエに関連して）

第三三号（八・一四）

⦿世界情勢（イギリスからオーストラリアへの移民）⦿日本（合衆国から緊急の派遣、日本は通商条約に調印せねばならない）⦿同盟通信（コムニア分裂）⦿社会改革（フーリエに関連して）

第三四号（八・二一）

⦿社会改革（フーリエに関連して）⦿同盟通信（コムニア情報）

第三五号（八・二八）

⦿社会改革（フーリエに関連して）⦿女性解放について（ヴァイトリングの署名付）⦿雑報（一二月二日のクーデタに関するプルードンの新刊）

第三六号（九・四）

⦿労働者同盟中央委員会（コムニア訪問について）⦿世界情勢（イギリスの選挙法、ナポレオン情報）⦿社会改革（フーリエに関連して）

第三七号（九・一一）

⦿世界情勢（ナポレオン情報）⦿社会改革（フーリエに関連して）

第三八号（九・一八）

⦿世界情勢（真の民主主義と賤民支配）⦿W・R（シュトゥットガルト）からGへ、一八五二・八・一〇（革命は中間階級《ミッテルシュタント》の態度によって失敗した）⦿同盟通信（ヴォルテールの思想）

第三九号（九・二五）

⦿レオポルド・アルベルティ（今後に出てくる〝L・A〟署名はみなこの人物と思われる）、日曜日のセレナーデと浮浪人 ⦿E・グリーン、コムニスムスと営業の自由

⦿社会改革（オーウェンに関連して）

第四〇号（一〇・二）

⦿世界情勢（プルードンのフランス人についての見解、ウェリントンの死、トルコの分割）⦿同盟通信（コムニアのロベルト・マイアーから同盟員へ、一八五二・九・一六）

⦿E・グリーン、コムニスムスと営業の自由（後篇）社会改革（オーウェンに関連して）

第四一号（一〇・九）

⦿Dr・ピック（ボルチモア）から労働者同盟の一同盟員へ、一八五二・九・五（民主主義と独裁）⦿社会改革（オーウェンに関連して）⦿雑報（ヴィクトル・ユゴーの『小ナポレオン』）

第四二号（一〇・一六）

⦿世界情勢（日本問題、キューバ問題）⦿同盟通信（ロベルト・マイアーのコムニア便り）社会改革（オーウェン、ヴァイトリング自身に関連して）⦿オーストラリア、新たな金鉱の国

第四三号（一〇・二三）

⦿世界情勢（ナポレオン情報、コッシュートとマッツィーニ）⦿同盟通信（J・クリークのコムニア便り）⦿社会改革（ヴァイトリング自身に関連して）

第四四号（一〇・三〇）

⦿世界情勢（ニューヨークの世界産業博覧会、テキサスでのメキシコ人盗賊）⦿アーデルスベルク、所有、その人間生活への作用　⦿シュタルク、第四の立場（中世、市民と労働者、階級闘争）⦿一労働者、政治的悪夢（コムニスムスと自然法則）⦿社会改革（フーリエ、オーウェン、カベ、ヴァイトリング自身に関連して）

第四五号（一一・六）

⦿ナポレオンのポートレート　⦿社会改革（フーリエ、オーウェンに関連して）

第四六号（一一・一三）

⦿世界情勢（ル・アーヴルからの移民）⦿社会改革（オーウェン、カベ、ヴァイトリング自身に関連して）⦿雑報（二名の女性からハインリヒ・ベルンシュタインへの復讐）⦿マルセイエーズ（フライリヒラート作）

第四七号（一一・二〇）

⦿世界情勢（ポルトガルの宮廷革命、ナポレオン情報）⦿ケルンでの共産主義者大裁判（マルクス派情報）⦿同盟通信（W・W、もうひとつのルイ＝ナポレオン評価）⦿アドルフ・シュトロットマン、老民主主義者（詩）

第四八号（一一・二七）

⦿ケルンでの共産主義者大裁判（続き）⦿W・W、革命同盟　⦿社会改革（ヴァイトリング自身に関連して）⦿珍品、ある非コムニスムス的文筆家の求職

第四九号（一二・四）

⦿ケルンでの共産主義者大裁判（続き）⦿F・エンゲルス、F・フライリヒラート、K・マルクス、W・ヴォルフ（ロンドン）から『タイムズ』紙および『ディリ

ー・ニューズ』紙編集部へ、一八五二・一〇・二八（ケルン共産主義者裁判によせて）　⦿共産主義者裁判における判決言渡し

第五〇号（一二・一一）

⦿世界情勢（フランスにおける皇帝選挙、アメリカにおける大統領選挙）⦿ケルンでの共産主義者大裁判（続き）⦿将来の社会的皇帝（発行者の通信）⦿民主主義について　⦿同盟通信（コムニアのカール＝ショーホから）

第五一号（一二・一八）

⦿ケルンでの共産主義者大裁判（続き）⦿合衆国における最新の統計（人口ほか）⦿同盟通信（発行者の通信として、社会的皇帝）

第五二号（一二・二五）

⦿世界情勢（フランスにおける皇帝選挙の結果、シュルツとキンケルについて）⦿ケルンでの共産主義者大裁判（結）⦿コムニアの理論的指導者F・ヴァイスから、一八五二・一二・八　⦿ヴァイトリング、回想（コムニアについての）⦿J・クリーク、コロニー・コムニア

第四年度（一八五三年）

第一号（一・一）

⦿世界情勢（新たな帝冠とナポレオン一世の帽子）⦿回顧、期待、そして願望（同盟に対する年頭緒言）⦿レオポルド・アルベルティ、営業と自由制度ないし保護制度の価値　⦿ハウスザウレックス氏とキリスト教

第二号（一・八）

⦿世界情勢（フランスの財政改革）⦿利子システムの改革（ナポレオン政府の）⦿労働者同盟下のコロニー繁栄のための諸条件　⦿同盟通信（コムニアのジーモン・シュミットから中央委員会へ、一八五二・一二・二〇）

第三号（一・一五）

⦿世界情勢（ナポレオン情報、トルコ領内での蜂起）⦿同盟下の労働者ホール繁栄のための諸条件　⦿同盟通信（ナポレオン三世情報、鉄道建設と労働者階級の利益とについて）

第四号（一・二二）

⦿世界情勢（ナポレオン情報、アメリカ先住民鎮圧）⦿アメリカにおけるドイツ語日刊紙（新聞の使命）⦿第一銀行（紙幣は詐欺だ）⦿アレクサンダー・フンボルトの『コスモス』から　⦿雑報（古代都市スーサ発見さる）

第五号（一・二九）

⦿世界情報　⦿テオドール・パーカー、人類の進歩　⦿同盟通信（コムニアのJ・クリークからヴァイトリングへ、

一八五二・一二・三〇）

第六号（二・五）

⦿世界情勢（ナポレオンの行政改革）⦿同盟憲章　⦿新たなドイツ語新聞（『ニューイングランド新聞』、『独立』、『ヤヌス』〈ハインツェン〉、『クリミナル新聞』、『トリビュナル新聞』、『ドイツ語女性新聞』〈F・M・アンネケ〉）⦿カトリック教会新聞（共産主義者、浮浪者、そのほかの盗賊に反対）⦿コムニアの会計簿から

第七号（二・一二）

⦿世界情勢（ナポレオン情報）⦿我々の同盟とその結合環

第八号（二・一九）

⦿世界情勢（ルイ＝ナポレオンの婚姻、一八四八年革命の敗因、ボルチモアのストライキ）⦿立派な同盟員とは？⦿同盟通信（ロンドンのO・ライヒェンバッハから、キンケル・ヴィリヒ論争について）

第九号（二・二六）

⦿世界情勢（ルイ＝ナポレオンの婚姻、コッシュートとマッツィーニについて）⦿ヴァイトリングからカベへ（回想）⦿精神とは何か？（ハウスザウレックの俗流唯物論について）⦿フリードリン・キューゲマン、貨幣（詩）

第一〇号（三・五）

⦿世界情勢（ナポレオン情報）⦿次なるヨーロッパ戦争⦿団結の推進力　⦿コムニアについての別の見解

第一一号（三・一二）

⦿世界情勢（共産主義の準備としてのフランスの交換銀行）⦿労働者の同盟罷業について（ゼネストなら革命的だが）⦿賃上げは蜂起なしに認可される　⦿同盟通信（パリから、ハイネと宗教、ハインツェンとハウスザウレック、プルードンの所有、コムニアから）

第一二号（三・一九）

⦿イカリアン（カベ）からヴァイトリングへの第四の書簡（ヴァイトリングのカベ批判）⦿労働者の同盟罷業について（局地的スト批判）⦿コロニー・イカリアの年度報告

第一三号（三・二六）

⦿世界情勢（マッツィーニとコッシュートの一揆主義に反対）⦿L・A、いま一度労働者の同盟罷業について⦿労働と労働者について（対話、学者批判）⦿ナポレオンの俗物めがねによる社会的諸方策

第一四号（四・二）

⦿ヴァイトリング、一八五三・三・三〇の急電　⦿L・A、貨幣の現況、賃上げをめぐる労働者運動に関連して⦿L・A、労働者運動と三月二一日の集会　⦿労働と労

働者について（続き、コムニスムスと民主主義者）　⦿雑報（ルイビル、シンシナティ、ボストン、ニューヨークのストライキ）

第一五号（四・九）

⦿世界情勢（露土間の危機、コッシュートとマッツィーニ、リヴァプールのストライキ）　⦿労働者の動き（ニューヨーク、シカゴ、クリーヴランド、ワシントンのスト情報）　⦿L・A、土地改革と「土地改革法案」に関する差当っての発言　⦿労働と労働者（続き、労賃について、カベ、マルクス、エンゲルス、ルイ・ブランの考え）　⦿A・K、コムニスムス哲学（神、宇宙、地球、人類）

第一六号（四・一六）

⦿L・A、労働者運動の週間情報（ヴァイデマイヤー派の労働者同盟結成）　⦿労働と労働者（続き、労賃、信用）　⦿A・K、共産主義哲学（後篇、胃袋、手、愛、コムニストの理想）

第一七号（四・二三）

⦿世界情勢（革命は中国から輸入せねばならない）　⦿L・A、労働者運動の週間情報（ヴァイデマイヤー派の分裂騒動）　⦿労働と労働者（結、コムニスムスのなかの宗教）

第一八号（四・三〇）

⦿L・A、労働者同盟結成一周年祭（コムニスムスと宗教）　⦿L・A、労働者運動の週間情報（ヴァイデマイヤー派の動き）　⦿L・A、いわゆる北アメリカのファランクスの現状報告

第一九号（五・七）

⦿世界情勢（中国革命）　⦿L・A、労働者運動の週間情報（ストライキ運動の成果と拡大）　⦿同盟通信（ヴァイデマイヤー派の労働者同盟）

第二〇号（五・一四）

⦿L・A、労働者運動の週間情報（ヴァイデマイヤー派との論争）　⦿L・A、ニューヨークでの労働者同盟（ヴァイトリング派）結成一周年祭　⦿R・クレーター、フィラデルフィアでの（労働者同盟結成）一周年祭

第二一号（五・二一）

⦿L・A、労働者運動の週間情報（ヴァイデマイヤー派の労働者同盟）　⦿L・A、『ニューヨーク・サン』にみられるコムニスムス的な希望の光

第二二号（五・二八）

⦿L・A、世界情勢、アイルランド人の移民（民族意識と国際主義）　⦿（L・A）、労働者運動の週間情報（労働者同盟伸び悩みの原因）　⦿L・A、新たな本拠地ザルツゼー・タールでのモルモン教徒　⦿雑報（テキサス等での新たな社会主義的コロニーの計画）

第二三号（六・四）
◉L・A、労働者運動の週間情報（ヴァイトリング派とマルクス派）◉L・A、モルモン教信仰の伝統的特徴
◉同盟通信（ヴァイデマイヤーほかのマルクス派）
第二四号（六・一一）
◉全体的労働者運動の組織化プラン
第二五号（六・一八）
◉世界情勢（ナポレオンをめぐる闘争の光と影）◉社会的歴史（婦人解放について）
第二六号（六・二五）
◉世界情勢（ロシアとトルコ、中国の動き）◉雑報（日本の産業）
第二七号（七・二）
◉世界情勢（黒人問題、奴隷解放、太平天国情報）◉同盟通信（コムニアから）◉北アメリカのファランクス
第二八号（七・九）
◉世界情勢（アメリカにおける黒人の反抗、露土間の戦争）
◉中国（革命情報について、『フレンド・オヴ・チャイナ』紙、『アウグスブルガー・アルゲマイネ』紙、『ペキン・ツァイトゥング』紙などから）◉L・A、合衆国におけるドイツ系アメリカ人住民の政治的組織化の開始　◉L・A、イギリスの全国的労働者運動　◉雑報（マルクス派のヴァイデマイヤーとヴァイトリングの論争）
第二九号（七・一六）
◉世界情勢（露土問題、中国革命）◉コムニア協同組合《アソシエーション》と称される組合の会則、クレイトン、アイオワ州　◉同盟通信（コムニアから、ヴィリヒ）
第三〇号（七・二三）
◉L・A、コムニスムスの歴史　◉合衆国内のいわゆる共和主義者協会の状態についての強調　◉O・F、労働の福音、トマス・カーライル作（抄録）◉オハイオにおけるクェーカー教徒の移住
第三一号（七・三〇）
◉世界情勢（クリミア戦争について）◉L・A、労働者蜂起―チャーティズム―全面的大衆貧困　◉発行者の通信（コムニアから）◉雑報（フィラデルフィアにて亡命者扶助組織の設立）
第三二号（八・六）
◉世界情勢（クリミア戦争・中国革命）◉L・A、我々の保証制度　◉奴隷の民（クリミア戦争から）◉雑報（新たなモルモン教徒の戦争）
第三三号（八・一三）
◉世界情勢（クリミア戦争）◉L・A、合衆国における軍事的状況の野蛮性（ロシア以下だ）◉同盟通信（コム

ニアから、露土問題についてパリから）⊙L・A、ドイツ系アメリカ人の二種の新たな社会的雑誌、およびアメリカ・ドイツ語新聞全般のこと（H・レーシュ編集『プロレタリア』シカゴ、およびヴィルヘルム・ロータッカー編集『人権』シンシナティ）

第三四号（八・二〇）
⊙世界情勢（中国革命とそのなかにみられるキリスト教）⊙通信（ナポレオン暗殺計画についてパリから）⊙コムニアの同盟支部報告、一八五一・一〇・五～一八五三・七・五

第三五号（八・二七）
⊙世界情勢（クリミア戦争）⊙L・A、人民における断乎たる改革意識（太平洋への鉄道建設）

第三六号（九・三）
⊙世界情勢（ヴァージニアの黒人反乱、プルードン情報）⊙コムニア・ワーキング・リーグ協会の会則 ⊙同盟通信（コムニアから）⊙L・A、比較（ハノーヴァーのストライキ、ヨーロッパでの国家警察とアメリカの私的警察）

第三七号（九・一〇）
⊙中国と日本（『中国』紙第二八号から、日本における信仰の自由、中国革命前進の要因、中国は日本を世界通商に引き込むだろう、一八四八年以降の中国革命の経過）⊙通信（パリから、ナポレオン一世の遺言）⊙L・A、土地改革によせて（『ニューヨーク・トリビューン』紙の提議にふれて）⊙L・A、アイオワ州ニューメリリーのトラピスト修道院 ⊙L・A、ニューヨーク労働者のもとでのいま一度の運動（真の利益なきストライキ、トマス・ドイルの演説、ヴァイデマイヤー派労働者同盟のつまらぬ活動）⊙雑報（ニューヨークの体育者祭）

第三八号（九・一七）
⊙世界情勢（中国と日本）⊙L・A、中国と日本（『中国』紙第二八号、最初の日本旅行報告）⊙労働者世界から（機械の影響について）⊙L・A、「一般労働者同盟」の諸要求（ヴァイデマイヤー派のそれはみせかけにすぎない）

第三九号（九・二四）
⊙世界情勢（ブレーメンから、牧師ドゥーロンのアメリカ移住）⊙L・A、労働者世界から（ヴァイデマイヤーに対する論戦、土地改革）⊙通信（ナポレオン情報）⊙L・A、昔の政党、および現在いかなる政党が成長しつつあるか）

第四〇号（一〇・一）
⊙L・A、土地改革に反対の政策に関する我々の指示の確認（土地改革と鉄道建設、交通機関の私的営業組織は実

質的な人民の力を乱用する）　⦿L・A、二つの改革動議の比較（住宅問題についてのヴァイトリングのそれと『ニューヨーク・トリビューン』紙のそれ）　⦿同盟通信（コムニア建設協会の会則）　⦿ペンシルヴェニア住民の特性描写（合衆国内のドイツ人州）

第四一号（一〇・八）

⦿世界情勢（イギリスから、E・ジョーンズとマルクスについて、中国と日本の情勢について）　⦿労働者同盟の目標の意味において説明され解明されるコロニーの組織（労働者同盟とコロニーと交換銀行三者の結合）　⦿R・クレーター、同盟諸班へ、ヴァイトリングはなぜコロニーの管理人になろうとしないのか？

第四二号（一〇・一五）

⦿世界情勢（旧来の歴史にみられる人類の四つの災禍―飢餓・ペスト・戦争・革命、商業危機を予言するマルクス、クリミア戦争について）　⦿通信（ジュネーヴから、マルクス著『ケルン共産主義者裁判の暴露』について）　⦿コムニアの会則に関する説明　⦿コムニアの保証人と代表者に

⦿コロニー・コムニア

第四三号（一〇・二二）

⦿L・A、合衆国におけるキリスト教的コムニスムス（「進歩の友」派ほか）　⦿通信（アウグスト・ヴィッツレーベンから牧師ドゥーロンへ）　⦿ザ・ワーキング・リーグ

⦿労働者同盟下の建築者協会の会則　⦿コロニー・コムニア（製粉所建設の成行き）

第四四号（一〇・二九）

⦿世界情勢（プロレタリアートの自然な同盟者ナポレオン三世）　⦿労働者世界から（ヴァイデマイヤー、ヴァイデマイヤー派の一般労働者同盟、ケルナーとヴァイデマイヤー、女性のための女性による諸新聞）　⦿コムニアにおける次回の選挙、および労働者同盟の目標とコロニー会則に従った保証人と代表者の資格付与（私的家政に対する女性の願望）　⦿アウグスト・ヴィッツレーベン、コムニスムスはいかにしたなら平和的に導入し得るか（民主主義的な資本家と労働者の貯蓄、根本原則をめぐる問題）　⦿コロニー・コムニア

第四五号（一一・五）

⦿世界情勢（中国と日本、露土問題）　⦿L・A、モルモン教徒に関する最新の特性描写（一夫多妻婚ほか）　⦿L・A、「北アメリカ・ファランクス」に関しての、舞台裏からの瞥見（ファランクスとコムニア）　⦿L・A、協会の屋舎

第四六号（一一・一二）

⦿世界情勢（アメリカおよびイギリス労働者の生活改善についての『ニューヨーク・トリビューン』の提議）　⦿L・

A、保護貿易か自由貿易か（『ニューヨーク・トリビューン』の保護主義宣伝に反対する） ⊙同盟通信（コムニアのJ・ハーゲマンから同盟員たちへ、一〇・二四）

第四七号（一一・一九）

⊙J・ハーゲマン、コムニアの選挙（記録文書） ⊙コロニー・コムニアから（前年夏以来在住の一女性より、一〇・二九）

第四八号（一一・二六）

⊙世界情勢（イギリスにて、チャーティストの活躍、貨幣を介しない直接的交換とは何か?） ⊙L・A、ニューヨーク市の屑拾い ⊙通信（パリから、クリミア戦争について） ⊙L・A、二つのコロニー建設案の運命――ペンシルヴェニアとオレワンとアイオワのノイ・ブダ（コムニアより良好な条件でスタートしたにもかかわらず、よりひどい結果となる） ⊙アメリカにおける先史遺跡（コロラドの砂漠でピラミッド発見） ⊙雑報（太平洋鉄道）

第四九号（一二・三）

⊙世界情勢（クリミア戦後の情報、ロシアとバルカンのスラヴ人の関係） ⊙L・A、ドゥーロンのニューヨーク自由信仰教会（真の宗教の定義、人類はコムニスムス実現のため十分成熟しているか?） ⊙飢餓契約（フランスの穀物取引の歴史） ⊙コムニアの同盟支部報告、一八五三・七・五〜一一・一

第五〇号（一二・一〇）

⊙同盟通信（コムニアから、皇帝と労働者との関係についてパリから） ⊙社会《ゾチアーレ》歴史（合衆国内の有色住民の状態）

第五一号（一二・一七）

⊙世界情勢（『ニューヨーク・トリビューン』を通じてのマルクスのイギリス労働運動情報・チャーティスト情報） ⊙同盟通信（コムニアから、銀発見） ⊙L・A、労働者世界《クライス》から（マルクス派について、『レフォルム』紙とヴィリヒの論争、ヤコービ博士の演説、ケルナー博士とヴァイデマイヤーほか）

第五二号（一二・二四）

⊙世界情勢（イギリスの労働者戦争、アーネスト・ジョーンズの「労働者議会」理念） ⊙同盟通信（コムニアから、また独裁を宣言したブランキに対する寛大な裁きについてパリから）

第五年度（一八五四年）

第一号（一・一）

⊙世界情勢（クリミア戦争の結果について、パリにて反ナポレオン陰謀発覚） ⊙L・A、我々のコロニーと、その

ためのヴァイトリングの功績　⦿同盟通信（コムニアから）⦿L・A、最初の定期蒸気船航行（コムニストと蒸気船）

第二号（一・七）

⦿世界情勢（下カリフォルニア獲得に向けての歩兵連隊の遠征）⦿通信（パリから、トルコの芝居）⦿L・A、労働者世界から（ヴィリヒ－シャッパー論争、マルクス派について）⦿L・A、イギリスの労働者運動とアーネスト・ジョーンズ演説文の一部

第三号（一・一四）

⦿W・ヴァイトリング、同盟員に対する決定　⦿世界情勢（イギリスとフランスは革命への恐怖から、たんなる偽装戦を考えている）⦿コムニア・ワーキング・リーグの財産目録からの抄録

第四号（一・二一）

⦿世界情勢（中国革命における合衆国の政治使節の立場、クリミア戦争とフランス）⦿同盟通信（コムニアから、また物価高、欠乏、失業についてパリから）⦿L・A、アイオワ（鉄道について）⦿雑報（奴隷問題、メリーランドの石炭労働者蜂起）

第五号（一・二八）

⦿レオポルド・アルベルティ、編集部業務辞任の宣言、ニューヨーク、一・二五　⦿W・ヴァイトリング、アルベルティの宣言によせて　⦿レオポルド・アルベルティ、編集部の緒言　⦿J・ハーゲマン、コロニー・コムニアから同盟員たちへ、一・九（ヴァイトリングとの衝突、コロニーの宣言、解決策の提議）⦿ヴァイトリングから同盟諸班へ（同盟内にはびこる宿弊、解決策の提議）⦿世界情勢（トルコに対する西欧の共感にみられる二義性、ゴルチャコフの略伝）⦿L・A、社会《ゾチアーレ》歴史（合衆国内における有色住民の状態）

第六号（二・四）

⦿世界情勢（ヨーロッパの危機と戦争、反動家たちはナポレオンに恐れをいだく）⦿四〇エイカー問題　⦿我々の同盟の組織（現在の危機のなかでの有益な説明）⦿同盟通信（コムニアに関連して）

第七号（二・一一）

⦿現在のコロニー危機を引き起こした要因についての解説　⦿出版の自由（コロニーからの報告の公表について）

第八号（二・一八）

⦿世界情勢（ヴァイトリングのクリミア戦争観、ナポレオン三世とフランス人民）⦿ゲオルグ・リッパルト、採択に関して寄せられた手紙（一五通の紹介、次号でもう一通）⦿通信（コムニアの労働者同盟支部から同盟員たちへ、

またパリからは、ルイ＝ナポレオンと赤旗、国家所有もまた所有なり）　⦿W・ヴァイトリングから第一コムニアのハインリヒ・リヒターへ

第九号（二・二五）

⦿第一コムニアからの月間報告（コロニー報告についてのヴァイトリングのコメント付）　⦿通信（コムニアに関連して、またパリからは失業、金持ちはたえず貧民から掠奪をくりかえしている等、またアウグスト・ヴィッツレーベンからヴァイトリングへは、黒人奴隷とドゥーロンについて）

第一〇号（三・四）

⦿私は何故コムニア管理人就任を意図するか（ヴァイトリングのコムニア管理人就任宣言、すなわち事態はそうとう深刻）

第一一号（三・一一）

⦿経験は（人を）賢く、また思慮深くする（社会改革運動の〝前線闘士〟たる労働者同盟の方針・運営について）　⦿通信（アウグスト・ヴィッツレーベンからヴァイトリングへ、コムニアとの衝突の件で）　⦿ドイツにおけるキリスト教的コムニスムスの実践的試み　⦿コムニア通信

第一二号（三・一八）

⦿ルイ＝ナポレオン書簡に対するロシア皇帝の返答　⦿三月二日の立法公示に際しての、ルイ＝ナポレオンの演説　⦿原始教会におけるキリスト教的友愛、ヴェルナー・フォン・エヴァッティンゲンによる　⦿E・ヴィス（ヴァイトリング派にはめずらしい理論家）、主要な現代思潮（シュティルナーとブルーノ・バウアー、個および類的存在としての人間、一八四八年革命の研究、全般的人民教育、不正義）

第一三号（三・二五）

⦿ニューヨークにおけるトゥ・レット（to let）とトゥ・リーズ(to lease)（住宅問題解決のための提議）　⦿E・ヴィス、主要な現代思潮（続き、個と類）　⦿社会的《ソチアーレ》構成からなるコロニー内における大農地および分割農地による農業経営について、ヴェルナー・フォン・エヴァッティンゲンによる　⦿共産主義への教化・発展を迫る自然法則としての、類の傾向、ヴェルナー・フォン・エヴァッティンゲンによる　⦿通信（コムニアに関連して、またパリからブランキ派のこと、サント・ペラジでの暴動のこと、ラムネーの葬儀のこと）　⦿真理・誤謬・欺瞞（ピラト、感覚的認識、ヴァイトリングの論理学・言語学に関連して）　⦿雑報（新型の人力飛行機、五～六ヤードを飛ぶ）

第一四号（四・一）

⦿世界情勢（クリミア戦争、およびこの戦争におけるアメリカの役割）　⦿E・ヴィス、主要な現代思潮（続き、マ

ルクスとその一派に反論）⦿アンドリュー・ジャクソン・ディヴィス、ホーキプシーの千里眼（ジャクソン著作からの抄録）⦿フーラー、労働者同盟

第一五号（四・八）

⦿通信（パリから、ロシア皇帝からナポレオンへの返答、一八一二年の思い出、サント・ペラジの囚人たちに対する抑圧）⦿アウグスト・ヴィッツレーベン（バイア在）からヴァイトリングへ、二・一八（自由黒人の移住、コロニーと労働者同盟との激突）⦿A・B、ドイツ人と第一禁酒法　⦿E・ヴィス、主要な現代思潮（マルクス派批判、およびヴァイデマイヤー批判）⦿アンドリュー・ジャクソン・ディヴィス、ホーキプシーの千里眼（続き）

第一六号（四・一五）

⦿コムニアの同盟支部、三・三〇　⦿世界情勢（クリミア戦後における諸外国の外交戦術）⦿E・ヴィス、主要な現代思潮（マルクス主義批判）⦿A・B、ドイツ人と第一禁酒法（結）⦿アンドリュー・ジャクソン・ディヴィス、ホーキプシーの千里眼（続き）⦿A・シェルツァー、貨幣への呪い

第一七号（四・二二）

⦿A・B、ドイツ人と第二禁酒法　⦿E・ヴィス、主要な現代思潮（マルクス批判、犯罪と社会）⦿アンドリュー・ジャクソン・ディヴィス、ホーキプシーの千里眼（続き）

第一八号（四・二九）

⦿世界情勢（日本で生じている東洋問題は解決するか？）⦿E・ヴィス、主要な現代思潮（マルクス、ヴィクトル・ユゴー、それにヴァイトリングの分析によるナポレオン三世）⦿ドイツ人とユダヤ人（およびドイツ人とヤンキー）⦿通信（同盟のニューヨーク支部分裂、団結せよ、ヴァイトリングを信頼せよ！　またバーゼルからはモルモン教徒とピエティスト、プロイセン王子と仕立て職人ヴァイトリング、それからエヴァーベック、A・ベッカー、A・ヴィリヒ等についての話題）⦿W・a・E、ネブラスカの欺瞞（南部奴隷諸州の新聞から）

第一九号（五・六）

⦿世界情勢（ギリシアの革命、セイロンの金鉱）⦿ドイツ人とユダヤ人（続き）⦿E・ヴィス、主要な現代思潮（続き、ブルジョアジー、共和国、社会主義、自然法則と歴史法則、マルクス批判）

第二〇号（五・一三）

⦿コロニー業務における同盟支部代表者の成果についてのヴァイトリング報告　⦿E・ヴィス、主要な現代思想（続き、諸階級の論争でなく労働者の党対独占党の闘争ある

のみ)

第二一号(五・二〇)

⊙世界情勢(トルコ帝国領内のキリスト教住民の蜂起) ⊙ドイツ人とユダヤ人(続) ⊙E・ヴィス、主要な現代思想(続き、いかなる力が歴史を前進させるか? ヘッカーのこと、コムニスムス・コロニーのこと) ⊙交換銀行(プルードン理論とフランスの実例に即して) ⊙ドイツ語新聞の新現象(ドゥーロンの『日曜雑誌』、『デァ・アドラー』〈J・E・ローレダー社〉、『人民の声』〈メンフィスのカットマン編集〉、『レフォルム』、カベの『コミュニスト』、『パイオニア』)

第二二号(五・二七)

⊙E・ヴィス、主要な現代思潮(続き、アメリカ革命の様相、奴隷問題) ⊙通信(バーゼルから、クールマン再び登場)

第二三号(六・三)

⊙同盟会則の解釈に関して二、三言(ヴァイトリングの独裁理論についての正当化) ⊙労働者議会 ⊙我々は何処へ行くか?(奴隷は労働者階級の仲間だ、科学とモラルとによる教育、ドイツの宗教的教授の積極的意義、自由信仰教会の教育方針批判、ネブラスカ法案について) ⊙コムニスムス・コロニー、そして骨相学 ⊙通信(パリのJ・Vから、アンドレ・シェルツァーとその家族の貧窮状態について、および扶助のよびかけ)

第二四号(六・一〇)

⊙E・ヴィス、主要な現代思潮(続き、土地改革、女性解放、女権でなく人間としての権利を) ⊙合衆国のユダヤ人 ⊙コロニーへの代表派遣

第二五号(六・一七)

⊙コロニーでの同盟の利害(コムニアに関して) ⊙ニューヨークの生活資料は何故にかくも高いのか?

第二六号(六・二四)

⊙一六〇エイカーを無償で ⊙模範と実際(ヴァイトリングの『保証』と労働者同盟の現実、敵対的環境、コロニーから何が期待できるか?) ⊙我々の立場

第二七号(七・一)

⊙E・ヴィス、主要な現代思潮(続き、女性解放講義の続き) ⊙もう一度コムニアについて ⊙革命についての話題(プロレタリア、共和主義者とコムニスト、労働の権利、資本と労働、組織化)

第二八号(七・八)

⊙資本の利益におけるプロパガンダ、バスティア著作の翻刻によせて ⊙資本と利子生み、バスティアによる

第二九号(七・一五)

⊙世界情勢（ホームステッド法案、クリミア戦争後のロシア）　⊙通信（パリからは一七八九年以来のフランスにおける改良の歴史、メルボルンから船員たちの無情な使役）　⊙コムニアから　⊙労働者文庫

第三〇号（七・二二）

⊙通信（パリから、労働の組織）　⊙バスティアのパンフレットに対する返答として（次の書簡が）届く（F・ザイベル、F・S・ホーレルマンから）　⊙ハルロー・ハーリング、人類復活（詩）

第三一号（七・二九）

⊙世界情勢（合衆国とロシアの同盟、大統領ピアースは合衆国の皇帝になるつもりか？）　⊙バスティアのパンフレット、「資本と利子生み」の説明（バスティアの学説を代表的とみるわけにいかない）　⊙労働し労苦をわずらう人びとへの警報、ヴァイトリングによる

第三二号（八・五）

⊙反バスティア、第四弾　⊙労働し労苦をわずらう人びとへの警報、ヴァイトリングによる（続き）　⊙貧しき罪人の福音、ヴァイトリングによる（スイスで一八四三年に起草した文書の再録）

第三三号（八・一二）

⊙専制ロシアの敗北（パリ・七・一三）　⊙一六〇エイカーの未開拓地を無償で　⊙貧しき罪人の福音、ヴァイトリングによる（続き）

第三四号（八・一九）

⊙いま一度、一六〇エイカーを無償で（土地改革法案について『ナショナル・インテリジェンサー』紙のコメントを批判する）　⊙通信（パリから、スペインの革命とナポレオン情報）　⊙貧しき罪人の福音、ヴァイトリングによる（続き）

第三五号（八・二六）

⊙コロニー、コムニア　⊙貧しき罪人の福音、ヴァイトリングによる（続き）

第三六号（九・二）

⊙コロニーの所有名義（コロニー・コムニアは労働者同盟のものか）　⊙貧しき罪人の福音、ヴァイトリングによる（続き）

第三七号（九・九）

⊙ドイツ人ニューヨーカーの啓蒙活動の戦場における殉死者たち、ドゥーロンの弔辞とともに　⊙貧しき罪人の福音、ヴァイトリングによる（続き）

第三八号（九・一六）

⊙アウグスト・ヴィッツレーベン、ブラジルでの生活
⊙貧しき罪人の福音、ヴァイトリングによる（結

第三九号（九・二三）

⦿中国における第二のメシア（中国革命におけるキリスト教とコムニスムス）　⦿奴隷制諸州の敵対的態度　⦿劣悪な時代（失業、金銭欠乏、低賃金、物価高など）　⦿コロニー・コムニア　⦿人類、そのあるがままの姿とあるべき姿、ヴァイトリングによる（一八三八年パリ時代の文書の再録）

第四〇号（九・三〇）

⦿新たなコロニー建設　⦿千年王国、アンドレアス・ディーチュ（一八四二年アーラウで出版したものの再録）

第四一号（一〇・七）

⦿コムニアと労働者同盟（コロニーの歴史、A・ディーチュ、H・クリーゲ、H・コッホなど）　⦿労働者教理問答、ヴァイトリングによる

第四二号（一〇・一四）

⦿労働者同盟がコロニー住民と一致できる諸条件　⦿労働者教理問答、ヴァイトリングによる（続き）　⦿千年前のドイツ語書体

第四三号（一〇・二一）

⦿労働者教理問答、ヴァイトリングによる（続き）　⦿コロニー・エーベネツァール（宗教的モラルと手堅い指導）

第四四号（一〇・二八）

⦿東洋における戦争後の諸帰結（ロシア—共和国—独裁制、まずは労働者の独裁、しかるのち労働者の共和国）　⦿アルマン・バルベス（コミュニスト指導者の恩赦）　⦿我々は何ができるか（新旧コロニーについて、共和制と独裁制について）　⦿労働者教理問答、ヴァイトリングによる（続き）

第四五号（一一・四）

⦿一一月選挙（アメリカのウィッグ党員と民主主義者、ドイツ人はだれを選ぶべきか？）　⦿バスティアの資本と利子生みについての諸考案　⦿ハインリヒ・ハイネとその模倣者　⦿アルマン・バルベス（恩赦拒否によせて）

第四六号（一二・一六）

⦿発行者の通信（コロニー関係）　⦿通信（パリのG・クールマンから、シェルツァーの家族への扶助の依頼）　⦿フィラデルフィア『自由出版』紙（ヴァイトリングへの中傷）

第六年度（一八五五年）

第一号（一・一三）

⦿教訓的な回顧（この一〇年間にわたる社会改革の努力、

労働者同盟の経済状態、ヴァイトリングに対する誹謗）⦿労働者同盟の現下の立場（だれがコロニー所有者であるか？ 独裁的全権が不可欠）⦿通信（パリのG・Rから、シェルツァーの運命）⦿劣悪な時代（交換銀行について）

第二号（二・一七）

⦿通信（ほとんどコロニーに関して）⦿心の底からの想像（幻のニューヨーク・コミューン）

第三号（三・一七）

⦿労働者同盟管理人選挙　⦿陳腐な話（コロニー解体の原因、ヴァイトリングに全責任あり？ 労働者同盟がコロニーを買いあげるべき？ 道徳、団結、独裁制、コロニーに関する一八五四年三月の委員会報告ほか）⦿コムニスムス・コロニー・イカリア（カベ編集『コミュニスト』から）⦿通信（コムニアのB・F・ヴァイスから）⦿労働者文庫

第四号（四・一八）

⦿完全な資格（同盟会則の説明）⦿東に我らの太陽が昇る（中国のコムニストは狂気だといってやじり倒され、嘲笑の的となった）⦿不節制、貧困、犯罪を抑えるための法律　⦿北アメリカ・ファランクスの運命　⦿ブラジルのドイツ人コロニー（コロニー・ドナ・フランチスカ）⦿通信（コムニアから）⦿労働者同盟管理人選挙

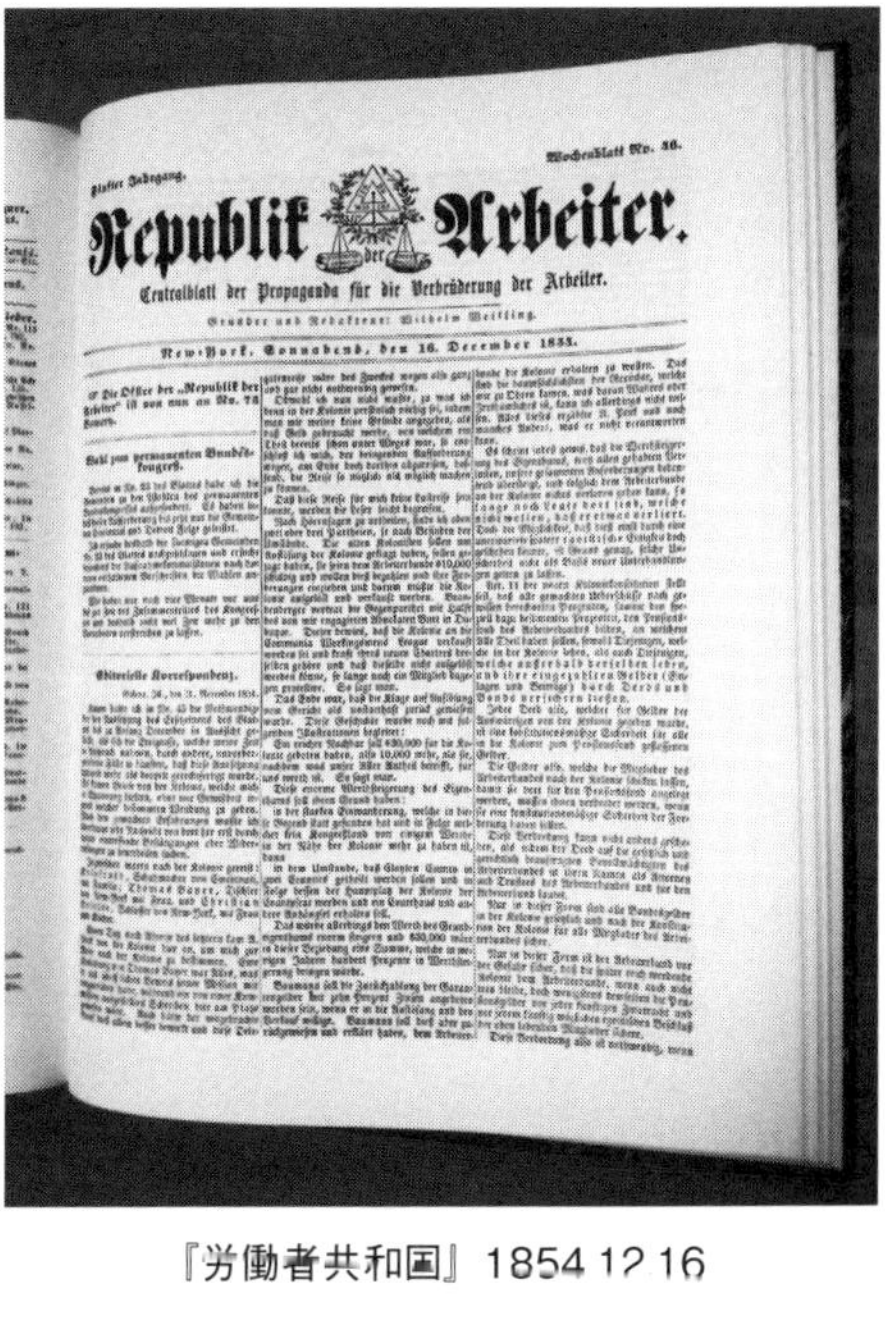
Republik der Arbeiter.
Centralblatt der Propaganda für die Verbrüderung der Arbeiter.

『労働者共和国』1854.12.16

結論　ヴァイトリング思想の統一的全体像を求めて

革命職人ヴィルヘルム・ヴァイトリングの思想と行動について、科学的共産主義者カール・マルクスの〝挫折せる先行者〟というようなレッテルを剝がすための大がかりな作業を、私はまずもって一九七五年刊『叛徒と革命』および一九八三年刊『三月前期の急進主義』で試みた。それから、三月前ドイツの、非合理性・宗教性を色濃く残した民衆＝小生産者世界と不可分のヴァイトリング思想〝一九世紀前半期下層民衆のアングル〟からみてのヴァイトリング論については、一九八五年刊『ヴァイトリングのファナティシズム』で果たした。だが、このような研究作業を続けていて、いまひとつ、ヴァイトリング研究に絶対不可欠な領域があることに、私は早くから気がついていた。それは、ドイツ三月革命後、あるいはいま少し早い時期を設定すれば一八四六年末のヴァイトリング渡米後、いやマルクス主義者にならってもっと早い時期を設定すれば、一八四六年三月のマルクス・ヴァイトリング論争の後、ヨーロッパの労働者運動史上においてヴァイトリングの積極的役割が終了したとする見解を打破するためにも、是が非でも開拓せねばならない領域であった。そのような研究領域に足を踏み入れまとめあげた仕事、それは一九九一年刊『社会思想の脱・構築』である。本書は、ニューヨークのヴァイトリングが直接・間接に果たしたところの、〝北アメリカにプルードン思想を活かす試み〟であった。

今回の集大成本『革命職人ヴァイトリング』は、ヴァイトリング思想を二期に時代区分している。すなわち三月前のブランキ主義時代、三月後のプルードン主義時代である。また、三月前とニューヨーク時代とで、一貫した思想的要因が存在している点を議論している。そこで、ここにまとめとして、ヴァイトリング思想において、三月前と渡米後との間にみられる〝連続〟と〝変化〟の諸要素を箇条書き風に列挙してみる。ただし〝連続〟といっても、常識的に考えて、人間だれしも、肉体的にはもちろん、精神的・知的・感情的な点でもまったく変化がないということはありえない。したがって、ここに表現する〝連続〟とは、個々に、様々な色あいで現象する行動様式・思考様式を説明するための根本的な構え方の点でそのように区別立てするにすぎない。

第一、歴史認識―連続。常に労働者のみが歴史を創る。ブルジョアジーは進歩と相容れない。産業の発展は労働（者の活動）の結果であって資本（家の支配）に起因しない。

第二、キリスト教に対する評価――連続。カトリック・プロテスタント等既存の正統宗教の全面否定と、一八五一年中国の太平天国で出現した第二のメシア洪秀全礼賛、あるいは原始キリスト教徒の蘇生たる洪秀全評価。

第三、革命の主体―発展的連続。職人的小生産者が主体。後期はさらに鉄道労働者のごとき新たな形態の労働者階層を積極的に革命の主体に組み入れている。ともに労働者共和国における社会的デモクラシーの実現を指向。

第四、革命の手段―変化。秘密結社の〔計画としての陰謀〕、下層大衆の蜂起による政治権力奪取型から、交換銀行と労働者協同企業の創出による経済革命主導型（現代的な読みからすれば自主管理社会主義）への移行。

第五、過渡期論―連続。ブルジョア支配に対する最終的な一撃としての〔刹那の独裁〕。経済革命の最終的な完成の保証としての革命戦争＝独裁権力のもとに成立する〝ニューヨーク・コミューン〟。

第六、将来社会（本原的社会）―変化。サン＝シモン的共同社会（Gemeinschaft）からフーリエ的協同社会（association）へ。

そのほかの項目に言及すれば、あるいは右の項目をさらに詳細に区分すれば、まだ指摘すべきことがらはたくさんあるけれども、以上に挙げた六点から判断すると、ヴァイトリングは、三月前のパリ、スイス諸都市、ロンドン時代と、一八五〇年代のニューヨーク時代とで、大きな断絶はみられない。行動様式はすっかり変化してしまっているけれども、思考の源泉は一度も涸渇せず、構え方の基本は連続したままである。現象だけを捉えて、それを転向と称せば、たしかに転向ともみなし得る。一八五〇年の春、ヴァイトリングが太平洋への鉄道建設と交換銀行設立をニューヨークの在アメリカ・ドイツ人労働者に宣伝していた頃、ロンドンでは、マルクスとエンゲルスが、「共産主義者同盟中央委員会の（共産主義者）同盟員への呼びかけ」いわゆる〝三月回状〟を発し、そのなかで独自の労働者党、革命的軍事力の組織化、独自の労働者政府（二重権力）の樹立を掲げ、それを〝永続革命〟の過程で実現するよう要請していた。こうしたマルクスらの、現象・本質ともに一貫性あるなかでの大飛躍——この〝自己批判〟のなかに、私はマルクスの、一九世紀を生きた共産主義革命家としての最終的完成をみている——と違って、ヴァイトリングの戦術的転換は、いかにも逆方向への退転にみえる。だが私は、三月前の前期ヴァイトリングと五〇年代の後期ヴァイトリングの双方を考慮に入れた上で、彼の思想圏は、コミュニズム的であるのと同程度にアナキズム的であったと特徴付けられるべき点を、ここで強調したい。

類型化を好む研究者のなかには、中央集権論と地域主権論、独裁と無政府、権力奪取と権力の否定等、まったく相対立する概念を同時にあわせ持つ思想などありえないとか、そのように解釈する者は自ら概念の混乱をきたしているのだ、双方の概念を正確に理解しえていないのだと批判するむきもあろう。だが、三月前におけるヴァイトリングの独裁理論とバクーニンのそれとを比較してみた私には、それからまた一八五〇年代におけるヴァイトリングの交換銀行論・労働者協同企業論とプルードンのそれとを比較してみた私には、コミュニズム的アナキスト、アナキズム的コミュニストとしてのヴァイトリング像を描き出すことこそ、最も真実に近い評価となるものと学問的に確信する。

その上で、「はしがき」に記した一文を再度ここに引用して結びとしたい。——ヴァイトリングという人物個人だけが問題なのではなく、彼をとおして一九世紀の労働者運動中にゲマインシャフト＝コミューンからアソシアシオン＝アソシエーションへの重点の移動があったということが確認できる。そのことが問題なのだ。それは個人的思想転向ではなく、時代思潮的回転なのだ。アソシエーションとは理想社会の像ではなく現場での運動であるから、アソシエーションという観点をもって運動した方がはるかにうまくいくのだという潮流が勢いを増したということである。

——さて、私は、二〇一七年ロシア革命百周年をアソシエーション運動の第二ステージ開始に位置づけたく思っている。

ヴァイトリング略年譜

一八〇八年一〇月五日　ゲラ生まれのクリスティアーネ・エルドムーテ・フリーデリケ・ヴァイトリンゲンとフランス人将校テリジョンの息子（婚姻外）としてマグデブルクに生まれる。
一八二二年　婦人服仕立の徒弟となる。
一八二六（二八？）年　遍歴職人として旅立つ。
一八三〇年　ライプツィヒにて最初の政治的詩文をものす。
一八三〇〜三二年（秋）　ライプツィヒのある婦人服仕立て作業場で働く。
一八三二年（末）　ドレスデンへ移る（〜三四年）。以後プラハ経由でウィーンへ。
一八三四年　ウィーンにて空想的恋愛小説をものす。
一八三五年四月　ウィーンを立つ。一〇月　パリ到着。
一八三五年　パリにてドイツ人の共和主義的結社「追放者同盟」に加入する。
一八三六年四月　再びウィーンへ。
一八三七年九月　ウィーンからまたもやパリへ来て、こんどはドイツ手工業職人中心の新結社「義人同盟」に加入する。
一八三八年末　義人同盟人民本部のメンバーとなり、第一作『人類、そのあるがままの姿とあるべき姿』を、同盟綱領として起草。
一八三九年五月　義人同盟、ブランキら四季協会のパリ蜂起に参加。ヴァイトリング自身はこの時点でパリを離れていた。
一八四一年四月　義人同盟再建を企図してスイス（ジュネーブ）へ移る。雑誌『ドイツ青年の救いを叫ぶ声』創刊。
一八四二年一月　『若き世代』創刊。これを媒介にして無神論的ドイツ人結社・青年ドイツ派と理論闘争を展開。その間に主著『調和と自由の保証』起草・刊行。
一八四三年六月　『貧しき罪人の福音』起草を口実に、チューリヒ州当局に逮捕され、秋にはスイスを追放となる。
一八四四年　スイスからプロイセンに護送されてのち（五月二一日）、ハンブルク経由でロンドンへ追放となる。途中、ハンブルクでハイネと会う。八月二三日ハンブルクを立ち、ロンドンへ。同地では、チャーティストや諸外国の亡命活動家の歓迎をうける（九月）。
一八四五年二月　義人同盟ロンドン支部のシャッパーらと（革命か啓蒙か）をめぐって論争する（翌四六年一月まで）。また友人の手でベルンにて『貧しき罪人の福音』を出版する（翌四六年第二版を自ら刊行）。
一八四六年三月　ロンドンからブリュッセルへ渡り、革命論をめぐってマルクスと論争する。五月にはマルクスと非和解的に決裂する。同年末、ブリュッセルを去り、クリーゲの招きに応じてニューヨークへ渡る。
一八四七年　『貧しき罪人の福音』英訳本を出版。アメリカ人フーリエ主義者や土地改革運動家と交際。種々の準備を経てニューヨークにて「解放同盟」設立。

一八四八年　年頭にニューオーリンズまでの宣伝の旅に出、ニューヨークへ戻る途中でドイツ革命勃発のニュースに接する。パリ経由でケルン、ベルリンへとすすむ。同市で一〇月に『第一次選挙人』を編集するが、一一月にはそこを追放され、ハンブルクへと向かう。

一八四九年一月　ハンブルクからアルトナへ移り、年末には再度ニューヨークへ渡る。

一八五〇年一月　ニューヨークにて月刊（のち週刊）誌『労働者共和国』編集（五五年四月まで）。

一八五一年　アイオワ州クレイトンで共同体的なコロニー「コムニア」（四七年創設）の建設に参加。

一八五二年五月　ヴァイトリングの努力により「労働者同盟」創設。

一八五三年三月　ニューヨークで大工のストライキが生じた際、局地的なストライキを批判。

一八五四年　『労働者教理問答』出版。同年キャロライン＝テートと結婚（五人の男児と一人の女児が生まれる）。

一八五五年　労働者同盟の崩壊とともに、政治運動の第一線を退く。また、心機一転して言語哲学や天文学理論、そして仕立職に関係する様々な発明に携わる。

一八五六年二月　パリに住む友人にあてて「我々のコロニーはますます終末に近づいている」と告白。

一八六二年　短期間、ニューヨークの移民局にて、移住業務の仕事に従事する。

一八六七年　アメリカの市民権を得る。

一八六八年　ニューヨークに「社会党」が結成された際、同党執行委員に選出されるが、これを辞退。

一八六九年　社会哲学、言語学、自然科学の草稿及び書簡の大半が焼失する。また仕立職に使う機械の改良を行ない特許をとるが、シンガーミシン社等に不当な価格で奪いとられる。「特許のことで私はずっと欺かれっぱなしだ」。（友人シリングあて）

一八七一年一月二二日　インターナショナル・ニューヨーク支部の親睦会に出席し、その三日後の二五日、ニューヨークで没する。妻子は文字通り赤貧のなかにとりのこされる。

あとがき

一九七〇年に発する私のヴァイトリング研究は、これまで四五年以上にわたるわが研究歴の端緒であり経過であり、深層である。本書は、ヴァイトリングに関連する拙著七点――『叛徒と革命』(一九七五年)、『三月前期の急進主義』(一九八三年)、『ヴァイトリングのファナティシズム』(一九八五年)、『社会思想の脱・構築』(一九九一年)、『アソシアシオンのヴァイトリング』(一九九八年)『近世ヨーロッパの民衆指導者〔増補改訂版〕』(二〇一一年)――、そして論文「欧米新聞紙上における紙名『Tribune』の意味」(二〇一四年)を括りつける総決算である。

一九六〇年代末、全国の大学は全共闘運動のピークを迎えていた。私が入学した立正大学(東京都品川区大崎)も激しい運動のさなかにあった。この動きは、一九七〇年代に入ると、大学内ではしだいに下火となった。理由の一つは、現場が学外に移り、学内闘争よりも街頭闘争が目立つようになったこと、いま一つは学内に拠点をもつノンセクト・ラディカルズが減少し学外党派の活動が目立つようになったことである。学内における闘争はしだいに内面的な方向に変化していくことになる。ノンセクト・ラディカルズだった私の場合は、ドイツ労働運動史の研究に向かった。注目した運動はヘッセンの農民闘争とその指導者ゲオルグ・ビュヒナー、ドイツ手工業職人の秘密結社とその指導者ヴィルヘルム・ヴァイトリングである。一九七〇年に結成した歴史科学研究会の活動として開始した。一九七一年の秋には相当分量の多い論稿になっていた。ちょうど卒業論文執筆の時期と重なっていたので、翌年一月、この研究を卒論に代用して指導教授の酒井三郎に提出することにした。論題は「プロレタリアの党形成史――ドイツ手工業職人の役割」だった。当時大学ノートに記した論文草稿は、今も我が家の書斎に眠っている。

ところで、酒井は、卒論口頭試問で私にこう話した。ドイツ語文献を使ってしっかりと研究している。できれば、大学院に進むよう。その時私はたまたま持ち合わせていた山谷越冬闘争支援のビラを酒井に手わたしながら、間接的にその薦めを断った。それでも酒井は、私の卒論に優を与えて研究の前途を祝福してくれたのである。酒井は、卒業にあたって私に杜甫の「國破山河在」を色紙にしたためてくれた。私はその後も研究を深め、一九七五年に『叛徒と革命——ブランキ・ヴァイトリンク・ノート』（イザラ書房）を刊行し、その翌年、立正大学大学院に進んだ。

大学院修士課程での研究テーマを、青年ヘーゲル派の哲学運動に定めた。学部ではヴァイトリングと義人同盟をテーマにしていた。これは全共闘運動と深く関連していた。実存と不可分に絡み合っていた。けれども、その全共闘は壊滅状態となってしまい、大学にはふたたび管理体制が確立してしまった。私は、なんのために大学院に進んだのか。新聞輸送という有楽町は朝日新聞社内の労働現場でからだを壊したからか。それは外的な理由にすぎない。やはり学問がしたいのだ。研究を続行したいからだ。

一九八二年、私は語学研修を兼ねて西ドイツで少しばかり文献を収集してきた。ボン、ケルン、トリーアほかの市立図書館、トリーアのカール・マルクス・ハウス付属の図書館などでコピーしまくったのである。その成果を博士課程修了の研究論文に盛り込むことにした。その結果できあがったものは自分なりに納得がいった。どうしても公刊したくなった。そこで、長崎出版の河野進社主に依頼し、『三月前期の急進主義——青年ヘーゲル派と義人同盟に関する社会思想史的研究』と題して、一九八三年に出版した。河野は、一九七八年だったか、私が法政大学の大学祭でブランキについて講演した時にフロアーで名刺を受け取って以来のつきあいだった。この年には、そのほか『年表・三月革命人』（秀文社）をも刊行している。

本格的な研究生活を開始していた一九八五年、『ヴァイトリングのファナティシズム』を長崎出版から刊行し、一九九一年には『社会思想の脱・構築——ヴァイトリング研究』を世界書院から刊行した。後者の書名はいただけない。梅田社主の考えなので甘受したが、もともとは「ヴァイトリング・イン・ニューヨーク」としておいたものである。さらに七年後の一九九八年、『アソシアシオンのヴァイトリング』を世界書院から刊行した。

その後、私の研究テーマはフェティシズム・歴史知・身体知へと大きく転回した。その成果は『石塚正英著作選【社会思想史の窓】』（全六巻、社会評論社、二〇一四～一五年）にまとまった。その仕事を片付けたいま、ようやく、わが研究歴の端緒であり経過であり深層であるヴァイトリングに関連する総決算をなすゆとりを得るに至ったのである。しかしながら、私の歩む学問の道は、なお遠い。最終的な集大成が待ち受けている。

私の研究歴を追跡すると、およそ二本の道筋（テーマ）が確認される。一つは行動における価値転倒・地位転倒であり、これはヴァイトリング研究に発し、カブラル研究に行き着く、いわば横倒しとなった世界史、あるいは多様化史観の探索である。いま一つは思索における価値転倒・地位転倒であり、これはフォイエルバッハ→シュトラウス→ド・ブロスへと向かう、神々と自然、神々と人間の地位が回転する世界の探究である。あるいは社会と国家の地位が転倒する世界の発見である。この二筋を、私は学界・読書会にもっと見えるように提起したいと思っている。

最後になったが、地味な内容の分厚い本書を刊行して下さる社会評論社の松田健二社主に深く感謝し、お礼を申しあげる。

二〇一六年八月

くびき野の大鋸町《おがまち》ますやにて

石塚正英

（4）ヴァイトリングのファナティシズム、長崎出版、1985
（5）社会思想の脱構築――ヴァイトリング研究、世界書院、1991
（6）アソシアシオンのヴァイトリング、世界書院、1998
（7）近世ヨーロッパの民衆指導者〔増補改訂版〕、社会評論社、2011

〔翻訳〕

（1）ネットラウ編、ロンドン労働者教育協会における連続討論から――1842.2.18 ～ 46.1.14、石塚正英『叛徒と革命』所収、1975.12.（日本図書館協会選定図書）
（2）ローレンツ・シュタイン、平等原理と社会主義――今日のフランスにおける社会主義と共産主義、法政大学出版局、石川三義、柴田隆行との共訳、1990.8.（第 26 回日本翻訳出版文化賞）
（3）ダーフィト・フリードリヒ・シュトラウス、イエスの生涯・緒論、世界書院、生方卓・柴田隆行・石川三義との共訳、1994.4.（日本図書館協会選定図書）
（4）A. E. ヅッカー、アメリカのドイツ人―― 1848 年の人々・人名辞典、北樹出版、石塚幸太郎との共訳、2004.1.

(19) ヴィルヘルム・ヴァイトリングにおけるキリスト教信仰の意味、宗教社会史研究Ⅱ、雄山閣、1985.11. 所収
(20) 問題提起：初期社会主義のこんにち的意義とは何か？　第11回社会思想史学会大会、インフォーマル・セッション（c）部会「初期社会主義思想の復権」への問題提起（於・国学院大学）、1986.10.10.
(21) ベルリン革命の目撃者――ヴァイトリング編集『第一次選挙人』誌（ベルリン、1848）を読む――、立正西洋史、第10号、1987.12.
(25) 大西洋を渡ったゲマインシャフトとアソツィアツィオーン――ヴァイトリング、社会思想史の窓刊行会編『アソシアシオンの想像力――初期社会主義思想への新視角――』平凡社、1989.4. 所収
(22) いま、ときはマルクス左派に微笑んでいる、社会思想史の窓、第87号、1991.8.
(23) 義人同盟とヘーゲル左派――ブルンチュリ報告書を手掛りに、石塚正英編『ヘーゲル左派――思想・運動・歴史』法政大学出版局、1992.4. 所収
(24) カリカチュア風俗史家フックスとその時代、高橋憲夫・石塚正英編『風刺図像のヨーロッパ史・フックス版』、柏書房、1994.7、解説
(25) アソシアシオンの二一世紀的射程――すべての道はヴァイトリングに通じる、情況、1995.2・3合併号
(26) ニューヨークとヴァイトリング、石塚正英ほか共編『都市と思想家』（全Ⅱ巻）第Ⅰ巻、法政大学出版局、1996.7. 所収
(27) アソシアシオンの想像力、MRレビュー（MR研究会編集）、第19号、2002.1
(28) 歴史におけるファナティシズムの役割――歴史知という研究視座の紹介を兼ねて、立正史学、第93号、2003.3
(29) 訳者はしがき：ヅッカー編・石塚正英・石塚幸太郎訳『アメリカのドイツ人』北樹出版、2004.1
(30) 市民社会からアソシエーションへ、村上俊介・石塚正英・篠原敏昭編『市民社会とアソシエーション』社会評論社、2004.2 所収
(31) 欧米新聞史上における紙名「Tribune」の意味、世界史研究論叢、第4号、2014.10

〔著作〕

(1) 叛徒と革命――ブランキ・ヴァイトリンク・ノート、イザラ書房、1975
(2) 三月前期の急進主義――青年ヘーゲル派と義人同盟に関する社会思想史的研究、長崎出版、1983
(3) 年表・三月革命人――急進派の思想と行動、秀文社（社会思想史の窓刊行会取扱）、1983

ヴィルヘルム・ヴァイトリングとその周辺関係　石塚正英著作目録

〔論文・解説〕

（1）バクーニンの「独裁理論」について、立正史学、第41号、1977.3.

（2）政治的急進主義とキリスト教── 19世紀前半期ヨーロッパにおける──、酒井三郎博士喜寿記念論文集『世界史研究論叢』（同記念事業会編集、令文社刊）所収、1977.10.

（3）唯物論的歴史観再考察、立正西洋史、第1号、1978.4.

（4）アーノルト・ルーゲのロマン主義批判── Vormärzにおける自由主義運動の一つの型──、立正史学、第44号、1978.9.

（5）アーノルト・ルーゲの自由主義批判、立正西洋史、第2号、1979.4.

（6）Lichtfreundeについて── 1840年代ドイツにおける合理主義信仰運動──、社会思想史研究、第3号、1979.11.

（7）Freie Gemeindeについて── 1848年革命前後のドイツにおける民主主義的自由信仰運動──、立正西洋史、第3号、1980.4.

（8）青年ドイツ派のサン・シモニズム受容とキリスト教批判、立正史学、第48号、1981.1.

（9）19世紀大衆叛乱とストライキの成立、インパクト、第11号、1981.4.

（10）スイスの青年ドイツ派──三月前期におけるドイツ統一への一つの努力、立正史学、第52号、1982.9.

（11）「三月前」期におけるドイツ革命の展望──ヘス・ヴァイトリング・マルクス──、立正西洋史、第5号、1982.12.

（12）研究発表：1830-40年代におけるバブーフ的独裁とブオナロッティ的なそれの再生──ヴァイトリング研究のために（要旨）、社会思想史通信（社会思想史研究会会報）、第1号、1983.3.

（13）W.ヴァイトリングの解放同盟── 1848年を中心に──、村瀬興雄先生古稀記念西洋史学研究論叢『政治と思想』同記念会編、立正大学西洋史研究室、1983.9.所収

（14）三月前期ユートピアンのマルクス批判、石塚正英ほか編『マルクス思想の学際的研究』長崎出版、1983.12.所収

（15）ヘルマン・クリーゲの根本思想── H・シュリューターの提供する本邦未紹介資料に即して──、インパクション、第29号、1984.5.

（16）『ヴィガント四季報』掲載の宣伝広告に「三月前」期をよみとる、社会思想史の窓（同刊行会）、第1号、1984.5.

（17）ヴィルヘルム・ヴァイトリングはSozialbanditの末裔か──ホブズボームとキューターとを手がかりとして──、立正西洋史、第7号、1984.11.

（18）三月革命人と19世紀アメリカ社会、立正史学、第57号、1985.3.

『史学』（慶応大）第47-3号，1976.
－，「ハノーファー王国の憲法紛争」（一）・（二），『史学』（慶応大）第49-4号，第50巻記念号，1980.
内山 節，「初期社会主義の労働者観」，『現代の眼』（現代評論社），1979, 10月号.
Valentin, V., Die erste deutsche Nationalversammlung. Eine geschichtliche Studie über die Frankfurter Paulskirche, München･Berlin 1919.
－，Geschichte der deutschen Revolution 1848-1849, 2Bde. Berlin 1930 (Neudruck Köln･Berlin 1977)
Vuilleumier, M., Frankreich und die Tätigkeit Weitlings und seiner Schüler in der Schweiz (1841-1845), in: Archiv für Sozialgeschichte, V. Band 1965.
Wehler, H. U., Sozialdemokratie und Nationalstaat. Nationalitätenfragen in Deutschland 1840-1914, Göttingen 1971.
Wende, P., Radikalismus im Vormärz, Untersuchungen zur Politischen Theorie der frühen deutschen Demokratie, Wiesbaden 1975.
谷口健治，「三月前期のモーゼス・ヘス」，『史林』（京都大）第57-1, 1974.
－，「ヘスとマルクス」，『史林』（京都大）第59-1, 1976.
山本 啓，「ヘーゲル左派と若きマルクス」，『国家論研究』（論創社）第8号，1976.
－，「ヘーゲルの国家観とアーノルト・ルーゲ」，『情況』（情況出版）1976. 11月号.
－，「三月前期のヘーゲル，ルーゲの国家観」，『現代思想』（青土社）1978, 12月号.
山中隆次，『初期マルクスの思想形成』新評論，1972.
〔付記〕本書のテーマに限らず，19世紀前半期ドイツの社会思想史に関する邦語雑誌文献については、拙著『年表・三月革命人－急進派と思想の行動－』の付録を参照されたい。

Schlüter H., Die Anfänge der deutschen Arbeiterbewegung in Amerika, Stuttgart 1907.

Schnabel, F., Deutsche Geschichte im Neunzehnten Jahrhundert, 4er Band, Freiburg 1951.

Schraepler, E., Handwerkerbünde und Arbeitervereine 1830-1853. Die politische Tätigkeit deutscher Sozialisten von Wilhelm Weitling bis Karl Marx, Berlin/New York, 1972.

Schuffenhauer, Feuerbach und der junge Marx. Zur Entstehungsgeschichte der marxistischen Weltanschauung, Berlin 1965. 桑山政道訳『フォイエルバッハと若きマルクス』福村出版，1973.

Seidel-Höppner, W., Wilhelm Weitling, der erste deutsche Theoretiker und Agitator des Kommunismus, Berlin 1961.

Sheehan, J.J., German Liberalism in the Nineteenth Century, Chicago/ London, 1978.

島崎晴哉，『ドイツ労働運動史－根源と連続性の研究』青木書店，1963.

城塚 登，『若きマルクスの思想』勁草書房，1970.

十河佑貞，『フランス革命思想の研究－バーク・ゲンツ・ゲルレスをめぐって』東海大学出版会，1976.

Soltau, R.H., French Political Thought in 19th Century, New York 1959.

Stadelmann, R., Soziale und politische Geschichte der Revolution von 1848, München 1948 (Neudruck 1973) 大内宏一訳『1848年ドイツ革命史』創文社，1978

Stuke, H., Philosophie der Tat. Studien zur "Verwirklichung der Philosophie" bei den Junghegelianern und den Wahren Sozialisten, Stuttgart 1963.

高橋正文，「ワイトリングの生涯と『調和と自由の保証』－ワイトリングの社会思想（上）－」，『経済論叢』（京都大）第85-6号，1960.

－，「プロレタリア階級意識の端緒的成立－ワイトリングの社会思想（下）－」，『経済論叢』（京都大）第86-1号，1961.

田中治男，「A・ルーゲとその時代－1840年代における政治的急進主義の形成－」（一）～（三），『思想』第599,601,605号，1974

寺田光雄，「フォイエルバッハの変革表象－急進的共和主義者らとの関係をとおして－」，『紀要』（埼玉大・教養）第24号（社会），1976.

手塚 真，「ドイツ三月革命期における『自由派』と『民主派』－近代社会論の二類型について－」，『立教経済学論叢』第13号，1978.

東畑隆介，「シュテファン・ボルンとドイツ労働運動」，『史学』（慶応大）第32-4号，1960.

－，「フリードリヒ・クリストフ・ダールマンの政治思想－三月前期の自由主義－」，野地洋行,「モーゼス・ヘスにおけるフランス社会主義－『社会主義と共産主義』をめぐって－」,『三田学会雑誌』第 55-8 号, 1962.
大庭 健,「ヘーゲル宗教哲学のバウアー的転覆」,『現代思想』(青土社), 1978, 12 月号.
Obermann, K., Deutschland von 1815 bis 1849. Von der Gründung des Deutschen Bundes bis zur bürgerlich-demokratische Revolution, 4. Auflage, Berlin 1976.
－, Zur politischen Haltung der gemäßigten Liberalen am Vorabend und in der deutschen Märzrevolution 1848, in: Zeitschrift für Geschichte, 1979 H3.
大井 正,『マルクスとヘーゲル学派』福村出版, 1975.
－,「シュトラウスとバウアー」,『現代思想』(青土社), 1975, 11 月号.
－,「D.F. シュトラウスのなかのヘーゲル」,『情況』(情況出版) 1976, 11 月号.
大沢正道,「マックス・シュティルナーの弁護」,『情況』(情況出版) 1976, 11 月号.
大月 誠,「1844 年のシュレージェンの織工一揆」,『社会科学研究年報』(龍谷大) 第 2 号, 1972.
Pepperle, I., Junghegelianische Geschichtsphilosophie und Kunsttheorie, Berlin 1978.
Raab, H., Joseph Görres. Ein Leben für Freiheit und Recht, München·Paderborn·Wien·Zürich 1978.
良知 力,『ドイツ社会思想史研究』未来社, 1966.
－,『初期マルクス試論』未来社, 1971.
－,『マルクスと批判者群像』平凡社, 1971.
－,「ヴァイトリング研究, その基本文献」, 季刊『社会思想』(社会思想社) 第 1-4 号, 1971.
－,『向う岸からの世界史, 一つの四八年革命史論』未来社, 1978.
－ (編),『〔共同研究〕1848 年革命』大月書店, 1979.
－,「革命とマスコミ－ 1848 年のウィーンをめぐって－」,『本と批評』第 75 号, 1981.
－,「1848 年革命における地域と民衆」,『歴史学研究』別冊特集, 1981.
Rosenberg, H., Theologischer Rationalismus und vormärzlicher Vulgärliberalismus, in: Historische Zeitschfirt, Bd. 141. 1930.
－, Politische Denkströmungen in deutschen Vormärz, Göttingen 1972.
坂本慶一,「フランスにおける革命思想の展開」,『構造』1970, 5 月号
－,『マルクス主義とユートピア』紀伊國屋新書, 1970.
佐藤 誠,「『3 月前』期ドイツにおけるフォイエルバッハとマルクス」,『経済研究』(九州大) 第 25 号, 1970.
Schieder, W., Anfänge der deutschen Arbeiterbewegung, Stuttgart 1963.

Frankfurt a.M. 1969.
McLellan, D., The Young Hegelians and Karl Marx, London 1969. 宮本十蔵訳『マルクス思想の形成－マルクスと青年ヘーゲル派』ミネルヴァ書房 1971.
－，Marx before Marxism, London 1970. 西牟田久雄訳『マルクス主義以前のマルクス』勁草書房，1972.
Mehring, F., Geschichte der deutschen Sozialdemokratie, Berlin 1960. 足利末男・平井俊彦・林功三・野村修訳『ドイツ社会民主主義史』全２冊，ミネルヴァ書房，1968.
－，Eine biographische Einleitung, in: W. Weitling, Garantien der Harmonie und Freiheit, hg. v. F. Mehring, Berlin 1908.
－，Karl Marx. Geschichte seines Lebens, Berlin 1960. 栗原佑訳『マルクス伝』全３冊，大月文庫，1974.
Meyer, H., Karl Marx und die Deutsche Revolution von 1848, in: Historische Zeitschrift Bd. 172, 1951.
Mommsen, W., Julius Fröbel. Wirrnis und Weitsicht, in: Historische Zeitschrift, Bd. 181, 1956.
Moog, W., Hegel und die Hegelsche Schule, München 1930.
森川喜美雄，『プルードンとマルクス』未来社，1979.
森田 勉，『初期社会主義思想の形成』新評論，1972.
－，『革命思想の源流－ビュヒナーの思想と運動』新評論，1976.
－，「ヴィルヘルム・ヴァイトリングの民族・祖国・愛国心論」，『紀要』（三重大・教育）第 34 号，1983.
－，「ドイツ初期社会主義と民族の問題」，『政治学と現代世界』横越英一教授退官記念（御茶の水書房）所収，1983.
諸田 実，「初期リストの支持基盤－『ドイツ商人・工場主協会』の支持者－」，『社会経済史学』第 45-2 号，1979.
Müller, K.A. v., Der Junge Görres, in: Archiv für Kulturgeschichte, Bd. 10, 1912 (Nachdruck, 1965)
村上俊介，「ブルーノ・バウアーにおける自己意識の哲学」，『経済と法』（専修大・院）第 8 号，1977.
－，「ブルーノ・バウアーの「大衆論」と『聖家族』」，『経済と法』（専修大・院）第 14 号，1981.
村岡 哲，「シュタイン改革思想の性格」，『西洋史研究』（東北帝大）第 14 号，1939.
Nettlau, M., Mikhail Bakunin: A Biographical Sketch, in; The Political Philosophy of Bakunin. Scientific Anarchism, compiled ad edited by G.P. Maximoff, London 1953.

Kreutzer L., Heine und der Kommunismus, Göttingen 1970.
久保久次, 「1848 年の革命運動におけるベルリンのブルジョアジーと労働者階級」, 『学報』(名古屋工大) 第 28 号, 1976.
工藤 豊, 「ヘーゲル『法哲学』における『立憲君主制』設定の問題点」, 『経済学研究科紀要』(関東学院大) 第 4 号, 1977.
－, 「ヘーゲルの歴史観－歴史の哲学的考察－」, 『経済系』(関東学院大) 第 118 集, 1978.
Kuhnigk, A.M., Karl Schapper, Ein Vater europäischer Arbeiterbewegung, Camberg 1980.
Lademacher, H., Moses Hess in Seiner Zeit, Bonn 1977.
Laski, H., Communist Manifesto; Socialist Landmark, London 1948. 山村喬訳『共産党宣言小史』法政大学出版局, 1967.
Laufner R., König K-L., Bruno Bauer, Karl Marx und Trier, Schriften aus dem Karl-Marx-Haus, Heft 20, Trier 1978.
Löwith, K., Von Hegel zu Nietzsche, Stuttgart 1950. 柴田治三郎訳『ヘーゲルからニーチェへ』全 2 冊, 岩波書店, 1952.
レーヴィット, K. (柴田治三郎訳), 『ヘーゲル・マルクス・キェルケゴール』未来社, 1975.
Lukács, G., Moses Hess und die Probleme der idealistischen Dialektik, in: Archiv für d. Geschichte d. Sozialismus u. d. Arbeiterbewegung, 12. Jg., 1926. 良知力・森宏啓二訳『モーゼル・ヘスと観念論弁証法の諸問題』未来社, 1972.
－, Zur Philosophischen Entwicklung des Jungen Marx (1840-1844), in: Deutsche Zeitscrift für Philosophie, 2 Jg. H2, Berlin 1954. 平井俊彦訳『若きマルクス』ミネルヴァ書房, 1958.
前田光夫, 「ユリュス・フレーベル『王制と国民主権』」, 『水戸論叢』(水戸短大) 第 7-9 合併号, 1972.
政本達佳, 「三月革命と労働運動－ゴットシャルクを中心として－」, 『史海』(東京学芸大) 第 9 号, 1963.
増谷英樹, 「西南ドイツ憲法闘争と自由主義」, 『歴史学研究』第 367 号, 1970.
－, 「『三月革命』期における労働者運動の一側面－ベルリン『労働者中央委員会』の成立をめぐって－」, 『思想』第 645 号, 1978.
Mayer, G., Die Anfänge des politischen Radikalismus im vormärzlichen Preußen, in: Zeitschrift für Politik, Bd. 6, 1913.
－, Die Junghegelianer und der preußische Staat, in: Historische Zeitschrift, Bd. 121, 1920.
－, Radikalismus, Sozialismus und bürgerliche Demokratie, hg. v. H.U. Wehler,

Hook, S., From Hegel to Marx, Studies in the Intellectual Development of Karl Marx, New York 1958.
星野 智,「19世紀のヨーロッパ＝ロシア像－ヘーゲル左派の「行為の哲学」の歴史観」,『法学新報』(中央大) 87-5, 1980.
Hundt, M., Wie das 'Manifest' entstand, Berlin 1973.
Hürten, H., Restauration und Revolution im 19. Jahrhundert, Stuttgart 1981.
井上正蔵,「ハイネとマルクス－『貧しき織工』をめぐって－」,『人文学報』(都立大) 第55号, 1966.
石川三義,「青年ヘーゲル派ブルーノ・バウアーの哲学について」,『紀要』(明治大・院) 第15集, 1977.
－,「青年ヘーゲル派の政治批判とエドガー・バウアー」,『紀要』(明治大・院) 第16集, 1978.
－,「ヘーゲルとブルーノ・バウアーの思弁哲学」,『紀要』(明治大・院) 第17集, 1979.
伊藤満智子、「ブランキ研究の視角について」,『現代史研究』(現代史研究会) 第24号, 1970.
－,「オーギュスト・ブランキと七月王政期の共和派運動」,『歴史学研究』第363号, 1970.
伊東 勉,「ハイネとマルクス」(上)・(下),『歴史評論』第80,81号, 1956.
－,「ゲオルク・ビューフナー－ドイツにおける革命的民主主義－」,『歴史評論』第87号, 1957.
Johann E., Georg Büchner, Hamburg 1958.
Kaler, E., Wilhelm Weitling. Seine Agitation und Lehre, Göttingen-Zürich 1887.
片桐稔晴,「シュティルナーとヘス」,『現代思想』(青土社), 1974, 4月号
神田順司,「行為の哲学とドイツ初期社会主義」,『史学』(慶応大) 第50巻記念号, 1980.
Keller, H.G., Die politischen Verlagsanstalten und Druckereien in der Schweiz 1840-1848, Bern und Leipzig 1935.
Kenafick K.J., Life of Bakunin, London 1950.
喜安 朗,「労働者の生活圏と労働運動－七月王政期パリのストライキ運動を中心に－」,『思想』第645号, 1978.
古賀秀男,「チャーティスト運動の歴史的性格と意義について－労働組合との関連において－」,『西洋史学』(日本西洋史学会) 第42号, 1959.
－,「チャーティストとマルクス・エンゲルス」,『思想』第620号, 1976.
国分 幸,「チェシコフスキの行為の哲学」,『現代思想』(青土社), 1978, 12月号.
Kowalski, W., Vorgeschichte und Entstehung des Bundes der Gerechten, Berlin 1962.

島大）第 88 号，1963.
Conze, W.（hg），Staat und Gesellschaft im deutschen Vormärz 1815-1848, 3. Auflage 1978.
Elkar, R.S., Junges Deutschland in polemischen Zeitalter, Düsseldorf 1979.
Förder, H., Marx und Engels am Vorabend der Revolition. Die Ausarbeitung der politischen Richtlinien für die deutschen Kommunisten（1846-1848）, Berlin 1960.
Frei, B., Im Schatten von Karl Marx. Moses Heß-Hundert Jahre nach seinem Tod, Wien/Köln/Graz 1977.
藤井哲郎,「ヘーゲル左派の国政批判とジャーナリスト時代のマルクス」(1), (2),『六甲台論集』（神戸大）第 24-4 号，第 25-1 号，1978.
藤田幸一郎,「西南ドイツ『市民社会』と『プロレタリアート』」,『人文学報』（都立大）第 127 号，1978.
船山信一，「フォイエルバッハにおけるヘーゲルと反ヘーゲル」，『情況』（情況出版）1976, 11 月号.
ジェフロワ，G., 野沢協・加藤節子訳『幽閉者・ブランキ伝』，現代思潮社，1973.
後藤修三,「プルードンのウィーン体制観」(上)・(下),『三田学会雑誌』第 60-1 号，第 60-4, 1967.
畑 孝一，「モーゼス・ヘスの社会主義」，『一橋研究』第 5 号，1959.
平井新，「若きマルクスとサン・シモニスム－マルクシズムとフランス社会主義との関係に関する研究の一節－」，『三田学会雑誌』第 55-3 号，1962.
－，「形成期のマルクスとその周辺－その一，『プロレタリヤ観』－」，『三田学会雑誌』第 59-8 号，1966.
廣松 渉,「マルクス主義革命論の原像－ 1848 年の武装闘争と永続革命論－」、『情況』（情況出版）1970, 4 月号.
－，『青年マルクス論』平凡社，1971.
－，「プロレタリア独裁の歴史的基礎－マルクスとブランキ－」，『情況』（情況出版）1976, 9 月号.
－，／井上五郎（補注），『マルクスの思想圏－本邦未紹介資料を中心に』，朝日出版社，1980.
廣実源太郎，「独逸自由主義の性格」，『西洋史学』（日本西洋史学会）第 6 号，1950.
Hirth F., H. Heine und seine Französischen Freunde, Mainz 1949.
Holzapfel, K., Revolution und Ausgleich. Zu einigen Aspekten der Julirevolution von 1830 in Frankreich, in: Zeitschrift für Geschichte, 1979 H2.
－，Bourgeoisie und Volksbewegung im Juli 1830 in Frankreich, in: Zeitschrift für Geschichte, 1979 H10.

1908)
—, Das Evangelium eines armen Sünders, Bern 1845. (Nachdruck, Berlin 1895)
Wermuth, K.G.L./Stieber, W., Die Communisten-Verschwörungen des 19. Jahrhunderts., Berlin 1853-1854. (Nachdruck, Hildesheim 1969)
Wienbarg, L., Menzel und die junge Literatur. Programm zur deutschen Revue, Mannheim 1835.

Ⅱ 研究書・論文・伝記

Barnikol, E., Weitling der Gefangene und seine „Gerechtigkeit". Eine kritische Untersuchung über Werk und Wesen des frühsozialisten Messias, Kiel 1929.
Beer, M., Allgemeine Geschichte des Sozialismus und der Sozialen Kämpfe, Berlin 1932.
Behler, E., Friedrich Schlegel, Hamburg 1974.
別府芳雄,「青年ヘーゲル学派とマルクス」Ⅰ～Ⅴ,『研究論集』(千葉敬愛短大) 第9･10･12･14･16号, 1976-177.
Bergsträsser, L. Der Weg zur Burschenschaft, Archiv für Kulturgeschichte, Bd. 26, 1936 (Nachdruck, 1965)
Bigler, R.M., The Politics of German Protestantism. The Rise of the Protestant Church Elite in Prussia, 1815-1848, London 1972.
Brazill, W.J., The Young Hegelians, New Haven 1970.
Brederlow, J., „Lichtfreunde" und „Freie Gemeinden". Religiöser Protest und Freiheitsbewegung im Vormärz und in der Revolution von 1848/49, München/Wien 1976.
Brugger, O., Geschichte der deutschen Handwerkervereine in der Schweiz 1836-1843. Die Wirksamkeit Weitlings (1841-1843), Berlin u. Leipzig 1932.
Büsch, O., Herzfeld, H. (hg.), Die frühsozialistischen Bünde in der Geschichte der deutschen Arbeiterbewegung. Vom „Bund der Gerechten" zum "Bund der Kommunisten" 1836-1847. Ein Tagungsbericht, Berlin 1975.
Butler, E.M., The Saint-Simonism Religion in Germany. A Study of Young German Movement, Cambridge 1926, (Neudrck, New York 1968)
Carr, E.H., Michael Bakunin, London 1937. 大沢正道訳『バクーニン』全2冊, 現代思潮社, 1970.
千代田寛,「ダールマンとゲルヴィヌス－フォアメルツの自由主義的歴史思想の一考察」,『史学研究』(広島大) 第77-79合併号, 1960.
—,「三月前期におけるドイツのブルジョア政治思想の一考察」,『史学研究』(広

Arbeiterbewegung, Bd. 2.『全集』第 5 巻, 1960, 所収.
– / –, Ansprach der Zentralbehörde an den Bund vom März 1850, in: K. Marx/F. Engels, Über Deutschland und die deutsche Arbeiterbewegung, Bd. 2.『全集』第 7 巻, 1961, 所収.
– / –, Briefwechsel bis April 1846 (Gesamtausgabe, 3. Abt. Bd. 1), Berlin 1975.『全集』第 27 巻, 1971, 所収.
– / –, Briefwechsel Mai 1846 bis Dezember 1848 (Gesamtausgabe, 3 Abt. Bd. 2), Berlin 1979.『全集』第 27 巻, 1971, 所収.
Ruge, A., Sendschreiben an J. Görres von Heinrich Leo, in: Hallische Jahrbücher, 1838. 6.
–, „Die evangelische Landeskirche Preußens und die Wissenschaft", in: Hallische Jahrbücher, 1840. 9.
–, Politik und Philosophie, in: Hallische Jahrbücher, 1840.12. ‚Vorwort' in: Hallische Jahrbücher, 1841. 1.
–, Die wahre Romantik und der falsche Protestantismus, ein Gegenmanifest, in: Deutsche Jahrbücher, 1842.7.
–, Vorwort. Eine Selbstkritik des Liberalismus, in: Deutsche Jahrbücher, 1843.1.
–, Die Presse und die Freiheit, in: Anekdota., Bd. 1. Zürich und Winterthur 1843.
–, Zwei Jahre in Paris. Studien und Erinnerungen, 2 Bde., Leipzig 1846.
Schapper, K., Proletarier, in: Kommunistische Zeitschrift, 1847. 9 (Neudruck, in: Der Bund der Kommunisten. Dokumente und Materialien. Bd. 1 1836-1849)
Stein, L. v., Sozialismus und Kommunismus des heutigen Frankreichs, Leipzig 1842.
–, Blicke auf den Sozialismus und Communismus in Deutschland und ihre Zukunft, in: Deutsche Vierteljahrs Schrift 1844, 2. Heft, (Nachdruck, Darmstadt 1974)
–, Principien des Arbeitslohnes in ihrem Verhältnisse zum Sozialismus und Communismus, in: Zeitschrift für die gesammte Staatswissenschaft, Bd. 3, Jg. 1846, 2 Heft. (Nachdruck, Darmstadt 1974)
Strauß, D.F., Das Leben Jesu kritisch bearbeitet, 2 Bde., Tübingen 1835-1836.
Weitling, W., Die Menschheit, wie sie ist und wie sie sein sollte. Paris 1838 (Nahdruck, München 1895)
–, Die Regierungsform unsers Prinzips, in: Junge Generation, 1842. 6. (Nachdruck, Leipzig 1972)
–, Garantien der Harmonie und Freiheit, Vevey 1842. (Nachdruck, Berlin

−，Gegenwärtige Krise der deutschen Philosophie, in: Athenäum, 1840. 10.（Neudruck,in:Moses Heß Sozialistische Aufsätze 1841-1847, hg. v. Th. Zlocisti, Berlin 1921）
−，Die Europäische Triarchie, Leipzig 1841. 神田順司・平子友長訳「ヨーロッパの三頭制」，良知力・廣松渉編（石塚正英編集代行）『ヘーゲル左派論叢』第２巻「行為の哲学」御茶の水書房，2006．所収
−，Deutschland und Frankreich in bezug auf die Zentralisationsfrage, in: Rheinische Zeitung 1842. 5.（Neudruck, in: Moses Heß Sozialistische Aufsätze 1841-1847）
−，Philosophie der Tat, in: 21 Bogen aus der Schweiz.
−，Sozialismus und Kommunismus, in: 21 Bogen aus der Shiweiz.
−，Die eine und ganze Freiheit, in: 21 Bogen aus der Schweiz.
−，Über die sozialistische Bewegung in Deutschland, in: Neue Anekdota, 1845（Neudruck, in: Moses Heß Sozialistsche Aifsätze 1841-1847）
−，Über das Geldwesen, in: Rheinische Jahrbücher zur gesellschaftlichen Reform, 1845.
−，Die Folgen der Revolution des Proletariats, in: Deutsche Brüsseler Zeitung, 1847,（Neudruck, in: Moses Heß Sozialistische Aufsätze 1841-1847）
ヘス（山中隆次・畑孝一訳），『初期社会主義論集』，未来社，1970.
Kapp, F., Vom radikalen Frühsozialisten des Vormärz zum liberalen Parteipolitiker des Bismarckreichs, Briefe 1843-1884, hg. v. H.U. Wehler, Frankfurt a.M. 1969.
Marr, W., Das junge Deutschland in der Schweiz, Ein Beitrag zur Geschichte der geheimen Verbindungen unserer Tage, Leipzig 1846.（Nachdruck, Glashütten im Taunus 1976）
Marx, K. Zur Judenfrage, in: Deutsch-Französische Jahrbücher, Paris 1844.『マルクス・エンゲルス全集』第１巻，所収.
−，zur Kritik der Hegelschen Rechtsphilosophie, Einleitung, in: Deutsch-Französische Jahrbücher, Paris 1844.『全集』第１巻，所収.
− /Engels, F., Die Deutsche Ideologie. Kritik der neuesten deutschen Philosophie in ihren Repräsentanten Feuerbach, B. Bauer und Stirner, und des deutschen Sozialismus in seinen veschiedenen Propheten, 1845-1846,（Neudruck, Berlin 1960）『全集』第３巻，1963，所収.
− / −，Manifest der kommunistischen Partei, London 1848,（Neudruck, Berlin 1969）『全集』第４巻，1960，所収.
− / −，Programme der radikal-demokratischen Partei und der Linken zu Frankfurt, in: K. Marx/F. Engels, über Deutschland und die deutsche

－，Deutsche Zustände, Ⅲ，in: K. Marx/F. Engels, über Deutschland und die deutsche Arbeiterbewegung, Bd. 2, Berlin 1970.『全集』第2巻，1960 所収.

－，Der Status quo in Deutschland, in: K. Marx/F. Engels, über Deutschland und die deutsche Arbeiterbewegung, Bd. 2.『全集』第4巻，1960. 所収.

－，Grundsätze des Kommunismus, in: Der Bund der Kommunisten. Dokumente und Materialien, Bd. 1, 1836-1849.『全集』第4巻. 所収.

－，Zur Geschichte des Bundes der Kommunisten, in: K. Marx/F. Engels, über Deutschland und die deutsche Arbeiterbewegung, Bd. 2.『全集』第2巻. 所収.

Feuerbach, L., Kritik der, ,positiven‘ Philosophie, in: Hallische Jahrbücher., 1838. 12.

－，Zur Kritik der Hegelschen Philosophie, in: Hallische Jahrbücher., 1839. 8-9.

－，Das Wesen des Christentums, Leipzig 1841.（Neudruck, Stuttgart 1974）船山信一訳『キリスト教の本質』全２冊，岩波文庫，1965.

－，Vorläufige Thesen zur Reform der Philosophie, in: Anekdota, Zürich und Winterthur 1843. 松村一人・和田楽訳『将来の哲学の根本命題』岩波文庫，1967，所収.

－，Grundsätze der Philosophie der Zukunft, Zürich und Winterthur 1843.（Neudruck, L. Feuerbach Werke in Sechs Bänden, Bd. 3, Frankfurt a. M. 1975）松村一人・和田楽訳『将来の哲学の根本命題』岩波文庫，1967.

Gutzkow, K., Verteidigung gegen Menzel und Berichtigung einiger Urtheile im Publikum, Mannheim 1835.

Hegel, G. W. F., Vorlesungen über die Philosophie der Geschichte, Stuttgart 1966. 武市健人訳『歴史哲学』全３冊，岩波文庫，1971.

－，Grundlinien der Philosophie des Rechts, Hamburg 1967. 岩崎武雄編『世界の名著 35, ヘーゲル』中央公論社，1967 所収.

Heine, H.（ausgewählt u. eingeleitet v. W. Vontin），H. Heines Werke in einem Band, Hamburg 1956.

－，Zur Geschichte der Religion und Philosophie in Deutschland, hg. v. W. Hanisch, Frankfurt a. M. 1965. 伊東勉訳『ドイツ古典哲学の本質』, 岩波文庫，1951.

Heine H., Die romantische Schule, Stuttgart 1976.

－，Atta Troll. Ein Sommernachtsraum, Stuttgart 1977.

Heß，M., Die heilige Geschichte der Menschheit. Von einem, Jünger Spinozas, Stuttgart 1837,（Nachdruck, Hildesheim 1980）針谷寛・前田庸介訳「人類の聖史―スピノーザの弟子による―」, 良知力・廣松渉編（石塚正英編集代行）『ヘーゲル左派論叢』第２巻「行為の哲学」御茶の水書房，2006. 所収

eines Franzosen, in: Deutsche Jahrbücher für Wissenschaft und Kunst, 1842. 10.

－，Beichte aus der Peter-Pauls-Festung an Zar Nikolaus I, Frankfurt a. M. 1973. Исповедь:Собрание сочиненй и писем 1828-1876, том 4,Москва 1935,（Nachdruck Düsseldorf 1970）

Bauer, B., Herr Dr. Hengstenberg. Kritische Briefe über den Gegensatz des Gesetzes und des Evangelium, Berlin 1839.

－，Die evangelische Landeskirche Preußens und die Wissenschaft, Leipzig 1840,（Nachdruck, Aalen 1972）

－，Die Juden-Frage, in: Deutsche Jahrbücher für Wissenschaft und Kunst, 1842 11.

－，Die Fähigkeit der heutigen Juden und Christen, frei zu werden, in: 21 Bogen aus der Schweiz, Zürich u. Winterthur 1843.

－，Die Bürgerliche Revolution in Deutschland seit dem Anfang der deutsch-katholischen Bewegung bis zur Gegenwart, Berlin 1849（Nachdruck, Aalen 1969）

Bauer, E., Der Streit der Kritik mit Kirche und Staat, Bern 1844（Nachdruck, Vaduz/Liechtenstein 1978）

Blanqui, L.A.（hg. v. A. Münster），Schriften zur Revolution. Nationalökonomie und Sozialkritik, Hamburg 1971.

ブランキ，加藤晴康訳，『革命論集』全２冊，現代思潮社，1968.

Bluntschli, J.C., Die Kommunisten in der Schweiz, nach den bei Weitling vorgefundenen Papieren, Zürich 1843.

Büchner, G., Werke und Briefe, Frankfurt a. M. 1968. 手塚富雄・千田是也・岩淵達治監修『ゲオルク・ビューヒナー全集』全１巻，河出書房新社，1970.

Büchner, G./Weidig, L.（Kommentiert v. H. M. Enzensberger），Die Hessische Landbote, Frankfurt a. M. 1974. 森光昭訳『革命の通信－ヘッセンの急使－』イザラ書房，1971.

Buonarroti, Phi., Babeuf und die Verschwörung für die Gleichheit mit dem durch sie veranlaßten Prozeß und den Belegstücken, Stuttgart 1909（Nachdruck, Berlin 1975）

Cieszkowski, A.v., Prolegomena zur Historiosophie, Berlin 1838. 柴田隆行訳「歴史知序論」良知力・廣松渉編（石塚正英編集代行）『ヘーゲル左派論叢』第２巻「行為の哲学」，御茶の水書房，2006，所収

Engels, F., Umrisse zu einer Kritik der National-ökonomie, in: Deutsch-Französische Jahrbücher, Paris 1844.『マルクス・エンゲルス全集』第１巻，大月書店，1959 所収.

und zur Beleuchtung der gesellschaftlichen Zustände der Gegenwart, hg. v. M. Heß, 2 Bde., Elberfeld 1845-1846, (Nachdruck, Amsterdam 1971)

Deutsches Bürgerbuch für 1845, hg. v. H. Püttmann, Darmstadt, für 1846, Mannheim, (Nachdruck, Vaduz/Liechtenstein 1975)

Das Westphälische Dampfboot. Eine Monatsschrift, hg. v. O. Lüning, Bielefeld 1845-1846, (Nachdruck, Berlin 1972)

Der Urwähler, Organ des Befreiungsbundes. hg. v. W. Weitling, Berlin 1848. 10-11, (Nachdruck, Glashütten im Taunus 1972)

Die Hegelsche Linke, hg. v. K. Löwith, Stuttgart 1962.

Die Junghegelianer. Ausgewählte Texte, zusammengestellt und eingeleitet von H. Steussloff, Berlin 1963.

Die frühen Sozialisten, 2 Bde., hg. v. F. Kool u. W. Krause, München 1967.

Gründungsdokumente des Bundes der Kommunisten, hg. v. B. Andréas, Hamburg 1969.

Flugblätter der Revolution. Eine Flugblattsammlung zur Geschichte der Revolution von 1848/49 in Deutschland, hg. v. K. Obermann, Berlin 1970.

Die Frühsozialisten 1789-1848 Ⅰ・Ⅱ, hg.v. M. Vester, Hamburg 1970-71.

Der Bund der Kommunisten. Dokumente und Materialien, Bd. 1. 1836-1849, hg. v. H. Förder, M. Hundt, J. Kandel, S. Lewiowa, Berlin 1970.

Das Junge Deutschland. Texte und Dokumente, hg. v. J. Hermand, Shuttgart 1972.

Der deutsche Vormärz, Texte und Dokumente, hg. v. J. Hermand, Shuttgart 1974.

資料ドイツ初期社会主義－義人同盟とヘーゲル左派－，良知力編，平凡社，1975.

Von Babeuf bis Blanqui, 2 Bde., hg. v. J. Höppner, W. Seidel-Höppner, Stuttgart 1975.

Frühsozialismus. Theorien der sozialen Bewegung 1789-1848, hg. v. A. Meyer, Freiburg/München 1977.

Vom kleinbürgerlichen Demokratismus zum Kommunismus, hg. v. W. Kowalski, Vaduz/Liechtenstein 1978.

Die Allgemeine Deutsche Arbeiterverbrüderung 1848-1850. Dokumente des Zentralkomitees für die deutschen Arbeiter in Leipzig, hg. v. H. Schlechte, Weimar 1979.

2. 著作

Bakunin, M. (Jules Elysard), Die Reaction in Deutschland. Ein Fragment von

参考文献

以下の一覧は、本書で引用したか、もしくは参考にしたものを中心にしてある。数種の版を参考にした文献は、その一つをあげるにとどめてある。

I　史料

1．雑誌・新聞・論文集

Der Geächtete Zeitschrift in Verbindung mit mehreren deutschen Volksfreunden, hg. v.J. Venedey, Paris 1834-1835, (Nachdruck, Leipzig 1972)

Das Nordlicht. Ein Volksblatt in zwanglosen Heften, Zürich 1835, (Nachdruck, Glashütten im Taunus 1975)

Hallische Jahrbücher für Deutsche Wissenschaft und Kunst, hg. v. A. Ruge u. T. Echtermeyer, Leipzig 1838-1841, (Nachdruck, Vaduz/Liechtenstein, 1972)

Statuten des "Communistischen Arbeiter-Bildungs-Vereins" London 1840-1914, Schriften aus dem Karl-Marx-Haus, Heft 23, hg. v. J. Grandjonc, K-L. König, Trier 1979.

Deutsche Jahrbücher für Wissenschaft und Kunst, hg.v. A. Ruge u.T. Echtermeyer, Leipzig 1841-1843, (Nachdruck, Vaduz/Liechtenstein 1972)

Der Hülferuf der Deutschen Jugend/Die Junge Generation, hg. v. W. Weitling, Genf·Bern·Vevey·Lingenthal·Zürich, 1841-1843, (Nachdruck, Leipzig 1972)

Rheinische Zeitung für Politik, Handel und Gewerbe, Köln 1842-1843, (Nachdruck, Leipzig 1974)

Anekdota zur neuesten deutschen Philosophie und Publizistik, hg. v. A. Ruge, 2 Bde., Zürich u. Winterthur 1843, (Nachdruck Glashütten im Taunus 1971)

Einundzwanzig Bogen aus der Schweiz, hg. v. G. Herwegh, Zürich u. Winterthur 1843, (Nachdruck, Vaduz/Liechtenstein 1977)

Vorwärts! Pariser Signale aus Kunst, Wissenschaft, Theater, Musik und geselligem Leben, hg. v. H. Börnstein u. K. L. Bernays, Paris 1844-1845, (Nachdruck, Leipzig 1975)

Deutsch-Französische Jahrbücher, hg. v. A. Ruge, u. K. Marx, Paris 1844, (Nachdruck, Leipzig 1973)

Allgemeine Literatur-Zeitung, hg. v. B. Bauer, 2 Bde., Charlottenburg 1844. ※

Rheinische Jahrbücher zur gesellschaftlichen Reform, hg. v. H. Püttmann, Bd. 1, Darmstadt 1845, Bd. 2, Belle-Vue bei Constanz 1846, (Nachdruck, Leipzig 1970)

Der Gesellschaftsspiegel. Organ zur Vertretung der besitzlosen Volksklassen

た行

さ行

事項索引

ま行

は行

た行

な行

人名索引

あ行
アイヒホルン（ヨハン、J. A. Eichhorn） 172
秋元律郎 106
アクサーコフ（コンスタンティン、K. Aksakov） 226
アリストテレス（Aristotélēs） 173, 288
アルブレヒト（クリスチャン、C. Albrecht） 77-78, 99, 168-169, 171, 178
アンドレアス（ベルト、B. Andréas） 23, 26
アンネケ（フリッツ、F. Anneke） 457, 505
アンネケ（マチルデ、M. Annneke） 455, 457, 506, 511
アンファンタン（バルテルミ＝プロスペル、B. P. Enfantin） 119, 165
イエス 167, 259-260, 263, 267-273, 277-278, 292, 294-297
井上五郎 107
井村行子 445
ヴァイセンバッハ（ゲオルク、G. Weissenbach） 56
ヴァイツェル（Weitzel） 71
ヴァイセンバッハ（ゲオルク、G. Weisenbach） 56
ヴァイディヒ（ルートヴィヒ、F. L. Weidig） 112, 165, 194, 206, 451
ヴァイデマイヤー（ヨーゼフ、J. Weydemeyer） 135, 145, 371, 445-446, 450, 453, 463, 485, 512-514, 519
ヴァラウ（カール、K. Wallau） 135
ヴィガント（オットー、O. Wigand） 107, 115, 157-158, 160-162
ヴィスリツェヌス（グスタフ・アドルフ、G. A. Wislicenus） 159, 161, 172-173, 175, 219
ヴィルト（アウグスト、J. G. A. Wirth） 67, 176
ヴィリヒ（アウグスト、A. Willich） 450, 454, 456, 505-507, 511, 513, 517, 519
ヴィンクラー（ゲルハルト、G. Winkler） 21
ヴェストファーレン（エドガー・フォン、E. v. Westphalen） 138, 473
ヴェーバー（ゲオルク、G. Weber） 135
ヴォルフ（ヴィルヘルム、W. Wolf） 135, 143, 300, 509
ヴォルフ（フェルディナント、F. Wolf） 135
ウーリヒ（レーベレヒト、L. Uhlich） 164, 218
エンゲルス（フリードリヒ、F. Engels） 12, 23, 25-28, 89, 108, 117, 119, 121, 123, 127, 131, 133-134, 137, 139-145, 148-153, 155, 170, 187, 194, 201, 206, 208-209, 211, 219, 236, 240, 283, 299-300, 305-307, 313, 316-317, 329, 410, 414, 439, 459, 465, 470, 473, 484-485, 487, 498, 503, 509, 512, 525
エヴァーベック（ヘルマン、A. H. Ewerbeck） 61-62, 75-76, 97, 112-115, 119, 135-136, 139, 167, 519
エヴァンズ（ジョージ・ヘンリー、George Henry Evans） 475, 481-482
オーウェン（ロバート、R. Owen） 56, 61, 132, 134, 201, 307, 407, 459, 479, 499, 502-505, 508

石塚正英（いしづか・まさひで）
生年：1949 年、新潟県高田市（現上越市）に生まれる
最終学歴：1981 年 3 月、立正大学大学院文学研究科史学専攻博士後期課程単位取得退学
最終学位：2001 年 2 月、フェティシズム研究で博士（文学）取得（立正大学大学院文学研究科哲学専攻）
専門分野：歴史知学、社会思想史、比較文明論
現職：東京電機大学理工学部教授、NPO 法人頸城野郷土資料室理事長
これまでに非常勤講師として、立正大学、関東学院大学、専修大学、明治大学、中央大学などで社会思想、西洋思想ほかを講義。

ヴァイトリングとその周辺に含まれない主要単著
フェティシズムの思想圏――ド＝ブロス・フォイエルバッハ・マルクス、世界書院、1991.
文化による抵抗――アミルカル・カブラルの思想、柘植書房、1992.
フェティシズムの信仰圏――神仏虐待のフォークローア、世界書院、1993.
「白雪姫」とフェティシュ信仰、理想社、1995.
信仰・儀礼・神仏虐待――ものがみ信仰のフィールドワーク、世界書院、1995.
ソキエタスの方へ――政党の廃絶とアソシアシオンの展望、社会評論社、1999.
歴史知とフェティシズム、理想社、2000.
ピエ・フェティシズム――フロイトを蹴飛ばす脚・靴・下駄理論、廣済堂出版、2002.
複合科学的身体論―― 21 世紀の新たなヒューマン・インターフェイスを求めて、北樹出版、2004.
儀礼と神観念の起原、論創社、2005.
歴史知と学問論、社会評論社、2007.
石塚正英著作選【社会思想史の窓】全 6 巻、社会評論社、2014 ～ 15.

革命職人ヴァイトリング
――コミューンからアソシエーションへ――

2016 年 10 月 30 日　初版第 1 刷発行

編　者：石塚正英
装　幀：右澤康之
発行人：松田健二
発行所：株式会社社会評論社
東京都文京区本郷 2-3-10　☎ 03(3814)3861　FAX 03(3818)2808
http://www.shahyo.com/
製版・印刷・製本：株式会社ミツワ
